AS TRÊS CONSTITUIÇÕES PACIFISTAS

a rejeição à guerra nas Constituições do Japão, da Itália e da Alemanha

CONTRACORRENTE

Mario G. Losano

AS TRÊS CONSTITUIÇÕES PACIFISTAS

a rejeição à guerra nas Constituições do Japão, da Itália e da Alemanha

Tradução do italiano:
José Dias e Daniela Valentini

Tradução das citações em francês e inglês:
Larissa Lopes Flois

Tradução das citações em alemão:
Roberto S. Kahlmeyer-Mertens

SÃO PAULO
2024

CONTRACORRENTE

Copyright © EDITORA CONTRACORRENTE
Alameda Itu, 852 | 1º andar |
CEP 01421 002
www.editoracontracorrente.com.br
contato@editoracontracorrente.com.br

EDITORES
Camila Almeida Janela Valim
Gustavo Marinho de Carvalho
Rafael Valim
Walfrido Warde
Silvio Almeida

EQUIPE EDITORIAL
COORDENAÇÃO DE PROJETO: Erick Facioli
PREPARAÇÃO DE TEXTO E REVISÃO TÉCNICA: Amanda Dorth e Beatriz Duarte Lopes
DIAGRAMAÇÃO: Gisely Fernandes
CAPA: Giovani Castelucci e Guilherme Vieira (Estúdio Daó)
ILUSTRAÇÃO: Straatbeeld met figuren (1944) - Autoria: Hendrik Nicolaas Werkman

REVISÃO DA TRADUÇÃO: Frederico Lopes de Oliveira Diehl
REVISÃO TÉCNICA DA TRADUÇÃO: Rafael Salatini

EQUIPE DE APOIO
Carla Vasconcelos
Regina Gomes
Nathalia Oliveira

Dados Internacionais de Catalogação na Publicação (CIP)
(Câmara Brasileira do Livro, SP, Brasil)

Losano, Mário G.
 As três constituições pacifistas : a rejeição à guerra nas constituições do Japão, da Itália e da Alemanha / Mário G. Losano ; tradução José Dias, Daniela Valentini, Larissa Lopes Flois, Roberto S. Kahlmeyer-Mertens. -- 1. ed. -- São Paulo : Editora Contracorrente, 2024.

 Título original: Le tre costituzioni pacifiste
 Bibliografia
 ISBN 978-65-5396-187-6

 1. Constituições 2. Democracia 3. Direito internacional 4. Ditadura 5. Paz 6. Política internacional I. Título.

24-203989   CDD-320

Índices para catálogo sistemático:

1. Paz : Ciência política   320
Eliane de Freitas Leite - Bibliotecária - CRB 8/8415

@editoracontracorrente
Editora Contracorrente
@ContraEditora
Editora Contracorrente

SUMÁRIO

UM MEMENTO PRELIMINAR: *DULCE BELLUM INEXPERTIS* 9

CAPÍTULO I – TRÊS CONSTITUIÇÕES – DAS DITADURAS ÀS DEMOCRACIAS PARLAMENTARES 17

    1 A intersecção de três histórias diversas 17

        a) Os pontos de contato entre os três Estados do *Pacto Tripartite* 19

        b) A Itália no Japão e o Japão na Itália: D'Annunzio e o "irmão samurai" Shimoi Harukichi 33

        c) A Alemanha e o mito dos samurais 47

    2 A detenção dos *"alien enemies"* durante a guerra 60

    3 Da geopolítica dos "Grandes Espaços" ao "Pacto Tripartite" 64

    4 O Japão no pós-guerra 74

    5 A Itália no pós-guerra 90

    6 A Alemanha no pós-guerra 95

    7 A superação do passado: os grandes processos 104

    8 A superação do passado: os expurgos 130

    9 A superação do passado: as reparações bélicas 168

    10 A superação do passado: os livros escolares 200

    11 Mais de meio século depois da guerra: os artigos constitucionais pacifistas e os novos conflitos 255

CAPÍTULO II – A REJEIÇÃO DA GUERRA NA CONSTITUIÇÃO JAPONESA DE 1947 261

CAPÍTULO III – A REJEIÇÃO DA GUERRA NA CONSTITUIÇÃO ITALIANA DE 1948 299

CAPÍTULO IV – A REJEIÇÃO DA GUERRA NA LEI FUNDAMENTAL ALEMÃ DE 1949 337

APÊNDICES 361

    I. Japão: o desarmamento total em uma área das tensões crescentes 361

        I.1 *Declaração de Potsdam (Potsdam Declaration,* 1945) .. 361

        I.2 Depois da rendição: as instruções para o Gen. MacArthur e a política dos Estados Unidos para o Japão (1945) 365

            a) As instruções para o General Douglas MacArthur (1945) 365

            b) A política inicial dos Estados Unidos para o Japão, depois da rendição (1945) 366

        I.3 Como os japoneses perceberam a Constituição do pós-guerra (1997) 376

        I.4 As raízes históricas do pacifismo no Japão: entrevista a Karatani Kojin (2017) 389

        I.5 O congresso do Partido Liberal-Democrático (LDP): rumo a um artigo nono bis (2018) 396

            a) Shinzo Abe decidido a modificar a Constituição 397

            b) A tentativa de revisão constitucional do LDP atropelada pelo "caso Moritomo" – Diminui a influência de Abe por causa do escândalo 400

            c) Texto do projeto do artigo nono bis. Proposta de alteração do artigo nono da Constituição da parte do Partido Liberal-Democrático 404

    II. Itália: Entre guerra e paz: D'Annunzio, Shimoi Harukichi, Stálin e Bobbio 405

        II.1 D'Annunzio entre o Ocidente "que não nos ama" e o "exemplo de transformação" do Japão 405

            a) Depois da inércia forçada, "Voa-se!": e então "Tóquio, em dez ou doze etapas" 405

            b) A saudação de Gabriele D'Annunzio ao "irmão samurai" Shimoi Harukichi (1920) 419

II.2 Stálin e Bobbio: sobre a propaganda de paz (1952-1953). Com duas cartas inéditas entre Mucchi e Bobbio ... 425

    a) Stálin, os *"Partigiani della pace"* e o imperialismo belicista ... 431

    b) Bobbio: qual é a paz dos *"Partigiani della pace"*? ... 434

    c) Mucchi e Bobbio: perspectivas divergentes sobre os *"Partigiani della pace"* ... 442

III. Alemanha: O repúdio da guerra e o rearmamento nas Constituições dos dois Estados alemães ... 452

    III.1 O repúdio à guerra no debate constituinte alemão federal (1948) ... 453

        a) "Direito internacional e direito federal" ... 457

        b) As relações de direito internacional da Federação ... 461

        c) As regras do direito internacional e Lei Fundamental (art. 22 CHE [*Chiemseer Entwurf*]) ... 462

        d) A perturbação da paz entre os povos (art. 31; art. 26 CHE [*Chiemseer Entwurf*]) ... 467

        e) Discussões e decisões das petições: a objeção de consciência ... 469

        f) Inconstitucionalidade das ações que preparam uma guerra; proibição das armas (art. 29b e 29c) ... 479

        g) A redação final dos artigos sobre o repúdio da guerra ... 482

    III.2 República Democrática Alemã: a Constituição (1949) e a Lei para proteger a paz (1950) ... 483

    III.3 A lei instituidora da Armada Popular Nacional (NVA) da RDA (1956) ... 490

REFERÊNCIAS BIBLIOGRÁFICAS ... 495

UM MEMENTO PRELIMINAR:

DULCE BELLUM INEXPERTIS

Os três Estados do *Pacto Tripartite* são aqui considerados a partir da data de entrada em vigor de suas respectivas Constituições pós-bélicas: 1947 para o Japão, 1948 para a Itália e 1949 para a Alemanha federal.[1]

Um exame da gênese, do conteúdo e da atual aplicação dos artigos pacifistas dessas três Constituições pós-bélicas exigiria a descrição, ao menos em linhas gerais, da situação geopolítica, antes, durante e depois da Segunda Guerra Mundial, da transição

---

1   Eu havia tratado desse tema no artigo LOSANO, Mario G. "Il rifiuto della guerra nelle costituzioni postbelliche di Giappone, Italia e Germania". *In*: MOITA, Luís; PINTO, Luís Valença (Coord.). *Espaços económicos e espaços de segurança*. Lisboa: Observare – Universidade Autónoma de Lisboa, 2017. Disponível em: https://www.academia.edu/35729327/Il_rifiuto_della_guerra_nelle_costituzioni_postbelliche_di_Giappone_Italia_e_Germania_in_Lu%C3%ADs_Moita_Lu%C3%ADs_Valen%C3%A7a_Pinto_eds._Espa%C3%A7os_econ%C3%B3micos_e_espa%C3%A7os_de_seguran%C3%A7a_pp._71-125. Acessado em: 09.04.2024.

da ditadura à democracia nos três Estados do *Pacto Tripartite* e do ressurgimento das suas renovadas Forças Armadas no contexto da Guerra Fria. Precisaria, ainda, analisar os debates dos órgãos constituintes que levaram à aprovação dos artigos pacifistas em sua formulação definitiva, para passar, depois, à sua interpretação e aplicação até nossos dias, nos quais se estabelece o problema da compatibilidade daqueles artigos com os "conflitos assimétricos", com as "guerras híbridas", com as "guerras humanitárias" e com as "missões de paz" ou "de polícia" dos últimos vinte anos.

Na impossibilidade de cumprir uma tarefa tão vasta, estas páginas procedem por acenos evocativos sobre temas singulares. Elas são, portanto, vistas como uma plataforma sinótica estruturada mais para endereçar que para esgotar, mais para resumir que para detalhar, fornecendo ao mesmo tempo alguma indicação bibliográfica em vista de eventuais aprofundamentos a respeito de seus assuntos específicos. De fato, o hodierno contato com os estudos das duas gerações sucessivas à minha (bem como com os estudantes, cuja última geração nasceu em 2000) revelou-me que as áreas das nossas lembranças não coincidem e, em particular, que neles muitas lembranças e sensações ligadas aos anos posteriores ao final da guerra são muito diversos daqueles da geração nascida durante a guerra (a minha), ou estão totalmente ausentes.

É para eles que me pareceu útil reconstruir os eventos, na medida do possível, e, com estes, a atmosfera que permeou os anos do final do conflito e aqueles imediatamente após o advento da paz e o renascimento da economia. Existe, de fato, uma área que não é mais confiada aos discursos do âmbito familiar ou cultural, mas que nem sempre é narrada pelos manuais e pelos programas escolares, e é exatamente naquela área que nasceram as três Constituições e, sobretudo, seus artigos pacifistas. Se não se reevoca a atmosfera daqueles anos, resulta difícil entender o quanto foi forte, nos vencidos, o desejo de paz e, também nos vencedores, o temor de uma terceira guerra mundial; o quanto ficou gravado, sobre todos, o terror do aniquilamento atômico, nunca experimentado; e quantos temores suscitou a Guerra da Coreia, hoje quase esquecida, mas na época temida como uma chama em um barril de pólvora. Até mesmo a Itália, quando ainda não fazia parte das Nações Unidas, participou dela de 1951 a 1955, mesmo que somente com um hospital de campanha (quem lembra, hoje, o "Hospital 68" na periferia de Seul?) que servia para tratar dos feridos, mas também para marcar a posição da Itália no mundo bipolar.[2]

Em conclusão, a pressão conjunta dos vencedores e da própria população impunha que os três Estados derrotados aceitassem a renúncia ao direito que constitui a essência da soberania: o *"ius ad bellum"*, o direito de declarar guerra. É desse contexto que nascem os três artigos pacifistas das Constituições pós-bélicas dos Estados do *Pacto Tripartite*.

A história dos últimos cinquenta a sessenta anos foi vivida de modo diverso e fragmentário por alguns; enquanto para outros chegou filtrada através de narrativas familiares ou escolares, deixando lembranças ora vívidas ora lacunosas; poucos, de fato, receberam dela um ensinamento sistemático. Quem estava, quem lembra, quem esqueceu, quem não tem notícia dela pode encontrar ajuda em textos gerais e sistemático,[3] enquanto, ao contrário, nas páginas que seguem,

---

[2] BRECCIA, Gastone. *Corea, la guerra dimenticata*. Bologna: Il Mulino, 2019 (bibliografia, 381-383). Sobre o "Hospital 68" da Cruz Vermelha Italiana, p. 384.

[3] Por exemplo: para o Japão: CAROLI, Rosa; GATTI, Francesco. *Storia del Giappone*. Bari: Laterza, 2017; BEONIO-BROCCHIERI, Paolo. *Storia del Giappone*. Milão: Mondadori, 1996; ALLINSON, Gary D. *Japan's Postwar History*. Ithaca: Cornell University Press, 1997; e KOSAKA, Masataka. *A History of Postwar Japan*. Prefácio de Edwin O. Reischauer. Tokyo: Kodansha International, 1982; para a Itália: GINSBORG, Paul. *Storia d'Italia dal dopoguerra a oggi*. Torino: Einaudi, 2006; para uma descrição dia a dia que imerge o leitor no fluxo dos eventos: DEAGLIO, Enrico. *Patria 1978-2008*. Milão: Il Saggiatore, 2009; e DEAGLIO, Enrico. *Patria 1967-1977*. Milão: Feltrinelli, 2017; para a Alemanha: NIEHUSS, Merith; LINDNER, Ulrike (Coord.). *Besatzungszeit, Bundesrepublik und DDR 1945-1969*

vai encontrar um conjunto de microssistemas somente esboçados ou, ainda, apenas algumas ideias iluminadoras (uma plataforma, justamente), para reconstruir três contextos sociais não distantes no tempo, mas agora quase ausentes da memória: os três contextos em que tomaram forma três novos regimes políticos e três novas Constituições com os seus artigos pacifistas.

A plataforma verdadeira e própria é constituída pelo primeiro capítulo: um sumário dos eventos que acompanharam os três Estados do *Pacto Tripartite* desde a guerra até a derrota e, enfim, a formas democráticas de regime político. Depois do exame geral das movimentadas fases do pós-guerra em cada um dos três Estados, a atenção se concentra sobre quatro eventos que caracterizaram aqueles anos: os grandes processos de Nuremberg e de Tóquio; os expurgos dos responsáveis pelos crimes das ditaduras; as reparações bélicas impostas aos derrotados; enfim, as narrações dos eventos bélicos e pós-bélicos através dos livros escolares destinados às gerações mais jovens: narrações que, quando existem, revelam-se frequentemente tendenciosas ou reticentes.

Designo como "pacifistas" as três Constituições nascidas nesse contexto porque cada uma delas contém um artigo que repudia a guerra (juntamente com alguma outra norma complementar para reforçar aquela rejeição): três capítulos analisam, Estado por Estado, o conteúdo dessas normas. A sua análise literal – insubstituível, mas não exaustiva – é acompanhada pelas referências políticas essenciais para a sua compreensão.

(*Deutsche Geschichte in Quellen und Darstellungen*, vol. 10). Stuttgart: Reclam, 2012; e GROSSER, Dieter; BIERLING, Stephan; NEUSS, Beate (Coord.). *Bundesrepublik und DDR 1969-1990* (*Deutsche Geschichte in Quellen und Darstellungen*, vol. 11). Stuttgart: Reclam, 2015. Enfim, para uma cronologia comentada não só para os três Estados em exame, mas para o mundo inteiro: PLOETZ, Karl Julius. *Der große Ploetz*: Die Daten-Enzyklopädie der Weltgeschichte. 32ª ed. Darmstadt: Wissenschaftliche Buchgesellschaft, 1998.

UM MEMENTO PRELIMINAR: *DULCE BELLUM INEXPERTIS*

A essa passagem do geral ao particular, seguem-se três apêndices que se atêm sobre aspectos específicos que remontam a cada uma das normas pacifistas. Cada apêndice é um exemplo setorial daquele aprofundamento que seria impossível em todos os campos: é um *case study* que ajuda também a compreender a atmosfera, hoje tão distante, na qual se discutia sobre a rejeição da guerra e sobre a aceitação do pacifismo.

O *primeiro apêndice*, sobre o Japão, traz alguns dos textos com os quais os ocupantes estadunidenses deram o primeiro impulso à nova Constituição (e, em particular, ao seu artigo pacifista). Seguem-se algumas análises japonesas daquele artigo e do seu contexto social até o debate de 2018, no qual o partido de situação propôs a modificação, mesmo se não a ab-rogação, do artigo pacifista da Constituição, o artigo nono. Devo meu agradecimento à professora Hidemi Suzuki, da Universidade de Keio, que me forneceu os textos da polêmica mais recente, e a Pier Giorgio Girasole, de quem sou devedor não só por ter conseguido alguns textos, mas também pela sua tradução para o italiano.

O *segundo apêndice*, sobre a Itália, vincula-se ao movimento pacifista dos "*Partigiani della pace*",[4] hoje quase esquecido, e reproduz parte de um escrito de Stálin sobre aquele movimento, bem como a crítica de Norberto Bobbio à concepção unilateral da paz nele contida. Esta crítica não pareceu aceitável a um comunista, amigo de Bobbio, de quem se transcreve a carta a Bobbio e a resposta do próprio Bobbio: estas cartas, até agora inéditas, constituem um exemplo de civil polêmica sobre a paz em acesos tempos de guerra, ainda que fria.

---

[4] N.T. "*Partigiani della pace*": literalmente "Partidários da Paz". Contudo, em italiano "*partigiano*", no plural "*partigiani*", era o membro da resistência antifascista na Itália; por considerar que em português não exista um termo satisfatoriamente equivalente e para se manter fiel ao seu sentido original, optou-se por não traduzir o vocábulo, acompanhando-se, aqui, o costume das traduções para outros idiomas.

O *terceiro apêndice*, sobre a Alemanha, é quase uma aula de técnica legislativa, porque traz, na presente versão em português, algumas passagens decisivas do debate político da constituinte da República Federal da Alemanha, do qual tomou forma o artigo pacifista, isto é, o artigo 26 da *Lei fundamental*; hoje, vigente em toda a Alemanha unificada desde 1990. Porém, antes desta data existiam duas Alemanhas, ambas saídas do nazismo e da guerra, ambas ocupadas por potências vencedoras cada vez menos aliadas entre elas e, por fim, frontalmente inimigas, ambas terras de fronteira entre dois blocos hostis. Por isso me pareceu justo juntar à Constituição alemã vigente também alguns acenos sobre a Constituição de 1949 (ademais, somente histórica) da República Democrática Alemã. Este último Estado, hoje dissolvido, havia aprovado, além de um artigo constitucional sobre a paz, uma *Lei para a tutela da paz* em 1950 e uma lei instituidora do "outro" exército alemão em 1956: textos que estão aqui traduzidos.

Quando foram aprovados os artigos das Constituições pacifistas, as feridas da guerra ainda estavam abertas, enquanto hoje estão cada vez mais apagadas na memória, assim como estão os lutos e as destruições. Cada vez mais frequentemente a política tenta ab-rogar ou ao menos limitar os artigos com os quais as Constituições pacifistas rejeitam a guerra. Por isso, tornam-se atuais as advertências de Erasmo de Rotterdam, que condena a guerra principalmente a partir do ponto de vista moral: "o que é a guerra senão um homicídio coletivo, grupal, uma forma de banditismo tão mais infame quanto mais ampla?"[5] Para Erasmo a guerra, além de imoral, não é nem mesmo um bom negócio:

> Se quisermos fazer as contas e avaliar exatamente o custo da guerra e da paz, certamente vamos descobrir que a

---

[5] "*Bellum quid aliud est, quam multorum commune homicidium et latrocinium, hoc sceleratius quo latius patens?*" (ROTTERDAM, Erasmo da. *Adagi*: testo latino a fronte. Curadoria de Emanuele Lelli. Milão: Bompiani, 2013, pp. 1252/1253).

décima parte das ansiedades, das fadigas, dos incômodos, dos perigos, das despesas e do sangue com os quais a guerra é acesa bastaria para salvaguardar a paz. Coloque em campo e em perigo uma grande multidão de homens a fim de que derrubem uma cidade qualquer; mas colocando-os a trabalhar poderia edificar uma cidade muito mais bela. Mas você quer prejudicar o inimigo. Isto é desumano. Todavia, considere isto: não pode prejudicá-lo se, antes, não prejudicar os seus.[6]

Cinco séculos depois, Erasmo poderia ter constatado com razão que o *Plano Marshall* era muito menos custoso do que as destruições provocadas pela Segunda Guerra Mundial.

Essas observações fazem parte das muitas páginas com que Erasmo comenta um adágio que adquire um significado ainda mais profundo se, hoje, a quinhentos anos de distância, recorda-se àquelas gerações que, na Europa, vivem em paz há mais de setenta anos e que, portanto, podem ter esquecido os horrores da guerra:

Dulce bellum inexpertis.[7]

Gosta da guerra quem não sabe o que ela é.

---

[6] "*Quod si velimus rem ad calculum vocare et veris rationibus expendere quanti bellum constet, quanti pax, profecto comperimus hanc vel decima parte curarum, laborum, molestiarum, periculorum, sumptuum, denique sanguinis posse comparari, quibus bellum arcessitur. Tantam hominum turbam educis in periculum, ut oppidum aliquod evertas; at horum opera, vel citra periculum, aliud exstrui poterat multo praeclarius oppidum. Sed nocere vis hosti. Iam hoc ipsum inhumanum; attamen illud expende, num illi nocere non possis, nisi prius noceas tuis*" (ROTTERDAM, Erasmo da. *Adagi*: testo latino a fronte. Curadoria de Emanuele Lelli. Milão: Bompiani, 2013, pp. 1258/1259).

[7] ROTTERDAM, Erasmo da. *Adagi*: testo latino a fronte. Curadoria de Emanuele Lelli. Milão: Bompiani, 2013, p. 2142 (Centúria 31, adágio 3001). O comentário de Erasmo a esse adágio, do qual são tiradas as precedentes citações, ocupa mais de quarenta páginas: 2142-2184 (texto latino e italiano).

CAPÍTULO I
TRÊS CONSTITUIÇÕES – DAS DITADURAS ÀS DEMOCRACIAS PARLAMENTARES

1 A intersecção de três histórias diversas

Os anos entre 1930 e 1945 ligaram estreitamente três Estados diversos, mas não estranhos um ao outro: na Europa, as relações entre Itália e Alemanha duravam, entre idas e vindas, ao menos desde os tempos do Império Romano; ao contrário, as rarefeitas relações do Japão com a Europa se tornaram mais estreitas a partir do final do século XIX. De fato, a expansão dos impérios português e espanhol cortejava as ilhas japonesas desde a metade do século XVI, suscitando nos governantes nipônicos o temor de que o Império do Sol Nascente pudesse sofrer uma colonização análoga àquela dos impérios autóctones da América Latina. Daí a perseguição ao cristianismo, o fechamento quase total do Japão por cerca de dois séculos e meio e a sua abertura ao Ocidente somente a partir de 1868. Esta data dá início à ocidentalização do Japão, na qual teve peso não só as grandes potências de então, como a Grã-Bretanha e a França, mas também os Estados Unidos e dois Estados novos, o

Reino da Itália, surgido em 1861, e o Império da Alemanha, nascido em 1871. Ausentes, ao contrário, os temidos mentores dos séculos anteriores, Espanha e Portugal, que no século XIX vivem o fim de seu poder colonial.[1]

Talvez, para não ressuscitar os mal-entendidos dos tempos passados, o pontífice tenha acompanhado a abertura oitocentista do Japão com sinais cautos e conciliadores.[2] Inazo Nitobe ("um intelectual japonês pertencente à Sociedade dos Irmãos", isto é, aos

---

1 Remeto à literatura indicada nos meus seguintes trabalhos: sobre o autor da Constituição Meiji, em vigor até o final da Segunda Guerra Mundial: ROESLER, Hermann; LOSANO, Mario G. *Berichte aus Japan* (1879-1880). Milão: Unicopli, 1984. Disponível em: http://daten.digitale-sammlungen.de/db/0010/bsb00106246/images/. Acessado em: 04.04.2024; sobre o único conselheiro jurídico italiano: LOSANO, Mario G. *Alle origini della filosofia del diritto in Giappone. Il corso di Alessandro Paternostro a Tokyo nel 1889. In appendice*: A. Paternostro, Cours de philosophie du droit, 1889. Torino: Lexis, 2016. Disponível em: https://www.academia.edu/35729992/Mario_G._Losano_Alle_origini_della_filosofia_del_diritto_in_Giappone._Il_corso_di_Alessandro_Paternostro_a_Tokyo_nel_1889._In_appendice_A._Paternostro_Cours_de_philosophie_du_droit_1889_Lexis_Torino_2016_XI-246_. Acessado em: 09.04.2024; sobre a presença ibérica: LOSANO, Mario G. *Lo spagnolo Enrique Dupuy e il Giappone ottocentesco. In appendice*: Enrique Dupuy, La transformación del Japón en la era Meiji, 1867–1894. Torino: Lexis, 2016. Disponível em: https://www.academia.edu/35755644/Enrique_Dupuy_e_Giappone_XIX_sec._In_appendice_Enrique_Dupuy_La_transformaci%C3%B3n_del_Jap%C3%B3n_en_la_era_Meiji_1867-1894_Lexis_Torino_2016_XXIII-407_pp. Acessado em: 09.04.2024; e LOSANO, Mario G. *Il portoghese Wenceslau de Moraes e il Giappone ottocentesco. Con 25 sue corrispondenze nelle epoche Meiji e Taisho (1902-1913)*. Torino: Lexis, 2016. Disponível em: https://www.academia.edu/35755566/Il_portoghese_Wenceslau_de_Moraes_e_il_Giappone_ottocentesco_Con_25_sue_corrispondenze_nelle_epoche_Meiji_e_Taisho_1902-1913_Lexis_Torino_2016_XXVII-569pp. Acessado em: 09.04.2024. Cf. também *infra*, nota 152, p. 75.

2 ZAMBARBIERI, Annibale. "Una doppia fedeltà. I cattolici giapponesi tra culto imperiale e culto cristiano". *In*: TESORO, Marina (Coord.). *Monarchia, tradizione, identità nazionale*. Milão: Bruno Mondadori, 2004.

Quakers, e autor de um afortunado livro sobre o Bushido) sustentava que alguns valores tradicionais japoneses afirmados no Bushido se inseriam e encontravam continuidade na doutrina cristã.[3]

Em 1905, um enviado do papa visitou o imperador também para "aclarar como os católicos seriam capazes de se afastar das tendências ocidentais" porque aquela religião "tinha um chefe independente das potências estrangeiras, desprovida de exército e, portanto, essencialmente pacífica". Os católicos poderiam, portanto, reconhecer no imperador "a continuidade de uma dinastia e de um enraizamento com conotações sagradas".[4] Eles, apesar de serem católicos, poderiam também frequentar os templos japoneses porque, "segundo a lei nacional, os templos não deviam ser considerados órgãos religiosos". Na realidade, essa "neutralidade religiosa do culto nacional exercitada nos adequados templos" resultava não só "incompreensível aos ocidentais", mas "também entre os japoneses existiam aqueles que confundiam templos e religião".[5]

a) Os pontos de contato entre os três Estados do *Pacto Tripartite*

O contato entre Japão, Itália e Alemanha se aprofundou no século XX com o advento das ditaduras europeias e do militarismo japonês. Nos anos entre 1930 e 1945 esses três Estados reforçaram

---

[3] ZAMBARBIERI, Annibale. "Una doppia fedeltà. I cattolici giapponesi tra culto imperiale e culto cristiano". *In*: TESORO, Marina (Coord.). *Monarchia, tradizione, identità nazionale*. Milão: Bruno Mondadori, 2004, pp. 168/169, notas 38 e 39.

[4] ZAMBARBIERI, Annibale. "Una doppia fedeltà. I cattolici giapponesi tra culto imperiale e culto cristiano". *In*: TESORO, Marina (Coord.). *Monarchia, tradizione, identità nazionale*. Milão: Bruno Mondadori, 2004, p. 171.

[5] ZAMBARBIERI, Annibale. "Una doppia fedeltà. I cattolici giapponesi tra culto imperiale e culto cristiano". *In*: TESORO, Marina (Coord.). *Monarchia, tradizione, identità nazionale*. Milão: Bruno Mondadori, 2004, p. 173.

os próprios vínculos e, para essa finalidade, tanto na política quanto nos meios de comunicação, empenharam-se profundamente em sublinhar seus elementos comuns, reais ou imaginários que fossem. Porque muitos estudos analisaram total ou parcialmente essas convergências, reveladas posteriormente fatais,[6] basta evocar aqui alguns dos principais paralelos.

Do ponto de vista *geográfico*, em 1935, os três Estados podiam ser definidos como "potências médias": o Japão era o Estado mais populoso dos três, a Alemanha a mais extensa, a Itália a menor em população e em superfície.[7]

Enquanto o Japão e a Itália tinham e têm, geograficamente, uma configuração bem delimitada, a Alemanha sempre esteve em dificuldades para encontrar sua identidade territorial. No momento de sua unificação oitocentista, à "Solução Grande-Alemã" (que compreendia também as monarquias meridionais da Baviera e da

---

[6] Para aprofundar as ideias indicadas no texto: SKYA, Walter A. *Japan's Holy War*: the Ideology of Radical Shinto Ultranationalism. Londres: Duke University Press, 2009; YAGYU, Kunichika. "Der Yasukuni-Schrein im Japan der Nachkriegszeit. Zu den Nachwirkungen des Staatsshinto". *In*: CORNELISSEN, Christoph *et al*. (Coord.). *Erinnerungskulturen*. Frankfurt am Main: Fischer-Taschenbuch-Verl, 2003; GATTI, Francesco. *Il fascismo giapponese*. Venezia: Cafoscarina, 1997; BESSEL, Richard (Coord.). *Fascist Italy and Nazi Germany*: Comparisons and Contrasts. Cambridge: Cambridge University Press, 1996; KREBS, Gerhard (Coord.). *Formierung und Fall der Achse Berlin-Tokyo*. München: Iudicium, 1994; PLEHWE, Friedrich-Karl von. *Als die Achse zerbrach*: Das Ende des Deutsch-Italienischen Bündnisses im Zweiten Weltkrieg. Wiesbaden: Limes Verlag, 1980; YAMAGUCHI, Yasushi. "Faschismus als Herrschaftssystem in Japan und Deutschland. Ein Versuch des Vergleichs". *Geschichte in Wissenschaft und Unterricht*, 27, 1976.

[7] O Japão tinha 70 milhões de habitantes em quase 400.000 km quadrados; o Império da Alemanha, 66 milhões de habitantes em 470.000 km quadrados; a Itália, 43 milhões de habitantes em 310.000 km quadrados. Os dados são da edição de 1936-1942 do *Meyers Lexikon*, nos respectivos verbetes.

Áustria-Hungria, católicas e conservadoras) se preferiu a "Solução Pequeno-Alemã" (que compreendia os Estados do Norte, sob a hegemonia da Prússia, protestante e progressista): segundo esta última solução se configurou o império alemão surgido em 1871. Permanecia, porém, aberta a questão dos "outros" territórios alemães e se iniciava, assim, a complexa história da união de todos esses territórios, que se pode resumir na história da anexação da Áustria, isto é, do *"Anschluss"*: termo ambíguo, porque depois de 1918 indicava uma união entre Estados socialistas, como a República de Weimar e a república austríaca, enquanto em 1938 o *"Anschluss"* nacional-socialista da Áustria austro-fascista representou a união entre dois Estados autoritários. Essa união não era somente um problema interno dos alemães, mas um problema internacional. Em 1920, D'Annunzio propôs substituir a vituperada Sociedade das Nações pela Liga de Fiume para "agrupar em um feixe compacto todos os oprimidos da terra" e, incluídas entre os povos oprimidos, também a "Áustria alemã" ao lado dos outros "alemães irredentos" e de todas as colônias do globo.[8]

Quando o final da Primeira Guerra Mundial marcou a queda dos impérios tanto alemão quanto austro-húngaro, a Constituição republicana de Weimar, de 1919, prefigurou uma futura unificação com o artigo segundo: "o território do Reich é composto pelos territórios dos *Länder*[9] alemães. *Outros territórios poderão ser reunidos ao Reich, com lei deste, se a sua população exprima o desejo disto, em virtude do direito de auto decisão*". Depois da queda do Terceiro Reich e da divisão da Alemanha, com o artigo 23 a *Lei Fundamental* da República Federal da Alemanha, de 1949, fornecia o instrumento jurídico para a unificação alemã, acontecida quarenta anos depois: "a presente Lei Fundamental tem vigor imediato no território dos *Länder*" da Alemanha federal. *"Nas outras partes da Alemanha,*

---

[8] GUERRI, Giordano Bruno. *Disobbedisco – Cinquecento giorni di rivoluzione*: Fiume 1919-1920. Milão: Mondadori, 2019, p. 201.

[9] N.T. Plural de *Land*, "Estados alemães".

entrará em vigor depois da sua adesão".[10] E, de fato, assim acontece em 1989. Porém, da atual Alemanha não fazem parte os territórios alemães-orientais cedidos à União Soviética e à Polônia.

Do ponto de vista *histórico*, os três Estados tinham em comum o fato de terem se apresentado há poucos anos no cenário mundial: a Itália em 1861, o Japão em 1868, a Alemanha em 1871. Eram *"new comers"*[11] que não tinham um passado colonial, mas que aspiravam a um futuro colonial.

Do ponto de vista *institucional*, dois dos três Estados eram regidos por monarquias, o outro o tinha sido até 1919, isto é, até a República de Weimar. Na Itália, por quase duas décadas a monarquia se transformou em uma diarquia por causa do incontível protagonismo de Mussolini. No Japão, a enraizada figura do Imperador de origem divina constituiu um grave problema para a transição pós-bélica rumo a um regime parlamentar. Um estudo comparativo de 2004 oferece:

> Um mosaico, formado por doze grandes peças, no qual resulta bem legível (...) o objeto indagado: as modalidades de configuração e de consolidação dos três mais importantes Estados ditos *late* comers:[12] a Itália, a Alemanha e o Japão. A época de referência é a mesma, os anos sessenta a oitenta do século XIX (mesmo se, aqui, comece-se das primeiras décadas do século XIX e se chegue até a segunda década pós-guerra), também é igual o ponto de observação, a monarquia. O rei, na Itália; o imperador, na Alemanha,

---

10 Itálico meu (Constituição de Weimar: http://dircost.di.unito.it/cs/pdf/19190811_germaniaWeimar_ita.pdf). Lei fundamental: http://dircost.di.unito.it/cs/pdf/19490523_germaniaLeggeFondamentale_ita.pdf). Sobre o problema do Anschluss nos textos de Hans Kelsen, cf. KELSEN, Hans. *L'annessione dell'Austria al Reich tedesco e altri scritti (1918-1931)*. Tradução e edição de Fernando D'Aniello. Torino: Nino Aragno Editore, 2020.

11 N.T. "Recém-chegados".

12 N.T. "Retardatários".

e o Tenno, no Japão, foram o eixo institucional decisivo dos respectivos processos de unificação e de transformação e, portanto, funcionam como fio condutor da narrativa.

Ao tema da monarquia "estão intimamente conexos: a 'modernização de cima', a 'nacionalização das massas', a autorrepresentação comunitária, a relação entre história e memória, o vínculo entre tradição e identidade nacional":[13] grandes temas gerais nos quais encontraremos reflexos fragmentários nos eventos específicos objetos do presente volume.

Todos os três Estados eram *dual* States,[14] isto é, Estados nos quais à estrutura oficial do Estado se flanqueava uma estrutura oficiosa, mas igualmente potente.[15] Os liberais japoneses dos anos vinte viam nos Camisas Pretas italianos *"dual political organs"*.[16] [17] Na Alemanha e

---

[13] Sobre os desenvolvimentos dessas coincidências, cf. TESORO, Marina. "Introduzione". In: _____. (Coord.). *Monarchia, tradizione, identità nazionale*: Germania, Giappone e Italia tra Ottocento e Novecento. Milão: Bruno Mondadori, 2004, p. 2.

[14] N.T. "Estados duplos".

[15] O termo refere-se ao título *The Dual State* da obra de Fraenkel, publicada em inglês, em 1941, durante o seu exílio nos Estados Unidos, mas escrita originariamente em alemão (*Der Doppelstaat*): FRAENKEL, Ernst. *Il doppio Stato*: Contributo alla teoria della dittatura. Introdução de Norberto Bobbio. Torino: Einaudi, 1983.

[16] N.T. "Órgãos políticos duplos".

[17] HOFMANN, Reto. *The Fascist Effect*: Japan and Italy, 1915-1952. Ithaca: Cornell University Press, 2015, p. 9. É um dos livros mais cuidadosamente documentados sobre recepção do fascismo no Japão. "*My aim is to rethink the history of Japan as a part of a wider, interconnected, history of fascism, arguing that Japanese politics and ideology in the first half of the twentieth century were enmeshed in a dialogue with the European fascism*" [Meu objetivo é repensar a história do Japão como parte de uma história mais ampla e interconectada do fascismo, argumentando que a política e a ideologia japonesa na primeira metade do século XX estavam enredadas em um diálogo com o fascismo europeu] (2). *Bibliografia*, 177-193.

na Itália o partido nacional-socialista e aquele fascista se flanqueavam à estrutura estatal, enquanto no Japão a tradição conduzia ao mesmo resultado através de uma via diversa. Porque no Japão o *Tenno* era de origem divina e, portanto, estava acima das partes,[18] não existia uma estrutura de partido paralela àquela do Estado, mas sim um forte poder militar paralelo àquele civil. Desde 1928, o imperador foi mantido fora (ao menos formalmente) das decisões tomadas pelo governo civil e cada vez mais pelos militares, por sua vez divididos pela rivalidade entre exército e marinha. Diversamente dos civis, os militares tinham acesso direto ao imperador:

> Essa situação deu a alguns dos generais a oportunidade de fingir que falavam em nome do imperador e de impor suas vontades ao governo. Suas políticas, no entanto, eram amplamente dependentes da aprovação imperial.[19]

De fato, as suas decisões eram acordadas com o Imperador, mas não publicamente, conforme aconteceria em um procedimento parlamentar. Essa peculiaridade permitiu ao Japão, depois da derrota, manter o imperador fora do debate (e dos processos) a respeito dos crimes de guerra. Tendo presente essa peculiaridade japonesa, em relação a certa fase da sua história todos os três Estados são caracterizados como *"dual States"*.

---

[18] Cf. TESORO, Marina (Coord.). *Monarchia, tradizione, identità nazionale*: Germania, Giappone e Italia tra Ottocento e Novecento. Milão: Bruno Mondadori, 2004, p. 36, nota 4, que cita TAKEDA, Kiyoko. *The Dual-Image of the Japanese Emperor*. Londres: MacMillan, 1988, pp. 8-10.

[19] *"This situation gave some of the generals the opportunity to pretend they were speaking in the name of the emperor and impose they will on the government. Their policies, however, were largely dependent on imperial approval"*. (STAM, Arthur. *The Diplomacy of the "New Order"*: the Foreign Policy of Japan, Germany and Italy: 1931-1945. Soesterberg: Aspekt, 2003, p. 9).

CAPÍTULO I – TRÊS CONSTITUIÇÕES – DAS DITADURAS ÀS...

Do ponto de vista da *propaganda*, as ditaduras dos três Estados controlavam *os meios de comunicação* totalmente. "Enquanto na Alemanha as mídias devem ser diretamente 'incorporadas' pelo regime, no Japão são certas organizações burocráticas intermediárias a regular os meios de comunicação, em sua maioria de propriedade privada",[20]

Na Itália:

> A ingerência e o controle sobre a imprensa nunca atingiram formas iguais ou mesmo apenas aproximadamente semelhantes àquelas alemãs; as diretrizes para a imprensa nunca foram tão sistematicamente organizadas e foram seguidas e perseguidas com disciplina muito menor.[21]

De um modo ou de outro, o controle sobre as redações era estreito. Documenta-o o catálogo de uma mostra da Biblioteca Estatal de Cremona que ilumina o funcionamento do regime fascista naquela

---

[20] SIEP, Julia. *Nationalisierte Mütterlichkeit als Phänomen der Moderne*: Frauenzeitschriften in Japan, Deutschland und Italien in den 1930er Jahren. München: Meidenbauer, 2011, p. 108 (sobre a política de mídia dos três regimes, pp. 97-108; bibliografia, pp. 279-307); cf. também KASZA, Gregory J. *The State of the Mass Media in Japan*, 1918-1945. Berkeley: University of California Press, 1988, em particular 288. Além disso: SPULCIONI, Gianni. *L'organizzazione del consenso nel ventennio fascista*: Dall'ufficio stampa al Ministero della cultura popolare. Ariccia: Aracne, 2014; ZIMMERMANN, Clemens. *Medien im Nazionalsozialismus*: Deutschland, Italien und Spanien in den 1930er und 1940er Jahren. Köln: Böhlau, 2007 (análise não só da imprensa, mas também da rádio e do cinema, com três bibliografias sobre a Alemanha, a Espanha e a Itália, pp. 269-301); FORNO, Mauro. *La stampa nel Ventennio*: Strutture e trasformazioni nello Stato totalitario. Soveria Mannelli: Rubbettino, 2005.

[21] HOFFEND, Andrea. *Zwischen Kultur-Achse und Kulturkampf*: Die Beziehungen zwischen 'Drittem Reich' und faschistischem Italien in den Bereichen Medien, Kunst, Wissenschaft und Rassenfrage. Frankfurt am Main: Lang, 1998, p. 104.

cidade, centrando-o sobre a figura do fascista intransigente Roberto Farinacci e do seu jornal, *"Il Regime Fascista"*, uma publicação inicialmente local que se tornou um diário com difusão nacional sob sua direção. Perenemente em viagem, Farinacci determinava o direcionamento do jornal com notas escritas sobre "temas para desenvolver os artigos que depois assinaria, inicialmente para 'fazer um artigo de fundo', que inspirou o título da mostra".[22] Essa indicação resultou duplamente vinculante, porque Farinacci foi secretário nacional do partido fascista, além de proprietário e diretor do jornal.

Eram, pelo contrário, de natureza exclusivamente política as *"veline"*,[23] que – segundo as disposições emanadas em 1913 por Gaetano Polverelli, responsável pelo *"Ufficio Stampa del Capo del Governo"*,[24] isto é, Mussolini – deviam caracterizar os jornais com "otimismo, confiança e segurança no futuro", portanto, exigindo "eliminar as notícias alarmistas, pessimistas, catastróficas e deprimentes".[25]

---

[22] CAMPAGNOLO, Stefano (Coord.). *Si faccia un articolo di fondo... Il regime fascista, Farinacci e il ventennio a Cremona*. Cremona: Biblioteca Statale, 2018, p. 21. Sobre as diretrizes à redação: CIGNONI, Francesco. "Le 'veline' di Farinacci nel Fondo Bacchetta dela Biblioteca statale di Cremona". In: CAMPAGNOLO, Stefano (Coord.). *Si faccia un articolo di fondo... Il regime fascista, Farinacci e il ventennio a Cremona*. Cremona: Biblioteca Statale, 2018.

[23] N.T. *"Veline"*: em sentido próprio plural de *"velina"*, papel timbrado. Contudo, o termo é usado jornalisticamente, eventualmente em tom polêmico, para designar uma comunicação oficial enviada à imprensa por algum órgão público.

[24] N.T. *Gabinete de Imprensa do Chefe do Governo*.

[25] Sobre as *"veline"*: CASSERO, Riccardo. *Le veline del Duce*: Come il fascismo controllava la stampa. Milão: Sperling & Kupfer, 2004; em geral, sobre a linguagem a ser usada, FORESTI, Fabio (Coord.). *Credere, obbedire, combattere*: Il regime linguistico del Ventennio. Bologna: Pendragon, 2003; KLEIN, Gabriella B. *Politica linguistica del fascismo*. Bologna: Il Mulino, 1986.

Enzo Biagi lembra uma dessas *"veline"* que chegou ao *"Resto del Carlino"* em setembro de 1940: "o comunicado do Conselho dos Ministros é dado em oito colunas. É proibida toda venda ambulante aos gritos.[26] O telegrama do *Führer* ao *Duce* é publicado em '*palchetto*' (isto é, emoldurado). Não engolir notícias tendenciosas de fonte estrangeira. Enfim, abster-se de todo comentário".[27] Da eficácia dessa diretiva "se mede a capacidade de penetração do fascismo, que não entendia deixar neutros nem mesmo os restritos espaços dos pronomes, dos complementos e das operações de cálculo":[28] atitude recorrente em toda ditadura. "Em geral, podem-se reconhecer muitos paralelos na política de mídia, em particular na política da imprensa, entre Japão, Itália e Alemanha".[29]

Uma autora alemã examinou, na imprensa feminina dos anos trinta, o modelo de mulher imposto pelos regimes ditatoriais. Resulta uma comum visão da mulher como mãe vinculada à casa: *nihon no haha* (a mãe japonesa), a *Volksmutter* (a mãe alemã), o *angelo del focolare* (a mãe italiana). As três ditaduras apresentam conotações fortemente machistas, apesar de o Japão – discutido ainda hoje por alguns de seus clichês – não ter sido fundado por um Pai-eterno, mas por uma Mãe-eterna: a deusa *Amaterasu*, da qual faz descender a dinastia imperial.

Na realidade, os três regimes, de modo obviamente diverso, tentavam conseguir o consentimento das mulheres, mesmo mantendo-

---

[26] N.T. Em italiano, *"Strillonaggio"*, aqui vertido para "venda ambulante aos gritos". A venda ambulante simples era permitida, sendo vedada apenas a que era acompanhada por anúncios em voz alta ou gritos, como no caso, então comum, dos vendedores de jornal.

[27] BIAGI, Enzo. *Io c'ero*: Un grande giornalista racconta l'Italia del dopoguerra. Milão: Rizzoli, 2008, p. 9.

[28] MONTINO, Davide. *Le parole educate*: libri e quaderni tra fascismo e Repubblica. Milão: Selene, 2005, p. 9.

[29] SIEP, Julia. *Nationalisierte Mütterlichkeit als Phänomen der Moderne*: Frauenzeitschriften in Japan, Deutschland und Italien in den 1930er Jahren. München: Meidenbauer, 2011, p. 108.

as em uma posição subalterna, como documenta uma ampla pesquisa sobre *Mulheres e fascismo*.³⁰ Nos 600 dias da República de Salò:

> Assiste-se, de fato, a um prepotente envolvimento da mulher na mobilização bélica em uma fase de extrema emergência, que impõe a sua inserção na máquina produtiva militar até o seu alistamento direto nas fileiras do exército republicano. Isto possibilita as condições para sua mais pronunciada emancipação, marcada pela independência econômica conquistada e pela autoconsciência mais elevada, daqui derivada. É um processo que tendencialmente contrasta até contradizer o paradigma da mulher anjo do lar, que, mesmo entre algumas contradições e desgastes, havia se sustentado por vinte anos.³¹

Além da imprensa tradicional, as ditaduras voltaram particular atenção aos meios, então mais modernos, do rádio e da cinematografia.³² Na Itália, em 1931 uma lei protecionista limitou a importação de filmes estrangeiros para favorecer a produção nacional que em 1936 instalou-se nos estúdios de *Cinecittà*, em Roma. A partir do mesmo ano foi construído, em Veneza, o *Palazzo del Cinema*, para hospedar a *Mostra Internazionale d'Arte Cinematografica*. O conteúdo da

---

30 *Donne e fascismo. Immagini e modelli educativi* (2010); dos nove ensaios, vejam-se em particular a introdução de BOTTERI, Inge. "La donna tra modernità e fascismo". *Annali di storia dell'educazione e delle istituzioni scolastiche*, 17, 2010; COARELLI, Rossella. "Da 'Bertoldo' a 'Settebello'. Donne e morale di regime: l'autarchia e la guerra". *Annali di storia dell'educazione e delle istituzioni scolastiche*, 17, 2010; COARELLI, Rossella. "Riviste femminili nate durante il ventennio fascista". *Annali di storia dell'educazione e delle istituzioni scolastiche*, 17, 2010 (elenco de "246 revistas nascidas na Itália durante o fascismo, dirigidas a um variado público feminino", 105).

31 PALA, Elena. "Le 'donne di Salò' nelle pagine de 'La Domenica del Corriere': tra focolare e patria (1943-1945)". *Annali di storia dell'educazione e delle istituzioni scolastiche*, 2010, p. 87.

32 ARISTARCO, Guido. *Il cinema fascista*: il prima e il dopo. Bari: Edizioni Dedalo, 1996.

produção cinematográfica era curado, desde 1924, pelo *Istituto LUCE* (*L'Unione Cinematografica Educativa*). Com a *Cinecittà*, o fascismo assegurava a produção nacional dos filmes; com a mostra de Veneza, a sua ressonância internacional; e com o *Istituto LUCE*, a conformidade dos conteúdos à linha do regime: o *"Film Luce"*, em particular, era uma breve mostra semanal projetada obrigatoriamente em todas as salas antes do filme principal (cf. p. 149). A difusão capilar era garantida não só pelas numerosas salas cinematográficas, mas também pelo *"Cinemobile"*: um caminhãozinho azul, Fiat 318, dotado de projetor, tela e alto-falantes, que levava as imagens do regime também às localidades carentes de sala cinematográfica.

Na Alemanha, a importação dos filmes era contingenciada já desde a época de Weimar. O advento do nacional-socialismo em 1933 regulou a produção cinematográfica com instituições públicas: o *Ministério da Propaganda* e a *Câmara para a Cinematografia*, ambos sob a guia de Joseph Goebbels.[33] Também o Japão, desde a guerra contra a China em 1937, desenvolveu uma filmografia de propaganda que se inspirava nos modelos alemães.[34] Nela, o Japão vinha apresentado também como o libertador dos povos asiáticos da sujeição colonial: para superar as barreiras linguísticas, a propaganda dedicou particular atenção à parte gráfica dos cartazes dos filmes.

A *política externa* italiana na Ásia Oriental teve menor relevância do que aquela alemã também porque na época fascista a Itália se interessou em um primeiro momento pela China (sobretudo depois do advento dos nacionalistas em 1928), para depois concentrar seu interesse sobre o Japão, a partir da Segunda Guerra Sino-Japonesa

---

[33] COURTADE, Francis; CADARS; Pierre. *Geschichte des Films im Dritten Reich*. München: Hanser, 1975; WELCH, David. *Propaganda and the German Cinema 1933-1945*. Londres: Tauris, 2001.
[34] HANSEN, Janine. *Arnold Fancks "Die Tochter des Samurai"*: Nationalsozialistische Propaganda und japanische Filmpolitik. Berlim: Harrassowitz, 1997.

(1937).³⁵ Os documentos mostram como desde 1940 a política externa italiana se aproximou sempre mais daquela alemã pela Guerra no Pacífico: de fato, o sistema *"Magic"* permitiu aos Estados Unidos e à Grã-Bretanha decifrarem as comunicações militares italianas.³⁶ Por outro lado, como potência menor, a Itália não estava no centro dos interesses japoneses: quando em 1921 o príncipe herdeiro Hirohito visitou a Europa, a Itália foi a sua última etapa.³⁷ A afirmação das ditaduras na Europa e do militarismo no Japão conduziu, depois, a relações mais estreitas.

Os *bombardeios dos Aliados* submeteram a dura prova todos os três países do Eixo, ainda que de modo diverso. Os militares estadunidenses, em um relatório de 11 de setembro de 1941, duvidavam que se pudesse conduzir uma guerra contemporaneamente contra a Alemanha e contra o Japão e, considerando improvável que o povo alemão derrubasse o regime nazista, pediam para concentrar os esforços principalmente em direção a uma "derrota total" da Alemanha. Franz Neumann, jurista social-democrata associado à Escola de Frankfurt, havia recentemente publicado uma análise do nacional-socialismo na qual exprimia a esperança de que, ao menos uma parte dos alemães se opusesse àquele regime.³⁸ Em seu livro indicava de que modo conduzir a guerra para chegar a esse resultado, insistindo sobre a necessidade de evitar os bombardeios

---

[35] FERRETTI, Valdo. *Il Giappone e la politica estera italiana 1935-1941*. Milão: Giuffrè, 1983; VAGNINI, Alessandro. *L'Italia e l'imperialismo giapponese in Estremo Oriente*: La missione del Partito Nazionale Fascista in Giappone e nel Manciukuò. Ariccia: Aracne, 2015.

[36] HERDE, Peter. *Italien, Deutschland und der Weg in den Krieg im Pazifik 1941*. Wiesbaden: Steiner, 1983, com o material inédito (interceptado e decifrado pelo sistema "Magic" dos Estados Unidos e da Inglaterra) sobre a política ítalo-alemã comum na Ásia Oriental.

[37] BERETTA, Lia. *Hirohito in Italia*: Diari. Moncalieri: Centro Interuniversitario di Ricerche sul "Viaggio in Italia", 2013.

[38] NEUMANN, Franz L. *Behemoth*: the Structure and Practice of National-Socialism 1933-1944. Londres: Victor Gollancz, 1942.

de saturação, que teriam afastado todos os alemães da causa aliada. Essa tese não teve resultados práticos, infelizmente, e o livro teve alguma fortuna somente depois do final da guerra:

> Obra fundamental de Franz Neumann, geralmente considerada, juntamente com *As origens do totalitarismo*, de Hannah Arendt, como uma das contribuições pioneiras para a compreensão do fenômeno nazista.[39]

A teoria do bombardeio de saturação é rastreável até o italiano Giulio Douhet[40] e foi discutida e aplicada pelos estadunidenses. "O almirante Chester Nimitz defendia a ideia de que se precisava insistir com os bombardeios diurnos, de grandes alturas", para destruir, na terra, as forças aéreas japonesas e as indústrias bélicas. Ao contrário, o general Curtis LeMay propunha "voos noturnos baixos, não deixando cair bombas disruptivas, mas bombas pequenas, numerosas e carregadas de substâncias incendiárias" sobre as cidades japonesas feitas de casas, sobretudo, de madeira: e, precisa acrescentar, habitadas pela população civil. Prevaleceu a tese de LeMay e, comenta Fosco Maraini, "a ferocidade da guerra do Pacífico fez um notabilíssimo salto adiante, preparando a via para os horrores de Okinawa, de Hiroshima e de Nagasaki".

É ainda Fosco Maraini – com uma descrição que pode valer também para o análogo drama de Dresden, em fevereiro de 1945 –

---

[39] Esse juízo está contido na apresentação do já citado *dossier Allemagne, Italie, Japon*: les fascismes (1982), p. 104. Uma resenha das ideias e da sorte do livro de Franz Neumann está em AYÇOBERRY, Pierre. "Franz Neumann: Behemoth". *Le Débat*, vol. 21, 1982: "*Ouvrage fondamental de Franz Neumann, généralement considéré, avec Les origines du totalitarisme de Hannah Arendt, comme une des contributions pionnières à l'intelligence du phénomène nazi*".

[40] Cf. o parágrafo 4.9, *Un protagonista della geopolitica*: Giulio Douhet e il "dominio dei cieli", LOSANO, Mario G. *La geopolitica del Novecento*: Dai Grandi Spazi delle dittature alla decolonizzazione. Milão: Bruno Mondadori, 2011, pp. 162-179.

a testemunhar as consequências desses bombardeios de saturação sobre Tóquio em março de 1945:

> Na noite ardente, calcula-se [que] tenham morrido de oitenta a cem mil pessoas, quase todas civis; as casas destruídas foram duas milhões e meio, deixando um milhão de cidadãos privados de moradia. O furor do fogo foi tal que se reproduziram (...) alguns vórtices de chamas (*tatsumaki*) que sugavam todo o oxigênio do ar, de modo que milhares de pessoas morreram por asfixia. Outras milhares morreram afogadas, quando procuraram mergulhar nas águas dos numerosos canais e rios da baixa Tóquio. Em suma, foi um desastre apocalíptico.[41]

Menos apocalípticos, mas graves, foram os bombardeios sobre as cidades italianas, sobretudo sobre aquelas do triângulo industrial Turim-Gênova-Milão, onde se concentrava a indústria bélica.[42] Por causa da inversão das alianças italianas, depois de 08 de setembro de 1943, elas foram bombardeadas, primeiro pelos anglo-americanos e depois pelos alemães. As cidades dispostas nas longuíssimas costas italianas foram alvejadas também do mar. No pós-guerra imediato, porém, a Itália pôde reparar as destruições causadas pelos bombardeios porque dispunha de mais mão de obra do que a Alemanha, onde muitos homens faltavam à convocação porque foram abatidos em batalha ou então internados nos campos de prisioneiros. Assim como na indústria bélica durante a guerra, mais uma vez foram as mulheres alemãs a dar início à reconstrução, recuperando os velhos tijolos dos cúmulos dos entulhos, matéria-prima para a nova construção: as *"Trümmerfrauen"* se tornaram

---

[41] MARAINI, Fosco. *Case, amori, universi*. Milão: Mondadori, [1999] 2001, pp. 599/600 (ambas as citações).

[42] RASTELLI, Achille. *Bombe sulla città*: Gli attacchi aerei alleati. Le vittime civili a Milano. Milão: Mursia, 2000, com ampla documentação também fotográfica sobre Milão.

um mito (mesmo se não inquestionável) e em várias cidades alemãs monumentos recordam, ainda hoje, as "damas dos escombros".⁴³

b) A Itália no Japão e o Japão na Itália: D'Annunzio e o "irmão samurai" Shimoi Harukichi

A imagem que os japoneses tinham da Itália é recolhida por Reto Hofmann com essas palavras:

> Na cosmologia japonesa do "Ocidente", a Itália não ocupava uma posição privilegiada. A Itália permanecia como destino de artistas, de viajantes e de um punhado de artistas, nos quais a literatura inglesa havia despertado o interesse por aquela exótica península, pátria da antiga Roma. Pelo contrário, os políticos, economistas e intelectuais japoneses se inspiravam em seus equivalentes alemães, britânicos e franceses.⁴⁴

Invertendo a perspectiva, uma descrição sintética mas global da visão italiana do Japão nos anos do fascismo é contida em um artigo que elenca numerosas obras sobre o tema e descreve as principais revistas publicadas na Itália, entre as quais *"Yamato"*.⁴⁵

---

⁴³ Os dias do pós-guerra também eram os dias da fome: BERGER, Franz Severin; HOLLER, Christiane. *Trümmerfrauen*: Alltag zwischen Hamstern und Hoffen. Wien: Ueberreuter, 1994.

⁴⁴ HOFMANN, Reto. *The Fascist Effect*: Japan and Italy, 1915-1952. Ithaca: Cornell University Press, 2015, p. 10.

⁴⁵ RAIMONDO, Sergio; FORTUNA, Valentina de; CECCARELLI, Giulia (Coord.). "Bushido as allied: The Japanese warrior in the cultural production of Fascist Italy (1940-1943)". *Revista de Artes Marciales Asiáticas (RAMA)*, 12:2, 2017: "esta pesquisa se propõe, exatamente, a aprofundar quais eram as expressões culturais e costumeiras que despertavam o interesse recíproco, ao menos entre intelectuais, políticos e altos oficiais das duas nações, considerando o limitado conhecimento que as classes populares podiam ter de contextos tão distantes e diversos"; "a pesquisa se concentra sobretudo na produção cultural

No Japão, o fascismo foi considerado com atenção não só pelas forças da direita, mas também por "alguns expoentes dos ideais liberais e democráticos", cuja reação ao fascismo "foi frequentemente ingênua, senão acomodada ou até mesmo favorável". A obra de Hofmann demonstra que não só os conservadores, mas também os *"liberals"* [liberais] japoneses "demostravam o mais vivo interesse pelas estratégias mussolinianas de poder, procurando reforçar o liberalismo com as noções fascistas de chefe, de virilidade e de moral".[46]

O ator principal da recepção do fascismo no Japão foi o escritor e depois político Shimoi Harukichi (1883-1954), que viveu na Itália de 1915 a 1933.[47] D'Annunzio sustentava que aquele nome deveria ser transcrito "Shimoi", para enfatizar o seu exotismo; Mussolini, ao contrário, queria romanizar a sua grafia para "Scimoi": com isso, o resultado é que as publicações de Shimoi figuram sob uma ou outra das duas transliterações. Primeiramente, ele promoveu a literatura japonesa na Itália como leitor de japonês no *Regio Istituto Orientale di Napoli*. Em seguida, participou da Primeira Guerra Mundial:[48] mas sobre essa participação circulam vozes fantasiosas que é bom esclarecer. Foi à frente de batalha não como voluntário

---

do material encontrado na Itália durante os anos de co-beligerância dos dois países" (trad. it.: *Il bushido alleato. Il Giappone guerriero nell'Italia fascista* (1940-1943), por https://www.giornaledistoria.net/rubriche/frammenti-di-storia/bushido-1940-1943/).

[46] HOFMANN, Reto. *The Fascist Effect*: Japan and Italy, 1915-1952. Ithaca: Cornell University Press, 2015, p. 5.

[47] SHIMOI, Harukichi. *Un samurai a Fiume*. Com curadoria de Guido Andrea Pautasso. Milão: Oaks, 2019. O prefácio – *Harukichi Shimoi, Samurai a Fiume e profeta del fascismo in Giappone* – é, creio, a primeira verdadeira e própria monografia italiana sobre Shimoi, pp. 13-131. Seguem-lhe Documentos (textos de e sobre Shimoi, p.. 135-283), Fotografias (pp. 287-291), Bibliografia de Harukichi Shimoi (pp. 293-300). Os documentos são trazidos com a indicação da fonte da qual foram tirados e um em seguida ao outro, sem distinções tipográficas.

[48] Shimoi publicou as suas memórias da Grande Guerra [Primeira Guerra Mundial]: SCIMOI, Harukici. *La guerra italiana vista da un giapponese*. 2ª ed. Nápoles: Libreria della Diana, 1919. Agora, também em SHIMOI,

nos *"Arditi"*⁴⁹ italianos, mas como correspondente de vários jornais japoneses e italianos (*"Il Mattino"* e *"Il Mezzogiorno"* de Napoli). Nas jornadas de Caporetto, Shimoi encontrou D'Annunzio, que através do comando dos *"Arditi"*, "conseguiu obter para ele o cargo de Ardito honorário e o direito de usar o uniforme da corporação": com ele aparece em várias fotografias e o usou "também no Japão nas ocasiões oficiais".⁵⁰ Aos *"Arditi"* ensinou o judô: introduziu, assim, esta arte marcial na Itália e, em 1934, acompanhou, como intérprete, o seu fundador, Jigoro Kano, na sua viagem à Itália.

Os eventos pessoais de Shimoi se entrelaçam com a complexa "questão fiumana" que atormentou a Itália no final da Primeira Guerra Mundial. O destino pós-bélico da área de Fiume era, porém, pouco claro desde o início do conflito, quando o Pacto de Londres, de 1915, fixou as fronteiras que a Itália teria obtido ao final vitorioso do conflito, porém deixando aberta a questão da área adriática nos artigos quarto e quinto.⁵¹ Sobre esse ponto, a futura atribuição de Fiume⁵² à Itália foi comprometida pelo comportamento evasivo da Itália nas tratativas, tanto que o presidente do conselho, Antonio Salandra, escreve: "Sonnino e eu não podemos nos eximir da responsabilidade do abandono de Fiume", com particular referência

---

Harukichi. *Un samurai a Fiume*. Com curadoria de Guido Andrea Pautasso. Milão: Oaks, 2019, pp. 140-184.

49 N.T. Os "Arditi" eram uma tropa de assalto de elite, atuante na Primeira Guerra Mundial.

50 Notícias mais detalhadas se encontram no parágrafo: *La guerra italiana vista da un giapponese*, no Prefácio de Pautasso em SHIMOI, Harukichi. *Un samurai a Fiume*. Com curadoria de Guido Andrea Pautasso. Milão: Oaks, 2019, pp. 43/44.

51 GERRA, Ferdinando. *L'impresa di fiume*. Prefácio de Alberto M. Ghisalberti. Milão: Longanesi, 1974; vol. 1: *Fiume d'Italia*, pp. 13-22, com uma detalhada reconstrução sobre a formulação do Pacto de Londres e a reprodução dos artigos supracitados. Sobre a inteira *"questione fiumana"*, vejam-se os dois volumes de Gerra, na edição revista de 1974.

52 N.T. Atual Rijeka, na Croácia.

à nota que deveria precisar, no artigo quinto, a posição de Fiume: "no texto do acordo [de Londres], a redação da nota mesma, eu *não saberia dizer porque* [ela resultou] bastante variada". Aqui teve início a complexa "questão fiumana".[53]

Indro Montanelli, que encontrou Shimoi no Japão depois do final da Segunda Guerra Mundial, recorda-se dele como "um japonês que, depois de anos de ensino no *Istituto Orientale di Napoli*, tinha se italianizado tanto que em 1915 alistou-se como voluntário no nosso exército, seguiu D'Annunzio[54] a Fiume, onde havia tido os contatos ente o Vate assediado, e Mussolini até Milão e, depois, tomou parte na marcha sobre Roma". De fato, Shimoi levava a Mussolini, com quem D'Annunzio estava brigado, as cartas do Vate que se abriam com as palavras "envio-te, camarada ausente e frio, este irmão samurai".[55] Shimoi podia sair de Fiume assediada porque "somente ele, com aquela cara, podia contornar os postos de guarda", ou então, graças ao seu passaporte, mas sobretudo pelo tácito consenso do Régio Exército: de fato, D'Annunzio "se servia disso para suas comunicações com Mussolini, aproveitando o fato de que [o general Enrico] Caviglia ordenava libertar o seu pequeno amigo japonês cada vez que os *carabinieri* o surpreendiam atravessando o confim".[56]

Duas fotografias ilustram a evolução de Shimoi: uma primeira o mostra de quimono, jovem intelectual recém-chegado a Napoli, a outra – farsa inquietante – o retrata com uniforme de *Ardito*, com

---

[53] SALANDRA, Antonio. *L'intervento (1915)*: Ricordi e pensieri. Milão: Mondadori, 1930, pp. 194/195, itálico meu.
[54] N.T. O "Vate".
[55] MONTANELLI, Indro. *Soltanto un giornalista*: Testimonianza resa a Tiziana Abate. Milano: Rizzoli, 2002, p. 155: o alistamento voluntário de Shimoi mencionado por Montanelli faz parte da lenda sobre esse personagem, como se disse pouco acima. Contém uma reportagem cáustica sobre o "último Japão japonês que se colidia com os primeiros efeitos da democratização querida por Mac Arthur", pp. 153-156.
[56] SPINOSA, Antonio. *D'Annunzio, il poeta armato*. Milão: Mondadori, 2005, p. 173.

CAPÍTULO I – TRÊS CONSTITUIÇÕES – DAS DITADURAS ÀS...

o punhal à cintura e ao lado de um grande retrato de Mussolini. A esse mediador político-cultural, Reto Hofmann dedica um dos capítulos mais intrigantes da sua obra.[57]

Contagiado pela paixão de D'Annunzio pela aviação, em 1919 Shimoi procurou organizar para o Vate-soldado um voo até Tóquio, que, porém, não pôde ser realizado por causa do envolvimento de ambos na aventura de Fiume.

> Entre os numerosos estrangeiros que vieram visitar Fiume naquele período, há de se recordar, de modo particular, o poeta japonês Haru Kici Scimoi, conhecido na Itália também porque, no verão de 1919, deveria ter participado do *raid* aéreo previsto de Roma até Tóquio com D'Annunzio e Arturo Ferrarin.[58]

Esse projeto se intersectou com a publicação de:

---

[57] Veja-se o inteiro primeiro capítulo: *Mediator of Fascism: Shimoi Harukichi, 1915-1928*, em: HOFMANN, Reto. *The Fascist Effect*: Japan and Italy, 1915-1952. Ithaca: Cornell University Press, 2015, pp. 8-37. As duas fotografias de Shimoi estão em sequência na p. 1 (com farda de Ardito) e na p. 16 (de quimono); a primeira fotografia está também em SHIMOI, Harukichi. *Un samurai a Fiume*. Com curadoria de Guido Andrea Pautasso. n° 8. Milão: Oaks, 2019, p. 291. Na p. 27, está uma foto de 1926 de Shimoi com Mussolini (também em SHIMOI, Harukichi. *Un samurai a Fiume*. Com curadoria de Guido Andrea Pautasso. n° 9. Milão: Oaks, 2019, 291). Na p. 35, encontra-se a foto da coluna romana que Mussolini doou em 1928 ao Japão graças à mediação de Shimoi.

[58] GERRA, Ferdinando. *L'impresa di fiume*. Prefácio de Alberto M. Ghisalberti. Milão: Longanesi, 1974; vol. 1: *Fiume d'Italia*, p. 247: nas páginas sobre Shimoi, Gerra retoma o título *Saluto all'ospite d'Oriente* com o qual o discurso de D'Annunzio foi publicado em 1949 (ele é reproduzido por inteiro no *Apêndice II,1,b*). Também a grafia italianizada do nome de Shimoi foi obtida do texto de D'Annunzio.

> Uma primeira coletânea dos discursos pronunciados na tribuna romana e das invectivas impressas em um jornal partidário nacional, entre a primavera e o verão de 1919, quando o comandante da *Squadra di San Marco* preparava o longo voo rumo ao Extremo Oriente e a reivindicação armada de Fiume, "porta do Oriente", fiel ao seu moto guerreiro de aviador e de infante e de marinheiro: *donec ad metam*.[59]

A ideia é retomada no ano seguinte pelo ás da aviação, Arturo Ferrarin, que em Paris encontrou um oficial italiano:

> Vindo a Paris para comprar mapas, que deviam servir para um *raid* Roma-Tóquio sonhado por Gabriele D'Annunzio e pelo poeta japonês Shimoi. Era a primeira vez que ouvia falar desse projeto, novo e audaz, naqueles tempos.[60]

Projeto do qual Ferrarin se tornou protagonista.

As condições do empreendimento parecem, hoje, proibitivas. Ferrarin subtrai os mapas daquele oficial, mas deve restituí-los; rouba, então, o atlas *Stieler* do ministério, mas os *carabinieri* vêm a recuperá-lo. Enquanto um oficial distrai os *carabinieri*, Ferrarin arranca as páginas úteis para o voo: é a cartografia de base para a

---

[59] D'ANNUNZIO, Gabriele. *La penultima ventura*: libro primo: Il sudore di sangue. Milão: Istituto nazionale per la edizione di tutte le opere di Gabriele D'Annunzio, 1932: "com o título *Contro uno e contro tutti* foi já impressa" uma edição, que, porém, "apareceu incompleta e teve, por duras necessidades, um número reduzido de exemplares". Sobre as edições desta obra, cf. *Apêndice II.1, nota 95*, p. 422.

[60] FERRARIN, Arturo. *Voli per il mondo*. Com apresentação de Benito Mussolini. Milão: Mondadori, 1929, publicado depois do voo ao Brasil e reimpresso em 1942. A citação está na p. 18. O autor já tinha publicado FERRARIN, Arturo. *Il mio volo Roma-Tokio*. Torino: ARP, 1921. Uma descrição também técnica das suas empresas (com bibliografia) está no verbete SIRCANA, Giuseppe. "Ferrarin, Arturo". *Dizionario Biografico degli Italiani*. vol. 46. Roma: Treccani, 1996.

empresa. Iniciam-se, assim, as etapas de um voo de 18.000 quilômetros com um biplano monomotor (resíduo da Grande Guerra) que voava em localidades onde, como "em Foochow, como em Cantão, nunca tinham visto aeroplanos". Portanto, aterrizava-se onde era possível: "em Foochow, tiveram de fazer uma parada forçada de quatro dias porque em Shangai havia corridas de cavalos e o campo não estava à disposição para aterrizar". O primeiro *raid* Roma-Tóquio se concluiu exitosamente: o avião de Ferrarin, partido de Centocelle em 14 de fevereiro de 1920, chegou em Tóquio em 30 de maio, onde:

> A mais bela nota de italianidade era dada pelas livrarias, onde tão frequentemente apareciam as obras de D'Annunzio traduzidas em japonês, convencendo-nos que o comandante era o autor predileto entre os clássicos intelectuais do país.[61]

Com o análogo voo ao Brasil, de 1928, Ferrarin concluía a época dos empreendimentos aeronáuticos individuais, porque o potente Italo Balbo preferia "os grandes cruzeiros de massa", bem mais eficazes do ponto de vista propagandístico.

Um outro voo a Tóquio teve lugar um ano depois da morte de Ferrarin, em 1942. "Um capítulo desconhecido da história da Segunda Guerra Mundial" é "a planificação alemã e italiana para instituir uma ponte aérea entre as potências europeias do Eixo, na Europa, e o aliado japonês, no Extremo Oriente", também porque a invasão da União Soviética havia bloqueado a via siberiana ao Japão. Um único voo de Roma a Tóquio, e seu retorno, teve lugar de 29 de junho a 20 de julho de 1942 e foi somente italiano, porque o voo alemão foi apenas planejado, ao passo que o avião japonês precipitou durante o voo.[62]

---

[61] FERRARIN, Arturo. *Voli per il mondo*. Com apresentação de Benito Mussolini. Milão: Mondadori, 1929, pp. 66, 67 e 94.
[62] HERDE, Peter. *Der Japanflug*: Planungen und Verwirklichung einer Flugverbindung zwischen den Achsenmächten und Japan 1942-1945.

Se Shimoi compartilhou a paixão aeronáutica de D'Annunzio, simetricamente D'Annunzio, na sua pesquisa de exotismo, foi contagiado pela poesia japonesa antes mesmo de conhecer Shimoi: de fato, eram os anos nos quais o *Japonisme* influenciava também os pintores impressionistas. Nos artigos dedicados a temas japoneses, D'Annunzio revela o seu débito com as traduções francesas (a partir da transcrição dos vocábulos: "outa" está de fato para o japonês "uta", ou *haiku*) e, em particular, com a obra de Edmond de Goncourt que descreve minuciosamente os elementos japoneses de que é repleta a própria casa.[63] Já entre 1885 e 1890 D'Annunzio havia escrito a *"Outa occidentale"* usando a métrica japonesa, seguida pelos versos de estilo nipônico publicados por ocasião das núpcias Belmonte-Torlonia.[64] Em 1923, D'Annunzio sonhava: "no Japão, na periferia de Kyoto habitarei um velho templo de madeira

---

Stuttgart: Steiner, 2000, p. 9. Em apêndice, páginas em italiano do diário do general Publio Magini, segundo piloto no voo Roma-Tóquio-Roma (265-273).

[63] Um preciso percurso do (superficial) niponismo dannunziano – na fábula mundana *Mandarina*, na *Outa occidentale*, em algumas páginas do romance *Il piacere*, e em vários poemas – está delineado em MURAMATSU, Mariko. *Il buon suddito del Mikado*: D'Annunzio japonisant. Milão: Archinto, 1996. A fonte da qual D'Annunzio haure é GONCOURT, Edmond de. *La maison d'un artiste*. 2 vol. Paris: Charpentier, 1881.

[64] CIAPPARONI LA ROCCA, Teresa. "Gli scrittori italiani e il Giappone". *In*: AMITRANO, Giorgio *et al.* (Coord.). *Studi in onore di Luigi Polese Remaggi*. Napoli: Università degli Studi di Napoli L'Orientale, 2005, p. 106, recorda que D'Annunzio publicou aqueles versos (nove estrofes, todas de cinco versos com ritmo 5-7-5-7-7) em *Cronaca bizantina*, em 14 de junho de 1885 ("a mesma data da *Outa occidentale* sul '*Fanfulla della domenica*'") juntamente com a resenha das traduções de poemas japoneses publicados por Judith Gautier (filha de Théophile, *"magicien ès lettres françaises"* [NT: "mágico das letras francesas"]): GAUTIER, Judith. *Poëmes de la libellule*: Traduit du japonais d'après la version littérale de M. Saionzi. Paris: Gillot, 1884.

entre as cerejeiras leves e os lagos cobertos pelas flores de lótus e os sorrisos discretos dos bonzos".[65]

Na dionisíaca atmosfera de Fiume, a teatralidade e o desejo de deslumbrar o auditório, típicos de D'Annunzio, favoreciam os *exploits*[66] do Vate. Depois de um jantar em Fiume, D'Annunzio sussurrou a Shimoi:

> Levanta-te em pé e, sem preocupar-te com nada, pronuncia com voz clara e sonora um grupo de uma ou duas dezenas de palavras aleatórias como *konnitciwa, sayonara, arigatou*. Façamos pasmar a todos.

Em voz alta, anunciou: "agora o senhor Shimoi recitará um poema. Escutai-a e, depois, eu a traduzirei". Shimoi o seguiu nessa brincadeira, pronunciando palavras japonesas aleatórias e, "não apenas eu retomava fôlego fazendo uma interrupção, D'Annunzio começava a 'traduzir' encontrando sempre as palavras certas" que evocassem "a tristeza ao rumor dos insetos ou a saudade do curso

---

[65] D'Annunzio recorre à métrica japonesa (tanka de 31 more: 5-7-5-7-7) no *haiku* "*Outa Occidentale*", no qual introduz a rima: "*Guarda la Luna | tra li alberi fioriti; | e par che inviti | ad amar sotto i miti | incanti ch'ella aduna*". Além disso: "*Veggo da i lidi | selvagge gru passare | con lunghi gridi | in vol triangolare | su 'l grande occhio lunare*" (citações tiradas de https://haikusparsi.wordpress.com/2015/12/13/haiku-g-dannunzio/). Cf. também: MURAMATSU, Mariko. "Outa occidentale di Gabriele D'Annunzio, ovvero quando la metrica giapponese plasma la poesia italiana". *In*: CRISAFULLI, Edoardo; GESUATO, Maria Katia (Coord.). *Una lingua per amica*. Tokyo: Istituto Italiano di Cultura, 2011. Disponível em: https://utcp.c.u-tokyo.ac.jp/publications/pdf/CollectionUTCP11_Muramatsu_04.pdf. Acessado em: 27.03.2024; AGOSTINI, Giulia. *Intrecci letterari tra Italia e Giappone nel Novecento*: i casi di Mishima e D'Annunzio. 2015. Disponível em: https://www.academia.edu/31084334/Intrecci_letterari_tra_Italia_e_Giappone_nel_Novecento_i_casi_di_Mishima_e_DAnnunzio. Acessado em: 28.03.2024.

[66] N.T. "As explorações".

de água límpido no qual se reflete a lua, ou o louvor das nuvens passageiras". Admiração geral: "daquele momento em diante, vozes se difundiram sobre o fato de que D'Annunzio conhecia bem o japonês entre aqueles do governo provisório, bem como entre os soldados do assédio de Fiume", também porque D'Annunzio "repetia frequentemente o truque de magia das traduções japonesas".[67]

Se o Vate era seriamente seduzido pela tradição literária japonesa, o D'Annunzio nacionalista e homem de ação admirava a afirmação do renovado Estado japonês e indicava aquela "ressurreição asiática" como alternativa à subalternidade italiana na política internacional, como se lê na saudação dirigida a Shimoi trazida no *Apêndice II.1,b*. É uma atitude análoga àquela do bengalês Rabindranath Tagore, que encontraremos daqui a pouco, e de alguns intelectuais dos dois Estados da península ibérica diante do novo Japão: para superar a decadência se aconselhava a "japonización" da Espanha e a "japonização" de Portugal.[68]

---

[67] SHIMOI, Harukichi. *Un samurai a Fiume*. Com curadoria de Guido Andrea Pautasso. Milão: Oaks, 2019, p. 247, traduzido do texto de SHIMOI, Harukichi. "D'Annunzio no yokogao [Profilo di D'Annunzio]". *Kaiz*, 1938, publicado em comemoração à morte de D'Annunzio, acontecida naquele ano. As três palavras em japonês significam bom-dia, adeus e obrigado.

[68] LOSANO, Mario G. *Il portoghese Wenceslau de Moraes e il Giappone ottocentesco. Con 25 sue corrispondenze nelle epoche Meiji e Taisho (1902-1913)*. Torino: Lexis, 2016. Disponível em: https://www.academia.edu/35755566/Il_portoghese_Wenceslau_de_Moraes_e_il_Giappone_ottocentesco_Con_25_sue_corrispondenze_nelle_epoche_Meiji_e_Taisho_1902-1913_Lexis_Torino_2016_XXVII-569_pp. Acessado em: 09.04.2024, p. 142 (e o verbete "*japonização*" no índice analítico); LOSANO, Mario G. *Lo spagnolo Enrique Dupuy e il Giappone ottocentesco*. In appendice: Enrique Dupuy, La transformación del Japón en la era Meiji, 1867–1894. Torino: Lexis, 2016. Disponível em: https://www.academia.edu/35755644/Enrique_Dupuy_e_Giappone_XIX_sec._In_appendice_Enrique_Dupuy_La_transformaci%C3%B3n_del_Jap%C3%B3n_en_la_era_Meiji_1867-1894_Lexis_Torino_2016_XXIII-407_pp. Acessado em: 09.04.2024, pp. 129-133 (e o verbete "*japonización*" no índice analítico).

No Japão, os escritos de D'Annunzio tiveram grande fortuna, mesmo que as "obras de literatura italiana tenham começado a aparecer mais tarde [depois de 1868], em traduções parciais, em revistas literárias, para ir paulatinamente aumentando no início do século XX". Todavia:

> O autor italiano sobre o qual se concentra a maior atenção e o maior número de literatos japoneses é Gabriele D'Annunzio que rapidamente torna-se um autor estrangeiro de moda no ambiente literário japonês do início do século XX. [...D'Annunzio,] depois de Dante e Boccaccio, foi o escritor italiano mais lido e traduzido, e o único autor moderno comumente conhecido.[69]

Graças também às traduções de Shimoi, ainda hoje D'Annunzio é um autor conhecido no Japão, como o demonstraram, em 2013, as celebrações em Tóquio e Kyoto pelo sesquicentenário do seu nascimento.[70]

Enfim, *"il fratello samurai"*, que havia sido intermediário entre D'Annunzio e Mussolini aos tempos do empreendimento de Fiume, esteve ao lado de Mussolini, em nível máximo, nos contatos com o Japão, tornando-se, assim, o reconhecido propagandista do fascismo

---

[69] DI RUSSO, Marisa. "Influenze e suggestioni letterarie dall'incontro tra Oriente e Occidente. D'Annunzio in Giappone". *In*: AMITRANO, Giorgio *et al.* (Coord.). *Studi in onore di Luigi Polese Remaggi*. Napoli: Università degli Studi di Napoli L'Orientale, 2005, pp. 176/177. Cf. também LAMBERTI, Maria Mimita. "Giapponeserie dannunziane". *In*: GALLOTTA, Aldo; MARAZZI, Ugo (Coord.). *La conoscenza dell'Asia e dell'Africa in Italia nei secoli XVIII e XIX*. vol. 2. Napoli: Istituto Universitario Orientale, 1985, pp. 295-297.

[70] Sobre a fortuna de D'Annunzio no Japão: DI RUSSO, Marisa. "Influenze e suggestioni letterarie dall'incontro tra Oriente e Occidente. D'Annunzio in Giappone". *In*: AMITRANO, Giorgio *et al.* (Coord.). *Studi in onore di Luigi Polese Remaggi*. Napoli: Università degli Studi di Napoli L'Orientale, 2005.

no seu país. Um relatório dos contatos entre Shimoi e Mussolini se refere a uma carta de Mussolini para as crianças japonesas:

> "Oh, Shimoi, [diz Mussolini] já comecei a mensagem às crianças do Japão. Escrevi assim..." E lê a primeira página ainda molhada. Depois, continua a escrever, molhando a caneta em um grande tinteiro da sua sala no palácio *Chigi*. "Shimoi, o que significa a palavra *Banzai*?" – "Literalmente *dez mil anos* e é o viva japonês, que augura uma longa vida. Mas aos japoneses agradará mais *Alalà!*, que coincide maravilhosamente com o grito de vitória que lançavam os antigos guerreiros da Terra do Sol, batendo a haste das lanças à terra". "Realmente?" – "Japão e Itália são, em todos os pontos, perfeitamente irmãos". – "Está feito. O presidente lê do começo: *às crianças do distante Japão, que chegue a saudação dos pequenos Balilla*[71] *italianos que vestem, hoje, a Camisa Preta. Apesar da distância, os corações das crianças virtuosas e amantes da beleza e da pátria encontram-se e se amam. Alalà!*" –
> Assinado Mussolini, Roma, julho de 1923.[72]

---

[71] N.T. "*Opera Nazionale Balilla*", organização juvenil fascista, para a assistência e para a educação física e moral da juventude (ONB). A respeito do termo *Balilla*, o Vocabolario Treccani (https://www.treccani.it/vocabolario/balilla/) explica: "durante o regime fascista, nome dado aos rapazes entre oito e catorze anos organizados em formação de tipo paramilitar na *Opera Nazionale Balilla*. [O termo] deriva do sobrenome atribuído pela tradição ao garoto (identificado, mas sem evidência histórica conclusiva, com G. B. Perasso) que em 5 de dezembro de 1756 acendeu a primeira centelha de insurreição contra os austríacos atirando uma pedra contra um batalhão de soldados que carregavam um morteiro".

[72] SHIMOI, Harukichi. *Un samurai a Fiume*. Com curadoria de Guido Andrea Pautasso. Milão: Oaks, 2019, pp. 267/268, com a indicação da seguinte fonte: "as palavras de Harukichi Shimoi estão presentes em VICENTINI, Luigi. *Mussolini veduto dall'estero*. Milão: Barion, 1924, pp. 115-121".

Mussolini aprendeu de Shimoi também o episódio do Byakkotai, uma tragédia histórica de fidelidade e de morte. Em 1868-1869, a guerra Boshin opôs as forças tradicionalistas de Satsuma ao imperador favorável ao Ocidente. A unidade de reserva "Tigre Branco", Byakkotai, do clã tradicionalista de Aizu, era composta pelos filhos maiores de dezesseis anos dos mais importantes samurais. No decurso de uma batalha, crendo por erro que o seu senhor fosse morto, vinte jovenzinhos, que tinham se retirado sobre a colina de Limori, suicidaram-se ritualmente. Todo o Japão admirava essa fidelidade extrema, mesmo se restrita à parte adversa ao imperador.

Em 1928, um matrimônio selou, no novo Japão, a reconciliação das duas facções: o príncipe Chichibu, irmão mais novo do imperador, Hirohito, esposou a princesa Setsuko Matsudaira, neta do senhor tradicionalista derrotado na batalha de Aizu. Na Itália, Shimoi difundiu o episódio do Byakkotai, apresentando-o como digno da antiga Roma. Esta história impressionou Mussolini que, em 1928, enviou a Tóquio uma coluna romana encimada por uma águia, a fim que fosse colocada sobre a colina de Limori, como monumento para celebrar os heróis do Byakkotai. Sobre a base de mármore Carrara se lê: "S.P.Q.R. | no símbolo do *littorio*[73] | Roma | mãe de civilização | com a milenar coluna | testemunha de eterna grandeza | tributa honra imperecível | à memória dos heróis de Biacco-tai | Ano MCMXXVIII-VI era fascista".

Sobre aquela colina, a coluna se levanta ainda hoje. Pouco distante, uma simples lápide cinza é dedicada por "um alemão aos jovens cavaleiros de Aizu – 1935". Nada de oficial, mas a cruz de ferro ao centro, a *"Eisernes Kreuz"*[74] dos militares alemães, induz a pensar que aquela lápide tenha sido colocada por um adido militar

---

[73] N.T. "*Littorio*": a expressão "*fascio littorio*", que deu origem ao termo "fascismo", designava um agrupamento de galhos amarrados em um machado, representação de poder na Roma Antiga.
[74] N.T. "Cruz de Ferro".

alemão em Tóquio[75] como tributo pessoal àquela ideia de fidelidade tão central na ideologia nacional-socialista (cf. p. 27). O mito da fidelidade está no centro dos episódios mais conhecidos também na Itália, de "*47 Ronins*" a *Madama Butterfly*.

Shimoi Harukichi pregava para o Japão a recepção de um modelo político de tipo fascista, porém adaptado às características do Japão, isto é, fundado "sobre o sentimento da terra ancestral unificada pela monarquia". Portanto, em seu fascismo não havia necessidade de um chefe carismático, porque cada reforma política devia submeter-se ao imperador, "que era, e deve ser para sempre, o centro da solidariedade nacional".[76] A ideia de adaptar o fascismo italiano às exigências de outras nações era difundida: por exemplo, o fundador do "Integralismo" brasileiro, Plínio Salgado, escrevia da Itália: "estudei muito o fascismo. Não é exatamente o regime do qual temos necessidade aqui [no Brasil], mas é algo semelhante".[77]

Fiel à sua visão de um fascismo imperial radicalmente nipônico, Shimoi se afastou progressivamente da política quando as relações entre os três países do Pacto Tripartite se tornaram mais estreitas. Mesmo depois da aventura de Fiume, a vida de Shimoi foi sempre dedicada à Itália e nela se refletem os complexos acontecimentos daqueles anos. Deixada Fiume, antes do "Natal de sangue", voltou a ensinar no "*Orientale di Napoli*" e depois no Japão, na Universidade de Tóquio. Escreveu uma bem-sucedida biografia de Mussolini, fundou a *Sociedade Dantesca* no Japão e traduziu D'Annunzio. Depois de 08 de setembro de 1943, quando a Itália rompeu a aliança com a Alemanha, foi hostilizado pelos próprios japoneses como inimigo

---

[75] "Ein Deutscher den jungen Rittern von Aizu – 1935" (Disponível em: https://www.flickr.com/photos/bagelmouse/9042885160/in/photostream/).

[76] HOFMANN, Reto. *The Fascist Effect*: Japan and Italy, 1915-1952. Ithaca: Cornell University Press, 2015, pp. 9 e 32.

[77] TRINDADE, Hélgio. *Integralismo*: o fascismo brasileiro na década de 30. Porto Alegre; São Paulo: Universidade Federal do Rio Grande do Sul; Difusão Européia do Livro, 1974, p. 83.

filo-italiano. Depois, com a ocupação americana, foi expurgado, mas enfim reintegrado à Universidade de Tóquio. Continuou, assim, a sua atividade de italianista até a morte, em 1954.[78]

c) A Alemanha e o mito dos samurais

Nos anos trinta, numerosos escritos visam a promover, na Alemanha, o conhecimento e a amizade com o aliado oriental do Terceiro Reich. Os pontos de contato são naturalmente indicados na ideologia do nacional-socialismo e do militarismo. Em um manual de 1936 sobre a história e a política do Japão, centralizado nas relações entre Alemanha e Japão, o coautor alemão (já oficial da Marinha) escreve que:

> A Alemanha tem particular motivação para buscar a amizade do Japão, porque os sentimentos dos dois povos são, sob muitos aspectos, semelhantes (...). Os japoneses sentem já, agora, essa parentela espiritual conosco, mas os alemães ainda estão longes disso.[79]

O coautor japonês, no seu prefácio, descreve como a Alemanha (vista como caótica e à beira do bolchevismo, depois da Primeira Guerra Mundial) tinha sido salva pela "heroica ousadia" dos nacional-

---

[78] Sobre a atividade de Shimoi depois de Fiume até ao final da Segunda Guerra Mundial: SHIMOI, Harukichi. *Un samurai a Fiume*. Com curadoria de Guido Andrea Pautasso. Milão: Oaks, 2019, pp. 94-131 (nos parágrafos do *Prefazione: Shimoi e la Yoga*; *Shimoi abbandona Fiume*; *Shimoi e Mussolini*; *Il ricordo di Indro Montanelli*) e a literatura ali citada. Em Napoli, fundou a revista *Sakura*; os seus escritos nessa revista e no jornal *"Il Mezzogiorno"* estão recolhidos em SHIMOI, Harukichi; PISCOPO, Ugo (Coord.). *Buio sotto il faro*: scritti di un giapponese a napoli. Napoli: Guida, 2015.

[79] PUSTAU, Eduard von; OKANOUYE-KUROTA, Moriguchi. *Japan und Deutschland, die beiden Welträtsel*: Politische, wirtschaftliche und kulturelle Entwicklung. Berlim: Deutscher Verlag für Politik und Wirtschaft, 1936. A citação está no prefácio de Pustau, VII.

socialistas "de libertar o povo alemão da servidão estrangeira". Ainda, continua:

> Como japonês, enche-me da máxima satisfação o fato de que a Alemanha deva o seu surpreendente rejuvenescimento às mesmas virtudes que contribuíram com a gloriosa ascensão do Japão: ardente amor à pátria, ilimitada capacidade de sacrifício e disciplina.[80]

Naqueles anos, o ponto de contato entre os dois povos é encontrado especialmente no militarismo.[81] Em 1943, um autor alemão apresenta o caráter do povo japonês assim: "do ponto de vista nacional-socialista é imediata a comparação do elemento militar [*soldatisches Element*] no povo alemão e naquele japonês". De fato, são afins tanto "o espírito de equipe dos oficiais prussianos e dos samurais da época Tokugawa", quanto "o soldado político do nacional-socialismo e a atitude heroicamente militar do povo japonês do presente".[82] Essa concepção permitia construir um paralelo entre

---

[80] OSTWALD, Paul. *Deutschland und Japan*: Eine Freundschaft zweier Völker. Berlim: Junker und Dünnhaupt, 1941, IX (ambas as citações). O volume examina as relações culturais, políticas e econômicas entre Japão e Alemanha. O apêndice é dedicado à concepção japonesa do Estado e do imperador, pp. 147-155.

[81] DONAT, Walter. "Deutschland und Japan. Eine Einführung". *In*: _____. *et al. Das Reich und Japan*: Gesammelte Beiträge. Berlim: Junker e Dünnhaupt, 1943. Sempre em DONAT, Walter *et al. Das Reich und Japan*: Gesammelte Beiträge. Berlim: Junker e Dünnhaupt, 1943; cf. também: MOSSDORF, Otto. "Der soldatische Charakter des deutschen und japanischen Volkes". *In*: DONAT, Walter *et al. Das Reich und Japan*. Berlim: Junker, 1943; DONAT, Walter. "Der deutsche und der japanische Reichsgedanke". *In*: _____. *et al. Das Reich und Japan*: Gesammelte Beiträge. Berlim: Junker e Dünnhaupt, 1943; URACH, Albrecht von. "Die Neuordungsprobleme Japans und Deutschlands". *In*: DONAT, Walter *et al. Das Reich und Japan*. Berlim: Junker, 1943.

[82] DONAT, Walter. "Deutschland und Japan. Eine Einführung". *In*: _____. *et al. Das Reich und Japan*: Gesammelte Beiträge. Berlim: Junker e Dünnhaupt, 1943, pp. 9/10. "O *soldatisches Element* constitui uma

os samurais e as SS,[83] claramente apoiado pelo regime nacional-socialista.

Na Alemanha, multiplicavam-se os livros sobre os samurais[84] e Himmler promovia a imagem do samurai como modelo para as SS, da qual era o *Reichsführer*.[85]

> Nesta simples lógica – comenta um hodierno germanista estadunidense –, Himmler simultaneamente legitima a si mesmo e a seu grupo elitista como historicamente necessários e aumenta o seu prestígio e a sua fama vinculando-o aos samurais, tradicionalmente admirados ou, ao menos, temidos.[86]

Com essa finalidade, Himmler fez publicar, pela editora do partido nacional-socialista, uma série de artigos compilados em um pequeno volume difundido em cem mil cópias, que já no título sanciona esse estreito paralelismo – *Os samurais, cavaleiros do Império com honra e fidelidade*: o lema das SS era, de fato, "a

---

ligação particularmente forte no comportamento espiritual do Japão e da Alemanha" (KOELLREUTTER, Otto. *Das politische Gesicht Japans*. Berlim: Heymanns, 1940, p. 23).

[83] N.T. *Schutzstaffel*: em português "Tropa de Proteção".

[84] PEKAR, Thomas. "Held und Samurai. Zu den ideologischen Beziehungen zwischen Japan und Nazi-Deutschland". *Archiv für Kulturgeschichte*, 90:2, 2008 (traz uma lista de autores da época nacional-socialista, p. 438, nota 7); Sepp Linhart (2005), *Das heroische Japan* (nem todos os autores citados eram nazistas, porém eram por eles citados ou usados). Cf., enfim, o monumental BIEBER, Hans-Joachim von. *SS und Samurai*: Deutsch-Japanische Kulturbeziehungen 1933-1945. München: Iudicium, 2014, que analisa as relações culturais nipônico-alemãs desde 1914 (bibliografia, pp. 1173-1249).

[85] N.T. *Reichsführer*: literalmente, "comandante (*Führer*) a nível nacional (*Reich*)".

[86] MALTARICH, Bill. *Samurai und Supermen*: National Socialist Views of Japan. Oxford: Lang, 2005, p. 156.

minha honra se chama fidelidade", *"Meine Ehre heißt Treue"* – e nele introduziu este prefácio:

> Não é por acaso que *"Das Schwarze Korps"*, o jornal das *Schutzstaffel* de Adolf Hitler, tenha publicado a série de artigos *"Os samurais, cavaleiros de honra e fidelidade"*. As leis segundo as quais os povos se tornam grandes valem para todos, assim como as leis segundo as quais os povos decaem. É bom para nós ter isso sempre em consideração, para aprender com a vida de outros povos.
>
> Com esta breve história dos samurais queremos evocar à memória algo há muito esquecido: que já em tempos antigos este povo do Extremo Oriente possuía as mesmas leis de honra que os nossos pais possuíam, em um passado destruído prematuramente e que, além do mais, são minorias do máximo valor aquelas que atribuem a um povo uma vida eterna segundo uma concepção terrena. Possa ser esse o significado da presente publicação e, nesse espírito, muitos possam lê-lo, em particular os homens das SS.
> H. Himmler – *Reichsführer* SS.[87]

Esse abstrato paralelismo entre elites está, porém, ao serviço de uma concreta geopolítica de poder:

> O surpreendente paralelismo entre história dos nossos dois povos, agora aliados, desagua em um futuro com objetivos e tarefas muito semelhantes: a pacificação e a guia de vastos espaços vitais habitados por uma pluralidade de pessoas. Também os futuros problemas da nova ordem na

---

[87] CORAZZA, Heinz. *Die Samurai. Ritter des Reiches in Ehre und Treue, mit einem Vorwort des Reichsführers SS und Chefs der deutschen Polizei Heinrich Himmler*. Berlim: Zentralverlag der NSDAP, 1944.

Alemanha e no Japão estarão sob o sinal da grandeza e da responsabilidade dos nossos povos e das nossas ideologias.[88]

É um aceno à geopolítica alemã e à "Esfera de Co-Prosperidade da Grande Ásia Oriental", isto é, ao colonialismo japonês sobre o continente asiático, sobre o qual se voltará em breve.

Um dos mais mencionados (e nefastos) juristas nazistas, Otto Koellreutter, publicou as suas impressões de um ano transcorrido no Japão (em 1939) como professor visitante.[89] Entre as suas fontes, indica os volumes *"Japan und die Japaner"* [Japão e os japoneses], do fundador da geopolítica Karl Haushofer, e *Yamato*, da suíça Lily Abegg (ideologicamente neutra).[90] O livro de Koellreutter compreende cinco capítulos,[91] do qual está aqui considerado somente

---

[88] DONAT, Walter. "Deutschland und Japan. Eine Einführung". *In*: _____. et al. *Das Reich und Japan*: Gesammelte Beiträge. Berlim: Junker e Dünnhaupt, 1943, p. 14.

[89] KOELLREUTTER, Otto. *Das politische Gesicht Japans*. Berlim: Heymanns, 1940. As citações são tiradas da primeira edição. A *Einleitung* (7-9) da primeira edição não está mais presente na segunda de 1943. Não pude encontrar: KOELLREUTTER, Otto. "National Socialism and Japan". *Contemporary Japan*, 8:2, 1939.

[90] KOELLREUTTER, Otto. *Das politische Gesicht Japans*. Berlim: Heymanns, 1940, p. 7, adverte que pode "indicar como realmente informativos somente" os seguintes dois volumes: HAUSHOFER, Karl. *Japan und die Japaner*: Eine Landeskunde. Leipzig: Teubner, 1923; ABEGG, Lily. *Yamato*: Der Sendungsglaube des japanischen Volkes. Frankfurt am Main: Sozietäts-Verlag, 1936. Sobre esta autora, cf. LOSANO, Mario G. *Lo spagnolo Enrique Dupuy e il Giappone ottocentesco. In appendice*: Enrique Dupuy, La transformación del Japón en la era Meiji, 1867–1894. Torino: Lexis, 2016, p. 115, nota 159. Disponível em: https://www.academia.edu/35755644/Enrique_Dupuy_e_Giappone_XIX_sec._In_appendice_Enrique_Dupuy_La_transformaci%C3%B3n_del_Jap%C3%B3n_en_la_era_Meiji_1867-1894_Lexis_Torino_2016_XXIII-407_pp. Acessado em: 09.04.2024. Sobre Haushofer, cf. *infra*, nota 79 e 103.

[91] Os capítulos se intitulam *Il paese, Il popolo, Lo Stato, L'Impero, Il Giappone e la Germania*: estes temas são tratados do ponto de vista político.

o quinto, *"Japan und Deutschland"* [Japão e Alemanha]. Também para Koellreutter "um forte elemento natural de atração entre os dois povos é o elemento militar que vive neles".[92] Inversamente, o mundo econômico do Japão sofre "uma forte influência americana" e está ainda ligado "ao velho pensamento liberal", apesar de já estar avançando rumo a "uma economia controlada pelo Estado".[93] Mas os pontos de contato e a progressiva aproximação não devem induzir ao engano: "os círculos oficiais rejeitam incluir o Japão no âmbito dos Estados fascistas".[94] Essa diferenciação era compartilhada por Shimoi, como se viu.

Também o Japão havia conhecido uma crise dos partidos, fruto do modelo americano recebido nos tempos da Era Meiji. Em seguida à dissolução dos partidos se seguiu a instituição do *Conselho Nacional* pelo Presidente do Conselho Konoe. Este, em 28 de agosto de 1940, havia declarado que "o Japão prossegue em sua tarefa de criar uma nova ordem na Ásia Oriental",[95] isto é, criar o "Grande Espaço" teorizado por Haushofer.[96] Ao tomar as decisões e ao aplainar as

---

[92] KOELLREUTTER, Otto. *Das politische Gesicht Japans*. Berlim: Heymanns, 1940, p. 61: *"das lebendige soldatische Element"*.

[93] KOELLREUTTER, Otto. *Das politische Gesicht Japans*. Berlim: Heymanns, 1940, p. 62.

[94] KOELLREUTTER, Otto. *Das politische Gesicht Japans*. Berlim: Heymanns, 1940, p. 62.

[95] Citado por KOELLREUTTER, Otto. *Der heutige Staatsaufbau Japans*. Berlim: Junker und Dünnhaupt, 1941, p. 17. Este opúsculo foi publicado na coluna *"Schriften für Politik und Auslandskunde"* (da editora *Junker und Dünnhaupt*), coluna que, hoje, pode ser considerada uma *summa* das posições nacional-socialistas sobre os mais variados temas internos e internacionais.

[96] SPANG, Christian W. *Karl Haushofer und Japan*: Die Rezeption seiner geopolitischen Theorien in der deutschen und japanischen Politik. München: Iudicium, 2013; em particular: *Der deutsche Einfluss auf die Entstehung der Geopolitik in Japan*, pp. 480-546, o capítulo *Der Einfluss der Geopolitik auf Theorie und Praxis der japanischen Expansion*, pp. 547-711; e a vasta bibliografia de textos também em japonês: *Quellen- und Literaturverzeichnis*, pp. 747-937. Além disso: SPANG, Christian W. "Karl Haushofer und die Geopolitik in Japan. Zur

divergências, "segundo o princípio de base da política japonesa, existe somente a obediência incondicionada ao cumprimento das ordens do imperador".[97] Como os alemães, também os japoneses se sentem um *"Volk ohne Raum"*, um "povo sem espaço", tema recorrente da geopolítica expansionista.[98] Por isto, agora eles visam à "criação de uma nova ordem na Ásia Oriental" na qual o Japão, China e Manchukuo se tornem "um único espaço vital e econômico sob a guia do Japão, que fundamenta essa sua pretensão na sua posição de, até então, único Estado ordenado (*Ordnungsstaat*) na Ásia Oriental"; de fato:

> A celebração do Pacto Tripartite com a Alemanha e a Itália dá ao Japão liberdade de ação na Ásia Oriental e permite a ele continuar não somente a expansão na área continental chinesa, mas também rumo ao Sul.[99]

Bedeutung Haushofers innerhalb der deutsch-japanischen Beziehungen nach dem Ersten Weltkrieg". *In*: DIEKMANN, Irene; KRÜGER, Peter; SCHOEPS, Julius H. (Coord.). *Geopolitik. Grenzgänge im Zeitgeist*, vol. 1.2: 1945 bis zur Gegenwart. Potsdam: Verlag für Berlin-Brandenburg, 2000.

[97] KOELLREUTTER, Otto. *Der heutige Staatsaufbau Japans*. Berlim: Junker und Dünnhaupt, 1941, p. 19.

[98] KOELLREUTTER, Otto. *Der heutige Staatsaufbau Japans*. Berlim: Junker und Dünnhaupt, 1941, pp. 21/22: Koellreutter recorda que o exército japonês é composto predominantemente por pessoas de origem camponesa, que "conhecem por experiência direta a miserável condição do camponês japonês devida ao problema de um povo sem espaço (*Volk ohne Raum*)". Na Alemanha nacional-socialista o tema do "povo sem espaço" era tão sensível que se tornou também o título de um poderoso romance daqueles anos (com uma tiragem de 215.000 exemplares): GRIMM, Hans. *Volk ohne Raum*. München: Langen, 1932, onde naturalmente o povo sem espaço é aquele alemão.

[99] KOELLREUTTER, Otto. *Der heutige Staatsaufbau Japans*. Berlim: Junker und Dünnhaupt, 1941, p. 26.

Nessa expansão, o Japão se apresenta como força anticolonialista:[100] isto é, adversária do colonialismo branco ou, melhor, anglo-francês. Os aliados do Pacto Tripartite apoiavam essa posição, que Albrecht von Urach resume assim:

> O governo japonês sempre sublinha que, na Nova Ordem da Ásia oriental, a nova estrutura política não deve recorrer aos métodos de exploração colonial das potências ocidentais. Os povos da Ásia oriental devem gozar das suas riquezas, dos seus tesouros minerais e dos frutos do seu trabalho. O ganho do trabalho e dos recursos dos povos da Ásia oriental não deve mais terminar nas mãos de poucos plutocratas estrangeiros na *City* de Londres ou em *Wall Street*.[101]

A esperança com que também a Índia olhava para o Japão moderno é sintetizada em um discurso do bengalês Rabindranath Tagore (1861-1941), Prêmio Nobel de Literatura em 1913. Para ele, o Japão moderno fez a Ásia entender "que temos vida e energia dentro de nós: para atingi-las devemos somente eliminar a crosta morta que as recobre". O Japão moderno constitui não só o modelo para despertar a Ásia da sua letargia secular, mas também o corretivo da materialista civilização ocidental "que quer invadir o mundo com a exclusividade com a qual prolifera a gramínea", enquanto a Ásia oriental elaborou uma civilização "não predatória nem mecanicamente eficiente, mas espiritual e fundada em relações multicoloridas".

---

[100] Cf. no § 9, as páginas dedicadas aos livros-texto japoneses, *infra*, pp. 210 e 211.

[101] URACH, Albrecht von. "Die Neuordnungsprobleme Japans und Deutschlands". *In*: DONAT, Walter *et al. Das Reich und Japan*. Berlim: Junker, 1943, p. 199. O príncipe Albrecht von Urach (1903-1969) esteve no Japão e escreveu dois livros de grande sucesso: Albrecht von Urach (1940), *Ostasien* (com 35 fotografias das zonas de guerra); URACH, Albrecht von. *Das Geheimnis japanischer Kraft*. Berlim: Zentralverlag der NSDAP, 1942 (tiragem de 50.000 exemplares). Nazista convicto, depois da guerra foi detido, mas não condenado.

CAPÍTULO I – TRÊS CONSTITUIÇÕES – DAS DITADURAS ÀS...

> O Japão moderno foi a primeira nação da Ásia que se incumbiu a tarefa de quebrar as barreiras e de enfrentar o mundo, infundindo a esperança nos corações de toda a Ásia (...). Agradecemos ao País do Sol Nascente e recordamos-lhe solenemente que deve cumprir a missão do Oriente: infundir a linfa da humanidade mais completa no coração da civilização moderna.

De fato:

> O Japão importou do Ocidente o alimento, mas não a própria natureza e, portanto, não deve perder-se em uma fusão com a parafernália cientificista adquirida do Ocidente, convertendo-se em uma máquina estranha a si mesmo.

Tagore considera que o Japão tenha empreendido essa via:

> Não existe modo melhor para avaliar a imensa heterogeneidade da era moderna, cujo único elemento unificador é a utilidade, senão pondo-a em confronto com a dignidade e com o oculto poder da reticente beleza do Japão.

Desse confronto, durante a Primeira Guerra Mundial, nascia a esperança sobre o futuro do Japão:

> Voltei há pouco do Japão, onde exortei essa jovem nação a aliar-se com os ideais superiores da humanidade e a nunca seguir as pegadas do Ocidente adotando como religião aquele egoísmo organizado que é o Nacionalismo.[102]

---

[102] Cito e traduzo de: TAGORE, Rabindranath. *Nacionalismo*. Madrid: Taurus, 2012, que não indica em qual edição do original se fundamenta; as citações no texto provêm de TAGORE, Rabindranath. "El nacionalismo en Japón". *In*: _____. *Nacionalismo*. Madrid: Taurus, 2012. Não pude consultar nem TAGORE, Rabindranath. *Nationalism*. Londres: MacMillan, 1917, nem a edição italiana: TAGORE,

Infelizmente, o Japão, nos anos em que fez parte do Pacto Tripartite, não seguiu a via indicada por Tagore e adotou também em relação à Ásia uma política agressiva, criando a "Zona de Co-Prosperidade da Grande Ásia Oriental".

A colonização japonesa assumia também formas extremas que invadiam até mesmo o âmbito privado. Na Coreia, por exemplo, decretou-se a:

> Niponização dos sobrenomes, para impor aos coreanos o sistema familiar japonês; a obrigação do uso do japonês não só em público, mas também no âmbito familiar; a obrigação da visita aos templos, das orações diárias em direção do palácio imperial japonês, da récita do juramento de sujeição ao Tenno [imperador] nas cerimônias escolares e de outro gênero, nas quais policiais ou funcionários obrigavam os coreanos a recitar o juramento, de memória; a mobilização para o trabalho nas minas etc., ao qual os coreanos, em geral, eram arrastados contra a sua vontade; a mobilização como soldados japoneses (...); enfim, a entrega de arroz e trigo, obrigando-os a entregar também as provisões destinadas ao próprio consumo.[103]

Koellreutter volta à Constituição japonesa de 1889 e à figura do imperador, concluindo que "a particular estrutura da Constituição de 1889 explica como tenha sido possível realizar, sem obstáculos

---

Rabindranath. *Nazionalismo*. Lanciano: Carabba, 1923. O volume contém três discursos literários sobre o nacionalismo, respectivamente, no Japão, no Ocidente e na Índia.

[103] MASARU, Tonomura. *Die Erinnerung an die Kolonien im Japan der Nachkriegszeit*: Unter besonderer Berücksichtigung der Probleme im Zusammenhang mit der Herrschaft über Korea. Halle-Wittenberg: Martin-Luther-Universität, 2015, p. 11. Tradução de uma conferência que sintetiza a lembrança da época colonial no Japão do final da guerra até hoje e os sentimentos contraditórios que esta memória suscita ainda hoje no Japão.

e em pouco tempo, a profunda mudança que ela conheceu nos nossos dias".[104] Embora aquela Constituição tivesse tomado forma sob o influxo do conselheiro alemão Hermann Roesler, com os anos as concepções juris-publicistas dos dois Estados se tornaram inconciliáveis: por exemplo, o debate alemão "sobre a validade ou sobre a decadência da Constituição de Weimar depois da tomada do poder por Hitler, em 1933, não pode nem mesmo surgir no pensamento publicista japonês" e, em sustentação à sua tese, Koellreutter cita o constitucionalista Shinichi Fujii, segundo o qual "a fé do povo japonês se fundamenta na convicção da eternidade do seu Estado". Como cada fé, pode-se aceitá-la ou não: mas, continua Fujii, "se um europeu rejeita como irrelevante esta fé, o faz somente porque nunca acreditou na eternidade do próprio Estado".[105]

Em linhas gerais, esses eram os elementos comuns adotados para explicar a ligação entre os Estados do Pacto Tripartite. Em 1942, ele vinha assim apresentado segundo a perspectiva dos seus idealizadores:

> O Pacto Tripartite que nos liga ao Japão não é somente uma construção política como as alianças do passado, que perseguiam um único fim e, depois, dissolviam-se. Berlim--Roma-Tóquio é o programa espiritual mundial dos povos jovens ordenados que mostra ao mundo o caminho rumo a um futuro melhor, indo além do sistema mundial das alianças concluídas sob o modelo anglo-saxão, indo além da estruturação imperialista-ocidental da economia mundial segundo o modelo anglo-saxão, e superando também

---

[104] KOELLREUTTER, Otto. *Die politische Entwicklung des heutigen Japans.* Berlim: De Gruyter, 1944, p. 48. O título da capa supracitado difere daquele da página de rosto: *Die politische Entwicklung Japans.*

[105] KOELLREUTTER, Otto. *Die politische Entwicklung des heutigen Japans.* Berlim: De Gruyter, 1944, p. 35. Sobre o paralelo (só parcialmente possível) com a Alemanha nacional-socialista veja-se o capítulo *Entstehung und Wesen der japanischen Verfassung,* pp. 32-48.

o transbordante internacionalismo da loucura bolchevista que visa à conquista do mundo.[106]

Não são muitos os estudos que comparam os três Estados do Pacto Tripartite, também por causa das dificuldades linguísticas que apresenta a documentação japonesa para os estudiosos dos outros dois Estados, somente em parte superável com as numerosas publicações em inglês. A documentação alemã é a mais detalhada, também porque a presença da Alemanha no Japão, desde a abertura ao Ocidente, foi bem maior do que aquela italiana. A documentação italiana é mais fragmentária e pontual. Uma síntese equilibrada entre os três Estados é contida em um volume coletivo sobre as "culturas da memória", isto é, sobre o modo com que os três Estados elaboraram os anos das ditaduras.[107] Pessoalmente, talvez por causa dos meus percursos de leitura, tenho a impressão de que as relações nipônico-alemãs estejam ligadas ao sentimento de comunidade, enquanto aquelas nipônico-italianas são principalmente relações entre indivíduos.

A convergência dos três Estados do Pacto Tripartite e as suas consequências pós-bélicas são objeto de vários estudos. Já se viu o interesse da Alemanha nacional-socialista pelo Japão militarista em páginas condicionadas por aquele preciso corte ideológico. Sob um prisma democrático, o mesmo tema foi tratado também no pós-guerra. Com o título *Allemagne, Italie, Japon: les fascismes*, a

---

[106] URACH, Albrecht von. *Das Geheimnis japanischer Kraft*. Berlim: Zentralverlag der NSDAP, 1942, p. 94. A capa explica o "mistério da força japonesa" (que é o título do livro): por trás da cabeça de um moderno soldado japonês com elmo e baioneta, destaca-se a silhueta do samurai clássico.

[107] CORNELISSEN, Christoph; KLINKHAMMER, Lutz; SCHWENTKER, Wolfgang (Coord.). *Erinnerungskulturen*: Deutschland, Italien und Japan seit 1945. Frankfurt am Main: Fischer, 2003. O termo "*Erinnerungskulturen*" (culturas da memória) se tornou, em alemão, um sinônimo de "*Vergangenheitsbewältigung*" (superação do passado).

revista *Le débat* publicou, em 1982, um dossiê de quatro artigos,[108] no qual prevalecem, porém, os aspectos específicos ao âmbito interno de cada um dos três Estados mais do que um confronto entre os fenômenos neles paralelos.

Enfim, um elemento comum aos três Estados do Eixo é individuado por Paul Brooker na "fraternidade". Ele examina a:

> Tentativa por parte dos detentores do poder estatal de instilar, em uma sociedade industrializada, uma forma pura daquele tipo de solidariedade que normalmente se encontra em sociedades com uma divisão do trabalho inexistente ou primitiva.[109]

O modelo ao qual Brooker remete explicitamente é a "solidariedade mecânica" de Émile Durkheim e a *"conscience collective"*[110] que dele resulta. Essa "solidariedade mecânica" é atingida através de uma doutrinação capilar, examinada a fundo por cada um dos três Estados. Brooker oferece, no *Apêndice IV* da sua obra, uma *"Check-List of Identifying Fraternalist Organizations"*,[111] por

---

[108] *Allemagne, Italie, Japon: les fascismes* (1982), pp. 105-177: MARUYAMA, Masao. "Théorie et psychologie de l'ultra-nationalisme". *Le Débat*, nº 21, 1982; FRIEDLÄNDER, Saul. "De l'antisémitisme à l'extermination. Esquisse historiographique". *Le Débat*, 21, 1982; MASON, Tim. "Banalisation du nazisme? La controverse actuelle sur l'interprétation du national-socialisme". *Le Débat*, nº 21, 1982; POUTHIER, Jean-Luc. "National-syndicalisme et totalitarisme dans l'Italie fasciste". *le débat*, 21, 1982.

[109] BROOKER, Paul. *The Faces of Fraternalism*: Nazi Germany, Fascist Italy, and Imperial Japan. Oxford: Clarendon Press, 1991, p. 2.

[110] N.T. "Consciência coletiva".

[111] N.T. Lista de Identificação de Organizações Fraternalistas.

exemplo confrontando os não "fraternalistas" *boy scouts*[112] com a "fraternalista" *"Hitlerjugend"*.[113][114]

2 A detenção dos *"alien enemies"*[115] durante a guerra

Depois do início da guerra, um problema que se manifestou em termos diversos para cada um dos Estados beligerantes foi aquele do confinamento dos cidadãos de um Estado inimigo, ainda que não tivessem cometido nenhum delito específico. Os Estados Unidos – um Estado de imigrados – no início da guerra tiveram de adotar medidas contra os japoneses, os italianos e os alemães que se encontravam em seu território. De fato, eles se tornaram "estrangeiros inimigos" com base no *Alien Enemies Act*, de 1798. Segundo avaliações frequentemente discordantes, os estrangeiros inimigos deviam ser aproximadamente 92.000 japoneses, 315.000 alemães e 695.000 italianos. Apesar de o grupo dos italianos ser o mais numeroso, foram detidos pouco mais de duzentos, enquanto a maioria dos detidos era composta por japoneses e alemães.[116]

Em 1942, os Estados Unidos instituíram a *War Relocation Authority*[117] para recolher em campos de concentração os estrangeiros inimigos. Nesses campos, a situação era difícil porém humana, ainda

---

[112] N.T. "Escoteiros".

[113] N.T. "Juventude Hitlerista".

[114] BROOKER, Paul. *The Faces of Fraternalism*: Nazi Germany, Fascist Italy, and Imperial Japan. Oxford: Clarendon Press, 1991, p. 333.

[115] N.T. "Estrangeiros inimigos".

[116] As fontes indicam cifras discordantes. Segundo o Departamento de Justiça os estrangeiros inimigos eram ao todo 1.100.000; esta e as cifras trazidas no texto foram publicadas pelo *"New York Times"* de 31 de dezembro de 1941.

[117] N.T. Autoridade de Realocação de Guerra.

que espartana: não se tratava nem de *Gulag*,[118] nem de *Lager*.[119] Esta *Authority* cessou a sua atividade em 1946, seis meses depois do fechamento do último centro de detenção, em Tule Lake.[120]

Foram confinados aproximadamente 100.000 japoneses. Em 1976, sob a pressão do *"Redress Movement"*[121] dos nipônicos-estadunidenses, o presidente Gerald Ford reconheceu a injustiça do confinamento e, em 1988, o Congresso aprovou uma indenização para cada sobrevivente da detenção, à qual seguiram outras medidas análoga.[122] De fato, os japoneses nos EUA, se de um lado eram considerados *Alien Enemies*,[123] de outro eram também estimados pela sua lealdade: "os nipo-americanos, incluídos aqueles do Hawaii, foram considerados entre os mais corajosos soldados americanos na frente de batalha, na Itália, durante a Segunda Guerra Mundial", não obstante o fato que muitas famílias nipo-americanas, diversamente daquelas teuto-americanas e ítalo-americanas, "sofressem um tratamento discriminatório devido à transferência aos campos de concentração".[124]

---

[118] N.T. Campo de concentração soviético.

[119] N.T. Campo de concentração nazista.

[120] Para ulteriores informações, vejam-se, na *Kodansha Encyclopedia of Japan* (1983) os verbetes (de Roger Daniels): "War Relocation Authority"; "Japanese American, Wartime Relocation of"; "Wartime Relocation Centers"; "War Victims Relief Law", 1942.

[121] N.T. "Movimento de Reparação".

[122] LYON, Cherstin M. *Prisons and Patriots*: Japanese American Wartime Citizenship, Civil Disobedience, and Historical Memory. Philadelphia: Temple University Press, 2012; ROBINSON, Greg. *A Tragedy of Democracy*: Japanese Confinement in North America. Nova York: Columbia University Press, 2009.

[123] N.T. Estrangeiros Inimigos.

[124] TAKEUCHI, Keiichi. "La politica dell'identità nazionale nel Giappone moderno: analisi dei manuali di geografia". *In*: TESORO, Marina (Coord.). *Monarchia, tradizione, identità nazionale*: Germania, Giappone e Italia tra Ottocento e Novecento. Milão: Bruno Mondadori, 2004, p. 222, nota 17.

Mais complexa foi a situação dos italianos no início da guerra contra os Estados Unidos, em 1941. Foram detidos não só os cidadãos italianos que se encontravam momentaneamente em território americano, mas também os ítalo-americanos imigrados residentes há tempos ou nascidos nos Estados Unidos porém ainda sem cidadania americana.[125] Enfim, a comunidade alemã nos Estados Unidos já conhecera a detenção durante a Primeira Guerra Mundial. Com a nova guerra, a detenção atingiu também cerca de 4.500 alemães provenientes de quinze países da América Latina e suspeitos de atividades antiamericanas: todos foram detidos nos Estados Unidos.[126]

Na Europa, a situação para os italianos se revelou particularmente complicada depois de 08 de setembro de 1943, com a divisão da Itália em duas partes, uma ainda aliada da Alemanha nacional-socialista e outra ao lado dos anglo-americanos. Tendo se tornado, assim, inimigos dos ex-aliados nas zonas controladas pelos alemães, muitos italianos foram prisioneiros de guerra, enquanto outros foram declarados "Internados Militares Italianos" (IMI), uma figura híbrida não protegida pelas normas internacionais sobre os prisioneiros de guerra, sobre a qual se voltará na página 196 ss.

Também o Japão criou campos de concentração para os italianos não colaboracionistas: sobre eles, o japonólogo italiano Fosco Maraini, detido em Nagoya com a mulher e as três filhas

---

[125] DI STASI, Lawrence. *Una Storia Segreta*: the Secret History of Italian American Evacuation and Internment during World War II. Berkeley: Heyday Books, 2004; U.S. Department of Justice. *Report to the Congress of the United States*: a Review of the Restrictions on Persons of Italian Ancestry During World War II. Washington, nov. 2001.

[126] HOLIAN, Timothy J. *The German-Americans and World War II*: an Ethnic Experience. Nova York: Lang, 1996 e o monumental TOLZMANN, Don Heinrich (Coord.). *German-Americans in the World Wars*. 5 vols. München: Saur, 1995-1998.

de 1943 a 1945,[127] deixou-nos um testemunho de intenso fascínio literário e de animada vivacidade documentária: "imagine vinte e cinco latinos desprovidos, procrastinadores, abstracionistas, jogados como brinquedos nas mãos da polícia mais burocrática do universo!" (p. 555 ss.); e depois: "sem notícias, sem correspondência, sós com os seus pensamentos, com a sua fome apenas um pouco adormecida, o grupinho vivia fora do mundo, em um tipo de estranho limbo branco" (p. 590). De fato:

> Distâncias desmedidas, intransponíveis, separavam-no de qualquer congregação de amigos. Fugas? Teria sido absoluta loucura pensar em movimentos não autorizados em um país onde um ocidental se distingue a meia milha de distância, em um país compactamente unido, semelhante a um bloco tetrágono de cimento. Era um pouco como sentir-se sepulto por um deslizamento dentro de uma mina (p. 566).

Dacia Maraini, que tinha sete anos no momento da detenção, recorda essa experiência em vários escritos seus e assim a resumiu em uma entrevista:

> Em 1943, o Japão fez um pacto com a Alemanha e com a Itália. Estando sob as regras do pacto, a polícia japonesa pediu a todos os italianos que estavam então no Japão para assinarem uma adesão à República de Salò. Acrescentando que quem não assinasse seria considerado um traidor e um inimigo. Meu pai e minha mãe, interrogados separadamente, negaram-se a assinar. Consideraram-nos imediatamente

---

[127] MARAINI, Fosco. *Case, amori, universi*. Milão: Mondadori, [1999] 2001. As citações no texto são tiradas desta última edição; porém, o volume foi publicado em 1999. A época e as vicissitudes da detenção estão descritas nas pp. 529-634. Em geral: BRECHER, W. Puck. *Honored and dishonored guests*: Westerners in wartime Japan. Cambridge: Harvard University Press, 2017 (com um parágrafo sobre a questão hebraica).

inimigos e prisioneiros de guerra. Primeiro em prisão domiciliar e depois transportados em um campo em Nagoya chamado Tempaku, onde permanecemos dois anos, até o final da guerra. Não era um campo de extermínio, mas as condições eram duríssimas: davam-nos tão pouco alimento que em poucos meses estávamos todos doentes de beribéri, de escorbuto, de anemia perniciosa. Éramos infestados por parasitas. E, depois, todo dia tinha bombas e terremotos. Enfim, foi uma experiência duríssima, da qual eu pensava não sair viva. Por sorte terminou a guerra, de modo contrário não sei quanto teríamos resistido.[128]

3 Da geopolítica dos "Grandes Espaços" ao "Pacto Tripartite"

Em 27 de setembro de 1940, Alemanha, Itália e Japão subscreveram, em Berlim, o agressivo "Pacto Tripartite",[129] que consagrava a expansão territorial dos três Estados segundo a concepção dos "Grandes Espaços" fundada pelo geopolítico Karl Haushofer.[130]

---

[128] A citação é tirada de GIGLI, Silvia. "Dacia Maraini: prigioniera in Giappone". *informatore Unicoopfirenze*, 4, abr. 2017. Disponível em: http://www.coopfirenze.it/informatori/notizie/dacia-maraini-prigioniera-in-giappone. Acessado em: 28.03.2024. Cf. também MARAINI, Dacia. *La nave per Kobe*: Diari giapponesi di mia madre. Milão: Rizzoli, 2001; MARAINI, Dacia. *Bagheria*. Milão: Rizzoli, 1993; MARAINI, Dacia. *Mangiami pure*. Torino: Einaudi, 1978; MARAINI, Dacia. *E tu chi eri? Interviste sull'infanzia*. Milão: Bompiani, 1973.

[129] Esse tratado reconhecia aos três Estados signatários o direito de obter os "Grandes Espaços" (*Großräume*) teorizados pela geopolítica das ditaduras: "Art. 1. O Japão reconhece e respeita a função diretiva da Itália e da Alemanha para o estabelecimento de uma nova ordem na Europa. Art. 2. A Itália e a Alemanha reconhecem e respeitam a função diretiva do Japão no estabelecimento de uma nova ordem na Ásia oriental maior" (Disponível em: https://team557.wordpress.com/tag/testo-patto-tripartito/).

[130] Sobre esse tema, cf. os capítulos: *Geopolitica e diritto: i "Grandi Spazi" di Haushofer e gli "imperi" di Schmitt* (pp. 50-74), e *I Grandi spazi*

Em uma das seis notas secretas trocadas entre o governo alemão e o japonês por ocasião da assinatura do tratado, o embaixador alemão em Tóquio, Eugen Ott, afirmava que "está se iniciando uma nova e decisiva fase da história mundial", na qual "os Estados signatários assumem a dianteira na criação de uma nova ordem na Grande Ásia Oriental e na Europa". Em particular, a Alemanha garantia assistência ao Japão em caso de agressão "da parte de um Estado até agora não envolvido na guerra europeia ou no conflito com a China" e manifestava a sua convicção de "que a Itália, naturalmente de acordo com a Alemanha e o Japão, prestará a sua ajuda e a sua colaboração em relação aos pontos enunciados".[131]

Todavia, a Itália foi mantida à margem porque:

> Quando [o Ministro do Exterior Yosuke] Matsuoka decidiu transformar o protocolo secreto em uma troca de notas, decidiu também trocar as notas somente bilateralmente, isto é, entre Alemanha e Japão. Ambas as potências desconfiavam, de fato, da confidencialidade dos italianos. Nota-se, aqui, um paralelo com o Pacto *Anticomintern* [de 1936], de cujos protocolos secretos a Itália não participou.[132]

O Pacto Tripartite correspondia, porém, ao desejo italiano de firmar-se na política mundial. Na Itália, tornara-se quase um lugar-

---

dall'Europa delle dittature al Giappone del militarismo (pp. 75-113), em: LOSANO, Mario G. *La geopolitica del Novecento*: Dai Grandi Spazi delle dittature alla decolonizzazione. Milão: Bruno Mondadori, 2011.

[131] Os seis *memorandum* secretos trocados entre Alemanha e Japão foram publicados em [MENZEL, Johanna M.]. "Der geheime deutsch-japanische Notenaustausch zum Dreimächtepakt". *Vierteljahrshefte für Zeitgeschichte*, 2, 1957. O trecho citado está contido no *Documento 1* (Tóquio, 27 de setembro de 1940), Deutsche Botschafter Eugen Otto a Yosuke Matsuoka, Ministro do Exterior do Japão, pp. 190/191.

[132] [MENZEL, Johanna M.]. "Der geheime deutsch-japanische Notenaustausch zum Dreimächtepakt". *Vierteljahrshefte für Zeitgeschichte*, 2, 1957, p. 191, nota 34.

comum personificar aquele pacto com as iniciais das três capitais – Roma, Berlim e Tóquio – e exclamar diante das dificuldades bélicas: "ocupa-se disso Ro-Ber-To".[133] Mas "Ro-Ber-To" saiu da guerra com os ossos quebrados: os regimes ditatoriais italiano e alemão desapareceram, enquanto o regime militarista japonês sofreu uma drástica transformação. Estas mudanças institucionais encontraram expressão nas novas Constituições com as quais os três Estados do "Pacto Tripartite" enfrentaram o pós-guerra: por exigência dos vencedores, como eles estiveram unidos na provocação da guerra, deveriam estar unidos também no empenho pela conservação da paz pós-bélica.

Uma vez que a Segunda Guerra Mundial nasceu da política belicista dos três Estados daquele pacto, as potências vencedoras queriam que cada uma das Constituições pós-bélicas dos três Estados contivesse um artigo que rejeitasse explicitamente a guerra como instrumento para a resolução de conflitos internacionais. Essa disposição não era uma novidade absoluta, porque já estava presente no Pacto *Briand-Kellogg*[134] de 1929:

> Artigo I. As altas partes contraentes declaram solenemente em nome dos seus respectivos povos condenar o recurso à guerra para a resolução de divergências internacionais e declaram renunciar a usá-la como instrumento de política nacional em suas relações recíprocas.

---

[133] "Ro-Ber-To", embora derrotado, não foi esquecido e encontra-se menção a ele também em obras recentes; por exemplo: "às vésperas da Segunda Guerra Mundial [Ettore] Conti é nomeado embaixador extraordinário e ministro plenipotenciário" para o Japão e o Manchukuo. "A sua missão é estritamente comercial, voltada a abrir uma triangulação entre o Estado fantoche do Manchukuo, o Japão e a Itália. O eixo Ro-Ber-To, que se formalizará com o Pacto Tripartite de 27 de setembro de 1940 entre a Itália, a Alemanha e o Japão, estava nas provas gerais" (RIGHI, Stefano. *La città illuminata*: L'intuizione di Giuseppe Colombo, l'Edison e l'elettrificazione dell'Italia. Milão: Rizzoli, 2014, p. 110).

[134] N.T. "Pacto de Paris".

Artigo II. As altas partes contraentes reconhecem que a regulamentação ou a resolução de todas as divergências ou conflitos de qualquer natureza ou de qualquer origem, ainda que nascidos entre elas, nunca deverão ser buscadas senão por meios pacíficos.

Também a Constituição da República espanhola de 1931 estabelecia, no artigo 6: "A Espanha renuncia à guerra como instrumento de política nacional". A rejeição da guerra é retomada por numerosas outras Constituições.[135]

É, porém, curioso notar como já durante a sanguinária Primeira Guerra Mundial o sentimento de cansaço pela guerra abria caminho até mesmo nos próprios Futuristas, cujo manifesto de 1918 proclamava "a guerra, única higiene do mundo", mas cujo fundador Filippo Tommaso Marinetti, antes ainda do final daquele terrível conflito, propunha:

> Manter o Exército e a Marinha eficientes até o desmembramento do Império austro-húngaro. Depois, diminuir os efetivos ao mínimo, porém preparando numerosíssimos quadros de oficiais com rápidas instruções.

Resumidamente:

> Preparação de uma completa mobilização industrial (armas e munições) a ser realizada em caso de guerra contemporaneamente à mobilização militar. Todos prontos, com

---

[135] O texto comentado do *Pacto Briand-Kellogg* está em: http://www.studiperlapace.it/view_news_html?news_id=briandkellog. O texto da Constituição republicana espanhola está em: http://www1.icsi.berkeley.edu/~chema/republica/constitucion.html. Um elenco de outras Constituições com cláusulas pacifistas está em DE VERGOTTINI, Giuseppe. *Guerra e Costituzione*: Nuovi conflitti e sfide alla democrazia. Bologna: Il Mulino, 2004, pp. 28/29.

o mínimo de despesa, para uma eventual guerra ou uma eventual revolução.[136]

O estadista D'Annunzio preparou com o sindicalista revolucionário Alceste de Ambris em 1920 a *Carta del Carnaro*, uma Constituição destinada a reger a Livre Cidade de Fiume:[137] "o nosso estatuto novíssimo, documento de harmonia latina", no qual as fortes utopias sociais de De Ambris se uniam ao lirismo visionário dannunziano: "o cardo bolchevista florescia na rosa italiana".[138] Não obstante as divergências entre os Futuristas e o movimento fiumano, a *Carta del Carnaro* prevê uma desmilitarização análoga àquela prefigurada por Marinetti:

> Em tempo de paz e de segurança, a regência não mantém o exército armado; mas toda a nação resta armada, nos modos prescritos pela específica lei, e treina com sagaz sobriedade as suas forças de terra e de mar. O estreito serviço

---

[136] MARINETTI, Filippo Tommaso. *Manifesto del partito futurista italiano*. 1918, art. 7 (Disponível em: http://www.irre.toscana.it/futurismo/opere/manifmarinetti.htm, com todos os manifestos de Marinetti); também no apêndice GUERRI, Giordano Bruno. *Filippo Tommaso Marinetti*: Invenzioni, avventure e passioni di un rivoluzionario. Milão: Mondadori, 2009.

[137] N.T. Sobre essa Constituição, o autor escrevera (traduzido para o português): LOSANO, Mario G. "A República de Weimar e a Cidade Livre de Fiume: de projetos criativos a resultados autoritários". *In*: BERCOVICI, Gilberto (Coord.). *Cem anos da Constituição de Weimar (1919-2019)*. Trad. Milene Chavez Bercovici. São Paulo: Quartier Latin, 2019, pp. 665-692.

[138] D'ANNUNZIO, Gabriele. "Al legionario Alceste De Ambris". (1949). *In*: _____. *La penultima ventura*: Discorsi e messaggi scelti (15 gennaio '19 – 20 marzo '24). Milão: Associazione Amici del Vittoriale, 1949, p. 215: "era aquela que chamávamos 'a quinta estação do mundo'. O cardo bolchevista florescia na rosa italiana. Nós púnhamos, na reivindicação da alma, o fundamento da nova ordem. Nascia naquele dia o nosso estatuto novíssimo, documento de harmonia latina, penhor do amor ao amor" (Dal Garda, 11 maggio 1921).

é limitado aos períodos de instrução e aos casos de guerra guerreada ou de perigo próximo.[139]

Tanto Marinetti quanto D'Annunzio parecem ter presente somente a guerra defensiva e não aquela de agressão. Essa sua utopia prefigura o ordenamento de cerca de vinte pequenos Estados independentes que aboliram totalmente as Forças Armadas, ou seja, que não têm mais exércitos permanentes: valha para todos o exemplo da Costa Rica, que desde 1º de dezembro de 1948, não têm mais um exército "como instituição permanente".[140]

Abandonando essas antecipações utópicas e sedutoras, as páginas seguintes se concentrarão sobre os artigos "pacifistas" das Constituições dos três Estados do Pacto Tripartite. Naturalmente, o direito somente não basta para regular a paz e a guerra. O vasto debate sobre o pacifismo jurídico procura individualizar o melhor modo com que o direito poderia impedir ou limitar a guerra; todavia, a atuação das propostas jurídico-filosóficas se choca muito frequentemente com a realidade política e econômica. As páginas seguintes se ocuparão sobretudo do conflito entre realidade e direito,

---

[139] Sobre o texto preparado por de Ambris e revisto por D'Annunzio (http://www.dircost.unito.it/cs/docs/carnaro1920.htm): D'ANNUNZIO, Gabriele; FRESSURA, Marco; KARLSEN, Patrick (Coord.). *La Carta del Carnaro e altri scritti su Fiume*. Roma: Castelvecchi, 2009; NEGRI, Guglielmo; SIMONI, Silvano. *Le Costituzioni inattuate*. Roma: Colombo, 1990.

[140] Constituição da Costa Rica, de 7 de novembro de 1949, art. 12: "*Se proscribe el Ejército como institución permanente. Para la vigilancia y conservación del orden público, habrá las fuerzas de policía necesarias. Sólo por convenio continental o para la defensa nacional podrán organizarse fuerzas militares; unas y otras estarán siempre subordinadas al poder civil; no podrán deliberar, ni hacer manifestaciones o declaraciones en forma individual o colectiva*".

isto é, da dificuldade de traduzir em prática as teorias do pacifismo jurídico.[141]

O que o constitucionalista De Vergottini escreve para a Itália vale também para a Alemanha e para o Japão, e não somente para o pós-guerra imediato: cada um desses três Estados é uma potência média que "se encontra incluída em um sistema de alianças hegemonizado por uma só grande potência e é, por definição, confinada em uma situação de soberania limitada, que tem origem nos êxitos desastrosos do segundo conflito mundial, do qual saiu como Estado debelado, ao qual foi imposto um tratado de paz deliberado entre os vencedores e, portanto, não discutível"; portanto, os artigos pacifistas "pressupõem uma congênita limitação de soberania e não livres escolhas dos órgãos constitucionais".[142]

A Constituição japonesa é a primeira das três Constituições dos Estados do Pacto Tripartite a ser aprovada em 1947 e a conter a rejeição à guerra. O artigo nono é assim formulado:

> Capítulo II – Renúncia à guerra.
> Artigo 9.
> [I] Na sincera aspiração à paz internacional, baseada na justiça e na ordem, o Povo Japonês renuncia para sempre à Guerra como soberano direito da nação e à ameaça ou ao uso da força como meio para resolução das disputas internacionais.
> [II] Com o escopo de atingir o objetivo do parágrafo precedente, as forças de terra, de mar e aéreas, assim como

---

[141] Uma síntese dessas teorias encontra-se em GARCÍA SAÉZ, José Antonio. "Pacifismo Jurídico". *Eunomía. Revista de la Cultura de la Legalidad*, 2019; GARCÍA SAÉZ, José Antonio. *Kelsen versus Morgenthau*: paz, política y derecho internacional. Madrid: Centro de Estudios Políticos y Constitucionales, 2016, assim como em outros escritos sobre Hans Joachim Morgenthau.

[142] DE VERGOTTINI, Giuseppe. *Guerra e Costituzione*: Nuovi conflitti e sfide alla democrazia. Bologna: Il Mulino, 2004, pp. 9/10.

outros poderes bélicos, nunca serão mantidas. Não será reconhecido o direito do Estado à guerra.¹⁴³

Esse artigo será analisado no Capítulo II.

Na Constituição italiana de 1948, a rejeição (antes, o "repúdio") à guerra está contida no artigo 11, que não possui título, mas é um dos doze "princípios fundamentais" da república:

> Art. 11. A Itália repudia a guerra como instrumento de ofensa à liberdade dos outros povos e como meio de resolução das controvérsias internacionais; consente, em condições de paridade com os outros Estados, às limitações de soberania necessárias a um ordenamento que assegure a paz e a justiça entre as Nações; promove e favorece as organizações internacionais voltadas a tal escopo.¹⁴⁴

Esse artigo será analisado no Capítulo III.

Na Lei Fundamental da Alemanha federal, de 1949 (em 1990, estendida à Alemanha unificada),¹⁴⁵ esse princípio está contido no artigo 26:

---

[143] O texto italiano da Constituição japonesa de 1947 se encontra em: http://www.filodiritto.com/articoli/2006/08/costituzione-del-giappone/.
O texto em inglês da Constituição japonesa se encontra no *site* do Primeiro-Ministro do Japão: http://japan.kantei.go.jp/constitution_and_government_of_japan/constitution_e.html.
O texto em francês da Constituição japonesa se encontra em: http://mjp.univ-perp.fr/constit/jp1946.htm.

[144] O texto da Constituição italiana se encontra no site da Câmara dos Deputados, além de italiano também em traduções para francês e inglês: http://leg16.camera.it/38?conoscerelacamera=28.
As Constituições históricas italianas podem ser encontradas em: http://dircost.di.unito.it/index.shtml.

[145] Em 3 de outubro de 1990, os cinco *Länder* que tinham confluído na República Democrática Alemã entraram para fazer parte da República Federal Alemã, de modo que a unificação da Alemanha foi, na realidade,

(1) Atos que sejam realizados e criados com intenção de turbar a pacífica convivência dos povos, e especificamente de preparar uma guerra de agressão, são anticonstitucionais. Eles devem ser punidos.

(2) Armas destinadas à condução de uma guerra podem ser fabricadas, transportadas e postas em circulação somente com a autorização do governo federal. Uma lei federal regula os particulares.[146]

Esse artigo será analisado no Capítulo IV.

Uma rejeição da guerra tão radical não dependia somente da imposição dos vencedores, mas era compartilhada por quase a totalidade da população. Quem saia do pior conflito da história mundial – sobretudo entre os europeus – vivia no terror de uma nova guerra, alimentado tanto pela crescente tensão entre os dois blocos (isto é, pela Guerra Fria que já no imediato pós-guerra contrapunha os ex-aliados), quanto pela possibilidade que uma nova guerra se transformasse em um holocausto atômico: a recente lembrança de

---

a inclusão da RDA na RFA, com a consequente extensão da Lei Fundamental desta última a seus novos territórios. O texto alemão da Lei Fundamental, também nas traduções em inglês e em francês, encontra-se no *site* do Parlamento alemão: https://www.bundestag.de/grundgesetz. O texto em alemão da Lei Fundamental e das Constituições históricas alemãs se encontra em: www.verfassungen.de (que contém também, em alemão e frequentemente em inglês, as Constituições vigentes de muitos Estados do mundo). O texto em italiano da Lei Fundamental se encontra em: http://dircost.di.unito.it/cs/paesi/germania.shtml. Enfim, o texto alemão com a tradução italiana está também em: http://www.consiglioveneto.it/crvportal/BancheDati/costituzioni/de/zGermania_sin.pdf.

[146] "*Art. 9. (1) Handlungen, die geeignet sind und in der Absicht vorgenommen werden, das friedliche Zusammenleben der Völker zu stören, insbesondere die Führung eines Angriffskrieges vorzubereiten, sind verfassungswidrig. Sie sind unter Strafe zu stellen. – (2) Zur Kriegsführung bestimmte Waffen dürfen nur mit Genehmigung der Bundesregierung hergestellt, befördert und in Verkehr gebracht werden. Das Nähere regelt ein Bundesgesetz*".

Hiroshima e Nagasaki estava viva e presente na mente de todos, e não somente no Japão.

Esse difundido estado de ânimo se reflete no texto de Natalia Ginzburg, que, ao descrever a Turim do pós-guerra, constata o cansaço de viver do escritor Cesare Pavese: ele:

> Continuou a ter medo da guerra, mesmo depois que a guerra tinha terminado há muito tempo: como, de resto, todos nós. Uma vez que isto nos aconteceu, apenas terminada a guerra recomeçamos imediatamente a ter medo de uma nova guerra, e a pensar sempre nisto.[147]

E, em 1951, uma forte mulher da Resistência, já moribunda, despedia-se assim da filha: "nesta época de bomba atômica é afortunado ainda, pode-se dizer, quem possui a possibilidade de escrever uma carta antes de morrer".[148] Nessa perspectiva de pesadelo, toda garantia de paz era, portanto, bem-vinda.

Décadas depois, as grandes guerras clássicas se fragmentaram em conflitos com nomes eufemisticamente alarmantes[149] e as normas constitucionais pacifistas pós-bélicas tiveram que ser interpretadas à luz das missões chamadas "de paz", que se multiplicaram desde os anos noventa. Um ponto crucial foi, sem dúvida, a guerra do

---

[147] GINZBURG, Natalia. *Lessico famigliare*. Torino: Einaudi, 1963, p. 205; GINZBURG, Natalia. *Le piccole virtù*: Lessico famigliare. Torino: La Stampa, 2016, p. 299.

[148] SERENI, Marina. *I giorni della nostra vita*. 4ª ed. Roma: Riuniti, 1955, p. 225; carta à filha, de 2 de novembro de 1951. Cf. *infra*, nota 110, p. 430.

[149] LOSANO, Mario G. "Guerre ibride, omicidi mirati, droni: conflitti senza frontiere e senza diritto". *In*: FORNI, Lorena; VETTOR, Tiziana (Coord.). *Sicurezza e libertà in tempo di terrorismo globale*. Torino: Giappichelli, 2017.

Kosovo de 1996-1999, porque os Estados da OTAN[150] interviram sem a prévia autorização das Nações Unidas. O debate suscitado por aquela intervenção revela exemplarmente as dificuldades de coordenar o debate constitucional pacifista com as intervenções militares consideradas "humanitárias" ou semelhantes. Um volume recolhe, sobre este tema, os pareceres de vários membros da *Associazione Italiana dei Costituzionalisti* (reunidos em 1999 mediante pedido da Associação dos Constitucionalistas Iugoslavos) e quinze documentos internacionais referentes à guerra do Kosovo.[151] Poder-se-ia organizar um volume equivalente para cada uma das intervenções armadas sucessivas, como em parte foi feito em um crescente número de livros e de artigos, e como infelizmente se deverá continuar a fazer no futuro próximo.

E, assim, essas páginas – que se abriram descrevendo quais discussões tinham acompanhado, há mais de meio século, a gênese das normas constitucionais pacifistas – tomam forma em um tempo em que fervem as discussões sobre como contornar, modificar ou talvez ab-rogar aquelas mesmas normas constitucionais pacifistas.

4 O Japão no pós-guerra

Depois de mais de dois séculos fechado às relações exteriores, em 1868 – data de início da era Meiji – o Japão abriu-se à cultura

---

[150] N.T. A Organização do Tratado do Atlântico Norte – OTAN, em inglês *"North Atlantic Treaty Organization"* – *NATO*, também chamada de *Aliança Atlântica*, é a aliança militar intergovernamental baseada no *Tratado do Atlântico Norte*, assinado em 4 de abril de 1949, hoje com trinta Estados-membros.

[151] DOGLIANI, Mario; SICARDI, Stefano (Coord.). *Diritti umani e uso della forza*: Profili di diritto costituzionale interno e internazionale. Torino: Giappichelli, 1999. O volume se refere à crise do Kosovo de 1998-1999 (com uma síntese dos eventos, pp. 95/96 em nota) e contém quinze ensaios de constitucionalistas italianos, com um apêndice de quinze documentos (pp. 139-287), em boa parte em inglês e francês.

ocidental e, em particular, a um sistema jurídico de tipo europeu continental. Em 1889, aprovou uma Constituição inspirada no modelo alemão (conhecida como "Constituição Meiji"),[152] considerada uma Constituição *sui generis* porque em seu vértice se encontrava um imperador de origem divina.

O historiador Akio Nakai resume, em três elementos, as principais diferenças do Japão em relação aos outros dois Estados do Pacto Tripartite. Inicialmente, o solo do Japão nunca tinha sido ocupado por tropas estrangeiras nem antes nem durante a guerra. Além disso, era sublinhada a "natureza essencialmente diversa do nacional-socialismo e do militarismo japonês": "os militaristas e nacionalistas japoneses não eram um partido político e não eram submetidos a um único comando ditatorial". Enfim, "Hitler era um ditador em um sistema totalitário sem limites a seu poder. O imperador, ao contrário, (...) devia mover-se no âmbito de uma monarquia constitucional. A responsabilidade governamental recaía por inteiro sobre o Conselho dos Ministros"; portanto,

> o imperador devia aceitar sem reserva as decisões governamentais. Isto tornou possível, no processo de Tóquio contra os crimes de guerra, que os generais e os políticos acusados assumissem a total responsabilidade, salvando assim a instituição imperial.[153]

---

[152] Sobre o seu autor, Roesler, cf. *supra*, nota 1, p. 18 e LOSANO, Mario G. "La recezione dei modelli giuridici europei nella realtà giapponese: Hermann Roesler (1834-1894)". *Sociologia del diritto*, 11:3, 1984. Sobre a recepção do sistema jurídico europeu-continental: LOSANO, Mario G. "Tre consiglieri giuridici europei e la nascita del Giappone moderno". *Materiali per una storia della cultura giuridica*, 3:1, 1973; e a literatura citada *supra*, nota 1, p. 18.

[153] NAKAI, Akio. "Die 'Entmilitarisierung' Japans und die 'Entnazifizierung' Deutschlands nach 1945 im Vergleich". *Beiträge zur Konfliktforschung*, 2, 1988, p. 19.

Depois da derrota do Japão na Segunda Guerra Mundial, com a *"Potsdam Declaration"*[154] de 1945 (cf. p. 235) os Estados Unidos, a Inglaterra e a China nacionalista ditaram as condições para sua rendição incondicionada, impondo-lhe também democratizar a própria estrutura política e, portanto, aprovar uma Constituição democrática. Essa radical modificação sociopolítica aconteceu durante a ocupação militar do Japão pelos Estados Unidos: a primeira ocupação estrangeira na história milenar do Império do Sol Nascente.

Em um primeiro momento, os Aliados haviam pensado em uma divisão do Japão análoga àquela, depois efetivamente realizada, que se projetava para a Alemanha. À Rússia seria atribuída – além da Coreia do Norte, da ilha de Sakhalin e das ilhas Kurili – também a ilha de Hokkaido, a mais nórdica das quatro maiores ilhas do arquipélago japonês. Todavia, a crescente desconfiança americana em relação aos soviéticos levou a uma ocupação do Japão unicamente americana, com limitada participação inglesa.

No final da guerra, cada um dos três Estados do Pacto Tripartite se encontrava em uma situação diversa e, consequentemente, os Estados Unidos, como principal potência vencedora, adotaram políticas diversas em relação a cada um deles.

A Itália estava dividida em duas pela guerra civil: o "Reino do Sul" assinou a rendição de Cassibile, em 08 de setembro de 1943, enquanto a "República Social Italiana", ao Centro-Norte, assinou a rendição de Caserta, em 29 de abril de 1945. A Alemanha capitulou em 08 de maio de 1945, depois que os combatentes em todo o seu território haviam destruído a quase totalidade das infraestruturas. Foi ocupada por inteiro pelos Aliados, que assumiram o governo direto e, da sua precedente estrutura estatal, permaneceu operante somente a administração local que, porém, respondia diretamente aos ocupantes. O Japão capitulou em 14 de agosto de 1945 (data da rendição do Japão e do final da Segunda Guerra Mundial), mas,

---

[154] N.T. Declaração de Potsdam.

não obstante o bombardeio atômico, a sua estrutura estatal estava intacta e o seu território não tinha sido invadido pelos vencedores ao longo da guerra. Na ocupação seguida à capitulação, os ocupantes estadunidenses decidiram, portanto, apoiar a administração preexistente para encaminhá-la à democracia parlamentar.[155] Além disso, as dificuldades encontradas pelos Aliados vendedores para coordenar a Alemanha contribuíram com a decisão dos Estados Unidos de governar sozinhos o Japão ocupado.

A ocupação americana no Japão durou de 14 de agosto de 1945 até 28 de abril de 1952, quando entrou em vigor o Tratado de Paz de San Francisco.[156] Inicialmente, reinava a máxima desconfiança recíproca, também porque a propaganda de ambas as partes havia espalhado palavras assustadoras sobre a ferocidade do inimigo. "Os americanos se faziam ver somente em pequenos grupos, armadíssimos e suspeitos ao extremo", enquanto "a maior parte dos japoneses se mantinha fechada em casa, ao menos onde as casas permaneceram em pé, no aguardo de temidas violências". Depois, veio "um momento mágico", quando ambas as partes "entenderam a inutilidade grotesca de tanto terror fundado sobre o nada, sobre puras vozes, sobre o ouvir dizer".

---

[155] "A escolha americana de assumir um papel dominante no Japão, desde o início, visava a prevenir a competição entre Aliados e era o resultado da experiência feita precedentemente na Itália" (POGGIOLINI, Ilaria. "Resa incondizionata e istituto monarchico: il caso del Giappone al termine del secondo conflitto mondiale". *In*: TESORO, Marina (Coord.). *Monarchia, tradizione, identità nazionale*: Germania, Giappone e Italia tra Ottocento e Novecento. Milão: Bruno Mondadori, 2004, p. 44).

[156] SCHALLER, Michael. *The American Occupation of Japan*: the Origins of the Cold War in Asia. Nova York: Oxford University Press, 1985; TAKEMAE, Eiji. *The Allied Occupation of Japan*. Nova York: Continuum, 2002; SUGITA, Yoneyuki. *Pitfall or Panacea*: the Irony of US Power in Occupied Japan, 1945-1952. Nova York: Routledge, 2003. Esses volumes foram reimpressos várias vezes.

Teve, assim, início uma das ocupações mais calmas e de maior sucesso de toda a história moderna. Em outros países, alguns dissidentes logo se esconderam, procuraram continuar a guerra com a guerrilha. No Japão, nada. O *Tenno* tinha falado. *Ipse dixit*.[157] Bastava.[158]

Fosco Maraini foi testemunha desse clima, quando em Tóquio, diante do edifício do quartel general aliado, "viu o general MacArthur sair do portão ao meio-dia, sozinho, sem escolta, para ir almoçar, entre duas filas de japoneses de toda idade e aparência, que lhe batiam fragorosamente as mãos. Diziam: 'É o novo *Xogum* dos olhos azuis (*aoi-me no shogun*). Viva!'"[159] Em seguida, não faltaram divergências entre a potência ocupante e o governo japonês, mas sem violências individuais. Para compreender esse comportamento "precisa escrutar o ânimo japonês em seus recessos mais íntimos", adverte Fosco Maraini, em uma outra obra; para ele "não existe esquema ideal de um lado e matéria bruta de outra. Portanto, a vida nunca está errada. MacArthur, vencendo, havia demonstrado com os fatos a superioridade de uma certa ordem e, isso, consequentemente, abolia a ordem precedente"; em suma, "combate-se como demônios para vencer, mas, depois, honra-se o campeão quem quer que ele seja".[160] Essa atitude permitiu, no pós-guerra, a convivência de duas concepções de vida profundamente diferentes.

Em 1947, o Japão devia passar do militarismo pré-bélico a um regime democrático de tipo ocidental. O modelo de Constituição – mais imposto que proposto pelos americanos – foi aceito quase

---

[157] N.T. Literalmente, "ele mesmo disse".
[158] MARAINI, Fosco. *Case, amori, universi*. Milão: Mondadori, [1999] 2001, pp. 629/630.
[159] MARAINI, Fosco. *Case, amori, universi*. Milão: Mondadori, [1999] 2001, p. 621. Esta sensação de segurança é confirmada pelas observações do juiz estadunidense Oppler, cf. *infra*, pp. 271 e 272.
[160] MARAINI, Fosco. *Ore giapponesi*. Nova edição. Milão: Dall'Oglio, 1988, p. 105.

integralmente e a sua estrutura pode ser assim sintetizada: o princípio americano dos *"checks and balances"*[161] se amalgama com aquele inglês da *"supremacy of the legislature"*;[162] os direitos fundamentais são garantidos na Constituição; o Parlamento detém constitucionalmente o controle sobre o governo; é sancionada a separação dos três poderes; a Câmara Alta da Nobreza é transformada em um Senado eletivo. Em particular, os princípios constitucionais mais inovadores em relação à tradição japonesa levam a assinatura de MacArthur: a posição do imperador como símbolo do Estado sem poder político e o célebre artigo nono, que abole o direito à guerra e ao rearmamento".[163]

Dois temas devem ser sublinhados: em toda a história do Japão, a ocupação americana é o único caso de poder estrangeiro sediado no território japonês (a presença britânica pós-bélica foi um apêndice daquela americana, teve escassa relevância e durou pouco);[164] a União Soviética permaneceu excluída da ocupação do

---

[161] N.T. "Freios e contrapesos".
[162] N.T. "Supremacia do Legislativo".
[163] NAKAI, Akio. "Die 'Entmilitarisierung' Japans und die 'Entnazifizierung' Deutschlands nach 1945 im Vergleich". *Beiträge zur Konfliktforschung*, 2, 1988, pp. 272/273.
[164] *"The official British Commonwealth Occupation Force (BCOF), composed of Australian, British, Indian and New Zealand personnel, was deployed in Japan on February 21, 1946. While U.S. forces were responsible for overall military government, BCOF was responsible for supervising demilitarization and the disposal of Japan's war industries. BCOF was also responsible for occupation of several western prefectures and had its headquarters at Kure. At its peak, the force numbered about 40,000 personnel. During 1947, BCOF began to decrease its activities in Japan, and it was officially wound up in 1951"*. [NT: "A Força de Ocupação da Commonwealth Britânica (BCOF, do inglês *British Commonwealth Occupation Force*), composta por pessoal australiano, britânico, indiano e neozelandês, foi implantada no Japão em 21 de fevereiro de 1946. Enquanto as forças dos EUA eram responsáveis pelo governo militar geral, o BCOF era responsável por supervisionar a desmilitarização e a eliminação das indústrias de guerra do Japão.

Japão, diversamente do que aconteceu na Alemanha.[165] Exatamente em função da postura antissoviética, os próprios Estados Unidos instigaram o Japão a iniciar um limitado rearmamento, preocupados com a situação chinesa (que levou, em 1949, à fundação da República Popular da China) e com a Guerra da Coreia que, deflagrada em 1950, obrigou os Estados Unidos a retirar muitos militares do Japão para empregá-los na Coreia.

Sobre a ocupação americana no Japão encontra-se disponível uma ampla documentação original, que deve ser, porém, avaliada com cautela: aqueles:

> Documentos são uma fotografia tirada a partir da perspectiva da burocracia ocupante, por isso, obviamente, apresentam-se como notícias de sucessos e devem ser, portanto, avaliadas como tal. O seu valor consiste na descrição de fatos e detalhes que convidam a um confronto com aqueles sobre a ocupação da Alemanha, porque refletem a autoestima dos funcionários e o espírito missionário da potência ocupante.[166]

O BCOF também foi responsável pela ocupação de várias prefeituras ocidentais e teve sua sede em Kure. No seu auge, a força contava com cerca de 40 mil pessoas. Em 1947, o BCOF começou a diminuir suas atividades no Japão, e foi oficialmente encerrado em 1951"] (NEW WORLD ENCYCLOPEDIA. "Occupation of Japan". *New World Encyclopedia*. Disponível em: http://www.newworldencyclopedia.org/entry/Occupation_of_Japan).

[165] Uma comparação entre a ocupação estadunidense no Japão e na Alemanha encontra-se em WOLFE, Robert (Coord.). *Americans as Proconsuls*: United States Military Government in Germany and Japan, 1944-1952. Carbondale: Southern Illinois University Press, 1984.

[166] BENZ, Wolfgang. "Amerikanische Besatzungsherrschaft in Japan 1945-1947". *Vierteljahrshefte für Zeitgeschichte*, 26:2, 1978, p. 270. A introdução aos documentos (pp. 265-279) está em alemão, enquanto todos os documentos estão no original inglês.

Objetivamente, a ocupação americana no Japão (e aquela aliada na Alemanha) pode ser considerada "uma experiência excepcionalmente bem-sucedida de educação de uma nação para a democracia".[167] Para o Japão, deve ser recordado que já uma vez, na época Meiji (1868-1912), ele havia recebido com sucesso modelos sociais e jurídicos mais impostos que importados do Ocidente.

É particularmente significativo que, em 1º de janeiro de 1946, o Imperador Hirohito tenha dirigido à nação um apelo que se remetia explicitamente à renovação oitocentista da época Meiji, religando aquela distante mensagem à renovação que, naqueles dias, esperava o Japão derrotado:

> Hoje, entramos no novo ano. No passado, ao início da era Meiji, o Imperador Meiji emanou um proclama em cinco artigos:
> 1. Devem-se convocar reuniões na maior medida possível, e todos os negócios de Estado devem ser decididos de acordo com a opinião pública. 2. Todos, em posição elevada ou inferior, de comum acordo devem fazer o seu melhor em todos os negócios de Estado. 3. É necessário que a todos, dos funcionários civis e militares até ao simples povo, seja dada a possibilidade de realizar os próprios objetivos, de modo que não estejam insatisfeitos. 4. Devem ser abandonados todos os maus hábitos e tudo deve fundar-se sobre os princípios justos e acima das partes do Céu e da Terra. 5. Devem-se adquirir conhecimentos de toda parte do mundo, para favorecer, assim, o Estado imperial a partir dos seus fundamentos.
>
> Estas palavras do Imperador são justas e estão além de quaisquer divergências: o que se poderia acrescentar a elas? Nós queremos, portanto, prestar novamente este juramento, no intento de abrir uma nova via ao bem do país.
>
> Seguindo os seus princípios, devemos dispensar os velhos hábitos e fazer valer a opinião do povo; funcionários e

---

[167] BENZ, Wolfgang. "Amerikanische Besatzungsherrschaft in Japan 1945-1947". *Vierteljahrshefte für Zeitgeschichte*, 26:2, 1978, p. 268.

povo devem votar-se unanimemente a uma atitude pacífica, construir uma cultura de rica abundância e, assim, elevar as condições de vida do povo e construir um novo Japão.

As destruições que as nossas cidades sofreram durante a guerra, os sofrimentos de quem sofreu a guerra, a paralisia do comércio e das empresas, a falta de alimento e o crescente número de desempregados são efetivamente desesperadores. Se o nosso povo toma em consideração a situação atual e também está fortemente decidido a mover-se pacificamente rumo à civilização, sem dúvida deve abrir-se a um futuro sereno não só para o nosso povo, mas para a humanidade inteira.

O amor pela família e o amor pela pátria são características particularmente relevantes em nosso país. Agora, é necessário desenvolver plenamente esta atitude, realizando-a com espírito de sacrifício no serviço do amor pela humanidade.[168]

Esta evocação autorizada (e compartilhada) da tradição contribui para explicar por que as tentativas de modificar em sentido radicalmente democrático a Constituição Meiji tenham se chocado com a oposição dos políticos japoneses, obrigando o general Douglas MacArthur – comandante chefe das forças de ocupação – a confiar a uma comissão de americanos a redação de um projeto constitucional conforme a *"Potsdam Declaration"*.[169] Talvez o procônsul americano não pediria nada melhor. Talvez também o artigo sobre a renúncia à guerra tinha sido sugerido pelo primeiro-ministro Kijuro Shidehara: mas essa informação é controversa. Em qualquer caso, remetendo-se ao artigo 73 da Constituição Meiji, a nova Constituição foi

---

[168] Tradução do texto em alemão: HIROHITO. "Neujahrsbotschaft des Tenno vom 1. Januar 1946". *Aus Politik und Zeitgeschichte*, B 40-41/64, 1964, p. 23. Também o artigo nono vem vinculado à tradição japonesa: cf. *infra, Apêndice I,1,4*.

[169] N.T. Declaração de Potsdam.

CAPÍTULO I – TRÊS CONSTITUIÇÕES – DAS DITADURAS ÀS...

aprovada como emenda da precedente[170] pelas duas câmaras eletivas, em outubro de 1946, e entrou em vigor em 3 de maio de 1947. De fato, ela representa, porém, "mais uma grande fratura do que uma continuidade entre a velha e a nova Constituição", porque o poder soberano passou de um monarca teocrático para o povo.[171]

No Japão, funcionou o modelo de governo militar experimentado também na Itália (cf. p. 56). O próprio MacArthur afirma que – enquanto na Alemanha, no final da guerra, a administração se dissolveu ou foi necessário proceder aos expurgos ("todas as agências governamentais se desintegraram ou tiveram que ser expurgadas")[172]

---

[170] *"Article 73. When it has become necessary in future to amend the provisions of the present Constitution, a project to the effect shall be submitted to the Imperial Diet by Imperial Order. (2) In the above case, neither House can open the debate, unless not less than two-thirds of the whole number of Members are present, and no amendment can be passed, unless a majority of not less than two-thirds of the Members present is obtained"*. [NT: "Art. 73. Quando, no futuro, se tornar necessário alterar as disposições da presente Constituição, um projeto nesse sentido será submetido à Dieta Imperial por Ordem Imperial. (2) No caso acima, nenhuma das Câmaras pode abrir o debate, salvo se pelo menos dois terços do número total de deputados estejam presentes, e nenhuma emenda pode ser aprovada, a menos que uma maioria de pelo menos dois terços dos membros presentes seja obtida"] (ITO, Hirobumi. *Commentaries on the Constitution of the Empire of Japan*. Tokyo: Igirisu-horitsu gakko, 1889).

[171] A revista *Aus Politik und Zeitgeschichte* dedicou um fascículo à Constituição japonesa: UGAI, Nobushige; ZACHERT, Herbert (Coord.). "Die japanische Verfassung". *Aus Politik und Zeitgeschichte*, B 40-41/64, 1965. Ele contém: UGAI, Nobushige; ZACHERT, Herbert. "Ideal und Realität der japanischen Verfassung". *Aus Politik und Zeitgeschichte*, B 40-41/64, 1965. O texto japonês, traduzido por um japonólogo alemão, contém uma introdução (pp. 3-7; da qual é tirada a citação, p. 3) aos textos da Constituição Meiji de 1889 (pp. 8-12) e da Constituição de 1946 (pp. 13-23), além da já citada mensagem imperial de 1946 (cf. *supra*, nota 134).

[172] N.T. *"All government agencies disintegrated, or had to be purged"*.

– no Japão as estruturas autóctones continuaram a funcionar, sob a supervisão do *"Supreme Command of the Allied Powers"*[173] (SCAP).[174]

Wilhelm Röhl reassume, assim, o percurso legislativo sobre o limitado rearmamento japonês, isto é, o processo daquela que define como "a normativa mais violentamente combatida da Constituição japonesa":

> Julho de 1950: MacArthur pede a instituição de uma *"Police-Reserve"*;[175]
>
> Agosto de 1950: o decreto governamental n. 260 institui a *Police Reserve* (composta primeiro por 75.000 homens, depois por 110.000);
>
> Setembro de 1951: tratado nipo-americano sobre a segurança;
>
> Fevereiro de 1952: acordo administrativo nipo-americano sobre o tratado para a segurança;
>
> Julho de 1952: Lei sobre o Corpo de Segurança; dissolução da *Police Reserve*; instituição de um corpo militar e de um corpo de polícia;
>
> Julho de 1953: início das tratativas nipo-americanas sobre a ajuda MSA (*Mutual Security Act*);[176]
>
> Março de 1954: Tratado MSA;
>
> Junho de 1954: Lei sobre a Instituição de um Gabinete para a Defesa e para as Forças de Autodefesa.[177]

---

[173] N.T. Comando Supremo das Potências Aliadas.

[174] MACARTHUR, Douglas. *Reports of General MacArthur – 1st Supplement*: MacArthur in Japan. The Occupation. Military Phase. Charles A. Willoughby (Coord.). Washington: U.S. Government Printing Office, 1966, pp. 193/194.

[175] N.T. Reserva Policial.

[176] N.T. Ato de Segurança Mútua.

[177] Essa síntese da análise da Constituição japonesa se encontra em RÖHL, Wilhelm. *Die japanische Verfassung*. Frankfurt am Main: Metzner, 1963, p. 57. O *Mutual Security Act* (MSA) de 1951-61 (título oficial: *"An Act to maintain the security and promote the foreign policy and*

A Alemanha seguia com vivo interesse os eventos iniciais do rearmamento japonês porque, "observando o rearmamento do Japão, agora em pleno desenvolvimento, encontram-se muitos paralelismos com o previsto rearmamento da Alemanha: notados nas dificuldades que lá já se manifestaram e que aqui devem ser esperados".[178] Para manter a ordem interna – permanecendo firme a proibição de rearmamento para o Japão (e para a Alemanha) – foi criado um corpo de polícia, a *National Police Reserve*,[179] que se tornou o núcleo das futuras Forças Armadas japonesas.[180] A descrição das características daquelas unidades de polícia, consolidadas nos primeiros dois anos da sua existência, levam o autor a concluir: "tanto na sua organização e estrutura quanto no seu armamento e instrução, este corpo revela um caráter semelhante àquele de um exército".[181] De fato, "peritos japoneses consideram que o poder de fogo de uma divisão da *National Police Reserve*[182] seja, hoje, nove vezes maior do que aquele de uma divisão do precedente exército japonês".[183]

O crescente temor anticomunista, típico da situação pós-bélica, emerge na descrição das dificuldades de recrutamento das fileiras

---

provide for the general welfare of the United States by furnishing assistance to friendly nations in the interest of international peace and security") substitui o *Plano Marshall* (ou, melhor, o *"European Recovery Progam"*, ERP, de 1946). Ambas as leis visavam à contenção do comunismo.

[178] Nota redacional que precede, na p. 41, o artigo de Karl Ferdinand Reichel: REICHEL, Karl Ferdinand. "Japans 'Nationale Polizei-Reserve'". *Militärpolitisches Forum*, 1; 2, 1953

[179] N.T. Reserva Policial Nacional.

[180] A mesma evolução se verificou em ambas as Alemanhas, cf. nota 77, p. 282.

[181] REICHEL, Karl Ferdinand. "Japans 'Nationale Polizei-Reserve'". *Militärpolitisches Forum*, 1, 1953, p., 41.

[182] N.T. Reserva Policial Nacional.

[183] REICHEL, Karl Ferdinand. "Japans 'Nationale Polizei-Reserve'". *Militärpolitisches Forum*, 1, 1953, p. 42.

inferiores daquele corpo de polícia: os jovens japoneses eram ou pacifistas (atitude que "pode ser remetida sobretudo à 'reeducação' americana", depois de 1945) ou conservadores (enquanto "o liberalismo não foi bem-sucedido nas escolas superiores"). "A esmagadora maioria dos estudantes japoneses pertence a grupos socialistas ou comunistas", ou de algum modo influenciados pelo marxismo: portanto, no Japão "a introdução do recrutamento compulsório nesses anos críticos seria a via mais certa para construir uma Armada Vermelha japonesa".[184] Em suma, o impedimento do rearmamento previsto pelo artigo nono também podia desenvolver uma útil função anticomunista.

Para tornar o rearmamento compatível com o artigo nono, a "*National Police Reserve*" foi transformada, em 1954, em "*Japan Self-Defense Force*",[185] considerando que o artigo nono proíbe a guerra de agressão, mas não aquela de defesa. Desde então, as Forças de Autodefesa não mudaram de nome, mas constantemente foram ampliando-se. Uma vez que, nesse interim, o Japão chegou a ser uma das primeiras dez potências mundiais em despesas militares, importantes forças políticas pressionam, hoje, em direção a uma revisão do artigo nono, também levando em consideração a situação internacional alterada e a crescente participação do Japão em missões internacionais.

Em 2018, registra-se no Japão uma intensificação de medidas militares:

> O reforço das Forças de Autodefesa, as forças armadas *de fato* do Japão, em primeiro lugar, visam a proteger as ilhas periféricas como as Senkaku (objeto de um contencioso territorial com a China, que as chama Diaoyu). Em abril [2018], as Forças de Autodefesa haviam apresentado a sua primeira brigada anfíbia de intervenção rápida: uma unidade

---

[184] REICHEL, Karl Ferdinand. "Japans 'Nationale Polizei-Reserve'". *Militärpolitisches Forum*, 2, 1953, p. 32.
[185] N.T. Força de Autodefesa do Japão.

de 2.100 militares treinada por conselheiros estadunidenses segundo o modelo dos *marines* e destinada à reconquista de ilhas ocupadas.[186]

A China é, de fato, um vizinho preocupante: "a tonelagem de navios militares lançados pela China desde 2014 supera a da França, Alemanha, Itália, Espanha, Índia, Coreia do Sul e Taiwan juntas. Não só, Pequim está desenvolvendo a sua capacidade de afundar navios inimigos: e os mísseis antinavios de terra, ar e mar são mais avançados do que aqueles americanos. Além disso, a China está reforçando sua presença exatamente ao longo da '*Sealine*', a rota marítima global: Senkaku, as ilhas Spratly ao largo das Filipinas, Sri Lanka, onde obteve por *leasing* um porto por cem anos, Gibuti, onde constrói a sua primeira base militar africana. Infraestruturas majoritariamente civis, por ora". O ativismo chinês ao longo da "*Sealine*" (a via do fornecimento petrolífero entre Estados árabes e Japão) provocou um incidente: "aqui tudo mudou em 2010, quando um grande pesqueiro chinês abalroou a guarda costeira japonesa próximo às ilhas Senkaku. Uma provocação, uma colisão 'voluntária' que provocou prisões, um espetacular processo para o capitão chinês em Tóquio, tensão às alturas". Também houve uma reação militar do Japão: na ilha de Ishigaki ("a parte mais meridional do Japão") "está sendo construída uma base japonesa 'de autodefesa' aérea, e serão deslocados 500-600 soldados", porque "Ishigaki controla as Senkaku, cinco recifes desabitados, terra de albatroz".[187]

---

[186] MESMER, Philippe. "Le Japon muscle les capacités offensives des Forces d'autodéfense". *Le Monde*, 18 dez. 2018. Disponível em: https://www.lemonde.fr/international/article/2018/12/18/le-japon-muscle-les-capacites-offensives-des-forces-d-autodefense_5399222_3210.html. Acessado em: 27.03.2024.

[187] Reportagem da enviada especial Mara Gergolet (2019, 7 de janeiro), *Tokyo prepara l'isolatrincea*. Esse ativismo é parte do plano geopolítico chinês das "novas rotas da seda" (*Belt and Road Initiative*), que não pode ser aqui abordada, mas cuja cartografia documenta também sua chegada na Europa e o interesse pelos portos

É nessa atmosfera que, em 6 de agosto de 2018, em Yokohama, foi apresentado o navio "Izumo", o mais importante da frota japonesa, que entrou em atividade em 2015 como porta-helicóptero para o serviço antissubmarino e de controle costeiro, mas agora convertido em porta-aviões, mesmo se oficialmente não pudesse ser declarado como tal em referência ao artigo nono da Constituição. A China (que possui já um porta-aviões semelhante àqueles da classe Izumo e está construindo outros dois) protestou contra a construção desses "porta-aviões travestidos". De fato, um porta-aviões é uma típica arma de ataque, mesmo se apresentado como "porta-aviões defensivo".

> A decisão de reconverter as unidades da classe Izumo acontece em um contexto de crescente vulnerabilidade das bases aéreas japonesas em relação aos mísseis de cruzeiro e balísticos da China e da Coreia do Norte. Tóquio sempre negou publicamente a verdadeira natureza dos Izumo por causa das questões relativas à violação constitucional do sistema de arma de projétil. Com base no artigo nono da Constituição japonesa, o governo proíbe a construção de armas consideradas principalmente de natureza ofensiva, como os porta-aviões. Todavia, o Japão possui uma extraordinária capacidade marítima latente.

Além disso, como indispensável complemento a essa transformação, "com fulcro nas novas linhas-guia do Programa Nacional para a Defesa, até 2023 o Japão receberá 42 F-35A, adquiridos em dezembro de 2011".[188]

---

italianos de Trieste e Genova (http://www.limesonline.com/tag/nuove-vie-della-seta), com os relativos alarmes ("*La Repubblica*", 20 de março 2019: https://genova.repubblica.it/cronaca/2019/03/20/news/via_della_seta_toti_genova_non_fara_la_fine_del_pireo_-222089511/).

[188] Reportagem do analista credenciado com o Ministério da Defesa e com a OTAN, Franco Iacch: "os porta-helicópteros serão convertidos em porta-aviões defensivos, contornando, assim, a Constituição do Japão que proíbe veículos de ataque. Adquiridos outros cem F-35". (IACCH, Franco. "Il Giappone sta per annunciare le portaerei defensive". *Il Giornale*, 28 nov. 2018. Disponível em: https://www.ilgiornale.it/news/

O Japão não está isolado nessa transformação naval: "o navio é semelhante em tamanho aos porta-aviões franceses e italianos, o Charles de Gaulle e o Cavour",[189] mesmo que a Itália encontre no artigo 11 da sua Constituição o mesmo princípio pacifista que vincula o Japão. Uma revista especializada confirma que:

> Estes navios [da classe Izumo] apresentam características análogas ao porta-aviões leve italiano Cavour; sem contar que, contrariamente aos outros DDH japoneses, o armamento embarcado é estritamente defensivo e, semelhantemente ao Cavour, estão presentes também capacidades anfíbias com espaços para acolher até 400 soldados e 50 veículos leves.[190]

Análogas características apresenta o porta-helicópteros "Trieste", o maior navio italiano construído no pós-guerra e lançado em maio de 2019.

Enfim, o já citado *"Le Monde"* recorda que:

> Terça-feira, 18 de dezembro de 2018, o governo anunciou as novas diretivas para planejar as aquisições de material para os próximos cinco anos, definindo as prioridades estratégicas para os dez anos vindouros. Diante das ameaças da Coreia do Norte e da China, mas também da Rússia, o Japão quer reforçar as suas capacidades de ataque e de *cyberwar*.

---

mondo/giappone-sta-annunciare-portaerei-difensive-1608425.html. Acessado em: 28.03.2024).

[189] *"The vessel is similar in size to the French and Italian carriers, the Charles de Gaulle and the Cavour"*. (THE ECONOMIST. "Wide-mouthed frog". *The Economist*, 20 ago. 2013. Disponível em: https://www.economist.com/asia/2013/08/10/wide-mouthed-frog. Acessado em: 26.03.2024).

[190] DA FRÈ, Giuliano. "Portaerei per il Giappone?" *Rivista Italiana Difesa*, 2 jan. 2018. Disponível em: http://www.portaledifesa.it/index~phppag,3_id,2096_arg,3_npp,2_npag,14.html, com dados técnicos ulteriores e confrontos com o navio Cavour.

Nos setenta anos transcorridos entre a entrada em vigor da Constituição japonesa e as atuais tensões internacionais, as forças armadas japonesas cresceram constantemente, enquanto o artigo nono da Constituição permaneceu imutado: portanto, a crescente distância entre o preceito constitucional e as reais exigências militares está chegando ao ponto de ruptura, que se manifesta no debate sobre a modificação ou ab-rogação do artigo nono. A ficção que se adota para os "porta-aviões defensivos" é somente um aspecto da geral ficção sobre as "Forças de Autodefesa".

O já citado *"The Economist"* (remetendo-se ao *"duck test"*: "Se parece um pato, nada como um pato e grasna como um pato, então provavelmente é um pato")[191] resolve com pragmatismo britânico esse farisaico debate sobre as Forças de "Autodefesa" e sobre a natureza "defensiva" do porta-aviões Izumo: "Se é tão grande quanto um porta-aviões e se parece com um porta-aviões, é provável que seja um porta-aviões – ou possa ser facilmente transformado em um".[192]

Atualmente, o Japão está dividido entre quem recorda que, graças ao artigo nono, o Japão gozou de setenta anos de paz e quem o vê como uma imposição pós-bélica dos EUA, que impede o Japão de poder enfrentar as ameaças proveniente da China e da Coreia do Norte. Uma documentação sobre este debate, ainda em curso, está contida no *Apêndice I*.

5 A Itália no pós-guerra

O Estado italiano moderno nasce formalmente em 1861, quando o Reino da Sardenha, depois de ter unificado com três guerras de independência os vários Estados da península, transforma-se no Reino

---

[191] N.T. *"If it looks like a duck, swims like a duck, and quacks like a duck, then it probably is a duck"*.
[192] N.T. *"If it's as big as an aircraft-carrier and looks like an aircraft-carrier, chances are that it is an aircraft-carrier – or can readily be turned into one"*.

da Itália. A este último foi estendida a Constituição do Reino da Sardenha, isto é, o Estatuto Albertino de 1848, que permaneceu em vigor até o final da Segunda Guerra Mundial. Aquela Constituição flexível permitiu, no século XIX, transformar a monarquia constitucional em monarquia parlamentar, mas, depois – com o advento do fascismo – consentiu também em abolir o Parlamento eletivo e substitui-lo pela "*Camera dei Fasci e delle Corporazioni*".[193]

De fato, em 1922 aconteceu o golpe de Estado fascista com a "Marcha sobre Roma" e o rei nomeara Benito Mussolini primeiro-ministro de um governo que, progressivamente, esvaziou o Estatuto Albertino dos seus conteúdos liberais, até vetar em 1925 os partidos políticos, exceto o *Partito Nazionale Fascista*. Iniciavam-se, assim, as duas décadas da ditadura fascista, que perdurou até 1945. Naquelas décadas, o Estatuto Albertino permaneceu formalmente em vigor, mas privado de relevância, assim como acontecia na Alemanha hitlerista com a Constituição de Weimar de 1919 e no Japão militarista com a Constituição Meiji de 1889.

Daqueles anos trágicos, aqui podem ser recordadas somente algumas datas cruciais. Em 1935, a Itália invadiu a Etiópia e a Sociedade das Nações a puniu com as sanções, definidas como "iníquas" pelo fascismo. Em 9 de março de 1936, Mussolini declarava: "a Itália finalmente possui o seu império". Em 1936, Mussolini interveio com Hitler na Guerra Civil Espanhola. Em 1938, o "Manifesto da raça" abriu caminho para a legislação racial na Itália.[194] Em 1939, a Itália invadiu a Albânia e, em 22 de maio de 1939, subscreveu o "Pacto de Aço" com a Alemanha. Em 1º de setembro de 1939, a Alemanha invadiu a Polônia e deu início à Segunda Guerra Mundial, enquanto a Itália entrou na guerra somente em 10 de junho de 1940.

---

[193] N.T. *Camera dei Fasci e delle Corporazioni*: Câmara dos Fasci e das Corporações.
[194] N.T. LOSANO, Mario G. *Dalle leggi razziali del fascismo alle amnistie postbelliche*, 1938-1953: Con bibliografie e testi legislativi. Milão: Mimesis, 2022, p. 187.

Em 27 de setembro de 1940, a Itália assinou o Pacto Tripartite com a Alemanha e o Japão.

Depois dos destruidores eventos bélicos, em 25 de julho de 1943, o *Gran Consiglio del Fascismo*[195] declarou Mussolini decaído que, preso, foi libertado pelos alemães e levado, primeiro, a Mônaco de Baviera e, depois, à Itália setentrional, onde fundou a *"Repubblica Sociale Italiana"* ou *"Repubblica di Salò"*.[196] Enquanto isso, em 08 de setembro de 1943 o rei e o primeiro-ministro, Pietro Badoglio, fugiram de Roma e organizaram, na Itália meridional, um exército que combatia ao lado das tropas aliadas que subiam a península.

A Itália, assim, encontrou-se em uma situação de trágica complexidade: os soldados italianos ainda esparsos em todo o cenário de guerra da Rússia à África, da França ao Egeu, encontraram-se de um dia para o outro a ter de decidir – sem informações e sem ordens do rei em fuga – se combatiam ao lado dos alemães ou dos anglo-americanos. Eles se tornavam, assim, inimigos dos precedentes aliados e aliados dos precedentes inimigos, em um clima de recíprocas hostilidades e difidência de consequências frequentemente dramáticas: execuções sumárias, prisão e deportações.

Para retardar o mais possível a subida dos Aliados na península, os alemães construíram a *"Linea Gotica"*, um sistema defensivo que atravessava a Toscana e a Emilia (aproximadamente de Livorno a Florença e até Pesaro) e cortava a Itália em duas partes inimigas entre si. Com as tropas régias na Itália meridional, escaladas ao lado dos Aliados e contrapostas aos alemães posicionados na Linha Gótica, por dois anos (de 14 de novembro de 1943 a 25 de abril de 1945) a

---

[195] N.T. "Grão-Conselho do Fascismo".

[196] As estruturas ministeriais, políticas e militares da RSI estavam dispersas em várias localidades no lago de Garda. Na cidadezinha de Salò, tinham sede os Ministérios do Exterior e da Cultura Popular daquele governo, cujas comunicações (difundidas pela Agência Stefani, também em Salò) eram frequentemente transmitidas com as palavras *"Salò afferma"*, *"Salò informa"*.

Itália assim dividida viveu uma situação de guerra civil: no centro-norte os italianos da fascista República Social Italiana combatiam junto com os alemães contra os anglo-americanos e contra os *partigiani* (que, entretanto, formavam um movimento crescente: a Resistência); na Itália meridional – à medida que subiam a península –, outros italianos combatiam juntos com os anglo-americanos e com os *partigiani* contra os alemães e contra os italianos da República Social. Foram os dois anos mais trágicos da recente história italiana.

Uma vez que, no momento final da guerra, caíam os governos oficiais dos Estados derrotados, em 1943, em Argel, os Aliados criaram a *"Allied Military Government of Occupied Territories"*[197] – AMGOT, com oficiais especialmente preparados para administrar os territórios progressivamente ocupados.[198] Com essa estrutura, os organismos locais originários ficavam em funcionamento, mas sob a supervisão dos Aliados. A primeira experiência desse "governo militar" teve início na Sicília, em julho de 1943, logo depois do desembarque aliado. Com outra denominação, o AMGOT continuou a operar na Itália até 31 de dezembro de 1945. Esse modelo de gestão depois foi estendido aos países ocupados pelos Aliados, em particular à

---

[197] N.T. Governo Militar Aliado dos Territórios Ocupados.

[198] Sobre esse período: LI GOTTI, Claudio. *Gli americani a Licata*: Dall'amministrazione militare alla ricostruzione democratica. Civitavecchia: Prospettiva editrice, 2008; DI CAPUA, Giovanni. *Il biennio cruciale (luglio 1943-giugno 1945)*: L'Italia di Charles Poletti. Soveria Mannelli: Rubbettino Editore, 2005. Charles Poletti, político estadunidense, chegou na Itália com a patente de tenente coronel e participou das atividades do AMGOT em várias cidades. Em Palermo, teve como intérprete o mafioso Vito Genovese, lugar-tenente de Lucky Luciano. Sobre o início desse inquietante conúbio: COSTANZO, Ezio. *Mafia e Alleati – Servizi segreti americani e sbarco in Sicilia*: da Lucky Luciano ai sindaci "uomini d'onore". Catania: Le Nove Muse Editrice, 2006; bem como o clássico PANTALEONE, Michele. *Mafia e politica*. Torino: Einaudi, 1978. Ainda, CARACCIOLO, Davide. "La ignominiosa alleanza. Il contributo mafioso ala vittoria alleata in Sicilia". *Instoria*, nº 7, 2008. Disponível em: http://www.instoria.it/home/vittoria_alleata_sicilia.htm. Acessado em: 28.03.2024.

Alemanha e ao Japão,[199] mas a ocupação militar na Itália foi mais breve em relação aos outros dois países do Pacto Tripartite.[200]

A extensão da ocupação aliada desde a Sicília em direção à Itália setentrional é, simbolicamente, marcada pela circulação das *AM-Lire (Allied Military Currency)*[201] que, desde julho de 1943, substituíram a moeda italiana; depois, a partir de 1946, circularam juntas, até serem totalmente retiradas a partir de 1950: a essa moeda (equiparada ao dólar) se imputa a forte inflação pós-bélica na Itália.

A Itália voltou a uma situação de progressiva normalidade com o final da guerra e com o referendo de 02 de junho de 1946, com o qual os italianos – e as italianas, que votavam pela primeira vez em uma consulta a nível nacional – passaram da Monarquia à República e instituíram uma Assembleia Constituinte, encarregada de preparar a Constituição que substituiria o *Statuto Albertino*. Daquela Assembleia surgiu a Constituição atual, que entrou em vigor em 1º de janeiro de 1948.[202]

Ela contém o artigo 11 sobre o repúdio da guerra, complementado por outras normas que evitam as incertezas que ainda dificultam o Japão. Em particular, o próprio artigo 11 prevê uma limitação da soberania nacional a favor dos organismos internacionais para a manutenção da paz. Completam as regras constitucionais, em caso

---

[199] O AMGOT nunca operou em território francês pela forte oposição do general De Gaulle, que declarou que a moeda equivalente às AM-Liras era dinheiro falso. Na França, os americanos terminaram por renunciar ao projeto do AMGOT e reconheceram o *"Gouvernement Provisoire de la République Française"*, querido por De Gaulle.

[200] Na Zona A (o "Território Livre de Trieste" tirado da Jugoslávia) o AMGOT operou até 26 de outubro de 1954, quando a Zona A foi atribuída à Itália.

[201] N.T. Moeda militar aliada.

[202] No site da Câmara dos Deputados, o texto da Constituição italiana está também nas traduções em francês e inglês: http://leg16.camera.it/38?conoscerelacamera=28.

de guerra, o artigo 27 ("Não é admitida a pena de morte, senão nos casos previstos pelas leis militares de guerra"; modificado com a lei constitucional de 2001: "Não é admitida a pena de morte"); o artigo 60 ("A duração de cada Câmara não pode ser prorrogada senão por lei e somente em caso de guerra"); o artigo 78 ("As Câmaras deliberam o estado de guerra e conferem ao governo os poderes necessários"); o artigo 87 (o Presidente da República "tem o comando das forças armadas, preside o Conselho Supremo de Defesa constituído segundo a lei, declara o estado de guerra deliberado pelas Câmaras"); o artigo 103 ("Os Tribunais Militares em tempo de guerra têm a jurisdição estabelecida pela lei. Em tempo de paz têm jurisdição somente para os crimes militares cometidos por membros das forças armadas"); o artigo 111 ("Contra as sentenças e contra as disposições sobre a liberdade pessoal, pronunciadas pelos órgãos jurisdicionais ordinários ou especiais, é sempre admitido recurso em cassação por violação de lei.[203] Pode-se derrogar tal norma somente pelas sentenças dos tribunais militares em tempo de guerra"; este artigo permaneceu inalterado mesmo depois da lei constitucional de 1999).

6 A Alemanha no pós-guerra

No final da guerra, os três Estados do Pacto Tripartite se encaminharam à democracia seguindo diretrizes diversas. Ao calcular as perdas territoriais devidas à derrota, é oportuno partir da situação pré-bélica, porque a inclusão dos "Grandes Espaços" adquiridos em tempo de guerra tornaria a comparação pouco realista. Por exemplo, ao Japão era internacionalmente reconhecido o domínio sobre Formosa (desde 1885), sobre a Coreia e sobre parte da ilha de Sakhalin (1905): essa perda reduziu o território japonês a 45% daquela extensão. Porém, caso se incluísse no cálculo também a Manchúria, conquistada em 1931, no final da guerra o Japão teria

---

[203] N.T. Um recurso único na tradição europeia; equivalente, no Brasil, ao recurso especial (art. 105, III) da Constituição Federal de 1988.

sido reduzido a 19% da sua superfície pré-bélica.[204] A sua redução resultaria ainda mais dramática caso se considerassem os territórios conquistados durante a guerra, sobre os quais se voltará em breve.

Todos os três Estados perderam as colônias – os seus "Grandes Espaços" da era ditatorial – enquanto diversa foi a sorte dos seus clássicos territórios nacionais. O Japão e a Itália perderam algumas partes marginais (geograficamente, mesmo se não emotivamente), mas a sua estrutura territorial pré-bélica permaneceu substancialmente inalterada. A Itália cedeu à Iugoslávia uma parte da *Venezia Giulia*, cedeu à Grécia o Dodecaneso e à França os territórios alpinos de Briga e Tenda. O Japão perdeu as ilhas ocupadas no Pacífico (Wake, Salomone, Guam e outras) e as áreas do sudeste asiático que tinham sido incluídas na área colonial eufemisticamente chamada "Zona de Co-Prosperidade da Grande Ásia Oriental": Indonésia, Singapura, Malásia, Birmânia, Filipinas, Manchúria e partes da China, Taiwan, Coreia, Papua-Nova Guiné e outras zonas.

A Alemanha imperial, pelo contrário, foi dividida pelas quatro potências vencedoras em "zonas de ocupação": as três zonas ocidentais, ocupadas por Estados Unidos, Grã-Bretanha e França se tornaram, em seguida, a República Federal Alemã, enquanto a Zona de Ocupação Soviética se tornou a República Democrática Alemã (RDA). Ao término desse processo, o território do império alemão dissolvido encontrava-se subdividido em cinco partes: enquanto das quatro zonas de ocupação aliada nasceram os dois Estados alemães, os territórios mais orientais foram entregues à URSS, enquanto à Polônia foram cedidos os territórios até os rios Oder e Neisse; enfim, a ex-capital Berlim foi regida por um especial estatuto quadripartido, que funcionava como um *tertium* em relação aos dois novos Estados alemães.

---

[204] BENZ, Wolfgang. "Amerikanische Besatzungsherrschaft in Japan 1945-1947". *Vierteljahrshefte für Zeitgeschichte*, 26:2, 1978, p. 265, nota 2.

Essa fragmentação se refletia também na linguagem da Guerra Fria, que evitava mencionar a RDA,²⁰⁵ não reconhecida internacionalmente: era chamada *"Mitteldeutschland"*, Alemanha Central, porque os territórios cedidos à Polônia e à Rússia eram *"Ostdeutschland"*, Alemanha Oriental (nome que, na Itália, juntamente com "Alemanha do Leste", era frequentemente usado em substituição à denominação oficial "República Democrática Alemã", Estado oficialmente não reconhecido).

Esses movimentos de fronteira provocaram um forte fluxo de fugitivos alemães, sobretudo em direção às três zonas de ocupação ocidentais, em parte por escolha pessoal, em parte por expulsões em massa, como, por exemplo, no caso dos Sudetos.²⁰⁶

As novas Constituições, com o seu artigo pacifista, aplicavam-se, portanto, ao território pós-bélico inteiro do Japão e da Itália, mas somente à República Federal Alemã. A Constituição da República Democrática Alemã, de 07 de outubro de 1949, nascida na área de influência soviética, contém disposições análogas, mas formuladas segundo a perspectiva do internacionalismo proletário. O artigo quinto estabelece:

> (1) As normas geralmente reconhecidas pelo direito internacional vinculam os poderes públicos bem como todos os cidadãos.
>
> (2) É dever dos poderes públicos vigiar a manutenção e a defesa das relações amistosas com todos os povos.

---

²⁰⁵ N.T. República Democrática Alemã. Em alemão, DDR [*Deutsche Demokratische Republik*].

²⁰⁶ KITTEL, Manfred; MÖLLER, Horst. "Die Beneš-Dekrete und die Vertreibung der Deutschen im europäischen Vergleich". *Vierteljahrshefte für Zeitgeschichte*, 54:4, 2006. Na Europa oriental, foram expulsos todos os alemães, enquanto na ocidental investigaram-se somente as culpas individuais, e com um certo laxismo: sobre os processos pós-bélicos, sobre a desnazificação alemã e sobre o expurgo italiano se voltará em seguida.

(3) Nenhum cidadão poderá participar de ações de guerra tendentes a oprimir um povo.

O artigo sexto determina, no primeiro parágrafo, que "todos os cidadãos gozam de igualdade de direitos perante a lei", e prossegue:

(2) Qualquer propaganda difamatória ou de boicote contra instituições e organismos democráticos, qualquer incitamento ao assassinato de homens públicos democráticos, qualquer manifestação de ódio religioso, racial e contra outros povos, qualquer propaganda militarista e belicista e todas as outras ações dirigidas contra a igualdade dos direitos constituem delitos segundo o Código Penal. O exercício dos direitos democráticos no espírito da Constituição não constitui uma propaganda difamatória.

(3) As pessoas condenadas por tais crimes não podem exercer funções em cargos públicos nem em postos diretivos da atividade econômica e cultural. Elas perdem qualquer direito eleitoral ativo e passivo.[207]

Estas normas constitucionais foram integradas por uma Lei para Proteção da Paz, de 15 de dezembro de 1950.[208]

Os textos legislativos da RDA, depois da queda do Muro de Berlim, têm um valor puramente histórico: eles serão retomados no

---

[207] *Die Verfassung der Deutschen Demokratischen Republik vom 7. Oktober 1949*, em: HOCHBAUM, Hans-Ulrich (Coord.). *Staats- und verwaltungsrechtliche Gesetze der Deutschen Demokratischen Republik*. Berlim (Ost): VEB Deutschen Zentralverlag, 1958, pp. 29/30. A tradução dos art. 5 e 6 é tirada de: http://www.dircost.unito.it/cs/pdf/19491007_germaniaRepubblicaDemocratica_ita.pdf.

[208] Essa lei – inteiramente traduzida no *Apêndice III,3* – compõe-se de um preâmbulo e de quinze artigos: *Gesetz zum Schutze des Friedens vom 15. Dezember 1950*, em: HOCHBAUM, Hans-Ulrich (Coord.). *Staats- und verwaltungsrechtliche Gesetze der Deutschen Demokratischen Republik*. Berlim (Ost): VEB Deutschen Zentralverlag, 1958, pp. 168-172.

Apêndice III, 2 e 3, enquanto a controvérsia sobre a visão comunista da paz, na qual se inspiram também estes textos da RDA, será documentada no Apêndice II, 2 no debate sobre os *"Partigiani della pace"*.

Em conclusão, os vencedores ocuparam militarmente de maneira diversa os territórios assim reconfigurados: o Japão conheceu uma forte presença estadunidense inicial, na Alemanha a ocupação quadripartida foi acompanhada por uma simbólica presença militar belga e holandesa nas correspondentes zonas de fronteira,[209] na Itália a presença aliada (sobretudo estadunidense) se reduziu bem rápido a numerosas bases militares extraterritoriais, ainda ativas.

Hoje, em geral, a historiografia e a política não colocam em discussão o aspecto positivo do processo pós-bélico de democratização. Não é possível, porém, esquecer que no pós-guerra imediato a intervenção dos vencedores foi vivida também como uma imposição, como uma violação da soberania nacional: esta atitude emerge também nos debates sobre os artigos "pacifistas" das três Constituições. Essa aversão continuou nos grupos minoritários de extrema-direita e, ainda hoje, encontra expressão em uma historiografia minoritária, cujos produtos vêm colocados no "armário dos venenos" das bibliotecas, onde são conservados os livros os quais se acessam com uma autorização especial.

Um desses livros proibidos distingue uma "desnazificação com a corda", isto é, com a execução capital, de uma "sem corda", esta última atribuída à zona de ocupação americana. A primeira é apresentada como uma anulação do direito internacional remetida ao parecer do "professor russo-judeu A. N. Trainine", em Paris. A segunda desnazificação vem atribuída à *"Psychological Warfare*

---

[209] Bélgica, Holanda e Luxemburgo, ao final da guerra, aspiravam ocupar uma parte dos territórios alemães confinantes, como reparação pelos danos sofridos durante a guerra.

Division"²¹⁰ do general R. A. McClure, que para a Alemanha previa "três anos de fome, três anos de reeducação e três anos de reconstrução"; em particular "a instituição central para a criação da culpa coletiva foi, para a guerra psicológica dos Aliados, a Escola de Frankfurt", cujo "produto principal" do pós-guerra foi "a Nova Esquerda".²¹¹

Em fevereiro de 1945, no comunicado sobre a conferência de Yalta, foi anunciado o projeto de cancelar as organizações e as leis nazistas, bem como de punir os maiores culpados. Essas medidas suscitaram infinitos debates e resistências, também porque, no crepúsculo pós-bélico, era quase impossível distinguir o expurgo político (isto é, a substituição da elite derrotada pela elite vitoriosa) da condenação penal (isto é, a punição dos crimes).²¹²

Já em 1946, uma vinheta da revista satírica da zona americana, *"Der Simpl"*, ironizava a facilidade com que as comissões atestavam o candor das ovelhas negras nazistas: uma fila de ovelhas negras em uma esteira rolante, de cima, termina dentro de uma máquina "desnazificante" e, de baixo, sai um fila de ovelhas brancas com um lírio na mão, tudo sob a escrita: "o negro se torna branco, ou seja, a desnazificação mecânica".²¹³ E para os demasiado condescendentes

---

[210] N.T. Divisão Psicológica de Guerra.
[211] FRANZ-WILLING, Georg. *Umerziehung*: die De-Nationalisierung besiegter Völker im 20. Jahrhundert. Coburg: Nation Europa, 1991, pp. 131 e 149. Pode-se discordar sobre o conteúdo desse volume, mas a forma é aquela de um clássico tratado acadêmico alemão.
[212] VOLLNHALS, Clemens (Coord.). *Entnazifizierung*: Politische Säuberung und Rehabilitierung in den vier Besatzungszonen 1945-1949. München: DTV, 1991, com um apêndice de documentos, estatísticas e imagens (pp. 65-346) e bibliografia (pp. 354-360). Na p. 331, está reproduzida a vinheta da "máquina de desnazificação": cf. nota seguinte. Cf. também VOLLNHALS, Clemens. *Entnazifizierung und Selbstreinigung im Urteil der evangelischen Kirche*: Dokumente und Reflexionen 1945-1949. München: Kaiser, 1989.
[213] RADLER, Max. "Schwarz wird weiss oder mechanische Entnazifizierung". *Der Simpl*, 1, 63, 1946. Disponível em: http://digi.ub.uni-heidelberg.de/

certificados de absolvição a *vox populi* havia cunhado o termo "*Persilscheine*", atestados branqueados com o Persil, do nome de um conhecido detergente.

As Constituições históricas alemãs reservaram ao soberano o direito de declarar guerra (*ius ad bellum*) e regularam de modo diverso o direito durante a guerra (*ius in bello*).[214] Somente depois da Primeira Guerra Mundial o direito internacional começou a estabelecer certos limites ao direito soberano de declarar guerra, primeiramente no estatuto da Liga das Nações, sobretudo, com o Pacto *Briand-Kellogg* de 1929: o seu primeiro artigo determina que as partes contraentes renunciam à guerra como instrumento para a solução dos conflitos internacionais e, no segundo artigo, que elas se empenham para resolver as tensões mediante negociações. Esse princípio foi recebido em vários tratados e retorna na Carta das Nações Unidas, de 1945 (art. 2, parágrafo 4, e art. 33): única exceção são as medidas militares coletivas tomadas pelas Nações Unidas (art. 42 ss.) e a autodefesa individual e coletiva (art. 51). São essas as raízes do artigo 26 da atual Constituição alemã federal (*Grundgesetz*).[215]

"Na sua primeira redação, a Lei Fundamental não continha uma regulamentação da soberania militar (*Wehrhoheit*) articulada" por causa:

---

diglit/simpl1946/0063/image. Acessado em: 27.03.2024. Já no nome "*Der Simpl*" se evocava a "*Der Simplicissimus*", a clássica revista satírica alemã publicada de 1896 a 1944.

[214] RIEDER, Bruno. *Die Entscheidung über Krieg und Frieden nach deutschem Verfassungsrecht*: Eine verfassungshistorische und verfassungsdogmatische Untersuchung. Berlim: Duncker & Humblot, 1984. O volume examina o *ius belli et pacis* no Sacro Romano Império da Nação Alemã, bem como nas Constituições de cada um dos Estados alemães (1815-1886), da *Paulskirche* de 1848, do império bismarckiano de 1871, de Weimar de 1919 e da atual *Grundgesetz*.

[215] N.T. Lei fundamental.

Da particular situação da Alemanha como país ocupado. Os objetivos políticos dos ocupantes visavam também ao desarmamento e à desmilitarização da Alemanha, como se vê em numerosas decisões emanadas para destruir o potencial bélico alemão e para impedir um renascimento do militarismo alemão.[216]

É essa a razão pela qual os constituintes alemães, em 1948, renunciaram a incluir entre as competências do *Bund*[217] uma *"Wehrverfassung"* ou uma *"Wehrfrage"*, isto é, uma regulamentação do direito à guerra.

Também a participação da Alemanha federal na OTAN foi caracterizada por uma grande prudência terminológica. Por exemplo, desde 1952 até 1957, em plena Guerra Fria, a OTAN elaborou uma estratégia para enfrentar um eventual ataque da parte dos países do Leste Europeu, a *"Forward Strategy"*, que os alemães traduziram como "estratégia de avanço" (*Vorwärtsstrategie*). Este termo foi rapidamente substituído por "defesa preventiva" (*Vorwärtsverteidigung*), para sublinhar que as ações militares previstas eram somente defensivas e que, portanto, respeitavam o artigo 26 da Constituição. A linguagem oficial realizava estranhos contorcionismos para limitar-se somente à guerra defensiva:

> Se para todo outro país a OTAN se rearmava (*aufrüsten*), na Alemanha a dicção oficial era *Nachrüstung*: o termo subentendia que o Ocidente se rearmava sim, mas depois

---

[216] RIEDER, Bruno. *Die Entscheidung über Krieg und Frieden nach deutschem Verfassungsrecht*: Eine verfassungshistorische und verfassungsdogmatische Untersuchung. Berlim: Duncker & Humblot, 1984, p. 289. Para esses documentos aliados, cf. LUTZ, Dieter S. *Krieg und Frieden als Rechtsfrage im Parlamentarischen Rat 1948-1949*: Wertentscheidung, Auslegungsmethodik, Dokumentation. Baden-Baden: Nomos, 1982, pp. 21e ss.

[217] N.T. Federação ou União.

(*nach*) e, portanto, *como consequência* à modernização dos mísseis nucleares soviéticos. Dizer que a OTAN se rearmava para os alemães teria sido já dar razão aos pacifistas.[218]

Nos anos oitenta, o debate sobre o posicionamento dos mísseis soviéticos provocou, na Alemanha (mas também na Itália),[219] uma onda pacifista comparável somente àquela que, em 1949, havia acompanhado o debate sobre a reconstituição das Forças Armadas alemãs. No vivaz concurso sobre a "palavra do ano" anualmente realizado pela "Sociedade para a Língua Alemã", em 1979, em terceiro lugar figurava *"Nachrüstung"*.[220]

Nos anos seguintes, esse aspecto da Lei Fundamental foi progressivamente integrado por novas normas, mas sempre à luz do artigo 26. Nos anos da Guerra Fria, o risco de um conflito armado era iminente e, por isso, pareceu oportuno incluir uma norma constitucional que regulasse a declaração de guerra: mas de "guerra" não se devia falar. Assim, quando, em 1956, uma emenda constitucional regulamentou a intervenção das Forças Armadas alemãs, no momento reconstituídas, o novo artigo 59a da GG[221] por três vezes não usou a tradicional expressão "declaração de

---

[218] VANNUCCINI, Vanna; PREDAZZI, Francesca. *Piccolo viaggio nell'anima tedesca*. 12ª ed. Milão: Feltrinelli, 2019, p. 128 (sobre a "palavra do ano": https://gfds.de/aktionen/wort-des-jahres/). As duas correspondentes na Alemanha analisam a "alma alemã" através de dezesseis palavras, geralmente intraduzíveis: dentre elas, nas pp. 60-72, *"Vergangenheitsbewältigung"* (superação do passado), usada também no presente livro (cf. nota 107, p. 58).

[219] CENTRO MILITARE DI STUDI STRATEGICI. "I movimenti pacifisti e antinucleari in Italia, 1980-1988". *Rivista Militare*, Roma, 1990. Disponível em: https://issuu.com/rivista.militare1/docs/11_-_i_movimenti_pacifisti_e_antinu. Acessado em: 02.04.2024.

[220] N.T. Termo nesse sentido sem um equivalente preciso em português, *Nachrüstung* é formado por *Nach*, que significa "depois", e por *Rüstung*, "armamento".

[221] N.T. *Grundgesetz*: lei fundamental.

guerra", mas a incomum perífrase "constatação que se verificou a necessidade de defender-se" (*Verteidigungsfall*), exatamente para indicar que não se tratava de uma guerra de agressão e que, portanto, se respeitava o artigo 26 da GG: "A constatação de que se verificou a necessidade de defender-se compete ao Parlamento" (parágrafo 1); em casos extremos, o presidente pode "declarar e anunciar esta constatação" (parágrafo 2); o presidente pode fazer declarações de relevância internacional sobre a "existência da constatação que se verificou a necessidade de defender-se" (parágrafo 3).[222]

7 A superação do passado: os grandes processos

A transição da guerra à paz e das ditaduras às democracias parlamentares exigia uma série de medidas que serão, em seguida, sintetizadas em quatro grandes temas que, porém, certamente não esgotam o argumento: a nível internacional, os grandes processos contra os criminosos de guerra (examinados no presente parágrafo); a nível interno, os expurgos das pessoas mais comprometidas com as ditaduras (§ 8); na economia, a tentativa de reparar os danos materiais produzidos pela guerra ou pelas ocupações com a obrigação para os derrotados de pagar algumas reparações bélicas aos vencedores (§ 9); enfim, enquanto todas essas medidas se referem ao passado e às pessoas que no passado tinham vivido, os livros escolares do pós-guerra buscavam oferecer às novas gerações pós-bélicas (isto é, aos futuros cidadãos e eleitores) uma revisitação do passado, uma descrição da transição e uma representação positiva da jovem democracia (§ 10). Entre todas essas medidas, as mais espetaculares foram os grandes processos contra os crimes de guerra, e a eles – nos

---

[222] O artigo 59a foi ab-rogado em 1968. Sobre as várias emendas constitucionais que introduzem uma soberania militar (*Wehrverfassung*) na Lei Fundamental (art. 59 e art. 115 GG): RIEDER, Bruno. *Die Entscheidung über Krieg und Frieden nach deutschem Verfassungsrecht*: Eine verfassungshistorische und verfassungsdogmatische Untersuchung. Berlim: Duncker & Humblot, 1984, pp. 290-318.

territórios nacionais – seguiram-se numerosos processos igualmente traumáticos e divisores em nível local.

Os vencedores exigiam que os três Estados derrotados acertassem as contas com o próprio passado e, para tal finalidade, tomaram três medidas para facilitar a passagem dos regimes autocráticos à democracia parlamentar. Imediatamente, com o final das hostilidades, iniciavam-se a ocupação militar dos três Estados e a elaboração de uma Constituição democrática. Depois, em pouco tempo, no interior dos três Estados deveriam ser processadas e punidas as pessoas que haviam contribuído para desencadear a guerra ou que no seu curso se mancharam de delitos gravíssimos. Enfim, a médio prazo, seriam afastadas das mais relevantes funções públicas ou socioeconômicas as pessoas mais comprometidas com os regimes da época bélica, para evitar que obstaculizassem o processo de democratização apenas iniciado e para fazer justiça a quem havia sofrido os abusos das ditaduras. O conjunto dessas medidas, juntamente com os artigos pacifistas inseridos nas novas Constituições, deveriam ter evitado futuras guerras de agressão.

Os dois processos principais que se desenrolaram em Nuremberg e em Tóquio foram acompanhados por outros processos intentados pelos Aliados ou pelos Estados envolvidos sobretudo no expansionismo alemão e japonês. Na Europa, além dos tribunais militares estadunidenses, ingleses e franceses, operaram também aqueles tchecoslovacos, polacos e soviéticos, enquanto o processo contra Adolf Eichmann aconteceu em Israel, em 1961.[223] Ainda mais amplo foi o círculo dos Estados envolvidos nos processos contra os crimes de guerra japoneses.

Os dois grandes processos se concluíram bem rapidamente porque o número dos imputados era limitado. Ao contrário, os

---

[223] Uma sinopse dos processos e das condenações (com bibliografia) está no verbete *Kriegsverbrecherprozesse* da *Brockhaus Enzyklopädie* (2005). Sobre os análogos dados para o Japão cf. *infra*, nota 252, p. 117.

expurgos (das quais se ocupará no próximo subtítulo) envolviam um número bem maior de pessoas, provocavam resistências mais difusas e requeriam, portanto, prazos mais longos.[224] Todavia, o rigor com que deveriam ser conduzidos foi atenuando-se com a consolidação da Guerra Fria e de sua ideologia anticomunista: qual melhor anticomunista que um ex-fascista ou que um ex-nazista, que além disso deve fazer-se perdoar por seu passado?

Essa atenuação não podia, porém, valer para os principais responsáveis pela guerra e pelas atrocidades bélicas, que deviam ser punidos também como advertência para o futuro. Em todos os três Estados derrotados, os Aliados e quem se identificava com a sua posição política pediam uma punição exemplar dos militaristas, dos fascistas e dos nacional-socialistas. Porém, segundo as regras políticas da democracia, esse acerto de contas não deveria ser uma vingança, mas uma punição a ser adotada segundo as regras do direito. Colocavam-se, assim, os problemas típicos de toda justiça de transição:[225] uma vez que o pertencimento a um partido ou a

---

[224] Sobre as diversidades da desnazificação nas duas Alemanhas, cf. WERTE, Gerhard. "Die Bestrafung von NS-Unrecht in Westdeutschland". *In*: MARXEN, Klaus *et al.* (Coord.). *Der Umgang mit Kriegs- und Besatzungsunrecht in Japan und Deutschland*. Berlim: Verlag Arno Spitz; Nomos Verl., 2001 e MARXEN, Klaus. "Die Bestrafung von NS-Unrecht in Ostdeutschland". *In*: _____. *et al*. (Coord.). *Der Umgang mit Kriegs- und Besatzungsunrecht in Japan und Deutschland*. Baden-Baden: Berlin-Verlag – Nomos, 2001, na segunda parte de *Der Umgang mit den nationalsozialistischen Verbrechen in Deutschland* do volume de MARXEN, Klaus; MIYAZAWA, Koichi; WERLE, Gerhard (Coord.). *Der Umgang mit Kriegs- und Besatzungsunrecht in Japan und Deutschland*. Baden-Baden: Berlin-Verlag – Nomos, 2001.

[225] COHEN, David. *Transitional Justice in Divided Germany after 1945*. Berkeley: War Crimes Studies Center, [s.d.]. Disponível em: https://www.ocf.berkeley.edu/~wcsc/wp-content/uploads/Papers/cohen-trans-justice-germany.pdf. Acessado em: 28.03.2024; ROMEIKE, Sanya. "Transitional Justice in Germany after 1945 and after 1990". *International Nuremberg Principles Academy*, Nürnberg, 2016. Disponível em: https://www.nurembergacademy.org/fileadmin/media/pdf/news/Transitional_Justice_in_Germany.pdf. Acessado em:

obediência às ordens não era um delito no momento da adesão ou da ação, precisavam-se emanar novas normas que retroativamente definissem certos crimes. Além disso, precisava-se estabelecer de que modo qualificar como culpado, com base nas normas de hoje, quem havia tido um comportamento que não fora considerado delituoso ontem. Os Estados democráticos vencedores se encontraram, assim, precisando lidar com uma contradição: com base nos próprios princípios não podiam punir os criminosos de guerra sem um devido processo fundado sobre normas penais, porém justamente aqueles princípios não admitiam normas penais retroativas. Do ponto de vista estritamente jurídico, portanto, qualquer solução podia ser posta em discussão: e de fato o foi.

Símbolos da justiça são a balança e a espada: se os artigos pacifistas nas Constituições representam a balança, os dois espetaculares processos de Nuremberg e Tóquio representam a espada de uma justiça transitória, acusada também de ser a justiça do vencedor.[226]

27.03.2024; bibliografia, pp. 68-79. Mais em geral: MIHR, Anja. *Regime Consolidation and Transitional Justice*: a Comparative Study of Germany, Spain and Turkey. Cambridge: Cambridge University Press, 2018.

[226] Sobre o Japão, é importante o livro de MINEAR, Richard H. *Victors' Justice*: the Tokyo War Crimes Trial. Princeton: Princeton University Press, 1971, reimpresso várias vezes até 2015. Sobre a Alemanha, GRÜNDLER, Gerhard E.; MANIKOWSKY, Arnim von. *Das Gericht der Sieger*: Der Prozess gegen Göring, Hess, Ribbentrop, Keitel, Kaltenbrunnen und andere. Oldenburg: Stalling, 1967. Uma comparação sobre a perseguição dos crimes cometidos durante a guerra e as ocupações está em MARXEN, Klaus; MIYAZAWA, Koichi; WERLE, Gerhard (Coord.). *Der Umgang mit Kriegs- und Besatzungsunrecht in Japan und Deutschland*. Baden-Baden: Berlin-Verlag – Nomos, 2001, citado na precedente nota 224, p. 106. Ainda: BRACKMAN, Arnold C. *The Other Nuremberg*: the Untold Story of the Tokyo War Crimes Trials. Londres: Collins, 1989. Brackman assistiu ao processo de Tóquio como jornalista e reconstrói cronologicamente os eventos, com observações pessoais; sobre a posição crítica do juiz francês Henri Bernard no processo de Tóquio, 407-408 e 436-437 (cf. *infra*, pp. 126 e 127).

a) O *processo de Nuremberg* – ao qual se uniram outros doze processos – teve lugar diante de um Tribunal Militar Internacional (*"International Military Tribunal"*). Ele era composto por juízes militares das quatro potências aliadas e julgava os principais responsáveis do Estado hitlerista.[227] Nos outros doze processos, ao contrário, o tribunal era composto somente por juízes estadunidenses e julgava os crimes cometidos por funcionários públicos de alto nível, por industriais, por médicos, por juízes e por outras personalidades civis.[228] Em geral, o conjunto dos processos de Nuremberg durou de 20 de novembro de 1945 a abril de 1949.[229]

No processo principal de Nuremberg, estabeleceu-se quais organizações deviam ser consideradas criminosas. Nas zonas ocupadas pelos Aliados ocidentais foram emanadas leis para submeter a juízo quem havia feito parte daquelas organizações, classificando em cinco categorias as suas culpas e consequentemente as punições: culpados principais (isto é, criminosos de guerra); corresponsáveis (isto é, ativistas, militaristas e aproveitadores); gregários (isto é, em suspenso, a avaliar); absolvidos (isto é, não culpados). Também no processo de Tóquio e em cada processo nacional, como se verá, retoma-se uma gradação análoga para classificar as culpas e, portanto, as penas.

Em síntese, na zona americana, de 20 de novembro de 1945 a 1º de outubro de 1946, o Tribunal de Nuremberg emanou doze

---

[227] Office of the United States Chief of Counsel for Prosecution of Axis Criminality (1946-1948), *Nazi Conspiracy and Aggression*, cui seguono *Supplements* (2 voll.), *Opinion and Judgement* (1 vol.).

[228] A documentação desses processos está recolhida em 330.000 páginas, uma parte das quais foi publicada em inglês: *Trials of War Criminals Before the Nuernberg Military Tribunals under Control Council Law no. 10* (1949-1953). Os primeiros catorzes volumes documentam cada um dos procedimentos, enquanto o vol. 15 (*Procedure, Practice, and Administration*) recolhe as regras seguidas nesses processos.

[229] Os atos oficiais do processo de Nuremberg estão em: Lawrence D. Egbert, Paul A. Joosten (eds.) (1947-1949), *Der Prozess gegen die Hauptkriegsverbrecher*.

condenações à morte, das quais dez foram executadas. A esse processo se acrescentaram os processos instaurados autonomamente pelas potências vencedoras. Nas três zonas de ocupação ocidentais, ocorreram mais de 5.000 condenações, com 806 condenações à morte, das quais 481 foram executadas. No processo de Tóquio, de 31 de julho de 1946 a 12 de novembro de 1948, foram aplicadas sete condenações à morte. Na Zona de Ocupação Soviética, avaliam-se aproximadamente 45.000 condenações, não sendo preciso o número de execuções capitais. Outros processos aconteceram nos Estados que tinham sido ocupados pelos alemães e pelos italianos. Em 1955, com o *Deutschlandsvertrag*[230] as potências vencedoras transferiram à Alemanha federal a competência para a perseguição dos crimes nazistas e desde 1958 até hoje funciona, em Ludwigsburg, um gabinete específico para perseguir os crimes nazistas.[231]

b) *O processo de Tóquio*. Já durante a guerra, os Estados Unidos haviam admoestado o Japão acerca das consequências que resultariam dos seus comportamentos ilegais. Com a ocupação do Japão, a realização daqueles duros propósitos se concretizou na instituição de um tribunal militar contra os crimes de guerra japoneses; todavia, a mudança da situação internacional impôs uma revisão da atitude dos Estados Unidos.

> Em setembro de 1945, por exemplo, o general MacArthur prometeu que o Japão nunca mais seria uma potência mundial e que a sua punição, "apenas iniciada, seria longa e amarga". Mas, depois de um ano e meio, MacArthur constatava os notáveis resultados atingidos pela ocupação

---

[230] N.T. Tratado da Alemanha.
[231] "*Zentrale Stelle der Landesjustizverwaltung zur Aufklärung nationalsozialistischer Verbrechen*" [Escritório Central da Administração Judiciária Estatal para Inquérito de Crimes Nacionais-Socialistas]: não propriamente hiperativa, a julgar pelas críticas do holandês Christiaan F. Rueter em suas numerosas obras em alemão, dedicadas à perseguição judiciária dos crimes nazistas.

e declarava que o Japão já estava pronto para um tratado de paz.²³²

A alteração da atmosfera internacional não influenciou, todavia, o desenrolar, também na Ásia, dos processos contra os criminosos de guerra. O mais importante deles aconteceu em Tóquio, de 03 de maio de 1946 a 12 de novembro de 1948, e foi acompanhado por outros processos aos quais se acenará abaixo.

Com base na *"Potsdam Declaration"* (trazida na p. 235) foi instituído um *"International Military Tribunal for the Far East"*²³³ que, em Tóquio, conduziu um processo análogo àquele de Nuremberg. Entre os dois processos se notam paralelismos e discordâncias, mas é aceitável a conclusão segundo a qual o processo de Tóquio "seguiu os esquemas gerais do documento de Nuremberg".²³⁴

Uma primeira orientação sobre o processo de Tóquio pode ser fornecida por um volume de 1979²³⁵ (cuja bibliografia permite um ulterior acesso aos inumeráveis escritos sobre esse tema) e dos próprios atos do processo.²³⁶

---

232 PICCIGALLO, Philip R. *The Japanese on Trial*: Allied War Crimes Operations in the East 1945-1951. Austin: University of Texas Press, 1979, p. 46 (vide também a nota 252, p. 117); sobre a fonte das duas asserções de MacArthur, cf. PICCIGALLO, Philip R. *The Japanese on Trial*: Allied War Crimes Operations in the East 1945-1951. Austin: University of Texas Press, 1979, p. 227, nota 45.

233 N.T. Tribunal Militar Internacional para o Extremo Oriente.

234 HORWITZ, Solis. "The Tokyo Trial". *International Conciliation*, n° 465, 1950, p. 475.

235 PICCIGALLO, Philip R. *The Japanese on Trial*: Allied War Crimes Operations in the East 1945-1951. Austin: University of Texas Press, 1979; Bibliografia, pp. 267-280.

236 PRITCHARD, R. John; ZAIDE, Sonia M. (Coord.). *The Tokyo War Crimes Trial*: [The Comprehensive Index and Guide to the Proceedings of the International Military Tribunal for the Far East]. Nova York: Garland, 5 vol. 1987; RÖLING, Bernard V. A.; RÜTER, Christiaan F. (Coord.). *The Tokyo Judgement*: The International Military Tribunal

CAPÍTULO I – TRÊS CONSTITUIÇÕES – DAS DITADURAS ÀS...

Uma vez que a *"Potsdam Declaration"* exigia, entre outras coisas, o expurgo de "quem havia enganado e desviado o povo japonês", a *"4th January [1946] Directive"*[237] do *Supreme Commander of Allied Powers* (SCAP),[238] isto é, do general MacArthur, individualizava os crimes e os comportamentos sobre os quais fundar os processos e os expurgos: essa lista, análoga àquela sobre a qual se fundava o processo de Nuremberg, portanto, é o fundamento tanto do processo de Tóquio quanto dos expurgos em todo o Japão. Ao tribunal internacional de Tóquio foram submetidos os crimes maiores (individualizados pelas letras A, B e C da lista que segue), enquanto os outros foram objeto dos processos de expurgo.

Purge Categories.[239]
A diretiva de base ordenava ao governo japonês remover dos serviços públicos e excluir dos serviços governamentais expoentes do nacionalismo militante e das agressões, que entrassem nas seguintes categorias:

Categoria A. Criminosos de guerra.

Categoria B. Militares de carreira e pessoal da marinha; polícia especial e pessoal dos ministérios da guerra.

Categoria C. Membros influentes de associações patrióticas ultranacionalistas, terroristas ou secretas.

---

for the Far East (IMTFE) 29 April 1946 – 12 November 1948. 3 vol. Amsterdam: University Press Amsterdam, 1977. *"This publication is based on the stenciled copies of the judgement of the International Military Tribunal for the Far East (majority judgment) and on the opinion of the five judges who gave evidence of a different opinion"*. [NT: "Esta publicação é baseada nas cópias impressas da sentença do Tribunal Militar Internacional para o Extremo Oriente (julgamento por maioria) e na opinião dos cinco juízes que deram provas de uma opinião diferente"]. vol. I, V.

[237] N.T. "Diretiva de 4 de janeiro [de 1946]".
[238] N.T. Comandante Supremo das Potências Aliadas.
[239] N.T. Categorias de expurgo.

Categoria D. Pessoas influentes nas atividades da *Imperial Rule Assistance Association,* da *Imperial Rule Assistance Political Society* e da *Political Association of Great Japan.*[240]

Categoria E. Pessoal das organizações financeiras e de desenvolvimento envolvidas na expansão japonesa.

Categoria F. Governadores dos territórios ocupados.

Categoria G. Outros militaristas e ultranacionalistas.

Cada uma destas categorias é acompanhada por uma especificação sobre os vários níveis ou qualificações das pessoas a serem expurgadas, mas, não obstante isso, a Categoria G pode ser interpretada como uma extensão elástica das pessoas a perseguir.[241]

Uma parte dos japoneses, mesmo que minoritária, aceitava a punição dos crimes de guerra. Entre eles estava um intelectual que encontraremos no exame dos livros escolares japoneses:

> [Saburo] Ienaga foi um dos poucos estudiosos que reconheceram, na década de 1960, dois aspectos da experiência de guerra japonesa comum – isto é, o dos ofensores (externamente) e o das vítimas (internamente). Ele argumentou inequivocamente a necessidade de perseguir, por parte dos próprios japoneses através de seu próprio judiciário, a questão dos crimes de guerra e de responsabilidade. Sua singularidade era que ele não estava apenas discutindo a posição, mas também perseguindo a questão da responsabilidade

---

[240] N.T. Associação de Assistência ao Governo Imperial, Sociedade Política de Assistência ao Governo Imperial e Associação Política do Grande Japão.

[241] BENZ, Wolfgang. "Amerikanische Besatzungsherrschaft in Japan 1945-1947". *Vierteljahrshefte für Zeitgeschichte,* 26:2, 1978. As *"Purge Categories"* estão em alemão (273-274, nas páginas sucessivas são trazidos dados quantitativos sobre os expurgos) e em inglês (pp. 299/300). Neste escrito, Benz recolheu – em inglês – os documentos oficiais "que fornecem um panorama global da política de ocupação americana no Japão" (p. 265).

na guerra à sua maneira, juntamente com seu trabalho acadêmico.²⁴²

No processo de Tóquio, que durou de 1946 até 1948, foram submetidos a juízo os crimes cometidos durante a invasão da Manchúria, em 1931, durante a Segunda Guerra Sino-Japonesa de 1937 (com o concomitante massacre de Nanquim) e durante a Segunda Guerra Mundial.²⁴³

O *"International Military Tribunal for the Far East"*²⁴⁴ possuía, porém, uma estrutura diversa daquele de Nuremberg. Instituído pelo general MacArthur, era composto por onze juízes por ele escolhidos entre os indicados pelos onze Estados signatários

---

242 "*Ienaga was one of the very few scholars who recognized in the 1960s two aspects of the ordinary Japanese war experience – that is, that of offenders (externally) and that of victims (internally). He unequivocally argued the need to pursue, by the Japanese themselves through their own judiciary, the issue of war crimes and responsibility. His uniqueness was that he was not just arguing the position, but was himself pursuing the question of war responsibility in his own way, along with his scholarly work*". (NOZAKI, Yoshiko. *War Memory, Nationalism and Education, in Postwar Japan, 1945-2007*: the Japanese Textbook Controversy and Ienaga Saburo's Court Challenges. Londres: Routledge, 2008, p. 153).

243 O volume de Giovanni Contini *et al.* (CONTINI, Giovanni; FOCARDI, Filippo; PETRICIOLI, Maria (Coord.). *Memoria e rimozione*: I crimini di guerra del Giappone e dell' Italia. Roma: Viella, 2010), contém ensaios de autores japoneses e italianos. Serão evocados ensaios singulares sobre temas específicos. Sobre Nanquim: KASAHARA, Toikushi. "Il massacro di Nanchino e la struttura del negazionismo politico in Giappone". *In*: CONTINI, Giovanni *et al.* (Coord.). *Memoria e rimozione*. Roma: Viella, 2010; SAMARANI, Guido. "Il massacro di Nanchino e la guerra di resistenza antigiapponese in Cina (1937-1945)". *In*: CONTINI, Giovanni *et al.* (Coord.). *Memoria e rimozione*. Roma: Viella, 2010; WATANABE, Harumi. "Come condividere in modo razionale la memoria dei fatti storici. Considerazioni sul massacro di Nanchino". *In*: CONTINI, Giovanni *et al.* (Coord.). *Memoria e rimozione*. Roma: Viella, 2010.

244 N.T. Tribunal Militar Internacional para o Extremo Oriente.

da capitulação japonesa, enquanto a acusação pública foi confiada aos Estados Unidos.

A família imperial foi excluída do processo, evitando assim a abdicação do Imperador Hirohito. Na realidade, o envolvimento direto do imperador a favor da guerra é objeto de fortes controvérsias. Durante e imediatamente depois da guerra, a opinião pública americana estava convencida disso, também com base em publicações, então muito difundidas e hoje consideradas cientificamente pouco fundadas.[245] Os materiais aduzidos no processo e as entrevistas dos juízes se prestam a interpretações divergentes, porque dependem da perspectiva com base na qual se considera a posição do imperador. Segundo a tradição japonesa, o imperador é uma instância meta-política e religiosa; ao contrário, segundo a interpretação jurídica ocidental, é um monarca constitucional cujos poderes estão limitados pela Constituição. Por outro lado, o imperador, de descendência divina, era o comandante supremo das Forças Armadas e sem o seu consentimento teria sido impossível uma guerra de agressão. Em conclusão:

> A chave para compreender essa polêmica depende de como as partes definem certos conceitos. Elas estão divididas em dois grupos: o primeiro justifica o Imperador seja com base em certas peculiaridades da cultura japonesa, seja com base na política interna; o segundo considera-o culpado, aplicando certos princípios ocidentais, que considera "universais".[246]

---

[245] Por exemplo, BERGAMINI, David. *Japan's Imperial Conspiracy*. 2 vol. Londres – Nova York: Heinemann, 1971, hoje superado.

[246] WETZLER, Peter. "Kaiser Hirohito und der Krieg im Pazifik. Zur politischen Verantwortung des Tenno in der modernen japanischen Geschichte". *Vierteljahrshefte für Zeitgeschichte*, 37:4, 1989, p. 615. O artigo revisita também a literatura japonesa da época Meiji em diante, e conclui: não existem provas de que o imperador fosse o artífice da conjuração, mas nem mesmo que ele fosse somente "um símbolo do Estado": "o seu papel se situa de algum modo entre esses dois extremos" (p. 642).

MacArthur aceitou a tese da estraneidade do Imperador à política agressiva e essa decisão plasmou a história do Japão pós-bélico.

Passando das altas esferas aos comuns mortais, algum estudioso se perguntou qual involução sofreram os soldados japoneses. De fato, uma anomalia difícil de explicar é a diferença de juízo sobre o comportamento dos soldados japoneses antes e depois de 1937: na Primeira Guerra Sino-Japonesa "eram definidos pelos observadores ocidentais como disciplinados e valorosos"; na Guerra Russo-Japonesa de 1904-1905 os observadores evidenciaram "a valorosa conduta mantida pelos soldados japoneses"; enfim, pareceria que até 1937 "os prisioneiros de guerra (compreendidos os chineses, em seguida tornados alvos das mais brutais ações) eram tratados respeitando-se as normas internacionais da época".[247] A essa involução pode haver contribuído, entre outras causas, a propaganda ultranacionalista e o seu contexto social.[248]

Com certeza, em qualquer caso, o comportamento dos militares japoneses, durante a Segunda Guerra Mundial, frequentemente foi desumano. Uma vez que a expansão colonial japonesa na vasta área asiática da "co-prosperidade" havia envolvido muitos Estados e colônias do Sudeste Asiático, os processos por crimes de guerra aconteceram não só no Japão e foram promovidos não só pelos Estados Unidos.

Em 27 de outubro de 1945, os Estados Unidos iniciaram, nas Filipinas, o processo contra o general Tomoyuki Yamashita, que na conquista de Singapura fora definido como o "Tigre da Malásia" e

---

[247] CAROLI, Rosa. "Storia e storiografia in Giappone. Dai crimini di guerra ai criminali di guerra". *In*: CONTINI, Giovanni; FOCARDI, Filippo; PETRICIOLI, Maria (Coord.). *Memoria e rimozione*: I crimini di guerra del Giappone e dell' Italia. Roma: Viella, 2010, p. 101, com várias fontes.

[248] MARUYAMA, Masao. *Le radici dell'espansionismo*: Ideologie del Giappone moderno. Torino: Fondazione Agnelli, 1990, especialmente pp. 3-25: *Teoria e psicologia dell'ultranazionalismo*.

que foi enforcado em 23 de fevereiro de 1946. Esse processo suscitou fortes críticas, porque alguns dos próprios juízes estadunidenses sustentaram que tivessem sido violadas as regras mínimas para um processo justo e que, portanto, se trataria de um *"unfair trial"*.[249] [250] "O caso Yamashita é um marco tanto do direito internacional quanto do direito constitucional americano": de fato "uma geração depois, o caso Yamashita se mostrou relevante nos debates sobre a responsabilidade do comando americano nas atrocidades cometidas no Vietnã".[251]

---

[249] N.T. "Julgamento injusto".

[250] REEL, A. Frank. *The Case of General Yamashita*. Chicago: University of Chicago Press, 1949. Uma síntese do debatido processo está em PICCIGALLO, Philip R. *The Japanese on Trial*: Allied War Crimes Operations in the East 1945-1951. Austin: University of Texas Press, 1979, pp. 49-62. As críticas eram compartilhadas pelas *dissenting opinions* [NT: opiniões divergentes] dos juízes Frank Murphy e Wiley Rutledge, estadunidenses, e por Gregorio Perfecto, do Supremo Tribunal filipino (p. 57). GUY, George F. "The Defence of General Yamashita". *Supreme Court Historical Society – Yearbook 1981*, 1981; o importante jurista do Wyoming George F. Guy (1904-1980) fez parte do colégio de defesa do General Yamashita. Sobre essa sua experiência, publicou um artigo no *"Wyoming Law Journal"* de 1950, depois reproduzido na edição citada. Durante o processo, Guy *"came to respect General Yamashita and to believe in his innocence"* [NT: "passou a respeitar o general Yamashita e a acreditar em sua inocência"] (52, na apresentação de Jeffrey B. Morris). A *Kodansha Encyclopedia of Japan* (1983, s.v. *War Crimes Trials*) dedica ao caso Yamashita o inteiro subverbete The *"Minor" Trials*, cita uma longa passagem do juiz Murphy e considera esses processos *"drumhead justice"* [NT: "justiça de tambor"]. Esse verbete filo-nipônico foi escrito pelo importante japonólogo americano Richard H. Minear (MINEAR, Richard H. *Victors' Justice*: the Tokyo War Crimes Trial. Princeton: Princeton University Press, 1971).

[251] TAYLOR, Telford. *Nuremberg and Vietnam*: an American Tragedy. Chicago: Quadrangle Books, 1970 (trad. it. 1971: *Norimberga e Vietnam*: una tragedia americana. Milão: Garzanti, p. 211); BAIRD, Jay W. (Coord.). *From Nuremberg to My Lai*. Lexington: Heath, 1971: uma das várias contribuições é dedicada ao caso Yamashita.

Os Estados Unidos iniciaram processos análogos na China, em 21 de janeiro de 1946, enquanto em 1945 começaram aqueles das ilhas do Pacífico, confiados às autoridades da marinha militar estadunidense e que seguiam regras diversas dos outros processos análogos dirigidos pelo exército. Em Yokohama, ocorreram mais de trezentos processos que envolveram várias nações.[252]

Outros processos foram empreendidos pela Grã-Bretanha, segundo procedimentos próprios, mas de acordo com os dos Estados Unidos, porém, por sua vez, diversos daqueles da Holanda, da França e da China, que haviam aberto também elas processos análogos. O primeiro processo inglês teve início em Singapura, em 21 de janeiro de 1946, enquanto outros ocorreram nos vários territórios asiáticos controlados pela Grã-Bretanha. A esses se acrescentaram os processos promovidos pelos Estados do *Commonwealth* como o Canadá e a Nova Zelândia.

O início da Guerra Fria, enfim, levou a discrepâncias entre a União Soviética e os Estados Unidos também na perseguição aos crimes de guerra japoneses: para os soviéticos, o comportamento dos Estados Unidos era demasiado conciliante e, portanto, surgiram contrastes sobre as pessoas a serem convocadas como imputadas, sobre a formação dos colégios judicantes e sobre os advogados de defesa. O ponto culminante desse desacordo é representado pela acusação como criminosos de guerra que a URSS dirigiu a 300.000 prisioneiros de guerra japoneses.[253]

---

[252] Em relação aos processos dos EUA na Ásia, contra os crimes de guerra japoneses, uma estatística sobre o número dos casos, dos acusados, das condenações, das absolvições e das sentenças capitais está em PICCIGALLO, Philip R. *The Japanese on Trial*: Allied War Crimes Operations in the East 1945-1951. Austin: University of Texas Press, 1979, p. 95.

[253] PICCIGALLO, Philip R. *The Japanese on Trial*: Allied War Crimes Operations in the East 1945-1951. Austin: University of Texas Press, 1979, p. 250, nota 36.

A China era o país que mais havia sofrido sob o ataque do Japão, cujas tropas permaneceram sobre o território chinês até o final de 1946. A guerra civil chinesa dos anos pós-bélicos se concluiu em 1949, com a formação de duas Chinas e com a assinatura de dois tratados de paz: entre o Japão e Taiwan, em 28 de abril de 1952, e entre o Japão e a República Popular Chinesa, em 12 de agosto de 1978. Por isso a perseguição dos crimes japoneses seguia, na Ásia, uma legislação diversificada e uma práxis frequentemente tortuosa.[254]

Dois Estados europeus tinham colônias asiáticas envolvidas na área da "co-prosperidade" japonesa: a Holanda com as Índias Holandesas e a França com a Indochina. Em Batávia, já em dezembro de 1945, as autoridades holandesas haviam iniciado os processos contra mais de duzentos criminosos de guerra japoneses: processos que resultaram mais duros do que os correspondentes processos holandeses contra os criminosos de guerra alemães.[255] Na Ásia, a França perseguia os crimes cometidos na sua colônia indochinesa que, porém, tinha sido objeto de 1941 a 1945 de um acordo franco-japonês entre Vichy e Tóquio. A atenção da França liberta, todavia, concentrava-se sobre os crimes europeus dos alemães e dos colaboracionistas da República de Vichy. Explica-se, assim, na Ásia, o baixo número de processos e de condenações francesas em relação àqueles dos outros Estados.[256]

---

[254] Os dados estatísticos gerais sobre os processos chineses estão em PICCIGALLO, Philip R. *The Japanese on Trial*: Allied War Crimes Operations in the East 1945-1951. Austin: University of Texas Press, 1979, p. 173, com fonte: 256, nota 88.

[255] Os dados estatísticos sobre as condenações holandesas e as comparações estatísticas com outras condenações estão em PICCIGALLO, Philip R. *The Japanese on Trial*: Allied War Crimes Operations in the East 1945-1951. Austin: University of Texas Press, 1979, p. 184; fontes: 258, notas 46-49.

[256] Os dados estatísticos sobre a França estão em PICCIGALLO, Philip R. *The Japanese on Trial*: Allied War Crimes Operations in the East 1945-1951. Austin: University of Texas Press, 1979, pp. 208; 262, nota 27.

CAPÍTULO I – TRÊS CONSTITUIÇÕES – DAS DITADURAS ÀS...

Em conclusão, os processos contra os criminosos de guerra japoneses não são homogêneos: identificam-se diversidades de procedimentos entre os Estados Unidos e outros Estados e dentro dos EUA mesmos, entre marinha e exército; os territórios nos quais vieram cometidos os crimes apresentavam um *status* jurídico diferente (Estados independentes ou colônias europeias, por exemplo); a ação processual era condicionada pelo fato de que, por exemplo, as Filipinas até 1946 eram território dos EUA, os quais podiam, assim, agir diretamente, enquanto a China, sendo um Estado independente, exigia um acordo prévio com os EUA sobre os processos. Para os processos asiáticos contra os crimes de guerra japoneses, portanto, não é possível traçar um quadro unitário dos procedimentos seguidos nem comparar os dados de cada processo.

O processo de Tóquio foi acompanhado por uma menor atenção internacional em relação ao processo de Nuremberg. Em geral, os japoneses não se sentiram envolvidos nesse processo por uma série de razões que iam da atitude em relação à classe dirigente (a qual se reprovava mais a derrota do que a criminalidade bélica) até a duração considerada excessiva dos processos, que desviou a atenção da população ocupada com as graves dificuldades materiais do pós-guerra.

Em relação aos outros dois Estados do Pacto Tripartite, o Japão parecia ser aquele que mais tendia a rejeitar a reelaboração do passado, também com atitudes de nítido negacionismo. Além do massacre de Nanquim, três argumentos continuam a ser fortemente debatidos: as experiências de guerra bacteriológica realizadas em prisioneiros chineses (ao menos três mil, sem nenhum sobrevivente) e a visada difusão da peste em algumas áreas chinesas, os trabalhos forçados obrigatórios, bem como a prostituição coagida de mulheres dos territórios ocupados.[257]

---

[257] MATSUMURA, Takao. "L'Unità 731 e la guerra batteriologica dell'esercito giapponese". *In*: CONTINI, Giovanni *et al.* (Coord.). *Memoria e rimozione*. Roma: Viella, 2010, p. 731; YANO, Hisashi. "I

Uma acurada reconstrução dos aspectos jurídicos do processo de Tóquio se detém também sobre a reação dos juristas japoneses diante daquela sentença. Depois dela, poucos penalistas se ocuparam disso, não só pelas carências do processo, mas também para exprimir a negação "a ocupar-se do próprio papel no Estado objeto do Tribunal de Tóquio. Essa reação deve ser relacionada sobretudo à continuidade pessoal dos principais penalistas antes e depois da guerra".[258]

Também os internacionalistas japoneses seguiram uma linha análoga: depois de um primeiro período de tomada de posição, quase sempre favoráveis a processar os criminosos de guerra:

> A mudança na política de ocupação dos Estados Unidos, a graça e a reabilitação concedida a muitos criminosos de guerra desacreditaram – aos olhos de muitos internacionalistas, mas também na opinião pública – as condenações e os objetivos do processo de Tóquio (...). Essa mudança política conduziu a uma fase de desinteresse pelo processo durante duas décadas (da metade dos anos cinquenta à metade dos anos setenta).[259]

---

lavoratori forzati delle colonie giapponesi. Un confronto con il caso tedesco". *In*: CONTINI, Giovanni *et al.* (Coord.). *Memoria e rimozione*. Roma: Viella, 2010 (a meu ver, pouco convincente); KURASAWA, Aiko. "Romusha: la memoria più crudele dell'occupazione giapponese in Indonesia". *In*: CONTINI, Giovanni *et al.* (Coord.). *Memoria e rimozione*. Roma: Viella, 2010; sobre o sempre mais debatido caso das "*comfort women*", cf. *infra*, nota 279, p. 127.

[258] Sobre a natureza jurídica do processo de Tóquio, cf. OSTEN, Philipp. *Der Tokioter Kriegsverbrecherprozeß und die japanische Rechtswissenschaft*. Berlim: Berliner Wissenschafts-Verlag, 2003 (bibliografia, pp. 187-208). A citação está na p. 145. Além das reações dos juristas japoneses (pp. 130-161) são examinadas as posições do politólogo Masao Maruyama (1914-1996) e do histórico Ienaga Saburo (cf. p. 138).

[259] OSTEN, Philipp. *Der Tokioter Kriegsverbrecherprozeß und die japanische Rechtswissenschaft*. Berlim: Berliner Wissenschafts-Verlag, 2003, p. 161.

Assim, pode-se chegar a uma conclusão geral:

> A tentativa de fazer do processo de Tóquio em relação aos criminosos de guerra o ponto inicial de um processo de esclarecimento ético-moral e um novo início na sociedade japonesa não foi bem-sucedida (...). Da parte dos tribunais japoneses ocorreu lugar uma ulterior elaboração judiciária, junto aos processos conduzidos pelos Aliados, dos crimes cometidos por parte dos japoneses ao longo da guerra e da ocupação. O mérito consolidado do Tribunal de Tóquio é o trabalho de esclarecimento histórico, isto é, a descrição precisa do quanto aconteceu.[260]

c) *Nenhum grande processo na Itália.* A Itália não conheceu processos análogos àqueles de Nuremberg e de Tóquio por causa dos eventos que acompanharam o final da guerra e que viram a península italiana dividida em duas, com o Sul ao lado dos Aliados e o Norte ao lado dos nacional-socialistas.[261] Na Itália, portanto, "nenhum tribunal se pronunciou até agora sobre as acusações de crimes de guerra movidas a conacionais, nem os manuais escolares dedicaram atenção a esses aspectos pouco edificantes da história nacional".[262]

O colonialismo e o neocolonialismo são temas de grande relevância atual, não só para os países que os sofreram no passado, mas também hoje para a Europa que está vivendo as suas consequências através das migrações em massa. Sobre o modo com que o tema

---

[260] OSTEN, Philipp. *Der Tokioter Kriegsverbrecherprozeß und die japanische Rechtswissenschaft.* Berlim: Berliner Wissenschafts-Verlag, 2003, p. 184.

[261] FOCARDI, Filippo. "Criminali a piede libero. La mancata 'Norimberga italiana'". *In*: CONTINI, Giovanni *et al.* (Coord.). *Memoria e rimozione.* Roma: Viella, 2010.

[262] CONTINI, Giovanni; FOCARDI, Filippo; PETRICIOLI, Maria (Coord.). *Memoria e rimozione*: I crimini di guerra del Giappone e dell' Italia. Roma: Viella, 2010; assim na *Introduzione*, p. 9.

do colonialismo é tratado nos manuais de história da escola média italiana foi conduzida uma análise sobre treze manuais de história para as escolas médias inferiores e 22 manuais para as escolas médias superiores.[263] [264] Todos os manuais foram analisados segundo um padrão pré-constituído, chegando-se, assim, a uma análise articulada, da qual não é possível aqui ocuparmo-nos. Também os manuais escolares de geografia e de história, na Alemanha e no Japão, foram analisados com um método análogo, para verificar qual imagem comunicam do outro Estado.

Não obstante o mito dos *"Italiani, brava gente"*,[265] estão documentados crimes cometidos pelos italianos seja durante as guerras para a conquista das colônias africanas (Líbia, Etiópia, Eritreia, Somália italiana), seja durante a Segunda Guerra Mundial, nas colônias italianas e nos Estados invadidos pelo exército italiano (Iugoslávia, Albânia, Grécia, União Soviética).

As responsabilidades italianas remontam a anos anteriores em relação àquelas atribuídas aos alemães e aos japoneses, porque começaram com as operações coloniais na Líbia e na Abissínia, isto é, a partir de 1911. De "reparações" italianas se falou muito tardiamente, quando o passado colonial servia para justificar intervenções políticas mais recentes: por exemplo, o tratado ítalo-líbio, concluído em 30 de agosto de 2008 entre Silvio Berlusconi e Muammar Kadhafi, contém várias referências ao passado colonial italiano que "causou certas feridas ainda recordadas por muitos líbios". "O governo italiano – precisa também o tratado – exprime o próprio pesar pelos sofrimentos trazidos ao povo líbio em seguida à colonização italiana

---

[263] N.T. As "escolas médias inferiores" equivalem ao "ensino fundamental II" e as "escolas médias superiores" equivalem ao "ensino médio" brasileiros.

[264] BRONDINO, Michele; DI GIOVINE, Alfonso (Coord.). *Colonialismo e neocolonialismo nei libri di storia per le scuole medie inferiori e superiori*. Milão: Angeli, 1987.

[265] N.T. Italianos, boa gente.

e se empenhará para remover, o quanto possível, os seus efeitos". As lembranças vão da devastação de Trípoli depois da derrota de Sciara Sciat, em 1911, às repressões em Abissínia (1936-1941).[266]

Em particular a respeito dos dezoito meses de ocupação italiana na Iugoslávia, assiste-se a uma supressão coletiva. Indubitavelmente os soldados italianos podiam ser *"boa gente"* nas pausas entre as atividades bélicas, mas, ao longo destas:

> A documentação demonstra que os comportamentos bélicos dos soldados italianos, seja nas colônias africanas seja nos Bálcãs ocupados, foram semelhantes àqueles de todos os exércitos agressores da história, isto é, marcados por extrema violência.[267]

Esses crimes permaneceram sem punição porque os culpados "nunca foram entregues aos Estados sobre cujo território haviam cometido os crimes, nem processados e condenados à revelia por esses Estados, nem nunca foram julgados por tribunais italianos".[268]

Os Estados contra os quais a Itália havia combatido – a União Soviética, a Grã-Bretanha, a Iugoslávia, a Grécia e a Albânia, mas também a Etiópia – desde 1945 apresentaram à Itália duas listas

---

[266] LABANCA, Nicola. "Compensazioni, passato coloniale, crimini italiani. Il generale e il particolare". *In*: CONTINI, Giovanni *et al.* (Coord.). *Memoria e rimozione*. Roma: Viella, 2010, que elenca os crimes italianos de 1911 a 1941 (pp. 148/149); MAGI, Laura. "Fino a che punto l'Italia ha risarcito i danni alle vittime di dei crimini commessi durante la Seconda guerra mondiale". *In*: CONTINI, Giovanni *et al.* (Coord.). *Memoria e rimozione*. Roma: Viella, 2010.

[267] KERSEVAN, Alessandra. *Lager italiani*: Pulizia etnica e campi di concentramento fascisti per civili jugoslavi 1941-1943. Roma: Nutrimenti, 2008, p. 10.

[268] MAGI, Laura. "Fino a che punto l'Italia ha risarcito i danni alle vittime di dei crimini commessi durante la Seconda guerra mondiale". *In*: CONTINI, Giovanni *et al.* (Coord.). *Memoria e rimozione*. Roma: Viella, 2010, p. 203.

distintas: uma daqueles que haviam maltratado os prisioneiros de guerra (solicitação proveniente principalmente dos anglo-americanos) e uma outra de verdadeiros e próprios criminosos de guerra por violências contra a população civil dos países invadidos. "Falam-se de 729 criminosos de guerra requisitados pela Iugoslávia, 11 pela Grécia, 9 pela França, 833 pelos anglo-americanos, 12 pela União Soviética e 3 pela Albânia".[269]

Contra a Itália, um verdadeiro processo internacional por crimes de guerra foi proposto pela Etiópia, mas sem sucesso. Em 1943, a Etiópia havia pedido para participar da "Comissão das Nações Unidas para os Crimes de Guerra", mas o seu pedido fora rejeitado porque a comissão devia ocupar-se exclusivamente dos crimes cometidos durante a Segunda Guerra Mundial, enquanto a Etiópia tinha sido invadida pela Itália em 1935-1936. Em 1947, a Etiópia pretendia processar por crimes de guerra e por crimes contra a humanidade os generais Pietro Badoglio e Rodolfo Graziani. Uma vez que, entretanto, tinha entrado em vigor o tratado de paz ítalo-etíope, a comissão supracitada reconheceu como fundado o pedido da Etiópia e preparou uma lista de dez criminosos de guerra italianos. No ano seguinte, a Etiópia comunicou querer processar somente os generais Badoglio e Graziani, que haviam usado gases venenosos também contra a população civil etíope, "por um tribunal internacional formado por uma maioria de juízes não etíopes", "segundo os princípios legislativos e o procedimento seguidos pelo tribunal militar internacional de Nuremberg". O surgimento de algumas dificuldades diplomáticas e a clara oposição inglesa aos

---

[269] RECCHIONI, Massimo. *Francesco Moranino, il comandante "Gemisto"*: Un processo alla Resistenza. Roma: DeriveApprodi, 2013, p. 72.

pedidos etíopes, considerados "extremamente inoportunos" pelo "*Foreign Office*",[270] puseram fim a essa questão.[271]

O Tratado de Paz de Paris, de 1947, previa que a Itália pagasse "reparações" pelos danos de guerra, mas desde o início não ficou claro se, com essas reparações, seriam esgotados os efeitos das violências cometidas pela Itália com as guerras de agressão. "Em conclusão, resulta muito difícil precisar quais condutas ilícitas das Forças Armadas italianas se pretendia reparar através do pagamento das reparações previstas pelo tratado de paz com a Itália".[272] Enfim, prevalecia a tese segundo a qual a reparação era devida somente ao Estado de pertencimento da vítima, e não à vítima mesma.

Remetendo-se a essa última tese, os tribunais japoneses negaram o direito a um ressarcimento individual às mulheres obrigadas à prostituição (as "*comfort women*",[273] sobretudo filipinas e coreanas) e às vítimas de experimentações médicas ou do uso de armas químicas. Subsistia somente a possibilidade de que o Estado beneficiário do ressarcimento decidisse transferir uma parte da indenização às vítimas individuais. Mas a Índia e a China nacionalista renunciaram ao ressarcimento, subscrevendo um tratado bilateral com o Japão, enquanto o Laos e o Camboja renunciaram unilateralmente à reparação.[274]

---

[270] N.T. Ministério das Relações Exteriores.

[271] RECCHIONI, Massimo. *Francesco Moranino, il comandante "Gemisto"*: Un processo alla Resistenza. Roma: DeriveApprodi, 2013, pp. 73/74.

[272] MAGI, Laura. "Fino a che punto l'Italia ha risarcito i danni alle vittime di dei crimini commessi durante la Seconda guerra mondiale". *In*: CONTINI, Giovanni *et al.* (Coord.). *Memoria e rimozione*. Roma: Viella, 2010, p. 206.

[273] N.T. "Mulheres de conforto".

[274] MAGI, Laura. "Fino a che punto l'Italia ha risarcito i danni alle vittime di dei crimini commessi durante la Seconda guerra mondiale". *In*: CONTINI, Giovanni *et al.* (Coord.). *Memoria e rimozione*. Roma: Viella, 2010, p. 209.

Depois de 1945, não aconteceram mais processos semelhantes aos de Nuremberg e de Tóquio contra as guerras de agressão, mas foram instituídos tribunais contra crimes de guerra: por exemplo, contra aqueles cometidos na Iugoslávia, em 1993; em Ruanda, em 1994; no Camboja, em 1997; em Serra Leoa, em 2004.

As dificuldades desses processos se fundam não somente sobre resistências de tipo político, mas também sobre a incompatibilidade (verdadeira ou presumida) de sistemas jurídicos diversos: são dificuldades surgidas também nos grandes processos do pós-guerra.

No processo de Nuremberg, o juiz francês Henri Donnedieu de Vabres declarava em um *memorandum* que a noção de "complô" introduzia uma categoria "desconhecida pelo direito francês"[275] e por essa razão não votou nenhuma das condenações pelo crime de "complô". A sua atitude contribuiu para excluir o crime de complô do elenco dos crimes julgados em Tóquio. Igualmente controversas entre os próprios juízes foram as condenações à morte, mas sobretudo as absolvições; e o juiz Donnedieu criticou essa atitude "contrária aos costumes franceses", segundo as quais "os juízes são solidários".[276]

Ao término do processo de Tóquio, o juiz francês Henri Bernard – que tinha sido um juiz colonial democrático e havia participado da Resistência – criticou a sentença final e considerou "seu dever" "restabelecer a verdade", apesar de se encontrar em posição desfavorável porque conhecia pouco a situação asiática durante a guerra e "não conhecia as duas línguas oficiais do processo, o

---

[275] SCHÖPFEL, Ann-Sophie. "La voix des juges français dans les procès de Nuremberg et de Tokyo. Défense d'une idée de justice universelle". *Revue d'histoire*, n° 249, 2013, p. 107.

[276] SCHÖPFEL, Ann-Sophie. "La voix des juges français dans les procès de Nuremberg et de Tokyo. Défense d'une idée de justice universelle". *Revue d'histoire*, n° 249, 2013, p. 107.

inglês e o japonês".[277] Não obstante isso, enviou vários *memoranda* aos colegas juízes: considerava "defeituoso" o procedimento do processo, injusta a ausência do Imperador Hirohito[278] e incompleto o elenco dos crimes japoneses. De fato, o tribunal não discutiu nem a Unidade 731, encarregada da guerra bacteriológica, nem as *"comfort women"*,[279] as mulheres asiáticas obrigadas à prostituição pelos ocupantes japoneses. Sobre as pesquisas bacteriológicas, existiu um acordo secreto com os Estados Unidos que, desejando apropriar-se dos resultados, fizeram retirar o *dossier*. Enfim, os advogados da defesa não tiveram acesso aos documentos acusatórios, coisa que comprometia a imparcialidade do juízo final.

---

[277] SCHÖPFEL, Ann-Sophie. "La voix des juges français dans les procès de Nuremberg et de Tokyo. Défense d'une idée de justice universelle". *Revue d'histoire*, n° 249, 2013, p. 109.

[278] Bernard asseverava que o principal autor dos delitos era o Imperador Hirohito, do qual os imputados deviam ser considerados somente cúmplices; e criticava a ausência de um encontro preliminar entre os juízes antes da sentença. Enfim, *"the French member's dissent was written in a convoluted prose"*, *"in obscurantist language"* [NT: "a dissidência do membro francês foi escrita em uma prosa complicada", "em linguagem obscurantista"], enquanto a *dissenting opinion* (de mais de 1.000 páginas) do juiz indiano Pal *"was virtually unreadable"* [NT: "era praticamente ilegível"] (BRACKMAN, Arnold C. *The Other Nuremberg*: the Untold Story of the Tokyo War Crimes Trials. Londres: Collins, 1989, p. 436). Cf. PAL, Radhabinod. *International Military Tribunal for the Far East*: Dissentient Judgment. Calcutta: Sanyal, 1953.

[279] KUMAGAI, Naoko; NOBLE, David. *The Comfort Women*: Historical, Political, Legal, and Moral Perspectives. Tokyo: International House of Japan, 2016; SOH, Chunchee Sarah. *The Comfort Women*: Sexual Violence and Postcolonial Memory in Korea and Japan. Chicago: University of Chicago Press, 2008; MAFFEI, Maria Clara. *Tratta, prostituzione forzata e diritto Internazionale*: Il caso delle "donne di conforto". Milão: Giuffrè, 2002 (resenha: LOSANO, Mario G. "Recensione a Tratta, prostituzione forzata e diritto internazionale. Il caso delle 'donne di conforto' di Maria Clara Maffei". *Diritto, immigrazione e cittadinanza*, 2, 2003).

Esse último, de 1.200 páginas, tinha sido redigido por uma comissão de redação presidida pelo americano Cramer, na qual não tinham sido incluídos quatro juízes discordantes, entre eles o já citado Henri Bernard, que apresentou um memorial crítico "por lealdade para com os acusados" e "por senso do dever".[280]

Os juízes franceses:

> Herdeiros de uma tradição, expressaram o seu dissenso, criticando o coração mesmo dos processos. Esperavam melhorar o procedimento, enriquecer a qualidade das decisões e exprimir a sua concepção de uma justiça universal.[281] Para o juiz francês [Henri Donnedieu], os princípios de Nuremberg eram princípios imutáveis, descobertos pela razão. Em Nuremberg, sustentava-se o direito natural, direito brotado da natureza humana, portanto, próprio de toda pessoa, que tomaria em consideração a natureza do homem e a sua finalidade no mundo. Porém, a ideia de estabelecer a universalidade desses princípios não era compartilhada por alguns dos atores presentes em Nuremberg. Ao direito natural preferiam o positivismo jurídico que estabelece que o direito positivo (leis, jurisprudência etc.) tem seu valor. Essas diferenças de concepção estavam no coração dos debates em Nuremberg.[282]

---

[280] *Dissenting Judgment of the Member from France*, 481-496, em: RÖLING, Bernard V. A.; RÜTER, Christiaan F. (Coord.). *The Tokyo Judgement*: The International Military Tribunal for the Far East (IMTFE) 29 April 1946 – 12 November 1948. 3 vol. Amsterdam: University Press Amsterdam, 1977, p. 112.

[281] SCHÖPFEL, Ann-Sophie. "La voix des juges français dans les procès de Nuremberg et de Tokyo. Défense d'une idée de justice universelle". *Revue d'histoire*, n° 249, 2013, p. 102.

[282] SCHÖPFEL, Ann-Sophie. "La voix des juges français dans les procès de Nuremberg et de Tokyo. Défense d'une idée de justice universelle". *Revue d'histoire*, n° 249, 2013, p. 105.

CAPÍTULO I – TRÊS CONSTITUIÇÕES - DAS DITADURAS ÀS...

Os grandes processos de Nuremberg e de Tóquio suscitaram e continuam a suscitar controvérsias, mas desses processos e dos debates que se seguiram nasceu "a ideia de uma jurisdição penal internacional autônoma; era preciso, agora, pô-la em prática, superando as reticências dos Estados em um contexto internacional desfavorável: Guerra Fria, Guerra da Coreia".[283] Não obstante o adverso clima político, aqueles grandes e discutidos processos certamente influíram sobre a concepção do futuro *Tribunal Penal Internacional*, instituído em Haia, em 2003. Além disso, os seus serviços de tradução simultânea se tornaram um modelo para as estruturas supranacionais que se multiplicaram na segunda metade do século XX.

De outro lado, aqueles grandes processos europeus e extra-europeus contra os crimes de guerra apresentam dois aspectos contraditórios. O aspecto positivo consiste no fato de que neles se manifesta, pela última vez, o espírito de fraternidade e a consequente atividade concordante dos Estados que tinham sido potências aliadas durante a Segunda Guerra Mundial. O aspecto negativo emerge das críticas dirigidas àqueles processos, frequentemente entendidos como justiça dos vencedores. Isso é visto nos pareceres contrastantes dos juízes franceses e se encontra na opinião de Frank Murphy, juiz do Supremo Tribunal dos Estados Unidos: o desejo de punir não deve "justificar o abandono da nossa devoção pela justiça – sustentou no já citado caso Yamashita –; diversamente, admitiríamos que o inimigo perdeu a batalha, mas destruiu os nossos ideais".[284]

---

[283] SCHÖPFEL, Ann-Sophie. "La voix des juges français dans les procès de Nuremberg et de Tokyo. Défense d'une idée de justice universelle". *Revue d'histoire*, n° 249, 2013, p. 114.

[284] PICCIGALLO, Philip R. *The Japanese on Trial*: Allied War Crimes Operations in the East 1945-1951. Austin: University of Texas Press, 1979, p. 215. Fonte, 265, nota 13: U.S. Supreme Court, *In re Yamashita*, 327 U.S. I (1946). Sobre o caso Yamashita, cf. *supra*, pp. 115 e 116.

8 A superação do passado: os expurgos

O final violento de um ciclo histórico exige a substituição da elite derrotada por aquela vencedora. Todavia, não é possível uma substituição mecânica e radical de uma classe por outra porque, nos Estados industrializados do século XX, existem competências de gestão e burocráticas que não podem ser improvisadas. Além disso, a queda dos três Estados do Pacto *Anticomintern*[285] foi progressivamente anunciada pelas irremediáveis derrotas, pelos consequentes conflitos internos da classe no poder e por operações de aproximação àquela que se previa ser a futura parte vencedora, seja interna seja externa. Consequentemente, no final do conflito, a substituição da elite derrotada se apresentava como um projeto político de difícil execução.

As potências vencedoras se propunham a desmilitarizar o Japão, desfascistizar a Itália e desnazificar a Alemanha. Nesse amplo projeto, podem-se individuar três fases: a vontade política de reeducar em sentido democrático o Estado derrotado; a emanação de normas jurídicas com base nas quais o processo de expurgo teria lugar segundo os princípios do Estado de direito; enfim, a aplicação dessas normas aos casos singulares e a execução das penas infligidas.

Essas três fases estavam presentes nos três Estados derrotados, mas com modalidade e acentuações diversas, também porque o mundo pós-bélico não era mais aquele dos anos de guerra: uma das quatro potências aliadas, a União Soviética, transformou-se no principal inimigo das outras três potências; no interior da Alemanha e, sobretudo, no interior da Itália existiam partidos de esquerda que criavam tensões no conjunto dos governos pós-bélicos; nos três Estados derrotados era preciso reconstruir, a partir dos fundamentos, a economia e renovar a estrutura estatal. Para essa total renovação, os vencedores não podiam, porém, contar com um número suficiente

---

[285] N.T. *Pacto Anticomunista*, 1937.

de pessoas qualificadas: para conservar e melhorar o funcionamento do aparato estatal e econômico, em todos os três Estados era, portanto, quase impossível realizar um expurgo radical das pessoas comprometidas com o precedente regime ditatorial.

Nessa situação, Konrad Adenauer – que, em 1949, reprovava a anistia das pessoas comprometidas com o nazismo e, portanto, sua excessiva presença na sociedade e no aparato estatal – respondia: enquanto não se disponha de água limpa, é preciso usar a água suja. Essa metáfora vale para todos os três Estados do Pacto Tripartite. Para a Itália, é correto dizer que o "defeito da recém-nascida República não tenha sido tanto aquele de cair nas mãos de antifascistas comunistas, quanto, se for o caso, de não ter tido um sério e profundo processo de desfascistização e de educação civil democrática".[286]

Ao final da guerra, os Estados Unidos enfrentaram a "reeducação" do Japão segundo os mesmos princípios que os haviam guiado na Alemanha, sintetizados nos "quatro D": *"Demilitarization"*, *"Denazification"*, *"Democratization"*, *"Decentralization"*.[287] Este último princípio foi aplicado somente à Alemanha, que se tornou um Estado federal, enquanto não teve lugar a temida divisão do Japão em quatro zonas de ocupação.[288] Porém, esses princípios vinham aplicados a sociedades com passados diversos, e, portanto, com memórias sociais diversas. Em particular, os crimes de guerra eram distinguidos em "crimes comuns de guerra" (*"gewöhnliche Kriegsverbrechen"*, isto é, violações de normas já em vigor no momento da sua realização) e "crimes nacional-socialistas" (*"nazionalsozialistische*

---

[286] MONTINO, Davide. *Le parole educate*: libri e quaderni tra fascismo e Repubblica. Milão: Selene, 2005, p. 9. A informação citada se refere à polêmica sobre a cultura hegemonizada pela esquerda.

[287] N.T. Desmilitarização, desnazificação, democratização, descentralização.

[288] Temia-se que os Estados Unidos ocupassem a ilha de Honshu; a Grã-Bretanha, aquela de Shikoku; a China, aquela de Kyushu e a URSS, aquela de Hokkaido.

Gewaltverbrechen", isto é, crimes fundados na ideologia e na práxis do Estado nacional-socialista).

Os Estados Unidos enfrentaram o pós-guerra japonês pressupondo que japoneses e alemães tivessem cometido os mesmos crimes contra a humanidade: os alemães contra os judeus, os japoneses contra os chineses. "Porém, essa equiparação dos crimes do militarismo japonês aos crimes do nacional-socialismo não é privada de problemas", observa o historiador Akio Nakai, em um artigo dedicado exatamente ao confronto entre a "desmilitarização" do Japão e a "desnazificação" da Alemanha.[289] Em 1940, um convicto nacional-socialista constatava que:

> A questão racial apresenta, no Japão, um aspecto completamente diverso em relação à Europa, e é errado enfrentá-la segundo opiniões europeias e nacional-socialistas. Praticamente não existe um problema hebraico no Japão.[290]

Para Nakai, o antissemitismo, o aniquilamento dos deficientes físicos e psíquicos, isto é, "os crimes nacional-socialistas, são considerados como uma rebelião contra a civilização europeia humanista" (p. 8). Ao contrário, o Japão havia conhecido, na época Meiji, uma tradição de respeito das normas internacionais, depois decaída; havia concebido aquela ascensão como um modelo para o resgate dos povos não brancos e, assim, havia apresentado a sua expansão no continente asiático como a realização do clássico princípio de reconduzir "os oito ângulos do mundo" sob "um único

---

[289] NAKAI, Akio. "Die 'Entmilitarisierung' Japans und die 'Entnazifizierung' Deutschlands nach 1945 im Vergleich". *Beiträge zur Konfliktforschung*, 2, 1988. As citações no texto são tiradas desse artigo, seguidas pela referência à página. Cf. também MARTIN, Bernd. "Restauration – die Bewältigung der Vergangenheit in Japan". *Zeitschrift für Politik*, 17:2, 1970.

[290] KOELLREUTTER, Otto. *Das politische Gesicht Japans*. Berlim: Heymanns, 1940, p. 19.

CAPÍTULO I – TRÊS CONSTITUIÇÕES – DAS DITADURAS ÀS...

teto": o Japão. Porém, nos tempos mais recentes "cresceu também nos japoneses o desprezo pelos outros povos asiáticos; em particular, os japoneses consideraram inferiores os coreanos e os chineses" (p. 8). Aqui os eventos como o massacre de Nanquim: Nakai reconduz a 1937, isto é, ao estouro da Segunda Guerra Sino-Japonesa, "o início da mudança", e, enfim, se pergunta: "as guerras na Coreia, Vietnã, Afeganistão e, assim por diante, em certo modo, podem ser entendidas também como uma continuação de todos os conflitos raciais?" (p. 10).

Quando se iniciaram, também no Japão, os processos contra os crimes de guerra (Grupo A), o número de acusados foi menor que na Alemanha, também porque não poucos personagens se suicidaram: mas não para expiar os crimes (que não sentiam como culpas, sendo atos realizados por fidelidade ao imperador), mas sim porque a ética o exigia do guerreiro que tinha sido derrotado. Os processos contra os criminosos de guerra do Grupo B se desenvolveram em várias capitais asiáticas; ao contrário, "no Japão, nunca ocorreram processos por crimes contra a humanidade, aduzindo-se a motivação que não era possível a certeza a respeito dos fatos por falta de documentação", enquanto as vítimas entre os civis foram consideradas "um mal inevitável em uma guerra total" (p. 12).

Depois da capitulação de 1945, o comando americano (SCAP) começou a preparar o grande processo de Tóquio. O governo japonês ficou surpreso com a amplitude da concepção estadunidense dos crimes de guerra e, em vão, pediu a sua revisão. Enfim:

> O Imperador era de opinião que os processos não deveriam ser feitos por tribunais japoneses, porque cidadãos japoneses não podiam ser punidos em nome do Imperador por comportamentos que, em guerra, tiveram por fidelidade em relação a ele. O Ministro do exterior Shigemitsu apresentou um pedido de revisão às potências vencedoras, que, porém, foi rejeitado (p. 12).

Paralelamente aos grandes processos no Japão, iniciou-se também o expurgo dos quadros médios-altos, comprometidos com os crimes bélicos, segundo um procedimento análogo àquele aplicado na Alemanha: os inquisidores compilavam um questionário que, depois, era submetido à avaliação de um organismo japonês, cujos resultados eram controlados pelo Comando Supremo estadunidense (SCAP).

Essas disposições provocaram, em 1946, uma crise governamental, porque levaram às demissões de três ministros e de vários altos funcionários. Em 1947, o mundo político japonês sofria uma revolução: dos 3.384 candidatos à Câmara Baixa foram excluídos 252. A primeira fase, em 1946, expurgou os políticos, enquanto a segunda, em 1947, atingiu o mundo da economia e dos funcionários públicos. Entretanto, já tinham sido expurgados aproximadamente 5.000 professores e 6.000 membros da polícia secreta. Em 1948, o Tribunal Militar de Tóquio condenou à morte sete imputados por crimes de guerra (categoria A) e à prisão perpétua outros dezesseis. Seguiram-se condenações para as outras categorias de criminosos.[291]

O jornalista Kazuo Kawai atesta o escasso interesse dos japoneses por essas condenações: aos olhos deles, a história já havia punido aqueles *leaders* com a derrota; além disso, aqueles processos duraram tempo demais, e o público havia voltado a sua atenção aos urgentes problemas do pós-guerra.[292] Essa atitude valia, na realidade, para todo o processo expurgatório: a decapitação da política, da

---

[291] Dados mais detalhados em BENZ, Wolfgang. "Amerikanische Besatzungsherrschaft in Japan 1945-1947". *Vierteljahrshefte für Zeitgeschichte*, 26:2, 1978, pp. 274/275. Com uma formulação original das *"Purge categories"* [NT: categorias de expurgo], pp. 299/300. O conjunto das medidas estadunidenses sobre o expurgo está no *Appendix II, The Purge*, pp. 298-312.

[292] O artigo de Kazuo Kawai, *Japan's American Interlude*, "Nippon Times" (Tóquio), 23, é citado por BENZ, Wolfgang. "Amerikanische Besatzungsherrschaft in Japan 1945-1947". *Vierteljahrshefte für Zeitgeschichte*, 26:2, 1978, p. 275, nota 30.

burocracia e da economia foi sentida como uma retaliação. De fato, os próprios estadunidenses contribuíram com a revogação de muitas medidas e, enfim, a paz de São Francisco levou à revogação de todas as leis sobre o expurgo.

No Japão, aqueles processos foram sentidos como injustos. Ainda nos anos oitenta, uma das principais enciclopédias japonesas remete a um japonólogo estadunidense para descrever "uma série de tribunais militares semilegais durante e depois da Segunda Guerra Mundial, diante dos quais militares e civis japoneses e alemães foram julgados pelos Aliados vitoriosos por presumidos crimes de guerra". Em particular, pesava para os japoneses que fossem passadas em silêncio as ações dos Estados Unidos (em particular, o uso da bomba atômica) e da União Soviética (que atacou o Japão em agosto de 1945, quando a sua rendição já tinha sido anunciada). A situação de quem havia perdido a guerra e, portanto, era o único a ser perseguido, era, assim, resumida por um político acusador estadunidense no processo de Tóquio: "a receita para um ensopado de coelho exige que, antes de tudo, capture-se o coelho".[293]

---

[293] *Kodansha Encyclopedia of Japan* (1983), s.v. *War Crimes Trial*: com um elenco-tabela dos acusados (224), tirado de MINEAR, Richard H. *Victors' Justice*: the Tokyo War Crimes Trial. Princeton: Princeton University Press, 1971. Eis o texto original (223) dos trechos trazidos no texto: no Japão operou *"a series of quasi legal military tribunals during and after World War II in which Japanese and German military and civilians were tried by the victorious Allies for alleged war crimes"* [NT: "uma série de tribunais militares quase legais durante e após a Segunda Guerra Mundial em que militares e civis japoneses e alemães foram julgados pelos Aliados vitoriosos por supostos crimes de guerra"]: além disso, *"the bulk of the prosecution at Tokyo Trial rested on charges not clearly considered illegal"* [NT: "a maior parte da acusação no julgamento de Tóquio baseou-se em acusações não consideradas claramente ilegais"]. Em geral, esses tribunais *"considered only Japanese acts, and not acts committed by the Allies"* [NT: "consideraram apenas atos japoneses, e não atos cometidos pelos Aliados"], como as bombas atômicas (*"at the Tokyo Trial evidence concerning the two bombs was declared inadmissible"* [NT: "no Julgamento de Tóquio, as provas relativas às duas bombas foram declaradas inadmissíveis"]). O mesmo

Os critérios com base nos quais efetuar os expurgos estavam contidos em uma diretiva do Quartel General dos Aliados, emanada em 4 de janeiro de 1947, que individualizava sete grupos a serem submetidos a expurgo. Assim como na Alemanha, também nessa casuística a categoria residual dos "outros militares e nacionalistas" (Grupo G) esteve na origem de muitos casos controversos, contra os quais se podia interpor recurso. "Porém, a maior parte dos japoneses considerou infrutífero o recurso contra a autoridade absoluta das potências ocupantes e assumiu uma postura de resignação" (p. 14).

De um lado, Nakai explica a aceitação da nova Constituição e das radicais reformas agrárias com essa resignação referente aos detentores do poder e, de outro, com a lembrança "da democracia da época Taisho depois da Primeira Guerra Mundial, a cujo sistema parlamentar e partidário agora se podia remeter" (p. 14), mesmo se a falência dos partidos tivesse aberto a porta ao militarismo e à guerra.

Nakai possui uma visão decididamente crítica do sucesso reeducativo dos Aliados. Com a volta da soberania ao Japão, "os expurgados e os demitidos foram todos reabilitados; também os criminosos de guerra deixaram as prisões e reapareceram no cenário político e econômico. Em não poucos casos, simplesmente retomaram a sua precedente posição, a eles restituída por quem no momento a detinha. Como notava ironicamente um jornal japonês, a qualificação de 'ex-expurgado' se tornou uma espécie de título honorífico para personagens em evidência" (p. 15). Não obstante o artigo nono

---

vale para o ataque russo ao Japão, de 8 de agosto de 1945: "*Asked after the Tokyo Trial about various Russian acts, the American prosecutor at Tokyo commented: The recipe for rabbit stew is first to catch the rabbit*" [NT: "Perguntado após o Julgamento de Tóquio sobre vários atos russos, o promotor americano em Tóquio comentou: A receita do ensopado de coelho é primeiro pegar o coelho"]; e portanto, "*The logic applies equally to American acts and American actors; and it explains why only Japanese acts and Japanese actors were prosecuted*" [NT: "A lógica se aplica igualmente a atos americanos e atores americanos; e explica por que apenas atos japoneses e atores japoneses foram processados"].

da Constituição, reconstituíram-se as Forças Armadas, mesmo se, primeiro, como *National Police Reserve*[294] (cf. p. 49). Mas, sobretudo, reconstituíram-se certos agrupamentos de extrema-direita com as mesmíssimas pessoas da época militarista.

Kishi Nobusuke é um caso paradigmático. Encarcerado como criminoso de guerra ao final do conflito, nas suas memórias escreve:

> Durante a minha permanência na prisão de Sugamo, não tinha a impressão de ser considerado, com os meus colegas, como um criminoso. Era consciente somente do fato de que tínhamos sido vencidos. Mas com a derrota total, da qual também eu era culpado, sobre o povo japonês tinha se abatido uma intolerável onda, uma indizível desventura. Não poderia subtrair-me a essa responsabilidade nem mesmo se pudesse expiá-la morrendo várias vezes. Refleti ininterruptamente sobre como tentar repará-la. Como resposta, decidi pôr novamente toda a minha energia, depois da libertação, ao serviço do Estado e da nação. Cheguei à conclusão de que, exatamente agora, a política e a gestão do Estado revestem-se da máxima importância para aprender com os erros passados e para agir pelo bem do Japão e do seu povo.[295]

E, assim, Kishi Nobusuke que, de 1941 a 1944, tinha sido membro do ministério Hideki Tojo (condenado à morte pelo Tribunal Internacional de Tóquio), voltou a ser presidente do Conselho dos Ministros de 1957 a 1960.

---

[294] N.T. Reserva Policial Nacional.
[295] Trazido em NAKAI, Akio. "Die 'Entmilitarisierung' Japans und die 'Entnazifizierung' Deutschlands nach 1945 im Vergleich". *Beiträge zur Konfliktforschung*, 2, 1988, pp. 15/16; tirado de KISHI, Nobusuke. *Kishi Nobusuke Kaikoroku* [Memorie di Kishi Nobusuke]. Tokyo: Kōsaidō, 1983, pp. 19/20.

Na Itália, a guerra terminou deixando uma situação confusa, com a já recordada remoção de Mussolini, em 25 de julho de 1943, com a ocupação aliada no Sul e aquela alemã no Centro-Norte da Itália, com a formação da *Repubblica Sociale Italiana*, com a guerra *partigiana* e com o final do conflito mundial em 25 de abril de 1945.

A Itália republicana conheceu, assim como a Alemanha federal, um morno processo de expurgo dos fascistas, que, como no caso alemão, rapidamente foi se atenuando com o agravamento da Guerra Fria. Também no Japão o hesitante expurgo ocorreu com as características e os problemas derivados da peculiar estrutura daquela sociedade que continuava a ser regida pelo imperador sob o qual se afirmara o militarismo.

O governo de transição de Ivanoe Bonomi (1944-1945) foi pouco incisivo no expurgo (sobretudo porque ainda recente), enquanto o governo seguinte de Ferruccio Parri caiu exatamente pelas divergências acerca do expurgo.

A divisão da península tinha certos reflexos também nesse campo:

> No sul da península e nas ilhas, o fascismo acabou em definitivo em julho de 1943 e não teve, diversamente do Norte, nenhuma "ressurreição". Portanto, faltaram não por escolha subjetiva, mas por circunstâncias objetivas, as ocasiões de comportamentos de conivência (com os fascistas republicanos e os seus patrões alemães).[296]

Substancialmente, na Itália meridional existia menos matéria-prima para o expurgo.

---

[296] CANOSA, Romano. *Storia dell'epurazione in Italia*: Le sanzioni contro il fascismo 1943-1948. Milão: Baldini & Castoldi, 1999, p. 380. Sobre o expurgo no Reino do Sul: MERCURI, Lamberto. *L'epurazione in Italia 1943-1948*. Cuneo: L'Arciere, 1988, pp. 21-49.

CAPÍTULO I – TRÊS CONSTITUIÇÕES - DAS DITADURAS ÀS...

Retomando os três critérios do expurgo já ilustrados, a *vontade política* existia, mas havia dificuldades para a exprimir porque as diversas almas da Resistência, unidas durante a luta contra o nazifascismo, com o advento da paz assumiram posições diversas no interior do novo governo democrático.[297] Os socialistas eram mais radicais do que os comunistas. Pietro Nenni escrevia artigos preconizando o final do capitalismo, o advento da sociedade socialista e "a socialização dos grandes meios de produção e de escambo".[298] Os comunistas queriam o expurgo dos industriais enriquecidos com o fascismo, mas excluíam uma nacionalização das empresas, porque visavam a uma política de unidade nacional na qual também os capitalistas contribuíssem para a reconstrução do país. Democratas-cristãos e liberais eram contrários a todo expurgo classista e pediam o afastamento somente de quem se comprometeu no modo mais grave com o fascismo. Enfim, o partido do "homem comum", rapidamente desaparecido mas à época não desprovido de seguidores, opunha-se a toda forma de expurgo, considerando-o uma forma de ditadura do antifascismo.

Essa discordância de opinião contribuiu, em novembro de 1945, para a saída dos liberais do governo Bonomi e para a formação do

---

[297] SETTA, Sandro. *Profughi di lusso*: Industriali e manager di Stato dal fascismo alla epurazione mancata. Milão: Angeli, 1993. Uma primeira parte analisa o conluio entre grandes empreendedores e fascismo e, na fase final da ditadura, o apoio deles *também* à Resistência (pp. 1-66); uma segunda parte documenta como essa ambiguidade contribuiu para frustrar o expurgo dos vértices empreendedores italianos (pp. 67-123). A documentação provém, sobretudo, do "liberal arquivo federal de Berna" (p. 9), porque os arquivos italianos não estavam, então, acessíveis ao autor.

[298] NENNI, Pietro. *Vento del Nord*: Giugno 1944 - giugno 1945. Torino: Einaudi, 1978, pp. 290-292, com os artigos *Vento del Nord* (*"Avanti!"*, 7 de fevereiro de 1945) e *La resa* (*"Avanti!"*, 29 de abril de 1945).

primeiro governo do democrata-cristão Alcide De Gasperi, com o qual começa a atrofia e, de fato, o fim do expurgo.[299]

As contrastantes posições políticas levaram à emanação de uma lei *de compromisso* sobre o expurgo, sobre a qual se fundariam as futuras ações judiciais. Os dois graus de juízo, legalmente previstos, e o grande número de expurgos obstaculizaram, desde o início, a aplicação dessa normativa. O *Decreto Legislativo Luogotenenziale*, de 27 de julho de 1944, n. 159 – a *"Magna Charta"* do expurgo –, indicava quais crimes deviam ser punidos como delitos fascistas:

> Art. 3. Aqueles que organizaram esquadrões fascistas, que realizaram atos de violência ou de devastação, e aqueles que promoveram ou dirigiram a insurreição de 28 de outubro de 1922 [Marcha sobre Roma] são punidos segundo o art. 1120 do Código Penal de 1889. Aqueles que promoveram ou dirigiram o golpe de Estado de 3 de janeiro de 1925 e aqueles que, em seguida, contribuíram com atos relevantes para manter em vigor o regime fascista são punidos segundo o art. 118 do mesmo código. Quem quer que tenha cometido outros delitos por motivos fascistas ou valendo-se da situação política criada pelo fascismo é punido segundo as leis da época (...).
>
> Art. 5. Quem quer que, posteriormente a 8 de setembro de 1943, tenha cometido ou cometa delitos contra a fidelidade e a defesa militar do Estado, com qualquer forma de inteligência ou correspondência ou colaboração com o alemão invasor, com ajuda ou assistência a ele prestada, é punido com as disposições do Código Penal Militar de Guerra. As penas estabelecidas para os militares são aplicadas também aos não militares. Os militares serão julgados pelos tribunais militares, os não militares pelos juízes ordinários.[300]

---

[299] SETTA, Sandro. *L'Uomo Qualunque*, 1944-1948. Bari: Laterza, 2005, p. 22.

[300] O texto legislativo completo está em: http://www.straginazifasciste.it/wp-content/uploads/2015/02/Decreto-Legislativo-Luogotenenziale-27-luglio-1944-n.-159.pdf. Cf. WOLLER, Hans. *Die Abrechnung*

O artigo oitavo previa a interdição temporária aos cargos públicos ou a privação dos direitos políticos por não mais de dez anos (bem como a exclusão das Assembleias eletivas) em relação a quem:

> Por motivos fascistas ou valendo-se da situação política criada pelo fascismo, tenha realizado atos de particular gravidade que, mesmo não integrando os extremos de crime, sejam contrários a normas de retidão e de probidade política.

Na realidade, a aparente severidade dessas normas podia ser contornada graças ao artigo sétimo do mesmo decreto-lei de 27 de julho de 1944:

> Para os crimes previstos no presente título, a pena pode ser reduzida até a um quarto, e a pena de morte ou de prisão perpétua pode ser substituída pela reclusão não inferior a cinco anos: a) se o culpado, antes do início da presente guerra, tomou posição hostil ao fascismo; b) se participou ativamente da luta contra os alemães. Se ocorrerem as circunstâncias atenuantes genéricas, previstas pelo Código Penal de 1889, a pena de morte ou a prisão perpétua é substituída pela reclusão por trinta anos e as outras penas são diminuídas de um sexto. O culpado poderá ser declarado não punível se na luta contra os alemães tenha particularmente se distinguido com atos de valor.

Esse decreto-lei, pedra angular das sanções contra os fascistas, entrava em vigor em julho de 1944: naquela data, a guerra ainda estava

---

mit dem Faschismus in Italien 1943 bis 1948. München: Oldenbourg, 1996, p. 193; FORTUNIO, Tommaso. *La legislazione definitiva sulle sanzioni contro il fascismo – Delitti fascisti, epurazione, avocazione*: Commento, dottrina, giurisprudenza. Roma: Nuove Edizioni Jus, 1946, p. 45; e, do mesmo autor, FORTUNIO, Tommaso. *Revisione e revoca dell'epurazione*: Testo e commento del Decreto Legislativo 7 febbraio 1948, nº 48. Roma: Universal, 1948.

em curso e algumas de suas normas eram um convite a colaborar com a Resistência, convite que retorna também em vários documentos do *Comitato di Liberazione Nazionale per l'Alta Italia*.[301] Além disso, era quase impossível executar aquele decreto em um país dividido, com fluidas estruturas estatais com dificuldade de aplicar, em todos os lugares, as novas normas.

O *"Alto Commissariato per le Sanzioni contro il Fascismo"*[302] operava segundo três ulteriores decretos *luogotenenziali*.[303] Dois sucessivos decretos-leis, de 04 de agosto e de 09 de novembro de 1945, previam a apreensão dos bens e dos lucros de regime, bem como o afastamento dos ocupantes de altos cargos das empresas privadas. Porém, também a *"Legge Nenni"*, isto é, o decreto-lei, de 09 de novembro de 1945, n. 702, previa, no artigo 17, não aplicar aquelas sanções àqueles que:

> Possuam uma comprovada capacidade técnica e administrativa e ocorra para eles uma das circunstâncias seguintes: tenham se distinguido na luta contra os alemães, ou seja, antes do início da presente guerra tenham tomado posição hostil ao fascismo.

As exceções previstas abriam caminho para bem-sucedidas rotas de fuga devidas à clandestinidade do movimento *partigiano* e àquela, ainda mais rigorosa, em que agira a densa rede dos seus apoiadores na sociedade civil: de fato, os antifascistas ativos ou os *partigiani* combatentes não se conheciam, e isso facilitou o surgimento de *pseudo-partigiani*, que contornavam, assim, as normas sobre os

---

[301] N.T. Comitê de Libertação Nacional para a Alta Itália.
[302] N.T. Alto Comissariado para as Sanções contra o Fascismo.
[303] Decretos de 3 de setembro de 1944, nº 198 (contra os maiores criminosos fascistas); de 3 de outubro de 1944, nº 238 ("Ordenamento do Alto Comissariado para as Sanções contra o Fascismo"); de 23 de outubro de 1944, nº 285 (regras processuais para o Alto Comissariado e extensão dos expurgos para fora de Roma).

expurgos. Basta-nos um exemplo: com os *Alleati della V Armata*[304] entrou em Roma também um desconhecido batalhão *partigiano* de camisas verdes, chamado por isso *"Battaglione Verde"*, comandado por Gabriellino D'Annunzio (filho do poeta). Hoje, salta aos olhos o quanto aquela "camisa verde" era incongruente enquanto *partigiani*: essa era, de fato, a equivalente da camisa preta fascista para os integralistas no Brasil,[305] para os nazistas húngaros das Cruzes Frechadas, para a Guarda de Ferro à época do marechal Ion Antonescu (as *"cămăsile verzi"* do *conducător*, o *duce* da Romênia)[306] e, também, para a atual *Lega Nord* italiana que, inconsciente dessas correspondências, havia adotado a camisa verde para a sua *Guardia Padana*, hoje encerrada.[307]

O comandante do *"Battaglione Verde"*:

> Distribuiu, nos dias imediatamente posteriores [à entrada em Roma], numerosos atestados de participação na guerra *partigiana*. A quem? Naturalmente a fascistas e colaboracionistas que tinham necessidade de salvar a própria pele. Atestados em tudo e por tudo verdadeiros, conseguidos quem sabe onde.

A captura de uma mensagem demonstrou:

> A ligação entre os *repubblichini*[308] e [Gabriellino] D'Annunzio, o qual foi imediatamente preso sob acusação de traição.

---

[304] N.T. Aliados da V Armada.
[305] Cf. *supra*, pp. 45 e 46.
[306] NAGY-TALAVERA, Nicholas M. *The Green Shirts and the Others*: a History of Fascism in Hungary and Romania. Iaşi: Center for Romanian Studies, 2001.
[307] PASSARELLI, Gianluca; TUORTO, Dario. *Lega e Padania*: Storia e luoghi delle camicie verdi. Bologna: Il Mulino, 2012.
[308] N.T. Os *repubblichini* eram os fascistas da República Social Italiana [*Repubblica Sociale Italiana*], ou República de Salò, sediados no norte da Itália.

Mas poucos meses depois, absolutamente livre e sem ter sido submetido a processo algum, o chefe daquelas "Camisas Verdes" se refugiou em uma igreja jesuíta.[309]

A rede do expurgo, portanto, estava estendida, mas a sua malha era muito grande.

Pode-se considerar emblemático para o processo inteiro de expurgo e de condenações na Itália o que aconteceu com os militares italianos acusados pelos ingleses de crimes contra os prisioneiros de guerra. Eles foram julgados e condenados por tribunais ingleses em território italiano. Em outubro de 1946, as tropas inglesas se retiraram da Itália, concordando com as autoridades italianas que os condenados descontassem, na Itália, o resto da detenção.

Foram logo exercidas pressões para obter medidas de redução da pena. Um interesse nesse sentido foi manifestado também pela Secretaria de Estado do Vaticano. Em julho de 1949, o governo inglês veio ao encontro das exigências italianas, reconhecendo a possibilidade da redução de um terço da pena por boa conduta e a possibilidade de imediata libertação em caso de grave enfermidade contraída no cárcere, de modo a "abreviar as normais expectativas de vida". As autoridades italianas aproveitaram imediatamente a situação: pedida a redução de um terço da pena por boa conduta, depois aplicaram por iniciativa própria o benefício da liberdade provisória, previsto pelo ordenamento italiano, depois que o condenado tivesse descontado ao menos os dois terços da pena. Desse modo se procedeu, em 1950, a uma

---

[309] NAPOLI, Franco Felice. *Villa Wolkonsky, 1943-1988*: Il lager nazista di Roma. Como: Europa Edizioni, 1996, citado em RECCHIONI, Massimo. *Francesco Moranino, il comandante "Gemisto"*: Un processo alla Resistenza. Roma: DeriveApprodi, 2013, pp. 76/77.

onda de desencarceramentos. Em novembro do mesmo ano [1950], somente três pessoas ainda estavam na prisão.[310]

As eleições de 1948 haviam marcado a derrota dos partidos de esquerda e a afirmação das forças católicas e conservadoras: nesse clima político se desenrolaram os processos dos expurgos e os juízes deviam decidir com base nas ambíguas normas examinadas acima. Os acusados apresentavam, em geral, uma documentação cuidadosamente pré-constituída em própria desculpa, enquanto muito frequentemente as acusações apresentadas por parte dos representantes dos *Comitati Nazionali di Liberazione*[311] eram genéricas. Já antes do final da guerra, muitos industriais e políticos se empenharam em se pré-auferir benemerências antifascistas, jogando sem escrúpulos em várias frentes.[312]

Os dados sobre esses expurgos são incertos, também porque se referem a territórios que paulatinamente eram liberados e, portanto, viviam precárias situações organizacionais. Dos dados disponíveis, pode-se concluir que poucas das pessoas investigadas foram incriminadas e menos ainda afastadas.[313] As condenações diante da *Alta Corte*[314] instituída pelo *Decreto Luogotenenziale 159* foram poucas e circundadas, de um lado, por crescentes críticas

---

[310] RECCHIONI, Massimo. *Francesco Moranino, il comandante "Gemisto"*: Un processo alla Resistenza. Roma: DeriveApprodi, 2013, p. 74.

[311] N.T. Comitês Nacionais de Libertação.

[312] Alguns exemplos são trazidos no meu livro, LOSANO, Mario G. *Norberto Bobbio*: una biografia culturale. Roma: Carocci, 2018, pp. 99/100; cf. também SETTA, Sandro. *Profughi di lusso*: Industriali e manager di Stato dal fascismo alla epurazione mancata. Milão: Angeli, 1993, 35/36.

[313] DOMENICO, Roy Palmer. *Italian Fascists on Trial*: 1943-1948. Chapel Hill: University of North Carolina Press, 1991. Com uma síntese dos dados sobre os expurgos, p. 89; e uma descrição dos eventos processuais, pp. 90-108.

[314] N.T. Supremo Tribunal.

pela lentidão dos procedimentos e, por outro, por uma progressiva incerteza sobre a sua oportunidade.

Naquela época de transição, os abusos sofridos por obra dos fascistas ainda ardiam; as armas da Resistência ainda estavam em mãos de muitos *partigiani* e a impunidade de certos fascistas suscitava perplexidades ou desdenho, mas, às vezes, também desejo de vingança. Alguns setores da esquerda começaram a duvidar da efetiva aplicação das sanções antifascistas e decidiram fazer justiça com as próprias mãos. Sobre aqueles meses e anos depois do final da guerra se escrevem, ainda hoje, páginas ásperas e contraditórias. De um lado, a democracia vencedora e, em particular, o movimento *partigiano* recordavam as atrocidades nazifascistas e tendiam a justificar toda reação. De outro, os vencidos percebiam como um abuso o silêncio sobre as violências por eles sofridas, mesmo depois do final oficial das hostilidades: um silêncio que foi quebrado em 2003 por Giampaolo Pansa que, com o livro *Il sangue dei vinti*,[315] começou a levantar sistematicamente o véu sobre as violências dos vencedores, o que lhe valeu a acusação de fascista. E, de fato, quase vinte anos depois, em 2019, ele traçou o balanço daquela sua longa campanha em um escrito autobiográfico cujo título ecoa exatamente a acusação que lhe dirigiam as esquerdas, e não somente elas: *Quel fascista di Pansa*[316] (mesmo se Pansa parte do justo princípio que expor as razões dos vencidos não significa compartilhá-las).[317]

---

[315] N.T. *O sangue dos vencidos.*
[316] N.T. *Aquele fascista de Pansa.*
[317] PANSA, Giampaolo. *Il sangue dei vinti*: Quello che accadde in Italia dopo il 25 aprile [1945]. Milão: Sperling & Kupfer, 2003. Obviamente, o livro de Pansa não é o primeiro a abordar esse tema, mas vai assinalado porque suscitou um debate nacional, que o autor alimentou ao ritmo de quase um volume por ano sobre o mesmíssimo tema: (2002), *I figli dell'Aquila*; (2003), *Il sangue dei vinti*; (2005), *Sconosciuto 1945*; (2006), *La grande bugia*; (2007), *I gendarmi della memoria*. Todavia, a sua reconstrução não se interrompe com esses volumes: por exemplo, (2012), *La guerra sporca*; e ele a repercorre na sua autobiografia: (2019), *Quel fascista di Pansa.*

CAPÍTULO I – TRÊS CONSTITUIÇÕES – DAS DITADURAS ÀS...

Com o título *Da partigiani a briganti*, um outro grande jornalista, Enzo Biagi, narra um acontecimento do qual, em 1945, falaram todos os jornais e do qual foram protagonistas dois companheiros seus na luta *partigiana*: uma história perdida e desesperada, exemplar, mesmo se incompreensível fora daquele contexto sem regras. Aqueles dois não eram dirigentes comunistas importantes como Francesco Moranino, mas peixes pequenos e ferozes, que diante das hesitações do expurgo oficial tinham passado à "ideia de uma justiça feita às pressas" em um "mundo dividido em dois", os bons e os maus. Aquele "mundo dividido em dois", que, antes da vitória, ainda estava pleno de esperança, como Italo Calvino, nos versos *Oltre il ponte*, explicava à geração vinda depois dele: "Tínhamos vinte anos e além da ponte | além da ponte que está em mãos inimigas | víamos a outra margem, a vida | todo o mal tínhamos adiante. | Todo o bem tínhamos no coração | com vinte anos a vida está além da ponte". Os dois companheiros de Biagi, ao contrário, naquele "mundo dividido em dois" viam com desespero a vitória desvanecer-se em derrota: e então "atiram e estrangulam, e fazem 'o expurgo a sério'":[318] uns quarenta mortos somente em Castelfranco.

Nesse clima, em 17 de julho de 1945, podem-se reconduzir tanto a morte de 55 fascistas detidos na prisão de Schio, quanto os casos de justiça sumária da *"Volante Rossa"*,[319] que continuou

---

[318] BIAGI, Enzo. *Io c'ero*: Un grande giornalista racconta l'Italia del dopoguerra. Milão: Rizzoli, 2008, pp. 17-21; a citação está na p. 19. Biagi foi *partigiano* com Carlo Azeglio Ciampi, depois Presidente da República: "somos dois velhos rapazes da classe de 1920 e, em 8 de setembro de 1943, decidimos entrar nos *partigiani* de Justiça e Liberdade e, depois, por toda a vida carregamos aquilo que aprendemos sobre os montes, ele da Toscana, eu da Emilia, o respeito pelos outros, qualquer que fosse a sua opinião, e a justiça social" (p. 484); "Os quatorze meses nos quais fui *partigiano* são o período que recordo com mais orgulho, mas também com tantos remorsos" (p. 505).

[319] N.T. *"Volante Rossa"* era a polícia informal do movimento *partigiano*.

a atacar até 1949.³²⁰ Essas inegáveis violências obscureceram os aspectos positivos da Resistência, e um grande jornalista como Indro Montanelli (que havia feito "a Resistência fardado" como monarquista, mas que considerava o antifascismo "pior do que o fascismo") sustentou que "o massacre de Schio (...) se diferencia daquele das *Fosse Ardeatine*³²¹ somente pelo fato que nenhum Kappler e nenhum Priebke a pagaram".³²² Um juízo politicamente inaceitável e historicamente insustentável.

A incerta fronteira entre atos de guerra e vinganças pós-bélicas esteve no centro das vicissitudes do comunista Francesco Moranino (1920-1971): comandante *partigiano* acusado de homicídio pela morte de sete presumidos espiões, refugiou-se em Praga; reeleito deputado pelo PCI [Partido Comunista Italiano], retornou à Itália e foi anistiado.³²³ O seu processo devia decidir se as execuções contestadas

---

[320] TRENTO, Francesco. *La guerra non era finita*: I partigiani della Volante Rossa. Roma: Laterza, 2016. O volume reconstrói as vicissitudes da organização (repudiada pelo Partido Comunista Italiano) e os processos que, em 1951 e em 1953, levaram à condenação de vários componentes seus, alguns dos quais condenados à prisão perpétua; depois, foram agraciados, enquanto outros encontraram refúgio sobretudo na Tchecoslováquia. Cf. também RECCHIONI, Massimo. *Il tenente Alvaro, la Volante rossa e i rifugiati politici italiani in Cecoslovacchia*. Roma: DeriveApprodi, 2011 (autor também de *Francesco Moranino, il comandante "Gemisto"*: Un processo alla Resistenza. Roma: DeriveApprodi, 2013); STELLA, Gianfranco. *Rifugiati a Praga*: I partigiani italiani rifugiati a Praga. [s.l.]: SO.ED.E., 1993.

[321] N.T. Acontecido em 24 de março de 1944.

[322] MONTANELLI, Indro. *Soltanto un giornalista*: Testimonianza resa a Tiziana Abate. Milano: Rizzoli, 2002, p. 115. Montanelli entrou na Resistência através dos expoentes do futuro *Partito d'Azione*, foi detido e condenado à morte pelos alemães, mas se salvou evadindo-se do cárcere de San Vittore, no final do verão de 1944.

[323] RECCHIONI, Massimo. *Francesco Moranino, il comandante "Gemisto"*: Un processo alla Resistenza. Roma: DeriveApprodi, 2013. Uma síntese do caso Moranino está na intervenção apaixonadamente partidária do socialista Guido Bernardi (1923-1995), relator da minoria na Câmara dos Deputados, pp. 120-132.

foram delitos comuns ou então atos de guerra; mas, ao mesmo tempo, aquele processo revelava exemplarmente a mudança de clima político nos anos cinquenta, direcionado a diminuir a relevância política e militar da Resistência. A longa onda daquele processo de 1955 ainda não tinha se apagado em 2019, quando o Parlamento deveria votar a autorização para se proceder contra Matteo Salvini pelo bloqueio dos migrantes no navio "*Diciotti*". Em um forçado paralelo com o caso Salvini, a direita exumou o caso Moranino: a sua condenação à prisão perpétua foi comutada em dez anos de detenção, e depois, em 1965, Giuseppe Saragat, "o Presidente da República, piemontês como Moranino, apagou, com uma passada de borracha, a pena" e "a Itália saiu, assim, definitivamente do clima envenenado da guerra civil, mas o preço pago ao Estado de direito foi altíssimo".[324]

Desse modo, à hagiografia da Resistência acompanha, até hoje, a *leyenda negra* descrita por Pansa, e sobre cada um dos fatos é sempre angustiante buscar um equilíbrio entre as duas opostas narrativas.[325]

Um dos últimos atos do governo Bonomi foi a instituição das *Corti Straordinarie d'Assise* e de uma Seção Especial de Cassação em Milão, para tentar se defrontar com o alto número de processos para os expurgos na administração e na economia. Com o verão de 1945, as sanções contra o fascismo estavam em sérias dificuldades e, "consolidada em 1948", a hegemonia democrata-cristã "garantia

---

[324] MANCINO, Pietro. "Il Colle graziò il comunista assassino". *Libero*, 21 fev. 2019. No subtítulo: "*Saragat salvò il partigiano Moranino, colpevole di 7 omicidi. Altro che i 'reati' di Salvini*" [NT: "Saragat salvou o *partigiano* Moranino, culpado de 7 homicídios. Insignificantes os 'crimes' de Salvini"].

[325] Cf. o discutido livro de Gianfranco Stella, *Compagno mitra*: Saggio storico sulle atrocità partigiane. [s.l., s.n.], 2018; sobre o argumento, Stella é autor de numerosas obras sustentadas por uma ideologia de direita.

que os poucos instrumentos expurgatórios em vigor seriam aplicados com prudência, até o fechamento das atividades".[326]

As numerosas tentativas de avaliar, em seu conjunto, o intrincado e contraditório expurgo italiano chegaram quase todas, mesmo se com tons diversos, a esta conclusão:

> É juízo unânime de todos aqueles que se ocuparam dos acontecimentos de 1943-1946 que, na Itália, as sanções penais contra os ex-fascistas e os colaboracionistas e o expurgo nas administrações públicas, nas empresas privadas etc. resultaram, depois de um ano ou dois, de fato em nada.[327]

O magistrado Domenico Peretti-Griva havia dirigido o *"Commissariato per l'Epurazione"*,[328] mas, mesmo reconhecendo que inicialmente alguma tentativa séria de expurgo tinha sido feita, demitiu-se do cargo selando aquela experiência com um artigo de título lapidar: *Il fallimento dell'epurazione.*[329] A equilibrada prosa do magistrado individua a decepcionante transição da Resistência à desistência:

> Demasiadamente vasta e inescrupulosa tinha sido já a atuação do expurgo segundo as normas precedentes: demasiadas as disparidades, demasiadas as atenuações em relação a alguns excessos operados nos primeiros tempos por causa do compreensível espírito de retaliação ou, às vezes, por causa de indesejável facciosidade. A aplicação das disposições sobrevindas não podia mais desviar o curso da

---

[326] DOMENICO, Roy Palmer. *Italian Fascists on Trial*: 1943-1948. Chapel Hill: University of North Carolina Press, 1991, p. 190; com uma síntese dos dados sobre os expurgos, p. 89.
[327] CANOSA, Romano. *Le sanzioni contro il fascismo*: Processi ed epurazioni a Milano negli anni 1945-47. Milão: Mazzotta, 1978, p. 7.
[328] N.T. Comissariado para o Expurgo.
[329] N.T. A falência do expurgo.

prática precedente que se tinha nitidamente, progressivamente, orientado rumo à desistência. Antes, pode ser que a desistência tenha sido encorajada por aquelas disposições, embora com estas se tenha pretendido indulgência para a maioria, mediante o acordo de mais severidade para com os maiores culpados, especialmente os de alto cargos. Sobre os pouco menos de 400 altos cargos propostos para a demissão pelo Comissário para o expurgo [isto é, pelo próprio Peretti-Griva], somente poucas dezenas foram colocados em repouso pelo Conselho dos ministros. E aquele exíguo número se reduziu ulteriormente em medida muito sensível através de sucessivas revogações.[330]

Essa era, então, a resignada atmosfera do tempo. *"Il Ponte"* intitulava o último fascículo de 1947 inteiro com as palavras *La crisi della Resistenza*.[331] Neste, *Il fallimento dell'epurazione*,[332] recém citado, era acompanhado por títulos igualmente deprimentes: relê-los, hoje, permite repercorrer, através das palavras dos protagonistas, o início da restauração clandestina que Piero Calamandrei via cair sobre a Itália.[333]

---

[330] PERETTI-GRIVA, Domenico Riccardo. "Il fallimento dell'epurazione". *Il Ponte*, 3, 1947, pp. 1077/1078.

[331] N.T. A crise da resistência.

[332] N.T. A falência do expurgo.

[333] *La crisi della Resistenza* (1947). Gaetano Salvemini concluía o artigo de abertura, que tinha um bem-disposto título *Ottimismo*, com as palavras: "eis o pessimismo de sempre que me toma. Ponto e basta" (Gaetano Salvemini, 1947); seguiam, depois, CALAMANDREI, Piero. "Restaurazione clandestina". *Il Ponte*, vol. 3, nº 11-12, 1947; JEMOLO, Arturo Carlo. "La battaglia che non fu data". *Il Ponte*, vol. 3, nº 11-12, 1947; FOA, Vittorio. "La crisi della Resistenza prima della Liberazione". *Il Ponte*, vol. 3, nº 11-12, 1947; LEVI, Riccardo. "L'azione economica e sociale dei C.L.N. dell'Alta Italia". *Il Ponte*, vol. 3, nº 11-12, 1947; BATTAGLIA, Roberto. "Il riconoscimento dei partigiani". *Il Ponte*, vol. 3, nº 11-12, 1947; PREDIERI, Alberto. "Garibaldini e partigiani". *Il Ponte*, vol. 3, nº 11-12, 1947; BIANCO, Dante Livio. "Partigiani e C.L.N. davanti ai tribunali civili". *Il Ponte*, vol. 3, nº 11-12, 1947;

Convém parar, aqui, o exame do expurgo na Itália, cuja história vai se escrevendo à medida que é possível acessar novos documentos. Sobre essa "legalidade incerta"[334] começou a ser construída a nova Itália.

Na Alemanha, a adesão ao regime nacional-socialista tinha sido vasta; a Alemanha não tinha conhecido um movimento de resgate como aquele *partigiano* na França, Itália ou Iugoslávia; a destruidora derrota se concluiu com a divisão do país, cuja ocupação militar pesava sobre as relações dos alemães com os Aliados: em suma, o acerto das contas com aquele passado se revelava árduo.

Em janeiro de 1946, uma diretriz da *Comissão Aliada de Controle de Berlim* fixava para a Alemanha ocupada os critérios da desnazificação que, porém, foi realizada de modo diverso nas várias zonas de ocupação: na Zona de Ocupação Soviética, era usada como um dos instrumentos para edificar uma sociedade socialista; nas zonas ocidentais (ao lado de outras medidas), foi reduzida a um expurgo de pessoal que não tocou a economia, diferentemente do que aconteceu na zona soviética. "A desnazificação representou, para o governo militar americano, um dos pilares fundamentais da sua política de ocupação, enquanto não teve essa importância na zona britânica e, sobretudo, naquela francesa".[335]

GALANTE GARRONE, Carlo. "Guerra di liberazione (dalle galere)". *Il Ponte*, vol. 3, nº 11-12, 1947; BARILE, Paolo. "La magistratura si ribella alle leggi?". *Il Ponte*, vol. 3, nº 11-12, 1947; RAVAGLI, Giovanni. "La mancata avocazione dei profitti di regime". *Il Ponte*, vol. 3, nº 11-12, 1947; BRACCI, Mario. "Come nacque l'amnistia". *Il Ponte*, vol. 3, nº 11-12, 1947; BIANCHI D'ESPINOSA, Luigi. "Il 'caso Pilotti'". *Il Ponte*, vol. 3, nº 11-12, 1947; VINCIGUERRA, Mario. "Un equivoco". *Il Ponte*, vol. 3, nº 11-12, 1947.

[334] BATTAGLIA, Achille. "Giustizia e politica nella giurisprudenza". In: _____. (Coord.). *Dieci anni dopo, 1945-1955*: Saggi sulla vita democratica italiana. Bari: Laterza, 1955, p. 335.

[335] VOLLNHALS, Clemens (Coord.). *Entnazifizierung*: Politische Säuberung und Rehabilitierung in den vier Besatzungszonen 1945-1949.

CAPÍTULO I – TRÊS CONSTITUIÇÕES – DAS DITADURAS ÀS...

Com a "Lei da liberação", de 5 de março de 1946, a desnazificação foi confiada às autoridades alemãs,[336] que instituíram órgãos apropriados para esse fim: as *"Spruchkammern".*[337] Estes órgãos tiveram que se defrontar com aproximadamente 13 milhões de casos: uma quantidade impossível de se administrar, que produziu atrasos nas decisões também por causa dos procedimentos adotados. Em primeiro lugar, começou-se pelos casos menos graves, de modo que – no progressivo alívio da desnazificação – os casos mais graves foram julgados tarde ou não foram julgados. Uma outra causa da mansidão ou da ausência das condenações foi a inversão do ônus da prova: uma vez que eram os próprios imputados que deveriam demonstrar ser inocentes, os órgãos judicantes foram inundados por escritos de parentes ou amigos que atestavam a inocência. São os já recordados *"Persilscheine"*[338] (cf. p. 61), prática da qual nem mesmo as Igrejas alemãs ficaram alheias.[339] Em conclusão, "o procedimento das '*Spruchkammern*' produziu contínuos conflitos

---

München: DTV, 1991, p. 9, com um apêndice de documentos, estatísticas, imagens e bibliografia (pp. 354-360).

[336] *"Gesetz Nr. 104 zur Befreiung von Nationalsozialismus und Militarismus vom 5. März 1946"* [NT: Lei n° 104 para a Libertação do Nacional-Socialismo e Militarismo de 5 de março de 1946], emanada na zona americana e estendida, depois, em 1946, às outras zonas ocidentais: regulava o procedimento com a qual todo *Spruchkammer* avaliava o formulário compilado obrigatoriamente por todo alemão maior e, se não lhe resultava um passado nacional-socialista, emitia-se um atestado liberatório (*Entlastungs-Spruch*), indispensável para se ocupar posições públicas ou semipúblicas. Desde 1948, os Estados Unidos restabeleceram as estruturas estatais com as velhas elites. Na RDA, a lei de 11 de novembro de 1949 previa que todos aqueles que não tinham sido condenados a uma pena de detenção superior a um ano voltavam a gozar dos direitos políticos e podiam desempenhar toda atividade, menos na justiça e na administração pública.

[337] N.T. "Câmaras de decisão".

[338] N.T. "Branqueados com o Persil".

[339] KLEE, Ernst. *Persilscheine und falsche Pässe*: Wie die Kirchen den Nazis halfen. Frankfurt am Main: Fischer, 1991 (trad. it: *Chiesa e nazismo*. Torino: Einaudi, 1993, p. 230).

com o governo militar americano" e é um dos exemplos de insucesso da desnazificação.[340]

Além disso, como já se viu para o Japão, os inquiridos deviam compilar um questionário com cerca de uma centena de perguntas: esse instrumento de investigação também foi objeto de muitas sátiras, a mais célebre das quais foi provavelmente o romance escrito em 1951 pelo conservador Ernst von Salomon e intitulado precisamente O *questionário*, que, até 2003, teve 17 edições.[341]

A aplicação das normas sobre a desnazificação foi confiada às *"Deutsche Spruchkammern"*,[342] gabinetes que agiam segundo as regras judiciárias, mas que formalmente não eram tribunais. Na Zona de Ocupação Soviética, operavam as "Comissões para a Desnazificação" segundo esquemas semelhantes. Estas últimas cessaram a sua atividade em 1948, e daquela data em diante também a atividade das *"Spruchkammern"* ocidentais foi se extinguindo. Geralmente, "a perseguição – iniciada tarde e substancialmente insatisfatória – dos crimes nacional-socialistas da parte dos órgãos judiciários alemães" conseguiu resultados modestos.[343] Ainda que esses tribunais tivessem sido confiados a uma elite de alemães não

---

[340] MEYER, Dennis. "Entnazifizierung". *In*: FISCHER, Torben; LORENZ, Matthias N. (Coord.). *Lexikon der "Vergangenheitsbewältigung" in Deutschland*. Bielefeld: Transcript, 2009, pp. 18/19.

[341] SALOMON, Ernst von. *Der Fragebogen*. Hamburg: Rowohlt, 1951 (trad. franc.: *Le questionnaire*. Paris: Gallimard, 1953, p. 648). Esta sátira da desnazificação é um dos muitos "escritos justificativos" que inundaram a Alemanha federal no pós-guerra, criando quase um gênero literário: as *"Rechtfertigungsschriften"*. Sobre esse autor: SALOMON, Ernst von. *Un destino tedesco*: l'autobiografia di uno scrittore ribelle condannato da Weimar, incarcerato da Hitler, processato dagli Americani. Milão: Oaks, 2018.

[342] N.T. "Câmaras Alemãs de Decisão".

[343] VOLLNHALS, Clemens (Coord.). *Entnazifizierung*: Politische Säuberung und Rehabilitierung in den vier Besatzungszonen 1945-1949. München: DTV, 1991, p. 8. Foi individualizado também um critério temporal: "os imputados eram acusados de terem permanecido fiéis

envolvidos no passado regime, as condenações foram leves. Porque ao determinar a duração das penas de detenção se levava em conta também a duração da internação nos campos de prisioneiros aliados ao final da guerra, "esses tribunais se transformaram em fábricas de absolvições".[344] A desnazificação foi, em suma, uma operação falida, que constituiu, contudo, um passo importante rumo à democratização da Alemanha ocidental.

A desnazificação nas três zonas controladas pelos Aliados ocidentais procedeu, portanto, lentamente. Simultaneamente, com o final da guerra voltaram ao serviço muitos juristas da época nacional-socialista, nitidamente (e compreensivelmente) adversos a toda forma de desnazificação. A propósito, é exemplar um escrito que Otto Koellreutter – um dos "terríveis juristas" da época nacional-socialista – publicou nos anos cinquenta, intitulando-o *A desnazificação, um pecado contra o direito e a honra* e apresentando a desnazificação como "a guerra fria civil encenada em 1945".[345]

O primeiro passo de Koellreutter consiste em deslegitimar os órgãos chamados a realizar a desnazificação, isto é, as *Spruchkammern*. Por isso ele nega, antes de tudo, que "as *Spruchkammern* sejam 'tribunais' e as suas decisões sejam 'sentenças' segundo o § 839, parágrafo 2 do BGB" (p. 3); e nisso, como se viu, tem formalmente razão. Também em seu *Deutsches Staatsrecht* havia escrito que "o

---

àquelas organizações [criminosas] mesmo quando, depois de 1939, as suas finalidades criminosas eram claras a todos".

[344] WEBER, Petra. *Justiz und Diktatur*: Justizverwaltung und politische Strafjustiz in Thüringen 1945-1961. München: Oldenbourg, 2000, p. 112. Cf. também SONTAG, Ernst. "Die Deutschen Spruchgerichte in der britischen Zone". *Die Friedenswarte*, 1950-1951.

[345] KOELLREUTTER, Otto. *Die Entnazifizierung, eine Sünde wider Recht und Ehre*. Vortrag gehalten am 5. September 1954 auf dem 2. Internierten-Treffen in Landau/Pfalz. Landau/Pfalz: Gepel, 1954. "Políticos, juristas e parte do corpo judicial alemão evitaram, até agora, uma clara investigação dos problemas da desnazificação e prolongaram, assim, até hoje, a guerra fria civil começada em 1945" (2 n.n.).

caráter puramente político da desnazificação" torna alguns "membros das *Spruchkammern* funcionários políticos". Para ele a "Lei para a Libertação do Nacional-Socialismo e do Militarismo"[346] é "uma lei puramente política que não pode ser avaliada do ponto de vista do Estado de direito" (p. 4 s.). A solução por ele proposta é uma lei federal que supere as decisões das *Spruchkammern* (decisões que resultam diversas de região a região) e que complemente "a rachadura política provocada no povo alemão pela desnazificação. Somente assim se reforça a 'democracia alemã' e o 'Estado cristão de direito' contra o comunismo".[347]

Sobre o acidentado processo da desnazificação existe uma literatura tanto vasta quanto discrepante que, aqui, não é possível examinar, ainda que se tenha visto apenas um exemplo seu no julgamento de Koellreutter. Um guia linear para seguir aquele complexo percurso na Alemanha é oferecido pela legislação sobre a desnazificação examinada aqui em seguida, com a qual os Aliados, primeiramente, e as autoridades alemãs, depois, procuraram realizar aquele projeto.

Já se dá por admitido que a desnazificação "deva ser considerada falida",[348] enquanto permanece aberta uma questão: à desnazificação seguiu-se uma renazificação? Quem sustenta que a renazificação não tenha tido lugar convida a considerar globalmente os eventos do pós-guerra: a política aliada de reeducação à democracia convenceu

---

[346] Cf. nota 251.

[347] KOELLREUTTER, Otto. *Das Wesen der Spruchkammern und der durch sie durchgeführten Entnazifizierung*. Ein Rechtsgutachten. Als Manuskript gedruckt. [S.l.], [s.d.], p. 32. Publicado depois de 1954, porque afirma não ter obtido resposta ao escrito *Die Entnazifizierung* (Koellreutter, [1954]), citado na nota 257. Na capa: "*Professore ordinario emerito di diritto pubblico dell'Università di Monaco*".

[348] GODAU-SCHÜTTKE, Klaus-Dettlev. "Von der Entnazifizierung zur Renazifizierung der Justiz in Westdeutschland". *forum historiae iuris* (fhi), 2001. Disponível em: https://forhistiur.de/2001-06-godau-schuttke/?l=de#str21. Acessado em: 28.03.2024, cpv. 1.

CAPÍTULO I – TRÊS CONSTITUIÇÕES – DAS DITADURAS ÀS...

boa parte dos juízes adaptados, por oportunismo, ao nacional-socialismo a apreciar os valores democráticos e, consequentemente, a contribuir com o renascimento democrático da Alemanha. Quem, ao contrário, considera que os juízes que voltaram ao serviço depois da guerra não teriam aceitado *totalmente* os valores democráticos impostos pelas potências vencedoras assevera que a renazificação da justiça alemã teve lugar e que ela contribui para explicar a falência da desnazificação como um todo.

Por experiência pessoal sei que, no pós-guerra, os jovens já crescidos na democracia (e ligados à cultura alemã) olhavam com preocupação a esse demasiadamente lento desapego do passado. Os meus primeiros artigos, escritos quando eu tinha vinte anos, eram dedicados exatamente à "justiça impune" da Alemanha federal e a sentenças retrógradas, que pareciam trair as esperanças de quem esperava por uma Alemanha "outra" em relação ao passado recém-abandonado.[349] Por isso, víamos com interesse os inícios da "outra" Alemanha, ela também "ressuscitada das ruínas": esperava-se que tomasse uma direção diversa, mas foi bloqueada pelo *stalinismo*. Deixando as experiências pessoais, é útil passar do particular ao geral e concentrar-se sobre a Alemanha federal.

Seguindo a legislação alemã-federal sobre a desnazificação, no quinquênio do final de 1945 ao início de 1951, nota-se como na

---

[349] LOSANO, Mario G. "Giustizia impunita". *Libera critica. Mensile di studenti medi e universitari*, 3, 15 mar. 1960 (no subtítulo: *"Nella Germania di Adenauer sono ancora in servizio centinaia di giudici e procuratori dello Stato che si sono macchiati di gravi delitti durante il regime nazista"* [NT: "Na Alemanha de Adenauer, ainda estão em serviço centenas de juízes e procuradores do Estado que se mancharam de graves delitos durante o regime nazista"). Depois de alguns anos: LOSANO, Mario G. "L'aeroporto non c'entra". *Il Ponte*, 19:12, 1963 (sobre uma sentença do Tribunal do Trabalho de Mônaco de Baviera); LOSANO, Mario G. "La Germania spiegata agli studenti". *Il Ponte*, 20:3, 1964; LOSANO, Mario G. "Il diritto alla sberla". *Il Ponte*, 21:1, 1965 (sobre a inexistente persecução penal de atitudes fascistas).

Alemanha federal essa normativa, desejada pelos Aliados, tenha progressivamente perdido vigor e, simetricamente, como, graças a esse enfraquecimento, muitos funcionários públicos comprometidos com variada intensidade com o nacionalismo tenham voltado aos seus postos, levando consigo a velha mentalidade.

Na raiz dessa normativa está uma precisa disposição do *Acordo de Potsdam*, de 2 de agosto de 1945, cujas formulações retornam frequentemente à letra na subsequente legislação aliada e alemã sobre a desnazificação:

> Todos os membros do partido nazista de modo não somente nominal e todos os sujeitos hostis aos objetivos perseguidos pelos Aliados são afastados de todas as posições públicas e semipúblicas e dos postos de responsabilidade em importantes empresas privadas. Esses sujeitos devem ser substituídos por pessoas que, pelas suas qualidades políticas e morais, pareçam capazes de colaborar com o desenvolvimento de instituições verdadeiramente democráticas na Alemanha.[350]

A data da passagem da atividade de desnazificação dos Aliados aos tribunais alemães não é sempre indicada em maneira unitária, também por causa da fragmentação das normas em referência: uma data comumente aceita é aquela de 1º de outubro de 1947, coincidente

---

[350] *Potsdamer Abkommen*, Cap. III, Seção A, § 6: "*Alle Mitglieder der nazistischen Partei, welche mehr als nominell an ihrer Tätigkeit teilgenommen haben, und alle anderen Personen, die den alliierten Zielen feindlich gegenüberstehen, sind aus den öffentlichen oder halböffentlichen Ämtern und von den verantwortlichen Posten in wichtigen Privatunternehmungen zu entfernen. Diese Personen müssen durch Personen ersetzt werden, welche nach ihren politischen und moralischen Eigenschaften fähig erscheinen, an der Entwicklung wahrhaft demokratischer Einrichtungen in Deutschland mitzuwirken*". (https://www.fdj.de/infoportal/artikel/pdf/potsdamer_abkommen.pdf).

CAPÍTULO I – TRÊS CONSTITUIÇÕES - DAS DITADURAS ÀS...

com a Ordenança 110 que será examinada daqui a pouco.[351] Por clareza, essa fase de transição pode ser resumida em seis pontos.

[I] As quatro potências aliadas empreenderam conjuntamente a reforma da justiça na Alemanha derrotada com a "Proclamação n. 3", de 20 de outubro de 1945.[352] Nela, sancionaram a independência dos juízes, sem se colocar ainda o problema da atitude a se tomar em relação aos juízes em serviço durante o regime nacional-socialista.

[II] Esse problema foi enfrentado, poucos dias depois, pela Lei n. 4, da Comissão Aliada de Controle (*Kontrollrat*) sobre a *Transformação do Sistema Judiciário Alemão*, a qual, no artigo IV, estabelecia que:

> Todos os ex-membros do partido nacional-socialista que se empenharam ativamente pela sua atividade, e todos os outros sujeitos diretamente envolvidos nos métodos punitivos do regime hitleriano, sejam suspensos dos seus ofícios de juízes ou de promotores e não possam ser admitidos a assumir esses cargos.[353]

Em particular, os ingleses projetavam para os tribunais alemães uma anulação que lembrava aquela prevista para a Alemanha inteira pelo *Plano Morgenthau* (cf. p. 117): por um lado, os tribunais alemães deveriam ser fechados por dez anos, durante os quais seriam substituídos por uma justiça de tipo colonial; por outro,

---

[351] Um exame das várias posições está em EICKHOFF, Bärbel *et al. Restauration im Recht*, Jahrbuch für Sozialökonomie und Gesellschaftstheorie (Hochschule für Wirtschaft und Politik Hamburg). Opladen: Westdeutscher Verlag, 1988, pp. 111/112.

[352] Proklamation Nr. 3 vom 20. Outubro de 1945, *Grundsätze für die Gestaltung der Rechtspflege*, "Amtsblatt des Kontrollrats für Deutschland", Nr. 2.

[353] Kontrollratsgesetz Nr. 4 vom 30. Outubro de 1946, *Umgestaltung des deutschen Gerichtswesens*, "Amtsblatt des Kontrollrats für Deutschland", Nr. 26.

aquela década seria usada para preparar, democraticamente, uma nova leva de juízes. Na zona soviética, foi realizado um plano com esse tipo de anulação da situação anterior. Ao contrário, nas três zonas ocidentais, decidiu-se por afastar dos tribunais somente os juízes com um passado nacional-socialista ativo. Mas no regime nacional-socialista todos deviam comprometer-se, mesmo que em medida variada: era preciso, portanto, estabelecer até que ponto deveria chegar o envolvimento com o regime passado para justificar a sua exclusão da posição de juiz.

[III] Para precisar essas medidas, as quatro potências aliadas emanaram a Diretiva n. 24, de 12 de janeiro de 1946, *Para o afastamento dos ofícios e das posições de responsabilidade dos nacional-socialistas e das pessoas hostis às medidas dos Aliados*. No artigo primeiro, vêm elencados os ofícios e as atividades das quais deviam ser expurgados "todos os pertencentes ao NSDAP[354] de modo não somente nominal e todos os sujeitos hostis aos objetivos perseguidos pelos Aliados". No lugar deles, deviam estar "sujeitos que pela sua atitude política e moral são considerados capazes de favorecer o desenvolvimento de verdadeiras instituições democráticas na Alemanha".[355] Eis em que a desnazificação devia consistir.

[IV] O sistema previsto pela Diretiva 24 gerou crescentes resistências entre os alemães, seja pela dificuldade de organizar os procedimentos de expurgo na situação ainda caótica do pós-guerra, seja pela heterogeneidade de cada caso e, portanto, pelas consequentes arbitrariedades nas decisões. Os Aliados organizaram de modo mais preciso os procedimentos de expurgo com a Diretiva n. 38, de 12 de outubro de 1946, *Prisão e punição dos criminosos de guerra, dos*

---

[354] N.T. *Nationalsozialistische Deutsche Arbeiterpartei*: Partido Nacional-Socialista dos Trabalhadores Alemães.

[355] Kontrollratsdirektive Nr. 24 vom 12. Janeiro de 1946, *Entfernung von Nationalsozialisten und Personen, die den Bestrebungen der Alliierten feindlich gegenüberstehen, aus Ämtern und verantwortlichen Stellugen* (texto que não pude ver).

nacional-socialistas e dos militares, e o internamento, o controle e a vigilância dos alemães potencialmente perigosos.[356] Com essa lei, os Aliados introduziram uma gradação de avaliação articulada em cinco categorias, análoga àquelas já examinadas nos processos de Nuremberg e Tóquio: "I. Culpados principais; II. Corresponsáveis; III. Pouco envolvidos; IV. Gregários; V. Absolvidos" (*Hauptschuldige*; *Belastete*; *Minderbelastete*; *Mitläufer*; *Entlastete*).

Na Zona de Ocupação Soviética (cf. *Apêndice III, 3*), essa diretiva foi aplicada em toda a sua dureza e, junto com o artigo sexto da Constituição da RDA,[357] inspirou o direito penal do outro Estado alemão. Em particular aqui aflora o tema da guerra e da paz – objeto central do presente trabalho – porque com base nesta diretiva era punido quem, com a difusão "de notícias tendenciosas, pôs em perigo e potencialmente põe ainda em perigo a paz do povo alemão e a paz do mundo".

O encontro dos quatro ministros do Exterior em Moscou, na primavera de 1947, recomendou ao *Kontrollrat* "para transferir às autoridades competentes alemãs, com um ato do órgão legislativo

---

[356] Kontrollratsdirektive Nr. 38 vom 12. Outubro de 1946, "*Verhaftung und Bestrafung von Kriegsverbrechern, Nationalsozialisten und Militaristen und die Internierung, Kontrolle und Überwachung von möglicherweise gefährlichen Deutschen*" (texto que não pude ver). Essa lei se remete ao *Potsdamer Abkommen*, Cap. III, Seção. A, § 6.

[357] Art. 6, Constituição da RDA 1949: "1) Todos os cidadãos gozam de igualdade de direitos diante da lei. 2) Qualquer propaganda difamatória ou de boicote contra instituições e organismos democráticos, qualquer incitamento ao assassinato de políticos democráticos, qualquer manifestação de ódio religioso, racial e contra outros povos, qualquer propaganda militarista e belicista e todas as outras ações dirigidas contra a igualdade dos direitos constituem delitos segundo o Código Penal. O exercício dos direitos democráticos no espírito da Constituição não constitui uma propaganda difamatória. 3) As pessoas condenadas por tais crimes não podem ocupar funções nos serviços públicos, nem nos postos diretivos da atividade econômica e cultural. Elas perdem qualquer direito eleitoral ativo e passivo". (http://www.dircost.unito.it/cs/pdf/19491007_germaniaRepubblicaDemocratica_ita.pdf).

alemão, a responsabilidade da aplicação das Diretivas n. 24 e n. 38", fazendo de modo que, "com essa medida legislativa, consiga-se um tratamento unitário de todos os ex-nacional-socialistas e militaristas com base em sua responsabilidade. A escolha dos métodos para executar essa tarefa é confiada à avaliação das autoridades alemãs". Essa medida tinha sido possível pelo fato que, nesse meio tempo, tinham sido instituídos os *Länder* e, portanto, a organização da sociedade alemã estava retornando à normalidade. Porém, a unidade dos Aliados estava já chegando ao fim e, portanto, a aplicação das normas sobre a desnazificação não aconteceu de modo homogêneo em todos os *Länder*.

[V] Seguindo a diretiva dos Ministros do exterior, os *Länder* da zona americana, no sul da Alemanha, emanaram, em 5 de março de 1946, a "Ordenança n. 104 sobre a libertação do nacional-socialismo e do militarismo". Ao contrário, os franceses conservaram, de fato, o controle sobre o expurgo nos *Länder* de sua competência. Na zona soviética, o expurgo tinha sido realizado também no âmbito das empresas privadas. Os ingleses tentaram emanar uma regulamentação unitária para toda a Alemanha, mas tiveram de curvar-se à aplicação do Decreto 110,[358] encontrando certa resistência nos *Länder* de sua competência e conseguindo, enfim, aprovar, no *Land*[359] do Schleswig-Holstein, a "Lei para a Continuação e a Conclusão da Desnazificação", de 10 de fevereiro de 1948.

[VI] A Lei do Schleswig-Holstein, de 10 de fevereiro de 1948, foi a primeira lei *alemã* que decidia como proceder à desnazificação e, consequentemente, tornou-se o modelo das leis análogas de

---

[358] *Verordnung Nr. 110 zur Übertragung der Entnazifizierungsaufgaben auf die Regierungen der Länder* vom 1. Outubro de 1947, "*Amtsblatt der Militärregierung Deutschland, Britisches Kontrollgebiet*" [NT: "Diário Oficial do Governo Militar da Alemanha, Área de Controle Britânico"], Nr. 41, pp. 608 s.

[359] N.T. Estado.

outros *Länder*.[360] Considerando a obrigatoriedade da inscrição no Partido Nacional-Socialista para todos os juízes e membros do Ministério Público, a lei previa que o pertencimento àquele partido não constituiria, por si só, uma prova da responsabilidade pessoal, a qual, porém, não é excluída nem mesmo pelo não pertencimento àquele partido: os casos eram avaliados singularmente.

Também essa lei recebia a gradação de cinco categorias de *valutandi*, mas introduzia algumas atenuações: quem recaía nas duas categorias intermediárias (III. Pouco envolvidos; IV. Gregários) podia pedir a revisão do expurgo um ano após a sua pronúncia (§ 12, c. 1). Por essa via se podiam corrigir rigores excessivos, mas também comprometer progressivamente o processo expurgatório. Para esse esvaziamento contribuiu também a proibição de reabrir um procedimento uma vez concedido o atestado liberatório (§ 11). Essa razoável medida teve um efeito negativo no específico contexto do pós-guerra alemão porque, no imediato pós-guerra, os Aliados tinham admitido na categoria dos "Absolvidos" (a quinta e última categoria) os juízes e os membros do Ministério Público necessários a fim de que a vida judiciária pudesse retomar com um mínimo de normalidade. Sucessivamente, resultou que não poucos desses magistrados haviam operado em tribunais especiais ou eram, contudo, gravemente comprometidos com o regime: porém, haviam recebido o atestado liberatório e, portanto – não sendo mais possível expurgá-los graças ao § 11 –, permaneceram no seu posto, não obstante as normas sobre desnazificação.

Nem sempre era possível reintegrar as pessoas expurgadas na posição originária ou equivalente. O regulamento de atuação previa, porém, que o funcionário pudesse ser reintegrado em uma posição inferior ou então que, em ausência também dessa última, devesse receber uma indenização enquanto estava na espera da colocação

---

[360] *Gesetz zur Fortführung und zum Abschluß der Entnazifizierung*, 10. Fevereiro de 1948, "*Gesetzund Verordnungsblatt für Schleswig-Holstein*", 1948, pp. 33 s.

definitiva. Isso impunha, porém, custos quase insustentáveis para um pequeno *Land* ainda lutando com as dificuldades pós-bélicas.[361]

Para o desmantelamento da desnazificação na magistratura contribuiu também uma estranha regra, própria somente da zona britânica, e devida às pressões dos níveis máximos da própria magistratura: nos tribunais, a cada admissão de um absolvido com base na lei sobre o expurgo devia corresponder a admissão de um culpado reconhecido como tal pela própria lei.

Diante dessas diversidades entre os vários *Länder*, o Parlamento federal aprovou, em 15 de outubro de 1950, uma diretiva segundo a qual os *Länder* deviam concluir o expurgo. Dos cinco níveis previstos pela gradação de avaliação, os três níveis inferiores não seriam mais puníveis, depois de 1º de janeiro de 1951, e, consequentemente, extinguir-se-iam os processos ainda pendentes. Os acusados dos dois comportamentos mais graves (I. Culpados principais; II. Envolvidos) podiam pedir, até 3 de março de 1951, para serem incluídos em uma categoria de nível inferior, isto é, em uma das categorias cujos procedimentos vinham anulados.

É compreensível que uma nação inteira não quisesse viver em um perene estado de acusação; e, de fato, os parlamentares dos *Länder* se apressaram em receber a normativa do Parlamento federal e emanaram as leis de conclusão do processo de desnazificação. No Schleswig-Holstein, a desnazificação foi concluída no modo mais radical, isto é, tornando-a de fato impossível: de fato, dois decretos de 1952 prescreveram destruir os documentos, ou seja, cancelar (nos documentos que não era possível destruir) as frases que pudessem

---

[361] SMIATACZ, Carmen. *Ein gesetzlicher Schlussstrich? Der juristische Umgang mit der nationalsozialistischen Vergangenheit in Hamburg und Schleswig-Holstein 1945-1960*: Ein Vergleich. Münster: LIT Verlag, 2015, p. 297.

servir de base para futuras acusações de envolvimento no nacional-socialismo.³⁶²

Enquanto isso, em 23 de maio de 1949, entrava em vigor a Constituição da Alemanha federal e, em agosto do mesmo ano, tinha sido eleito, pela primeira vez, o Parlamento federal, o *Bundestag*.

O artigo 131 da nova Constituição previa uma ulterior possibilidade de esvaziamento da desnazificação.³⁶³ Com base nessa norma, os funcionários públicos e os magistrados afastados dos seus cargos porque comprometidos com o nacional-socialismo podiam pedir para serem reintegrados nos cargos ocupados sob aquele regime. O *Bundestag* aprovou, em 1951, uma lei aplicável ao artigo 131 da Constituição que permitia a readmissão em serviço dos ex-nacional-socialistas que não estivessem nas primeiras duas

---

362 *Erlass vom 23. September 1952*, "Amtsblatt für Schleswig-Holstein", 1952, 396; *Erlass vom 18. Dezember 1952*, "Amtsblatt für Schleswig-Holstein", 1953, 2.

363 Art. 131 GG: [Antigos funcionários públicos].
"Uma lei federal regulará a situação legal das pessoas, inclusive dos refugiados e exilados, que, sendo funcionários do serviço público no dia 8 de maio de 1945, tenham deixado o mesmo por causas não relacionadas com o estatuto legal ou o regime de contratos coletivos de funcionários e que até agora não tenham sido empregados ou não o tenham sido de forma correspondente à sua posição anterior. O mesmo se aplica por analogia para as pessoas, inclusive os refugiados e banidos, que, no dia 8 de maio de 1945, tinham direito a pensões e que, por causas não relacionadas com o estatuto legal ou o regime de contratos coletivos de funcionários, deixaram de receber essas pensões ou não as receberam como lhes corresponde. Até a entrada em vigor da lei federal, salvo legislação estadual em contrário, não se poderá acatar reivindicações de direitos a esse respeito". [NT: Disponível em língua italiana em: http://www.consiglioveneto.it/crvportal/BancheDati/costituzioni/de/zGermania_sin.pdf; Disponível em língua portuguesa em: https://www.btg-bestellservice.de/pdf/80208000.pdf].

categorias (I. Culpados principais; II. Envolvidos).[364] O êxito da votação demonstra a insatisfação pela desnazificação não só na população, mas também na própria classe política alemã: a lei foi aprovada com somente duas abstenções.

Nos anos seguintes, porém, a Guerra Fria e as contínuas escaramuças entre os dois Estados alemães aclararam muitos comportamentos inaceitáveis da época nacional-socialista por parte de juízes que retornaram aos cargos na Alemanha federal. Em 1965, a RDA publicou um *Braunbuch*[365] sobre a presença de 1.800 ex-nazistas no aparato estatal da Alemanha federal. A documentação era quase totalmente autêntica e correta, ainda que apresentada com tons demasiadamente propagandísticos. As polêmicas dele resultantes obrigaram os políticos da Alemanha federal a aprovar uma modificação da lei sobre os juízes, que previa: "Um juiz ou membro do Ministério Público ativo na justiça penal de 1º de setembro de 1939 a 9 de maio de 1945 pode ser posto em afastamento mediante seu pedido".[366] Permitia-se, assim, uma espécie de desnazificação voluntária e retributiva que, porém, teve pouco sucesso: dela fizeram uso 149 magistrados sobre 15.000.[367]

Em 1951, na Alemanha federal, pode-se considerar que tenha terminado o processo de desnazificação, sem dúvidas o mais complexo dentre aqueles mais tentados que realizados nos três Estados do Eixo.

---

[364] *Gesetz zur Regelung der Rechtsverhältnisse der unter Artikel 131 des Grundgesetzes fallenden Personen*, vom 11. Maio de 1951, BGBl. 1951, 307-308.

[365] *Braunbuch. Kriegs- und Naziverbrecher in der Bundesrepublik und in Westberlin. Staat, Wirtschaft, Verwaltung, Armee, Justiz* (1965). Uma avaliação dessas polêmicas entre os dois Estados alemães está em Klaus Bästlein (2009), *"Nazi-Blutrichter als Stützen des Adenauer-Regimes"*.

[366] *Deutsches Richtergesetz* vom 1. Julho de 1962, § 116 (https://www.gesetze-im-internet.de/drig/index.html).

[367] Hans Wrobel (1989), *Verurteilt zur Demokratie*, 151, nota 85.

CAPÍTULO I – TRÊS CONSTITUIÇÕES - DAS DITADURAS ÀS...

Todavia, não se pode concluir o discurso sobre a reeducação e sobre os expurgos sem, ao menos, acenar ao renascimento, no século XXI, dos movimentos de extrema-direita que estão conquistando importantes posições institucionais em todo o mundo. As medidas pós-bélicas haviam momentaneamente atenuado as pulsões autoritárias sempre presentes em todo contexto social, mas a sua presença minoritária e subterrânea se reforça e se manifesta ciclicamente em formas históricas diversas.

Theodor Adorno, remetendo-se à sua conferência de 1959, já falara, em 1967, à União dos Estudantes Socialistas Austríacos sobre os *aspectos do novo radicalismo de direita* e havia confrontado a situação pós-bélica da Alemanha com aquela da Itália. Na Alemanha:

> Em 1945, o verdadeiro pânico, a efetiva tomada de distância do regime e da sua disciplina não haviam tido lugar, como na Itália, mas tinham se mantido coerentes até ao fim. Na Alemanha, a identificação com o sistema [nacional-socialista] nunca foi destruída de modo realmente radical e isso oferece naturalmente aos grupos aos quais me refiro uma das possibilidades de remeterem-se a ela.[368]

Adorno, portanto, ficava em guarda contra o nazismo ainda latente: e eis que *"un livre d'hier devient le miroir d'aujourd'hui"*,[369][370] porque ia se afirmando, então, o partido neonazista *"Nationaldemokratische*

---

[368] ADORNO, Theodor W. *Aspekte des neuen Radikalismus*: Ein Vortrag. Berlim: Suhrkamp, 2019, p. 17. Essa conferência será incluída no volume *Vorträge 1949-1968*, em impressão junto à editora Suhrkamp.

[369] N.T. "Um livro de ontem torna-se o espelho de hoje".

[370] LUYSSEN, Johanna. "Adorno, icône de la lutte contre l'extrême droite". *Libération*, 16 out. 2019, p. 13. Disponível em: https://www.liberation.fr/planete/2019/10/15/adornoicone-de-la-lutte-contre-l-extreme-droite_1757831. Acessado em: 27.03.2024.

Partei Deutschlands"[371] (NPD), enquanto hoje está em ascensão o partido de extrema-direita *"Alternative für Deutschland"*[372] (AfD).

O tema do renascimento das direitas retorna em uma conferência que Umberto Eco realizou, em 1995, aos estudantes da *Columbia University* para recordar que o fascismo mussoliniano ou o nazismo hitlerista não podem retornar, hoje, nas formas de então, mas podem manifestar-se em novas formas autocráticas. São as pulsões autocráticas sempre presentes em toda sociedade, às quais Eco dá o nome de *"fascismo eterno"* ou *"Ur-Fascismo"*. O expurgo, como toda outra medida a ela equivalente, tenta cancelar os traços de *um* fascismo histórico, mas não pode cancelar o *"fascismo eterno"*, isto é, a eterna pulsão autoritária presente em toda sociedade: "o *Ur-Fascismo* pode ainda voltar sob os despojos mais inocentes. O nosso dever é de desmascará-lo".[373]

9 A superação do passado: as reparações bélicas

As guerras são eventos destrutivos e os vencedores tendem a descontar sobre os vencidos as destruições e as perdas sofridas. Na Europa, uma reviravolta na concepção das reparações bélicas se deu a partir da Primeira Guerra Mundial, quando se começou a medir as reparações não só com base em um fato, o dado incontrovertível da derrota, mas também com base em um valor: a culpa de haver provocado a guerra. Portanto, o vencido não devia somente pagar, mas também reparar: devia indenizar não porque havia perdido a guerra, mas porque a havia provocado.

---

[371] N.T. Partido Nacional Democrático da Alemanha.
[372] N.T. Alternativa para a Alemanha. (LOSANO, Mario G. "Germania, agosto 2018: manifestazioni neonaziste, privacy e libertà d'informazione". *Diritto dell'informazione e dell'informatica*, 2018, pp. 673-688).
[373] ECO, Umberto. *Il fascismo eterno*. Milão: La Nave di Teseo, 2018, p. 50.

Essa "moralização do conceito"[374] provocou fortes ressentimentos na Alemanha depois do *Tratado de Versalhes*[375] e não trouxe vantagens materiais aos vencedores, que procuraram limitá-las às medidas reparatórias previstas ao final da Segunda Guerra Mundial. O Japão possuía, ao contrário, uma diversa tradição cultural e religiosa. O historiador Akio Nakai, diante da concepção ocidental ínsita ao caso específico das reparações bélicas, pergunta-se: "Mas deve permanecer um eterno e inextinguível complexo de culpa, recordável a todo momento?", e explica que a concepção japonesa – expressa nos vocábulos *"tsumi"* e *"kegare"* – consente a quem expiou a própria culpa "retomar legalmente e sem gravames a atividade anterior em campo econômico ou social". Esse modo de conceber o mundo "explica muito da atitude japonesa, depois da guerra e depois do tratado de paz de *San Francisco*".[376]

No final da guerra, os Estados derrotados tiveram que restituir aos sujeitos internacionais, originariamente proprietários, tanto os territórios ocupados quanto os bens roubados. A experiência negativa da Primeira Guerra Mundial recaía sobre a *Conferência de Potsdam*, de julho de 1945, na qual as potências vencedoras estabeleceram os critérios das reparações bélicas a cargo dos Estados derrotados. Por isso, elas renunciaram a estabelecer para a Alemanha (e para o Japão) a obrigação de pagar as reparações em vencimentos anuais e em dinheiro, obtidos através do excedente da produção industrial. Essa medida havia, de fato, levado a um reforço da indústria alemã,

---

[374] FISCH, Jörg. *Reparationen und Entschädigungen nach dem Zweiten Weltkrieg*. München: Beck, 1992; cf. o parágrafo *Von den Kriegsentschädigungen zu den Reparationen: die Moralisierung des Begriffes*, pp. 19-25, com a análise da terminologia usada nos tratados. Vasta bibliografia, pp. 327-343 (com 29 tabelas).

[375] N.T. 1919.

[376] NAKAI, Akio. "Die 'Entmilitarisierung' Japans und die 'Entnazifizierung' Deutschlands nach 1945 im Vergleich". *Beiträge zur Konfliktforschung*, 2, 1988, pp. 19/20.

graças à qual a Alemanha havia podido retornar, em breve tempo, ao nível de grande potência, desencadeando a Segunda Guerra Mundial.

Depois desta última, portanto, os vencedores impuseram à Alemanha pagar as reparações em natura e mediante a transferência de instalações industriais, em primeiro lugar aquelas da indústria bélica: é a *Démontage*[377] [378] da qual se falará nas páginas dedicadas à Alemanha. Substancialmente, foi estabelecido o princípio, aplicado também ao Japão, de fundar as reparações sobre a transferência seja dos bens situados no exterior, seja dos produtos e das indústrias não necessárias à manutenção da economia de paz. Em particular, as indústrias bélicas não convertíveis a uma produção civil ou eram desmanteladas, ou desmontadas e transferidas aos vencedores no âmbito das reparações bélicas.

Ao contrário, os Aliados retornaram aos princípios de Versalhes em relação à Itália (e aos outros Estados aliados do Eixo: Romênia, Bulgária, Hungria e Finlândia). Eles estabeleceram que a Itália deveria verter em dinheiro o montante das reparações, através do excedente da produção. Ainda, foram confiscados os bens italianos presentes no território dos Estados vencedores. Mais uma vez esse tratamento de relativo favor nascia do fato que estava derrotada a Itália republicana e fascista do Norte, enquanto estava ao lado dos Aliados vencedores a Itália monárquica e parlamentar do Sul.

O mesmo princípio devia ser aplicado aos indivíduos prejudicados durante as ocupações ou durante a guerra: as potências aliadas, antes, e cada um dos Estados derrotados, depois, empenharam-se em restituir aos particulares os bens subtraídos, ou seja, a indenizá-los pelos danos materiais e imateriais sofridos. Tratava-se, por exemplo, de indenizar quem sofreu práticas de trabalho forçado, quem tinha

---

[377] N.T. Desmontagem.
[378] Nesse contexto das reparações, uso o termo corrente em alemão, isto é, o substantivo feminino *Demontage*, e não o original francês, o substantivo masculino *démontage*, que está na sua origem.

sido afastado do serviço público por motivos raciais ou políticos, ou seja, restabelecer aos judeus as relações de propriedade sobre os bens expropriados forçadamente. Obviamente, nos casos específicos, a situação era diversa nos três Estados: por exemplo, a prática do trabalho forçado de massa na Alemanha e no Japão "não tem correspondente no caso italiano, mesmo se não faltaram exemplos de exploração de mão de obra da parte italiana, por exemplo, na Líbia".[379]

Sobre o complexo tema das reparações, aqui é possível proceder somente por acenos relativos aos três Estados do Pacto Tripartite, remetendo aos textos citados em nota para um primeiro aprofundamento.

O Japão, com base no artigo 11 da *Declaração de Potsdam*, podia conservar as indústrias necessárias para a própria economia de paz e para o pagamento *in natura* das reparações, mas não as indústrias bélicas. O problema das reparações se apresentou mais simples no Japão que na Europa, porque no Japão o controle pós-bélico, de fato, era feito somente pelos Estados Unidos e, portanto, não podiam surgir contrastes entre as várias potências vencedoras, como na Europa. O governo militar dos Estados Unidos era flanqueado somente pela *Far Eastern Commission*,[380] com poderes limitados.[381]

---

[379] CONTINI, Giovanni; FOCARDI, Filippo; PETRICIOLI, Maria (Coord.). *Memoria e rimozione*: I crimini di guerra del Giappone e dell' Italia. Roma: Viella, 2010, p. 10 (*Introduzione*).

[380] N.T. Comissão do Extremo Oriente.

[381] A *Far Eastern Commission* era composta por EUA, União Soviética, China, Grã-Bretanha (Estados com direito a veto [no Conselho de Segurança da ONU]) e, além disso, por Austrália, França, Indonésia, Canadá, Nova Zelândia, Holanda e Filipinas. Cf. SEIFER, Hubertus. *Die Reparationen Japans*: Ein Beitrag zum Wandel des Reparationsproblems und zur wirtschaftlichen Entwicklung Japans nach 1945. Opladen: Westdeutscher Verlag, 1971; sobre a *Far Eastern Commission*, pp. 67-71.

Também por essa razão não foi necessário projetar uma divisão do Japão em zonas de ocupação, como na Alemanha.

Em abril de 1946, foi publicado o plano de Edwin W. Pauley, embaixador de Truman.[382] Ele previa transferir aos países asiáticos lesados pela guerra as instalações industriais japonesas não necessárias ao Japão para a manutenção do nível de vida pré-bélico: algo de análogo, mas de forma mais atenuada, em relação a quanto se verá para a Alemanha. Porém, o plano de Pauley foi considerado demasiado duro e suscitou os protestos não só dos japoneses, mas também do próprio MacArthur, porque teria impedido a reconstrução industrial do Japão. Começava-se, de fato, a compreender que o Japão seria o principal aliado dos EUA no Oriente. Por isso, desde 1946 até 1949, o plano Pauley foi progressivamente desaplicado e, depois, abandonado, também pelas dificuldades de estabelecer tanto o montante das reparações, quanto a sua distribuição entre cada Estado asiático envolvido na guerra.

Ao lado da desmontagem (limitada) das indústrias bélicas, as reparações japonesas compreendiam outros ativos, alguns dos quais também importantes: o confisco das propriedades do Estado japonês no exterior, o pagamento dos custos das tropas de ocupação, a cessão dos territórios no exterior (como o Manchukuo) e outros ainda. Além disso, os Estados Unidos concederam ao Japão numerosos créditos. Os dados econômicos desses pagamentos são resumidos em numerosos dados e tabelas, cujo autor recorda, porém, a discutida credibilidade dos dados.[383]

---

[382] *Kodansha Encyclopedia of Japan* (1983), s.v. *Reparations for Southeast Asia.*

[383] As prestações do Japão estão resumidas em FISCH, Jörg. *Reparationen und Entschädigungen nach dem Zweiten Weltkrieg*. München: Beck, 1992, pp. 233-239, com tabelas sintéticas.

As oposições estadunidenses ao plano Pauley e os contrastes internos à *Far Eastern Commission*[384] retardaram até fevereiro de 1947 o início do desmonte das indústrias japonesas, que terminou em maio de 1950: ele se revelava de dimensões notavelmente inferiores em relação àquele acontecido na Alemanha. Entretanto, a vitória dos comunistas na China, em 1949, e o início da Guerra da Coréia, em 1950, haviam transformado a atitude dos Aliados para com o Japão, agora tornado o seu principal aliado naquele tabuleiro de xadrez: todo enfraquecimento da economia japonesa estaria em contraste com as novas exigências estratégicas. Por isso, o tratado de paz de São Francisco, de 1951, no artigo 15, estabeleceu para o Japão somente uma genérica obrigação de reparação, fundada na sua culpa em provocar a guerra. Mas as sanções econômicas se revelaram menos onerosas do que o previsto e o número dos Estados que tinham direito às reparações foi limitado àqueles que foram ocupados pelo Japão: as duas Chinas não apresentaram pedidos e, assim, também o Camboja, o Laos, a Índia e a União Soviética.

A insistência, sobretudo das Filipinas, gerou a inclusão no tratado de paz de São Francisco, para o Japão, da obrigação de negociar os pedidos de reparações com os Estados que a pedissem: as Filipinas, Burma, a Indonésia e (depois de 1954) o Vietnã do Sul. Depois de longas tratativas e acusações de conluios chegou-se a concluir acordos com todos os quatro países. Os pagamentos foram feitos fornecendo-se bens, cujas matérias-primas eram enviadas do país requerente. Esse era também um modo para reabrir ao Japão o acesso às matérias-primas da Ásia, no curso de uma progressiva normalização pós-bélica.

As tratativas bilaterais do Japão com os países acima indicados colocaram o Japão em uma posição de força, que lhe permitiu prolongar os prazos das tratativas até 1958 e obter uma redução dos pedidos. No final:

---

[384] N.T. Comissão do Extremo Oriente.

As reparações eram honradas com bens e serviços, não em dinheiro. Eram valores extremamente baixos em relação às capacidades produtivas do Japão, sobretudo tanto tempo depois do final da guerra. Era pouco também em comparação com as reparações da Alemanha federal depois de 1952. Os americanos se impuseram completamente (...). O Japão reconheceu e gostou desse tratamento de deferência, sem polemizar sobre as regras, mas reconhecendo como grande e até então único progresso na história o fato de que, pela primeira vez, diante das reparações bélicas, acontecera uma livre tratativa entre devedores e credores.[385]

Também o Japão havia praticado, em vasta escala, o trabalho forçado nos territórios ocupados, adotando em relação aos chineses, considerados inimigos, uma política diversa daquela dirigida aos coreanos, para os quais visava à assimilação. Contudo, os japoneses se valeram de mão de obra forçada em toda a área da "co-prosperidade".[386]

Um problema particularmente controverso é aquele das mulheres asiáticas obrigadas a se prostituírem durante a conquista japonesa no continente asiático. A polêmica pelo reconhecimento devido às *"comfort women"*[387] pelos sofrimentos provocados originou-se tardiamente, em 1991, mas refloresce constantemente, como se acenou várias vezes.

---

[385] FISCH, Jörg. *Reparationen und Entschädigungen nach dem Zweiten Weltkrieg*. München: Beck, 1992, pp. 141/142.
[386] SPOERER, Mark. "Zwangsarbeitsregimes im Vergleich. Deutschland und Japan im Ersten und im Zweiten Weltkrieg". *In*: SEIDEL, Hans-Christoph (Coord.). *Zwangsarbeit im Europa des 20. Jahrhunderts*. Essen: Klartext, 2007 (a primeira publicação de alguns ensaios de Seidel (Coord.). *Zwangsarbeit* (2007) está em *Geschichte und Gesellschaft*, 1. Göttingen: Vandenhoek & Ruprecht, 2005, p. 144).
[387] N.T. Mulheres de conforto.

No Ocidente, voltou-se a discuti-la em 2018, graças à escritora estreante coreano-americana, Mary Lynn Bracht,[388] que, com o seu romance *Filhas do Mar*, "quer atrair a atenção do Ocidente sobre elas, unindo-se a um protesto iniciado em 1991, quando uma das vítimas, Kim Hak-sun, denunciou os horrores que foi obrigada a sofrer"; de fato, "a tragédia delas ainda é injustamente desconhecida para a maioria, é um capítulo ausente nos livros de história".[389] A jovem escritora narra, assim, a gênese do seu romance:

> Sou filha de uma mulher coreana e de um soldado americano. Nasci na Alemanha e cresci no Texas. Até a faculdade, pensava em me tornar um piloto de *fighter*[390] como meu pai, depois tomei outra estrada. Estudei história e antropologia, e descobri esse "segredo não secreto". As mulheres coreanas, de fato, sabem da existência das *"comfort women"*, mas não falam delas. Foi o testemunho de uma mulher holandesa que vivia na Indonésia, também ela reduzida a escravidão nos anos da guerra, a mover a opinião pública nos anos 90. O sentido de vergonha e o medo de falar mantiveram escondido o segredo por anos.[391]

Ainda hoje, nos Estados asiáticos, volta-se a esse tema somente se obrigados (e mais para atenuar que para ressarcir), enquanto vão desaparecendo as mulheres que sofreram aquela violência.

---

[388] BRACHT, Mary Lynn. *Figlie del Mare*. Milão: Longanesi, 2018; o título original é *White Chrysanthemum*. Sobre as *"comfort women"*, cf. acima, nota 279, p. 127.

[389] SEVERGNINI, Nathascia. "Schiave dei soldati, un racconto che è vero (e il mondo non lo sa)". *Corriere della Sera*, 2018, p. 46.

[390] N.T. Caça.

[391] Entrevista de Michela Ravalico a Mary Lynn Bracht: Mary Lynn Bracht (2018, 4 de maio), *"Svelo il Giappone delle ipocrisie ..."* ["Desvelo o Japão das hipocrisias..."].

Em conclusão, no caso do Japão as reparações bélicas foram contidas, não obstante os anúncios iniciais ameaçadores, porque eram mudadas as relações de força no quadro geopolítico mundial e os Estados Unidos tinham necessidade do apoio dos seus ex-inimigos. Fisch traça este quadro geral:

> A política das reparações leva a assinatura dos Estados Unidos. Os fins já acertados para a Itália e para a Alemanha ocidental emergem aqui [para o Japão] ainda mais claros. Depois dos projetos iniciais de destruir o potencial industrial, foi dominante o princípio do não pesar a mão, com exceção dos bens no exterior e do *knowhow*. Só os custos da ocupação tinham a precedência. As prestações para as reparações foram mantidas baixas e a reconstrução da indústria foi favorecida com a concessão de créditos. Só depois da criação de uma sólida base foram pedidas ulteriores prestações. O Japão saiu delas em situação decididamente mais vantajosa que a Alemanha ocidental e de modo não mais desfavorável do que a Itália.[392]

A posição da Itália nas tratativas de paz se revelou particularmente ambígua porque, de um lado, tinha sido um país aliado da Alemanha nazista e, portanto, culpado pela guerra de agressão, mas, de outro, depois de 8 de setembro de 1943, tinha sido também aliada dos anglo-americanos e havia, portanto, contribuído para a vitória sobre o nazismo. Por essa razão, os Aliados aplicaram à Itália condições menos gravosas que para a Alemanha e o Japão. De um lado, os anglo-americanos tendiam a reduzir ao mínimo as pretensões contra uma Itália em graves dificuldades econômicas, de outro, os Estados que haviam sofrido uma ocupação italiana pediam reparações (em primeiro lugar, a União Soviética).

---

[392] FISCH, Jörg. *Reparationen und Entschädigungen nach dem Zweiten Weltkrieg*. München: Beck, 1992, pp. 237/238.

Segundo a reconstrução de Fisch, os pedidos da União Soviética, Iugoslávia, Albânia, Etiópia, Egito e Grécia totalizavam 15 bilhões de dólares, diante dos quais a Itália ofereceu 300 milhões de dólares, sustentada nisso pelos Aliados ocidentais.[393] Nos longos debates:

> Para os soviéticos era importante não tanto a prestação material, quanto o fato que se procedesse segundo os mesmos princípios aplicados aos outros aliados de Hitler. E era exatamente aquilo que os americanos queriam, a todo custo, impedir: eles queriam realizar as suas ideias, que eram centrais para a Alemanha, mas que deviam valer também para a Itália, a Áustria e o Japão, consistentes em realizar uma política econômica na qual, no fundo, não existia lugar para alguma reparação.[394]

Enfim, as reparações a cargo da Itália foram fixadas em 1947, em condições muito favoráveis: "em particular, para as reparações provenientes da produção corrente foram incluídas tantas cláusulas em tutela da Itália que surpreende que tenha acontecido ainda alguma prestação".[395]

Na Itália, além disso, os vencedores se preocuparam também com a salvaguarda do patrimônio artístico danificado pela guerra. Os danos sofridos pelo patrimônio artístico italiano eram imensos e precisava-se impedir que viessem agravados ulteriormente pela incúria ou por medidas não apropriadas.[396] Na fase final da guerra,

---

[393] FISCH, Jörg. *Reparationen und Entschädigungen nach dem Zweiten Weltkrieg*. München: Beck, 1992, p. 89. Com reconstrução do aspecto econômico dessas tratativas, pp. 86-92.

[394] FISCH, Jörg. *Reparationen und Entschädigungen nach dem Zweiten Weltkrieg*. München: Beck, 1992, p. 88.

[395] FISCH, Jörg. *Reparationen und Entschädigungen nach dem Zweiten Weltkrieg*. München: Beck, 1992, pp. 172/173.

[396] COCCOLI, Carlotta. *Monumenti violati*: Danni bellici e riparazioni in Italia nel 1943-1945: il ruolo degli Alleati. Florença: Nardini, 2017.

entre 1943 e 1945, os Aliados anglo-americanos criaram uma divisão encarregada de consertar os monumentos danificados pelos alemães em retirada ou pelos bombardeios dos próprios Aliados. Esses "*Monuments Officers*"[397] eram arquitetos, diretores de museus, arqueólogos e outros peritos encarregados de prover aos "*first aid and repairs*",[398] em estreita colaboração com os superintendentes artísticos italianos. No pós-guerra, as suas empresas se tornaram objeto de um romance, do qual foi feito o filme "*Monuments Men*".[399] [400] Em um grande afresco dos furtos de arte desde Napoleão até Hitler aparecem também as "*Monuments Women*" italianas: a romana Palma Bucarelli, a milanesa Fernanda Wittgens e a turinense Noemi Gabrielli.[401]

A mudança de lado, em 8 de setembro de 1943, transformou os italianos de aliados em inimigos não só nos Estados Unidos, mas também no Japão:

> As relações entre o Japão imperial e a Itália degeneraram. Pouco depois de 8 de setembro, as autoridades japonesas entraram na Embaixada italiana em Tóquio e prenderam os italianos presentes. Com exceção de Mirko Ardemagni e de um punhado de fascistas irredutíveis que juraram fidelidade à República Social Italiana, todos os outros se

---

[397] N.T. Oficiais de Monumentos.

[398] N.T. Primeiros socorros e reparos.

[399] N.T. O título do filme foi traduzido no Brasil como "Caçadores de Obras-Primas".

[400] EDSEL, Robert M. *Monuments Men*: Allied Heroes, Nazi Thieves, and the Greatest Treasure Hunt in History. Londres: Arrow, 2009 (trad. it.: *Monuments Men. Eroi alleati, ladri nazisti e la più grande caccia al tesoro della storia.* Sperling & Kupfer, 2013, pp. XXV–430). Deste livro é tirado o filme de 2014 *The Monuments Men*, dirigido e interpretado por George Clooney.

[401] MARZO MAGNO, Alessandro. *Missione grande bellezza*: Gli eroi e le eroine che salvarono i capolavori italiani saccheggiati da Napoleone e da Hitler. Milão: Garzanti, 2017.

recusaram de fazê-lo e foram enviados a vários campos de concentração, espalhados pelo Japão, onde foram tratados duramente.[402]

Por essas detenções, o governo italiano pediu as escusas do governo japonês e uma indenização, pedido que decaiu com o restabelecimento das relações normais em 1952.[403] Simetricamente, em Pistoia, os *partigiani* mataram o adido naval japonês e, enfim, a Itália declarou guerra ao Japão em 14 de julho de 1945 (quando a Alemanha já tinha se rendido): uma declaração puramente simbólica, porque a Itália não dispunha de meios militares para alcançar aquela área, mas não sem consequências sobre os cidadãos italianos residentes no Japão, tornados repentinamente súditos de uma potência inimiga. A propósito, já foi lembrada a experiência de Fosco Maraini e da sua família.

Enquanto para a Alemanha se examinarão as reparações no âmbito da indústria e da infraestrutura, é interessante, para a Itália, permanecer nos ressarcimentos em relação às pessoas lesadas pelas políticas do fascismo.

No momento do estouro da Segunda Guerra Mundial, a Itália já tinha uma lei sobre os danos de guerra que remontava a 1919, que previa um verdadeiro e próprio direito subjetivo ao ressarcimento do dano bélico: para os bens móveis, o ressarcimento devia corresponder ao seu valor para a aquisição e, para os bens imóveis, ao valor necessário para a sua reparação ou reconstrução, com base nos custos do momento em que ela acontecia. A sua aplicação se revelou inconveniente, porque os sujeitos lesados prefeririam não aceitar a oferta de liquidação, mas acionar os tribunais para conseguir um ressarcimento mais vantajoso. A atuação da Lei de 1919 teve, portanto,

---

[402] HOFMANN, Reto. *The Fascist Effect*: Japan and Italy, 1915-1952. Ithaca: Cornell University Press, 2015, p. 158.
[403] HOFMANN, Reto. *The Fascist Effect*: Japan and Italy, 1915-1952. Ithaca: Cornell University Press, 2015, pp. 173/174, nota 4.

custos altos e tempos longos, tanto que se concluiu, aproximadamente, dezoito anos depois da sua emanação. Essa experiência induziu o legislador, no momento do início da guerra, a emanar uma nova lei que apresentava a indenização de guerra como uma concessão do Estado, e não mais como um direito do lesado.[404]

A Lei de 1940 é menos favorável ao lesado: os bens móveis são avaliados com base no seu valor comercial no momento do dano, enquanto os bens imóveis são ressarcidos com base no seu valor no mês anterior ao estouro da guerra, porém deduzindo o valor da eventual parte resídua. Além disso, a nova lei não tomava mais em consideração os danos às pessoas, ao contrário, a lei precedente previa uma pensão privilegiada de guerra em caso de invalidez ou, para os sobreviventes, em caso de morte por causa da guerra. Essa normativa, emanada no início da guerra, não podia prever a extensão e a gravidade dos danos que se seguiriam e se revelou de impossível aplicação em um território nacional fragmentado: de fato, desde 1943, foi aplicada somente nas zonas ocupadas pelos alemães. Uma série de medidas fragmentárias emanadas desde 1944, aumentou a confusão na aplicação das normas, gerando graves desigualdades nas indenizações.

As normas de 1940 foram, progressivamente, estendidas às colônias italianas na África e, depois do final do conflito ítalo-grego, à Albânia. Com o final da guerra, multiplicaram-se as normas setoriais para a retomada da construção civil, da agricultura e das empresas civis indispensáveis para a retomada econômica. Entretanto, também na Itália, desde 1948 impunha-se o problema dos refugiados da Dalmácia, da Veneza Júlia e do Egeu. Enfim, porque precisava pôr ordem também na contabilidade da luta

---

[404] Os dois textos fundamentais são o Texto Único de 27 de março de 1919, n. 426, e a Lei n. 1543, de 26, de outubro de 1940; BOCCINI, Luciano. *Il problema dei danni di guerra*. Bologna: Zanichelli, 1940 (com bibliografia); VISCO, Antonio. *La riparazione dei danni di guerra alla popolazione civile*. Milano: Bocca, 1943.

CAPÍTULO I – TRÊS CONSTITUIÇÕES - DAS DITADURAS ÀS...

partigiana, com o Decreto Legislativo de 19 de abril de 1948, n. 517, o Estado assumia as obrigações contraídas pelas formações *partigiane*, seja em dinheiro, seja em bens ou serviços, desde que se tratasse de prestações recebidas para a guerra de libertação. Porém, essa razoável prescrição se revelou de difícil aplicação, porque quem agia na clandestinidade ou combatia nas montanhas nem sempre podia emitir recibos, e com certeza alguém havia se aproveitado da excepcionalidade da situação: daqui a dificuldade de se traçar um limite processual entre comportamentos lícitos e ilícitos. Mas, em geral, muitos casos individuais eram difíceis de indenizar pela fluidez em que vivia a nação inteira nos anos de guerra.

Entre as pessoas que haviam sofrido danos materiais ou morais em seguida às condenações fascistas, um grupo significativo era aquele dos judeus afastados das profissões liberais e das universidades.[405] Um exemplar *case study* para explicar o quão era complexa toda forma de reparação é o fatigante percurso burocrático de Renato Treves, perseguido político e racial, para ser readmitido à cátedra da qual tinha sido afastado em 1938: percurso reconstruído por Carlo Nitsch, com grande precisão.[406]

No caso de Treves, o percurso burocrático se desenrolava por carta entre o consulado italiano de Córdoba na Argentina e a Itália,

---

[405] Cf., por exemplo, CAPRISTO, Annalisa. *L'espulsione degli ebrei dalle accademie italiane*. Torino: Zamorani, 2002. Esse estudo se limita ao período da expulsão, não ao restabelecimento pós-bélico da situação, que está tratado em TOSCANO, Mario (Coord.). *L'abrogazione delle leggi razziali in Italia, 1943-1987*: Reintegrazione dei diritti dei cittadini e ritorno ai valori del Risorgimento. Prefácio de Giovanni Spadolini. Roma: Bardi, 1998.

[406] NITSCH, Carlo. *Renato Treves esule in Argentina*: Sociologia, filosofia sociale, storia. Con documenti inediti e la traduzione di due scritti di Treves. Torino: Accademia delle Scienze, 2014. (Memoria della Classe di Scienze Morali, Storiche e Filologiche, Serie V, vol. 38, fasc. 2); em particular o detalhado Cap. IV, *"Nostos": la revisione del concorso del 1938 e il rientro in Italia*, pp. 65-98. As citações tiradas desse volume são indicadas no texto com o número da página entre parênteses.

com o envio da documentação que "não apenas as comunicações o permitam", escrevia Treves (p. 70). Além disso, as cátedras universitárias de quem tinha sido afastado estavam ocupadas por outros docentes. Adolfo Ravà, amigo e colega de Treves, escrevia-lhe: "com a abolição das leis raciais retomam o serviço, além de mim, também Donati e Levi, de filosofia do direito: isso incomoda aqueles que estão nos nossos postos, e eu [me] lamento por dever perturbar Bobbio": o jovem Norberto Bobbio, de fato, tinha sido chamado à cátedra da qual Ravà tinha sido removido por ser judeu; na realidade, Bobbio "tinha sido chamado a Turim, mas não tinha vaga, tendo voltado dois professores judeus". Ravà cita, depois, outras situações análogas, e conclui:

> Tudo isso determina um ambiente pouco simpático; porque, como não foi agradável que tenham sido ocupados os nossos postos, assim, não é belo ir ao posto dos professores agora expurgados. E eu não estou certo de que o nosso retorno tenha agradado a todos, porque move interesses notáveis.[407]

As dificuldades de reinserção dos docentes exilados pareciam ter sido ainda mais fortes na Alemanha, como se verá à frente.

Aos problemas postos pela lenta retomada à vida normal e à restauração das situações alteradas pelas leis raciais se acrescentava a lentidão burocrática, também porque, "comentava desconsolado Ravà, 'quase todos os reprovados nos concursos dizem agora que isto aconteceu por razões políticas'" (p. 74). A isso se acrescentava as grandes mudanças políticas ligadas também ao primeiro governo De Gasperi, de 1946: "há meses, já não se reunia mais o Conselho

---

[407] Adolfo Ravà a Renato Treves, Roma, 11 de setembro de 1945, em: NITSCH, Carlo. *Renato Treves esule in Argentina*: Sociologia, filosofia sociale, storia. Con documenti inediti e la traduzione di due scritti di Treves. Torino: Accademia delle Scienze, 2014, pp. 138/139; ainda p. 72. (Memoria della Classe di Scienze Morali, Storiche e Filologiche, Serie V, vol. 38, fasc. 2).

Superior" da Instrução Pública (isto é, o órgão que devia decidir os numerosos casos ainda pendentes) e ainda "o Ministério era convocado a modificar as normas para a revisão atualmente em vigor, que teriam evidenciado, na sua aplicação prática, uma série de aspectos críticos" (p. 78). Em suma, a reparação para os danos infligidos pelo fascismo teve lugar, mas com lentidão e hesitações.

A sobrevinda Guerra Fria, na realidade, rapidamente levou também a uma inversão de tendência, tanto nas reparações quanto nos expurgos, provocando casos, por assim dizer, de indenizações ao contrário: que sirva para todos o exemplo de Nicola Pende, o signatário do "Manifesto da Raça" sobre o qual, na Itália, fundou-se a discriminação racial de 1938, da qual tinha sido vítima, como tantos outros, também Renato Treves.

> Suspenso da docência desde janeiro de 1946 pela sua participação ativa na política fascista enquanto senador do Reino, com uma série de bem articulados recursos, exatamente quando se esgota o impulso propulsor do vento do Norte, depois da Libertação de 25 de abril [1945], quando se passaram quase três meses da vitória democrata-cristã de 18 de abril; em 8 de julho de 1948, com um pronunciamento definitivo da consulta, o professor Nicola Pende pôde voltar a ensinar na faculdade de medicina de Roma.[408]

Reabilitações análogas foram frequentes também na Alemanha.[409]

---

[408] CHIESA, Pasquale. "L'algoritmo del perdono". *In*: RAGGI, Barbara. *Baroni di razza*: Come l'università del dopoguerra ha riabilitato gli esecutori delle leggi razziali. Roma: Editori Internazionali Riuniti, 2012, p. 10. Exemplar também a história de Gaetano Azzariti, do Tribunal da Raça a Presidente da Corte Constitucional da República (sempre em RAGGI, Barbara. *Baroni di razza*: Come l'università del dopoguerra ha riabilitato gli esecutori delle leggi razziali. Roma: Editori Internazionali Riuniti, 2012, pp. 190/191), juntamente a outros.

[409] FREI, Norbert (Coord.). *Carriere*: Le élites di Hitler dopo il 1945. Torino: Bollati Boringhieri, 2003, cujos capítulos examinam as carreiras

A intrincada história da Alemanha pós-bélica impôs um percurso complexo também às reparações dos danos e para as injustiças causadas pelo nacional-socialismo. Os Aliados ocidentais realizaram a divisão e o controle da Alemanha segundo um projeto duro (mas não quanto o plano de Henry Morgenthau, que de fato destruía a Alemanha);[410] a URSS impôs à sua zona de ocupação medidas mais gravosas.

A divisão em quatro zonas de ocupação e a cessão dos territórios orientais do ex-império alemão desagregaram uma economia que, antes da guerra, era unitária e integrada. As tentativas de "autarquizar" as quatro zonas de ocupação; a fusão das zonas estadunidense e britânica (*Bizone*), à qual se acrescentou aquela francesa (*Trizone*); a contraposição entre estas últimas e a Zona de Ocupação Soviética (SBZ), depois RDA: todas essas medidas desarticularam as tradicionais linhas de fornecimento das matérias-primas e as relações entre as empresas e suas conexões. Às imensas destruições bélicas se acrescentaram as pilhagens descontroladas nos meses finais da guerra (a "caça aos troféus"), acompanhadas por violências contra os civis. Quando os respectivos governos militares restabeleceram um mínimo de ordem, as reparações iniciaram-se com a *Démontage*, isto é, com a desmontagem do quanto restava de algumas indústrias estratégicas alemãs.

---

no pós-guerra de empreendedores, jornalistas, oficiais, médicos e juristas.

[410] O *Plano Morgenthau* previa dividir a Alemanha em Estados (portanto, não formar um Estado federal) e, de fato, zerar todas as indústrias alemãs, com a consequente transformação da Alemanha em um território somente agrário: MORGENTHAU, Henry. *Germany is our Problem*. Nova York: Harper, 1945; uma síntese está em KARLSCH, Rainer. *Allein bezahlt? Die Reparationsleistungen der SBZ/DDR 1945-1953*. Berlim: Links, 1993; a citação está às pp. 47-53. O temor para com os alemães gerava atitudes quase racistas não só em Morgenthau: o subsecretário de Estado inglês, Lord Robert Vansittart, atribuía a eles uma "patológica agressividade".

Alguns anos depois da guerra, um dos oficiais estadunidenses encarregados de escolher as empresas a desmantelar publicou as suas lembranças, que atestam um dos maiores saques de produtos da inteligência e de materiais industriais jamais acontecidos.[411] Saque difícil de documentar:

> Parece claro que se deveria levar em conta essas transferências ao avaliar as reparações repassadas aos Estados Unidos, mas não é fácil avaliar os bens imateriais (...). Além disso, o programa FIAT [*Field Informations Agency, Technical*][412] se tornou sempre mais voraz, e toda tentativa de recorrer à contabilidade para tornar mais claro, ou também mais digno, o quanto estava acontecendo resultou sempre menos factível.[413]

Parece que os conhecimentos tecnológicos, assim adquiridos, foram cedidos também às empresas privadas estadunidenses e que as transferências vinculadas a esse programa tenham sido em torno de 10 bilhões de dólares, até 1947, quando o programa foi fechado.

A *Démontage* era importante, sobretudo, para a União Soviética, porque esta havia sofrido imensas destruições que podiam reparar, ao menos parcialmente, transferindo as infraestruturas industriais alemãs, frequentemente de nível técnico superior àquele russo. Ao contrário, os Aliados ocidentais, que se moviam em um nível industrial mais avançado, estavam interessados em indústrias específicas e, principalmente, em seus planos de pesquisa e desenvolvimento; antes

---

[411] GIMBEL, John. *Science, Technology, and Reparations*: Exploitation and Plunder in Postwar Germany. Stanford: Stanford University Press, 1990.

[412] N.T. Agência de Informações de Campo, Técnico.

[413] Resenha ao volume de John Gimbel (citado *supra*, nota 309) de Stuart Macdonald (1991), GIMBEL, John. *Science, Technology, and Reparations*: Exploitation and Plunder in Postwar Germany. Stanford: Stanford University Press, 1990.

ainda, nos cientistas que promoviam aquelas pesquisas. Na Zona de Ocupação Soviética, depois RDA, a *Démontage* obstaculizou muito o possível desenvolvimento industrial daquela área que, no império alemão, com a Saxônia, estivera dentre as mais industrializadas.

A *Démontage* aconteceu frequentemente de modo desorganizado. Moscou enviou alguns especialistas das várias indústrias para escolher os objetivos a desmontar, mas esses enviados frequentemente agiram sem coordenar-se com o governo militar soviético, também porque os dois grupos perseguiam fins diversos. Desmontaram-se mais instalações que se poderiam transportar e, depois, foi necessário criar depósitos onde armazenar essas instalações, que no final foram restituídas como sucata à RDA.

Um símbolo da destrutividade da *Démontage* foi a sua aplicação às ferrovias:

> Até março de 1947, [os soviéticos] removeram um total de 11.800 quilômetros de trilhos. A rede ferroviária foi, assim, reduzida 48% em relação a 1938. O dano mais grave para o transporte ferroviário veio da desmontagem do segundo trilho, para um total de 6.300 quilômetros de trilhos (...). A desmontagem do segundo trilho se tornou até mesmo o símbolo da *Démontage* na SBZ [Zona de Ocupação Soviética]. Nenhuma outra ação de desmontagem deixou traços tão duradouros e profundos na memória das pessoas como a desmontagem do segundo trilho.[414]

---

[414] KARLSCH, Rainer. *Allein bezahlt? Die Reparationsleistungen der SBZ/DDR 1945-1953*. Berlim: Links, 1993, pp. 81/82. O volume descreve o inteiro desenrolar das reparações na SBZ/RDA, em particular a formação de sociedades mistas alemãs-soviéticas, a exportação do urânio, a transferência de cientistas alemães à URSS e os fluxos financeiros frequentemente mascarados. Cf. também BRODESSER, Hermann-Josef; FEHN, Bernd Josef; FRANOSCH, Tilo; WIRTH, Wilfried. *Wiedergutmachung und Kriegsfolgenliquidation*: Geschichte, Regelungen, Zahlungen. München: Beck, 2000 (detalhada reconstrução a partir da ocupação aliada da Alemanha); DOEHRING, Karl;

Efetivamente eu mesmo recordo ainda as viagens de trem na RDA dos anos sessenta, sobre o único binário que corria paralelo ao outro terrapleno vazio: para cada viajante e em toda viagem, um *memento* para os trilhos que tinham sido levados embora.

Em cada zona de ocupação se sucederam, e em parte se sobrepuseram, situações não coordenadas: as várias medidas das potências vencedoras; as orientações não coincidentes entre os Aliados ocidentais e a União Soviética; depois, as singulares e divergentes decisões de cada um dos dois Estados alemães; enfim, as específicas dificuldades internas da RDA. A propósito destas últimas, é lembrado que também nesse território os nazistas haviam expropriado alguns bens (por exemplo, alguns imóveis) de judeus e de adversários políticos; com a ocupação soviética e com o advento da RDA, muitos desses imóveis foram estatizados; com o final da RDA, em 1990, aqueles bens estatais foram privatizados, mas o potencial adquirente privado se encontrou, às vezes, diante dos herdeiros da família judia originariamente expropriada pelos nazistas.

Aqui, em seguida, virão indicadas somente as linhas gerais das principais medidas de reparação, remetendo todo aprofundamento à volumosa documentação que se foi acumulando sobre o tema. Ambos os Estados alemães nascidos da ocupação aliada pagaram as reparações de guerra, mas em medida bem diversa. De um lado, a República Federal Alemã fruiu do Plano Marshall e da anistia de guerra; de outro, a República Democrática Alemã pagou por muito tempo imensas reparações à União Soviética, tanto que um autor ocidental se pergunta se a RDA teria sido "a única a pagar", e põe o quesito como título de seu livro.[415]

FEHN, Bernd Josef; HOCKERTS, Hans Günter. *Jahrhundertschuld, Jahrhundertsühne*: Reparationen, Wiedergutmachung, Entschädigung für nationalsozialistisches Kriegs- und Verfolgungsunrecht. München: Olzog, 2001.

[415] Trata-se do volume KARLSCH, Rainer. *Allein bezahlt? Die Reparationsleistungen der SBZ/DDR 1945-1953*. Berlim: Links, 1993.

De fato, a República Democrática Alemã, ocupada por meio milhão de militares soviéticos, teve de assumir obrigações bem mais pesadas em relação àquelas da Alemanha federal. Todavia, "o segredo sobre os documentos relativos às reparações foi mantido até o final da RDA",[416] isto é, até 1990, obstaculizando, assim, o debate científico. Antes, cada um dos dois Estados alemães considerava haver pagado uma parte das reparações devida ao outro Estado e lhe pedia, consequentemente, a restituição de grandes somas. Um dado emerge, contudo, dessa polêmica: "até 1953, a Zona de Ocupação Soviética/ RDA suportou a maior quota de reparações".[417] Repetidamente a RDA havia pedido o reconhecimento dessa situação e, portanto, um reembolso da parte da Alemanha federal. Falou-se disso em 1970, no encontro entre Willy Brandt e Willi Stoph, em Erfurt, e de novo na ocasião da reunificação em 1989-1990: somente naquele contexto, na iminência da fusão dos dois Estados, concluiu-se a discussão sem algum reembolso.

O território da RDA era carente de matérias-primas e devia, portanto, importá-las, sobretudo da União Soviética. O tratado comercial de 3 de dezembro de 1965 (em vigor até 1970) impunha à RDA importar da União Soviética matérias-primas a preços superiores àqueles de mercado, e exportar para a União Soviética os produtos da própria indústria a preços preferenciais. Com esse pagamento indireto e permanente dos danos de guerra, iniciava-se uma relação desequilibrada que teria condicionado a RDA por todos os quarenta anos da sua existência. De fato, para a RDA teria sido preferível produzir bens industriais exportáveis ao Ocidente, recebendo o seu pagamento em moedas cambiáveis, cuja carência foi sempre uma "pedra no sapato" dos Estados comunistas, todos operantes com moedas não cambiáveis.

---

[416] KARLSCH, Rainer. *Allein bezahlt? Die Reparationsleistungen der SBZ/ DDR 1945-1953*. Berlim: Links, 1993, p. 10.
[417] KARLSCH, Rainer. *Allein bezahlt? Die Reparationsleistungen der SBZ/ DDR 1945-1953*. Berlim: Links, 1993, p. 12.

CAPÍTULO I – TRÊS CONSTITUIÇÕES – DAS DITADURAS ÀS...

Um exemplo atesta a gravidade desse contraste no âmbito econômico. Entre os cientistas que retornaram à RDA depois da guerra, estava também Brunolf Baade,[418] que em Dresden continuava a tradição aeronáutica da Alemanha pré-bélica para a RDA. Naquele contexto foi projetado o primeiro avião com reator alemão, o "Baade 152", do qual a URSS havia reservado não poucas unidades. Pois, em 2 de fevereiro de 1961, o *Politbüro* da RDA teve de interromper aquele promissor programa porque a União Soviética decidira construir ela mesma aquele tipo de avião e, consequentemente, rescindiu o contrato com a RDA. Esta última, assim, teve de cancelar um projeto "que já tinha custado 2 bilhões de marcos e estava às portas da produção em série".[419]

Essa linha se consolidou com Brežnev: "a União Soviética impõe orientações quase irrealizáveis sobre o que, quando e onde se deve produzir, e onde se deve vender. A RDA deve, sobretudo, permanecer um fornecedor barato da URSS, não da Alemanha ocidental"; para esse fim "deve ser freado o ritmo da indústria pesada da RDA e se deve impedir que ela endereçe a sua economia rumo aos mercados ocidentais".[420] Sem matéria-prima, a RDA apostava em uma indústria de *"intelligence intensive"*,[421] enquanto à URSS interessava uma indústria pesada de transformação das suas matérias-primas.

---

[418] Brunholf Baade é considerado o pai da indústria aeronáutica da RDA: MÜLLER, Reinhard. *Brunolf Baade und die Luftfahrtindustrie der DDR – die wahre Geschichte des Strahlverkehrsflugzeuges 152*. Erfurt: Sutton, 2010 (em particular: *Die Sowjetunion und der DDR-Flugzeugbau*, pp. 351 e ss.).

[419] DECKER, Gunnar. *1965, der kurze Sommer der DDR*. München: Hanser, 2015, p. 49. Documentada obra de um jornalista que descreve os eventos por volta de 1965, "ponto dramaticamente culminante dos anos sessenta, entre a construção do Muro de Berlim e a Primavera de Praga": em 1965, fracassa a tentativa de reforma da RDA e inicia a tensão interna que levará à implosão daquele Estado.

[420] DECKER, Gunnar. *1965, der kurze Sommer der DDR*. München: Hanser, 2015, p. 35.

[421] N.T. Com alto padrão de inteligência.

Exatamente sobre essas direções contrastantes vertia, entre 1963 e 1965, o áspero debate sobre o tratado econômico entre URSS e RDA, firmado em 1965. Foram dias dramáticos: no aguardo da assinatura daquele tratado, Erich Apel – responsável pela economia no *Politbüro* da RDA e opositor daquele acordo demasiadamente filo-soviético – foi encontrado morto no seu escritório. Nunca foi esclarecido se se tratou de suicídio ou de homicídio político.[422]

Os exemplos desse conflito não só econômico poderiam multiplicar-se, mas agora têm um interesse somente histórico porque desde 1990 a RDA não existe mais. Passando-se às reparações da parte da Alemanha ocidental, a situação se inverte: à espoliação da RDA corresponde o Plano Marshall para os Estados europeus derrotados, mesmo se os anos pós-bélicos não foram, com certeza, floridos.

No final da Segunda Guerra Mundial, a Alemanha não havia ainda extinto os seus débitos derivados da Primeira Guerra Mundial e regulados pelo tratado de Versalhes. Também esses "débitos imperiais" internos e externos confluíram do Tratado de Londres de 1953, que estabelecia o tipo e o montante das reparações que a Alemanha deveria pagar a vários Estados, por exemplo sob forma de cessão de parte da frota mercantil, de bens situados no exterior ou de *"Démontage"* de indústrias alemãs ocidentais. Em 1954, o Tratado de Paris pôs fim às reparações da República Federal Alemã.

A Constituição de 1949 da Alemanha federal atribui à União (*Bund*) o poder concorrente de legislar sobre os danos de guerra e sobre as reparações (*"die Kriegsschäden und die Wiedergutmachung"*, art.

---

[422] Jörg Roesler (2010), *Zwischenfall unterwegs oder Vorbote vom Ende?*; KARLSCH, Rainer; TANDLER, Agnes. "Ein verzweifelter Wirtschaftsfunktionär? Neue Erkenntnisse über den Tod Erich Apels 1965". *Deutschland-Archiv*, 34, 2001 O "*Neues Ökonomisches System*" (NÖS), de 1963, estava no projeto de reforma da economia planejada, desejado por Erich Apel e anulado pelo tratado de 1965, com a URSS.

74, n. 9).⁴²³ Os "danos de guerra" são "os danos materiais diretamente produzidos pelos eventos bélicos", enquanto por "reparação":

> Se deve entender a reparação pelos danos provocados pelas medidas persecutórias do regime nazista. Recaem nessa categoria também a restituição de bens materiais que foram exportados de um território ocupado por obra das tropas alemãs de ocupação.⁴²⁴

Um caso específico, mas importante, refere-se à expropriação de obras de arte na própria Alemanha (da qual foram vítimas, sobretudo, os judeus, mas também os opositores) e nos países ocupados (*Raubgut, Raubkunst*). Desde o final da guerra até hoje há causas para a restituição desses bens e, desde 2003, foi instituída para essa finalidade uma "Comissão Consultiva para Restituição de Bens Culturais Subtraídos nas Perseguições Nacional-Socialistas, em Particular a Proprietários Judeus". Em 2013, a imprensa alemã avaliava que aproximadamente 20.000 objetos artísticos se encontravam, ainda, nos depósitos federais, porque não se conseguia restitui-los.⁴²⁵ No início de 2019, o diretor da *Galleria degli Uffizi*, em Florença, o alemão Eike Schmidt, pedia a uma coleção privada alemã a restituição de um quadro de Jan van Huysum, roubado, em

---

[423] O termo geral é "*Wiedergutmachung*", ou seja, reparação: esse termo implicitamente indica que foi realizado um abuso, o qual se repara. Na legislação, aparece o termo mais neutro "*Rückerstattung*", isto é, restituição ou reembolso. Ambos os termos indicam a vontade de indenizar quem havia sofrido uma injustiça na época nacional-socialista.
[424] MAUNZ, Theodor; DÜRIG, Günter. *Grundgesetz – Kommentar*: art. 70-99. vol. V. München: Beck, 1984.
[425] Veja-se, por exemplo, FLECHTHEIM, Alfred; BAMBI, Andrea; DRECOLL, Axel (Coord.). *Raubkunst und Restitution*. Berlim: De Gruyter Oldenbourg, 2015.

1940, por um soldado da *Wehrmacht*.⁴²⁶ ⁴²⁷ O *Kunstmuseum*⁴²⁸ de Berna (que já tem em andamento investigações sobre centenas de obras de arte doadas por "Cornelius Gurlitt, morto em 2014, cujo pai, Hilderbrand, foi encarregado pelos nazistas de vender obras de arte roubadas ou confiscadas pelos nazistas") agora luta com uma doação análoga problemática do mercante de arte franco-suíço-brasileiro Georges Keller. E histórias desse gênero se repetem em todos os Estados em que se passou a ocupação nacional-socialista.⁴²⁹ Em suma, a história da arte roubada – *Raubkunst* – é infinita.

No que diz respeito aos indivíduos, o direito à restituição e o regime das reparações foram reguladas por uma série de leis, enquanto dois tratados internacionais regularam, em 1952, as reparações devidas a Israel (*Luxemburger Abkommen*)⁴³⁰ e aos judeus que não viviam em Israel (*Haager Protokolle*).⁴³¹ ⁴³² Seguiram-se, depois,

---

⁴²⁶ N.T. Força Armada.

⁴²⁷ Disso falaram, por exemplo, a televisão alemã, em 2 de janeiro de 2019, (https://www.tagesschau.de/ausland/uffizien-101.html) e o semanal "*Der Spiegel*", que publicou a carta de 17 de julho de 1940 – com a qual um cabo-mor anunciava à esposa o envio "de um maravilhoso quadro a óleo" – com o subtítulo: "Livro de suspense sobre uma obra de arte: um soldado a rouba, um museu italiano a quer devolvida, os advogados pedem dinheiro, as autoridades não ajudam. E ninguém quer dizer onde está" (PÖTZL, Norbert F. "Räuberlohn". *Der Spiegel*, 2, 5 jan. 2019).

⁴²⁸ N.T. Museu de Arte.

⁴²⁹ COFFRINI, Fabrice. "Obras roubadas por nazistas desafiam museu". *O Estado de S. Paulo*, 7 jan. 2019.

⁴³⁰ N.T. Tratado de Luxemburgo.

⁴³¹ N.T. Protocolo de Haia.

⁴³² SAGI, Nana. *Die Wiedergutmachung für Israel*. Stuttgart: Seewald, 1981; GOSCHLER, Constantin. *Wiedergutmachung*: Westdeutschland und die Verfolgten des Nationalsozialismus. München: Oldenburg, 1992, pp. 257-285 (*Das Luxemburger Abkommen mit Israel und der Claims Conference*); FERENCZ, Benjamin B. *Lohn des Grauens*: Die Entschädigung jüdischer Zwangsarbeiter. Frankfurt am Main: Campus Verlag, 1986.

outros acordos para indenizar todos os Estados que haviam sofrido danos pela ocupação alemã. Um rápido olhar para essas obrigações internacionais de indenização documenta o quanto era complexa e onerosa a tarefa que recaía sobre a República Federal da Alemanha, destruída pela guerra.

De um lado, as vítimas se encontravam em todos os Estados ocupados ou envolvidos durante a guerra, da Grécia à Noruega, da França à Polônia, Hungria, Checoslováquia. Existiam situações particulares, como, por exemplo, o pedido de reparações por parte dos prisioneiros ingleses detidos na Alemanha nazista e, além disso, a especial situação de Israel. Um panorama dessa complexa situação é contido em um volume coletivo que oferece também uma antologia dos acordos internacionais para a indenização dos estrangeiros perseguidos pelo nazismo.[433]

Ao estabelecer os critérios de acesso à indenização foi inevitável traçar linhas de demarcação que podiam revelar-se arbitrárias ou injustas: de um lado, era fundado o temor que as despesas para as reparações aumentassem de modo incontrolável, pondo em perigo o orçamento da República Federal da Alemanha; de outro, as normas se remetiam a uma definição específica de "perseguição" e, além disso, excluíam quem não aceitava o sistema político da República Federal. Como se verá ao final do presente tópico, esse princípio levou a excluir os comunistas das reparações, até que essa discriminação foi cancelada por uma sentença do Tribunal Constitucional alemão.

---

[433] A seguinte obra é complementar àquela de SCHWARZ, Walter (Coord.). *Die Wiedergutmachung nationalsozialistischen Unrechts durch die Bundesrepublik Deutschland*. 6 vol. München: Beck, 1974-1987; HOCKERTS, Hans Günter; MOISEL, Claudia; WINSTEL, Tobias (Coord.). *Grenzen der Wiedergutmachung*: Die Entschädigung für NS-Verfolgte in West und Osteuropa 1945-2000. Göttingen: Wallstein, 2006. Os Estados examinados são, em direção à Europa ocidental, Holanda, Luxemburgo, França, Noruega, Dinamarca, Suécia, Grécia, Itália, bem como Suíça e Grã-Bretanha; em direção à Europa oriental, Iugoslávia, Polônia, Hungria e Tchecoslováquia.

A RDA havia aprovado certas medidas de ressarcimento, sem, porém, proceder:

> A uma restituição de bens patrimoniais ou a indenizações por injustiças sofridas, mesmo que fossem somente aproximativamente comparáveis às reparações pelas injustiças nacional-socialistas decididas pela República Federal.[434]

De fato, a RDA não se considerava herdeira do *Reich* e, além disso, como se disse, alguns bens expropriados pelos nacional-socialistas (e passados, portanto, a proprietários arianos, mais ou menos de boa-fé) eram depois novamente expropriados pelas autoridades soviéticas de ocupação e pelo Estado que as sucedeu, no âmbito da nacionalização de empresas e de imóveis e da coletivização da terra.

Do ponto de vista alemão-ocidental, a RDA seguia "um princípio politicamente plasmado no Estado social", enquanto a sua concepção das reparações:

> Subordinava-se totalmente ao modelo de transformação social ao qual visava a SED [o partido comunista da RDA]. As prestações para os perseguidos pelo regime nazista assumiram as formas de uma cura paternalista e privilegiada, que visava à sua integração na sociedade proletária alemã-oriental.[435]

---

[434] ISENSEE, Josef; KIRCHHOF, Paul (Coord.). *Handbuch des Staatsrechts der Bundesrepublik Deutschland*. vol. 9. Heidelberg: Müller, 1997, p. 530.

[435] GOSCHLER, Constantin. *Schuld und Schulden*: Die Politik der Wiedergutmachung für NS-Verfolgte seit 1945. Göttingen: Wallstein, 2005, p. 407; em particular, o capítulo *Wiedergutmachung* in der DDR, pp. 361-411.

CAPÍTULO I – TRÊS CONSTITUIÇÕES – DAS DITADURAS ÀS...

Obviamente, existia também uma visão oficial da RDA diametralmente oposta, mas aqui não é possível permanecer nessas divergências de interpretação.

As injustiças do nacional-socialismo se referiam tanto aos bens quanto às pessoas. A legislação da Alemanha federal regulou a restituição dos bens materiais aos seus proprietários originais com um *corpus* legislativo de grande complexidade.[436]

A aplicação dessa legislação se chocava com uma dificuldade posterior, que nos leva a outros problemas já examinados a propósito do expurgo: os juízes chamados a aplicar essas normas reparatórias eram, frequentemente, juízes da época nacional-socialista, cujas sentenças haviam criado as situações que, agora, deviam reparar. Dessa situação surgiam críticas políticas, desconfortos das partes em causa e lentidão processual que não agilizaram as reparações.

Na Alemanha nacional-socialista, as leis raciais atingiram os destinatários ainda mais duramente que na Itália. Os judeus, além de enviados aos campos de extermínio, foram expulsos das

---

[436] O ministro federal das finanças e o estudioso Walter Schwarz (juntamente com numerosos outros) curaram seis volumes de documentação: SCHWARZ, Walter (Coord.). *Die Wiedergutmachung nationalsozialistischen Unrechts durch die Bundesrepublik Deutschland*. 6 vol. München: Beck, 1974-1987, os quais são: vol. 1: *Rückerstattung nach den Gesetzen der Allierten Mächte*, 1974; vol. 2: *Das Bundesrückerstattungsgesetz*, 1981; vol. 3: *Der Werdegang des Entschädigungsrechts unter national- und völkerrechtlichem und politologischem Aspekt*, 1985; vol. 4: *Das Bundesentschädigungsgesetz. Erster Teil (§§ 1 bis 50 BEG)*, 1981; vol. 5: *Das Bundesentschädigungsgesetz. Zweiter Teil (§§ 51 bis 171 BEG)*, 1983; vol. 6: *Entschädigungsverfahren und sondergesetzliche Entschädigungsregelungen*, 1987. Essa normativa interna é complementar aos acordos internacionais sobre os ressarcimentos: cf. nota 433, p. 193. Para um comentário jurídico à lei federal sobre as indenizações (BEG), cf. BLESSIN, Erich. *Bundesentschädigungsschlußgesetz*: Kommentar zu der Neufassung des Bundesentschädigungsgesetzes. 2 vol. München: Beck, 1967-1969.

suas profissões e aqueles que conseguiram retornar conheceram as dificuldades de reinserção ilustradas, pouco acima, por Renato Treves. O exílio de dois juristas judeus demonstra a diáspora dos docentes universitários alemães: Theodor Sternberg[437] e Ernst Hirsch. Valem como exemplo os eventos desse último, emigrado à Turquia e que voltou à Alemanha como sociólogo; eles apresentam analogias com aqueles de Treves, mesmo que o retorno de Hirsch à pátria tenha sido mais traumático.

> Quando, no verão de 1948, chegou-lhe o convite para dar algumas conferências naquela parte da Alemanha que, então, chamava-se Zona de Ocupação Americana, [Ernst Hirsch] partiu com um passaporte diplomático turco e com o encargo de religar os intercâmbios culturais entre as universidades alemãs e aquelas turcas. A primeira etapa em Mônaco foi caracterizada por uma acolhida da Faculdade de Direito tão fria, ao ponto de fazer-lhe interromper a permanência depois da primeira conferência, "profundamente tocado e ferido pela acolhida deste colega alemão em uma Alemanha aparentemente há três anos liberada do nazismo" [[438]]. E o advérbio "aparentemente" explica suficientemente a atmosfera encontrada. Convidado novamente a Mônaco com as escusas do Reitor, na viagem de retorno fez ainda uma conferência e o professor de direito comercial, Alfred Hueck, perguntou-lhe se estaria disposto a aceitar um convite para aquela faculdade: "Mas um convite para aquela faculdade não o recebi nem então nem depois". Os outros contatos universitários na Alemanha foram melhores, mas, contudo, não bastaram para convencê-lo a voltar;[439] de

---

[437] LOSANO, Mario G. "Il diritto libero di Theodor Sternberg dalla Germania al Giappone". *Sociologia del diritto*, 2, 2001.

[438] HIRSCH, Ernst. *Aus Kaisers Zeiten durch die Weimarer Republik in das Land Atatürks*: Eine unzeitgemässe Biographie. München: Schweizer, 1982, pp. 346 e 349 desta autobiografia de Hirsch.

[439] Sobre o caso Hirsch: LOSANO, Mario G. "Ernst Hirsch (1902-1985). Dall'europeizzazione del diritto in Turchia alla sociologia giuridica in

fato, somente em 1950, Ernst Hirsch se transferiu à *Freie Universität* de Berlim.

Sem descer nos detalhes dessa situação que se prolongou por vários anos, alguns dados resumem os resultados das complexas medidas políticas, legislativas e judiciárias até aqui descritas. No final de 1948, isto é, catorze meses depois da emanação das normas aliadas sobre as indenizações, somente na Zona de Ocupação Americana foram apresentados 220.000 pedidos de restituição, de um total avaliado em aproximadamente 3 bilhões de marcos da época: uma soma impossível de ser gerida. Os pedidos foram, depois, repartidos entre os vários *Länder*, entretanto, constituídos (e competentes para as decisões sobre as indenizações). Em Baviera, em 1963, tinham sido decididos 93% dos pedidos: esse percentual era levemente superior àquele dos outros *Länder*.[440] Uma parte dessas reparações – sob forma de indenizações pontuais ou de pensões – era paga no exterior, sobretudo em Israel, porque muitos dos lesados eram judeus emigrados naquele Estado.

Ainda no final de 1987, o *Bundestag*[441] alocava uma forte soma para "grupos até agora esquecidos ou negligenciados, como os *Sinti* e os *Rom*, os homossexuais, as vítimas das esterilizações

---

Germania, Parte I. La formazione e l'esilio di Ernst Hirsch". *Materiali per una storia della cultura giuridica*, vol. 39, 2009; LOSANO, Mario G. "Ernst Hirsch (1902-1985). Dall'europeizzazione del diritto in Turchia alla sociologia giuridica in Germania, Parte II. Ernst Hirsch sociologo del diritto". *Materiali per una storia della cultura giuridica*, vol. 39, 2009; a citação no texto é tirada deste último artigo, p. 362.

[440] WINSTEL, Tobias. *Verhandelte Gerechtigkeit*: Rückerstattung und Entschädigung für jüdische NS-Opfer in Bayern und in Westdeutschland. München: Oldenbourg, 2006, pp. 103-120. As estatísticas supracitadas se referem a todos os pedidos (e não somente àqueles dos judeus, como sugere o título da obra), porque nos atos judiciais todos os pedidos eram tratados conjuntamente.

[441] N.T. Parlamento Federal.

forçadas, dos experimentos médicos, das ações de eutanásia e dos trabalhos forçados".⁴⁴²

Enfim, o caso dos comunistas na Alemanha federal é particularmente revelador da complicada situação política daqueles anos, tanto que um texto fala deles como de "vítimas desqualificadas":

> Então, era fora de discussão que, junto aos judeus, os comunistas tinham sido um dos principais objetivos do terror nacional-socialista. Portanto, entravam indiscutivelmente entre os beneficiários das primeiras medidas de ressarcimento. Porém, desde o início dos anos cinquenta, os comunistas ativos foram excluídos do pagamento dos ressarcimentos. Essa exclusão, que é um produto da Guerra Fria, foi corrigida – mesmo se informalmente – na segunda metade dos anos sessenta.⁴⁴³

O fundamento jurídico para essa discriminação se encontra na Lei de 1953, que completava a precedente normativa sobre as reparações (*Bundesergänzungsgesetz*, BEG).⁴⁴⁴

A nova formulação do primeiro artigo previa que fosse excluído das indenizações "quem combate o ordenamento liberal-democrático": uma formulação ambígua que se prestou a uma sucessiva aplicação extensiva, mas não no sentido querido pelo legislador, que se referia a quem havia feito parte do sistema nacional-socialista. De fato,

---

442 JASPER, Gotthard. "Die disqualifizierten Opfer. Der Kalte Krieg und die Entschädigung für die Kommunisten". *In*: HERBST, Ludolf; GOSCHLER, Constantin. *Wiedergutmachung in der Bundesrepublik Deutschland*. München: Oldenbourg, 1989, pp. 361/362; segue uma precisa reconstrução do clima em que nasceu aquela alteração legislativa e a sua aplicação.

443 JASPER, Gotthard. "Die disqualifizierten Opfer. Der Kalte Krieg und die Entschädigung für die Kommunisten". *In*: HERBST, Ludolf; GOSCHLER, Constantin. *Wiedergutmachung in der Bundesrepublik Deutschland*. München: Oldenbourg, 1989, p. 362.

444 N.T. Lei complementar federal.

nos primeiros anos do pós-guerra, ainda prevalecia o "consenso antifascista", mas com o intensificar-se da Guerra Fria foi tomando corpo a convicção de que "combater a ordem liberal-democrática" pudesse referir-se também à lealdade democrática à Alemanha federal. Assim, nos anos cinquenta, a magistratura começou a excluir das reparações os comunistas, mesmo se ao mesmo tempo o Partido Comunista Alemão (KPD, na Alemanha federal) era representado em alguns parlamentos de *Länder* e se candidatava ao Parlamento Federal. Esse clima levou, em 1956, o Tribunal Constitucional a proibir o Partido Comunista Alemão, mas, sucessivamente, a especificar que somente uma atividade a favor do partido comunista *depois* da sentença de inconstitucionalidade constituía um ataque ao ordenamento liberal-democrático. Portanto, a atividade comunista *anterior* a 1956 não impedia o acesso às indenizações.

Esse tortuoso percurso pode ser sintetizado assim:

> O efeito da cláusula política de exclusão [das indenizações] vinha, ainda uma vez, assim limitada. Enquanto a Lei de 1956 (BEG) havia precisado que somente uma luta contra o ordenamento liberal-democrático depois de maio de 1949 anulava o direito à indenização, agora o Tribunal Constitucional fixava agosto de 1956 como nova data, abolindo todo efeito retroativo. Do ponto de vista da política do direito isto levava à consequência problemática que os velhos comunistas que ficaram inativos depois de 1956 podiam obter a sua pensão de perseguidos. A indenização se tornou um prêmio pelo bom comportamento político.

Colocava-se, porém, um problema:

> Quem procurava manter as relações com o partido, mesmo em formas relativamente neutras, caia nas mãos da justiça e colocava em perigo a decisão sobre o seu caso. Uma atividade extremamente limitada bastava à magistratura para negar ou retirar a indenização, em conformidade com as suas decisões precedentes. Ainda hoje [1959], o Tribunal

de Cassação se atém à sua posição problemática, segundo a qual se pode negar a indenização também na ausência de uma sentença penal por uma violação das normas penais sobre a política.[445]

Entre os profundos abalos até aqui examinados, os *grandes processos* dos criminosos de guerra atingiram, indiretamente, a maioria da população alemã, enquanto ela era diretamente envolvida pelos *expurgos* que, frequentemente, criavam ressentimento e desconcerto em vastos âmbitos familiares, e pelas *reparações*, que tornavam precárias as condições da vida quotidiana, marcada pela penúria dos bens (de alimento a casas) e pelos serviços públicos ainda reduzidos ao mínimo pelas destruições. A essas agravantes se acrescentavam as mortes dos familiares na guerra, a incerteza pelo futuro no trabalho e mil outras angústias. Essa situação tornava invencível o desejo de paz e, nos políticos, facilitou a aceitação da norma constitucional que proibia a guerra, imposta pelas potências vencedoras. Porém, às novas gerações era explicado tanto o passado (que havia produzido a catástrofe mundial da qual também as crianças viviam quotidianamente as consequências) quanto o futuro (que teria sido regido por regras políticas novas): a secular história alemã, de fato, havia conhecido a democracia somente na dezena de anos da conturbada República de Weimar, de 1919 até 1933. Precisava, portanto, superar o passado para preparar o futuro: essa tarefa era confiada à escola e, em particular, aos livros escolares.

10 A superação do passado: os livros escolares

O fim de todo sistema de poder exige reflexões e revisões que se refletem também nos manuais escolares: recentemente isso

---

[445] JASPER, Gotthard. "Die disqualifizierten Opfer. Der Kalte Krieg und die Entschädigung für die Kommunisten". *In*: HERBST, Ludolf; GOSCHLER, Constantin. *Wiedergutmachung in der Bundesrepublik Deutschland*. München: Oldenbourg, 1989, p. 376.

aconteceu com o fim da União Soviética, mas ao longo do tempo se verificou também na ex-Iugoslávia, na Índia, no Oriente Médio, na Grã-Bretanha e nos Estados Unidos.[446] Portanto, também no Japão, na Itália e na Alemanha a abertura política do final da guerra se reflete nos livros escolares. Um confronto entre os manuais adotados antes e depois da guerra revela uma contraposição tão forte quanto era a diversidade dos regimes políticos nas duas fases históricas do mesmo país.

Durante o seu exílio americano, Erika Mann dirigiu uma crítica contra o doutrinamento nacional-socialista nas escolas alemãs que pode ser estendida à política escolar dos outros dois Estados do Pacto Tripartite.[447] Depois de ter examinado como a ideologia nacional-socialista permeara todos os momentos da vida social alemã (e a obsessiva saudação *"Heil Hitler!"*,[448] repetida a cada encontro, torna-se o seu símbolo) e não poupara nem mesmo a vida familiar (contaminada pelo temor da delação), Erika Mann dedica o núcleo do seu livro à escola e, citando textos escolares e documentos oficiais, analisa a transformação no sentido nacional-socialista de cada matéria: da matemática à história, da religião ao desenho, da química à geopolítica.

---

[446] Um quadro geral está em PROCACCI, Giuliano. *La memoria controversa*: Revisionismi, nazionalismi e fondamentalismi nei manuali di storia. Cagliari: AM&D, 2003.

[447] MANN, Erika. *School for Barbarians*: Education under the Nazis. Introdução de Thomas Mann. Nova York: Modern Age Books, 1938. A edição em alemão foi impressa em Amsterdam, em 1938, pela Querido Verlag (uma das maiores editoras do exílio alemão) e está, agora, reimpressa em MANN, Erika. *Zehn Millionen Kinder*: Die Erziehung der Jugend im Dritten Reich. Reinbek bei Hamburg: Rowohlt, 2011 (trad. it.: *La scuola dei barbari. L'educazione della gioventù nel Terzo Reich. Introduzione di Thomas Mann*. Florença: Giuntina, 1997, p. 207); MINERBI, Alessandra. "La scuola dei barbari: un documento sulla Germania nazista". *Qualestoria*, 2, 1999.

[448] N.T. "Salve, Hitler!".

Continuam sendo envolventes as páginas em defesa da liberdade na escola com as quais Thomas Mann apresentou o livro da filha:

> O tema fundamental do livro, o ensino na Alemanha, revela-se um ponto de partida extremamente frutífero para expor a concepção nacional-socialista inteira. Que tenha sido uma mulher a escrevê-lo não é estranho, ao contrário, é surpreendente constatar como essa querida limitação a um tema singular forneça uma imagem exaustiva e bem-informada do Estado totalitário inteiro. O quadro é tão completo que um estrangeiro desejoso de penetrar nesse mundo inquietante pode dizer conhecê-lo depois de haver lido esse livro. Todo a tétrica concentração dos atuais líderes alemães somente sobre a ideia do poder do Estado; toda a sua desesperada determinação em subordinar a essa ideia a inteira vida intelectual e espiritual da nação, sem uma só reserva humana: tudo isso vem à luz com surpreendente clareza nessa descrição e análise, acompanhada por uma abundância de detalhes até demasiadamente convincentes sobre o programa educativo do nacional-socialismo.
>
> Falo de "programa" porque ele se dirige ao futuro. É um primeiro inexorável esboço daquele que será o alemão do futuro. Nada se subtrai a ele. Com férrea e implacável coerência, fanaticamente, deliberadamente, meticulosamente, os nacional-socialistas se empenharam em pôr em prática essa única ideia, aplicando-a a cada setor e fase da instrução. O resultado é que a instrução não vem tomada em consideração por si mesma; o seu conteúdo nunca é endereçado à preparação, à cultura, ao conhecimento, à promoção do progresso humano mediante a educação. Ao contrário de tudo isso, a instrução tem uma única referência, frequentemente conotada pela violência: a ideia fixa da supremacia nacional e da preparação militar.[449]

---

[449] MANN, Thomas. "Introduction". *In*: MANN, Erika. *School for Barbarians*. Mineola: Dover Publications, 1938, a citação está na p. 6 e foi traduzida [NT: em italiano] por mim.

Os grandes processos e os expurgos buscavam acertar as contas com o passado. Mas como descrever aquele passado – tão inapelavelmente condenado pelas apaixonadas palavras de Thomas Mann – às gerações do Japão, da Itália e da Alemanha que não o viveram? É sobretudo através dos livros escolares que o passado é apresentado às gerações futuras: mas frequentemente aqueles livros narram o passado não como foi, mas como se gostaria que tivesse sido; e sobre certos temas, frequentemente, não narram, mas se calam. Os grandes processos e os expurgos estiveram no centro de vastas discussões quando ocorreram: mas como foram apresentados às gerações sucessivas? E como foram apresentados os regimes que induziram aos comportamentos punidos, depois, com os grandes processos e com os expurgos? Para responder a estas perguntas é útil folhear os livros escolares: no pós-guerra, eles eram o instrumento mais capilar para atingir as novas gerações, mesmo se, hoje, não é mais assim.

Para o constitucionalista Di Giovine – que é "fascinado e perturbado pelo fenômeno dos *mass-media*, pelo papel sempre mais totalizante que eles desempenham no mundo contemporâneo" – o "primeiro motivo de interesse" para realizar uma pesquisa sobre os manuais de história para a escola média[450] "foi aquele de aproximar-me à menos conhecida entre as mensagens que atingem o grande público". Todavia, afirma o coautor da pesquisa, "na era da informática e da imagem, o texto escolar permanece sempre um instrumento de conhecimento essencial nos '*curricula*' educativos da nossa escola secundária".[451]

---

[450] N.T. As "escolas médias inferiores" equivalem ao "ensino fundamental II" e as "escolas médias superiores" equivalem ao "ensino médio" brasileiros.

[451] BRONDINO, Michele; DI GIOVINE, Alfonso (Coord.). *Colonialismo e neocolonialismo nei libri di storia per le scuole medie inferiori e superiori*. Milão: Angeli, 1987; as citações estão respectivamente nas páginas 125 e 238.

Todos os três Estados enfrentavam, com estratégias diversas, alguns grandes problemas comuns. No âmbito de uma reforma escolar geral, precisava-se reescrever em pouco tempo os livros nascidos sob os regimes derrotados. Porém, as dificuldades organizacionais e econômicas do pós-guerra impunham recuperar o recuperável, não só entre os textos, mas também entre os seus autores, porquanto comprometidos com o regime passado. Portanto, a reforma escolar intersectava os procedimentos de expurgo, caracterizados por resultados limitados também nesse setor. Além disso, às destruições bélicas das tipografias se acrescentava a escassez das matérias-primas: o papel era contingenciado e de má qualidade, o que compromete, ainda hoje, a conservação daqueles manuais escolares que, de outro lado, eram (e frequentemente são ainda) considerados material bibliográfico não destinado à longa conservação.

Limitando o exame à transformação dos livros escolares, certos aspectos exteriores da parte gráfica faziam parte do profissionalismo adquirido há tempos e sob um regime diverso: podia-se endereçá-lo diversamente, mas não o suplantar totalmente. O mesmo vale para a escrita: o conteúdo inovado vinha frequentemente formulado com um estilo expositivo que ressentia da retórica dos decênios precedentes. Na descrição dos regimes caídos, enfim, as histórias pessoais dos autores, os contextos sociais ainda incertos, o desejo de pacificação social depois de uma longa guerra (mas também o oportunismo ou a nostalgia pelo regime passado) levavam a limitar ou a omitir o exame dos eventos dos últimos dois decênios.

As incertezas da transição foram se atenuando depois dos primeiros anos e, a partir dos primeiros anos da década de cinquenta, consolidou-se sempre mais o encaminhamento democrático da editoria escolar como reflexo da consolidação do Estado democrático, da economia liberal e da sucessão também geracional entre os autores de livros escolares.[452] No interior desses grandes problemas comuns

---

[452] Os diversos modos de apresentar o outro Estado e alguns preconceitos ou estereótipos ainda persistentes nos livros escolares alemães e japoneses

aos três Estados que saíam de uma ditadura para entrar em uma democracia parlamentar, a reforma escolar e os textos sobre os quais ela apoiava assumia alguns aspectos específicos sintetizados aqui, em seguida.

No Japão, a instrução foi uma estrutura social relevante desde os tempos antigos e pode-se seguir sua evolução em uma confiável obra coletiva.[453] A época Meiji (1868-1912) havia, portanto, herdado um articulado sistema de instrução, que veio inovado segundo o modelo prussiano. O Ministro da Educação Arinori Mori (1847-1889):

> Na sua política escolar, seguiu o modelo tanto prussiano quanto americano. O conde Ito [Hirobumi], seu importante e relevante colega político, empenhou-se energicamente pela recepção do sistema estatal prussiano. Ito e Mori haviam encontrado em Viena Lorenz von Stein, que ministrou a eles conferências, doou-lhes os seus apreciados livros sobre a doutrina administrativa e, em seguida, mantém com ambos uma intensa correspondência.[454]

---

estão expostos em JEISMANN, Karl-Ernst (Coord.). *Deutschland und Japan im Spiegel ihrer Schulbücher*. Braunschweig: Georg-Eckert-Institut für Internationale Schulbuchforschung, Diesterweg, 1982.

[453] HAASCH, Günther (Coord.). *Bildung und Erziehung in Japan*: Ein Handbuch zur Geschichte, Philosophie, Politik und Organisation des japanischen Bildungswesens von den Anfängen bis zur Gegenwart. Berlim: Colloquium, 2000. Um terceiro volume repercorre a evolução da educação japonesa das origens ao final de 1600 (pp. 21-36); na época Tokugawa (pp. 37-65); na transformação da época Meiji (pp. 66-92); nas épocas Taisho e Showa (pp. 93-103) e na época da Segunda Guerra Mundial (pp. 103-125), particularmente relevante para a presente exposição.

[454] HAASCH, Günther (Coord.). *Bildung und Erziehung in Japan*: Ein Handbuch zur Geschichte, Philosophie, Politik und Organisation des japanischen Bildungswesens von den Anfängen bis zur Gegenwart. Berlim: Colloquium, 2000, pp. 67/68.

Uma vez que, seguindo o modelo alemão, Mori visava reforçar a identificação do estudante com o Estado, desde a época Meiji também a geografia era apresentada como um elemento unificante e como expressão da política governamental. Por isso, uma análise japonesa dos textos escolares é, precisamente, dedicada aos manuais de geografia, mesmo que os manuais estejam, hoje, parcialmente superados pelas novas tecnologias.

> Antes do advento, relativamente recente, da televisão – escrevia um autor em 2005 –, para a maior parte dos japoneses, os manuais escolares constituíam a fonte principal das imagens do mundo exterior e, portanto, os manuais de geografia eram uma fonte de inspiração para o povo, ao qual indicavam a tarefa a desempenhar nas dadas circunstâncias mundiais. A instituição do ordenamento escolar de 1872 era animada pelo ideal de uma modernização que imitasse os modelos dos países ocidentais.[455]

O Japão tem uma história antiga de intervenções públicas sobre os manuais escolares. "Em 1886, sob o ministro Mori Arinori, foram publicados os decretos que modificaram fundamentalmente o modelo escolar instituído em 1872"; mudando a impostação dos textos: "houve uma reação contra a ocidentalização sob forma de ênfase para o caráter da história e da cultura, próprios do Japão, como, por exemplo, a divindade da família imperial" (p. 218). Além disso, "era dedicado sempre mais espaço às descrições e às ilustrações dos santuários xintoístas" (p. 218). Os temas eram tratados de modo a apoiar as políticas governamentais: por exemplo, um manual atribuía a prosperidade da Grã-Bretanha às suas reservas minerais e às suas

---

[455] TAKEUCHI, Keiichi. "La politica dell'identità nazionale nel Giappone moderno: analisi dei manuali di geografia". *In*: TESORO, Marina (Coord.). *Monarchia, tradizione, identità nazionale*: Germania, Giappone e Italia tra Ottocento e Novecento. Milão: Bruno Mondadori, 2004, p. 216. As outras remissões contidas no texto se referem ao ensaio aqui citado.

CAPÍTULO I – TRÊS CONSTITUIÇÕES - DAS DITADURAS ÀS...

colônias, oferecendo uma descrição que "podia somente servir a justificar uma política de expansionismo colonial" do Japão (p. 219).

Por causa da "introdução do sistema de aprovação ministerial" (p. 219), gerou-se uma situação em que os textos ministeriais existiam ao lado de outros textos, em um clima de concorrência que culminou, em 1902, com o "escândalo dos livros-texto", devido ao "suborno pago por outros editores às autoridades das prefeituras[456] e escolares para influenciar a escolha dos livros-texto das escolas primárias". Esse escândalo ofereceu ao governo o pretexto "para excluir o uso de textos que não fossem escritos e publicados pelo Ministério da Instrução Pública" (p. 220).

Naqueles manuais, de 1903 a 1930, os países estrangeiros eram apresentados de modo estereotipado. A crise econômica de 1929 atingiu também o Japão e, como reação ao empobrecimento, sobretudo dos agricultores, nas escolas e nas universidades se afirmaram as ideias socialistas. Como reação a esse direcionamento, desde 1930 aumentou o ultranacionalismo e, depois da guerra contra a China, também o isolamento do Japão. Esses eventos provocaram uma revisão dos manuais, nos quais a China era apresentada "como a origem de todos os males do Japão" (p. 220).

Um símbolo dessa transformação é a demissão do jus-publicista e deputado Minobe Tatsukichi, réu de haver sustentado que o imperador era um órgão do Estado. Contrapuseram-lhe uma visão radical do *kokutai*, isto é, da essência da niponidade. De concepção da ininterrupta linha dinástica de origem divina:

> O significado do *kokutai* se transformou em uma essência nacional de fundamento mítico, em uma indiscutível fonte de

---

[456] N.T. O Japão está administrativamente subdividido em 47 "prefeituras", *lato sensu*; são 43 prefeituras propriamente ditas, duas "prefeituras urbanas" (Osaka e Quioto), um "território" (Hokkaido) e uma "metrópole" (Tóquio). As 47 prefeituras são maiores que os demais organismos governamentais chamados "cidades", "vilas" e "aldeias".

superioridade nacional. Os principais responsáveis por essa transformação foram as sociedades secretas dos militares e os funcionários de extrema-direita dos Ministérios do Interior e da Educação, que visavam a reforçar o espírito nacional como reação à agitação socialista nas universidades e entre os intelectuais.

No Ministério da Educação, tomou forma, assim, um gabinete que publicizava o espírito nacional (*kokumin seishin*), segundo o qual o Japão, através da dinastia imperial, era um país de origem divina.[457]

A "manipulação dos livros escolares por parte do Estado culminou com a edição de 1943 dos textos de história para a quinta e sexta séries e com as edições de 1943 e 1944 dos textos de geografia" para as mesmas séries.

> Disso – escreve Keiichi Takeuchi –, tenho um conhecimento direto, porque exatamente naqueles anos havia frequentado a quinta e a sexta séries da escola primária. Em setembro de 1945, na sequência das ordens das forças aliadas da ocupação, os professores pediram aos alunos para riscar com a caneta boa parte dos livros-texto: portanto, pertenço à única série que estudou com aqueles livros que representam o cume do ultranacionalismo e do militarismo japonês.[458]

---

[457] HAASCH, Günther (Coord.). *Bildung und Erziehung in Japan*: Ein Handbuch zur Geschichte, Philosophie, Politik und Organisation des japanischen Bildungswesens von den Anfängen bis zur Gegenwart. Berlim: Colloquium, 2000, p. 108. Cf. Também ANTONI, Klaus J. *Der himmlische Herrscher und sein Staat*: Essay zur Stelle des Tenno im modernen Japan. München: Judicium, 1991; SCHWENTKER, Wolfgang. "Die Grenzen der Entzauberung. Zur Rolle des Tenno in Staat und Gesellschaft Japans nach 1945". *In*: CORNELISSEN, Christoph *et al.* (Coord.). *Erinnerungskulturen*. Frankfurt am Main: Fischer Taschenbuch, 2003.

[458] TAKEUCHI, Keiichi. "La politica dell'identità nazionale nel Giappone moderno: analisi dei manuali di geografia". *In*: TESORO, Marina (Coord.). *Monarchia, tradizione, identità nazionale*: Germania,

No final da guerra, a reeducação do Japão, perseguida pela ocupação americana, tinha como objeto imediato as gerações que já haviam recebido uma educação autoritária, e que desta devieram ser afastadas. As gerações sucessivas, ao contrário, deveriam ser educadas segundo os novos princípios democráticos, e isso deveria acontecer sobretudo na escola. Os livros-texto constituíram, portanto, o instrumento principal para formar as novas gerações, principalmente em um contexto educativo rigoroso como aquele japonês, que privilegiava a aprendizagem mnemônica e não encorajava o debate crítico.

Não obstante o crescente peso de outros meios de informação para os jovens, os livros escolares são, ainda hoje, objeto de particular atenção no Japão: exatamente por isso as descrições dos eventos da história contemporânea que eles propunham foram – e continuam a ser – objeto de controvérsias. Em geral, os livros escolares japoneses foram acusados, sobretudo no exterior, de serem reticentes sobre o passado. Nos anos oitenta, uma forte polêmica sobre a representação do expansionismo do Japão nos seus livros escolares foi suscitada por alguns países que tinham sido invadidos durante a guerra.[459] De um lado, aqueles países lamentavam o silêncio ou a subestimação de eventos graves; de outro lado, porém, certos ambientes japoneses criticavam aquelas representações como "anti-japonesas" ou "masoquistas". Essas polêmicas duram do final da guerra até hoje, com altos e baixos.

As potências ocupantes proibiram o uso dos textos escolares da época militarista, que em um primeiro momento circularam com

---

Giappone e Italia tra Ottocento e Novecento. Milão: Bruno Mondadori, 2004, p. 221. Ele se refere, ainda, à sua experiência direta em 1944 e em 1945, em Tóquio, quando os seus estudos eram continuamente "interrompidos pelos bombardeios aéreos e navais".

[459] Veja-se a discussão sobre o passado no Japão dos anos oitenta em KURODA, Tamiko. "Aufarbeitung oder Restauration? Geschichtsbewusstsein und 'Vergangenheitsbewältigung' in Japan". *Geschichte Lernen*, 38:3, 1994.

páginas cortadas e frases censuradas. Em 1947, foi abolido o texto único estatal para as escolas primárias e secundárias, e começaram a difundir-se textos de inspiração democrática, entre os quais aquele de Saburo Ienaga (1913-2002), aprovado em 1953: a história desse texto é exemplar para a evolução-involução japonesa e, portanto, sobre ele se voltará mais em detalhe. Com a Guerra Fria, porém, as aberturas democráticas foram atenuadas com normas restritivas e, desde 1953, os textos escolares foram novamente submetidos a uma revisão ministerial que, ao longo dos anos, fez-se sempre mais rígida.[460]

Uma crítica geral pode valer, em linhas gerais, até hoje, com as devidas adaptações caso a caso: "os textos escolares das escolas médias[461] não mencionam as '*comfort women*'[462] e poucos falam das colônias; além disso, também existem livros escolares em que se tenta negar os delitos do Japão". Frequentemente, "ouvem-se pareceres que não só embelezam o domínio colonial japonês e negam o seu caráter opressivo, mas que até mesmo sublinham que ele aconteceu no interesse dos povos dominados". Esses argumentos são difundidos na imprensa não somente de direita e "só raramente ouvem-se críticas a essa perspectiva".[463]

Alguns autores – anteriormente de esquerda – assumiram posições próximas àquelas do governo, como Fujioka Nobukatsu com a sua

---

[460] Uma precisa síntese das polêmicas sobre os livros-texto japoneses está contida em PROCACCI, Giuliano. *La memoria controversa*: Revisionismi, nazionalismi e fondamentalismi nei manuali di storia. Cagliari: AM&D, 2003, no capítulo "*Il caso giapponese: un passato che retorna*" (pp. 63-75).

[461] N.T. As "escolas médias inferiores" equivalem ao "ensino fundamental II" e as "escolas médias superiores" equivalem ao "ensino médio" brasileiros.

[462] N.T. Mulheres de conforto.

[463] MASARU, Tonomura. *Die Erinnerung an die Kolonien im Japan der Nachkriegszeit*: Unter besonderer Berücksichtigung der Probleme im Zusammenhang mit der Herrschaft über Korea. Halle-Wittenberg: Martin-Luther-Universität, 2015, pp. 5/6; cf. *supra*, nota 103, p. 56.

CAPÍTULO I – TRÊS CONSTITUIÇÕES – DAS DITADURAS ÀS...

"visão liberal da história", sobre a qual se voltará daqui a pouco, ou Fusao Hayashi, que, na metade dos anos sessenta, reinterpretava em chave anticolonialista a expansão japonesa.

Um tema que levou a frequentes confrontos com os governos da China e da Coreia é aquele da invasão japonesa do continente asiático, descrita como a expansão "para uma maior Ásia Oriental": o autor de referência sobre esse tema é Fusao Hayashi. A aplicação da doutrina dos "grandes espaços" de Karl Haushofer[464] foi apresentada pelos militaristas japoneses como uma contribuição à liberação dos povos asiáticos do colonialismo europeu e estadunidense: e efetivamente alguns *leader* independentistas asiáticos se aliaram primeiro com os japoneses, para, depois, deles se afastarem.[465] Segundo Fusao Hayashi, o Japão teria saído da Segunda Guerra Mundial somente meio-derrotado: perdida a guerra contra os Estados democráticos, teria, porém, vencido aquela sobre o *front* da descolonização.

Abrir-se-ia, assim, a passagem a uma consideração separada e autossuficiente da história japonesa não só em relação à Segunda Guerra Mundial, mas também em relação à

---

[464] TAKEUCHI, Keiichi. "La politica dell'identità nazionale nel Giappone moderno: analisi dei manuali di geografia". *In*: TESORO, Marina (Coord.). *Monarchia, tradizione, identità nazionale*: Germania, Giappone e Italia tra Ottocento e Novecento. Milão: Bruno Mondadori, 2004, p. 222, nota 17: cf. SPANG, Christian W. "Karl Haushofer und die Geopolitik in Japan. Zur Bedeutung Haushofers innerhalb der deutsch-japanischen Beziehungen nach dem Ersten Weltkrieg". *In*: DIEKMANN, Irene; KRÜGER, Peter; SCHOEPS, Julius H. (Coord.). *Geopolitik. Grenzgänge im Zeitgeist*, vol. 1.2: 1945 bis zur Gegenwart. Potsdam: Verlag für Berlin-Brandenburg, 2000.

[465] O líder independentista indiano Subhas Chandra Bose, favorável a uma libertação armada da Índia (e, portanto, adversário do não-violento Gandhi), com a ajuda do Eixo e com os indianos prisioneiros de guerra ou trabalhadores nas áreas de co-prosperidade, criou a *Indian National Army* e, em Singapura, em 1943, fundou um governo indiano no exílio: LOSANO, Mario G. *La geopolitica del Novecento*: Dai Grandi Spazi delle dittature alla decolonizzazione. Milão: Bruno Mondadori, 2011, pp. 103/104.

própria história contemporânea, e se justificaria um tipo de isolacionismo historiográfico.[466]

Essa reavaliação da expansão continental japonesa (unida à revisão do massacre de Nanquim, das *"comfort women"* e de outros eventos) provocou não só uma revisão dos textos escolares, mas também confrontos diplomáticos com a China e a Coreia do Sul: esta, em um caso específico, chegou a chamar o próprio embaixador. De fato, o manual de Kanji Nishio foi aprovado pelo ministério japonês com uma série de correções que, porém, segundo o autor, não modificavam a linha diretriz do trabalho. Sobre a correção da formulação "grande Ásia Oriental" a controvérsia chegou ao Parlamento e o *premier* Junichiro Koizumi declarou que a formulação era apropriada e que, portanto, a autorização para o volume não seria retirada. "Uma tal declaração – recorda Procacci –, tinha importantes implicações políticas: ela soava, de fato, como um prenúncio da modificação do artigo nono da Constituição" japonesa atual,[467] isto é, do artigo com o qual "o povo japonês renuncia para sempre à guerra".[468] Como se vê, a possível revisão do artigo pacifista da Constituição aflora frequentemente, embora nas entrelinhas, no debate político japonês.

Steffi Richter individualiza três disputas sobre os livros-texto japoneses. Em meados dos anos cinquenta, as forças conservadoras intervieram sobre os livros-texto no pós-guerra imediato, considerados instrumentos para a difusão de ideias comunistas:

> Isso significou uma crescente revisão da política educacional, democratizada no pós-guerra, a favor de uma interpretação

---

[466] PROCACCI, Giuliano. *La memoria controversa*: Revisionismi, nazionalismi e fondamentalismi nei manuali di storia. Cagliari: AM&D, 2003, p. 71.

[467] PROCACCI, Giuliano. *La memoria controversa*: Revisionismi, nazionalismi e fondamentalismi nei manuali di storia. Cagliari: AM&D, 2003, p. 75.

[468] N.T. "*The Japanese people* forever *renounce war*".

oficial e estatal da história, cujo controle é garantido pela introdução de um procedimento de autorização centralizado através do Ministério da Instrução (1953).

Uma segunda disputa se desenvolveu nos anos oitenta, quando as descrições adocicadas do comportamento das forças armadas japonesas, sobretudo nos territórios ocupados, provocaram protestos dos Estados próximos e algumas crises diplomáticas. Para confrontar essas críticas, o Ministério da Educação "emanou uma 'cláusula sobre os Estados vizinhos' como critério de avaliação dos livros-texto, convidando a evitar toda formulação que pudesse ofender os Estados vizinhos".[469] A terceira "*Historikerstreit*"[470] japonesa estourou em meados dos anos noventa, em concomitância com o cinquentenário da capitulação do Japão. Pode-se fazê-la iniciar com a fundação da "Associação para a Produção de Novos Livros de História" (promovida pelo germanista Nishio Kanji e pelo pedagogo

---

[469] RICHTER, Steffi. "Zurichtung der Vergangenheit als Schmerzlinderung in der Gegenwart". *In*: RICHTER, Steffi; HÖPKEN, Wolfgang (Coord.). *Vergangenheit im Gesellschaftskonflikt*: Ein Historikerstreit in Japan. Köln: Böhlau, 2003, p. 7, nota 7. A obra RICHTER, Steffi; HÖPKEN, Wolfgang (Coord.). *Vergangenheit im Gesellschaftskonflikt*: Ein Historikerstreit in Japan. Köln: Böhlau, 2003, contém ainda: BERNDT, Jacqueline. "Eine zeitlos schöne Nation. Das 'Neue Geschichtslehrbuch' als Bildergeschichte". *In*: RICHTER, Steffi; HÖPKEN, Wolfgang (Coord.). *Vergangenheit im Gesellschaftskonflikt*: Ein Historikerstreit in Japan. Köln: Böhlau, 2003 (su Kobayashi Yoshinori, cf. *infra*, pp. 226 e 227); YOSHIMI, Yoshiaki. "Das Problem der 'Trostfrauen'". *In*: RICHTER, Steffi; HÖPKEN, Wolfgang (Coord.). *Vergangenheit im Gesellschaftskonflikt*. Köln: Böhlau, 2003; NARITA, Ryuichi. "Geschichte schreiben in Schulbüchern. Revisionismus, Konstruktivismus, und das Subjekt der Geschichte". *In*: RICHTER, Steffi; HÖPKEN, Wolfgang (Coord.). *Vergangenheit im Gesellschaftskonflikt*: Ein Historikerstreit in Japan. Köln: Böhlau, 2003; ONUKI, Atsuko. "Instrumentalisierung der Geschichte und Nationaldiskurse. Das Beispiel der Schulbuchdiskussion in Japan". *In*: RICHTER, Steffi; HÖPKEN, Wolfgang (Coord.). *Vergangenheit im Gesellschaftskonflikt*: Ein Historikerstreit in Japan. Köln: Böhlau, 2003.
[470] N.T. Disputa histórica.

Fujioka Nobukatsu, sobre o qual se voltará) da parte dos promotores do "estudo liberal da história" (onde "liberal" significa, no mínimo, "conservador") e dos nacionalistas que requerem a revisão não só dos livros escolares, mas também da "Constituição pacifista".

A tradução alemã do capítulo sobre o período de 1931 a 2003 de um livro escolar para as escolas elementares[471] japonesas permite ter-se uma ideia concreta da estrutura e da mensagem transmitidas por esses manuais. Os argumentos e as ilustrações se referem, sobretudo, às crianças envolvidas na guerra. O tema da renúncia à guerra é deduzido do texto escolar *Sobre a nova Constituição*, da qual se reproduz uma página com as palavras:

> Para que o Japão não inicie uma segunda vez uma guerra, renunciamos aos soldados, aos navios de guerra, aos aviões e a todos os outros instrumentos de guerra. Mas não desanimais! O Japão está somente fazendo a coisa certa, e mais rápido do que outros países. No mundo, ninguém é mais forte que quem está certo![472]

A nova Constituição, o manual acrescenta no capítulo *Não façamos mais nenhuma guerra!*, "persegue o alto ideal de um mundo que viva em paz", e se funda em três princípios: democracia, paz e direitos humanos. Sobre a paz em particular é explicado:

> Refletiu-se sobre essa guerra que durou quinze anos e se declarou ao país e ao exterior: "nós renunciamos para sempre à guerra" (...). A educação perseguia, como seu elemento central, o escopo de educar sobre a base da democracia um povo que constrói um Estado pacífico e

---

[471] N.T. Equivalente ao ensino fundamental I brasileiro.
[472] BAUMGART, David. *Gesellschaft*: Ein japanisches Geschichtslehrbuch für die 6. Klasse der Grundschule. Vierter Abschnitt: Vom Mandschurischen Zwischenfall (1931) bis zur Gegenwart. Berlin: Mori-Ôgai-Gedenkstätte, 2006, p. 38; com tradução alemã, p. 39.

uma sociedade pacífica. Nesse contexto, foi introduzida a matéria "educação cívica": nesta, as crianças mesmas estudam a estrutura da sociedade e a vida das pessoas.[473]

O capítulo O *Japão na Ásia* recorda aos estudantes a luta contra a base americana de Okinawa, um tema particularmente sensível no Japão: "para proteger a nossa vida e esperando um mundo pacífico, obstinamo-nos a fim de que Okinawa pudesse retornar à terra dos seus antepassados" (coisa que aconteceu em 1971). Resta, ao contrário, aberta a questão dos "territórios do Norte", isto é, das ilhas Kurili, "que são um território tradicionalmente japonês (...) e que ainda não foram restituídas".[474]

Okinawa é um dos temas proibidos na historiografia pós-bélica do Japão, livros escolares incluídos: última das ilhas Ryukyu e parte integrante do Japão, foi conquistada pelos americanos em uma dura batalha na qual o exército japonês ordenou o suicídio da população civil (ou talvez o tenha executado, ao menos, em parte). O "suicídio em massa" (tradução de *jiketsu*, suicídio para evitar a rendição) é um dos temas controversos no debate histórico e não só sobre Okinawa: também a ilha de Saipan, conquistada pelos estadunidenses em 15 de junho de 1942, viveu um drama análogo.[475]

---

[473] BAUMGART, David. *Gesellschaft*: Ein japanisches Geschichtslehrbuch für die 6. Klasse der Grundschule. Vierter Abschnitt: Vom Mandschurischen Zwischenfall (1931) bis zur Gegenwart. Berlim: Mori-Ôgai-Gedenkstätte, 2006, pp. 39-43: tradução em alemão com a reprodução do manual em japonês ao lado.

[474] BAUMGART, David. *Gesellschaft*: Ein japanisches Geschichtslehrbuch für die 6. Klasse der Grundschule. Vierter Abschnitt: Vom Mandschurischen Zwischenfall (1931) bis zur Gegenwart. Berlim: Mori-Ôgai-Gedenkstätte, 2006, pp. 51 e 53.

[475] "Quando os americanos conseguiram pôr o pé na ilha [de Saipan], grande como aproximadamente metade da Elba, ficaram literalmente abalados pelo fato de que milhares de civis japoneses, compreendidas mulheres de toda idade e até mesmo crianças, preferiram suicidar-se, fazendo-se explodir com granadas de mão fornecidas pelos militares, ou lançando-se em loucos voos mortais das altíssimas falésias"; es

No pós-guerra, Okinawa era um território peculiar, ocupado pela base militar americana (para ir e vir do Japão era preciso passaporte), e dali partiam grande parte dos ataques aéreos contra o Vietnã: para os movimentos japoneses *anti-establishment*,[476] um ulterior argumento para pedir o retorno de Okinawa ao Japão.

A longa polêmica, também judiciária, sobre os livros-texto de Ienaga Saburo tem um valor exemplar:

> Ienaga Saburo (1913-2002) foi um dos historiadores mais proeminentes do Japão do século XX. Ele não apenas escreveu história; mas também fez história. Ele fez isso processando o governo japonês por causa da censura de seus livros didáticos. Os três processos de Ienaga tornaram-se o foco de um movimento *anti-establishment*, ou movimento antissistema, no Japão do final do século XX.[477] [478]

---

comportamento era devido também ao "fato que a propaganda dos militares e dos políticos militaristas havia traçado um perfil tão horripilante dos americanos que qualquer coisa parecia preferível a cair nas suas mãos" (MARAINI, Fosco. *Case, amori, universi*. Milão: Mondadori, [1999] 2001, p. 592).

[476] N.T. Antissistema.

[477] N.T. "*Ienaga Saburo (1913-2002) was one of the twentieth-century Japan's outstanding historians. He not only wrote history; he also made history. He did so by suing the Japanese government over its censorship of his text-books. Ienaga's three suits became the focus of a major and sustained anti-establishment movement in the late twentieth-century Japan*".

[478] MINEAR, Richard H. "Foreword". *In*: NOZAKI, Yoshiko. *War Memory, Nationalism and Education*. Londres: Routledge, 2008, X: cf. nota seguinte. Cf. IENAGA, Saburō. *The Pacific War, 1931-1945*: a Critical Perspective of Japan's Role in World War II. Nova York: Panteon Books, 1978, onde explica a escolha do título (VII) não aceito pelos historiadores conservadores. Pouco antes de morrer, Ienaga publicou a sua biografia: IENAGA, Saburō. *Japan's Past, Japan's Future*: one Historian's Odyssey. Lanahm: Rowman and Littlefield, 2001.

Sobre essa polêmica é oportuno dedicar algumas palavras, porque ela vai além dos problemas didáticos dos quais teve origem.[479]

A autorização ministerial dos livros-texto, não só no caso japonês, pode transformar-se em censura. Por isso, a análise dos processos de Ienaga foi interpretada, na Alemanha, também como:

> Uma tentativa – mostrando, no caso japonês, a função e as possíveis implicações políticas da autorização estatal dos livros-texto – de fornecer uma contribuição à reflexão sobre a práxis da autorização dos livros escolares na República Federal Alemã.[480]

O livro de Ienaga tinha sido publicado em 1975 e o paralelo se refere, portanto, à Alemanha daqueles anos. Um análogo paralelo com os Estados Unidos foi traçado pelo japonólogo Richard Minear, segundo o qual nos EUA "autoridades nacionais têm pouco papel"[481] enquanto "regem as considerações comerciais":[482] porém,

> alguns grandes Estados – especialmente o Texas – desempenham um papel descomunal, com vigilantes "cristãos"

---

[479] A análise dos três processos e do seu contexto está em NOZAKI, Yoshiko. *War Memory, Nationalism and Education, in Postwar Japan, 1945-2007*: the Japanese Textbook Controversy and Ienaga Saburo's Court Challenges. Londres: Routledge, 2008; a autora é uma historiadora que participou do movimento internacional em apoio a Saburo. Uma reconstrução pontual dos processos, com a tradução dos trechos contestados, das observações ministeriais e das respostas de Ienaga está em FOLJANTY-JOST, Gesine. *Schulbuchgestaltung als Systemstabilisierung in Japan*. Bochum: Brockmeyer, 1979 (bibliografia, pp. 151-157).

[480] FOLJANTY-JOST, Gesine. *Schulbuchgestaltung als Systemstabilisierung in Japan*. Bochum: Brockmeyer, 1979, p. 8: a análise de Gesine Foljanty-Jost nasce de uma dissertação defendida em 1975.

[481] N.T. "*National authorities play little role*".

[482] N.T. "*Commercial considerations rule*".

de direita guardando os portões ideológicos com a mesma tenacidade dos japoneses de direita com quem Ienaga e seu movimento lutaram e lutam.[483] [484]

Em 1952, Ienaga apresentou ao ministério o manuscrito do seu livro *Shin nihonshi* (*Nova história do Japão*), destinado à escola média.[485] O ministério rejeitou o manuscrito que, porém, reapresentado no mesmo ano a uma comissão diversa, foi aprovado para adoção a partir de 1953. Em 1955, o editor pediu a Ienaga uma revisão do volume que tinha sido rejeitado pelo ministério com 216 indicações de pontos a corrigir. Ienaga corrigiu o texto que, porém, foi rejeitado novamente com 37 pedidos de correção. Enfim, o texto corrigido por Ienaga foi aprovado em 1955. Porém, em 1956, a reforma escolar da escola média impôs uma nova revisão do volume, rejeitada mais uma vez pelo ministério com esta motivação:

> Em seguida à excessiva paixão em convidar à reflexão através de fatos históricos, subsiste a impressão de que não sejam atingidos os objetivos de ensino da matéria "História japonesa", através da qual devem ser reconhecidos os méritos dos antepassados, deve ser aprofundada a própria consciência de japoneses e deve suscitar um forte amor pela nação.[486]

---

[483] N.T. "*A few major States – notably, Texas – play an outsized role, with right-wing, 'Christian' vigilantes guarding the ideological gates as tenaciously as the Japanese right-wingers with whom Ienaga and his movement contended and contend*".

[484] MINEAR, Richard H. "Foreword". *In*: NOZAKI, Yoshiko. *War Memory, Nationalism and Education*. Londres: Routledge, 2008, X.

[485] N.T. As "escolas médias inferiores" equivalem ao "ensino fundamental II" e as "escolas médias superiores" equivalem ao "ensino médio" brasileiros.

[486] FOLJANTY-JOST, Gesine. *Schulbuchgestaltung als Systemstabilisierung in Japan*. Bochum: Brockmeyer, 1979, p. 40.

Depois de uma troca de memórias entre editor, autor e ministério, o texto foi novamente rejeitado, mas enfim aceito depois de uma ulterior revisão de Ienaga. O texto, assim aprovado, foi adotado de 1959 a 1962, e uma quarta edição atualizada foi adotada de 1962 a 1964.

A reforma escolar de 1960 impôs uma nova revisão do livro. A quinta redação foi submetida ao ministério em 1962 e rejeitada em 1963. Ienaga executou as 323 correções pedidas e o livro foi autorizado para o 1964, porém, com a condição que fossem modificados 293 pontos. A versão corrigida por Ienaga foi novamente rejeitada, com o pedido de modificar alguns pontos que antes não tinham sido indicados. Depois de uma troca de observações com o ministério, Ienaga fez as mudanças a fim de que o livro pudesse ser adotado em 1964.

Para Ienaga, porém, dever fazer mais de trezentas alterações sob pressão do prazo apertado e sem poder discuti-las com o ministério constituiu um ataque à sua liberdade científica e um limite à sua liberdade de expressão: por isso, citou em juízo o ministério por violação da liberdade de expressão (art. 21, da Constituição japonesa), da liberdade científica (art. 23), do direito à educação (art. 26) e por excessivo controle sobre a educação, em violação ao artigo 10, da lei sobre a instrução.

Contra a decisão de rejeitar o livro, Ienaga recorreu em juízo a fim de que o ministério retirasse o veto de adoção. Esse pedido foi rejeitado em 17 de julho de 1970. Contra essa sentença, Ienaga apresentou recurso ao Supremo Tribunal que, em 20 de dezembro de 1975, reconheceu que o ministério não tinha respeitado as próprias normas para a aprovação dos livros-texto, mas rejeitou o pedido mais importante de Ienaga: declarar inconstitucional a aprovação ministerial dos livros-texto.

Enquanto estavam em andamento esses processos, uma ulterior revisão do manual levou Ienaga a um novo confronto com o ministério e a um terceiro processo pela violação da sua liberdade científica. Em um artigo, Ienaga precisava que:

> O que venho buscando do tribunal é apenas uma decisão sobre a violação da Constituição e do devido processo legal pela certificação do livro didático. Não estou buscando uma decisão sobre se o argumento do autor ou do ministério está correto em relação ao conteúdo do livro didático.[487][488]

Ienaga pedia, em suma, ao governo para não ocupar o lugar dos historiadores, mas de governar aplicando a Constituição de 1946.

O terceiro processo de Ienaga se concluiu em 1997:

> Em 27 de agosto, o desafio de trinta e dois anos de Ienaga contra a censura de livros didáticos do governo japonês chegou ao fim, quando a Suprema Corte do Japão, composta por cinco juízes, proferiu sua decisão em seu terceiro processo. Como esperado, o tribunal evitou entrar em argumentos sobre a constitucionalidade da triagem de livros didáticos estaduais – uma questão central pela qual Ienaga lutou por mais de três décadas – mas decidiu a seu

---

[487] N.T. "*What I have been seeking from the court is only a decision concerning the violation of the constitution and due process of law by the textbook certification. I am not seeking a decision as on whether the argument of the author or of the Ministry is right with respect to the content of the text-book*".

[488] FOLJANTY-JOST, Gesine. *Schulbuchgestaltung als Systemstabilisierung in Japan*. Bochum: Brockmeyer, 1979, p. 42; o trecho é tirado de IENAGA, Saburō. "The Historical Significance of the Japanese Textbook Lawsuit". *Bulletin of Concerned Asian Scholars*, 2:4, 1970.

CAPÍTULO I – TRÊS CONSTITUIÇÕES – DAS DITADURAS ÀS...

favor em vários pontos, incluindo aqueles relacionados às descrições da conduta do Japão em tempos de guerra.[489 490]

A vitória de Ienaga abria o caminho a outros historiadores, porque:

> O MOE [Ministério da Educação] não teve escolha a não ser ceder em sua dura abordagem às políticas de triagem de livros didáticos. Na exibição de 1972-1973, por exemplo, um livro didático de história japonesa do ensino médio contendo uma referência à ocupação japonesa do Massacre de Nanjing foi aprovado.[491 492]

---

[489] N.T. *"On August 27, Ienaga's thirty-two-years challenge to the Japanese government's textbook censorship came to an end, as Japan's Supreme Court, consisting of five judges, handed down his decision on his third lawsuit. As expected, the court avoided entering arguments concerning the constitutionality of the state textbooks screening – a central issue Ienaga had fought for more than three decades – but it ruled in his favor on several points, including those regarding the descriptions of Japan's wartime conduct"*.

[490] NOZAKI, Yoshiko. *War Memory, Nationalism and Education, in Postwar Japan, 1945-2007*: the Japanese Textbook Controversy and Ienaga Saburo's Court Challenges. Londres: Routledge, 2008, p. 130. A longa descrição desse processo (pp. 72-135) é reconduzida ao fato de que, no seu curso, foram rediscutidos e definidos cada um dos eventos bélicos, em particular o massacre de Nanquim, o "suicídio em massa" de Okinawa e os experimentos de guerra bacteriológica da Unidade 731 (sobre esta última, cf. nota 257, p. 119).

[491] N.T. *"The MOE [Ministry of Education] had no choice but to relent from its hard-line approach to textbook screening policies. In the 1972–1973 screening, for example, a high school Japanese history textbook containing a reference to the Japanese occupation of Nanjing Massacre was approved"*.

[492] NOZAKI, Yoshiko. *War Memory, Nationalism and Education, in Postwar Japan, 1945-2007*: the Japanese Textbook Controversy and Ienaga Saburo's Court Challenges. Londres: Routledge, 2008, p. 63. De fato, aquilo que o ministério *"attempted to erase entirely from the textbooks was the representation of the Nanjing Massacre"* [NT: "a

Começou-se também a falar do "suicídio em massa" em Okinawa e da criticável condução da guerra.

A japonóloga Foljanty-Jost reconstruiu e traduziu os acontecimentos processuais e a troca de observações com o ministério. Como exemplo da discussão, aqui, basta citar um dos pontos criticados pelo ministério (cujos argumentos eram somente orais e, portanto, foram reconstruídos com base nos documentos processuais ou editoriais). O exemplo se refere à Segunda Guerra Mundial:

> Ienaga: Esta guerra "irresponsável".
>
> Ministério: Não é injusto, em relação aos outros países, atribuir a responsabilidade somente ao Japão? Por motivos pedagógicos "irresponsável" deveria ser cancelado.
>
> Ienaga: Porque é indiscutível que se trata de uma guerra irresponsável, apagar não é necessário.
>
> Ministério: "Irresponsável" será absolutamente apagado.[493]

Uma revisão involutiva dos textos escolares foi indiretamente provocada, em 1991, pela Guerra do Golfo e pelas discussões sobre uma possível participação do Japão, não obstante o artigo nono da Constituição. Uma figura relevante nessa polêmica foi o pedagogo Nobukatsu Fujioka: para ele:

> A atitude do Japão era vergonhosa, porque o Japão aceitou somente os pedidos de apoio econômico dos outros Estados, sem poder representar algum interesse próprio. Um comportamento semelhante era para ele inaceitável. Essa experiência o levou a considerar criticamente a posição

---

representação do Massacre de Nanjing sofreu tentativas de ser apagado inteiramente dos livros didáticos"] (p. 72).

[493] FOLJANTY-JOST, Gesine. *Schulbuchgestaltung als Systemstabilisierung in Japan*. Bochum: Brockmeyer, 1979, p. 103.

pacifista como o resultado da educação seguida após a Segunda Guerra Mundial.[494]

Movido por essa reconsideração, em 1995 Fujioka fundou o "Grupo de Pesquisa por uma Imagem Liberal da História", que criticava o ensino da história recente nos livros didáticos japoneses. Para ele, a história recente japonesa era deformada por duas interpretações. Uma provinha do Tribunal de Tóquio que, conforme a visão das potências vencedoras, apresentava o Japão como o principal responsável pela Segunda Guerra Mundial: volta aqui a dificuldade de aceitar a "moralização do conceito de culpa" e a diferente percepção da noção de culpa em uma certa parte da cultura japonesa (cf. *supra*, p. 106). A outra interpretação provinha do Komintern, que, partindo da concepção comunista, propagandeava um Japão livre da estrutura imperial. Ambas as visões, para Fujioka, eram influenciadas por interesses estrangeiros e transmitiam, aos jovens japoneses, uma imagem negativa do próprio país. Ao contrário, os nacionalistas apresentavam uma imagem do Japão bélico coincidente com aquela da "Zona de Co-Prosperidade da Grande Ásia Oriental": o Japão teria ajudado os outros países asiáticos a liberarem-se do jugo colonial e teria iniciado a sua industrialização. Também nos escritos alemães nacional-socialistas, a expansão colonial japonesa é apresentada como "libertação dos jovens povos"[495] (mas sobre a "juventude" de civilizações antigas, tais como a Índia e outras, poder-se-ia discutir).

---

[494] IGARI, Hiromi. "Die Schulbuchkontroverse um die Geschichtsdarstellung in Japan". *Jahrbuch für Antisemitismusforschung*, 9, 2000, p. 272.

[495] "Entrando para fazer parte do sistema de ordem das potências do Eixo e afirmando-se decididamente na luta de libertação dos jovens povos, o Japão joga sobre a balança da história mundial a sua força inteira não só para a construção de uma esfera comum de bem-estar com os povos da Ásia oriental, mas também para a construção de uma nova ordem mundial". (URACH, Albrecht von. *Das Geheimnis japanischer Kraft*. Berlim: Zentralverlag der NSDAP, 1942, p. 94).

Para Fujioka, a verdade se colocava entre esses dois extremos: essa era a sua "imagem liberal da História", com base na qual deveriam ser reequilibrados os livros escolares japoneses, para ele demasiadamente negativos. Os seus críticos consideram, porém, que o resultado da sua doutrina, não obstante o nome, seja uma parcial reabilitação do Japão militarista, mais próxima aos nostálgicos da "Zona de Co-Prosperidade da Grande Ásia Oriental" que dos historiadores liberais, no sentido próprio deste último termo.

Fujioka também tomou posição contra o Ministério da Educação, quando, em junho de 1996, aprovou os livros-texto que seriam usados no ano escolar seguinte. Neles, pela primeira vez, falava-se das *"comfort women"*[496] e da prostituição à qual elas tinham sido obrigadas durante a guerra.[497] O grupo de trabalho especialmente formado apresentou uma série de observações substancialmente negacionistas do fenômeno, observando, além disso, que aquele tema era inadequado para livros destinados às escolas médias.[498] Essas posições foram compartilhadas por jornais conservadores e por alguns deputados do *Partido Liberal-Democrático*.

Uma revisão análoga foi solicitada também para o massacre de Nanquim, do qual se punha em dúvida não só a existência, mas também a sua crueldade. Efetivamente, os dados sobre as vítimas não são unívocos: vai-se das 300.000 vítimas indicadas pelos chineses às 200.000 indicadas pelo Tribunal de Tóquio, a cifras menores indicadas em vários livros escolares, até a 40.000 que alguns – entre

---

[496] N.T. Mulheres de conforto.

[497] No ano 2000, esses "crimes contra a humanidade" foram julgados pelo Tribunal Internacional das Mulheres: CAROLI, Rosa. "Storia e storiografia in Giappone. Dai crimini di guerra ai criminali di guerra". *In*: CONTINI, Giovanni; FOCARDI, Filippo; PETRICIOLI, Maria (Coord.). *Memoria e rimozione*: I crimini di guerra del Giappone e dell' Italia. Roma: Viella, 2010, pp. 106/107. A polêmica pública sobre as *"comfort women"* teve início em 1991: cf. *supra*, nota 391, p. 175.

[498] N.T. As "escolas médias inferiores" equivalem ao "ensino fundamental II" e as "escolas médias superiores" equivalem ao "ensino médio" brasileiros.

os quais Fujioka – consideram a única cifra cientificamente provada. Antes, Fujioka e outros sustentam que o massacre de Nanquim foi obra dos próprios chineses, mas que a notícia foi incompreendida pelos jornalistas do "*New York Times*": e, dali, começou a acusação contra os japoneses. Hoje, no Japão, esse negacionismo é proibido; assim como, na Alemanha, o negacionismo do Holocausto é punido pelo artigo 194 do Código Penal.

O revisionismo japonês toca

> pela audácia e pelos tons passionais, às vezes até mesmo espetaculares, com que se propõe ao grande público, servindo-se de programas televisivos, de produções cinematográficas e de uma literatura, principalmente, popular e voltada, em primeiro lugar, aos jovens.[499]

O sucesso dos *mangá* (quadrinhos) de Kobayashi Yashinori deve fazer refletir sobre o fato que esses meios de comunicação têm uma influência maior sobre os jovens do que os livros escolares.

Kobayashi:

> Apela aos leitores para que condenem as pesquisas sobre crimes de guerra e as escusas oficiais dirigidas às populações asiáticas. Em seus quadrinhos, o tema das, assim chamadas, "*comfort women*" (...) é liquidado asseverando que a sua reclusão por parte dos soldados japoneses foi motivada pela vontade de defendê-las da violência que reinava nas zonas de guerra.[500]

---

[499] CAROLI, Rosa. "Storia e storiografia in Giappone. Dai crimini di guerra ai criminali di guerra". *In*: CONTINI, Giovanni; FOCARDI, Filippo; PETRICIOLI, Maria (Coord.). *Memoria e rimozione*: I crimini di guerra del Giappone e dell' Italia. Roma: Viella, 2010, p. 97.

[500] CAROLI, Rosa. "Storia e storiografia in Giappone. Dai crimini di guerra ai criminali di guerra". *In*: CONTINI, Giovanni; FOCARDI, Filippo; PETRICIOLI, Maria (Coord.). *Memoria e rimozione*: I crimini

Essas opiniões não são minoritárias: no Japão, o *manga* de Kobayashi, intitulado *Sensoron* (*Debate sobre a guerra*) foi considerado o evento editorial de 1998, e a importante revista "*Seikai*" publicou um número especial sobre o "fenômeno Kobayashi". Na Alemanha, o semanário "*Die Zeit*" criticou asperamente aquele *mangá* e foi, por sua vez, atacado pelo desenhista.[501]

Em síntese, segundo o "Grupo de Pesquisa para uma Imagem Liberal da História" (mas "liberal" no sentido conservador já visto) a história japonesa deveria dedicar muito espaço à época Meiji, que lançou os fundamentos do Japão moderno. A Primeira Guerra Sino-Japonesa (1894-1895) e aquela contra a Rússia (1904-1905) teriam sido guerras de defesa (e não de invasão, como, ao contrário, escrevem os livros escolares) e a colonização da Coreia teria sido somente uma imitação do que os europeus faziam em larga escala. A revisão da história japonesa proposta pelo "Grupo de Pesquisa para uma Imagem Liberal da História" veio, primeiramente, negligenciada como inaceitável, porém a sua progressiva difusão suscitou uma

---

di guerra del Giappone e dell' Italia. Roma: Viella, 2010, pp. 97/98 (a autora indica também os autores que se opuseram a esse revisionismo, pp. 99/100); cf. também WATANABE, Harumi. "Come condividere in modo razionale la memoria dei fatti storici. Considerazioni sul massacro di Nanchino". *In*: CONTINI, Giovanni *et al.* (Coord.). *Memoria e rimozione*. Roma: Viella, 2010.

[501] BORK, Henrik. "Geschichtsklitterung in Sprechblasen". *Die Zeit*, 8, 11 mar. 1999. Disponível em: http://www.zeit.de/1999/11/199911.manga_.xml. Acessado em: 28.03.2024; cf. também DER SPIEGEL. "Gallige Sprechblasen". *Der Spiegel*, 26, 1999. Disponível em: https://magazin.spiegel.de/EpubDelivery/spiegel/pdf/13880890. Acessado em: 03.04.2024; WEILER, Berndt. "Kobayashi – und wie er die Welt sieht. Ein Manga-Zeichner läuft Sturm gegen Kritiker aus Deutschland und präsentiert seine Sicht der japanischen Vergangenheit". *Die Welt*, 16, 7 ago. 1999. Cf. também WIKIPEDIA. "Neo-Gōmanism Manifesto Special: on War". *Wikipedia*. Disponível em: https://en.wikipedia.org/wiki/Neo_G%C5%8Dmanism_Manifesto_Special_%E2%80%93_On_War. Acessado em: 09.04.2024.

crescente série de oposições que contestavam o seu negacionismo com base em dados históricos.

O novo manual de história, da editora *Fushoka*, diferencia-se de todos os outros porque foca sobre a arte japonesa, para ilustrar a história não tanto descrevendo fatos, quanto suscitando sentimentos.

A Kobayashi, foram confiados os temas mais sensíveis – a narração dos mitos, a guerra na Ásia oriental e no Pacífico, os anos da ocupação e do processo de Tóquio – que ele encara segundo seu estilo consolidado: "em sua estreia, em 1976, Kobayashi satirizou a sociedade japonesa contemporânea, contrapondo, enfim, aos pontos fracos da sua cultura a asserção de valores nacionalistas, referidos ao passado recente".[502] Desde 1992, Kobayashi publica a série dos seus *mangás* atípicos com o título "*Manifesto da Arrogância*" (*Gomanizumu Sengen*), em aberta polêmica com o espírito "masoquista" de que são acusados os democratas pós-bélicos no Japão. O *mangá* de Kobayashi não segue os cânones do gênero, porém, não somente conseguiu evitar a rejeição por parte dos jovens leitores, como, em vez disso, tornou-se um dos eventos editoriais daqueles anos.

Na Itália, dos anos vinte aos anos quarenta, a política escolar sofreu duas radicais mudanças de direcionamento político: daquele monárquico-constitucional àquele fascista e, depois, do direcionamento fascista àquele republicano-democrático.[503]

---

[502] BERNDT, Jacqueline. "Eine zeitlos schöne Nation. Das 'Neue Geschichtslehrbuch' als Bildergeschichte". *In*: RICHTER, Steffi; HÖPKEN, Wolfgang (Coord.). *Vergangenheit im Gesellschaftskonflikt*: Ein Historikerstreit in Japan. Köln: Böhlau, 2003, p. 210.

[503] Um panorama sintético dessa evolução está contido em dois livros-catálogo: COARELLI, Rossella (Coord.). *Dalla scuola all'Impero*: I libri scolastici del fondo Braidense (1924-1944). Milão: Viennepierre, 2001; COARELLI, Rossella (Coord.). *Istruiti e laboriosi*: gli anni della ricostruzione. I libri scolastici del fondo della Braidense, 1945-1953. Milão: Viennepierre, 2004. Ambas as obras, compostas de vários ensaios, contêm também uma importante iconografia e as fichas bibliográficas dos livros expostos nas duas mostras junto à Biblioteca

Com o advento do fascismo, o Ministério da Educação Nacional foi confiado ao filósofo Giovanni Gentile, que, por sua vez, em 1923, nomeou o pedagogo Giuseppe Lombardo-Radice como diretor geral da educação fundamental e responsável pela comissão que deveria examinar ou rejeitar os livros-texto destinados às escolas fundamentais. Nessa fase, os manuais exprimiam mais uma fidelidade dinástico-constitucional que uma adesão ao fascismo. O direcionamento mudou em 1929, com o final da atividade ministerial de Lombardo-Radice e com a introdução do livro único do Estado.

Um ensaio que percorre acontecimentos e conteúdo da editoria escolar na época fascista chega à conclusão de que "os anos 30, substancialmente, haviam fascistizado a escola e instaurado um conformismo cultural e escolar (de programas e de palavras de ordem) do regime, mas não haviam produzido modelos formativos que não fossem aquele totalitário e ademais 'extra escolar' (ou 'superescolar') da Juventude Italiana do Littorio (GIL)",[504] que não dependia do Ministério da Educação Nacional, mas diretamente do partido fascista.

Já se viu que o regime, com as suas "*veline*", impunha à imprensa não só os temas a tratar, mas também o tom com que os tratar. Esse vínculo existia também para os textos escolares, obrigados a "seguir

---

Braidense de Milano, bem como os índices dos editores e dos autores escolares daqueles anos. Cf. também CAJANI, Luigi. "Italien und der Zweite Weltkrieg in den Schulgeschichtsbüchern". *In*: CORNELISSEN, Christoph *et al.* (Coord.). *Erinnerungskulturen*: Deutschland, Italien und Japan seit 1945. Frankfurt am Main: Fischer, 2003.

[504] DE GIORGI, Fulvio. "Nel 'cantiere scolastico' della Repubblica". *In*: COARELLI, Rossella (Coord.). *Istruiti e laboriosi*: gli anni della ricostruzione. Milão: Viennepierre, 2004, p. 26, ensaio que constitui a ampla *Presentazione* à obra de COARELLI, Rossella (Coord.). *Istruiti e laboriosi*: gli anni della ricostruzione. I libri scolastici del fondo della Braidense, 1945-1953. Milão: Viennepierre, 2004.

as sugestões das circulares ministeriais, inserindo nos livros de leitura a paráfrase ou a explicação do pensamento oficial dos ministros".[505]

Uma vez que na Itália o fascismo não terminou em todo lugar ao mesmo tempo, a reforma escolar e a intervenção sobre os livros-texto tiveram lugar em modos e tempos diversos,[506] e com grandes dificuldades. De fato, no final da guerra também a Itália escolar estava "partida" em duas. No centro-norte, a República Social Italiana confirmava o texto único ditado pelo seu fascismo republicano. Nas limitadas zonas do norte, liberadas pelos *partigiani* – as *"repubbliche partigiane"* das Langhe, do Alto Monferrato, da Ossola e da Carnia, e outras ainda[507] – os embriões de administrações locais democráticas tentaram também uma reforma dos textos escolares. Em particular, na República da Ossola (que durou somente de 10 de setembro a 23 de outubro de 1944) a junta provisória preparou uma carta programática de reforma do ensino inteiro, na qual "se recomenda a exaltação dos valores humanos ínsitos na cultura clássica, o restabelecimento do estudo das línguas estrangeiras, a eliminação das formas militaristas da ginástica; para os livros-texto, solicita-se a correção daqueles existentes e, entretanto, pede-se o envio daqueles

---

[505] BACIGALUPI, Marcella; FOSSATI, Piero. *Da plebe a popolo*: L'educazione popolare nei libri di scuola dall'Unità d'Italia alla Repubblica. Florença: La Nuova Italia, 1986, p. 171. Vejam-se em particular: *La pedagogia delle circolari*, pp. 171-176; *Bibliografia*, pp. 267-282.

[506] COARELLI, Rossella. "Il secondo dopoguerra (1945-1953). La defascistizzazione dei libri di testo". In: _____. (Coord.). *Istruiti e laboriosi*: gli anni della ricostruzione. Milão: Viennepierre, 2004. Esse ensaio contém também vários exemplos do modo em que os textos escolares do imediato pós-guerra descreviam o fim do regime fascista (pp. 144-149).

[507] AUGERI, Nunzia. *L'estate della libertà*: Le repubbliche partigiane e zone libere. Roma: Carocci, 2014; BOCCA, Giorgio. *Una repubblica partigiana*: Ossola, 10 settembre: 23 ottobre 1944. Milão: Saggiatore, [1964] 2005; LEGNANI, Massimo. *Politica e amministrazione nelle Repubbliche Partigiane*: Studio e documenti. Milão: Istituto Nazionale per la Storia del Movimento di Liberazione, 1968.

adotados nas escolas da Suíça de língua italiana", confinante com os vales da Ossola.[508]

Ao contrário, na Itália centro-meridional – com a frente de batalha em contínuo, mesmo que lento, movimento rumo ao Norte – nos primeiros tempos não se conseguia, materialmente, escrever e imprimir novos livros escolares, portanto usavam-se os textos fascistas, arrancando as páginas mais "fascistas": algo de semelhante, portanto, ao que já se viu para o Japão. Em 1944, o *Ministero dell'Educazione Nazionale*[509] tomou o novo nome de *Ministero della Pubblica Istruzione*[510] e emanou os novos programas escolares, influenciados também pelo pedagogo estadunidense Carleton W. Washburne, que fazia parte do *Sottocomitato per l'Istruzione del Governo Alleato in Italia*.[511] Os textos escolares, que tinham sido revistos com a reforma Bottai, em 1940, tiveram que ser novamente modificados no outono de 1945, em tempo para o início do novo ano escolar. Em 1946, tornou-se Ministro da Instrução Pública o democrata-cristão Guido Gonella, que organizou uma investigação em vista da reforma do ensino, sobretudo, "com o objetivo de criar as condições para uma colaboração convicta da parte do corpo docente que saía do fascismo com atitudes de passividade ou de desconfiança para com a nova concepção democrática da escola".[512]

---

[508] OLIVA, Gianni. *La grande storia della Resistenza*, 1943-1948. Torino: Utet, 2018, p. 364 (que remete a CASADIO, Quinto. *Gli ideali pedagogici della Resistenza*. Bologna: Alfa, 1967). Sobre a República da Ossola, pp. 155 e ss.

[509] N.T. Ministério da Educação Nacional.

[510] N.T. Ministério da Instrução Pública.

[511] N.T. Subcomitê para a Instrução do Governo Aliado na Itália.

[512] COARELLI, Rossella. "Il secondo dopoguerra (1945-1953). La defascistizzazione dei libri di testo". *In*: _____. (Coord.). *Istruiti e laboriosi*: gli anni della ricostruzione. Milão: Viennepierre, 2004, p. 134. Cf. também o parágrafo todo: *La defascistizzazione dei testi scolastici*, pp. 134-149.

CAPÍTULO I - TRÊS CONSTITUIÇÕES - DAS DITADURAS ÀS...

Na Itália do Norte, depois da queda da *Repubblica Sociale Italiana* e a rendição do exército alemão, o governo militar aliado se ocupou também da escola, promovendo seja o expurgo do pessoal comprometido com o fascismo, sejam novos programas com os livros-texto correspondentes. Em 1945, foi instituída uma comissão para des-fascistizar os manuais escolares, que operou até o outono de 1945, encontrando, com regularidade, autores e editores. O seu relatório final contém claras linhas diretivas e estabelece as sanções para os contraventores:

> Não poderão ser vendidos, conservados em armazém, ou reimpressos livros escolares, exceto aqueles aprovados pelo governo militar aliado (...). Os livros que contêm propaganda fascista serão confiscados, e serão entregues ao prefeito que os manterá à disposição do superintendente para os estudos. Com a aprovação do Oficial Regional da Educação os livros confiscados devem ser inventariados pelos livreiros e editores e postos em lugar seguro, para serem vendidos às fábricas de papel como resíduo de papel (...). Aqueles livros que possuem somente poucas páginas de propaganda fascista poderão ser vendidos e usados quando tais páginas tenham sido arrancadas. As páginas deverão ser retiradas dos volumes antes que estes sejam expostos à venda.[513]

---

[513] COMMISSIONE ALLEATA; SOTTOCOMMISSIONE DELL'EDUCAZIONE (Coord.). "Defascistizzazione dei libri di testo". *Archivio INSMLI*, 1945, fondo CLN, busta 79, fasc. 271, cit. em: COARELLI, Rossella. "Il secondo dopoguerra (1945-1953). La defascistizzazione dei libri di testo". *In*: _____. (Coord.). *Istruiti e laboriosi*: gli anni della ricostruzione. Milão: Viennepierre, 2004, pp. 139/140. Sobre o INSMLI: "a rede dos Institutos para a História da Resistência e da Idade Contemporânea na Itália é uma associação coordenada pelo Instituto Nacional Ferruccio Parri (ex-INSMLI – Instituto Nacional para a História do Movimento de Libertação na Itália), ente fundado, justamente, por Ferruccio Parri em 1949, com o escopo de recolher, conservar e estudar o patrimônio documental do Corpo Voluntários da Liberdade e do Comitê de Libertação Nacional Alta Itália" (http://www.italia-resistenza.it/chi-siamo/).

As avaliações dos textos a adotar aconteciam em escala regional, com a consequente discordância de pareceres entre as diversas regiões: pareceres que, enfim, deviam ser harmonizados por uma comissão supletiva. Porém, uma atitude de base era comum nesses documentos de direcionamento frequentemente heterogêneo: a luta contra o analfabetismo não só "instrumental", que era ainda uma verdadeira praga social, mas também "espiritual", isto é, a luta contra a atitude mental que obstaculiza a difusão da democracia; o "analfabetismo espiritual" equivalia a "imaturidade civil, despreparo para a vida moral e política e insensibilidade aos problemas que ela apresenta".[514]

Para as escolas elementares,[515] como se viu, podiam ser vendidos ou usados somente os textos aprovados pelo Ministério da Instrução. Porém, junto ao problema dos conteúdos fascistas, os livreiros e os editores levantavam também os problemas práticos do fornecimento de papel,[516] da distribuição em um contexto de comunicações ainda precárias por causa dos danos bélicos, e – por razões econômicas – também a recuperação, ao menos parcial, de textos impressos até 1944. A Itália revivia, assim, fenômeno inverso em relação àquele vivido no momento do advento do fascismo: "frequentemente se reconfirmou a modalidade já realizada para fascistizar os textos em uso nas escolas antes do advento do regime", isto é, a tendência a adaptar os velhos textos à nova situação com os mínimos retoques possíveis: "também agora se podiam individuar intervenções sobre

---

[514] DE GIORGI, Fulvio. "Nel 'cantiere scolastico' della Repubblica". *In*: COARELLI, Rossella (Coord.). *Istruiti e laboriosi*: gli anni della ricostruzione. Milão: Viennepierre, 2004, p. 15.

[515] N.T. Equivalente ao ensino fundamental I brasileiro.

[516] No imediato pós-guerra, o papel era racionado e de má qualidade (papel ácido); isso torna problemática a conservação de quase todas as publicações da época, compreendidos os textos escolares: ALLOATTI, Franca. "La carta di guerra non è un fenomeno isolato". *In*: COARELLI, Rossella (Coord.). *Istruiti e laboriosi*: gli anni della ricostruzione. I libri scolastici del fondo della Braidense, 1945-1953. Milão: Viennepierre, 2004.

os livros com os quais os autores, de fato, camuflavam os velhos conteúdos através de ajustes e mimetizações".[517]

Quanto aos conteúdos politicamente mais espinhosos, nos textos tanto para as escolas elementares[518] quanto para as secundárias[519] parece que "grande parte dos autores prefere sobrevoar totalmente as duas décadas recém-transcorridas".[520] Tornaram-se, assim, necessárias duas circulares ministeriais para obrigar os manuais a incluir na discussão também o período até a Constituição republicana, isto é, a ocupar-se tanto do fascismo quanto da Resistência. Sobre esse tema, era muito cauteloso também o texto escolar do conhecido romanista Antonio Guarino, que nos anos setenta seria eleito senador nas listas do Partido Comunista Italiano.[521] Outros temas reproduziam estereótipos herdados do passado: "infelicíssima era, frequentemente, a parte dos manuais relativa à geografia humana em que se podem notar resíduos, talvez mesmo inconscientes, de racismo".[522]

A lentidão da desfascistização dos textos é, às vezes, ligada às aparências, ao estilo, isto é, ao costume adquirido nas duas décadas: torna-se, às vezes, difícil distinguir a inércia intelectual

---

[517] COARELLI, Rossella. "Il secondo dopoguerra (1945-1953). La defascistizzazione dei libri di testo". In: _____. (Coord.). *Istruiti e laboriosi*: gli anni della ricostruzione. Milão: Viennepierre, 2004, p. 143.

[518] N.T. Equivalente ao ensino fundamental I brasileiro.

[519] N.T. Equivalente ao ensino fundamental II brasileiro.

[520] COARELLI, Rossella. "Il secondo dopoguerra (1945-1953). La defascistizzazione dei libri di testo". In: _____. (Coord.). *Istruiti e laboriosi*: gli anni della ricostruzione. Milão: Viennepierre, 2004, p. 143.

[521] COARELLI, Rossella. "Il secondo dopoguerra (1945-1953). La defascistizzazione dei libri di testo". In: _____. (Coord.). *Istruiti e laboriosi*: gli anni della ricostruzione. Milão: Viennepierre, 2004, p. 144.

[522] DE GIORGI, Fulvio. "Nel 'cantiere scolastico' della Repubblica". In: COARELLI, Rossella (Coord.). *Istruiti e laboriosi*: gli anni della ricostruzione. Milão: Viennepierre, 2004, p. 53.

da resistência passiva rumo à nova democracia. Embora depois de 1946 os textos tenham se tornado gradualmente mais extensos e explícitos, frequentemente a sua formulação linguística ainda se ressentia da retórica típica do fascismo. De resto, o mesmo acontecia nos comentários falados que acompanhavam a *"Settimana Incom"*, o breve "cinejornal" sobre a atualidade semanal projetado antes dos filmes de 1946 a 1965: uma voz trovejante enunciava frases embutidas de adjetivos altissonantes e distantes da língua falada.

Porque era inevitável reutilizar, mesmo se revistos, os "livros de matérias literárias e científicas provenientes da editoria fascista", o regime passado tendia a sobreviver, não tanto nos conteúdos quanto nas velhas formas, sob forma de:

> Decálogos, máximas ou ilustrações ou as próprias capas, requisitos que tornavam as publicações mais agradáveis ao regime, e de cuja avaliação dependia a possibilidade para os docentes-autores de obter o "mérito distinto" e a inscrição ao "papel de honra" e, portanto, antecipados aumentos de salários e progressão de grau.[523]

A pressa fez com que muitos desses estilos não fossem eliminados das edições pós-bélicas. Explica-se, assim, porque as comissões de desfascistização censurassem a forma também nos textos de matérias cujo conteúdo se prestava pouco a ser fascistizado, como a economia doméstica, a estenografia ou a higiene.

Do ponto de vista estético-editorial, de 1946 a 1953 as publicações escolares são "bastante pobres na impostação gráfica, ou melhor, menos ricas em relação à produção dos anos trinta e dos primeiros

---

[523] COARELLI, Rossella. "Il secondo dopoguerra (1945-1953). La defascistizzazione dei libri di testo". *In*: _____. (Coord.). *Istruiti e laboriosi*: gli anni della ricostruzione. Milão: Viennepierre, 2004, pp. 151/152.

anos da década de quarenta".[524] Um exemplo da desfascistização iconográfica pode ser deduzido de dois manuais de matemática. Um manual de 1941 explica a multiplicação com a imagem em cores de 3 *Balilla* de uniforme, alinhados em 7 filas. Em 1950, ao contrário, as operações matemáticas são ilustradas somente com os números alinhados sobre uma lousa preta com quadrinhos.[525] Com o advento da república, mudam as pessoas de referência também nos manuais de matemática: "para ajudar um colega de trabalho entre os 9 operários de um laboratório se recolheram 1.129 liras. Todos tendo pagado a mesma quota, quanto pagou cada operário?"[526]

A república italiana devia enfrentar também as questões herdadas pelo colonialismo. O acordo ítalo-líbio de 2 de outubro de 1956 tentava resolver os problemas práticos pós-coloniais ainda abertos depois da independência da Líbia em 1951. Anos depois, com o comunicado conjunto de 4 de julho de 1998, enfrentaram-se também os problemas culturais, um dos quais foi a criação de um

---

[524] MURA, Guido. "Oltre l'immagine. La grafica dei libri scolastici negli anni della ricostruzione". *In*: COARELLI, Rossella (Coord.). *Istruiti e laboriosi*: gli anni della ricostruzione. Milão: Viennepierre, 2004, p. 111 (*Documentazione iconografica*, 161-188); MURA, Guido. "Esempi di grafica del ventennio nei libri scolastici". *In*: COARELLI, Rossella (Coord.). *Istruiti e laboriosi*: gli anni della ricostruzione. Milão: Viennepierre, 2004 (*Documentazione iconografica*, pp. 101-146). Ambos os ensaios analisam a forma da ilustração ou da gráfica (reproduzida a cores), mas não a mensagem que elas transmitem.

[525] A ilustração com os *Balilla* constitui a capa do volume de MORRA, Francesco. *Numeri e figure*: matematica per la scuola media. Milão: Trevisini, 1941 (reproduzida em: COARELLI, Rossella (Coord.). *Dalla scuola all'Impero*: I libri scolastici del fondo Braidense (1924-1944). Milão: Viennepierre, 2001, 101). O sóbrio exemplo numérico está contido em CAMMELLI, Giorgio. *Aritmetica per le scuole di avviamento professionale*. Milão: Signorelli, 1950, ilustração não numerada após a p. 161.

[526] DE GIORGI, Fulvio. "Nel 'cantiere scolastico' della Repubblica". *In*: COARELLI, Rossella (Coord.). *Istruiti e laboriosi*: gli anni della ricostruzione. Milão: Viennepierre, 2004, p. 14.

"Libyan Studies Centre" junto ao *"Istituto Italiano per l'Africa e l'Oriente"*, em Roma. Um dos frutos dessa cooperação é a análise do modo com que os manuais escolares da Itália, antes liberal, depois fascista e enfim republicana, lidaram com o problema da colonização na Líbia.[527]

Um estereótipo apressadamente ítalo-cêntrico dominava os manuais do início da conquista da Líbia até quase aos nossos dias, e bastam poucos exemplos a demonstrá-lo. Em 1914, as crianças da terceira série elementar[528] aprendiam que:

> A Itália, para fazer respeitar os súditos italianos que trabalhavam na Líbia, em 1911, declarou guerra à Turquia. Em 5 de outubro, os nossos marinheiros entraram vitoriosos em Tripoli, expulsando para o deserto os turcos e os árabes.[529]

O tom é o mesmo também em 1927:

> A Líbia, que compreende a Tripolitânia e a Cirenaica, pertencia à Turquia. A Itália, possuindo os seus interesses, pediu aos turcos, que governavam pessimamente, para poder defendê-los. Houve uma rejeição e se declarou guerra em 27 de setembro de 1911.[530]

---

[527] LABANCA, Nicola (Coord.). *La Libia nei manuali scolastici italiani*: 1911-2001. Roma: Istituto Italiano per l'Africa e l'Oriente, 2003 (bibliografia, pp. 179-186; reproduções de escritos e documentos, pp. 189-235). São examinados 43 livros-texto.

[528] N.T. Equivalente ao terceiro ano do ensino fundamental I brasileiro.

[529] AeC (1914), *Brevi cenni*, 27, reproduzido em: LABANCA, Nicola (Coord.). *La Libia nei manuali scolastici italiani*: 1911-2001. Roma: Istituto Italiano per l'Africa e l'Oriente, 2003, p. 189.

[530] Ettore Gliozzi (1927), *Il risorgimento italiano*, 43, reproduzido em: LABANCA, Nicola (Coord.). *La Libia nei manuali scolastici italiani*: 1911-2001. Roma: Istituto Italiano per l'Africa e l'Oriente, 2003, p. 200.

Em seguida, em 1936, a colonização fascista é apresentada como a continuação daquela romana:

> Os italianos viviam lá embaixo como em seu próprio país. Afinal, uma vez, não tinha sido aquele também país deles? Por toda parte encontraram os sinais dos seus pais. Em Trípoli, um belo arco romano de triunfo (...). E o infante pode pôr os seus acampamentos onde havia acampado o legionário romano.[531]

O advento da república democrática e antifascista na Itália não modifica a perspectiva da narração e, em 1947, lê-se: depois da ocupação de Massawa, "tal posse foi ampliada ao longo da costa e no interior e se formou a Colônia Eritreia. Mas a Itália precisou, então, combater contra os abissínios que obstaculizavam a nossa pacífica penetração naquelas regiões". Note-se, "pacífica", apesar de os generais Badoglio e Graziani terem sido acusados de crimes de guerra por terem usado os gases asfixiantes naquela campanha.[532]

Considerando somente a fase histórica que viu a passagem do fascismo à República, as soluções mais adotadas nos textos escolares eram ou o silêncio (de fato, quase a totalidade dos manuais terminava com a Primeira Guerra Mundial) ou a republicação dos textos anteriores. Para explicar as guerras africanas, até os anos sessenta era proposta uma justificação demográfica ou a atenuante

---

[531] Gioacchino Volpe (1936), *La storia d'Italia raccontata ai ragazzi delle scuole di avviamento professionale*, 144, reproduzido em LABANCA, Nicola (Coord.). *La Libia nei manuali scolastici italiani*: 1911-2001. Roma: Istituto Italiano per l'Africa e l'Oriente, 2003, p. 210.

[532] Mario Conti Pertanini (1947), *Corso di storia e geografia per la classe V*, 51, reproduzido em LABANCA, Nicola (Coord.). *La Libia nei manuali scolastici italiani*: 1911-2001. Roma: Istituto Italiano per l'Africa e l'Oriente, 2003, p. 217; BELLADONNA, Simone. *Gas in Etiopia*: I crimini rimossi dell'Italia colonial. Vicenza: Neri Pozza, 2015.

da boa colonização: o mito dos *"Italiani brava gente"*.⁵³³ Em geral, retornavam apenas revistos os textos dos anos vinte, mesmo se não faltassem exceções positivas, representadas por textos inovadores.

Como o autor japonês já citado, posso recordar como experiência autobiográfica um texto dos meus anos de *Liceo*.⁵³⁴ O ótimo manual de história de Armando Saitta abre a terceira edição de 1957 anunciando "o acréscimo do período fascista e da Segunda Guerra Mundial". Um acréscimo talvez tardio, mas consistente porque, das 943 páginas do manual, 74 são dedicadas a temas então atualíssimos: de fato, o volume se fecha recordando que "a Itália faz parte do sistema atlântico e no final de 1955 foi admitida à ONU".⁵³⁵ Todavia, essa atenção à contemporaneidade e à objetividade era, ainda no final dos anos cinquenta, mais a exceção que a regra.

A inadequação dos textos escolares tinha sido assinalada pelos historiadores, mas sem sucesso.⁵³⁶ Aliás, nos anos noventa, isto é, "na década seguinte ao final do bipolarismo e no quadro de uma ascensão ao governo na Itália de maiorias de centro-direita, aquela crítica historiográfica foi envolvida em polêmica política".⁵³⁷ No âmbito de uma campanha contra a cultura, hegemonizada segundo as concepções de Antonio Gramsci pela esquerda, chegou-se a pedir também no parlamento que se instituíssem comissões para a censura dos livros-texto "ideológicos". A proposta não foi

---

⁵³³ N.T. "Italianos, boa gente".

⁵³⁴ N.T. Equivalente ao ensino médio brasileiro.

⁵³⁵ SAITTA, Armando. *Il cammino umano*: Corso di storia ad uso dei licei. Florença: La Nuova Italia, 1957; as citações estão na *Avvertenza* inicial e na p. 942.

⁵³⁶ Por exemplo, ROCHAT, Giorgio. "Inchiesta sui testi per l'insegnamento della storia contemporanea nella scuola italiana". *Il Movimento di Liberazione*, nº 101, 1970.

⁵³⁷ LABANCA, Nicola (Coord.). *La Libia nei manuali scolastici italiani*: 1911-2001. Roma: Istituto Italiano per l'Africa e l'Oriente, 2003, p. 55 e o parágrafo todo: *La recente polemica italiana sui libri di testo*.

acolhida e a polêmica foi se dissolvendo no tempo. Em conclusão, na Itália recente se desenvolveu uma polêmica sobre os livros-texto de direcionamento oposto àquele examinado no Japão a propósito de Ienaga Saburo: enquanto no Japão a polêmica visava conduzir à esquerda os livros de direita, na Itália ela visava conduzir à direita os livros de esquerda.

De outra parte, com as novas fidelidades políticas do pós-guerra nasciam também os novos conformismos: foi notado que, "depois do breve sobressalto washburiano" já recordado, "cai sobre a escola elementar[538]o modelo do novo cidadão republicano que, nesse meio-tempo, foi descoberto filo-atlântico, centrista e católico".[539] Mas o tema do novo conformismo pós-bélico não pode aqui ser abordado.

Uma circular ministerial de 2012[540] tornou obrigatória a forma híbrida para os manuais escolares, isto é, digital e impressa, que aumentou o material à disposição dos estudantes, mas não influenciou, até agora, a redação dos manuais.

Enfim, em 2014, foi apresentada uma vasta pesquisa sobre o tema que se vincula diretamente aos temas de fundo dos três artigos

---

[538] N.T. Equivalente ao ensino fundamental I brasileiro.
[539] BACIGALUPI, Marcella; FOSSATI, Piero. *Da plebe a popolo*: L'educazione popolare nei libri di scuola dall'Unità d'Italia alla Repubblica. Florença: La Nuova Italia, 1986, p. 259.
[540] Circular Ministerial n. 18, de 9 de fevereiro de 2012, *Adozione dei libri di testo nelle scuole statali di ogni ordine e grado per l'anno scolastico 2012-2013: indicazioni operative*. A solução adotada pelo ministério, abolir o livro escolar somente na forma impressa, suscitou críticas: cf., por exemplo, LAVAGNA. "Libri scolastici, digitalizzazione all'italiana". *Lim e dintorni*, 12 fev. 2012. Disponível em: http://lavagna.wordpress.com/2012/02/12/libri-scolastici-digitalizzazione-allitaliana/. Acessado em: 04.04.2024.

constitucionais pacifistas: *Guerra e pace nei manuali scolastici italiani*.[541] [542] As conclusões da pesquisa são positivas:

> Os manuais italianos são geralmente atualizados em relação à pesquisa historiográfica. A apresentação de argumentos como a guerra e a paz é aprofundada e detalhada, conduzida sempre a partir do contexto internacional e não são omitidos aspectos contraditórios ou que são objeto de discussão ou testemunham memórias opostas (...). A formação de uma consciência crítica diante das guerras e de suas causas ou da dificuldade de construir e manter a paz é favorecida pelo tom objetivo da exposição e pela presença de *dossier* de documentos a partir dos quais o professor pode construir percursos de aprendizagem aptos a suscitar reflexões e discussão.

Os manuais chegam até os conflitos mais recentes e analisam a função das Nações Unidas:

> Este argumento é tratado várias vezes: nas seções em que se fala da nova ordem do mundo depois da Segunda Guerra Mundial e nas páginas dedicadas aos novos conflitos depois do final da Guerra Fria, quando se põe em evidência os novos problemas que a ONU deve enfrentar (guerras civis, terrorismo internacional, multiplicação dos refugiados, problemas de financiamento e de representatividade das suas instâncias)

---

[541] N.T. Guerra e paz nos manuais escolares italianos.
[542] MONDUCCI, Francesco. "Guerra e pace nei manuali scolastici italiani". *Novecento.org, Pensare la didattica*, 2015. Disponível em: http://www.novecento.org/pensare-la-didattica/guerra-e-pace-nei-manuali-scolastici-italiani-1314/. Acessado em: 27.03.2024, do qual provêm as citações no texto. A pesquisa – apresentada em Fribourg (Suíça) por ocasião da *Deuxième Conferénce de l'Association Internationale de Recherche en Didactique de l'Histoire et des Sciences Sociales* (AIRDHSS), *Guerres et paix: enjeux éducatifs (11-13 settembre 2014)* –, foi realizada por pesquisadores dos institutos históricos da rede INSMLI (*Istituto Nazionale per la Storia del Movimento di Liberazione in Italia*: cf. nota 513, p. 231.

(...). Se passamos da paz ao pacifismo é, enfim, interessante notar como todos os manuais dedicam algum parágrafo e algum documento à obra de Gandhi e de Martin Luther King.

Os manuais, conclui a pesquisa, portanto, visam a fornecer "não somente conhecimentos, mas também verdadeiras competências de cidadania": também hoje eles são, portanto, um instrumento eficaz contra aquele "analfabetismo espiritual" que vimos ameaçar a nossa democracia no seu surgimento, e que continua a ameaçá-la na sua maturidade.

A Alemanha do século XX sofreu mudanças de regime tão numerosas quanto radicais e, a cada mudança de regime, correspondeu também uma revolução nos livros escolares. Com a República de Weimar, a Alemanha passou do regime monárquico àquele republicano, que durou de 1919 a 1933; à República de Weimar sucedeu a ditadura nacional-socialista de 1933 a 1945; depois do final da guerra, os dois Estados alemães tiveram de lidar com a ditadura nacional-socialista partindo de duas impostações diferentes: segundo a democracia parlamentar, a República Federal (como se verá nas próximas páginas) e segundo a ditadura do proletariado, a República Democrática Alemã – RDA;[543] por isso, em ambos os Estados os livros escolares foram radicalmente renovados, mas seguindo direcionamentos antitéticos. Enfim, depois de 1990, os manuais da extinta RDA tiveram de ser substituídos pelos manuais do outro Estado alemão, ou por novos textos harmonizados com a nova situação política.[544] A Alemanha unificada devia agora lidar

---

[543] LEO, Annette. "Die Auseinandersetzung mit der nationalsozialistischen Vergangenheit in der DDR". *In*: BENZ, Wolfgang; LEUSCHNER, Jörg (Coord.). *Geeinte Nation – Geteilte Geschichte. Die deutsche Gesellschaft nach der Wiedervereinigung*. Salzgitter: Archiv der Stadt Salzgitter, 1993.
[544] Uma descrição para cada uma das fases até aqui ilustradas se encontra em KUHN, Hans-Werner; MASSING, Peter; SKUHR, Werner. *Politische*

também com a "segunda ditadura alemã",[545] isto é, com uma *dupla* superação do passado.

Na área alemã, essas mudanças foram tão numerosas e radicais que aqui será necessário limitar-se a alguns acenos gerais sobre os anos posteriores a 1945 na Alemanha federal e, sobretudo, ao ensino da história contemporânea, a matéria mais diretamente chamada a descrever essas mudanças políticas e, portanto, a refletir as correspondentes mudanças de narrativa na tentativa de endereçar as novas gerações rumo a um modelo democrático de sociedade. Mais que os livros-texto, serão tomadas em consideração as medidas do Estado sobre o conteúdo dos livros-texto, e não os livros mesmos, demasiadamente numerosos: se revelará, assim, o estreito entrelaçamento entre eventos político-sociais, reações governativas e direcionamento didático.

Dois intelectuais autorizados mantiveram vivo o pensamento crítico sobre o nacional-socialismo. Thomas Mann falou aos alemães da BBC, por toda a duração da guerra até poucos dias depois da capitulação: o seu último discurso, de 08 de maio de 1945, sobre

---

Bildung in Deutschland: Entwicklung – Stand – Perspektiven. 2ª edição ampliada. Opladen: Leske – Budrich, 1993.

[545] RUDNIK, Carola S. "Doppelte Vergangenheitsbewältigung". *In*: FISCHER, Torben; LORENZ, Matthias N. (Coord.). *Lexikon der "Vergangenheitsbewältigung" in Deutschland*. Bielefeld: Transcript, 2009; NIVEN, William John. *Facing the Nazi Past*: United Germany and the Legacy of the Third Reich. Londres: Routledge, 2002; KLESSMANN, Christoph; MISSELWITZ, Hans; WICHERT, Günter (Coord.). *Deutsche Vergangenheit – eine gemeinsame Herausforderung*: Der schwierige Umgang mit der doppelten Nachkriegsgeschichte. Berlim: Links, 1999; KÜHNHARDT, Ludger; LEUTENECKER, Gerd; RUPPS, Martin (Coord.). *Die doppelte deutsche Diktaturerfahrung*: Drittes Reich und DDR – ein historisch-politikwissenschaftlicher Vergleich. Frankfurt am Main: Lang, 1996; SÜHL, Klaus (Coord.). *Vergangenheitsbewältigung 1945 und 1989*: Ein unmöglicher Vergleich? Eine Diskussion. Berlim: Volk und Welt, 1994; ELM, Ludwig. *Nach Hitler, nach Honecker*: Zum Streit der Deutschen um die eigene Vergangenheit. Berlim: Dietz, 1991.

CAPÍTULO I – TRÊS CONSTITUIÇÕES – DAS DITADURAS ÀS...

os campos de concentração alemães, *Die deutschen KZ*, colocava os seus concidadãos diante de suas responsabilidades:

> Não era um pequeno número de delinquentes, eram centenas de milhares de uma, assim chamada, elite alemã, homens, jovens e mulheres desumanizados, que sob a influência de loucos mestres, à mercê de um prazer doentio, cometeram esses delitos.[546]

Sobre a responsabilidade política dos alemães, também Karl Jaspers se deteve em um escrito de 1946,[547] finalmente liberado do total isolamento que era autoimposto porque hostilizado pelo regime nazista

---

[546] Citado em FISCHER, Torben. "Exildebatte". *In*: FISCHER, Torben; LORENZ, Matthias N. (Coord.). *Lexikon der "Vergangenheitsbewältigung" in Deutschland*. Bielefeld: Transcript, 2009, p. 48. Durante a guerra Thomas Mann realizou uma intensa atividade com a BBC (http://ifb.bsz-bw.de/bsz434791377rez-1.pdf); MANN, Thomas. "Die deutschen KZ [Radiobotschaft, 8.5.1945]". *In*: MANN, Thomas; KURZKE, Hermann; STACHORSKI, Stepahn (Coord.). *Essays*: Meine Zeit 1945-1955. vol. 6. Frankfurt am Main: Fischer, 1997.

[547] JASPERS, Karl. *Die Schuldfrage*: Von der politischen Haftung Deutschlands. Heidelberg: Lambert Schneider, 1946; cf. HERRMANN, Anne-Kathrin. "Karl Jaspers: Die Schuldfrage". *In*: FISCHER, Torben; LORENZ, Matthias N. (Coord.). *Lexikon der "Vergangenheitsbewältigung" in Deutschland*. Bielefeld: Transcript, 2009, pp. 44/45 (análise do texto de Jaspers e literatura sobre o tema). Também a convicção da impossibilidade da reunificação alemã o separava da Alemanha federal: JASPERS, Karl. *Freiheit und Wiedervereinigung*: Über Aufgaben der deutschen Politik. Prefácio de Willi Brandt. München: Pieper, 1990. Cf. WEIS, Julia. "Karl Jaspers: Freiheit und Wiedervereinigung". *In*: FISCHER, Torben; LORENZ, Matthias N. (Coord.). *Lexikon der "Vergangenheitsbewältigung" in Deutschland*. Bielefeld: Transcript, 2009, pp. 156/157 (análise e literatura). A proposta de Jaspers de renunciar à unificação alemã em troca de uma mudança democrática da RDA provocou também a reação do presidente da RDA, Walter Ulbricht, que à visão de Jaspers (visto por ele como ideólogo da RFA) contrapôs a SED, o partido comunista da RDA, como única sustentadora da unidade alemã.

pelo seu matrimônio com uma mulher judia, da qual se recusou a se divorciar, sendo afastado do ensino por isso. Enquanto os processos para a desnazificação trilhavam as culpas dos nacional-socialistas segundo bases jurídicas (cf. *supra*, p. 101), Jaspers reagiu à "planicidade do discurso sobre a culpa" ("*Flachheit des Schuldgeredes*"), propondo uma base ética, na qual distingue quatro dimensões da culpa: as dimensões criminal, política, moral e metafísica. A culpa "moral" é aquela mais difícil de ser aceita pelos alemães, que contribuíram com o nacional-socialismo com "a autoilusão, a colaboração ou a execução de ordens desumanas". Porque essa culpa moral é um problema exclusivamente individual, Jaspers considera ingerências indevidas ("*Einmischung*") a reeducação e a desnazificação desejadas pelos Aliados. Enfim, existe a culpa "metafísica", que somente Deus pode julgar: quem incondicionalmente não pôs em jogo a própria vida para impedir a morte de outros possui essa culpa metafísica, "que não é compreensível jurídica, política e moralmente. O fato que eu viva ainda, depois que aconteceram coisas semelhantes, pesa sobre mim como uma culpa inextinguível". O ambiente alemão não era receptivo para esse pensamento e, já em 1948, Jaspers tomou a via do exílio – aquele exílio que não tinham conseguido impor-lhe os nazistas – e transferiu-se para a Basiléia,[548] onde permaneceu até o final dos seus dias. Em geral, a sociedade alemã, mesmo solicitada por alguns dos seus melhores intelectuais, mostrava uma escassa propensão a refletir sobre as suas culpas coletivas.

No imediato pós-guerra, em algumas áreas, os Aliados bloquearam o ensino da história, enquanto em outras o permitiram desde que se excluísse o período de 1933 a 1945. Os manuais de história da época nacional-socialista foram requisitados e, paralelamente, o expurgo afastou os professores mais comprometidos com o regime passado. Os novos manuais deviam receber a aprovação dos Aliados, que viam neles um instrumento importante para a educação dos jovens alemães para a democracia.

---

[548] N.T. Suíça.

Em 1947, o ensino da história foi retomado em todo o território alemão e os manuais escolares refletiam o debate entre os historiadores, que buscavam explicar como uma nação inteira pôde se envolver no nacional-socialismo. O livro de Erich Weniger é exemplar por essa atmosfera de renovação, em que se confrontava o tema do nacional-socialismo e da sua política do terror. Para ele, o ensino da história é

> o *organon* através do qual o Estado e o povo se acertam da própria existência e das próprias tarefas, esclarecem a própria responsabilidade diante da história e introduzem toda nova geração à sua responsabilidade histórica.[549]

Porém, essa abordagem crítica – apesar de estendida e aprofundada também pelo livro de história mais difundido nos anos cinquenta[550] – constituía mais a exceção do que a regra.

Com a Guerra Fria dos anos cinquenta, na Alemanha federal, a análise do nacional-socialismo sofreu uma mudança de direcionamento porque sobre ela se enxertou um anticomunismo radical, alimentado também pela constante polêmica com o "outro" Estado alemão. No debate histórico e político, afirmou-se a "teoria do totalitarismo", que irmanava em tratamento o nacional-socialismo e o comunismo como formas específicas de uma mesmíssima concepção política a ser rejeitada em bloco. Em particular, evitava-se o problema de envolver no nacional-socialismo uma vasta parte da população, atribuindo todo excesso ao controle totalitário do partido nacional-

---

[549] WENIGER, Erich. *Neue Wege im Geschichtsunterricht*. Frankfurt am Main: Schulte-Bulmke, [1946] 1949, p. 4; a primeira edição é de 1946 e recolhe alguns ensaios publicados em 1945-1946 na revista *Die Sammlung*. Uma análise do modelo didático proposto por Weniger está contida no ensaio de KUSS, Horst. "Neue Wege – alte Ziele?" *In*: HASBERG, Wolfgang (Coord.). *Modernisierung im Umbruch*: Geschichtsdidaktik und Geschichtsunterricht nach 1945. Berlim: Lit, 2008.

[550] WUESSING, Fritz *et al*. *Wege der Völker*: Geschichtsbuch für deutsche Schulen. Berlim: Berthold Schulz, 1951.

socialista sobre a sociedade e reconduzindo as perseguições raciais à personalidade de Hitler. Ao duplo totalitarismo vinha contraposto o regime democrático da Alemanha federal. Porém, nos anos cinquenta, também esse direcionamento didático foi contestado e sempre mais frequentemente se preferiu fazer terminar o ensino da história com a Primeira Guerra Mundial.

Com a consolidação da estrutura federal, a organização do ensino era confiada aos *Länder*, coordenados a nível nacional pela Conferência dos Ministros da Educação.[551] Essa conferência emana decisões (mais à frente veremos alguns exemplos destas) recebidas em cada *Länder* como programas didáticos que direcionavam cada docente, obviamente, a respeito das suas liberdades fundamentais. Os políticos eram conscientes da importância política do ensino da história e, por isto, intervieram repetidamente para direcioná-lo a uma rota considerada mais favorável à democracia ou, ao menos, às exigências políticas do momento.

Era preciso enfrentar um passado que reflorescia de várias formas. Por exemplo, nas eleições de 1950, o "Partido Imperial Socialista da Alemanha" (SRP) se apresentou como herdeiro do NSDAP e, por isso, foi proibido em 1952 pelo Tribunal Constitucional Federal. Na trilha dessa sentença, em 1953, as linhas diretivas para o ensino da história previam o tema "Ditaduras e a Segunda Guerra Mundial", seguindo a orientação de incluir o nacional-socialismo e o comunismo na comum categoria do totalitarismo. Porém, ainda em 1956, em alguns *Länder* não se enfrentava o tema da perseguição dos judeus. A atmosfera começou a mudar na metade dos anos cinquenta, com a chegada de uma geração que não tinha tido uma experiência direta do nacional-socialismo e, portanto, tratava aquela parte do passado alemão sem ter sido pessoalmente envolvida nela.

---

[551] Kultusministerkonferenz, *Grundsätze für den Geschichtsunterricht*, Beschluß vom 17.12.1953, *"Sammlung der Beschlüsse der Ständigen Konferenz der Kultusminister in der Bundesrepublik Deutschland"*.

CAPÍTULO I – TRÊS CONSTITUIÇÕES – DAS DITADURAS ÀS...

O processo de aprofundamento didático da época nacional-socialista foi acelerado como reação às manifestações de antissemitismo dos anos 1959-1960. A série de ataques às sinagogas e aos cemitérios hebraicos, em 1959, era a continuação da atitude antissemita que explodiu com o nacional-socialismo. Ainda em 1949, uma pesquisa constatou que um quarto da população alemã se declarava antissemita. Esse percentual cresceu ainda em 1952. A esse retorno do antissemitismo contribuiu também, no debate sobre as reparações, a estranha acusação dirigida aos judeus de enriquecer-se por meio do Holocausto, exemplarmente ilustrada pelo "Caso Auerbach". O responsável pelo ofício bávaro para as indenizações, Philipp Auerbach, foi acusado juntamente com outros políticos de ter se apropriado de uma parte dos fundos destinados aos ressarcimentos. Auerbach foi absolvido, mas se suicidou pouco depois.

Entre o final de 1959 e o início de 1960, o Ministério do Interior apurou mais de seiscentos casos de ações antissemitas. O caso mais emblemático foi o ataque à sinagoga de Colônia, inaugurada em março e pichada em 25 de dezembro de 1959. Nesse contexto, a reação do governo federal foi clara, mas ressentia-se do clima da Guerra Fria. De fato, o governo federal publicou um Livro Branco para condenar aqueles eventos, porém, na seção *Influência das forças anticonstitucionais*, acentuou a participação dos (poucos) extremistas de esquerda, chegando à conclusão de que "as concepções do DRP [*Deutsche Reichspartei*] haviam contribuído para provocar aquelas ações, mas que algumas 'forças comunistas' haviam utilizado aqueles eventos para desacreditar o governo federal".[552]

Nos debates suscitados por esses eventos, repreendeu-se ao ensino escolar por não ter atribuído a justa relevância ao passado nacional-socialista. Por isso, em fevereiro de 1960, a Conferência dos

---

[552] MUNZERT, Maria. "Neue Antisemitismuswelle". *In*: FISCHER, Torben; LORENZ, Matthias N. (Coord.). *Lexikon der "Vergangenheitsbewältigung" in Deutschland*. Bielefeld: Transcript, 2009, p. 86.

Ministros da Educação recomendou o *Tratamento do recente passado no ensino da história e da educação cívica*.[553] Recomendava-se a análise do nacional-socialismo, mas não se mencionava especificamente o Holocausto, tema particularmente espinhoso que os professores abordavam com hesitação. Dois anos depois, a mesma conferência indicava as diretrizes para se prepararem os livros para o ensino da história, convidando a se evidenciar a conexão entre conhecimento histórico e agir político.[554] Quase contemporaneamente, outra recomendação indicava as *Linhas diretrizes para tratar a teoria do totalitarismo no ensino*.[555]

Os acontecimentos, no início dos anos sessenta, exigiam um contínuo confronto da sociedade alemã com o seu passado. Na indiferença da maioria, em 8 de maio de 1960, os delitos nazistas prescreveriam: o debate sobre o que fazer durou de 1960 a 1979, e ao final venceu a não prescritibilidade dos homicídios. Em 1961, o Estado de Israel processou Adolf Eichmann, figura central no Holocausto. A opinião pública alemã foi abalada pelo processo contra os funcionários do campo de concentração de Auschwitz, transcorrido em Frankfurt de dezembro de 1963 a 1965.

Entretanto maturava 1968, com o movimento estudantil e grupos armados como a *Rote Armee Fraktion*.[556] Em particular, os estudantes já pertenciam a uma geração crescida fora do nacional-socialismo e assumiam uma posição crítica em relação aos próprios pais. Através

---

[553] Kultusministerkonferenz, *Behandlung der jüngsten Vergangenheit im Geschichts- und Gesellschaftskunde-Unterricht*, Beschluß vom 11. – 12. Februar 1960 (fonte: cf. nota 551, p. 246). Com essa decisão a KMK reagiu às atividades antissemitas de 1959.

[554] Kultusministerkonferenz, *Gestaltung der Lehrbücher für den Unterricht in neuester Geschichte und Zeitgeschichte*, Beschluß vom 2. Júlio de 1962 (fonte: cf. nota 551, p. 246). Para um quadro geral sobre a didática do Holocausto: Falk Pingel (1994), *Nationalsozialismus und Holocaust*.

[555] Kultusministerkonferenz, *Richtlinien zur Behandlung des Totalitarismus im Unterricht*, Beschluß vom 5. Júlio de 1962 (fonte: cf. nota 410).

[556] N.T. Facção do Exército Vermelho.

CAPÍTULO I – TRÊS CONSTITUIÇÕES – DAS DITADURAS ÀS...

do movimento dos estudantes e de sua repercussão na sociedade, a "teoria crítica da sociedade", que tem suas raízes no "Instituto para a Pesquisa Social", fundado em 1922, em Frankfurt, abriu caminho no ensino da história, e a educação cívica foi apresentada como um instrumento para a mudança social.

Era inevitável que, naqueles anos, intensificasse-se o debate social sobre a insuficiência da preparação democrática dos cidadãos. Sempre em 1960, por isso foi instituída a nova disciplina "*Gemeinschaftskunde*",[557] equivalente à italiana "educação cívica". Porém, anos depois, em 1964, uma investigação constatava que, nos jovens, o conhecimento da época nacional-socialista se reduzia principalmente à figura de Hitler. De outra parte, também a maior parte dos livros-texto tendia a fazer coincidir o nacional-socialismo com a nefasta figura de Hitler, reduzindo ao mínimo a discussão do envolvimento da sociedade alemã e dos horrores daquela ditadura. Não poucos manuais, enfim, safavam-se do problema fechando a tratativa da história do século XX em 1933.

A essa situação se refere o texto radiofônico de 1966 de Theodor W. Adorno, *Educação após Auschwitz*:[558]

---

[557] *Saarbrücker Rahmenvereinbarungen zur Einrichtung des Faches Gemeinschaftskunde*, 1960. "Essas diretrizes eram uma resposta política à onda de indignação que acompanhou as pichações das sinagogas em dezembro de 1959" (ZIMMERMANN, Hannah. *Geschichte ohne Zeitgeschichte*: Eine Untersuchung von zwei Jahren Geschichtsunterricht in den frühen 1960er Jahren. München: Utz, 2012, p. 39). A evolução desta matéria está no capítulo *3.1.2.1. Exkurs: Geschichte des Faches Gemeinschaftskunde*, pp. 38 e ss.

[558] ADORNO, Theodor W. "Erziehung nach Auschwitz [Vortrag im Hessischen Rundfunk, 18.4.1966]". In: _____. *Erziehung zur Mündigkeit. Vorträge und Gespräche mit Hellmut Becker 1959-1969*. Editado por Gerd Kadelbach. 5ª ed. Frankfurt am Main: Suhrkamp, 1970 (trechos em *Die Zeit* 01/1993. Disponível em: https://www.zeit.de/1993/01/erziehung-nach-auschwitz). Alguns extratos foram publicados em 1993 também pelo semanário *Die Zeit*, porque "o tema 'educação' parece, hoje, mais atual que nunca" (https://www.zeit.de/1993/01/erziehung-nach-auschwitz).

[Cujas] frases iniciais se tornaram o credo de uma geração inteira de professores: "a exigência de que Auschwitz não aconteça uma segunda vez é o primeiro princípio da educação. Ela precede tão grandemente todas as outras exigências que não creio dever justificá-la em algum modo".[559]

Para avaliar o quanto os alunos tivessem apreendido do ensino sobre o nacional-socialismo, em 1976-1977, Dieter Boßmann pediu uma redação sobre o tema *"Was ich über Hitler gehört habe"* (*Aquilo que ouvi dizer sobre Hitler*) e recolheu em um volume os pontos salientes de mais de 3.000 redações de alunos entre dez e 23 anos.[560] O resultado demonstrou que as tentativas didáticas precedentes não haviam dado o fruto esperado: entre o conteúdo dos textos escolares e os conhecimentos dos alunos existia tamanha discrepância que se falou de um *"Boßmann-Schock"*, de um "trauma" com o qual se reabriu o debate sobre o modo mais eficaz para ensinar a história recente. Nesse debate, tomou posição também um organismo federal, organizando uma convenção nacional sobre o *Nacional-socialismo como problema didático*.[561]

---

[559] HÖFT, Andrea. "Nationalsozialismus im Schulunterricht". In: FISCHER, Torben; LORENZ, Matthias N. (Coord.). *Lexikon der "Vergangenheitsbewältigung" in Deutschland*. Bielefeld: Transcript, 2009, p. 174. A passagem mencionada por Höft está em ADORNO, Theodor W. "Erziehung nach Auschwitz [Vortrag im Hessischen Rundfunk, 18.4.1966]". In: _____. *Erziehung zur Mündigkeit. Vorträge und Gespräche mit Hellmut Becker 1959-1969*. Editado por Gerd Kadelbach. 5ª ed. Frankfurt am Main: Suhrkamp, 1970, p. 92 (trechos em *Die Zeit* 01/1993. Disponível em: https://www.zeit.de/1993/01/erziehung-nach-auschwitz).

[560] BOSSMANN, Dieter. *"Was ich über Adolf Hitler gehört habe ..."*. *Folgen eines Tabus*: Auszüge aus Schüler-Aufsätzen von heute. Frankfurt am Main: Fischer, 1982.

[561] SCHMIDT-SINNS, Dieter. *Der Nationalsozialismus als didaktisches Problem*: Beiträge zur Behandlung des NS-Systems und des deutschenWiderstands im Unterricht. Bonn: Bundeszentrale für politische Bildung, 1980.

Desde o final dos anos setenta, manifestaram-se correntes da extrema-direita, às quais uma parte dos professores reagiu com ensinamentos antifascistas. Porém, não faltaram as críticas: crer que um conhecimento específico do nacional-socialismo fosse um instrumento contra o extremismo de direita, sustentava-se, estava se revelando um erro porque parecia que, diante das explicações dos docentes, não poucos alunos tivessem assumido atitudes de rejeição.

No entanto, a nível internacional, tornavam a manifestar-se as tendências que desde o pós-guerra haviam negado a existência das câmaras de gás e do Holocausto, para chegar, assim, a cancelar essas culpas adscritas ao povo alemão na sua totalidade.[562] Em coincidência com o 40º aniversário da "Noite dos Cristais"[563] de novembro de 1938, a Conferência dos Ministros da Educação – na recomendação de abril de 1978, sobre o *Tratamento do nacional-socialismo no ensino*[564] – indicava como se reagir à difusão das teorias negacionistas para conduzir os estudantes a uma capacidade autônoma de juízo político.

Do final dos anos setenta, a época nacional-socialista é objeto de romances, filmes e séries televisivas que apresentaram aquela

---

[562] BAILER-GALANDA, Brigitte (Coord.). *Die Auschwitzleugner*: "Revisionistische" Geschichtslüge und historische Wahrheit. Berlim: Elephanten Press, 1996; VERCELLI, Claudio. *Il negazionismo*: Storia di una menzogna. Roma: Laterza, 2013.

[563] N.T. A "Noite dos Cristais" [*Kirstallnacht*], refere-se a uma série de ataques antissemitas perpetrados entre 9 e 10 de novembro de 1938 em toda a Alemanha, na Áustria ocupada e na região ocupada dos Sudetos na Tchecoslováquia. Ao menos 91 judeus foram assassinados e centenas de sinagogas foram vandalizadas e incendiadas.

[564] KULTUSMINISTERKONFERENZ. "Behandlung des Nationalsozialismus im Unterricht (Beschluss der Kultusministerkonferenz vom 20.4.1978)". *In*: _____. *Sammlung der Beschlüsse der Ständigen Kultusministerkonferenz, Grundwerk*. 3ª ed. Köln: Link, 1978 (que não pude ver; citado em HÖFT, Andrea. "Nationalsozialismus im Schulunterricht". *In*: FISCHER, Torben; LORENZ, Matthias N. (Coord.). *Lexikon der "Vergangenheitsbewältigung" in Deutschland*. Bielefeld: Transcript, 2009, p. 175).

fase histórica de uma forma mais fascinante do que poderiam fazer os livros escolares. Na Alemanha, em janeiro de 1979, a televisão transmitiu a série estadunidense *Holocaust*, que teve uma grande popularidade. Mas não faltaram críticas, porque a linguagem televisiva impõe ritmos e simplificações nem sempre adequadas a um tema tão trágico: para Elie Wiesel, Prêmio Nobel da Paz e sobrevivente dos campos de concentração, aquela série televisiva havia transformado o Holocausto em uma *soap opera*.[565]

Enfim, a recomendação da Conferência dos Ministros da Educação, em 1980, enfrenta o difícil discurso sobre a resistência ao nacional-socialismo, endereçando as suas pesquisas também para o âmbito da história local: *Tratamento no ensino da resistência na época do nacional-socialismo*.

> Com base nessa diretiva a escola deve procurar colocar a resistência no contexto geral da dominação e da política do nacional-socialismo. Serão também tomados em consideração os movimentos de resistência fora da Alemanha e as atividades dos exilados. Junto à descrição de figuras relevantes da resistência é particularmente importante o âmbito individualizado da história local e regional. Será mostrado que a capitulação diante da ditadura é frequentemente iniciada não com quedas espetaculares, mas com as pequenas faltas quotidianas; e que exatamente na quotidianidade se encontra também uma silenciosa resistência, sem a qual uma descrição da vida no Terceiro *Reich* não seria completa. Todavia, que seja também ilustrado como puderam surgir o medo e a adaptação, tirando de muitos a coragem de perceber a injustiça, ou também de reagir a ela.[566]

---

[565] N.T. Novela.

[566] KULTUSMINISTERKONFERENZ. *Empfehlung zur Behandlung des Widerstandes in der NS-Zeit im Unterricht* (Beschluss der Kultusministerkonferenz vom 4.12.1980). Disponível em: https://www.gesetze-bayern.de/Content/Document/

Os professores alemães compararam também a didática da história recente e do nacional-socialismo com os países estrangeiros. Em particular, na conferência alemã-israelita de 1979 sobre os livros escolares se manifestou a crítica segundo a qual os textos alemães descrevem os eventos, mas não os colocam no contexto político que os provocou, favorecendo, assim, a visão segundo a qual o nacional-socialismo é reconduzido à personalidade enferma de Hitler. Para contribuir à formação do ensino sobre a didática do Holocausto e seguindo o modelo americano de avaliação daquele ensino, em 1995, foi fundado o "Instituto Fritz Bauer". Ele é intitulado em homenagem a um juiz perseguido pelo nacional-socialismo, emigrado e depois reintegrado na carreira com a tarefa de julgar os crimes nazistas. Fritz Bauer é internacionalmente conhecido por haver contribuído de modo determinante com dois eventos-chave: a captura de Eichmann, em 1961, e a organização do *"Auschwitz-Prozess"*,[567] em 1963.

Com a difusão dos meios de comunicação e da *internet*, cada vez mais vinha à luz que os alunos adquiriam as notícias sobre o passado recente por uma pluralidade de fontes e que, portanto, o aporte da didática não tinha mais o monopólio da formação da sua visão do mundo passado. Não só as notícias fluíam pela *internet* e pelos meios de comunicação, mas existia também uma comunicação no interior do grupo familiar, para recuperar lembranças já distantes mas ligadas ao próprio âmbito existencial. A didática da história recente, do nacional-socialismo e do Holocausto, portanto, teve de experimentar novos caminhos:

> Começou-se a discutir sobre a distração da atenção de uma comunicação fortemente racional a favor de uma no nível emocional. Aquilo que nos anos setenta era ainda discutido,

---

BayVV_2230_1_1_1_1_3_UK_184/true. Acessado em: 03.04.2024, fonte: cf. nota 551, p. 246.
O texto é tirado da *"Jornal Oficial"* bavarese (http://www.gesetze-bayern.de/Content/Document/BayVV_2230_1_1_1_1_3_UK_184/true).
[567] N.T. Processo de Auschwitz.

nos anos oitenta se tornou, ao menos em forma atenuada, uma parte óbvia das biografias. O nacional-socialismo e o Holocausto se tornaram temas não mais somente do ensino da história e das matérias ligadas à educação cívica, mas também do ensino da religião, da ética e do alemão.[568]

Com a unificação da Alemanha, o estudo do passado recente e a superação da ditadura nacional-socialista se estendeu ao território inteiro alemão que, desde 1989, teve também de enfrentar a "segunda ditadura alemã": aquela que havia plasmado durante quarenta anos a parte oriental da Alemanha.[569]

Os *grandes processos* de Nuremberg e Tóquio, os *expurgos* nos Estados derrotados e as *reparações bélicas* são três tentativas de concluir a tragédia da guerra com medidas que evitem no futuro um evento semelhante, na convicção que ele seria infinitamente mais catastrófico por causa da ameaça nuclear. À *escola* foi confiada a tarefa de tornar claras as causas e as consequências daquela tragédia a fim de que as gerações futuras sejam conscientes disso e não cometam os mesmos erros. As páginas precedentes se firmaram sobre esses quatro temas para explicar a atmosfera social do pós-guerra e a necessidade de paz que pervadia todos as classes sociais. Os artigos constitucionais, com que os três ex-Estados do Eixo rejeitavam a guerra, apresentavam-se como a garantia de uma futura política de paz. Aquilo que, porém, os constituintes não podiam prever era a radical transformação da própria guerra em meio século: transformação que reduziu, progressivamente, a eficácia daqueles artigos pacifistas e, com ela, a garantia de paz que parecia adquirida no final da Segunda Guerra Mundial.

---

[568] HÖFT, Andrea. "Nationalsozialismus im Schulunterricht". *In*: FISCHER, Torben; LORENZ, Matthias N. (Coord.). *Lexikon der "Vergangenheitsbewältigung" in Deutschland*. Bielefeld: Transcript, 2009, p. 185.

[569] SCHWEIZER, Katja. *Täter und Opfer in der DDR*: Vergangenheitsbewältigung nach der zweiten deutschen Diktatur. Münster: Lit, 1999.

Portanto, é oportuno examinar brevemente como a guerra se transformou e como essa transformação está tornando obsoletos aqueles artigos constitucionais, dos quais se propõe, frequentemente, a modificação ou a ab-rogação.

11 Mais de meio século depois da guerra: os artigos constitucionais pacifistas e os novos conflitos

Depois da guerra, a lembrança ainda viva das catástrofes e a presença esmagadora das tropas de ocupação aliadas tornaram não só politicamente aceitáveis, mas também praticáveis os artigos pacifistas das três Constituições, se bem que não faltassem tomadas de posição que criticavam a limitação de soberania que eles impunham. Todavia, o contraste entre aquelas normas pacifistas e a realidade resultou sempre mais evidente a partir da crise e, depois, da queda do bloco soviético, porque as guerras locais envolveram sempre mais os Estados da OTAN, da qual eram membros tanto a Itália quanto a Alemanha.

Numerosas transformações reforçaram o debate sobre os artigos pacifistas. Em 1949, a Itália esteve entre os Estados fundadores da OTAN, à qual, em 1955, acrescentou-se a Alemanha federal. Uma vez que, com base no artigo 10 do tratado, da OTAN podem fazer parte somente Estados europeus,[570] o Japão não é nem membro

---

[570] "Art. 10. As Partes podem, por acordo unânime, convidar a aderir a este Tratado qualquer outro Estado europeu capaz de favorecer o desenvolvimento dos princípios do presente Tratado e de contribuir para a segurança da área do Atlântico Norte. Qualquer Estado convidado nesta conformidade pode tornar-se Parte no Tratado mediante o depósito do respectivo instrumento de adesão junto do Governo dos Estados Unidos da América. Este último informará cada uma das Partes do depósito de cada instrumento de adesão" [NT: Versão em português disponível em: https://www.nato.int/cps/en/natohq/official_texts_17120.htm?selectedLocale=pt]. Versão em italiano disponível em: https://www.nato.int/cps/fr/natohq/official_texts_17120.htm?selectedLocale=it.

nem *partner* dessa aliança, mas desde os anos 90 colabora com a OTAN,⁵⁷¹ que o considera o mais antigo dentre os seus *"partners across the globe"*,⁵⁷² enquanto participante não só de operações de *"peace-support"*,⁵⁷³ mas também de *"military activities"*.⁵⁷⁴ ⁵⁷⁵

---

⁵⁷¹ NATO NEWS. "NATO" longest-standing partner in the Asia-Pacific". *North Atlantic Treaty Organization*, abr. 2013. Disponível em: https://www.nato.int/cps/en/natohq/news_99788.htm?selectedLocale=en. Acessado em: 03.04.2024: *"Building on initial contacts that were made in the early 1990s, Nato and Japan have developed political dialogue and practical cooperation in a wide range of areas of mutual interest over the past two decades"*. [NT: "Com base nos contatos iniciais que foram feitos no início dos anos 1990, a OTAN e o Japão desenvolveram diálogo político e cooperação prática em uma ampla gama de áreas de interesse mútuo nas últimas duas décadas"]. Um exemplo de atividade conjunta: NATO NEWS. "NATO and Japan conduct first ever joint counter-piracy drill". *North Atlantic Treaty Organization*, 25 set. 2014. Disponível em: http://www.nato.int/cps/en/natohq/news_113373.htm?selectedLocale=en. Acessado em: 04.04.2024.

⁵⁷² N.T. Parceiros ao redor do mundo.

⁵⁷³ N.T. Apoio à paz.

⁵⁷⁴ N.T. Atividades militares.

⁵⁷⁵ *"Japan is the longest-standing of Nato's 'partners across the globe'. Building on initial contacts in the early 1990s, dialogue on common security interests has become more regular and structured. Practical cooperation has been developed in a wide range of areas, including peace-support and crisis-management activities, humanitarian assistance and disaster relief, cyber defence, defence against terrorism, non-proliferation, as well as participation in military activities. Stabilising Afghanistan has been a key focus of cooperation over the past decade. Nato and Japan signalled their commitment to strengthen cooperation in a joint political declaration signed in April 2013, during the visit of Nato's Secretary General to Japan"* [NT: "O Japão é o mais antigo dos 'parceiros da OTAN em todo o mundo'. Com base nos contatos iniciais no início dos anos 90, o diálogo sobre interesses comuns de segurança tornou-se mais regular e estruturado. A cooperação prática foi desenvolvida em uma ampla gama de áreas, incluindo atividades de apoio à paz e ao gerenciamento de crises, assistência humanitária e socorro em desastres, defesa cibernética, defesa contra o terrorismo, não proliferação, bem como participação em atividades militares. A estabilização do Afeganistão tem sido o foco principal da cooperação

A cautela com que o Japão se movia no cenário internacional, depois do final da Guerra Fria, foi superada, mesmo se com prudência, a partir dos anos noventa. Para o Japão existem, porém, mais limitações que para outros atores internacionais:

> Essas limitações resultam principalmente dos vínculos impostos pelo passado militarismo japonês. Dele se podem deduzir, no âmbito interno, as disposições da Constituição, uma regra social do pacifismo e uma cultura política do antimilitarismo, bem como, em âmbito externo, o modo negativo como os seus vizinhos asiáticos percebem o Japão.[576]

Esses elementos condicionaram as reações japonesas diante das transformações dos anos noventa e geraram uma política de segurança própria que revê a aliança com os Estados Unidos e a cooperação multilateral, sobretudo na área asiática. A diplomacia japonesa visa a respeitar a norma pacifista da Constituição, a evitar intervenções militares (exigidas pelo seu principal aliado, os Estados Unidos, mas vistos com suspeita pelos vizinhos asiáticos) e a exercer uma influência pacifista nas organizações internacionais. Ao Japão e à Holanda se deve, em 1991, a instituição do registro sobre o comércio de armas junto às Nações Unidas, com a finalidade de evitar a desestabilização da área asiática no curso das atuais tensões.

Desde os anos oitenta, as guerras médio-orientais repropunham ciclicamente o debate sobre a licitude da intervenção, nelas, de um

---

na última década. A OTAN e o Japão sinalizaram seu compromisso de fortalecer a cooperação em uma declaração política conjunta assinada em abril de 2013, durante a visita do secretário-geral da OTAN ao Japão"]. (NATO NEWS. "Relations with Japan". *North Atlantic Treaty Organization*, 7 abr. 2016. Disponível em: http://www.nato.int/cps/en/natohq/topics_50336.htm. Acessado em: 04.04.2024).

[576] OTTO, Carsten. "Japans bewaffneter Pazifismus: Die Sicherheitspolitik einer wirtschaftlichen Supermacht seit dem Ende des Ost-West-Konfliktes". *Asien*, 73, 1999, p. 8. Esse artigo sintetiza a política internacional do Japão a partir dos anos noventa.

dos três Estados constitucionalmente pacifistas. Da Guerra do Golfo entre Irã e Iraque (1980-1988, concluída com a resolução ONU n. 598) a Itália participou somente com fornecimento de armas, em parte bloqueadas no parlamento pelos partidos de esquerda. A situação se radicalizou com a Guerra do Kosovo (1996-1999): a OTAN interveio nela desde 1999, sem a autorização preliminar das Nações Unidas, e aquela foi a primeira participação alemã em uma atividade bélica no pós-guerra, enquanto a Itália forneceu um relevante suporte aéreo-naval que envolvia as bases estadunidenses em seu território. Na guerra russo-afegã (1979-1989), os EUA apoiaram a guerrilha antissoviética, depois, desde 2001 até hoje, a intervenção da OTAN a favor do governo afegão inverteu aquelas alianças. Itália e Alemanha participam, ainda hoje, dessa não-guerra,[577] enquanto o Japão se limitou a uma contribuição econômica e a atividades humanitárias em sentido lato.[578]

Na criticada invasão do Iraque de 2003, a Itália forneceu um aporte crescente, enquanto a Alemanha rejeitou participar depois de intensas polêmicas internas. De fevereiro de 2004 até julho de 2006, agregou-se à coalizão internacional um contingente do Japão, cujas forças armadas cumpriam, assim, a sua primeira ação militar depois da Segunda Guerra Mundial. Mas a declaração do primeiro-ministro, Koizumi Junichiro, revela quais acrobacias verbais impunham o respeito, ao menos formal, ao artigo nono da Constituição japonesa (o itálico é meu):

---

[577] Sobre a participação alemã no Afeganistão: MÜNCH, Philipp. *Die Bundeswehr in Afghanistan*: Militärische Handlungslogik in internationalen Interventionen. Freiburg im Breisgau: Rombach Verlag, 2015; sobre a participação italiana: COTICCHIA, Fabrizio. *La guerra che non c'era*: opinione pubblica e interventi militari italiani dall'Afghanistan alla Libia. Milão: Università Bocconi, 2014.

[578] Uma documentação oficial está em MINISTRY OF FOREIGN AFFAIRS. "Japan's Contribution to Afghanistan – Working on the frontline in the war on terrorism". *Ministry of Foreign Affairs*, 2007. Disponível em: http://www.mofa.go.jp/region/middle_e/afghanistan/pamph0703.pdf. Acessado em: 04.04.2024.

CAPÍTULO I – TRÊS CONSTITUIÇÕES – DAS DITADURAS ÀS...

"Quero exprimir o meu profundo respeito e a minha gratidão às *Forças de Autodefesa* que operaram em condições difíceis com a forte consciência de que estavam conduzindo as suas *atividades no Iraque por todo o povo japonês*", disse [o *premier* Junichiro] Koizumi em uma coletiva de imprensa na qual precisou que Tóquio *continuará a sustentar a reconstrução do Iraque*.[579]

Em 24 de abril de 2018, os Estados Unidos (que na semana anterior haviam declarado querer retirar-se do Iraque em 48 horas), a Grã-Bretanha e a França bombardearam o Iraque como punição pelo uso de armas químicas contra a população. Em uma preocupante situação de não-guerra, pela primeira vez depois da crise de Cuba, em 1962, arriscava-se um choque direto entre militares estadunidenses e russos, ambos presentes no Iraque em lados opostos. Por isso, os Estados Unidos haviam advertido a Rússia do ataque. Também turcos, iranianos e quantos outros tinham sido convidados de algum modo a esquivar-se porque dali a pouco os mísseis seriam lançados. Uma semana *depois* desse bombardeio quase amigável, chegava no Iraque a comissão da *Organization for the Prohibition of Chemical Weapons*[580] que devia acertar se o regime sírio tinha efetivamente usado aquelas armas químicas que estavam na origem do bombardeio punitivo.

A essa bizarra operação faltava o aceite das Nações Unidas. Por isso, a Itália e a Alemanha não participaram dela, limitando-se a vagas frases de aprovação. A posição alemã foi sintetizada na fórmula "*dafür aber nicht dabei*": a favor, mas sem estar presentes. Na realidade, uma participação sua teria violado o artigo pacifista presente nas suas Constituições, mesmo que ele não tenha sido

---

[579] CORRIERE DELLA SERA. "Il Giappone ritira le sue truppe dall'Iraq". *Corriere della Sera*, 20 jun. 2006. Disponível em: http://www.corriere.it/Primo_Piano/Esteri/2006/06_Giugno/20/ritiro_giappone.shtml. Acessado em: 03.04.2024.

[580] N.T. Organização para a Proibição de Armas Químicas.

evocado nos comunicados oficiais. Na Itália, um jornal evocou explicitamente o artigo 11 da Constituição para afirmar, mais uma vez, a inconstitucionalidade de uma intervenção mesmo indireta, por exemplo consentindo-se o uso das bases estadunidenses em território italiano para a realização de bombardeios fora da área da OTAN.[581]

As guerras ao "terrorismo islâmico" estão, hoje, estendidas a vários continentes, mesmo se essas intervenções militares não estejam definidas como "guerras". No Japão, na Itália e na Alemanha, as intervenções militares nesses conflitos sempre foram acompanhadas por oposições políticas fortes mas minoritárias que, remetendo-se aos artigos pacifistas das respectivas Constituições, afirmavam – em vão – a inconstitucionalidade das várias intervenções militares.

---

[581] "Aqui, é preciso se perguntar se o pertencimento à Aliança Atlântica pode, de algum modo, pôr em segundo plano a determinação constitucional, agarrando-se, como aconteceu no passado, àquela segunda parte [do art. 11] que consente as 'limitações de soberania'. [... Ele] não contém parágrafos, nem mesmo um ponto: a primeira e a segunda parte são separadas por um ponto e vírgula (originariamente somente por uma vírgula), como demonstração da unidade do texto. A Corte Constitucional esclareceu, depois, o caráter taxativo e essencial dos escopos aos quais tende a limitação de soberania (sentença 304/1984): 'As condições e as 'finalidades' às quais estão subordinadas as 'limitações de soberania', são aquelas estabelecidas no art. 11 da Constituição (...). É o tratado que, quando traz limitações à soberania, não pode receber execução no país se não corresponde às condições e às finalidades ditadas pelo art. 11 da Constituição'": TRUZZI, Silvia. "L'articolo 11 e i limiti alle guerre 'travestite'". *Il Fatto Quotidiano*, 5, 2018, que remete também ao texto da constitucionalista CARLASSARE, Lorenza. "L'art. 11 della Cost. nella visione dei Costituenti". *Costituzionalismo.it*, 11 fev. 2013. Disponível em: https://www.costituzionalismo.it/lart-11-cost-nella-visione-dei-costituenti/. Acessado em: 28.03.2024.

CAPÍTULO II
A REJEIÇÃO DA GUERRA NA CONSTITUIÇÃO JAPONESA DE 1947

Constituição japonesa – Capítulo II. Renúncia à Guerra – Artigo 9.

Na sincera aspiração à paz internacional, baseada na justiça e na ordem, o Povo japonês renuncia para sempre à Guerra como soberano direito da nação e à ameaça ou ao uso da força como meio para a resolução das disputas internacionais.

Com o escopo de atingir o objetivo do parágrafo anterior, as forças de terra, de mar e aéreas, assim como outros poderes bélicos, não serão jamais mantidos. Não será reconhecido o direito do Estado à guerra.

Em agosto de 1945, com a invasão soviética da Manchúria e com a tragédia nuclear de Hiroshima e Nagasaki, concluiu-se para o Japão a Segunda Guerra Mundial, ao que se seguiu a ocupação estadunidense. Em relação aos outros dois Estados do Pacto Tripartite, a pressão estadunidense pela emanação de uma nova Constituição se manifestou com particular energia e encontrou uma resistência igualmente forte, porque a homogênea sociedade japonesa tende a não aceitar mudanças radicais e repentinas, sobretudo se provenientes do exterior.

Do final de 1500 a 1868, aquela sociedade permaneceu quase que fechada aos influxos ocidentais: em 1868 e com a abertura da era Meiji havia inovado muito, mas respeitando-se o mais possível as tradições. Em particular, o militarismo japonês fundava as suas raízes na secular tradição dos samurais.[1] A ocupação estadunidense se encontrava, assim, precisando inovar democraticamente uma sociedade ainda ligada às suas concepções tradicionais de obediência a um imperador de origem divina, celebrado em uma religião oficial que havia tomado o nome de "*Shinto* de Estado" e que havia apoiado o militarismo japonês.[2] Nesse contexto, os Estados Unidos queriam introduzir no Japão a democracia parlamentar e cancelar o militarismo que caracterizara a política japonesa dos anos pré-bélicos até a sua derrota.[3]

---

[1] Na Alemanha, o berço do militarismo tinha sido a Prússia e, por essa razão, durante a aliança com o Japão, tinha sido posto em evidência o paralelismo entre samurai e *Junker* [NT: *Junker* é uma expressão honorífica alemã, correspondente a "jovem nobre" ou "jovem senhor", pela derivação a partir de *jung*, jovem, e *Herr*, senhor] (e, mais tarde, entre samurai e SS, cf. p. 27: cf. KREBS, Gerhard (Coord.). *Japan und Preußen*. München: Iudicium, 2002, em particular: ANDO, Junko. "Japan und die Preußische Verfassung". *In*: KREBS, Gerhard (Coord.). *Japan und Preußen*. München: Iudicium, 2002.

[2] Sobre a revisão pós-bélica do Shinto: ZACHERT, Herbert. "Shinto und Staatsführung im neuen Japan". *In*: TÖNNIES, Ilse (Coord.). *Beiträge zur Gesellungs- und Völkerwissenschaft*: Professor Richard Thurnwald zu seinem 80. Geburtstag gewidmet. Berlin: Mann, 1950.

[3] Sobre os primórdios da Constituição japonesa: HENDERSON, Dan F. (Coord.). *The Constitution of Japan*: Its First Twenty Years 1947-1967. Seattle: University of Washington Press, 1968; MAKI, John M. (Coord.). *Japan's Commission on the Constitution*: the Final Report. Seattle: University of Washington Press, 1980; KOSEKI, Shoichi. *The Birth of Japan's Postwar Constitution*. Boulder: Westview Press, 1998. Cfr. Além disso, WARD, Robert E.; SHULMAN, Frank Joseph. *The Allied Occupation of Japan 1945-1952*: an Annotated Bibliography of Western-Language Materials. Chicago: American Library Association, 1974.

Os suicídios que se seguiram à declaração de rendição anunciada pelo imperador através do rádio são o símbolo da força das tradições antigas na sociedade japonesa moderna. "Lembro ainda as fotografias dos muitos japoneses que se suicidaram nesses dias – escreve Fosco Maraini –, sempre no mesmíssimo lugar fatal, na vista do Niju-Bashi, da Dupla Ponte" (isto é, a ponte de ingresso ao Palácio Imperial, onde se ia "para render homenagem à sacra pessoa do Tenno, o Rei do Céu"): "os seus corpos estavam ordenadamente em fila, agachados no chão, caídos para a frente, como deve escrupulosamente fazer acontecer ao próprio cadáver quem escolhe esse último e tremendo sacrifício".[4]

A nova Constituição foi, portanto, imposta pelos ocupantes, mas a força da tradição japonesa induziu a apresentá-la como uma continuação da Constituição Meiji de 1889, ainda que essa última previsse uma monarquia absoluta de origem divina, que podia dissolver em cada momento o Parlamento.[5] A Constituição japonesa de 1947:

> Elaborada e imposta pelos Estados Unidos ocupantes e o chamado "Comandante Supremo das Potências Aliadas", General Douglas MacArthur, proclamou a soberania do povo, aboliu o sistema feudal do Japão, estabeleceu a separação dos poderes, bem como a separação entre Estado e religião e, mais importante, introduziu o artigo nono "pacifista" na Constituição do Japão.[6]

---

[4] MARAINI, Fosco. *Ore giapponesi*. Nova edição. Milão: Dall'Oglio, 1988, p. 104.

[5] Um cotejo entre as duas Constituições está em INOUE, Kyoko. *MacArthur's Japanese Constitution*: a Linguistic and Cultural Study of Its Making. Chicago: University of Chicago Press, 1991.

[6] N.T. "*Drafted and imposed by the occupying United States and the so-called 'Supreme Commander of the Allied Powers' General Douglas MacArthur, proclaimed the sovereignty of the people, abolished Japan's feudal system, established the separation of powers as well as the separation of State and religion and, most importantly, introduced the 'pacifist' Article 9 to Japan's constitution*".

As décadas até então transcorridas levaram a avaliar, assim, essa radical intervenção institucional:

> A herança mais importante de sete anos de ocupação dos EUA é, sem dúvida, a Constituição do Japão pós-guerra e seu artigo nono "pacifista" ou "renunciante", que não permite que o país mantenha forças armadas que não sejam para a defesa do território japonês.[7] [8]

Nos debates que acompanharam as novas Constituições nos três ex-Estados do Pacto Tripartite, os conservadores protestaram (em vão) contra essa lesão da soberania nacional; todavia, os efeitos dessa oposição são particularmente visíveis tanto no debate constituinte japonês, quanto depois da aprovação do artigo nono, nos esforços de interpretá-lo restritivamente, praticando (com o tácito apoio dos Estados Unidos, como se verá) aquele que foi chamado "pacifismo verbal".[9] Por outro lado, no Japão preexistia um movimento pacifista, ativo, mas minoritário, que apoiava, ao contrário, a aprovação e,

---

[7] N.T. *"The most important heritage of seven years of US occupation is without a doubt Japan's post war constitution and its 'pacifist' or 'war-renouncing' Article 9 which does not allow the country to maintain armed forces other than for the defense of Japanese territory"*.

[8] BERKOFSKY, Axel. "Japan's Post-War Constitution. Origins, Protagonists and Controversies". *Il Politico*, 2, 2010, pp. 6 e 5. Para aprofundar: BERKOFSKY, Axel. *A Pacifist Constitution for an Armed Empire*: Past and Present of Japanese Security and Defence Policies. Milão: Angeli, 2012 (em particular: Chap. 6, *Codifying Japanese Pacifism*: Art. 9, pp. 101-116); e a sua tese doutoral: BERKOFSKY, Axel. *Die neuen Amerikanisch-Japanischen Leitlinien für Verteidigungskooperation*: Implikationen für Japans regionale Sicherheitspolitik. Münster: Lit, 2005.

[9] GETREUER, Peter. *Der verbale Pazifismus*: Die Verteidigung Japans 1972-1983 in demoskopischen Befunden. Wien: Institut für Japanologie, 1986; LLEWELYN, James; WALTON, David; KIKKAWA, Gen. *A Pacifist State in a Hostile Region*: Japan and Post-War Conflict in Southeast Asia. Nova York: Nova Science Publishers, 2009.

depois, o rigoroso respeito ao artigo nono.¹⁰ No centro dessas tensões e submetido a interpretações em sentido oposto, o artigo nono viveu uma *"unintended life"*¹¹ que dura até agora.¹²

Em 10 de agosto de 1945, os japoneses iniciaram as tratativas para a rendição, partindo da *"Potsdam Declaration"*,¹³ que previa a rendição incondicionada, mas sublinhando que ela deixava intactas as prerrogativas do imperador. Contemporaneamente, continuaram por alguns dias as últimas hostilidades na Manchúria contra os soviéticos e no Pacífico contra os estadunidenses. Em 15 de agosto, o imperador leu na rádio a declaração de rendição: pela primeira vez na milenar história japonesa o imperador, ainda divino, dirigia-se diretamente aos seus súditos que, pela primeira vez, ouviam a sua voz. Ouviam-no, mas não o entendiam: "por volta do meio-dia, o imperador pronunciou o seu discurso, no qual efetivamente anunciava a rendição, mas nenhum dos japoneses do *Kosai-ji* e proximidades

---

10 POWLES, Cyril H. "Pacifism in Japan, 1918-1945". *In*: BROCK, Peter; SOCKNAT, Thomas P. (Coord.). *Challenge to Mars*: Essays on Pacifism from 1918 to 1945. Toronto: University of Toronto Press, 1999. Sobre o dissenso japonês em relação ao poder ao longo dos séculos: MIGLIORE, Maria Chiara; MANIERI, Antonio; ROMAGNOLI, Stefano (Coord.). *Il dissenso in Giappone*: La critica al potere in testi antichi e moderni. Ariccia: Aracne, 2016 e, em particular, LANNA, Noemi. "Il duplice dissenso di Oda Makoto: il pacifismo come critica al vittimismo". *In*: MIGLIORE, Maria Chiara; MANIERI, Antonio; ROMAGNOLI, Stefano (Coord.). *Il dissenso in Giappone*: La critica al potere in testi antichi e moderni. Ariccia: Aracne, 2016 (sobre o escritor pacifista Oda Makoto, 1932-2007).

11 N.T. Vida indesejada.

12 PORTH, Kenneth L. *Transcending Law*: the Unintended Life of Article 9 of the Japanese Constitution. Durham: Carolina University Press, 2010. Cf. também RAMAIOLI, Federico Lorenzo. "Addio alle armi: l'articolo 9 della Costituzione giapponese". *Rivista della Cooperazione Giuridica Internazionale*, 53, 2016; RAMAIOLI, Federico Lorenzo. "Disarmo e riarmo nella costituzione giapponese". *Orientalia Parthenopea*, 26, 2016. Disponível em: https://www.academia.edu/31667175/Disarmo_e_riarmo_nella_Costituzione_giapponese. Acessado em: 27.03.2024.

13 N.T. Declaração de Potsdam.

conseguiu entender o seu sentido. O texto era, de fato, composto em uma linguagem de corte tão distante daquela ordinária, que precisavam ser verdadeiros filólogos para apreender o seu sentido"; foi necessário esperar "até a tarde, quando chegaram os jornais com notícias claras e explicações".[14]

Nos dias seguintes, e até outubro de 1945, foram aperfeiçoados os acordos formais para a rendição, para a libertação dos prisioneiros de guerra e para a ocupação militar do Japão. Nos EUA, foi instituída uma agência para estabelecer o que fazer no Japão, e a execução das suas decisões foi confiada ao general Douglas MacArthur, que se tornou, de fato, o governador do Japão pós-bélico, o "xogum dos olhos azuis"[15] (*aoi-me no shogun*; *blue-eyed shogun*). O debate constituinte se deu, portanto, entre aquela agência nos EUA, o "*Supreme Commander*"[16] e o governo japonês; mas a forte vontade de MacArthur o levou, com frequência, a agir independentemente das indicações da agência da pátria mãe.[17]

De outro lado, aquele governo militar, apesar de ser estrangeiro, não era estranho às tradições do Japão, que até à época Meiji fora

---

[14] MARAINI, Fosco. *Case, amori, universi*. Milão: Mondadori, [1999] 2001, p. 619. Os detidos italianos tinham sido transferidos para um "antigo e encantador templo budista, o *Kosai-ji* (o Santuário da Vasta Salvação)", p. 604.

[15] Cf. p. 46, e por exemplo: BRUNORI, Maurizio. *Il Giappone*: Storia e civiltà del Sol Levante. Milão: Mursia, 1993, p. 273.

[16] N.T. Comandante supremo.

[17] MACARTHUR, Douglas. *Reminiscences*. Nova York: McGraw-Hill, 1964. Sobre a ação de MacArthur no Japão: MOORE, Ray A.; ROBINSON, Donald L. *Partners for Democracy*: Crafting the New Japanese State under MacArthur. Nova York: Oxford University Press, 2002; MOORE, Ray A.; ROBINSON, Donald L. *The Constitution of Japan*: a Documentary History of its Framing and Adoption. Princeton: Princeton University Press, CD-ROM, 1998, p. 800 de documentos sobre CD. Ainda: KOSEKI, Shoichi. *The Birth of Japan's Postwar Constitution*. Boulder: Westview Press, 1998.

CAPÍTULO II – A REJEIÇÃO DA GUERRA NA CONSTITUIÇÃO...

guiado por um governo militar (o *Bakufu*) e, depois, novamente pelos militares de 1930 a 1945.

> MacArthur havia entendido extraordinariamente bem as exigências emotivas do povo japonês e encarnava no aspecto, nos modos, nos gestos portentosos de senhor renascentista, o herdeiro dos grandes capitães de quatro séculos atrás.[18]

Depois, a gestão quotidiana da ocupação decolou:

> Uma atrás da outra saíam do seu gabinete as diretivas aos governos, primeiro de Shidehara, depois de Yoshida, destinadas a reformar pelas raízes uma sociedade com ao menos quinze séculos de tradições civis: desmontagem dos monopólios (*zaibatsu*, "camarilha capitalista"), reforma da escola, nova Constituição, emancipação da mulher, processo contra os criminosos de guerra... Era evidente que um gigantesco esquema abstrato, tomado sobre si por uma civilização e posto como ordenadas e abscissas de aço sobre a matéria vivente de uma outra, fosse destinado a falir, ou pelo menos a gerar toda espécie de confusão. Depois (10 de abril de 1951), MacArthur foi exonerado dos seus encargos por Truman e os mal-entendidos se multiplicaram; assim, teve meios de consolidar-se o surdo ressentimento de todo um povo de vencidos para com um povo vencedor que havia agido com magnanimidade e largueza verdadeiramente únicas na história das guerras.[19]

---

[18] MARAINI, Fosco. *Ore giapponesi*. Nova edição. Milão: Dall'Oglio, 1988, p. 104. As pp. 104-108 são dedicadas aos primórdios da ocupação aliada, com fulgurantes recortes sobre as diferenças de mentalidade entre os dois povos.

[19] MARAINI, Fosco. *Ore giapponesi*. Nova edição. Milão: Dall'Oglio, 1988, pp. 105/106.

Não obstante esses sobressaltos de ajustamentos, o Japão conserva de MacArthur uma lembrança positiva, enquanto, no Ocidente, a sua imagem foi ofuscada pela sua decadência pós-nipônica marcada pela derrota na Coreia, pelo contraste com Truman, pela sua destituição e pela sua negativa campanha presidencial. Os seus críticos recordam ainda que "toda a ocupação estava sob sua sombra egocêntrica"[20] e que "sua enorme vaidade pessoal exigia fidelidade à sua equipe e a uma imagem pública de si mesmo como o criador pessoal da 'revolução espiritual' do Japão".[21] [22]

As medidas de MacArthur foram certamente decisivas para encaminhar o Japão rumo a uma democracia de tipo ocidental. O Japão militarista havia reprimido os direitos humanos e um dos primeiros atos de MacArthur, já em 04 de outubro de 1945, foi a emanação da *"Human Rights Directive"*[23] (mais exatamente "Remoção das Restrições às Liberdades Políticas, Civis e Religiosas"),[24] que dava início também ao expurgo dos funcionários comprometidos com o regime militarista, a libertação imediata dos prisioneiros políticos e a ab-rogação de quase vinte normativas iliberais.

Depois de poucos dias, seguiram as *"Five Fundamental Reforms Directives"*,[25] e isto é: "1. A emancipação das mulheres; 2. Incentivo aos sindicatos; 3. Introdução de princípios liberais na educação

---

[20] N.T. *"The entire occupation was under his egocentric shadow"*.

[21] N.T. *"His overwhelming personal vanity demanded fealty from his staff and a public image of himself as the personal creator of Japans 'spiritual revolution'"*.

[22] KOLKO, Joyce; KOLKO, Gabriel. *The Limits of Power*: the World and Unites States Foreign Policy, 1945-1954. Nova York: Harper & Row, 1972, p. 305. Esses autores são fortemente críticos para com a inteira política estadunidense na Ásia.

[23] N.T. Diretrizes de Direitos Humanos.

[24] N.T. *"Removal of Restrictions on Political, Civil, and Religious Liberties"*.

[25] N.T. Cinco Diretrizes de Reformas Fundamentais.

do Japão; 4. Reforma do sistema judicial; 5. Democratização das instituições econômicas".²⁶ ²⁷ A reforma da Constituição não é incluída nos cinco pontos, mas é lembrada no seu preâmbulo: "a realização da *Declaração de Potsdam* envolverá inquestionavelmente uma liberalização da Constituição".²⁸ Essa curiosa *tournure* (equivalente, no jogo de xadrez, ao indireto "movimento do cavalo") era devida ao fato de que MacArthur não havia recebido o específico encargo de reformar a Constituição Meiji.²⁹ Na realidade, dos Estados Unidos chegavam instruções de agir de modo que fossem os japoneses mesmos a proceder à revisão constitucional.

---

26 N.T. "*1. Enfranchisement of women; 2. Encouragement of labor unions; 3. Introduction of liberal principles into Japan's education; 4. Reform of the judicial system; 5. Democratization of the economic institutions*".

27 Esta última medida – que abolia as grandes concentrações industriais, *zaibatsu* – coincidia com a abolição dos *Konzerne* [cartéis] alemães e das *corporazioni* italianas: BISSON, Thomas A. *Zaibatsu Dissolution in Japan*. Berkeley: University of California Press, 1954; SCHÖNBACH, Karsten Heinz. *Die deutschen Konzerne und der Nationalsozialismus*, 1926-1943. Berlim: Trafo, 2015. Sobre a relevância política dos *zaibatsu*: RAMAIOLI, Federico Lorenzo. "Il nazional-capitalismo degli zaibatsu come forma di governance". *Rivista della Cooperazione Giuridica Internazionale*, 55, 2017.

28 N.T. "*The achievement of the Potsdam Declaration will unquestionably involve a liberalization of the constitution*".

29 "*MacArthur never received the orders and authorization from Washington to assign the task of constitutional revision to himself and to the so-called 'Government Section' (GS)*" [NT: "MacArthur nunca recebeu ordens e autorização de Washington para delegar a tarefa de revisão constitucional a si mesmo e à chamada 'Seção Governamental' (GS – *Government Section*)"], BERKOFSKY, Axel. "Japan's Post-War Constitution. Origins, Protagonists and Controversies". *Il Politico*, 2, 2010, p. 11; e ainda: "*Washington did neither instruct MacArthur to draft a revised Japanese constitution nor to dissolve Japan's armed forces*" [NT: "Washington não instruiu MacArthur a redigir uma Constituição japonesa revisada nem a dissolver as forças armadas do Japão"]; os sucessivos movimentos constitucionais de MacArthur estão ilustrados sob o significativo título: *Ignoring Washington*, pp. 11/12.

Seguindo essa diretiva, MacArthur confiou a reforma constitucional ao príncipe Konoe Fumimaro, que entrou no governo Higashikuni com a tarefa de rever a Constituição Meiji. Porém, Konoe Fumimaro era um político da velha guarda e tinha sido, por duas vezes, primeiro-ministro, entre 1936 e 1941. Sob a sua guia, o Japão havia realizado a própria quota na divisão do mundo prevista pelo pacto trilateral e havia declarado a *"war of annihilation"*[30] contra a China. Em suma: a reforma democrática da constituição Constituição japonesa fora confiada a um criminoso de guerra.[31] Não obstante isso, em novembro de 1945, Konoe apresentou ao imperador uma proposta de revisão da Constituição Meiji, mas, "em 6 de dezembro de 1945, o nome de Konoe apareceu pela primeira vez em uma lista oficial de criminosos de guerra japoneses de classe A, e, alguns dias depois, Konoe cometeu suicídio".[32] [33]

Não obstante esse incidente, MacArthur insistiu a fim de que a Constituição revisada contivesse um artigo de renúncia à guerra (*war-renouncing article*) e o governo de Shidehara Kijuro confiou a tarefa ao ministro Matsumoto Joji, sobre o qual se voltará daqui a pouco. No pós-guerra, discutiu-se muito se o artigo pacifista tivesse sido querido por MacArthur ou pelo primeiro-ministro Shidehara, como afirmou MacArthur em 1951, diante do *"Committee on Armed Service"*[34] do Senado. De sua parte, Shidehara confirmou essa versão, asserindo também ter se convencido da necessidade do pacifismo quando, no pós-guerra, havia escutado, em um trem,

---

[30] N.T. Guerra de aniquilação.

[31] Esta qualificação foi usada no artigo de Nathaniel Pfeffer, já em 26 de outubro de 1945, no *New York Times*.

[32] N.T. *"On December 6, 1945, Konoe's name first appeared on an official list of Japanese A-Class criminals of war and a few days later Konoe committed suicide"*.

[33] BERKOFSKY, Axel. "Japan's Post-War Constitution. Origins, Protagonists and Controversies". *Il Politico*, 2, 2010, p. 14. Os crimes de "classe A" eram aqueles "contra a paz".

[34] N.T. Comitê de Serviço Armado.

um jovem que narrava aos outros passageiros o seu desespero pelas devastações da guerra e do militarismo. Menos melodramaticamente, MacArthur não podia impor pessoalmente o artigo pacifista porque a *Far Eastern Commission*[35] (que juntamente com o *Allied Council for Japan*[36] supervisionava as atividades aliadas no Japão) exigia a sua aceitação unânime por parte das autoridades japonesas. Além disso, MacArthur tinha ido além de seu mandado e, portanto, atribuindo a Shidehara a paternidade do artigo nono, evitava para si mesmo possíveis aborrecimentos políticos em sua pátria. Permanece, entretanto, o fato de que:

> Os princípios da Constituição que mais saltam aos olhos são escritos de próprio punho por MacArthur: a posição do Imperador, como símbolo do Estado sem poder político, e o célebre artigo nono, no qual se abole o direito à guerra e ao rearmamento.[37]

A conturbada gênese do artigo nono se coloca no contexto da global transformação jurídica do Japão pós-bélico. As memórias do juiz Alfred Oppler oferecem um quadro geral disso, no qual os juízos pessoais de um protagonista se associam à descrição sistemática do complexo inteiro de reformas legislativas realizadas no Japão, no final da guerra.[38] Alfred Oppler, nascido em 1893, em Alsazia-Lorena, tinha percorrido a carreira judiciária na Alemanha até o advento de

---

[35] N.T. Comissão do Extremo Oriente.
[36] N.T. Conselho Aliado para o Japão.
[37] BENZ, Wolfgang. "Amerikanische Besatzungsherrschaft in Japan 1945-1947". *Vierteljahrshefte für Zeitgeschichte*, 26:2, 1978, p. 273, que se remete ao documento *Political Reorientation*, I, 102 (isto é: SCAP, Government Section, ed., *Political Reorientation of Japan, Sept. 1945 to Sept. 1948*, Washington 1949, 2 vol.; também: Westport, Ct, 1970), e considera "pouco verissímil" a paternidade atribuída a Shidehara.
[38] OPPLER, Alfred C. *Legal Reform in Occupied Japan*: a Participant Looks Back, Princeton: Princeton University Press, 1976. Vejam-se em particular: *The New Constitution* (pp. 43-64) e *National Security vs*

Hitler. As leis raciais o obrigaram a emigrar aos Estados Unidos, onde retomou a carreira judiciária que o levou ao Japão. A sua descrição da transformação jurídica do Japão pós-bélico associa, portanto, o testemunho direto de um protagonista a uma impostação técnico-jurídica próxima à concepção sistemática dos juristas europeus continentais, porque tal era a sua formação originária. Na sua obra – ao lado das experiências pessoais de trabalho legislativo em um contexto anômalo como aquele da ocupação militar no Japão – seguem-se as notícias sobre a reforma judiciária, sobre as reformas dos códigos civil e penal, bem como sobre leis específicas, daquelas sobre os jovens àquelas sobre a anistia.

Dois capítulos merecem uma especial atenção para compreender a norma pacifista da nova Constituição japonesa: aquele dedicado a *The New Constitution*[39] e aquele sobre a *National Security versus Pacifism*.[40] Encarregado de examinar os problemas conexos com a proposta de apresentar a nova Constituição como uma reforma da Constituição Meiji de 1889, Oppler conclui:

> Enquanto o projeto da Constituição representava, na realidade, uma substituição revolucionária da antiga Constituição, o desejo do SCAP [Supremo Comando das Forças Aliadas, do inglês *Supreme Command of the Allied Powers*] e do gabinete japonês de manter a instituição imperial resultou na política de sustentar a ficção da continuidade legal[41] (p. 50).

Pacifism (pp. 208-213). Na p. 5, está a biografia prussiana desse juiz teuto-estadunidense.

[39] N.T. A Nova Constituição.
[40] N.T. Segurança Nacional versus Pacifismo.
[41] N.T. "*While the draft Constitution actually represented a revolutionary substitution for the old Constitution, the desire of SCAP [Supreme Command of the Allied Powers] and of the Japanese cabinet to retain the imperial institution resulted in the policy of sustaining the fiction of legal continuity*".

Na nova Constituição "uma ênfase incomum é colocada sobre a cooperação pacífica do povo com outras nações, o horror da guerra e o pacifismo. Essas características são evidentes no preâmbulo e na cláusula única de renúncia à guerra"[42] (p. 60).

A esta última disposição, Oppler dedica um capítulo específico. As suas raízes alemãs o levaram a confrontar a nova Constituição japonesa com a Constituição de Weimar, que apresentava a "linguagem igualmente nobre",[43] que nascera em um contexto de "derrota e rendição",[44] mas que exatamente por essa razão não podia se tornar "o emblema orientador para uma democracia duradoura".[45] O pragmatismo japonês dissolveu, porém, os seus temores sobre um possível paralelismo entre as duas Constituições: em particular não via no Japão a rejeição da derrota, a "lenda da punhalada pelas costas" (*Dolchstosslegende*) da Alemanha.[46]

Quando a Guerra da Coreia selou a impossibilidade de uma convivência pacífica com o mundo comunista, os Estados Unidos tiveram que transferir do Japão à Coreia uma parte das tropas originariamente postas em defesa do desarmado Japão, assim, "nós que havíamos desarmado o inimigo derrotado agora desejávamos ver

---

[42] N.T. "*Unusual stress is laid upon the peaceful cooperation of the people with other nations, the horror of war, and on pacifism. These features are evident in the preamble and in the unique Renunciation of War clause*".
[43] N.T. "*Similarly noble language*".
[44] N.T. "*Defeat and surrender*".
[45] N.T. "*The guiding emblem for a lasting democracy*".
[46] "*I found little Dolchstosslegende among the Japanese*" [NT: "encontrei o pequeno *Dolchstosslegende* entre os japoneses"] (OPPLER, Alfred C. *Legal Reform in Occupied Japan*: a Participant Looks Back, Princeton: Princeton University Press, 1976, 62). Na Alemanha, ao final da Primeira Guerra Mundial, afirmara-se o mito de um exército invicto em campo, mas "apunhalado pelas costas" por uma frente de batalha doméstica, politicamente hostil, porque composta de democratas, comunistas e judeus.

o potencial Aliado rearmado"⁴⁷ (p. 208). Nessa situação, o partido comunista japonês – que havia encontrado sucesso eleitoral em 1949 e que sempre se opusera à Constituição querida pelos vencedores – se levantou em defesa da aplicação integral do artigo nono. Oppler descreve essa contraditória batalha interna acompanhada por demonstrações antiamericanas até mesmo violentas, chegando, porém, à conclusão de que "durante todos os nossos anos no Japão, minha esposa e eu nos sentimos perfeitamente seguros nas ruas de Tóquio, mesmo à noite, algo que eu nunca poderia dizer da cidade de Nova York"⁴⁸ (p. 213).

Nos três ex-Estados do Pacto Tripartite, os Aliados deviam criar um ordenamento com pessoal autóctone proveniente das estruturas burocráticas dos velhos ordenamentos derrotados. No caso do Japão, um estudioso russo, recentemente, atribuiu o artigo nono à influência de um outro japonês:

> Em 10 de dezembro de 1945, Shiratori Toshio [1887-1949], ex-embaixador japonês na Itália e agora um criminoso de guerra classe A, terminou de escrever uma longa carta endereçada ao ministro das Relações Exteriores, Yoshida Shigeru, enquanto aguardava julgamento na Prisão de Sugamo.⁴⁹

---

[47] N.T. "*We who had disarmed the defeated Enemy now desired to see the potential ally rearmed*".
[48] N.T. "*During all our years in Japan my wife and I felt perfectly safe in the streets of Tokyo, even by night, something I could never say of New York City*".
[49] N.T. "*On December 10, 1945, Shiratori Toshio [1887-1949], former Japanese ambassador to Italy and now a Class A war criminal, finished writing a lengthy letter addressed to Foreign Minister Yoshida Shigeru as he awaited trial in Sugamo Prison*".

CAPÍTULO II – A REJEIÇÃO DA GUERRA NA CONSTITUIÇÃO...

Nessa carta, escrita em inglês na intenção de difundi-la, Shiratori propunha incluir a renúncia à guerra na Constituição japonesa então em preparação. Escreve o autor russo:

> Apresentei essa teoria na disputa pública da minha tese de doutorado, *Shiratori Toshio and Japanese Foreign Policy (1931-1941)*, na Universidade de Tóquio, em 2002. Muitos participantes ouviram com interesse, mas também com ceticismo. Eles pareciam achar ousada demais a ideia de que um "criminoso de guerra" com reputação de ideólogo militarista pudesse ter proposto a renúncia à guerra como princípio básico da Constituição. Mais tarde, discuti a teoria com mais detalhes em meu livro de 2006, *The Era of Struggle: Toshio Shiratori – Diplomat, Politician, Thinker*, (1887-1949), que escrevi em russo. Até hoje é a única biografia de Shiratori em livro. O texto completo da carta para Yoshida está incluído na coleção em russo dos escritos selecionados de Shiratori *The Re-waaking of Japan* (2008).[50][51]

---

[50] N.T. "*I presented this theory at the public dispute on my doctoral dissertation, Shiratori Toshio and Japanese Foreign Policy (1931-1941), at the University of Tokyo in 2002. Many participants listened with interest but also with skepticism. They seemed to find too bold the idea that a 'war criminal' with a reputation as a militarist ideologue could have proposed the renunciation of war as a basic tenet of the constitution. I later discussed the theory in greater detail in my 2006 book The Era of Struggle: Toshio Shiratori (1887-1949), Diplomat, Politician, Thinker, which I wrote in Russian. To this day, it is the only booklength biography of Shiratori. The full text of the letter to Yoshida is included in Russian-language collection of Shiratori's selected writings The Re-awakening of Japan (2008)*".

[51] MOLODIAKOV, Vassili. "Who Is the Author of Article 9 of the Constitution of Japan?" *nippon.com*, 2017. Disponível em: http://www.nippon.com/en/column/g00269/. Acessado em: 27.03.2024. A respeito de Shiratori Toshio, cf. OSTEN, Philipp. *Der Tokioter Kriegsverbrecherprozeß und die japanische Rechtswissenschaft*. Berlim: Berliner Wissenschafts-Verlag, 2003, p. 50 (bibliografia, pp. 187-208).

Esses exemplos atestam o quão complexa e opaca foi a batalha política em torno da revisão constitucional no Japão pós-bélico.

Na realidade, as vicissitudes do texto constitucional demonstram que o *establishment* político japonês[52] não era propenso a aceitar as radicais propostas americanas e considerava, ao contrário, que poucas modificações do texto da Constituição Meiji pudessem satisfazer as exigências dos ocupantes. Em sustentação a essa convicção, os políticos japoneses aduziam o silêncio da *"Potsdam Declaration"* sobre uma reforma constitucional e, antes, sustentavam que promovê-la teria até mesmo violado aquela declaração. Em 1946, parecia já quase certo de que o texto constitucional não teria contido o *"war-renouncing article"*,[53] querido por MacArthur.

Uma interessante explicação dessas contrastantes visões sobre a reforma constitucional foi proposta pelo estudioso Tanaka Hideo, que a reconduzia não ao clássico conflito de mentalidade entre "Leste" e "Oeste", mas ao conflito entre dois sistemas jurídicos: os japoneses se formaram nos textos alemães (ou de inspiração alemã) de direito constitucional e administrativo, e tendiam, portanto, a uma interpretação jus-positivista – isto é, literal – da *"Potsdam Declaration"*, enquanto, ao contrário, os americanos, ao interpretá-la à luz do *common law*, se remetiam aos conceitos de democracia, de soberania popular e de direitos humanos, estranhos à tradição cultural japonesa.[54]

No início de 1946, difundiram-se as primeiras notícias sobre uma proposta de revisão constitucional, chamada *"Matsumoto*

---

[52] N.T. A ordem ou a elite política japonesa.
[53] N.T. Artigo de renúncia à guerra.
[54] TANAKA, Hideo. "The Conflict between Two Legal Traditions in Making the Constitution of Japan". *In*: WARD, Robert E.; YOSHIKAZU, Sakamoto (Coord.). *Democratizing Japan*. Honolulu: University of Hawaii Press, 1987, especialmente pp. 107 e ss.

Draft",[55] do nome do ministro responsável pelo "*Committee to Study Constitutional Problems*",[56] o já recordado Matsumoto Joji.[57] Ela foi, porém, considerada demasiadamente conservadora para poder ser aceita pelos americanos, sobretudo, pela falta do artigo pacifista. MacArthur a esse ponto reivindicou a si a reforma constitucional, sem informar isso especificamente nem a Washington e nem a Tóquio. Mediante indicação sua, a *Government Section* (GS)[58] do *Supreme Command of Allied Powers*[59] se tornou a instância constituinte do Japão, sob a guia do major general Courtney Whitney[60] e do coronel Charles Kades. Este último publicou o documento-guia para a revisão constitucional preparado pelo próprio MacArthur para direcionar a *Government Section*:[61]

> O Imperador é o chefe do Estado. Sua sucessão é dinástica. Seus deveres e poderes serão exercidos de acordo com a Constituição e responsáveis pela vontade básica do povo, conforme nela comprovado.
>
> A guerra como direito soberano da nação é abolida. O Japão renuncia a ela como instrumento para resolver suas *disputas e até mesmo para preservar sua própria segurança*. Baseia-se nos ideais mais elevados que agora agitam o mundo para sua defesa e proteção. Nenhum Exército, Marinha ou Força Aérea Japonesa jamais será autorizado

---

[55] N.T. Projeto Matsumoto.

[56] N.T. Comissão para estudar Problemas Constitucionais.

[57] O texto original com comentários em inglês está em: BIRTH OF THE CONSTITUTION OF JAPAN. *2-8 Joji Matsumoto, "Draft of Tentative Revision of the Constitution Draft"*. Disponível em: http://www.ndl.go.jp/constitution/e/shiryo/02/058cshoshi.html. Acessado em: 10.04.2024.

[58] N.T. Seção Governamental.

[59] N.T. Comando Supremo das Potências Aliadas.

[60] WHITNEY, Courtney. *MacArthur, his Rendez-Vous with History*. Nova York: Knopf, 1956.

[61] N.T. Seção Governamental.

nem direitos de beligerância serão conferidos a quaisquer forças Japonesas.

O sistema feudal cessará. Nenhum direito de nobreza, exceto os da família imperial, se estenderá além das vidas daqueles agora existentes. Nenhuma patente de nobreza virá a partir de agora encarnar em si qualquer poder Nacional ou Cívico de Governo. Orçamento padrão após o sistema britânico.[62] [63]

As disposições desse documento são excepcionalmente duras, porque preveem não só a renúncia tanto ao direito soberano do *ius ad bellum* quanto à guerra como instrumento de solução dos conflitos, mas até mesmo a renúncia à guerra "para preservar a própria segurança", isto é, à guerra defensiva. Essa formulação demasiado drástica teve de ser atenuada na redação final. A Constituição reformada foi aprontada em somente seis dias, o que levantou numerosas dúvidas sobre sua precisão e aplicabilidade, mesmo se provavelmente os americanos já tinham realizado importantes trabalhos preparatórios.

---

[62] N.T. "*The Emperor is the head of the State. His succession is dynastic. His duties and powers will be exercised in accordance with the Constitution and responsible for the basic will of the people as proved therein.*

War as a sovereign right of the nation is abolished. Japan renounces it as an instrumentality for settling its disputes and even for preserving its own security. It relies upon the higher ideals which are now stirring the world for its defense and its protection. No Japanese Army, Navy, or Air Force will ever be authorized and nor rights of belligerency will ever be conferred upon any Japanese forces.

The feudal system will cease. No rights of peerage except those of the Imperial family will extend beyond the lives of those now existent. No patent of nobility will come from this time forth embody within itself any National or Civic power of Government. Pattern budget after British system".

[63] KADES, Charles. "The American Role in Revising Japan's Imperial Constitution". *Political Science Quarterly*, 104:2, 1989, pp. 223/224, itálico meu.

CAPÍTULO II – A REJEIÇÃO DA GUERRA NA CONSTITUIÇÃO...

Dois pontos – "não negociáveis" para os americanos – tocaram a opinião pública japonesa: o imperador não só não era mais divino, mas perdia os seus poderes, tornando-se somente o *"symbol of the State"*;[64] o artigo "pacifista", finalmente incluído, de fato, desarmava o Japão. Esse texto, submetido ao Parlamento em 5 de março 1946, foi aprovado em agosto de 1946: era a Constituição imposta pelo vencedor, mesmo se os americanos tendem a rejeitar esse juízo, difundido no Japão, não só nos ambientes conservadores.[65]

O exame do conturbado percurso constituinte do Japão pós-bélico explica por que o artigo nono tenha tido (e tenha) para o Japão uma relevância política maior do que os correspondentes artigos alemães e italianos. MacArthur queria um artigo que excluísse para sempre a existência de forças armadas japonesas, mesmo se destinadas à autodefesa do arquipélago, cuja proteção teria sido garantida pelas forças estadunidenses. A formulação do artigo submetido à aprovação parlamentar conserva um claro traço dessa visão nas palavras "o povo japonês renuncia para sempre à guerra como um direito soberano da nação"[66] (artigo nono, parágrafo 1, itálico meu); além disso, a Constituição japonesa é privada de duas disposições equivalentes aos artigos 52 e 78 da Constituição italiana, que parecem permitir o recurso às forças armadas para a autodefesa e as operações de "manutenção da paz".[67] Substancialmente, os americanos queriam o desarmamento total do Japão e, portanto, também a renúncia à autodefesa, empenhando-se como contrapartida à defesa do Japão em caso de agressão armada: o documento-guia supracitado veta

---

[64] N.T. Símbolo do Estado.
[65] HOOK, Glenn D.; MCCORMACK, Gavan. *Japan's Contested Constitution*: Documents and Analysis. Londres: Routledge, 2001.
[66] N.T. *"The Japanese people* forever *renounce war as a sovereign right of the nation"*.
[67] N.T. *"Peace keeping"*.

expressamente ao Japão o direito de declarar guerra "mesmo para preservar sua própria segurança".⁶⁸

No debate parlamentar, Hitoshi Ashida – responsável pela atividade constituinte e futuro *premier* – propôs a *"Ashida Emendment"*,⁶⁹ que consistia em acrescentar ao início do segundo parágrafo as palavras *"for the above purpose"*,⁷⁰ substituídas na redação final com os termos equivalentes "a fim de cumprir o objetivo do parágrafo anterior"⁷¹ (isto é, para realizar o objetivo indicado com as palavras: "aspirar sinceramente a uma paz internacional baseada na justiça e na ordem").⁷² O artigo nono continha, assim, a renúncia à guerra *"forever"*⁷³ e ao rearmamento ("o poder de guerra nunca será mantido")⁷⁴ para realizar o objetivo da "paz internacional". Desse modo, excluía-se que o Japão pudesse ter forças armadas para subverter a paz internacional com uma guerra de agressão; mas não se excluía que o Japão pudesse ter forças armadas para defender-se de uma guerra de agressão. Ao longo dessa tortuosa trilha se moveu, desde então, a interpretação do artigo nono e a sucessiva criação das forças armadas do Japão pós-bélico, que até a hoje se chamam "Forças de Autodefesa".

No Japão, a discussão moveu-se, portanto, para a definição de "guerra de autodefesa", no momento que era indiscutível o fato de que o artigo nono excluísse a guerra de agressão. Segundo uma teoria, a guerra de autodefesa era um meio para compor os conflitos internacionais, portanto, caía no veto do artigo nono, de modo que

---

68 N.T. *"Even for preserving its own security"*.
69 N.T. Emenda Ashida.
70 N.T. Para o propósito acima.
71 N.T. *"In order to accomplish the aim of the preceding paragraph"*.
72 N.T. *"Aspiring sincerely to an international peace based on justice and order"*.
73 N.T. Para sempre.
74 N.T. *"War potential will never be maintained"*.

o Japão não deveria ter nenhum aparato militar. Uma outra teoria sustentava que era admitida a guerra defensiva, mesmo se o segundo parágrafo do artigo nono não reconhece ao Estado japonês o direito a "travar uma guerra".

Paralelamente se discutia sobre a possibilidade de reconstituir as forças armadas japonesas. Também nesse caso uma teoria sustentava o veto de qualquer tipo de força armada, enquanto uma outra considerava que fosse vetada somente uma força armada apta a conduzir uma guerra moderna, enquanto seria lícita a formação de uma força de polícia ou de forças armadas para a autodefesa. O governo japonês seguiu essa segunda via e instituiu uma *"National Police Reserve"*,[75] que mais tarde confluiria nas Forças de Autodefesa.

Os pacifistas japoneses recorreram à justiça para fazer valer o veto de toda forma de força armada. O recurso contra a *"National Police Reserve"* foi rejeitado em 8 de outubro de 1946, pelo Supremo Tribunal japonês. Em 16 de dezembro de 1959, o mesmo Tribunal rejeitou o recurso contra o posicionamento de tropas americanas no território japonês, afirmando que as tropas estrangeiras não entravam no veto do artigo nono e que, na verdade, elas garantiam a própria sobrevivência do Japão como Estado soberano.[76]

Com a ocupação aliada e com a entrada em vigor da nova Constituição, com base no artigo nono, o Japão não tinha mais um exército, nem um Ministério da Guerra ou da Defesa, nem uma indústria bélica, que nesse meio-tempo, tinha sido desmantelada pelos Aliados. Porém, o estouro da Guerra da Coreia, em 1950, provocou a transferência de um forte contingente das tropas americanas de ocupação do Japão à Coreia, e as tensões internas devidas aos partidos de esquerda ofereceram a ocasião para criar, em 1950, um corpo

---

[75] N.T. Reserva Policial Nacional.
[76] UGAI, Nobushige; ZACHERT, Herbert. "Ideal und Realität der japanischen Verfassung". *Aus Politik und Zeitgeschichte*, B 40-41/64, 1965, p. 6.

de polícia, a já lembrada *"National Police Reserve"*, que constituiu o primeiro núcleo do futuro exército japonês. Esse primeiro passo rumo ao rearmamento é análogo àquele da Alemanha federal e da RDA.[77]

Os contrastes internos sobre o artigo nono deram lugar a várias ações judiciárias surgidas a partir de baixo, isto é, da oposição de grupos de cidadãos japoneses. É, portanto, interessante recordar essas sentenças, que não têm paralelo na Itália e na Alemanha porque o debate sobre a inconstitucionalidade das normas segue no Japão um procedimento diverso daquele previsto nas outras duas Constituições pacifistas. Por brevidade, vem aqui resumido o teor das sentenças individuais, que foram objeto de numerosas tratativas às quais se remete para algum aprofundamento.[78]

---

[77] Em 1946, foi dissolvida a *Wehrmacht* [Força Armada]. Na RFA, a polícia de fronteira (*Bundesgrenzschutz*) de 1951 (hoje, *Bundespolizei* [Polícia Federal]) se transformou depois em *Bundeswehr* [Forças Armadas ou Exército Federal Alemão] em 1955. Na RDA, a *Kasernierte Volkspolizei* [Polícia Popular Aquartelada], fundada em 1948, pelos ocupantes soviéticos; em 1956, transformou-se em *Nationale Volksarmee der DDR* [Exército Nacional Popular da RDA]. Tanto nas duas Alemanhas quanto no Japão esses corpos de polícia eram equipados como regimentos de infantaria leve.

[78] Em geral: BEER, Lawrence W.; ITOH, Hiroshi (Coord.). *The Constitutional Case Law in Japan*: 1970 through 1990. Seattle: University of Washington Press, 1996, p. 122; MAKI, John. *Court and Constitution in Japan*: Selected Supreme Court Decisions 1948-1960. Seattle: University of Washington Press, 1964. Sobre cada um dos casos: OPPLER, Alfred C. "Sunagawa Case. Its Legal and Political Implications". *Political Science Quarterly*, 76:2, 1961; SEYMOUR, Robert L. "Japan's Self-Defense: The Naganuma Case and Its Implications". *Pacific Affairs*, vol. 47, n° 4, 1974-1975; GOODMAN, Carl F. *The Rule of Law in Japan*: a Comparative Analysis. 2ª ed. Revisada. The Hague: Kluwer, 2008, cf. chapter 8, Art 9. *Renunciation of War. Military Power and Responsibility*, 211-240. Traz cinco casos: The Sunakawa Case (pp. 225/226); The Naganuma Case (pp. 226/227); The Hyakuri Air Base Case (pp. 227/228); The Okinawa Mandamus Case (pp. 228/229); bem como *Recent Lower Courts Cases*, pp. 229 e ss.

CAPÍTULO II – A REJEIÇÃO DA GUERRA NA CONSTITUIÇÃO...

Suzuki Decision. Esta sentença de 8 de outubro de 1952 é a primeira pronunciada pelo Supremo Tribunal japonês sobre o artigo nono. Em julho de 1950, o líder socialista Suzuki Mosaburo apresentara um recurso contra a instituição da *National Police Reserve*,[79] sustentando que, assim, violava-se o artigo nono. Punha-se, principalmente, um problema procedimental ligado aos poderes do Supremo Tribunal: de um lado, Suzuki apelava ao artigo 81 (que atribui ao Supremo Tribunal o poder de estabelecer a constitucionalidade das leis), enquanto o próprio Tribunal declarava, ao contrário, possuir poderes somente sobre as sentenças, isto é, no âmbito do poder judiciário, e não também naquele legislativo. Esta decisão esclarece, assim, os poderes do Supremo Tribunal (e por isto vem comparada ao caso Marbury v. Madison nos EUA, 1803), mas deixa aberta a questão sobre a constitucionalidade da *Police Reserve* e das Forças de Autodefesa, que desde 1954 substituem a *Police Reserve*.

Sunagawa Case. Por volta de 1957, o Japão estava renegociando com os EUA o tratado sobre a segurança, a cuja renovação se opunham as forças políticas de esquerda, apoiadas internacionalmente pela URSS e pela China. O caso judiciário começa em julho de 1957, quando os EUA pedem para estender uma estrada de acesso à sua base aérea de Tachikawa, passando por uma vila próxima. Enquanto se estão efetuando as visitas, aproximadamente mil japoneses se reúnem para protestar e sete deles são presos. Com base em acordos especiais entre os Estados Unidos e o Japão, em relação a eles são previstas penas mais severas que para uma normal ocupação de um edifício ou de uma área. Em março de 1959, a *District Court*[80] de Tóquio absolvia os sete imputados, sustentando, na sentença, que a presença das forças armadas americanas violava o artigo nono da Constituição, que a autodefesa era possível somente através de uma decisão da ONU, e que o artigo nono – fundamentado na vontade popular – prescrevia a paz: esta última poderia ser posta em perigo

---

79 N.T. Reserva Policial Nacional.
80 N.T. Tribunal distrital.

porque os EUA poderiam realizar atividades bélicas também fora do Japão, envolvendo, assim, o próprio Japão. Além disso, também a defesa do Japão da parte dos EUA teria envolvido o Japão como Estado beligerante. O tribunal concluía, portanto, que o tratado sobre a manutenção de tropas estadunidenses no Japão (US-*Japan Security* Treaty)[81] violava a Constituição e, portanto, se aquela manutenção era inconstitucional, também o tratamento privilegiado para a ocupação eventual de uma base era nulo, com base no "devido processo legal"[82] previsto pelo artigo 32 da Constituição.

A absolvição dos imputados foi celebrada como uma vitória do movimento contrário ao tratado e, portanto, tornou-se politicamente relevante também para o governo japonês. O Mistério Público apelou diretamente ao Supremo Tribunal, sem passar através do nível judiciário intermediário da *High Court*.[83] Na sentença de 16 de dezembro de 1959, do Grand Bench do Supremo Tribunal a sentença de primeira instância foi anulada (com decisão unânime, porém, integrada por dez pareceres suplementares) e reenviada ao *District Court*[84] de Tóquio para um novo juízo. O Supremo Tribunal reconhecia a exigência de manter a paz geral através da autodefesa, porém, não somente através da ONU, como tinha sido sustentado em primeiro grau.

Para resolver o problema da legitimidade do estacionamento dos militares estadunidenses, o Supremo Tribunal se referiu não mais ao Tratado EUA-Japão sobre a segurança, mas sim ao Tratado de São Francisco, de 1952, subscrito por quarenta Estados da ONU: ele permitia a manutenção de tropas estrangeiras sobre o solo japonês. O Tribunal afirmou que, ao subscrever os tratados, o governo japonês havia agido em modo conforme à Constituição, porém –

---

[81] N.T. Tratado de Segurança do Japão.
[82] N.T. "*Due process of law*".
[83] N.T. Supremo Tribunal.
[84] N.T. Tribunal distrital.

CAPÍTULO II – A REJEIÇÃO DA GUERRA NA CONSTITUIÇÃO...

remetendo-se, também neste caso, à divisão dos poderes – afirmou ainda que, como poder judiciário, não podia pronunciar-se sobre a constitucionalidade dos tratados. O Supremo Tribunal se limitava a constatar que o tratado EUA-Japão sobre a segurança:

> Deve certamente estar em harmonia com o artigo nono e com o artigo 92, parágrafo 3 (que requer uma fiel observância dos tratados e do direito das nações) e não se pode absolutamente admitir que ele esteja em violação daquela norma ou que seja claramente óbvio que ele é inconstitucional e não válido.[85]

Aquele tratado não viola, portanto, a Constituição. De outro lado, as forças estadunidenses não são potência bélica japonesa (de fato, estão sob o total controle estadunidense) e servem à manutenção da paz no Japão e na Ásia, dada a insuficiência militar do Japão pós-bélico. O caso foi remetido ao Tribunal Distrital, que – obrigado a aceitar a constitucionalidade do acordo entre Estados Unidos e Japão – devia limitar-se a aplicar uma correta sanção. Conclusão: uma multa para os sete imputados de ocupação da área estadunidense.

Embora essa decisão tirasse uma arma dos opositores do tratado, o contraste político não se atenuou e, na verdade, culminou

---

[85] OPPLER, Alfred C. "Sunagawa Case". *In: Kodansha Encyclopedia of Japan*. vol. 7. Tokyo: Kodansha, 1983, p. 275: *"The main purpose of the security treaty"* ["O principal objetivo do tratado de segurança"] [isto é, a manutenção de tropas estadunidenses], *"must certainly be in accord with the intent of the article 9 and of article 98, paragraph 2, (which requires faithful observation of treaties and established laws of nations) and it absolutely cannot be admitted that it is in violation of the said provisions or that it is clearly obvious that it is unconstitutional or invalid"* [NT: "certamente deve estar de acordo com a intenção do artigo nono e do artigo 98, parágrafo 2 (que exige a fiel observância dos tratados e leis das nações estabelecidas) e absolutamente não pode ser admitido que está em violação das referidas disposições ou que é claramente óbvio que é inconstitucional ou inválido"].

com a morte do primeiro-ministro Kishi Nobusuke (acusado de apoiar o tratado no Parlamento) e com a anulação da visita do Presidente Eisenhower a Tóquio. Do ponto de vista jurídico, esta sentença é importante porque, pela primeira vez, o Supremo Tribunal se pronunciava sobre a constitucionalidade da renúncia à guerra; todavia, não se pronunciava sobre a constitucionalidade das Forças de Autodefesa. Este último tema foi decidido anos depois, em 1969, pela *Sapporo High Court*,[86] que se remeteu também ao *Sunagawa Case*.

Naganuma Case. Em 1969, as Forças de Autodefesa tinham iniciado a construção de uma base para mísseis antiaéreos Nike sobre o topo de uma montanha que tinha sido declarada reserva natural. Cerca de trezentos habitantes (dentre os quais muitos agricultores preocupados pela alteração dos aquíferos devido ao desmatamento) deram início a um processo em que se sustentava a inconstitucionalidade das Forças de Autodefesa. Em setembro de 1973, a *District Court*[87] de Sapporo declarou inconstitucionais as Forças de Autodefesa e bloqueou a construção da base de mísseis. Porém, em agosto de 1976, a *Sapporo High Court*[88] anulou a precedente sentença, sustentando que a questão sobre a constitucionalidade das Forças de Autodefesa era uma "questão política"[89] e que, portanto, não era de competência do poder judiciário. O caso foi levado ao Supremo Tribunal, o qual, em 9 de setembro de 1982, confirmou a anulação da sentença de primeiro grau porque os recorrentes não tinham título para estarem em juízo: de fato, não tinham um interesse direto em declarar "reserva natural" aquela floresta e não podiam demonstrar serem prejudicados pelo cancelamento da reserva. Em particular, a alteração da floresta e dos lençóis freáticos era sucessiva à perda da qualificação de reserva natural. Também neste caso, o Tribunal não enfrentava o problema da constitucionalidade das

---

[86] N.T. Tribunal Superior de Sapporo.
[87] N.T. Tribunal distrital.
[88] N.T. Tribunal Superior de Sapporo.
[89] N.T. "*Political question*".

Forças de Autodefesa. Foi observado que a sua posição pode ser sintetizada na afirmação que o fato em exame não constituía um problema jurídico, mas "era apenas uma questão política".[90] [91]

O tratado de mútua assistência com os Estados Unidos tutelava o Japão dos ataques externos, enquanto o Japão deveria prover com forças próprias a segurança interna e a proteção civil. No contexto da doutrina estadunidense do *containment*[92] da URSS, em 1952, a *"National Police Reserve"*[93] se transformou em *"Nation Safety Forces"*[94] (com mais de 100.000 efetivos); em 1954, o *"National Security Board"*[95] se transformou em *"Defense Agency"*[96] e os efetivos foram reorganizados na *"National Self-Defense Force"*,[97] subdividida em forças de autodefesa de terra, de mar e de céu. Em 2006, a *"Defense Agency"*[98] tornou-se *"Ministry of Defense"*.[99] No entanto, os efetivos das três forças e o seu equipamento tinham se expandido, tanto que, em 2017, o balanço das forças armadas japonesas se colocava entre os dez maiores do mundo.

Na presença dessa progressão, é sempre mais difícil sustentar a denominação pós-bélica de "forças de autodefesa" para as forças armadas japonesas, enquanto o crescente número de missões no exterior se choca contra a letra do artigo nono (como também

---

[90] N.T. *"Was merely a political issue"*.
[91] AUER, James E. "Article 9 of Japan's Constitution: From Renunciation of Armed Force 'Forever' to the Third Largest Defense Budget of the World". *Law and Contemporary Problems*, 53:2, 1990.
[92] N.T. Contenção.
[93] N.T. Reserva Policial Nacional.
[94] N.T. Forças de Segurança Nacional.
[95] N.T. Conselho de Segurança Nacional.
[96] N.T. Agência de Defesa.
[97] N.T. Força Nacional de Autodefesa.
[98] N.T. Agência de Defesa.
[99] N.T. Ministério da Defesa.

acontecia e acontece também na Alemanha e na Itália com referência aos equivalentes artigos constitucionais).

No entanto, passou-se mais de meio século desde quando a nova Constituição japonesa entrou em vigor e a geopolítica mundial mudou radicalmente. Para o Japão, o perigo parece que se mudou da Rússia para a China, enquanto a imprevisível Coreia do Norte impõe ao Japão uma defesa de mísseis dificilmente conciliável com o artigo nono. Por isso, o Partido Liberal-Democrático (LPD), hoje no poder, instituiu em 1956, uma Comissão para a Constituição, que nos sete anos sucessivos propôs várias reformas, mas não aquela do artigo nono. Desde os anos noventa, as propostas de modificações constitucionais se sucederam[100] e, desde 1997, o potente *lobby* conservador *"Nippon Kaigi"* (Conferência do Japão) se bate pela modificação do artigo nono,[101] considerado um limite incompatível com a soberania nacional: somente com a sua abolição, o Japão voltaria a ser "um país normal".[102] Em particular, o atual *premier* Shinzo Abe (em cujo governo estão presentes alguns membros deste *lobby*), por várias vezes, propôs modificar o artigo nono, encontrando não poucas dificuldades. Já em 2006, o seu programa político previa explicitamente a reforma do artigo nono:

---

[100] WINKLER, Christian G. *The Quest for Japan's New Constitution*: An Analysis of Visions and Constitutional Reform Proposals 1980-2009. Londres: Routledge, 2011; em particular: *Four Visions for a New National Security Policy*, pp. 36 e ss. WAHL, Rainer (Coord.). *Verfassungsänderung, Verfassungswandel, Verfassungsinterpretation*: Vorträge bei Deutsch-Japanischen Symposien in Tokyo 2004 und Freiburg 2005. Berlim: Duncker & Humblot, 2008; em particular: *Ausländische Einwirkungen auf die Entstehung der Verfassung Japans und Deutschlands im Vergleich*, pp. 107 e ss.

[101] Sobre o Nippon Kaigi (*Nippon Conference*) cf. HOOK, Glenn D.; MCCORMACK, Gavan. *Japan's Contested Constitution*: Documents and Analysis. Londres: Routledge, 2001.

[102] MIDDLEBROOKS, William C. *Beyond Pacifism*: Why Japan Must Become a "Normal" Nation. Westport (Conn.): Praeger Security International, 2008.

CAPÍTULO II – A REJEIÇÃO DA GUERRA NA CONSTITUIÇÃO...

Para mim, o conservadorismo não é uma ideologia, mas pensar o Japão e os Japoneses. É natural pensar o presente e o futuro, mas temos certas responsabilidades também para com aqueles que viveram no passado. Em outras palavras, o espírito do conservadorismo é a manutenção de uma prudente consciência de como tenham sido conservadas as tradições através dos séculos da longa história do Japão. Exatamente por esse motivo, creio firmemente que se deva rever o artigo nono da Constituição para melhor adaptá-lo ao espírito e às tradições do povo japonês.[103]

Essa revisão é uma constante no programa do Partido Liberal-Democrático, que em seu congresso de 2018 não propôs abolir o artigo nono, mas atenuá-lo com um artigo nono *bis*. Alguns documentos desse debate estão reproduzidos no *Apêndice I, 5*.

As tomadas de posição na política interna eram acompanhadas pelas mudanças da situação internacional, que envolviam diretamente o Japão. Em 1990, os Estados Unidos pediram que o Japão participasse da Guerra do Golfo, o que provocou uma intensa polêmica entre os dois Estados. Desde 1992, uma lei permite aos militares japoneses participar das missões internacionais humanitárias em cooperação com as Nações Unidas. Desde então, forças *não* combatentes japonesas estiveram presentes no Camboja (1991) e no Moçambique (1993), mas é sobretudo com o envolvimento no Iraque (2004-2006) que a opinião pública japonesa voltou a levantar-se contra o rearmamento.[104]

Um atento observador considera que a inversão de tendência em relação ao pacifismo constitucional se possa fazer remontar a

---

[103] ABE, Shinzō. *Utsukushii kuni e* [Verso un paese meraviglioso]. Tokyo: Bungei Shunju, [2006] 2013*e* [Rumo a um país maravilhoso]. Agradeço a Emil Mazzoleni pela indicação e pela tradução do trecho citado.

[104] A essas missões se acrescentaram aquelas na Indonésia (2005), no Nepal (2007), nas alturas do Golan (2005-2012), na Somália contra a pirataria (2009) e no Haiti após o terremoto de 2012.

fevereiro de 2004, quando o governo japonês enviou 150 soldados ao Iraque. Com aquela decisão:

> O processo realizado nas décadas precedentes para uma nova definição da política japonesa de segurança encontrou a sua conclusão provisória. O empenho no Iraque foi e é extremamente controvertido no próprio Japão e o fundamento legislativo para o uso das forças armadas em caso de conflito não vai além do princípio da "autodefesa individual" do soldado individualmente: uma circunstância que sem dúvidas limita a capacidade operativa do contingente japonês.[105]

Uma conclusão menos provisória, mesmo se não menos controversa, veio com as *"Security Laws"*,[106] aprovadas em 19 de setembro de 2015 e entradas em vigor em 29 de março de 2016. Elas concluem formalmente uma série de interpretações extensivas do artigo nono, tendentes a admitir seja o apoio militar a favor de um aliado agredido, seja a guerra de autodefesa em caso de ataque externo. Não só os movimentos pacifistas, mas também muitos políticos e cidadãos consideram, porém, que o artigo nono consinta com o uso da força somente para a defesa individual – isto é, o soldado japonês em missão de paz pode responder ao fogo somente se atacado –, ao contrário não preveja o seu uso em uma intervenção de prevenção coletiva.

Além disso, essas leis ordinárias são consideradas inconstitucionais porque não foi respeitado o artigo 96 que regula as modificações constitucionais: ele requer, de fato, uma maioria qualificada de dois

---

[105] BERKOFSKY, Axel. "Japanisches Militär in Irak. Neudefinition japanischer Sicherheitspolitik?". *Konrad-Adenauer-Stiftung, Auslandsinformationen*, 26 abr. 2004. Disponível em: https://www.kas.de/c/document_library/get_file?uuid=d14d56b6-1415-b22d-3f55-6721ff7f1289&groupId=252038. Acessado em: 28.03.2024.

[106] N.T. Leis de Segurança.

CAPÍTULO II – A REJEIÇÃO DA GUERRA NA CONSTITUIÇÃO...

terços e um *referendum* confirmativo. Ao contrário, o Governo Abe realizou essa modificação com uma lei ordinária, apresentando-a como uma reinterpretação do artigo nono: reinterpretação que, em nível internacional, foi aprovada pelos Estados Unidos, mas que suscitou os protestos da China e da Coreia do Sul. Uma respeitável síntese das críticas dirigidas a essas leis foi formulada pela *"Japan Association of Constitutional Law"*.[107] Nela, Professor Yasuo Hasebe, da *Waseda University*, reconstrói a origem e os limites constitucionais da interpretação extensiva do artigo nono:

> A declaração do governo apresentada à Dieta Nacional em 14 de outubro de 1972 afirmava que: "a atual Constituição, que se baseia no princípio pacifista, não pode ser entendida como tolerante ao exercício ilimitado do direito de legítima defesa. A Constituição reconhece o uso do direito apenas nos casos em que é essencial proteger os direitos do povo japonês à vida, à liberdade e à busca da felicidade, pois esses direitos são comprometidos por ataques militares estrangeiros". Como o direito de autodefesa coletiva deve ser invocado quando Estados estrangeiros estão sob ataque militar e solicitam apoio do Japão, tal uso da força está além do limite constitucional. Em termos concretos, o governo só pode usar a força quando:
>
> (1) o próprio Japão está sob ataque armado ilegal em andamento ou iminente vindo do exterior;
>
> (2) para encerrar o ataque, o uso da força é necessário; e
>
> (3) a extensão do uso da força é proporcional ao fim a ser alcançado. Essas três condições devem ser coexistentes.
>
> De acordo com essa linha de raciocínio, o governo tem afirmado, repetidas vezes, que entre os direitos de legítima defesa reconhecidos pelo artigo 51 da Carta da ONU[[108]],

---

[107] N.T. Associação Japonesa de Direito Constitucional.

[108] [Art. 51: *Nothing in the present Charter shall impair the inherent right of individual or collective self-defence if an armed attack occurs against a Member of the United Nations, until the Security Council has taken measures necessary to maintain international peace and security.*

a Constituição reconhece apenas o direito de autodefesa individual; em outras palavras, o uso do direito de legítima defesa coletiva é inconstitucional. Vários porta-vozes do governo, incluindo sucessivos chefes do gabinete de legislação do gabinete, que são principalmente encarregados de fornecer aconselhamento jurídico ao governo, afirmaram

---

Measures taken by Members in the exercise of this right of self-defence shall be immediately reported to the Security Council and shall not in any way affect the authority and responsibility of the Security Council under the present Charter to take at any time such action as it deems necessary in order to maintain or restore international peace and security]. [NT: Art. 51: "Nada na presente Carta prejudicará o direito inerente de legítima defesa individual ou coletiva no caso de ocorrer um ataque armado contra um membro das Nações Unidas, até que o Conselho de Segurança tenha tomado as medidas necessárias para a manutenção da paz e da segurança internacionais. As medidas tomadas pelos membros no exercício desse direito de legítima defesa serão comunicadas imediatamente ao Conselho de Segurança e não deverão, de modo algum, atingir a autoridade e a responsabilidade que a presente Carta atribui ao Conselho para levar a efeito, em qualquer tempo, a ação que julgar necessária à manutenção ou ao restabelecimento da paz e da segurança internacionais". Disponível em: https://brasil.un.org/sites/default/files/2022-05/Carta-ONU.pdf].

que, para que o governo exerça o direito de legítima defesa coletiva, a alteração do artigo nono é essencial.[109] [110]

---

[109] N.T. "*The government's statement submitted to the National Diet on 14 October 1972 held that: 'the current constitution, which is based on pacifist principle, cannot be understood to tolerate unlimited exercise of the right of self-defence. The constitution recognises the use of the right only in cases it is essential to protect Japanese people's rights to life, liberty, and pursuit of happiness, as these rights are jeopardised by foreign military attacks'. Since the right of collective self-defence is to be invoked when foreign states are under military attack and request support from Japan, such use of force is beyond the constitutional limit. In concrete terms, the government may use force only when*

(1) Japan itself is under on-going or imminent, unlawful armed attack emanating from abroad;

(2) to terminate the attack, use of force is necessary; and

(3) the extent of the use of force is proportionate to the end to be achieved. These three conditions should be co-existent.

In accordance with this line of reasoning, the government has, again and again, stated that among the right of self-defence recognised by Article 51 of the UN Charter, the constitution recognises only the right of individual self-defence; in other words, the use of the right of collective self-defence is unconstitutional. Various government spokespersons, including successive chiefs of the cabinet legislation bureau who are primarily in charge of providing legal advices to the government, have stated that in order for the government to exercise the right of collective self-defence, amendment of Article 9 is essential".

[110] "*In response to the Japanese Diet enacting 'Security Laws' on 19 September 2015, the Japan Association of Constitutional Law has decided to post the following entry written by Professor Yasuo Hasebe at Waseda University, former vice-president of IACL*". [NT: "Em resposta à Dieta Japonesa que promulgou 'Leis de Segurança' em 19 de setembro de 2015, a Associação Japonesa de Direito Constitucional decidiu publicar a seguinte entrada escrita pelo professor Yasuo Hasebe da Universidade Waseda, ex-vice-presidente da IACL"]. (HASEBE, Yasuo. "The End of Constitutional Pacifism in Japan?" *IACL-AIDC BLOG*, 24 dez. 2015. Disponível em: https://blog-iacl-aidc.org/new-blog/2018/5/27/analysis-the-end-of-constitutional-pacifism-in-japan?rq=Yasuo%20Hasebe. Acessado em: 28.03.2024).

Segundo essa reconstrução era opinião difundida também em âmbito parlamentar que a autodefesa coletiva fosse inconstitucional, até que, em 2014, uma substituição intencional do diretor do Gabinete Legislativo do *Premier* levou aquele gabinete a formular um parecer que ia em direção oposta. Em relação aos três pontos supracitados, ao ponto 1 ("O próprio Japão está sob ataque armado ilegal em andamento ou iminente vindo do exterior"),[111] a nova interpretação acrescentava um *Ponto 1a*: "O uso da força também será permitido quando (1a) os direitos do povo japonês à vida, liberdade e busca da felicidade forem comprometidos por causa de ataques militares contra países estrangeiros, que estão em estreita relação com o Japão".[112] Somente uma interpretação política pode atribuir um conteúdo à vaguíssima fórmula da colocação em perigo de "vida, liberdade e busca da felicidade"[113] dos japoneses.

Na realidade, o Professor Yasuo Hasebe sustenta que os casos concretos reconduzíveis ao *Ponto 1a* são sempre controversos: por exemplo, pergunta-se se poderia decidir que o fechamento do Estreito de Hormuz provocaria uma crise petrolífera e, portanto, um pioramento das condições de vida dos japoneses, consentindo, assim, a intervenção das forças armadas japonesas? O primeiro-ministro Abe considera que sim, o partido *Komeito*, seu aliado, considera que não.

Mas esta – que parecia uma abstrata hipótese geopolítica – arriscou traduzir-se na realidade exatamente enquanto o *premier* Abe se encontrava em visita a Teerã: em 13 de junho de 2019, foram atacados dois navios-cisternas exatamente na área de Hormuz e

---

[111] N.T. "*Japan itself is under on-going or imminent, unlawful armed attack emanating from abroad*".

[112] N.T. "*Use of force will be also permitted when (1a) Japanese people's rights to life, liberty, and pursuit of happiness are jeopardised because of military attacks against foreign countries, which are in close relationship with Japan*".

[113] N.T. "*Life, liberty, and pursuit of happiness*".

as imagens dos navios em chamas foram difundidas na *internet*. Não é claro de quem tenha vindo o ataque, mas os Estados Unidos imediatamente acusaram os *pasdaran* iranianos e parecem, assim, repetir o *script* que levou à guerra no Iraque.

> Independentemente de quem seja o responsável – o Irã, uma provocação ou um terceiro ator mal-intencionado – a coisa a ser feita o mais rápido é reduzir a tensão antes que um incidente a mais desencadeie um conflito catastrófico para o mundo inteiro.[114]

Poucos dias depois, os *Royal Marines* britânicos sequestraram, em Gibraltar, o petroleiro *"Grace I"*, navio de bandeira panamenha, pertencente a uma sociedade de Singapura e acusado de transportar petróleo iraniano à Síria. Se a guerra dos petroleiros se agravasse, o Japão se consideraria ou não vinculado pelo artigo pacifista da sua Constituição?

A resposta ao quesito será política, como foi política até agora a interpretação do artigo nono, favorecida pela transformação intencional do Gabinete Legislativo:

> Se o Bureau [isto é, o *Cabinet Legislation Bureau*, o Gabinete Legislativo do Premier] chegou a dizer que alguma ação do governo é constitucional porque o primeiro-ministro quer que seja, resta pouco respeito por suas opiniões.[115]

---

[114] HASKI, Pierre. "Chi vuole scatenare una guerra nello stretto di Hormuz". *Internazionale*, 14 jun. 2019. Disponível em: https://www.internazionale.it/opinione/pierrehaski/2019/06/14/petroliere-stretto-hormuz. Acessado em: 28.03.2024.

[115] N.T. *"If the bureau [isto é, o Cabinet Legislation Bureau, o Gabinete Legislativo do Premier] has come to say that some government action is constitutional because the prime minister wants it to be, there remains scarce respect for its opinions"*.

As "*Security Laws*",¹¹⁶ mesmo se no centro dessas críticas, estão em vigor desde 2016 e regulam, portanto, as intervenções das forças armadas japonesas – que continuam a chamarem-se "Forças de Autodefesa" – nas intervenções internacionais de *peace keeping*.¹¹⁷

Por volta de meados de 2016, dois novos acontecimentos pareciam facilitar a revisão do pacifismo japonês. Na política interna, as eleições políticas de julho de 2016 tinham levado o Partido Liberal-Democrático do atual primeiro-ministro muito próximo à maioria dos dois terços da Câmara Alta, com a qual ele poderia aprovar a modificação do artigo nono, para submetê-la, depois, a *referendum*. Na política externa, o nacionalismo de Shinzo Abe vinha reforçado pelas experiências atômicas e de mísseis da Coreia do Norte e das reivindicações da China sobre 90% do Mar Chinês meridional, que envolviam também algumas ilhotas colocadas na rota das provisões energéticas para o Japão.¹¹⁸ Uma destas é Ishigaki, ilhota próxima à costa chinesa:

> A recente decisão de armar o primeiro porta-aviões [japonês] é vista por alguns como uma clara violação do artigo nono. Por ora, 60% dos japoneses são contrários a modificar a Constituição, como gostaria o primeiro-ministro Shinzo Abe. Mas cresce também a percepção da ameaça externa. As consequências desse ativismo se veem. Em Ishigaki está sendo construída uma base japonesa "de autodefesa" aérea, onde serão deslocados 500-600 soldados.¹¹⁹

---

[116] N.T. Leis de Segurança.

[117] N.T. Manutenção da paz.

[118] Limitando-me ao principal diário italiano (mas artigos semelhantes estão presentes por toda parte): SANTEVECCHI, Guido. "Giappone, Abe più forte. Ora può cambiare la costituzione pacifista". *Corriere della Sera*, 17, 2016; SANTEVECCHI, Guido. "Un rischio il Giappone che archivia il pacifismo". *Corriere della Sera*, 29, 2016.

[119] GERGOLET, Mara. "Tokyo prepara l'isola-trincea". *Corriere della Sera*, 7 jan. 2019.

Na realidade, as reivindicações chinesas puseram em alarme, além do Japão, também os governos das Filipinas, da Malásia, de Brunei e de Taiwan. Em 2013, as Filipinas haviam feito recurso ao Tribunal Permanente de Arbitragem sobre a Lei do Mar, contra a ocupação chinesa dos escolhos ou lugares secos de Scarborough Shoal, onde, em 2012, a marinha militar das Filipinas havia capturado oito pesqueiros da China continental. Porém, aqueles que são "escolhos" para as Filipinas são "ilhas" para a China, o que modifica o controle das águas territoriais circunstantes: 12 milhas para um escolho, 200 para uma ilha. As estruturas de cimento da China estão transformando vários escolhos (geralmente desabitados) em "ilhas", sobre as quais são assentados cidadãos chineses. Essas tensões têm evocado, naquelas águas, forças navais tanto chinesas quanto estadunidenses.

O Tribunal de Haia – com base na *"United Nations Convention of the Law of the Sea"* (UNCLOS),[120] subscrita também pela China em 1996 – decidiu que "a China não possui direitos históricos de soberania sobre o Mar Chinês meridional e muitas de suas ações têm violado a legalidade internacional".[121] A China, porém, rejeitou o reconhecimento da autoridade do Tribunal de Haia, afirmando: "é deplorável que o Tribunal de Arbitragem (...) tenha forçado a própria jurisdição processual e executiva, violando gravemente tanto

---

[120] N.T. Convenção das Nações Unidas sobre o Direito do Mar.
[121] Citado em SANTEVECCHI, Guido. "'La Cina non ha diritti sulle isole contese': lo schiaffo dell'Onu, la rabbia di Pechino". *Corriere della Sera*, 18, 2016, com um mapa detalhado da área. As atuais pretensões chinesas se fundam sobre os "nove tratados de canetas", com os quais Chiang Kai-shek, depois da Segunda Guerra Mundial, delimitou a área de controle chinês no Mar Chinês meridional. Os chineses instalaram mísseis antiaéreos na ilha de Woody, nas ilhas Paracelso, e estão transformando em ilhas ao menos sete atóis das ilhas Spratly, diante das Filipinas e do Brunei, e disputadas entre seis Estados costeiros.

a UNCLOS quanto o direito da China".[122] O novo, pragmático e polêmico presidente das Filipinas, Rodrigo Duterte, está, todavia, buscando uma solução de compromisso com a China, na qual se dê menos espaço aos problemas de soberania territorial e mais atenção a um comum direito de pesca nas águas contendidas, em troca de tecnologias chinesas na aquacultura.[123]

As pretensões chinesas envolvem também as ilhas japonesas Senkaku (Diaoyu para os chineses): elas são a última ramificação meridional do Japão da qual faz parte a ilha de Ishigaki, citada acima, e estão próximas das bases estadunidenses de Okinawa. Por isso o expansionismo chinês – unido aos testes atômicos e de mísseis da Coreia do Norte – contribui para reviver o nacionalismo japonês, assim, favorecendo o partido do primeiro-ministro Abe e a revisão radical do artigo nono.

---

[122] Li Ruiyu (embaixador da República Popular Chinesa na Itália), "Vi spiego perché non accettiamo questo verdetto". *Corriere della Sera*, 18, 13 jul. 2016.

[123] PEDROLETTI, Brice. "Pékin et Manille cherchent l'apaisement en mer de Chine". *Le Monde*, 4, 16 ago. 2016. As tratativas com os chineses são confiadas ao ex-presidente Fidel Ramos, que "*a dit regretter l'époque où 'pêcheurs philippins, chinois, et même vietnamiens évoluaient librement autour de l'atolle de Scarborough'*" [NT: "disse que sente falta da época em que 'pescadores filipinos, chineses e até vietnamitas vagavam livremente pelo atol de Scarborough'"]. Paralelamente, porém, a China continua "*une propagande rageuse à l'encontre des Philippines et des États-Unis*" [NT: "uma propaganda enfurecida contra as Filipinas e os Estados Unidos"] e não reconhece a sentença da UNCLOS.

CAPÍTULO III
A REJEIÇÃO DA GUERRA NA CONSTITUIÇÃO ITALIANA DE 1948

> Constituição italiana – Princípios fundamentais – Artigo 11.
>
> A Itália repudia a guerra como instrumento de ofensa à liberdade dos outros povos e como meio de resolução das controvérsias internacionais; consente, em condições de paridade com os outros Estados, às limitações de soberania necessárias a um ordenamento que assegure a paz e a justiça entre as Nações; promove e favorece as organizações internacionais voltadas a tal escopo.

Para a Europa, os últimos anos da guerra e os primeiros anos do pós-guerra foram "anos de anarquia", que a transformaram em um "continente selvagem".[1] Na Itália, existem "pontes destruídas,

---

[1] LOWE, Keith. *Der wilde Kontinent*: Europa in den Jahren der Anarchie 1943-1950. Stuttgart: Klett-Cotta, 2014; NISH, Ian. *The Japanese in War and Peace, 1942-1948*: Selected documents from a translator's in-tray. Folkestone: Global Oriental, 2011 (documentos recolhidos por um membro das forças britânicas de ocupação no Japão); AVAGLIANO, Mario; PALMIERI, Marco. *Dopoguerra*: Gli italiani fra speranze e illusioni (1945-1947). Bologna: Il Mulino, 2019.

casas sem serviços, desemprego desenfreado, inflação nas alturas, veteranos com dificuldade de inserir-se na sociedade, mercado negro, prostituição e engraxates dispostos a tudo". Mas, exatamente, poucos anos depois daquele desastre:

> Nascem os protótipos da *Vespa* e da *Ferrari*, testados nas estradas devastadas pelos bombardeios, os sorvetes *Algida* nascidos de um resíduo bélico americano, a primeira lavadora *Candy* configurada graças aos esboços enviados por um prisioneiro dos EUA, o primeiro voo da *Alitalia*.[2]

Para seguir essa parábola na Itália, precisa remeter-se ao verão de 1943.

As poucas semanas na península que se seguiram o desembarque dos anglo-americanos na Sicília, em 10 de julho de 1943, a destituição de Benito Mussolini em 25 de julho de 1943, a fuga do Rei e do governo de Roma para Pescara (e, dali, para a Itália do Sul para se unir com os novos aliados), a divisão da Itália em dois Estados contrapostos (a República Social Italiana ao centro-norte, que combatia ao lado dos alemães, e o Reino de Itália ao sul, que combatia ao lado dos Aliados), o forte movimento *partigiano* sobretudo no Norte e a situação de guerra civil geraram na Itália uma situação diversa daquela dos outros dois Estados do ex-Pacto Tripartite. De fato, na Itália, Mussolini tinha sido destituído e o poder tinha voltado ao Rei; naqueles mesmos meses, pelo contrário, na Alemanha o poder de Hitler e no Japão aquele do imperador continuavam substancialmente invariáveis.

O biênio 1943-1945 é fundamental para a história da Itália contemporânea, mas aqui – retomando os temas acenados no § 5, p. 54

---

2 Comentário ao livro de Avagliano e Palmieri, citado na nota precedente: "L'Italia postguerra tra distruzione e voglia di ripartire". *Libero*, 27 de setembro de 2019, p. 26.

– se podem indicar somente os pontos salientes, e de modo sumário.³ A derrota na África setentrional e na Rússia, os bombardeios aliados sobre as principais cidades italianas e as dificuldades quotidianas haviam criado um profundo mal-estar popular. Os vértices do Estado italiano pensavam já em um desligamento da Alemanha e a uma paz separada com os anglo-americanos. Em 25 de julho de 1943, o Grã-Conselho Fascista aprovou uma ordem do dia que removia Mussolini das suas funções. No mesmo dia, Mussolini encontrou o Rei que – depois de ter-lhe anunciado que o substituiu como primeiro-ministro pelo general Badoglio – fez com que fosse preso na saída do encontro.

Depois da detenção em vários lugares, Mussolini foi libertado pelos nazistas, em 12 de setembro de 1943, transportado a Mônaco de Baviera e, depois, dali à Itália setentrional, onde, naquele mesmo mês, fundou a *Repubblica Sociale Italiana*. Ela se estendia até o sul de Roma, onde fronteava o Reino da Itália. Fronteavam-se também dois exércitos italianos: aquele republicano ao centro-norte, aliado dos alemães, e aquele monárquico no sul, aliado dos anglo-americanos.

O 25 de julho de 1943 marcou o fim do governo fascista, mas não da guerra. Com aquela data, iniciaram-se os "quarenta e cinco dias" do governo Badoglio, que começou a desmantelar as instituições fascistas e recolheu em torno da monarquia o aparato estatal anterior depurado somente nas suas franjas mais extremas, buscando, nesse meio tempo, envolver os mais moderados entre os partidos antifascistas do *Comitato di Liberazione Nazionale*.⁴ ⁵

---

3 Para um pleno relato dos eventos: OLIVA, Gianni. *La grande storia della Resistenza*, 1943-1948. Torino: Utet, 2018. Para aprofundar: Piero Pieri, Giorgio Rochat (2002), *Badoglio, Maresciallo d'Italia*.
4 N.T. Comitê de Libertação Nacional.
5 O Comitê de Libertação Nacional (CLN) compreendia à esquerda o Partido Comunista Italiano (PCI), o Partido Socialista Italiano de Unidade Proletária (PSIUP) e o Partido de Ação (PdA) e, ao centro, a Democracia Cristã (DC), o Partido Liberal Italiano (PLI) e o Partido

Em 8 de setembro de 1943, o general Badoglio anunciou na rádio o armistício entre o Reino de Itália e os Aliados, que deveriam desembarcar na península dentro de poucos dias (mesmo se a data era incerta). O armistício reforçava a posição da Monarquia em relação aos anglo-americanos, mas expunha os vértices do Reino italiano às represálias dos alemães. Por isso, o governo Badoglio continuou o duplo jogo com os alemães, mas nesse interim preparou uma fuga de Roma, porque não se sabia quando os novos aliados anglo-americanos chegariam a Roma. Na periferia de Roma, ao contrário, tomaram posição as tropas alemãs. Diante disto, em 9 de setembro o Rei, Badoglio, as personalidades da corte e os responsáveis militares – preocupados pela própria sorte de classe dirigente mais do que por aquela do país – atravessaram o Appennino, chegaram a Pescara e dali se embarcaram em uma corveta *"Baionetta"*, em Brindisi. Nessa fuga sem dignidade, os vértices da monarquia não deram nenhuma ordem às forças armadas italianas, expondo-as às represálias alemãs, que se verificaram pontualmente.

> A lógica dos quarenta e cinco dias chegou, assim, ao seu epílogo dramático, mas consequente: a monarquia, Badoglio e Ambrosio salvam a si mesmos e a continuidade do Estado que encarnam (...). A conservação do Estado como instituição (que os protagonistas reivindicarão como próprio mérito) se transforma em abandono do país real, comportando um custo humano e material altíssimo: nenhuma indicação clara aos militares expostos à represália alemã, nenhuma indicação aos civis, nenhum apelo, nenhuma perspectiva. Em 10 de setembro, quando os fugitivos desembarcam na Puglia, o balanço está politicamente ativo, mas moralmente falido.[6]

Democrático do Trabalho (PDL); inevitáveis os contrastes políticos entre os dois lados.

6   OLIVA, Gianni. *La grande storia della Resistenza*, 1943-1948. Torino: Utet, 2018, pp. 90/91.

CAPÍTULO III – A REJEIÇÃO DA GUERRA NA...

É difícil, hoje, imaginar o drama da Itália entre 8 de setembro de 1943 e a Libertação de 25 de abril de 1945. No norte, somente um limitado percentual aceitou alistar-se com os alemães, e os voluntários do exército de Salò foram poucos. Centenas de milhares foram feitos prisioneiros e enviados à Alemanha. Muitos (aqueles que abandonaram o próprio setor) usavam roupas civis e buscavam retornar para casa.[7] Outros – às vezes, grupos inteiros de militares – espremidos entre a morsa hitleriana e o recrutamento de Salò, formaram brigadas *partigiane* ou se uniram àquelas já existentes, levando à Resistência armas e experiência militar. No sul, a união da monarquia com os anglo-americanos tornou menos dramático aquele biênio.

Ao contrário, para as tropas italianas na Grécia e nos Bálcãs (distantes de casa e em território estranho, quando não hostil) era difícil "desmobilizar-se" porque a casa à qual voltar estava além do mar: muitos se entregaram aos alemães, outros resistiram e foram mortos (como aconteceu na Cefalônia e em Kos),[8] alguns se uniram aos *partigiani* locais. A atmosfera dessa dissolução se respira no filme de 1960, de Luigi Comencini, de título emblemático, *Tutti a casa*:[9] era aquele o desejo de todos que, porém não para todos, se transformou em realidade. As tragédias daqueles anos explicam como o repúdio à guerra foi, para a imensa maioria dos italianos, uma aspiração radicada no mais profundo da alma.

---

[7] GRIBAUDI, Gabriella. *Combattenti, sbandati, prigionieri*: Esperienze e memorie di reduci della Seconda guerra mondiale. Roma: Donzelli, 2016.

[8] AGA-ROSSI, Elena. *Cefalonia*: La resistenza, l'eccidio, il mito. Bologna: Il Mulino, 2016; na Cefalônia foram fuzilados cerca de 400 oficiais italianos e mortos entre 5000 e 9000 militares; o general Hubert Lanz, responsável pelo massacre, foi condenado a doze anos de reclusão pelo Tribunal de Nuremberg. INSOLVIBILE, Isabella. *Kos 1943-1948*: La strage, la storia. Napoli: Edizioni Scientifiche Italiane, 2010; em Kos (Coo) foram fuzilados mais de uma centena de oficiais italianos.

[9] N.T. Literalmente, "Todos para casa"; no Brasil foi traduzido por "Regresso ao lar".

Para o governo Badoglio, o problema central era a saída da guerra. Depois de um confuso período entre Roma e Pescara, de contatos com os anglo-americanos, de reticências internas e de duplo jogo com os alemães, em 13 de outubro de 1943, o Reino da Itália declarou guerra à Alemanha e as tropas da Itália monárquica se uniram àquelas anglo-americanas na lenta reconquista da península. Ao norte, ao contrário, os alemães desconfiavam da eficiência militar do exército fascista-republicano e foram, por isto, reforçando as suas posições ao lado daquelas das forças armadas de Salò, aprontando um plano para a ocupação da Itália: o plano *"Achse"* (Eixo).

Assinando a própria rendição incondicional aos Aliados, em 8 de setembro de 1943, o Reino da Itália foi o primeiro dos três Estados do ex-Pacto Tripartite a sair formalmente da guerra, mesmo se as tropas do Reino da Itália continuavam, com os anglo-americanos, a guerra contra os ex-aliados alemães, ao lado dos quais combatiam as tropas da República de Salò: uma situação desesperada e complicadíssima. De fato, o rei e os vértices políticos e militares tinham fugido de Roma sem dar disposições às tropas italianas dispersas de Provenza ao Egeu e ainda integradas com os militares alemães, que tinham, por sua vez, ordens precisas em relação aos italianos: ou incorporá-los nas próprias tropas ou detê-los ou, em caso de resistência, eliminá-los.

Quem rejeitava essa incorporação podia também ser detido não como prisioneiro de guerra, mas como trabalhador para o *Reich*. Nasciam, assim, os *Internati Militari Italiani* (IMI),[10] que não eram prisioneiros de guerra, e aos quais não se aplicavam, portanto, as Convenções de Genebra: cerca de 600.000 a 800.000 pessoas quase esquecidas pelas instituições italianas, mesmo depois do final da guerra. "Nos *lager*[11] alemães, morreram dezessete generais italianos: silêncio! Morreram algumas dezenas de milhares de soldados e oficiais

---

[10] N.T. Internados Militares Italianos.
[11] N.T. Campos de concentração.

italianos: silêncio!"¹² É um imperdoável esquecimento ao qual, até agora, não se soube reparar, mesmo se tratando de soldados italianos que tinham assumido uma gravosa posição repleta de dignidade: nem com os fascistas de Salò, nem com a *Wehrmacht*¹³ dos nazistas.

Entre os *Internados Militares Italianos* encontramos os personagens mais diversos da futura Itália republicana, do escritor Giovanni Guareschi – o irresistível anticomunista, a cuja pena devemos *Don Camillo e Peppone*, bem como o mote lançado nas eleições de 1948: "No segredo da cabina, Deus te vê, Stálin não" – ao político Alessandro Natta, o recém-formado feito prisioneiro em Rodi, depois deputado comunista por dez legislaturas e, enfim, sucessor de Enrico Berlinguer como secretário geral do *Partido Comunista Italiano*. Alessandro Natta dedicou um livro de memórias à sua detenção, do qual se podem colher precisas notícias sobre a vida naqueles campos de trabalho.¹⁴

Antes de tudo, as condições dos IMI eram menos desesperadas daquelas dos *lager* de extermínio, mesmo porque Natta se encontrava em um campo de prisioneiros para oficiais: "depois da Libertação tivemos jeito de medir a nossa condição com o metro de Mauthausen", mas durante a detenção a comparação não existia. Todavia "se a intensidade da perseguição não foi igual, igual foi o sentimento de execração e de condenação dos nazistas" (p. 93).

---

12 Assim NATTA, Alessandro. *L'altra Resistenza*: I militari italiani internati in Germania. Introdução de Enzo Collotti. Torino: Einaudi, 1997, p. 124.

13 N.T. "Forças Armadas".

14 NATTA, Alessandro. *L'altra Resistenza*: I militari italiani internati in Germania. Introdução de Enzo Collotti. Torino: Einaudi, 1997. Em 1991 (não existe mais o PCI e Natta deixou a política ativa), participa de uma conferência sobre os IMI com uma palestra: NATTA, Alessandro. "Reducismo o silenzio?" *In*: LABANCA, Nicola (Coord.). *Fra sterminio e sfruttamento*. Florença: Le lettere, 1992. Ali recorda o seu manuscrito de 1954 e o fato que os Editores Reunidos rejeitaram a obra, que permaneceu inédita até 1997.

Nós tivemos uma sorte diversa daquela dos prisioneiros nos campos de extermínio, dos *lager* políticos, mesmo se ocorre dizer que não existiu uma diferença na substância, mas somente no grau de intensidade da perseguição (p. 137).

Essa diferença se nota, por exemplo, em um menor rigor em relação à religião e à cultura. "Numerosos eram os capelães militares que, nos *lager*, desempenhavam uma intensa atividade de assistência espiritual, tolerada pelos alemães" (p. 73).

Não esquecerei nunca, por exemplo, os pastores valdenses que, no campo de Sandbostel, ministravam conferências abertamente, entre uma barraca e a outra, e sempre tinham um auditório numeroso, e não formado, claro, somente pelos correligionários. É verdade que as suas palavras exerciam um fascínio particular, sobretudo para quantos, e não eram poucos, nunca tiveram ocasião de escutar sacerdotes nos quais o sentido religioso fosse tão vivo e tão fortemente se unisse ao gosto da liberdade (p. 56).

Entre os oficiais detidos não faltavam os livros:

Pareceu uma singular ironia da sorte conseguir ler no campo de concentração alemão aquilo que tinha sido proibido na Itália. O mesmo aconteceu com o *Manifesto* de Marx e com outras publicações das quais muitos tiveram, então, notícia pela primeira vez. Os alemães não sequestravam, em geral, os livros; e o quanto eram suspeitos e desconfiados em relação ao papel escrito à mão, tanto eram condescendentes para com o papel impresso. (p. 75 s.)

A Libertação de 1945 concluiu positivamente essa "outra" resistência:

A insurreição de abril [1945] conferia um mais preciso sentido e valor à nossa luta e concluía, junto à guerra de libertação, a resistência dos detidos nos *lager*. Aquela era a sanção da justeza e da necessidade do sacrifício humilde e doloroso que, por quase vinte meses, empenhou as melhores energias dos detidos contra os fascistas e os alemães, e contra as muitas insídias e fraquezas do movimento de resistência (...). Entre as grades alemãs, tínhamos nos tornados homens livres (p. 133 s.).

Em 1992, um autor alemão constatava:

> Considerada a extraordinária importância assumida, depois de 1945, pela Resistência para a conscientização e a consciência política da nação italiana, não se percebe por que se tenha querido ignorar, por tanto tempo, os detidos militares no contexto de todas as manifestações direcionadas a superar o passado. Um fato ainda mais incompreensível se se considera o fato de que os militares fechados nos campos de prisioneiros nacional-socialistas, ao rejeitar toda forma de colaboração com a República Social e com o Terceiro *Reich* – decisão que significava renúncia a tratamentos privilegiados para continuar a sofrer o quanto de pior pudessem oferecer os *Lager* –, também eles atuaram na prática, mesmo que sem o uso das armas, uma forma de resistência.[15]

---

[15] SCHREIBER, Gerhard. *I militari italiani internati nei campi di concentramento del Terzo Reich*: Traditi, disprezzati, dimenticati. Roma: Ufficio Storico dello Stato Maggiore dell'Esercito, 1992, pp. 15/16. A obra é a edição italiana, "revista e ampliada", de SCHREIBER, Gerhard. *Die italienischen Militärinternierten im deutschen Machtbereich 1943-1945*: Verraten, verachtet, vergessen. München: Oldenbourg, 1990, editada por Militärgeschichtliches Forschungsamt, Freiburg i. B.; AVAGLIANO, Mario; PALMIERI, Marco. *I militari italiani nei lager nazisti*: una resistenza senz'armi (1943-1945). Bologna: Il Mulino, 2020 [NT: em outubro de 2023, acoplado ao jornal "La Stampa" era distribuído o seguinte volume: PASCALE, Silvia; MATERASSI, Orlando. *Internati militari italiani*: Una scelta antifascista. Treviso: Programma, 2022, p. 101; bibliografia, p. 101].

Nos anos sucessivos, foram publicadas algumas aprofundadas pesquisas históricas[16] e, recentemente, refloresceram as lembranças da morte de mais de uma centena de detidos que trabalhavam em uma fábrica de munições de Treuenbrietzen, em Brandeburgo.[17]

Também a República Social Italiana constituiu as próprias forças armadas e os habitantes do seu território foram obrigados ao serviço militar, diversamente teriam sido punidos como renitentes ao recrutamento.[18] Muitas pessoas não dispostas a colaborar com os alemães ou a militar com os fascistas – e que não foram para os Internatos Militares Italianos – se uniram à Resistência. Os militares das forças armadas de Salò, feitos prisioneiros, foram detidos pelos Aliados, sobretudo nos Estados Unidos. Na primavera de 1945, iniciou a ofensiva aliada contra a República Social Italiana, que capitulou em 29 de abril. As suas forças armadas foram dissolvidas. Era preciso, agora, iniciar a reconstrução de um país devastado.

---

[16] AVAGLIANO, Mario; PALMIERI, Marco. *Gli internati militari italiani*: Diari e lettere dai Lager nazisti, 1943-1945. Com prefácio de Giorgio Rochat. Torino: Einaudi, 2009. A mais vasta pesquisa italiana é, provavelmente, aquela de Nicola Labanca (Coord.). *Fra sterminio e sfruttamento*: Militari internati e prigionieri di guerra nella Germania nazista (1939-1945). Florença: Le Lettere, 1992; LABANCA, Nicola (Coord.). *La memoria del ritorno*: Il rimpatrio degli Internati militari italiani (1945-1946). Florença: Giuntina, 2000.

[17] *Nella sabbia del Brandeburgo* (em alemão *Im märkischen Sand*), documentário "web doc" produzido por *Out of Focus Filmproduktion*: "Um projeto *crossmedial* em três línguas (alemão, italiano e inglês) que se desdobra em vinte e quatro episódios entre passado, presente e futuro de Treuenbrietzen. Porque se a memória de Antonio Ceseri [um dos quatro sobreviventes] 'começou somente há pouco a dissolver-se', como narra a filha em uma das entrevistas no site do documentário, também aquela da cidadezinha alemã [Treuenbrietzen] teve que 'esperar estar madura' (...) para poder pôr juntos os pedaços de uma história de leituras contrastantes. Para não falar da Itália, que há poucos anos enfrenta o tema" (GROSSI, Alessia. "La sabbia che ricoprì le vergogne della Storia". *Il Fatto Quotidiano*, 17, 4 nov. 2017).

[18] Sobre a consistência das forças armadas republicanas e dos corpos paralelos: http://www.storiaxxisecolo.it/rsi/rsiesercito.htm.

CAPÍTULO III - A REJEIÇÃO DA GUERRA NA...

Depois do fim da guerra e com o advento da República Italiana, a refundação de um novo exército italiano – exatamente pela sua história específica que o viu combater ao lado dos anglo-americanos – apresentou menos obstáculos do que o rearmamento do Japão e da Alemanha: já no final de 1946, o "Exército de Transição" italiano estava, de fato, completado. A sua gênese não encontrou o obstáculo do artigo pacifista na Constituição, como nos outros dois ex-Estados do Eixo, porque na Itália aquele artigo tomou forma somente em 1948, isto é, quase dois anos depois da formação do "Exército de Transição". A "transição" foi, assim, descrita pelo Ministério da Defesa italiano:

> Ao término da 2ª Guerra Mundial, o Exército Italiano [isto é, aquele do Reino de Itália] era representado pelos cinco Grupos de Combate que haviam lutado no âmbito da 5ª Armada americana e da 8ª britânica, e por outras unidades, também elas diretamente dependentes dos comandos aliados. Em 14 de novembro de 1945, a Missão Militar Aliada emanou uma diretiva fundamental que indicava o ordenamento do, assim chamado, Exército de Transição.
>
> Ao Exército Italiano foi imposta uma estrutura que devia permanecer em vigor até a conclusão do tratado de paz (...). A diretiva, depois da definição dos orgânicos pormenorizados, deu lugar à primeira normativa orgânica do pós-guerra, emanada pelo Estado Maior do Exército em março de 1946 (...).
>
> Algumas unidades permaneceram ainda dependentes dos Aliados: uma divisão auxiliar e 6 agrupamentos e 2 grupos batalhões. Ao longo do mesmo ano de 1946, as três divisões para a segurança interna foram transformadas em outras tantas brigadas (...); a Arma de Cavalaria, ainda oficialmente excluída da reconstrução do Exército, retomou vida com a atribuição a cada divisão de infantaria de um grupo de reconhecimento, montado sobre *cingolette*.[19] Em fevereiro

---

19 N.T. Pequeno veículo militar, no qual as rodas posteriores foram substituídas por esteiras.

de 1947, quando foi firmado o tratado de paz de Paris, o Exército de Transição já estava completo.[20]

Em 2 de junho de 1946, os italianos participaram das primeiras eleições livres desde 1924. Nelas, decidiu-se a passagem ao regime republicano e a instituição de uma assembleia constituinte, que naquela conturbada transição devia não só elaborar a nova Constituição, mas também votar a confiança no novo governo, ratificar os tratados internacionais e aprovar o balanço nacional. No seu interior operava a Comissão para a Constituição, ou "Comissão dos 75", subdividida em três Subcomissões e em um Comitê para a Redação, chamado também "Comitê dos 18", que curava a redação verdadeira e própria do projeto de Constituição.[21] É nesse contexto que foi discutido também o princípio pacifista que deveria ser incluído na futura Constituição.

Uma peculiaridade da Constituinte italiana foi a forte presença das esquerdas, que representavam cerca de 40% dos votos.[22] Isso determinou, na nova Constituição, uma forte atenção aos temas sociais e, no âmbito que aqui interessa, ao tema da paz, que era, então, quase um monopólio das esquerdas. Um texto sintetiza tanto as diretrizes políticas do Movimento dos *Partigiani della pace*, quanto também as divisões do mundo pós-bélico:

---

20 O texto citado, com maiores detalhes, é retirado do *site* do Ministério da Defesa: http://www.esercito.difesa.it/storia/Pagine/La-Storia-1946-1947.aspx.

21 A comissão terminou os seus trabalhos em 12 de janeiro de 1947, e a nova Constituição foi publicada na "*Gazzetta Ufficiale*", em 27 de dezembro de 1947, entrando em vigor em 1º de janeiro de 1978.

22 Dos três partidos que, nas décadas sucessivas, determinariam a política italiana, a *Democrazia Cristiana* obteve 35,2% dos votos (207 cadeiras); o *Partito Socialista*, 20,7% dos votos (115 cadeiras); o *Partito Comunista*, 18,9% (104 cadeiras).

Em abril de 1949, em Paris, nasce oficialmente o Movimento dos *Partigiani della pace*. A denominação deriva da experiência da resistência europeia e asiática e recolhia a mensagem da política anti-imperialista e da cultura antifascista. A luta será endereçada à proibição da arma atômica e ao encontro das cinco grandes potências para um pacto de paz com a consciência de poder evitar uma nova guerra desastrosa. As palavras de ordem são: *a defesa da paz é a tarefa de todos os povos e a unidade para a defesa da paz é o mais sacro dos deveres.*

A participação no primeiro Congresso Mundial pela Paz é extraordinária e se entrelaça com as manifestações contrárias ao Pacto Atlântico. Chegam em Paris 2.287 delegados de 72 países, mas muitos são os ausentes: os EUA impedem a partida dos delegados nipônicos, enquanto a França nega os vistos de ingresso a China, Mongólia, Coreia, União Soviética (entre os quais está presente Shostakovich), Bulgária, Polônia, Hungria, todo o bloco do Leste ficará barrado em Praga. Perguntar-se-á: "Quem erige barreiras de comunicação entre os povos?" Entre os aderentes: Frédéric Joliot-Curie (prêmio de Física a quem competirá a presidência e a exposição introdutiva), Picasso (que pintará o manifesto do congresso: a famosa "Pomba da paz"), Aragon, Farge, Amado, Matisse, Ehrenburg, Neruda e Einstein. Na delegação italiana, guiada por Nenni: Vittorini, Guttuso, Quasimodo, N. Ginzburg, G. Levi, G. Einaudi. O movimento não é, porém, limitado aos intelectuais, antes, quer dirigir-se às massas.[23]

O escritor soviético Ilya Ehrenburg, reevocando o entusiasmo que circundou Picasso quando, em 1953, esteve em Roma, por ocasião

---

23 GIACOMINI, Ruggero. *I partigiani della pace*: Il movimento pacifista in Italia e nel mondo negli anni della prima guerra fredda. Prefácio de Enzo Santarelli. Milão: Vangelista, 1984. Disponível em: http://www.resistenze.org/sito/te/cu/st/cust3c06.htm. Acessado em: 28.03.2024.

de sua mostra, sublinha a importância daquela pomba como símbolo do inteiro movimento: com ela, Picasso:

> Inventou a imagem que uniu os povos. Vi as suas pombas nas diversas cidades da China. Vi a pomba de Picasso na sala de uma escola em Leningrado e sobre o peito de uma coreana. As pombas de Picasso voaram sobre o Congresso dos Povos em Viena" [de fato, ao centro da página figura a grande imagem do manifesto *"Congrès des Peuples pour la Paix, Vienne 12-18 décembre 1952"*,[24] com a escrita sobreposta por uma pomba]. Recordo um comício dos *Partigiani della pace* em Roma, no outono de 1949. Uma grande praça, as pombas, as tochas. Depois do comício, juntamente com Picasso, fui a uma pequena taverna. Os operários acorreram a Picasso, começaram a abraçá-lo. Ele estava muito comovido, e os operários estavam orgulhosos e felizes. Maravilhoso quadro, inesquecível. Este contém um sentido profundo e comove a todos, mesmo evocando-o com simples palavras: os operários romanos, Pablo Picasso, a pomba. Naquele instante, também eu fui orgulhoso: pela arte.[25]

Como se vê dos nomes dos participantes mais ilustres ao "Congresso Mundial pela Paz", os *Partigiani della pace* eram um movimento de esquerda, hegemonizado pela União Soviética e pelos partidos comunistas de cada Estado europeu. O seu pacifismo antiamericano suscitava dúvidas e críticas não só entre os conservadores: no *Apêndice II, 2, a,* o texto de Stálin sintetiza a posição oficial dos comunistas sobre os *Partigiani della pace,* enquanto o artigo

---

[24] N.T. *Congresso dos Povos pela Paz, Viena 12-18 de dezembro de 1952.*
[25] EHRENBURG, Ilya. "Partigiano della Pace". *Realismo. Mensile di arti figurative,* 1953. O artigo está contido no número especial, em 16 páginas, dedicado por inteiro à Mostra de Picasso, Roma, 1953, e é datado "Moscou, abril de 1953".

de Norberto Bobbio[26] critica, com argumentos racionais e com tom pacato, esse pacifismo unilateral; enfim, a troca de cartas entre Norberto Bobbio e o pintor Gabriele Mucchi atesta como, mesmo no interior da esquerda italiana, a discussão sobre aquele movimento pacifista era viva e rica de ideias críticas.

Nesse clima, tomava forma a futura Constituição da República Italiana. O relatório, com a qual Meuccio Ruini apresentou o seu projeto definitivo, exprime com clareza a comum matriz antifascista que animava os constituintes na redação do artigo pacifista daquela Constituição e confirma a estreita ligação entre o repúdio da guerra e o direito internacional:

> A Constituição, depois de ter afirmado o conceito da soberania nacional, entende enquadrar, no campo internacional, a posição da Itália: que dispõe o próprio ordenamento jurídico de modo a adaptar-se automaticamente às normas do direito internacional geralmente reconhecidas. Renegando categoricamente o infeliz parêntese fascista, a Itália renuncia à guerra como instrumento de conquista e de ofensa à liberdade de outros povos. Estado independente e livre, a Itália não consente, em linha de princípio, outras limitações à sua soberania, mas se declara pronta, em condições de reciprocidade e de igualdade, àquelas necessárias para organizar a solidariedade e a justa paz entre os povos. Contra toda ameaça do nacionalismo renascente, a nossa Constituição se reconecta àquilo que representa não somente

---

[26] N.T. Losano se refere ao seguinte texto publicado (conforme traduzido no Brasil) por Bobbio sobre esse tema: BOBBIO, Norberto. "Paz e propaganda de paz". Trad. Erica Salatini. *BJIR: Brazilian Journal of International Relations*, vol. 04, nº 01, jan./abr. 2015, pp. 135-145 [Disponível em: https://revistas.marilia.unesp.br/index.php/bjir/article/view/4999/3577. Acessado em: 10.04.2024].
Também publicado como: BOBBIO, Norberto. "Paz e propaganda de paz". *In*: _____. *Política e cultura*. Franco Sbarberi (Coord.). Trad. Jaime A. Clasen. São Paulo: Unesp, 2015, pp. 131-143. Trechos desse texto são colocados no apêndice deste livro.

as mais puras tradições, mas também o histórico e concreto interesse da Itália: o respeito dos valores internacionais.[27]

O debate da Comissão sobre o atual artigo 11 tomou em consideração duas normas pacifistas já existentes. O *Pacto Briand-Kellogg* de 1928 afirmava, no artigo primeiro:

> As altas partes contraentes declaram solenemente em nome dos seus povos respectivos condenar o recurso à guerra para a resolução das divergências internacionais e de renunciar a usá-la como instrumento de política nacional nas suas relações recíprocas.

A Constituição da República Espanhola, de 1931, declarava no artigo sexto: "A Espanha renuncia à guerra como instrumento de política nacional". A Comissão considerou que o conceito de "condena" contido no *Pacto Briand-Kellogg* não fosse suficientemente unívoco, enquanto a "renúncia" (contida na Constituição espanhola) exprimia de modo claro e direto a "rejeição", antes – na formulação final italiana – o "repúdio" da guerra. Com o termo "repúdio" os constituintes entendiam também condenar toda propaganda belicista e toda doutrina que pregasse a guerra: a Itália tinha acabado de sair do fascismo que, por vinte anos, havia exaltado a guerra.

Porque, em 1946, pela primeira vez, as mulheres tiveram o eleitorado ativo em nível nacional, da Constituinte participavam também 21 deputadas (entre mais de quinhentos colegas). A mais

---

[27] ASSEMBLEA COSTITUENTE. *Commissione per la costituzione*: Progetto di costituzione della Repubblica Italiana. Relazione del Presidente della Commissione presentata alla Presidenza dell'Assemblea Costituente il 6 febbraio 1947. Roma: Tipografia della Camera dei Deputati, 1947, p. 5. Disponível em: http://legislature.camera.it/_dati/costituente/lavori/ddl/00Anc.pdf. Acessado: 10.04.2024.

jovem delas era Teresa Mattei,[28] comunista e *partigiana*, Comandante de Companhia (isto é, capitã), mas também pacifista: realizava as incursões – para sequestrar armas na casa de fascistas, ou presuntos para alimentar os *partigiani* – empunhando uma grande caneta-tinteiro preta como se fosse um revólver. A sua entrevista no quadragésimo ano da Constituição é um exemplo da tensão moral que dominava os trabalhos da Constituinte:

> Teresa Mattei, em 2 de junho de 2006, dá uma entrevista à transmissão *Radio 3 Mondo*, na qual contou, entre outras coisas, esse episódio acontecido durante a votação dos princípios fundamentais da Constituição: "no momento da votação para o art. 11, isto é, aquele contra a guerra – 'A Itália repudia a guerra', foi escolhido o termo mais decidido e forte – todas as mulheres que estavam ali, vinte e uma, descemos ao hemiciclo e nos demos as mãos todas juntas, éramos uma corrente, e os homens aplaudiram". E, depois, continuava: "Por isso, quando agora vejo todas essas tentativas para justificar as nossas intervenções italianas nas várias guerras que abominamos, eu me sinto transtornada porque penso naquele momento, penso naquelas palavras e penso que se não há as mulheres que defendem a paz antes

---

[28] No pós-guerra, Teresa Mattei (1921-2013) foi parlamentar comunista e se empenhou a favor das mulheres, por exemplo, fazendo abolir proibições absurdas, tais como a proibição às enfermeiras de casarem-se, sendo aquela profissão concebida quase como um sacerdócio (142). Foi expulsa do partido, em 1955, porque o seu antistalinismo a pôs em choque com Togliatti, mas continuou a dedicar-se às mulheres e à infância: PACINI, Patrizia. *Teresa Mattei, una donna nella storia*: Dall'antifascismo militante all'impegno in difesa dell'infanzia. Florença: Consiglio Regionale della Toscana, 2009. Disponível em: http://www.consiglio.regione.toscana.it/upload/CPO/pubblicazioni/pub75.pdf. Acessado em: 27.03.2024; PACINI, Patrizia. *La Costituente*: storia di Teresa Mattei. Milão: Altraeconomia, 2011, para uma recensão: DE VINCENTIIS, Mauro. "Recensione de: Patrizia Pacini". *In*: PACINI, Patrizia. *La costituente*: storia di Teresa Mattei. *Patria Indipendente*, 25 set. 2011. Disponível em: http://anpi.it/media/uploads/patria/2011/40-43_LIBRI.pdf.

de tudo não existirá um futuro para o nosso país e para todos os países do mundo".²⁹

A recente publicação de duas atentas análises dos dois artigos constitucionais sobre o ordenamento internacional e sobre o repúdio da guerra³⁰ consente em limitar-nos, aqui, a resumir a sua gênese. Do termo "repúdio" foi sublinhado o "acento enérgico" também da parte do presidente Ruini:

> A Comissão considerou que, enquanto "condena" tem um valor ético mais que político-jurídico, e "renúncia" pressupõe, de certo modo, a renúncia a um bem, a um direito, o direito à guerra (que, exatamente, queremos contestar), a palavra "repudia", se por alguns dos sentidos que evoca pode parecer não plenamente adequada, há um significado intermédio, possui um tom enérgico e implica tanto a condenação quanto a renúncia à guerra.³¹

Enquanto a Constituição alemã exprime a rejeição da guerra com um vocábulo não usual (*"Kriegsächtung"*,³² cf. p. 223), o texto italiano recorre ao verbo *"ripudiare"*,³³ há séculos presente na língua

---

29 PUGLIESE, Pasquale. "Ispiratevi a Teresa Mattei, cancellate gli F35". *Vita Bookazine*, 15 mar. 2013. Disponível em: http://www.vita.it/it/blog/disarmato/2013/03/15/ispiratevi-a-teresa-mattei-cancellate-gli-f35/3640/. Acessado em: 27.03.2024.

30 "O ordenamento jurídico italiano se conforma às normas do direito internacional geralmente reconhecidas" (art. 10, c. 1); "A Itália repudia a guerra como instrumento de ofensa à liberdade dos outros povos e como meio de resolução das controvérsias internacionais" (art. 11): Luigi Bonanate (2018), *Art. 11*; Pietro Costa (2018), *Art. 10*. Os pequenos volumes dessa coleção analisam os 12 artigos que constituem os "Princípios fundamentais" da Constituição italiana.

31 Luigi Bonanate (2018), *Art. 11*, 27, retirado de *Atti dell'Assemblea Costituente*, 24 de março de 1947, 2432.

32 N.T. Proibição de guerra.

33 N.T. Repudiar.

italiana literária, ligado mais ao "rejeitar a própria mulher", ou seja, sempre exprimindo "uma iniciativa unilateral", a muitas outras formas de rejeição líquida, mesmo em campo jurídico: já o legislador do início do século XIX regulava o "repudiar uma herança".[34]

É possível seguir as várias redações do artigo 11 que precederam a sua formulação definitiva. A variação da sua posição no texto constitucional – de artigo 4 a artigo 11 – atesta como os constituintes estivessem elaborando a fundo não só esse artigo, mas o inteiro sistema constitucional. Eis, portanto, em síntese, a evolução do artigo 11 ao longo do debate constituinte:

> Em 3 de setembro de 1946, a primeira Subcomissão da *Comissão para a Constituição* aprova o seguinte artigo: "A República renuncia à guerra como instrumento de conquista ou de ofensa à liberdade dos outros povos e consente, em condições de reciprocidade, às limitações de soberania necessárias à defesa e à organização da paz". Em 24 de janeiro de 1947, a *Comissão para a Constituição*, em sessão plenária, não aprovando as emendas propostas, aprova implicitamente o seguinte artigo no texto formulado pelo Comitê de Redação: "A Itália renuncia à guerra como instrumento de conquista e de ofensa à liberdade dos outros povos e consente, em condição de reciprocidade e de igualdade, às limitações de soberania necessárias a uma organização internacional que assegure a paz e a justiça para os povos". – Texto definitivo do Projeto de Constituição elaborado pela Comissão: Art. 4: "A Itália renuncia à guerra como instrumento de conquista e de ofensa à liberdade dos

---

[34] Um panorama completo do uso de *"ripudiare"* e derivados está em BATTAGLIA, Salvatore. *Grande dizionario della lingua italiana*. Torino: Utet, 1992, s.v. "Ripudiare", no qual se cita o *Codice di Napoleone il Grande per il Granducato Lucchese*, Lucca 1806, art. 461: "O tutor não poderá nem aceitar nem repudiar uma herança devolvida ao menor, se não previa a autorização do conselho de família"; além disso, no ponto 4 s.v. "Ripudio", traz o art. 11 da Constituição Italiana de 1948.

outros povos e consente, em condição de reciprocidade e de igualdade, às limitações de soberania necessárias a uma organização internacional que assegure a paz e a justiça entre os povos. – Em 24 de março de 1947, na sessão vespertina, a Assembleia Constituinte aprova o seguinte artigo: "A Itália repudia a guerra como instrumento de ofensa à liberdade dos outros povos e como meio de resolução das controvérsias internacionais, e consente, em condições de paridade com os outros Estados, às limitações de soberania necessárias a um ordenamento internacional, que assegure a paz e a justiça entre as Nações". – Texto coordenado pelo Comitê de Redação antes da votação final em Assembleia e distribuído aos Deputados, em 20 de dezembro de 1947: Art. 8. "A Itália repudia a guerra como instrumento de ofensa à liberdade dos outros povos e como meio de resolução das controvérsias internacionais; consente, em condições de paridade com os outros Estados, às limitações de soberania necessárias a um ordenamento que assegure a paz e a justiça entre as Nações; promove e favorece as organizações internacionais voltadas a tal escopo". – Em 22 de dezembro de 1947, na sessão matutina, o deputado Ruini, em nome do Comitê de coordenação, comunica que o artigo é movido e assume, portanto, o número 10. – Texto definitivo do artigo: Art. 11. "A Itália repudia a guerra como instrumento de ofensa à liberdade dos outros povos e como meio de resolução das controvérsias internacionais; consente, em condições de paridade com os outros Estados, às limitações de soberania necessárias a um ordenamento que assegure a paz e a justiça entre as Nações; promove e favorece as organizações internacionais voltadas a tal escopo".[35]

---

[35] Este site consente de seguir não só a evolução das formulações de cada artigo da Constituição italiana, mas também traz as intervenções dos vários constituintes (Disponível em: http://www.nascitacostituzione.it/01principi/011/index.htm?art011-999.htm2).

CAPÍTULO III – A REJEIÇÃO DA GUERRA NA...

A matriz antifascista comum dos partidos representados na Constituinte explica por que o artigo pacifista tenha sido aprovado quase unanimemente, isto é, com somente dois votos contrários. Enquanto os grandes partidos votaram conjuntamente, demonstrando que estavam ainda unidos pelo forte espírito antifascista que havia animado a Resistência, os dois votos contrários provieram dos representantes de duas formações menores. Porque a Itália era ainda ocupada pelos Aliados e o seu exército ainda não tinha sido reconhecido, o constituinte Guido Russo Perez[36] considerava ridículo que se declarasse pacifista um Estado desarmado; além disso, era impossível distinguir entre guerras justas e injustas, visto que é sempre o vencedor a declará-lo (argumento que, mais tarde, retornará também em Bobbio). Para o constituinte Francesco Saverio Nitti,[37] ao contrário, não havia sentido que aquela norma fosse emanada por um país derrotado e destruído, que não havia ainda recuperado a sua plena soberania e que, portanto, não era capaz nem de declarar nem de conduzir uma guerra. Mas na votação essas considerações eram menos que minoritárias: eram vozes isoladas.

Na Segunda Guerra Mundial, as grandes potências tinham alistado também pessoas provenientes das várias etnias das próprias colônias, onde, já há tempos, estavam presentes movimentos independentistas. Não poucos desses militares retornaram às colônias com uma nova ou reforçada consciência e com novos conhecimentos, também militares. Uma vez que os Estados Unidos e a União Soviética eram contrários

---

[36] O ex-fascista Russo Perez na constituinte representava o partido "*L'Uomo Qualunque*", que hoje se definiria "populista". O lema daquele movimento era: "O povo é como o asno: útil, paciente e espancado". Sobre a sua efêmera história: SETTA, Sandro. *L'Uomo Qualunque*, 1944-1948. Bari: Laterza, 2005.

[37] Importante político meridionalista obrigado ao exílio por ser antifascista, o já septuagésimo Francesco Saverio Nitti representava na constituinte a "*Unione Democratica Nazionale*", uma extinta coalizão de partidos que, hoje, definir-se-ia de centro-direita.

à manutenção das colônias, com o fim da guerra se intensificou e se encaminhou a conclusão do processo de descolonização.[38]

A simpatia das esquerdas pelas guerras de libertação nacional teve um fugaz reflexo também na constituinte italiana, ao longo do debate sobre a condenação da guerra ofensiva. Todos eram concordes em rejeitá-la:

> Além disso, com um inicial "destaque" dos comunistas, os quais – mesmo não insistindo, depois, que isso fosse mencionado na disposição final que se estava discutindo – "se diferenciaram, em certa medida, da conceção dos outros partidos, porque, mesmo sendo contrários às guerras de agressão ou de conquista, declararam aprovar as 'guerras justas', isto é, tanto as guerras de legítima defesa quanto as guerras de libertação nacional, ou seja, aquelas visando a libertar os povos de regimes opressivos, em particular do jugo colonial".[39]

A referência às guerras de libertação nacional não foi, depois, incluída no texto definitivo. Todavia, não faltam autores que tendem a considerar compatível "a guerra em defesa da liberdade dos povos" com o "repúdio da guerra" do artigo 11, quando "uma das partes, ou com a ameaça do uso da força, ou com bloqueios (...) voltados a

---

[38] O inteiro arco da descolonização vai da independência da Índia, em 1947, à restituição da portuguesa Macau à China, em 1999.

[39] SICARDI, Stefano. "I mille volti della guerra, la Costituzione e il diritto internazionale". *In*: DOGLIANI, Mario; SICARDI, Stefano (Coord.). *Diritti umani e uso della forza*. Torino: Giappichelli, 1999, p. 98; o trecho citado por Sicardi vem de CASSESE, Antonio. "Commento all'art. 11 della Costituzione". *In*: BRANCA, Giuseppe (Coord.). *Commentario alla Costituzione*: Principi fondamentali, artt. 1-12. Bologna – Roma: Zanichelli – Foro Italiano, 1975. Sobre a obra de DOGLIANI, Mario; SICARDI, Stefano (Coord.). *Diritti umani e uso della forza*: Profili di diritto costituzionale interno e internazionale. Torino: Giappichelli, 1999, cf. nota 151, p. 74.

subverter as instituições da parte adversa" vise a "obter resultados ofensivos da sua liberdade".[40]

Os constituintes democrata-cristãos especificaram que consideravam ilegítima a guerra porque imoral, enquanto os comunistas e os socialistas se declaravam favoráveis a um desarmamento unilateral para garantir à Itália um futuro de paz, como havia declarado também o secretário geral do Partido Comunista, Palmiro Togliatti, em um discurso de 11 de abril de 1946.

A rejeição da guerra não se impulsionava, porém, até à declaração de neutralidade, porque a neutralidade deve durar no tempo, enquanto o repúdio à guerra admite a aceitação preventiva da participação em conflitos específicos, especificamente no âmbito de organizações para a segurança coletiva.

Assim, chegara-se ao texto definitivo do artigo 11, eixo do princípio pacifista na nova Constituição italiana. Os constituintes o inseriram em uma arquitetura mais articulada em relação a outras Constituições do pós-guerra, já recordada no quadro geral dos eventos italianos (cf. p. 56). Assim, o artigo 78 da Constituição italiana estabelece que as Câmaras decidem o estado de guerra; e o artigo 87, que o Presidente da República o proclama; além disso, na presença do estado de guerra, o artigo 27 previa a pena de morte com base no Código Penal Militar de Guerra (agora, transformada em prisão perpétua); o artigo 60, a prorrogação da vigência das Câmaras; o artigo 103, a competência dos tribunais militares em tempo de guerra e o artigo 111, a não recorribilidade em Cassação das sentenças dos tribunais militares de guerra. O artigo 52 não excluía a guerra defensiva, pelo contrário, estabelecendo o serviço militar geral e obrigatório, hoje, suspenso:

---

[40] MAZZIOTTI DI CELSO, Manlio. *Lezioni di diritto costituzionale*: La Costituzione italiana. Precedenti storici. Principi fondamentali e rapporti civili. vol. 2. Milão: Giuffrè, 1993, p. 158.

A defesa da Pátria é sacro dever do cidadão. – O serviço militar é obrigatório nos limites e modos estabelecidos pela lei. O seu cumprimento não prejudica a posição de trabalho do cidadão, nem o exercício dos direitos políticos. – O ordenamento das Forças Armadas se adequa ao espírito democrático da República.

Na segunda parte do artigo 11, a Itália declarava o próprio desejo de participar da comunidade internacional, aceitando as limitações de soberania que isso comportava: os vínculos com os Estados Unidos tinham sido confirmados pela viagem de De Gasperi aos EUA, em 1947; a Itália entrara na OTAN em 1949, e se preparava a entrar na ONU em 1955.

A presença da Itália nas organizações internacionais comportou uma progressiva atenuação da proibição contida no artigo 11, porque a Itália tomou parte em operações internacionais que, pela sua natureza militar, suscitaram ásperas controvérsias: em 1991, participou da Primeira Guerra do Golfo; depois, das missões na Sérvia, em 1999; no Afeganistão, em 2001; no Iraque, em 2003, e assim por diante.[41] Na opinião pública e no Parlamento surgiam estas perguntas: até onde pode chegar "a defesa da Pátria"? Uma "missão de paz" em que se distingue de uma guerra quando usa material bélico e aniquila vidas humanas, frequentemente de civis? É constitucionalmente admissível que militares italianos morram no exterior combatendo em "missão de paz"? O que aconteceu com o dever de não ingerência nos negócios internos de um outro Estado? São as interrogações que, diante daquelas missões, ressoaram também no Japão e na Alemanha.

---

[41] Com base no Decreto-lei de 16 de maio de 2016, n. 67, a Itália estava empenhada em 26 missões, em 18 Estados. Um elenco das missões realizadas e em andamento se encontra no *site* do Ministério da Defesa: http://www.difesa.it/OperazioniMilitari/Pagine/RiepilogoMissioni.aspx.

As articuladas respostas negativas a essas interrogações podem ser resumidas pela posição clara e radical de uma constitucionalista italiana:

> As razões para considerar a intervenção da OTAN no Kosovo contrária às normas internas e às normas internacionais me parecem insuperáveis: faltou toda autorização por parte do Conselho de Segurança das Nações Unidas, como requerido pelo art. 53 da Carta; somente uma agressão sofrida por um dos Estados aderentes à Aliança Atlântica poderia justificar uma reação armada da OTAN (art. 5 do Pacto) e nada de semelhante estava em andamento e nem mesmo era ameaçado. A intervenção armada outra coisa não foi que uma guerra de ofensa, certamente proibida pelo art. 11 da Constituição.[42]

As respostas afirmativas sobre a admissibilidade das intervenções designáveis com o oxímoro "guerra pacífica" se caracterizam pelas distinções linguísticas (Como se define a guerra? Como a definiam os constituintes? etc.), que em italiano, quando há que camuflar alguma consequência desagradável, frequentemente se recobre de terminologia em inglês: *peace keeping, peace restoring, humanitarian warfare*,[43] intervenção "*out of area*"[44] etc.

---

[42] TOSI, Rosanna. "La guerra: il dovere di ripudiarla e l'interesse ad evitarla". *In*: DOGLIANI, Mario; SICARDI, Stefano (Coord.). *Diritti umani e uso della forza*. Torino: Giappichelli, 1999, p. 113. Também CARLASSARE, Lorenza. "Costituzione italiana e guerra 'umanitaria'". *In*: DOGLIANI, Mario; SICARDI, Stefano (Coord.). *Diritti umani e uso della forza*: Profili di diritto costituzionale interno e internazionale. Torino: Giappichelli, 1999, p. 23, sustenta: "Então aconteceu uma guerra. Os nomes diversos com os quais, primeiramente, ela foi qualificada pareceram um inútil véu para uma realidade demasiadamente visível. O art. 11 da Constituição (...) inegavelmente está violado".

[43] N.T. Manutenção da paz, restauração da paz, guerra humanitária.

[44] N.T. Fora da área.

A argumentação jurídica mais difundida é que o remeter-se "às normas do direito internacional geralmente reconhecidas" do artigo 10 da Constituição italiana[45] está sofrendo uma modificação consuetudinária, que consente em intervenções como aquela no Kosovo e semelhantes. Porém, também quem sustenta essa justificação deve admitir que esse costume está ainda em formação e que, portanto, não existe.[46] E, mesmo se existisse, no caso específico da Itália, o Tribunal Constitucional confirmou, por várias vezes, que os "princípios fundamentais" da Constituição italiana não podem ser modificados pelo costume, dos quais fazem parte os artigos 10 e 11. Em suma, a intervenção "humanitária" no Kosovo (sem mandado da ONU e sem a aprovação do Estado interessado) não tinha precedentes e abriu uma série de questões insólitas; ela tem uma justificação somente político-factual, mas não jurídica.

A crise do Kosovo é somente uma das falências da União Europeia. Sobre o apelo geral à tutela dos direitos humanos à qual servem essas intervenções humanitário-militares, deve-se concluir com Mario Dogliani:

> A verdade dos direitos do homem, se quer ser universal, tem sentido somente no interior de uma organização universal que os reconheça e os sancione: somente, portanto, se se resolve o problema do intérprete (e isto é, hoje, somente se os Estados Unidos e a OTAN deixarão de querer tomar, eles mesmos enquanto partes, o seu lugar).[47]

---

[45] Art. 10, parágrafo 1: "O ordenamento jurídico italiano se conforma às normas do direito internacional geralmente reconhecidas".

[46] VARI, Filippo. "La 'vecchia' Costituzione e la 'nuova' guerra: breve analisi della "crisi del Kosovo'". *In*: DOGLIANI, Mario; SICARDI, Stefano (Coord.). *Diritti umani e uso della forza*. Torino: Giapppichelli, 1999, pp. 125-128.

[47] DOGLIANI, Mario. "Diritti dell'uomo: principi universali o ideologia?" *In*: DOGLIANI, Mario; SICARDI, Stefano (Coord.). *Diritti umani e uso della forza*: Profili di diritto costituzionale interno e internazionale. Torino: Giappichelli, 1999, p. 47.

O artigo 11 da Constituição italiana balanceia as duas exigências do repúdio da guerra e da participação ativa na política internacional: de um lado proíbe a guerra de agressão, e de outro insere a Itália no ordenamento internacional (com a limitação da própria soberania em condições de reciprocidade). Desse balanço derivam também específicas normas constitucionais e infraconstitucionais.

O direito constitucional italiano não elaborou uma definição de guerra, mas a delegou aos órgãos internacionais dos quais a Itália faz parte. É, portanto, a ONU, isto é, o direito internacional a definir a "guerra" e a "ameaça à paz" que consentem em uma intervenção armada.[48] Nesse quadro, "o Conselho de Segurança progressivamente estabeleceu uma ligação direta entre crises humanitárias e ameaças à paz, uma das três hipóteses que justificam a ação do Conselho".[49] Assim, ampliou-se o âmbito das ações de força, admitindo também a ratificação sucessiva do Conselho às ações de guerra, como no caso da intervenção no Kosovo.

As Constituições do Japão, da Itália e da Alemanha foram escritas partindo-se de uma concepção de guerra que tomava como modelo o conflito mundial recentemente terminado. Em particular, no mundo bipolar do pós-guerra que tinha bem presente Hiroshima e Nagasaki, o risco nuclear tornava teórica a eclosão de uma guerra, porque a guerra seria nuclear e comportaria a possível destruição da humanidade inteira. Exemplares para aquele estado de ânimo pós-bélico (recordado acima, p. 42) foram os escritos de Günther Anders, na obra sobre a guerra atômica para a qual Norberto Bobbio escreveu

---

[48] O artigo 39 da Carta das Nações Unidas se refere à "ameaça à paz": "O Conselho de Segurança acerta a existência de uma ameaça à paz, de uma violação da paz, ou de um ato de agressão, e faz recomendação ou decide quais medidas devam ser tomadas em conformidade aos artigos 41 e 42 para manter ou restabelecer a paz e a segurança internacional".

[49] CASSESE, Antonio. *International Law*. Oxford: Oxford University Press, 2001, p. 297.

o prefácio em 1961.⁵⁰ Bobbio recorda Anders também em sua obra sobre a paz e sobre a guerra, de 1989: "Dedico idealmente o livro a Günther Anders, da quem tirei a primeira inspiração a ocupar-me do problema da guerra na era atômica".⁵¹ Hoje, o problema nuclear parece reduzido a puro problema tecnológico, mesmo se as ogivas nucleares se multiplicaram em número e potência, e, às vezes, encontram-se nas mãos de políticos não confiáveis. É alarmante, por exemplo, a leviandade com que Kim Jong-un e Donald Trump ameaçam recorrer à arma atômica.⁵² E é compreensível a apreensão com que o Japão acompanha essas ameaças que envolvem diretamente a sua área geopolítica: aqui o reforço das propostas de revisão do artigo pacifista da sua Constituição, já examinadas.

Entretanto a evolução sucessiva à queda do muro de Berlim foi caracterizada pelo fragmentar-se das guerras em conflitos locais. Em caso de guerra defensiva, o sistema das alianças se remete à decisão de organizações internacionais ou regionais (ou da potência que se

---

50 ANDERS, Günther. *Essere o non essere*: Diario di Hiroshima e Nagasaki. Torino: Einaudi, 1961.

51 BOBBIO, Norberto; POLITO, Pietro (Coord.). *Il Terzo assente*: Saggi e discorsi sulla pace e sulla guerra. Milão: Sonda, 1989, p. 11. Nessa obra, o prefácio a Günther Anders, de 1961, está reproduzido às pp. 15-22 com o título: *Pace o libertà?* Bobbio voltou ao argumento no capítulo *Pace e guerra* da sua autobiografia (BOBBIO, Norberto. *Autobiografia*. Bari: Laterza, 1997, pp. 217-246) e na obra BOBBIO, Norberto. *Il problema della guerra e le vie della pace*. Bologna: Il Mulino, 1979.

52 O '*tweet*' de Trump endereçado a Kim Jong-un é, assim, trazido pela CNN: "'*Will someone from his depleted and food starved regime please inform him that I too have a Nuclear Button, but it is a much bigger & more powerful one than his, and my Button works!*' Trump tweeted" [NT: "'Alguém de seu regime esgotado e faminto de comida, por favor, informe-o de que eu também tenho um botão nuclear, mas é muito maior e mais poderoso que o dele, e meu botão funciona!' Trump tuitou"]; e a CNN se pergunta "*whether the President has thought deeply about the awesome destructive power at his command*" [NT: "se o presidente pensou profundamente sobre o incrível poder destrutivo sob seu comando"] (https://edition.cnn.com/2018/01/03/politics/donald-trump-nuclear-button-north-korea/index.html).

substitui àquelas organizações) em relação ao Estado nacional. Aqui o progressivo enfraquecimento do inteiro sistema normativo ligado ao direito bélico italiano.

O dever de defesa da pátria, sancionado pelo artigo 52 ("A defesa da Pátria é sacro dever do cidadão"), em 1972 foi limitado pela lei sobre a objeção de consciência e, em 2000, pela abolição (ou, melhor, pela suspensão) do alistamento obrigatório.[53] Também na Alemanha o serviço militar obrigatório, instituído em 1956, foi suspenso desde 2011, limitando-o somente aos casos de guerra de defesa ou de tensões internacionais. No Japão, o alistamento obrigatório foi abolido pela Constituição de 1947.

Desde 1990, os conflitos locais levaram também a Itália a atenuar o repúdio à guerra. Hoje:

> A guerra é dissimulada sob outras vestes, portanto, trata-se de decidir o envio de unidades militares destinado à manutenção ou imposição da paz, a intervenção humanitária, a participação a operações de polícia internacional, a resistência ao terrorismo internacional.[54]

Com o terrorismo internacional, a guerra não possui mais limites nem no espaço nem no tempo; não existe mais um teatro da guerra, nem um início com a declaração de guerra, nem a conclusão com um tratado de paz; conflito e paz frequentemente convivem no mesmo território e ao mesmo tempo. Gera-se, assim, uma situação

---

[53] Lei n. 772, 15 de dezembro de 1972 (e sucessivas alterações); Lei n. 331, 14 de novembro de 2000, (que prevê o retorno ao recrutamento obrigatório em caso de guerra ou de grave crise internacional).

[54] DE VERGOTTINI, Giuseppe. *Guerra e Costituzione*: Nuovi conflitti e sfide alla democrazia. Bologna: Il Mulino, 2004, p. 10. Esse volume, de 350 páginas, oferece um panorama dos temas controvertidos ligados à interpretação evolutiva do artigo 11. Cf. também CARNEVALE, Paolo (Coord.). *Guerra e Costituzione*: Atti del Convegno dell'Università degli studi Roma Tre, Roma 12 aprile 2002. Torino: Giappichelli, 2004.

híbrida como híbridas são as guerras que se combatem: ao factual estado de guerra rumo ao exterior não correspondem as consequências internas previstas pela lei.

Essa incerteza se reflete também no direito interno italiano, para o qual as missões de paz não são guerras, porém se aplica o direito penal militar aos soldados que delas participam.[55] Por exemplo, a Lei 14 de novembro de 2000, n. 331, equipara à guerra também uma "grave crise internacional na qual a Itália seja envolvida diretamente ou por causa de seu pertencimento a uma organização internacional".[56] Consequentemente:

> Aos fins da lei penal militar de guerra, por conflito armado se entende aquele em que ao menos uma das partes faz uso militarmente organizado e prolongado das armas contra a outra para a realização de ações bélicas (Lei de 27 de fevereiro de 2002, n. 15, art. 2).

Em conclusão, nos textos legislativos, os conceitos de "grave crise internacional", "conflito armado" ou semelhantes tendem a identificar-se com o conceito de "guerra", resultando que quem vai em missão de *paz* está sujeito ao código militar penal de *guerra*.

---

[55] Em um primeiro momento, tinha-se rejeitado aplicar o Código Penal Militar às missões de paz no exterior (DE GUTTRY, Andrea. *Le missioni delle forze armate italiane fuori area*: Profili giuridici della partecipazione nazionale alle peace support operations. Milão: Giuffrè, 1997, pp. 118 e ss.), depois, intervieram a Lei n. 6, 31 de janeiro de 2002, e a Lei 27 de fevereiro de 2002, que o aplicam (BARTOLINI, Giulio. "Le modifiche al codice penale militare di guerra a seguito della missione italiana in Afghanistan"., in: *La Comunità Internazionale*, 2002).

[56] Lei n. 331, 14 de novembro de 2000, *Norme per l'istituzione del servizio militare professionale*, art. 2, parágrafo 2, f (http://www.ngnu.org/leggi/331.html), seguida pelo Decreto legislativo n. 215, de 2001, e pelo Decreto legislativo n. 236, de 2003.

Os novos conflitos põem o legislador ordinário diante do problema de estender as tarefas das forças armadas também às missões no exterior, porém, evitando a anulação das normas referentes por inconstitucionalidade. Precedentemente, as leis sempre faziam referência à "defesa da Pátria",[57] assim, remetendo-se indiretamente ao "sacro dever do cidadão" do artigo 52 da Constituição. Uma peculiaridade da lei italiana criadora do serviço militar profissional é o seu artigo primeiro, que evoca diretamente dois preceitos constitucionais: "O ordenamento e a atividade das Forças Armadas estão conformes aos artigos 11 e 52 da Constituição".

Uma primeira consequência dessa inclusão do artigo 11 em uma lei ordinária é a diferença entre as regras de engajamento dos militares italianos no Iraque em relação àquelas dos estadunidenses. Na Itália, o *Regulamento de Disciplina Militar* (DPR 545/1986)[58] prevê o "dever de desobediência" às ordens que violem uma lei. A referência direta ao artigo 11, em uma lei ordinária, permite fundamentar a rejeição de obediência com uma evocação igualmente direta à Constituição, enquanto precedentemente precisava remeter-se ao juramento prestado pelo militar (que obriga a obedecer à Constituição), assim, indiretamente, chegando à Constituição mesma.

A atividade legislativa e as crises no Mediterrâneo foram aumentando e condicionando-se reciprocamente. Em 2011, um primeiro ataque francês, no contexto de uma coalização internacional aprovada pela ONU, dava início à guerra na Líbia que devia levar

---

[57] *Norme di principio sulla disciplina militare e istituzione della Rappresentanza Militare*, Lei 382/1978, art. 1: "As Forças Armadas estão a serviço da República; o seu ordenamento e a sua atividade se informam sob princípios constitucionais. Tarefa do Exército, da Marinha e da Aeronáutica é assegurar, em conformidade com o juramento prestado e em obediência às ordens recebidas, a defesa da Pátria e concorrer à salvaguarda das livres instituições e ao bem da coletividade nacional nos casos de públicas calamidades".

[58] Regulamento de Disciplina Militar: http://www.militari.org/Legge_disciplina_dpr_545.htm.

à queda de Khadaffi e a uma desestabilização da área que dura até agora. Não é possível descrever aqui a fragmentação do Estado líbio, nem a contraposição aos interesses petrolíferos da França (que com o Egito, os Emirados Árabes e a Rússia sustenta o governo líbio de Tobruk, não reconhecido internacionalmente) e aqueles da Itália (que, com os outros aliados, sustenta o governo líbio de Trípoli reconhecido pela ONU), nem a inserção do ISIS nessa guerra até à "somalização" atual da Líbia: ater-se-á somente ao duplo envolvimento da Itália nessa não-guerra. Envolvimento *indireto* porque – tendo autorizado o uso das bases estadunidenses na Sicília para as incursões aéreas na Líbia – se descobriu que, desde 2011, os drones estadunidenses "lançaram ao menos 550 ataques ao solo líbio" da base de Sigonella e, nos seis meses de ataque à Líbia, segundo o comandante estadunidense "os nossos [drones] *Predator* lançaram 243 mísseis *Hellfire*: um quinto de todos aqueles usados nos quatorze anos de emprego dessa arma".[59] Mas também envolvimento *direto*, porque a Itália teve que enviar tropas terrestres à Líbia. Em ambos os casos a Itália se expõe a represálias terroristas.

Atenhamo-nos ao envio de tropas italianas "*out of area*":[60] a base normativa para contornar não só o artigo 11, mas também a aprovação parlamentar de intervenções armadas no exterior tinha sido criada, em 2015, com um complicado sistema legislativo apto a mascarar a exclusão do Parlamento.

Em primeiro lugar, fora emanado um decreto governamental sobre a "Prorrogação das missões internacionais das Forças Armadas

---

[59] DI FEO, Gianluca. "Libia, la guerra segreta dei droni partiti da Sigonella". *La Repubblica*, 21 jun. 2018. Cf. LOSANO, Mario G. "Guerre ibride, omicidi mirati, droni: conflitti senza frontiere e senza diritto". *In*: FORNI, Lorena; VETTOR, Tiziana (Coord.). *Sicurezza e libertà in tempo di terrorismo globale*. Torino: Giappichelli, 2017.

[60] N.T. Fora da área.

e de polícia",⁶¹ depois apresentado ao Parlamento para a sua conversão em lei.⁶² Porém, na conversão do decreto foi inserido um longo artigo 7 bis ("*bis*" porque o decreto a converter continha somente sete artigos) com complicadíssima formulação, que convém aqui citar por extenso:⁶³

> Art. 7 bis, Disposições em matéria de inteligência.
>
> 1. O Presidente do Conselho dos Ministros, obtido o parecer do Comitê parlamentar para a segurança da República, emana, em conformidade com o artigo 1, parágrafo 3, da lei n. 124, 3 de agosto de 2007, disposições para a adoção de medidas de inteligência de confronto, em situações de crise ou de emergência no exterior que envolvam aspectos de

---

⁶¹ Decreto-Lei n. 174, 30 de outubro de 2015: *Proroga delle missioni internazionali delle Forze armate e di polizia, iniziative di cooperazione allo sviluppo e sostegno ai processi di ricostruzione e partecipazione alle iniziative delle organizzazioni internazionali per il consolidamento dei processi di pace e di stabilizzazione (15G00189)* ("Gazzetta Ufficiale", Serie Generale n. 253 del 30.10.2015. Disponível em: http://www.gazzettaufficiale.it/eli/id/2015/10/30/15G00189/sg%20).

⁶² Lei n. 198, 11 de dezembro de 2015: *Conversione in legge, con modificazioni, del decretolegge 30 ottobre 2015, n. 174, recante proroga delle missioni internazionali delle Forze armate e di polizia, iniziative di cooperazione allo sviluppo e sostegno ai processi di ricostruzione e partecipazione alle iniziative delle organizzazioni internazionali per il consolidamento dei processi di pace e di stabilizzazione (15G00212)* ("Gazzetta Ufficiale", Serie Generale n. 292 del 16.12.2015. Disponível em: http://www.gazzettaufficiale.it/eli/id/2015/12/16/15G00212/sg).

⁶³ Texto do Decreto-Lei n. 174, 30 de outubro de 2015 (in: *Gazzetta Ufficiale*, Serie Generale, n. 253 de 30 de outubro de 2015), coordenado com a Lei de conversão n. 198, 11 de dezembro de 2015 (nessa mesma *Gazzetta Ufficiale*, à p. 24), contendo: "*Proroga delle missioni internazionali delle Forze armate e di polizia, iniziative di cooperazione allo sviluppo e sostegno ai processi di ricostruzione e partecipazione alle iniziative delle organizzazioni internazionali per il consolidamento dei processi di pace e di stabilizzazione*" *(15A09336)* ("Gazzetta Ufficiale", Serie Generale n. 292, de 16.12.2015. Disponível em: http://www.gazzettaufficiale.it/eli/id/2015/12/16/15A09336/sg).

segurança nacional ou para a proteção de cidadãos italianos no exterior, com a cooperação de forças especiais de Defesa com as consequentes estruturas de suporte da Defesa mesma.

2. O Presidente do Conselho dos ministros informa o Comitê Parlamentar para a Segurança da República, com as modalidades indicadas no artigo 33, parágrafo 4, da lei n. 124, 3 de agosto de 2007, das medidas de inteligência do parágrafo 1 do presente artigo.

3. Ao pessoal das Forças Armadas empregado na atuação das atividades do parágrafo 1 do presente artigo se aplicam as disposições do artigo 5 do decreto-lei n. 209, 30 de dezembro de 2008, convertido, com modificações, pela lei n. 12, 24 de fevereiro de 2009, e sucessivas modificações, do artigo 4, parágrafos 1-sexies e 1-septies, do decreto-lei n. 152, 4 de novembro de 2009, convertido, com modificações, pela lei n. 197, 29 de dezembro de 2009, e, onde recorrem os seus pressupostos, do artigo 17, parágrafo 7, da lei n. 124, 3 de agosto de 2007.

4. O parágrafo 3 do presente artigo não se aplica em nenhum caso aos crimes previstos pelos artigos 5 e seguintes do estatuto fundador do Tribunal Penal Internacional, adotado a Roma, em 17 de julho de 1998, ratificado conforme a lei n. 232, 12 de julho de 1999.

5. O Comitê interministerial para a segurança da República o qual pelo artigo 5 da lei n. 124, 3 de agosto de 2007, e sucessivas modificações, pode ser convocado pelo Presidente do Conselho dos Ministros, com funções de consultoria, proposta e deliberação, em caso de situações de crise que envolvam aspectos de segurança nacional, segundo modalidades estabelecidas com específico regulamento conforme o artigo 43 da lei n. 124, 3 de agosto de 2007.

6. O Comitê Parlamentar para a Segurança da República, transcorridos vinte e quatro meses da data de entrada em vigor da lei de conversão do presente decreto, transmite às Câmaras um relatório sobre a eficácia das normas contidas no presente artigo.

Em síntese, as intervenções "em situações de crise ou de emergência no exterior" se tornam "medidas de inteligência" "com a cooperação de forças especiais da Defesa" (parágrafo 1), forças às quais vêm aplicadas as regras vigentes para as intervenções dos serviços secretos (é esta a substância do ilegível parágrafo 3), isto é, a impunibilidade, salvo os gravíssimos crimes de competência do Tribunal Penal Internacional.[64] O *"Comitato Parlamentare per la Sicurezza della Repubblica"*[65] (COPASIR) é informado das decisões governativas e, por sua vez, informa ao Parlamento: portanto, o Parlamento é excluído do processo decisório e, no máximo, recebe "um relatório sobre a eficácia das normas contidas no presente artigo" (parágrafo 6).

Em julho de 2016, os meios de comunicação italianos começaram a dar notícias de intervenções de tropas italianas no Iraque e na Líbia, primeiro desmentidas pelo governo, depois confirmadas pelo órgão parlamentar de controle sobre os serviços secretos, o *Comitato Parlamentare per la Sicurezza della Repubblica* (COPASIR). Para as tropas italianas no Iraque, foram especificadas também as unidades em ação. Para a Líbia:

> O *"Huffington Post"* especifica que se trata de operações efetuadas em aplicação da normativa aprovada em novembro passado pelo Parlamento, que consente ao Presidente do Conselho autorizar missões no exterior de militares dos

---

[64] O texto do artigo 5 do estatuto instituinte do Tribunal Penal Internacional é o seguinte: "Art. 5. Crimes da Competência do Tribunal. 1. A competência do Tribunal restringir-se-á aos crimes mais graves, que afetam a comunidade internacional no seu conjunto. Nos termos do presente Estatuto, o Tribunal terá competência para julgar os seguintes crimes: a) O crime de genocídio; b) Crimes contra a humanidade; c) Crimes de guerra; d) O crime de agressão".
[NT: No Brasil, o Estatuto foi promulgado pelo Decreto nº 4.388, de 25 de setembro de 2002, disponível em: http://www.planalto.gov.br/ccivil_03/decreto/2002/d4388.htm].

[65] N.T. Comitê Parlamentar para a Segurança da República.

nossos corpos de elite, pondo-os sob a corrente de comando dos serviços secretos com todas as garantias conexas. Imunidade compreendida.[66]

Essas notícias foram retomadas pelo *"Corriere della Sera"* ("Pela primeira vez desde quando é autorizada a fazê-lo, ou seja, desde fevereiro passado, a Presidência do conselho admitiu pretono-branco a presença, várias vezes oficiosamente vazada nos últimos meses, de pequenos núcleos de departamentos militares especiais no território líbio"),[67] que as publica ao lado de uma entrevista do Ministro do Exterior italiano, o qual as desmente:

> *Agora militares estão na Líbia?* Não temos missões militares na Líbia. Se as teremos serão autorizadas pelo Parlamento. *Para as operações encobertas dos serviços secretos não bastaria informar o Comitê para a Segurança da República?* Não comento por definição operações de natureza reservada.[68]

---

[66] IN FATTO QUOTIDIANO. "Reparti italiani nella guerra all'Isis: ma il parlamento non ne sa nulla". *In Fatto Quotidiano*, 30 jul. 2016. Disponível em: https://www.ilfattoquotidiano.it/prima-pagina/reparti-italiani-nella-guerra-allisis-ma-il-parlamento-non-ne-sa-nulla/. Acessado em: 04.04.2024, na primeira página; retomado em: IL FATTO QUOTIDIANO. "Libia e Iraq, forze speciali italiane sul terreno: lo scoop del Fatto confermato dal documento trasmesso al Copasir". *il Fatto Quotidiano*, 10 ago. 2016. Disponível em: http://www.ilfattoquotidiano.it/2016/08/10/libia-forze-speciali-italiane-sul-terrenolo-scoop--del-fatto-confermato-dal-copasir/2967379/. Acessado em: 04.04.2024.

[67] GALLUZZO, Marco. "Reparti speciali a difesa degli 007 già sul terreno. Così Palazzo Chigi ha dato il via al 'suo' piano". *Corriere della Sera*, 3, 11 ago. 2016.

[68] *Intervista al Ministro degli Esteri, Paolo Gentiloni*: CAPRARA, Maurizio. "Presto riapriremo l'ambasciata a Tripoli. E aiuteremo Serraj". *Corriere della Sera*, 5, 11 ago. 2016.

O embaraço do governo resultou claro mesmo poucos dias depois, quando os Ministros da Defesa e do Exterior preferiram fazerem-se representar pelos subsecretários à reunião das duas comissões parlamentares correspondentes, provocando as críticas não só das oposições e o abandono da sessão da parte de vários deputados.

Na presença dessa situação normativa, pode-se, portanto, concluir:

> Que a Itália esteja ou não em guerra é uma questão de sutilezas terminológicas, agora que também as últimas dúvidas foram dissipadas sobre o fato de que as nossas forças especiais – além daquelas estadunidenses, britânicas e francesas – estejam na Líbia ao lado das forças fiéis ao governo Al Sarraj.[69]

O que foi dito até agora se referia à legislação vigente em 2016; todavia, na Itália, no mesmo ano, estava em curso uma discutida reforma constitucional que, combinada com uma nova lei eleitoral, arriscava abalar várias partes da Constituição de 1948, da qual modificava 47 artigos de 139. Em particular, no sistema bicameral vinham radicalmente modificadas as competências do Senado e, consequentemente, o atual artigo 78 ("As Câmaras deliberam o estado de guerra e conferem ao Governo os poderes necessários") vinha assim transformado: "A Câmara dos deputados delibera, por maioria absoluta, o estado de guerra e confere ao Governo os poderes necessários". Se o *referendum* constitucional de 4 de dezembro de

---

[69] IL FATTO QUOTIDIANO. "Libia e Iraq, forze speciali italiane sul terreno: lo scoop del Fatto confermato dal documento trasmesso al Copasir". *il Fatto Quotidiano*, 10 ago. 2016. Disponível em: http://www.ilfattoquotidiano.it/2016/08/10/libia-forze-speciali-italiane-sul-terrenolo-scoop-del-fatto-confermato-dal-copasir/2967379/. Acessado em: 04.04.2024.

2016 tivesse aprovado a reforma em discussão, ter-se-ia verificada a grave situação posta em luz por um *site* pacifista:

> A modificação [constitucional] em discussão atualmente prevê que tal declaração de guerra seja competente por um só ramo do Parlamento: uma situação que, combinada com a nova lei eleitoral que prevê um alto prêmio de maioria, configura a possibilidade que um partido singular – em minoria no país e no eleitorado, mas tendo a maioria no Parlamento graças à lei eleitoral – possa tomar tal decisão. As associações das nossas redes para a paz e o desarmamento exprimem, por isso, uma clara preocupação com essa possibilidade e, sobretudo, pela leviandade com que se está intervindo sobre um tema muito delicado. Consideramos perigoso e pouco responsável que se intervenha sobre o artigo 78 da Constituição, que representa, como dito, uma derroga excepcional a princípios bem mais fundantes das nossas instituições republicanas, só como consequência automática e quase "técnica" de uma decisão sobre a estrutura parlamentar.[70]

A reforma constitucional proposta pelo *referendum* foi, porém, rejeitada por quase 60% dos votantes e, portanto, a Constituição não sofreu alterações. O debate sobre a intervenção dos militares italianos no exterior continua, portanto, com as mesmas referências legislativas segundo as quais aconteceu até agora.

---

[70] DISARMO. "Italia ripudia la guerra: non rendiamo più facile dichiararla". *Rete della Pace*, 27 jan. 2015. Disponível em: http://www.disarmo.org/rete/a/41247.html. Acessado em: 03.04.2024.

CAPÍTULO IV

A REJEIÇÃO DA GUERRA NA LEI FUNDAMENTAL ALEMÃ DE 1949

> Constituição alemã (*Grundgesetz*)[1] – II. *A Federação e os Estados* – Artigo 26:
> (1) Os atos suscetíveis de perturbar a coexistência pacífica entre os povos e praticados com essa intenção, em especial os que tenham por objetivo preparar uma guerra de agressão, são inconstitucionais. Estes atos estão sujeitos às penas da lei.
> (2) Armas destinadas à guerra só podem ser fabricadas, transportadas e negociadas com autorização do Governo Federal. A matéria será regulada por uma lei federal.

Após o final da Segunda Guerra Mundial, depois da divisão do território alemão, em 1949 entrou em vigor a nova Constituição da República Federal da Alemanha, contendo um preceito pacifista: o artigo 26, objeto da presente análise.

---

[1] N.T. *Grundgesetz für die Bundesrepublik Deutschland* (Lei Fundamental da República Federal da Alemanha).

A sociedade alemã do século XIX e da primeira metade do século XX era permeada por um forte sentimento militarista e a difusão do movimento pacifista havia, portanto, encontrado muitas dificuldades. De fato, a Alemanha foi acusada de haver provocado ambas as guerras mundiais e, ao término delas, a discussão sobre a culpa da Alemanha tinha dividido não só a sociedade alemã, mas também os próprios pacifistas alemães. Não obstante essas dificuldades, o pacifismo alemão pode gabar-se dois Prêmios Nobel da Paz: ambos, porém, não alemães, mas austríacos.[2]

A Alemanha, derrotada em ambas as guerras mundiais, teve de enfrentar, por duas vezes, o debate sobre o próprio rearmamento: exigência fundamental para um Estado soberano, de um lado, e, de outro, fonte de temores não infundados para as nações próximas.[3] Tanto no Japão e na Itália quanto na Alemanha, o debate sobre o rearmamento, sobre o desarmamento e sobre a paz assumia uma polarização particular por causa da Guerra Fria. Os dois blocos se organizaram em pactos militares contrapostos: a OTAN, fundada em 1949, e o Pacto de Varsóvia,[4] fundado em 1955. As duas alianças militares vinham, assim, a enfrentar-se diretamente no território

---

[2] São os austríaco-húngaros Bertha von Suttner (1843-1914) e Alfred Hermann Fried (1864-1921). Em geral: CHICKERING, Roger. *Imperial Germany and a World without War*: the Peace Movement and German Society, 1892-1914. Princeton: Princeton University Press, 1975.

[3] Sobre o debate após a Primeira Guerra Mundial: WOLFDER. "Il riarmo della Germania e le moderne forze militari". *Rassegna italiana*, 193, 1934; COPPELLOTTI, Celestino. *Evoluzione della Germania hitleriana*: Con tutti i documenti dal riarmo al 1º aprile 1936. Milão: Editoriale Arte e Storia, 1936. Sobre o debate após a Segunda Guerra Mundial: SILVESTRI, Mario. *Dal riarmo della Germania alla catastrofe*, 1933-1946 (La decadenza dell'Europa occidentale. vol. 2. Milão: BUR, 2002; VENTURINI, Maria. *Per non tornare indietro! Contro il riarmo della Germania*. Roma: Associazione Nazionale Perseguitati Politici Italiani Antifascisti (A.N.P.P.I.A.), 1953.

[4] N.T. Oficialmente, *Tratado de Amizade, Cooperação e Assistência Mútua*, também conhecido como a *Organização do Tratado de Varsóvia* (OTV), é a aliança militar assinada em 14 de maio de 1955, em Varsóvia,

CAPÍTULO IV - A REJEIÇÃO DA GUERRA NA LEI...

da Alemanha dividida. Essa mesma tensão, se bem que em medida menor, verificava-se no confim norte-oriental da Itália: nesta última estava, porém, ativo o mais forte partido comunista do Ocidente, que fazia da paz, isto é, do desarmamento e da não-agressão aos Estados comunistas, o tema de uma intensa campanha política.[5] Esse movimento pacifista politicamente orientado – conhecido com o nome de "Movimento dos *Partigiani della pace*" – tinha difusão mundial (cf. p. 201 com a nota 17; e *Appendice II, 2*).

O debate sobre o rearmamento resultava particularmente áspero em ambos os Estados alemães.[6] As vicissitudes dos partidos comunistas das duas "Alemanhas" refletem, de modo extremo, essa contraposição. Na RDA o partido comunista (SED)[7] era o partido-guia (mesmo se existiam outros partidos, contudo, por ele hegemonizados). Na Alemanha federal, ao contrário, o partido comunista (KPD,[8] proibido por Hitler ao tomar o poder) fora aprovado pelos Aliados, e entrou no Parlamento alemão em 1949, com cerca

---

Polônia, entre a União Soviética e sete outras repúblicas socialistas do Bloco Oriental da Europa Central e Oriental, no auge da Guerra Fria.

[5] Com referência à Alemanha: *I lavoratori tedeschi contro il riarmo della Germania*. Conferenza operaia europea contro la rimilitarizzazione della Germania, Berlino, 23-25 marzo 1951. Torino: Tipografia Teatrale, 1951; FLOREANINI, Gisella. *Si impedisca il riarmo della Germania di Bonn!*, discorso pronunciato alla Camera dei Deputati nella seduta del 17 dicembre 1954. Roma: Tipografia della Camera dei deputati, 1955.

[6] KLEIN, Angelika (Coord.). *Der Friedensgedanke in Politik und Traditionsverständnis der DDR*. Halle (Saale): Martin-Luther-Universität Halle-Wittenberg, 1987.

[7] O *"Sozialistische Einheitspartei Deutschlands"* (SED) nasceu na RDA e em Berlim Oriental pela fusão dos tradicionais Partidos Social-Democráticos (SPD, *Sozialdemokratische Partei*) e Comunista (KPD, *Kommunistische Partei Deutschlands*). Depois da unificação das Alemanha a SED passou a chamar-se PDS (*Partei des Demokratischen Sozialismus*), que existiu até 2007.

[8] N.T. *Kommunistische Partei Deutschlands*: Partido Comunista da Alemanha.

de 5% dos votos, porém, em 1951, tinha sido declarado ilegal.⁹ O debate sobre a rejeição da guerra previsto pelo artigo 26 se inseria, portanto, nessas complexas tensões internas à Alemanha federal.

Logo depois da ocupação aliada do território alemão, os governadores militares das três zonas de ocupação ocidentais convidaram os representantes locais a projetar uma futura Constituição. Nasceu daqui uma proposta federalista, inspirada em particular pela Baviera e pelos partidos sociais cristãos, e uma proposta unitária, proposta por outros *Länder* e pelo partido social democrático. É sublinhado, portanto, que, na Alemanha ocidental, as Constituições dos *Länder* precederam a "Lei Fundamental" da Federação (*Bund*): por isso, no debate constituinte federal são frequentes as referências às pré-existentes Constituições dos *Länder*.

O tema da Constituição alemã foi retomado oficialmente em abril-junho de 1948 na Conferência das Seis Potências, em Londres. Além dos Estados Unidos, Grã-Bretanha e França (hostil ao ressurgir de um Estado alemão) participaram dela Bélgica, Holanda e Luxemburgo, mas não a União Soviética, mesmo sendo potência vencedora: a Guerra Fria já tinha iniciado. O documento final – as decisões londrinas, os *"Londoner Beschlüße"* – optava por uma estrutura federal do futuro Estado alemão e foi aprovado sem entusiasmo também pela Assembleia Nacional Francesa. Mas a atitude francesa era bem sintetizada pelo *bon mot* segundo o qual

---

⁹ MAJOR, Patrick. *The Death of the KPD*: Communism and Anti-Communism in West Germany 1945-1956. Oxford: Clarendon Press, 1998; LEHNDORFF-FELSKO, Angelika. *Der KPD-Verbotsprozeß 1954 bis 1956*: Wie es dazu kam, sein Verlauf, die Folgen. Frankfurt am Main: Verlag Marxistische Blätter, 1981. A proibição do KPD tinha sido precedida, em 1952, pela proibição de um partido neonazista. Desde 1972, o pertencimento a um partido não democrático (como o KPD) incluía a proibição de ser funcionário da administração pública (*Berufsverbot*, como consequência do *Radikalenerlaß* de 1972, que tinha sido precedido pelo *Adenauererlaß* de 1950).

os franceses amavam tanto a Alemanha ao ponto de quererem até mesmo duas.

Porque os alemães acolheram com frieza esses acordos de Londres, os Aliados procuraram melhorar o clima com os três sucessivos "Documentos de Frankfurt" (*"Frankfurter Dokumente"*) de julho de 1948. O mais importante deles, o primeiro, continha os estatutos que regulavam o regime de ocupação e, ao mesmo tempo, convidavam os alemães a eleger uma Assembleia Constituinte que predispusesse uma Constituição caracterizada pelo federalismo e pela garantia dos direitos fundamentais. Também na Alemanha, assim como no Japão, os Aliados queriam evitar que a Constituição fosse sentida como um documento imposto pelas potências ocupantes.

O contraste entre os órgãos alemães e aqueles Aliados veio à luz quando, em julho de 1948, os representantes dos governos e dos parlamentos somente dos *Länder* ocidentais se reuniram em Coblenza e aceitaram o conteúdo dos *"Frankfurter Dokumente"*, porém rejeitando os estatutos sobre o regime de ocupação e, em particular, rejeitando a criação de um Estado alemão-ocidental, que teria ratificado a divisão definitiva da Alemanha. As tensões com os governadores militares duraram por todo 1948 e se concluíram com a decisão de que a Constituição teria sido ratificada pelos parlamentares dos *Länder*, e não por um *referendum* popular, como queriam os governadores militares. A partir desse momento, em cada documento ou atividade, os alemães e os seus aliados – tanto a Oeste quanto a Leste – recorriam a termos ou a circunlocuções que evitassem avaliar a divisão da Alemanha pós-bélica, a fim de não comprometer de algum modo a possível reunificação futura das terras alemãs.

As discrepâncias entre as autoridades aliadas e aquelas alemãs-ocidentais acompanharam também a atividade da Assembleia Constituinte (chamada "Convenção Constitucional", *"Verfassungskonvent"*, exatamente para não evocar a divisão da Alemanha), que se reuniu de 10 a 23 de agosto de 1948, no castelo de Herrenchiemsee, em uma ilha do homônimo lago da Baviera. O texto que dela resultou foi criticado por alguns porque redigido por "particulares" (mesmo se esses "particulares" eram os primeiros-ministros dos *Länder* ocidentais), mas os seus trabalhos preparatórios influíram não pouco a redação da futura Constituição Federal.

A atividade constituinte foi confiada a 95 representantes dos *Länder* ocidentais (reunidos em um "Conselho Parlamentar", "*Parlamentarischer Rat*", portanto, não "Assembleia Constituinte"), que aprovariam, para a parte ocidental da Alemanha, uma "lei fundamental" ("*Grundgesetz*", portanto, não uma "Constituição": outro *escamotage* linguístico para não comprometer uma futura unidade alemã). De fato, o *Preâmbulo* da "Lei Fundamental" afirma: "No intento de dar à vida estatal um novo ordenamento, *para um período transitório*, em virtude do seu poder constituinte, [o Conselho Parlamentar] deliberou a presente Lei Fundamental da República Federal Alemã". O artigo 146 é ainda mais explícito: "A presente Lei Fundamental cessará de ter vigor no dia em que existir uma *Constituição* aprovada com livre deliberação do *povo alemão*".[10] À espera dessa distante unificação, a nova Alemanha ocidental nascia sob a insígnia da provisoriedade: "*Ist die Bundesrepublik ein Provisorium?*"[11] foi a pergunta que, por décadas, circulou na imprensa alemã. Todavia, essa provisoriedade servia para manter viva a esperança de uma unificação futura, como é reiterado no *Preâmbulo* e no artigo 23 (no texto original) da *Grundgesetz*.

Em 1949, a *Grundgesetz* foi aprovada, primeiro pelo *Parlamentarischer Rat* (mas não por unanimidade), depois pelos governadores militares das potências aliadas, enfim pelos parlamentos dos *Länder*: mas a Baviera, primeiro, a rejeitou e, depois, a aprovou *obtorto collo*.[12] A atormentada história dessa não-Constituição se concluía em 23 de maio de 1949, com a sua entrada em vigor.

---

[10] Itálico meu: (http://dircost.di.unito.it/cs/pdf/19490523_germaniaLegge-Fondamentale_ita.pdf).

[11] N.T. A República Federal é um *provisorium*?

[12] N.T. De má vontade.

Assim como as Constituições japonesas e italianas, também a Lei Fundamental alemã-ocidental contém um artigo pacifista, o artigo 26. Ele é precedido por dois artigos sobre as relações internacionais da Alemanha federal, concebidos em função da manutenção da paz no mundo. Eis o seu texto integral:

> Art. 24 – 1) A Federação pode transferir, mediante uma lei, direitos de soberania a organizações interestatais. 1ª) [[13]] Na medida em que os *Länder* são competentes para o exercício de funções estatais e para o cumprimento de tarefas estatais, com a aprovação do Governo federal, podem transferir direitos soberanos a instituições confinantes. 2) A Federação pode, para a tutela da paz, inserir-se em um sistema de recíproca segurança coletiva; portanto, ela consentirá àquelas limitações dos seus direitos soberanos que realizem e assegurem um ordenamento pacífico e duradouro na Europa e entre os povos do mundo. 3) Para a resolução das controvérsias interestatais a Federação aderirá a convenções relativas a uma jurisdição arbitral internacional, geral, ampla e obrigatória.
>
> Art. 25 – As regras gerais do direito internacional constituem parte integrante do direito federal. Elas são antepostas às leis e criam imediatamente direitos e deveres para os habitantes do território federal.

Nesse contexto, o artigo 26 regula o pacifismo e o rearmamento ao interior da Alemanha federal, mas exprime a rejeição da guerra com a circunlocução "perturbar a pacífica convivência dos povos". No debate constituinte e nos textos sucessivos, também por exigências de síntese, recorre-se ao termo alemão *"Kriegsächtung"*,[14] mais raro

---

13 O parágrafo '1a' foi introduzido na Lei Fundamental com a lei de 21 de dezembro de 1992 e entrou em vigor em 25 de dezembro do mesmo ano.

14 N.T. Proibição de guerra.

e mais recente do que o termo italiano "*ripudio*"[15] (cf. *supra*, p. 204 e nota 24). Ausente nos dicionários clássicos (como a oitocentista obra fundada pelos Irmãos Grimm), o termo alemão parece remontar aos anos posteriores à Primeira Guerra Mundial, com particular referência ao *Pacto Briand-Kellogg*.[16] A partir daquelas fontes, depois, o termo foi recebido nas sucessivas publicações sobre a paz e no direito internacional e constitucional, até a sua inclusão no artigo 26 da "*Grundgesetz*".[17] [18]

O artigo 26 se compõe de dois parágrafos que convém examiná-los separadamente. O primeiro parágrafo é explicitamente pacifista:

> (1) Os atos suscetíveis de perturbar a coexistência pacífica entre os povos e praticados com essa intenção, em especial os que tenham por objetivo preparar uma guerra de agressão, são inconstitucionais. Estes atos estão sujeitos às penas da lei.[19] [20]

---

[15] N.T. Repúdio.

[16] *Die Idee der Kriegsächtung in Amerika* (1925), tradução do inglês de um artigo em "*Unity*"; STÖCKER, Helene. "Das Problem der Kriegsächtung". *Die Friedens-Warte*, vol. 26, nº 5, 1926; AUSWÄRTIGES AMT (Coord.). *Materialien zum Kriegsächtungspakt*. Berlim: Reichsdruckerei, 1928.

[17] N.T. Lei fundamental.

[18] Por exemplo, o termo foi retomado no octogésimo aniversário daquele pacto: CROME, Erhard. "Kriegsächtung: aktuell und drängend". *RLS – Rosa-Luxemburg-Stiftung Standpunkte*, Berlim, ago. 2008.

[19] N.T. Uma tradução da Lei Fundamental da República Federal da Alemanha em português encontra-se em: https://www.bundestag.de/resource/blob/638342/617306e93cc3eacda9370d2e9f146d56/flyer-data.pdf.

[20] A tradução italiana da Constituição alemã de 1949 inteira se encontra em: http://www.dircost.unito.it/cs/pdf/19490523_germaniaLeggeFondamentale_ita.pdf; o texto alemão com a tradução italiana ao lado está em: http://www.consiglioveneto.it/crvportal/BancheDati/costituzioni/de/zGermania_sin.pdf.

A pena prescrita pela Constituição é especificada no artigo 80 do Código Penal alemão com uma explícita referência à norma constitucional:

> *Preparação de uma guerra de agressão.* Quem prepara uma guerra de agressão (art. 26, parágrafo 1 da Lei Fundamental), expondo assim a República Federal Alemã ao perigo de uma guerra, é punido com a reclusão perpétua ou com uma pena de detenção não inferior a dez anos.

Atualmente está em aberto a discussão sobre as relações entre o artigo 26 da GG[21] e o novo § 80a do Código Penal alemão ("Incitamento ao crime de agressão"), que se remete ao § 13 da lei penal alemã de 30 de junho de 2002 sobre a perseguição dos crimes internacionais (*"Völkerstrafgesetzbuch"*, Código Penal para os crimes contra a lei internacional). Os pacifistas sustentam que, assim, foi esvaziado o artigo da Constituição, enquanto os fautores da alteração sustentam que isto não aconteceu. Nesta sede convém examinar, antes de tudo, o conteúdo do novo § 80a do Código penal alemão: "Quem, no âmbito de validade desta lei, incita publicamente em uma reunião ou com a difusão de escritos (art. 11, parágrafo 3) ao crime de agressão (art. 13 do *"Völkerstrafgesetzbuch"*) é punido com uma pena de detenção de três meses a cinco anos". O § 13 do *"Völkerstrafgesetzbuch"* se remete, por sua vez, à *Carta das Nações Unidas*:

> 1. Quem conduz uma guerra de agressão ou cumpre qualquer outra ação agressiva que pelas suas características, sua gravidade e sua amplitude representam uma clara violação da *Carta das Nações Unidas*, é punido com prisão perpétua.
>
> 2. Quem planeja, prepara ou empreende uma guerra de agressão ou então qualquer outra ação agressiva no sentido do parágrafo 1, é punido com prisão perpétua ou com a detenção

---

[21] N.T. *Grundgesetz*: lei fundamental.

não inferior a dez anos. A ação prevista pelo parágrafo 1 é punível somente se (I) a guerra de agressão aconteceu, ou se uma outra ação agressiva foi cumprida; (II) se por meio delas se faz surgir o perigo de uma guerra de agressão ou de uma outra ação agressiva contra a República Federal Alemã.

3. É agressiva a ação dirigida contra a soberania, a integridade territorial ou a independência política de um Estado, ou o uso por parte de um Estado da força armada de modo inconciliável com a *Carta das Nações Unidas*.[22]

Sustenta-se que o novo artigo 80a esteja em contraste com o artigo 26, parágrafo 1, da GG[23] e com o ab-rogado § 80 do StGB[24] porque consente uma interpretação extensiva da noção de intervenção armada (ação agressiva, *"Angriffshandlung"*), do momento que a *Carta das Nações Unidas* não impediu "intervenções humanitárias" ou "autodefesas preventivas", por exemplo, no caso do Kosovo. Essa modificação legislativa se resolveria, portanto, em uma legitimação das intervenções "fora da área", não obstante o artigo 26 da GG. Como prova desse direcionamento foi citado o discurso do Presidente Federal Frank-Walter Steinmeier, que afirmou: "Precisamente porque estamos entre os poucos Estados no mundo que são política e democraticamente estáveis, espera-se de nós uma participação mais forte que dez ou vinte anos atrás na eliminação dos conflitos", em particular "desde quando o problema da paz e da guerra (que nós considerávamos resolvido no solo europeu) se reapresentou com a anexação da Crimeia por parte da Rússia em violação do direito internacional".[25]

---

[22] Traduzido do texto oficial alemão (disponível em: http://www.gesetze-im-internet.de/vstgb/index.html), do qual existe uma tradução não oficial em inglês (disponível em: http://www.iuscomp.org/gla/statutes/VoeStGB.pdf).

[23] N.T. *Grundgesetz*: lei fundamental.

[24] N.T. *Strafgesetzbuch*: Código Penal.

[25] WELT. "Steinmeier fordert stärkeres Engagement der Bundeswehr". *Welt*, 16 jun. 2017. Disponível em: https://www.welt.de/politik/deutschland/

Outros interpretam, pelo contrário, esta nova normativa como um aclaramento, e não como uma substituição ou ab-rogação, do precedente § 80 do StGB.

O âmbito de aplicação das duas versões do § 80 é limitado pelo fato que esse delito pode ser cometido somente por quem ocupa uma posição de vértice na estrutura estatal. Uma dificuldade posterior deriva da falta de uma definição constitucional do conceito central de "guerra de agressão": definição que, portanto, é buscada no direito internacional. Uma vez que também o direito internacional não fornece uma noção unívoca de "guerra de agressão", foi sustentado que essa norma penal seria inaplicável por causa da indeterminação do conteúdo.

Também o documento que, em 1990, preparou a unificação alemã contém uma explícita referência ao artigo 26 da *Grundgesetz*:[26]

> Os governos da República Federal da Alemanha e da República Democrática Alemã reafirmam suas declarações de que somente a paz emanará do solo alemão. *De acordo com a Constituição da Alemanha unificada*, atos realizados ou a serem realizados com a intenção de perturbar as relações

---

article165595858/Steinmeier-fordert-staerkeres-Engagement-der-Bundeswehr.html. Acessado em: 28.03.2024. A crítica ao novo § 80a está contida em BITTNER, Wolfgang. "Verbot der Vorbereitung eines Angriffskrieges". *Hintergrund. Das Nachrichtenmagazin*, 7 abr. 2017. Disponível em: https://www.hintergrund.de/politik/inland/verbot-der-vorbereitung-eines-angriffskrieges/. Acessado em: 28.03.2024. Uma série de precisões sobre a responsabilidade dos vértices políticos e sobre a aplicação no exterior dessas normas está contida em uma decisão da Procuradoria Geral Federal sobre a intervenção da Bundeswehr na Síria; cf. RÖTZER, Florian. "§ 80 StGB 'Vorbereitung eines Angriffskriegs' ist seit 1. Januar 2017 gestrichen". *Telepolis*, 7 jan. 2017. Disponível em: https://www.heise.de/tp/features/80-StGB-Vorbereitung-eines-Angriffskriegs-ist-seit-1-Januar-2017-gestrichen-3590763.html. Acessado em: 27.03.2024.

[26] N.T. Lei fundamental.

pacíficas entre as nações, especialmente para se preparar para uma guerra agressiva, são inconstitucionais e passíveis de uma ofensa punível. Os Governos da República Federal da Alemanha e da República Democrática Alemã declaram que a Alemanha unida nunca empregará nenhuma de suas armas, exceto de acordo com sua Constituição e a Carta das Nações Unidas.[27] [28]

Note-se que, nesse documento, o apelo ao valor pacifista da Constituição é integrado com o apelo ao direito internacional, isto é, aos artigos 42 e 53 da *Carta das Nações Unidas*: apelo que, em 1990, era indispensável para justificar as intervenções militares no exterior sob a égide das Nações Unidas. Entretanto, com a unificação da Alemanha, a *Grundgesetz* se estendeu também à RDA e, portanto, o artigo 26 se aplica ao Estado alemão atual por inteiro, enquanto o apelo aos artigos da *Carta das Nações Unidas* ajuda a precisar o significado da vaga formulação sobre o uso das Forças Armadas.

---

[27] N.T. *"The Governments of the Federal Republic of Germany and the German Democratic Republic reaffirm their declarations that only peace will emanate from German soil. According to the constitution of the united Germany, acts tending to and undertaken with the intent to disturb the peaceful relations between nations, especially to prepare for aggressive war, are unconstitutional and a punishable offence. The Governments of the Federal Republic of Germany and the German Democratic Republic declare that the united Germany will never employ any of its weapons except in accordance with its constitution and the Charter of the United Nations".*

[28] Art. 2 (itálico meu) do *"Zwei-plus-Vier-Vertrag"* (*"Two Plus Four Agreement"* [NT: Tratado Dois-Mais-Quatro, mas oficialmente *"Treaty on the Final Settlement with Respect to Germany"* [NT: Tratado sobre o Acordo Final em Relação à Alemanha]) de 12 de setembro de 1990: é o acordo firmado entre os dois Estados alemães e as quatro potências que preparou a reunificação alemã de 3 de outubro de 1990. A tradução em inglês desse tratado está disponível em: http://usa.usembassy.de/etexts/2plusfour8994e.htm.

CAPÍTULO IV – A REJEIÇÃO DA GUERRA NA LEI...

O segundo parágrafo do artigo 26 se refere à temida indústria bélica alemã, sobre a qual a França – durante o debate pré-constitucional – teria querido conservar o controle também depois da formação do adverso Estado alemão. Como no Japão e na Itália, também na Alemanha os Aliados haviam dissolvido os cartéis (*Konzerne*). O segundo parágrafo do artigo 26 não impõe nenhum veto, isto é, não proíbe *tout court* a produção bélica, mas obriga o Parlamento a regular a produção militar com uma lei ordinária: "(2) Armas destinadas à guerra só podem ser fabricadas, transportadas e negociadas com autorização do Governo Federal. A matéria será regulada por uma lei federal".

Esse segundo parágrafo do artigo 26 nasceu para dar concretude ao pacifismo expresso no primeiro parágrafo, mas na sua formulação os constituintes tiveram que resolver numerosos problemas definidores, que resultam com clareza das atas das seções traduzidas no *Apêndice III.1*. A proibição de toda atividade que ponha em perigo a paz vem reforçada pela proibição de produzir e difundir "armas destinadas a atividade bélica" (*"Zur Kriegsführung bestimmte Waffen"*). A formulação inicial falava de "armas e munições" (*"Waffen und Munition"*), mas foi rejeitada porque demasiada extensa, enquanto podia incluir também armas e munições para a caça ou para o esporte. Foram rejeitadas tanto a formulação "equipamentos bélicos de todo tipo" (*"Kriegsgerät jeder Art"*, porque poderia ter compreendido também as matérias-primas para produzir armas), quanto "armas utilizáveis em guerra" (*"Im Kriege verwendbare Waffen"*), porque poderia ter compreendido também as dotações destinadas às polícias. Chegou-se, assim, à formulação ainda hoje vigente: "Armas destinadas à guerra" (*"Zur Kriegsführung bestimmte Waffen"*).

Nessa formulação retorna, porém, o problema de definir o que se entende por guerra.[29] De fato, em 1948, não se pensava ainda

---

[29] Sobre o debate do qual nasceu o segundo parágrafo do art. 26: *Zum Hintergrund von Art. 26 Abs. 2 GG und der Entstehung des Kriegswaffenkontrollgesetzes bzw. des Außenwirtschaftsgesetzes,*

nos produtos *"dual use"*, isto é, nos bens civis utilizáveis também com fins bélicos, e as *"hybrid wars"*[30] estavam ainda distantes.[31] O *Apêndice III.1* traz amplos trechos do debate constituinte, nos quais se refina a terminologia a ser adotada nesses artigos.

Discutiu-se também se a norma devia conter uma proibição geral de produzir "armas utilizáveis em guerra", ou então uma reserva legal, e enfim se optou por essa segunda solução: entendia-se, assim, salvaguardar a liberdade de empreendimento. Foram, por isso, emanadas duas leis ordinárias que se referem à produção bélica.

A primeira é a "Lei sobre o Controle das Armas Bélicas", entrada em vigor em 1º de junho de 1961 e várias vezes atualizada (*Kriegswaffenkontrollgesetz, KrWaffKontrG*). A sua conexão com o artigo pacifista da *Grundgesetz* é explícita desde o título: "Lei aplicativa do art. 26, parágrafo 2 da *Grundgesetz*". Essa lei se

---

Ohne Rüstung Leben, Oktober 2011, p. 11: http://www.aufschrei-waffenhandel.de/fileadmin/dokumente/dateien-or/pdf-dokumente/Brosch%C3%BCre_Hintergrund_26_Abs_2_GG__Oktober_2011_.pdf. "*Die Kampagne gegen Rüstungsexport bei 'Ohne Rüstung Leben' dokumentiert in dieser Broschüre eine Expertise der Tübinger Juristin Nehle Betz zur Entstehung des Art. 26 Abs. 2 GG*"; "*Die Kampagne gegen Rüstungsexport bei 'Ohne Rüstung Leben' wird vom Evangelischen Entwicklungsdienst (EED) finanziell unterstützt*", 2.
[NT: "Nessa brochura, a campanha contra a exportação de armamentos no 'Viver sem Armamento' é documentada pela perícia da jurista de Tübingen Nehle Betz sobre a origem do Art. 26, parágrafo 2 GG"; "A campanha contra a exportação de armamentos em 'Viver sem Armamento' é apoiada financeiramente pelo Serviço de Desenvolvimento Evangélico (EED)", 2.]

[30] N.T. Guerras híbridas.
[31] Sobre os reflexos jurídicos dos novos tipos de conflito: LOSANO, Mario G. "Guerre ibride, omicidi mirati, droni: conflitti senza frontiere e senza diritto". *In*: FORNI, Lorena; VETTOR, Tiziana (Coord.). *Sicurezza e libertà in tempo di terrorismo globale*. Torino: Giappichelli, 2017.

concentra sobre os procedimentos para autorizar a produção e a exportação de armas bélicas.[32]

A segunda é a mais ampla "Lei sobre o Comércio Externo", que não se refere somente ao material bélico, mas regula a importação e a exportação de qualquer bem e serviço em geral e, portanto, refere-se indiretamente também aos bens de natureza bélica.[33] No momento da preparação da Constituição não poucos constituintes duvidavam que a Alemanha tornaria a produzir material bélico, dada a atitude negativa dos Aliados, mas enfim se abandonou a ideia de vetar o comércio de material bélico e se optou por um controle sobre esse comércio, porque desse modo se teria evitado, de um lado, que a paz fosse posta em perigo também fora da Alemanha, de outro lado, sem limitar a liberdade de empresa ao interior da Alemanha.

Enquanto a primeira lei constitui o cumprimento do preceito constitucional de tutelar a paz, a segunda possui o mais vasto objetivo de garantir a livre atividade econômica dos indivíduos, sem que isso se choque contra os interesses do Estado, sobretudo no âmbito das relações internacionais. Com o artigo 26 e com essas duas leis de atuação, o Estado alemão federal tinha atendido às indicações das potências aliadas.

Em 1968, foram introduzidos dois novos artigos na Lei Fundamental para precisar como podem ser empregadas as Forças Armadas alemãs: o longo artigo 87a, *Finalidade das forças armadas*, trazido aqui em seguida, e o artigo 87b, *Administração federal da defesa*, aqui omitido porque referente à administração interna.

Art. 87a.

---

[32] STEINDORF, Joachim. *Waffenrecht*: Waffengesetz, Beschussgesetz, Kriegswaffenkontrollgesetz einschließlich untergesetzlichem Regelwerk und Nebenbestimmungen. München: Beck, 2007.
[33] Außenwirtschaftsgesetz, AWG (https://www.gesetze-im-internet.de/bundesrecht/awg_2013/AWG.pdf).

(1) A Federação organiza forças armadas para a defesa. Os seus efetivos e os delineamentos fundamentais da sua organização devem resultar no balanço de previsão.

(2) Fora da defesa, as forças armadas podem ser empenhadas somente na medida em que a presente Lei Fundamental o admite explicitamente.

(3) Durante o "estado de defesa" ou "de tensão", as forças armadas têm o poder de proteger os objetivos civis e de ocupar-se das tarefas inerentes à regulação do trânsito, na medida em que isto seja necessário para o cumprimento da sua tarefa defensiva. Além disso, em caso de "estado de defesa" ou "de tensão", pode ser transferida às forças armadas também a proteção de objetivos civis em apoio às medidas policiais; em tal caso, as forças armadas colaboram com as autoridades competentes.

(4) Ao escopo de defender-se de um iminente perigo para a existência ou para o ordenamento constitucional liberal e democrático da Federação ou de um *Land* o Governo federal pode, se ocorrem os pressupostos do artigo 91, segundo parágrafo, e se as forças de polícia, assim como a polícia de fronteira federal não forem suficientes, empregar as forças armadas em apoio à polícia e à polícia de fronteira federal para proteger objetivos civis e para combater rebeldes organizados e armados militarmente. O emprego das forças armadas deve ser suspenso se o requerem o *Bundestag*[34] ou o *Bundesrat*.[35] [36]

Aceitado o princípio de que as Forças Armadas alemãs podiam agir também fora da área da OTAN ("*out of area*"), ficava aberta a questão se essas intervenções deviam ser aprovadas pelo Parlamento.

---

[34] N.T. Parlamento Federal.
[35] N.T. Conselho Federal.
[36] O artigo 87a foi introduzido com a lei de 24 de junho de 1968 (texto italiano: http://www.consiglioveneto.it/crvportal/BancheDati/costituzioni/de/zGermania_sin.pdf).

CAPÍTULO IV – A REJEIÇÃO DA GUERRA NA LEI...

As missões na Bósnia e na Somália ofereceram aos social-democratas e aos liberais a ocasião para levantar, diante do Tribunal Constitucional, um problema de conflito de competências que pode ser resumido no seguinte quesito: o governo, decidindo sozinho o envio dos soldados, lesou as prerrogativas parlamentares sobre o uso das Forças Armadas? O Tribunal Constitucional considerou que não.

Desde os anos oitenta, porém, a situação internacional mudou e a Alemanha unificada, como *partner* de alianças internacionais, teve de conciliar as intervenções militares no exterior com a norma pacifista da própria Constituição. Repetia-se, assim, para a Alemanha a situação que viviam também o Japão e a Itália. Em 1990, as Forças Armadas alemãs federais (que tinham sido reconstituídas em 1955, mas que até então tinham sido empregadas no exterior somente em missões humanitárias) pela primeira vez foram empregadas com armas fora da área da OTAN para a desminagem no Golfo Pérsico durante a segunda Guerra do Golfo; depois, para a defesa antimíssil na Turquia na operação *Desert Storm*;[37] depois, para um hospital de campo no Camboja; depois, ainda, no Adriático, nos Balcãs, na Somália e assim por diante.

Todavia, na Somália e no Camboja a *Bundeswehr*[38] agia mediante mandado da ONU, mas sem uma preventiva autorização do Parlamento. Sobre essas "operações de paz" o governo se dividiu, e somente em 1992 o partido social-democrático cessou de se opor a elas (mesmo se com isto não cessassem as divergências de opinião) em um encontro nas proximidades de Bonn.

> Em 1992, com a "Virada de Petersberg" ("*Petersberger Wende*") o Partido Social-Democrático imprimiu um novo direcionamento programático para a política externa e se declarou disponível para dar o próprio consentimento às

---

[37] N.T. Tempestade no Deserto.
[38] N.T. Exército Federal Alemão.

missões *da Bundeswehr* sob a égide da ONU. Com isso não era, porém, concluída a disputa sobre a interpretação da *Grundgesetz*. Enquanto o art. 87a[39] afirma que a Federação (*Bund*) prepara as Forças Armadas para a defesa, o art. 24, parágrafo 2[40], admite a possibilidade que a Federação faça parte de um "sistema de recíproca segurança coletiva" para a "manutenção da paz", aceitando, assim, "limitações à própria soberania". Não vinha, porém, esclarecido se eram igualmente admissíveis intervenções militares sob a égide das Nações Unidas e da OTAN, nem se o Parlamento devia decidir sobre tais intervenções.[41]

Aceito o princípio de que as Forças Armadas alemãs podiam agir também fora da área da OTAN ("*out of area*"), restava, portanto, aberta a questão se essas intervenções deviam ser aprovadas pelo Parlamento. As missões na Bósnia e na Somália ofereceram aos social-democratas e aos liberais a ocasião para levantar diante do Tribunal Constitucional um problema de conflito de competências que pode ser resumido no seguinte quesito: o governo, decidindo sozinho o envio dos soldados, tinha lesado as prerrogativas parlamentares sobre o uso das Forças Armadas?

Com a sentença de 12 de julho de 1994, o Tribunal Constitucional reiterou a licitude constitucional do envio de militares "*out of area*",[42] porém, considerou inconstitucional o comportamento do governo que não havia obtido preliminarmente a autorização do Parlamento. No caso que a urgência o exigisse, continuava o Tribunal, o governo

---

39 O texto do art. 87a está na pp. 350 e ss.
40 O texto do art. 24, parágrafo 2, está na p. 343.
41 BPB. "Vor 25 Jahren: Bundesverfassungsgericht billigt Auslandseinsätze". *Bundeszentrale für politische Bildung*, 8 jul. 2019. Disponível em: http://www.bpb.de/politik/hintergrund-aktuell/188072/20-jahre-parlamentsvorbehalt-10-07-2014. Acessado em: 28.03.2024.
42 N.T. Fora da área.

podia decidir sozinho o envio dos militares, porém, sucessivamente, pedindo a ratificação parlamentar da própria decisão.

Com base nessa sentença, a "reserva parlamentar" (*Konstitutiver Parlamentsvorbehalt*) nascia, porém, como práxis, isto é, sem que uma lei ordinária a regulasse. A multiplicação das missões no exterior levou à emanação de uma lei sobre a reserva parlamentar, que se abre com a declaração: "Para o envio de militares alemães armados fora do âmbito de validade da *Grundgesetz*[43] ocorre a aprovação do Parlamento".[44]

A intervenção do exército federal alemão no Kosovo foi aprovada pelo Parlamento, em 16 de outubro de 1998, não obstante isso, o Partido do Socialismo Democrático (PDS)[45] apresentou ao Tribunal Constitucional um recurso contra o governo e contra o Ministro Federal da Defesa, considerando que a decisão de participar das operações militares tivesse "violado competências constitucionais do *Bundestag*.[46] O *Bundestag* teria sido lesado nos seus direitos e deveres pelos atos empreendidos". Segundo os recorrentes, aquela decisão implicava uma revisão constitucional do artigo "pacifista".

---

[43] N.T. Lei fundamental.
[44] "Der Einsatz bewaffneter deutscher Streitkräfte außerhalb des Geltungsbereichs des Grundgesetzes bedarf der Zustimmung des Bundestages" (*Parlamentsbeteiligungsgesetz*, § 1, parágrafo 2; o título oficial é *Gesetz über die parlamentarische Beteiligung bei der Entscheidung über den Einsatz bewaffneter Streitkräfte im Ausland*; em vigor desde 24 de março de 2005). Cf. STEINDORF, Joachim. *Waffenrecht*: Waffengesetz, Beschussgesetz, Kriegswaffenkontrollgesetz einschließlich untergesetzlichem Regelwerk und Nebenbestimmungen. München: Beck, 2007; SCHRÖDER, Florian. *Das parlamentarische Zustimmungsverfahren zum Auslandseinsatz der Bundeswehr in der Praxis*. Köln: Heymanns, 2005.
[45] "*Partei des Demokratischen Sozialismus*" (PDS) foi o partido, em certa medida, herdeiro da SED (o partido comunista da RDA) e de 1989 a 2007 agiu como esquerda sobretudo nos *Länder* do leste reconstituídos após a unificação.
[46] N.T. Parlamento Federal.

Também nesse caso, porém, o Tribunal Constitucional rejeitou o recurso porque "a deliberação [do *Bundestag*, de 16 de outubro de 1998] cobre os atuais ataques aéreos da OTAN" e, além disso, "as mais recentes deliberações do 14º *Bundestag* não removeram nem modificaram a precedente deliberação de 16 de outubro"; e, portanto, "não são violados os direitos do *Bundestag*".[47] Segundo um comentador, "a decisão do Tribunal Constitucional alemão de não entrar no mérito é também um sinal de prudência" porque "o debate entre juristas reflete e toca a esse propósito os dilemas da Constituição europeia *in fieri*".[48]

Ter regulado formalmente as missões no exterior, porém, não eliminou as reservas de fundo da oposição e o debate se renova a cada vez que o governo pede a autorização parlamentar para uma dessas missões, por exemplo, a cada renovação da missão alemã no Afeganistão. Também na sociedade civil continua a oposição às intervenções militares apresentadas como operações de paz.[49]

---

[47] As passagens citadas estão na tradução da sentença – *15. Bundesverfassungsgericht (Tribunale Costituzionale Federale), Karlsruhe, 2a sezione, ordinanza del 25 marzo 1999; 2 BVE 5/99* – em DOGLIANI, Mario; SICARDI, Stefano (Coord.). *Diritti umani e uso della forza*: Profili di diritto costituzionale interno e internazionale. Torino: Giappichelli, 1999, pp. 285-287; sobre o comentário de Jörg Luther, cf. nota seguinte.

[48] LUTHER, Jörg. "Il giudice costituzionale può fermare la guerra? Una sentenza del Bundesverfassungsgericht sull'intervento militare in Kosovo". *In*: DOGLIANI, Mario; SICARDI, Stefano (Coord.). *Diritti umani e uso della forza*. Torino: Giappichelli, 1999, p. 89.

[49] O *site* da *"Arbeitsstelle für Frieden und Abrüstung"* publica as máximas da citada sentença do Tribunal Constitucional sob o título *"Bundesverfassungsgericht ebnet den Weg für weltweite Militäreinsätze der Bundeswehr"*, e comenta: "Am 12. Juli 1994 hat das Bundesverfassungsgericht den Weg für weltweite Einsätze der Bundeswehr freigemacht. Diese 'out of area'-Entscheidung markiert das Ende einer jahrelangen Diskussion über die verfassungsrechtlichen Grundlagen für Auslandseinsätze. Es hat juristisch die von der CDU/CSU/FDP-Bundesregierung längst geschaffenen Fakten nachträglich sanktioniert"

A polêmica continuou até a sentença de 1990 do Tribunal Constitucional alemão:

A autorização do art. 24, parágrafo 2 da GG[50] permite ao *Bund* não somente entrar para fazer parte de um sistema de segurança coletiva recíproca e de aceitar as limitações de soberania a isso conexas. Ela oferece também o fundamento constitucional para assumir as tarefas tipicamente conexas com um tal sistema e, portanto, também para o uso do *Bundeswehr* em missões realizadas no âmbito e segundo as regras desse mesmo sistema.[51]

Enquanto no Parlamento e na sociedade civil continuam, mesmo que em menor medida, as críticas a essas intervenções "pacificadoras",

---

[NT: "Em 12 de julho de 1994, o Tribunal Constitucional Federal abriu caminho para operações mundiais do Exército Federal Alemão (*Bundeswehr*). Esta decisão '*out of area*' marcou o fim de uma discussão que durou um ano sobre a base constitucional para as missões estrangeiras. Sancionou juridicamente fatos há muito criados pelo governo federal da CDU/CSU/FDP"] (http://www.asfrab.de/urteil-bverfg-1271994-2-bve-392.html).

50 N.T. *Grundgesetz*.
51 Texto da primeira máxima da sentença: "Die Ermächtigung des Art. 24 Abs. 2 GG berechtigt den Bund nicht nur zum Eintritt in ein System gegenseitiger kollektiver Sicherheit und zur Einwilligung in damit verbundene Beschränkungen seiner Hoheitsrechte. Sie bietet vielmehr auch die verfassungsrechtliche Grundlage für die Übernahme der mit der Zugehörigkeit zu einem solchen System typischerweise verbundenen Aufgaben und damit auch für eine Verwendung der Bundeswehr zu Einsätzen, die im Rahmen und nach den Regeln dieses Systems stattfinden" [NT: "A autorização do art. 24, parágrafo 2 da GG não apenas confere ao governo federal o direito de entrar em um sistema de segurança coletiva mútua e consentir com as restrições associadas aos seus direitos soberanos. Ao contrário, oferece também a base constitucional para assumir as tarefas tipicamente associadas ao pertencimento a tal sistema e, portanto, também para usar o Exército Federal Alemão para operações que ocorrem dentro da estrutura e de acordo com as regras desse sistema"], sentença 286 de 1990. (http://www.servat.unibe.ch/dfr/bv090286.html; https://www.bundesverfassungsgericht.de/SharedDocs/Entscheidungen/DE/2008/05/es20080507_2bve000103.html).

as Forças Armadas alemãs foram, até agora, empregadas em cerca de 130 missões no exterior, enquanto algumas dezenas ainda estão em andamento.[52]

Chega, assim, ao final este rápido exame dos artigos "pacifistas" contidos nas Constituições que regem os três ex-Estados do Pacto Tripartite, depois da derrota na Segunda Guerra Mundial. Os três artigos foram objeto de controvérsias, seja no momento da sua aprovação, porque eram sentidos como uma limitação da soberania nacional, seja nos anos da virada do milênio, nos quais os três Estados tomaram parte em atividades bélicas que, para respeitar a Constituição, não são definidas "guerras", mesmo se muito semelhantes a "guerras". As crises internacionais e o terrorismo internacional reforçaram as críticas sobre a não atualidade desses artigos "pacifistas" que, nos fatos, as decisões políticas esvaziam sempre mais.

Mais cedo ou mais tarde se chegará a modificá-los, e o mais próximo a esse destino parece ser o artigo nono da Constituição japonesa, como atestam as posições do partido majoritário, documentadas no *Apêndice I,5*. Na Itália, as polêmicas sobre a conciliação entre o artigo 11 e as intervenções militares no exterior – primeiro adormecidas porque o debate político se concentrava sobre a ingovernabilidade, sobre a crise econômica e sobre os fluxos migratórios – foram retomadas com a guerra civil líbia da primavera de 2019, na qual a

---

[52] Ulteriores dados no site: http://www.einsatz.bundeswehr.de/. Sobre as missões de paz das Forças Armadas alemãs no exterior, cf. por exemplo: SCHWEGMANN, Christoph (Coord.). *Bewährungsproben einer Nation*: Die Entsendung der Bundeswehr ins Ausland. Berlim: Duncker & Humblot, 2011; CHIARI, Bernhard (Coord.). *Auslandseinsätze der Bundeswehr*. Paderborn: Schöningh, 2010; SCHWARZ, Jürgen; STEINKAMM, Armin A. (Coord.). *Rechtliche und politische Probleme des Einsatzes der Bundeswehr "out of area"*: Protokoll und Dokumentation eines Symposiums der Universität der Bundeswehr München am 12. und 13. Dezember 1991. Baden-Baden: Nomos, 1993. Uma voz crítica: REICHELT, Julian. *Ruhet in Frieden, Soldaten! Wie Politik und Bundeswehr die Wahrheit über Afghanistan vertuschten*. Köln: Fackelträger, 2010.

política italiana exclui uma intervenção militar: mas, em política, certas negações frequentemente revelam as intenções.[53]

O artigo 26 da Lei Fundamental alemã, embora circundado por um bem engendrado conjunto de leis de execução, concilia-se sempre menos com as intervenções militares sempre mais frequentes e exigentes.

Todavia, as modificações constitucionais são difíceis nos três ordenamentos e, portanto, não se pode excluir que os três artigos "pacifistas" continuem sua existência formal, enquanto caso a caso a política tomará decisões independentes do espírito pacifista que anima o ditame constitucional.

---

[53] A Ministra da defesa Elisabetta Trenta ("que não detém o mercado de bombas para o Yemen, nem a compra dos F35") "faz saber que não existirá nenhuma intervenção militar. Esquecendo também ela que os soldados italianos, e em perigo, na Líbia já estão", DI FRANCESCO, Tommaso. "La nostra Libia dimenticata". *Il Manifesto*, 14 abr. 2019. Disponível em: https://ilmanifesto.it/la-nostra-libia-dimenticata-2/. Acessado em: 28.03.2024, com uma síntese das vicissitudes líbias e do envolvimento italiano desde a primavera de 2011.

APÊNDICES

I. Japão: o desarmamento total em uma área das tensões crescentes

I.1 Declaração de Potsdam (Potsdam Declaration, 1945)[1]

Na *Declaração de Potsdam* (*Potsdam Declaration or the Proclamation Defining Terms for Japanese Surrender*), de 26 de julho de 1945, Harry S. Truman, Winston Churchill e Chiang Kai-shek precisaram os termos da rendição do Japão, enunciados ao longo da Conferência de Potsdam, de 17 de julho à 2 de agosto de 1945. Depois da *Declaração de Potsdam*, foi firmado o *Acordo de Potsdam* (*Potsdam Agreement*), de 2 de agosto de 1945, para regular a renovação política e geográfica da Alemanha, o tratamento dos alemães prisioneiros de guerra e as reparações bélicas.[2]

---

[1] O texto no original italiano é retirado de: https://it.wikipedia.org/wiki/Dichiarazione_di_Potsdam; O texto em inglês está em: http://www.ndl.go.jp/constitution/e/etc/c06.html.

[2] Texto em alemão está em: http://www.documentarchiv.de/in/1945/potsdamer-abkommen.html. Texto em inglês está em: https://www.nato.

A *Declaração de Potsdam* é trazida por inteiro, em seguida, porque contém as rígidas linhas diretrizes que as potências vencedoras pretendiam seguir em relação ao Japão, depois da sua rendição incondicionada. Em particular, o ponto 9 prevê o desarmamento e o fim das forças armadas japonesas (mas não fala ainda da proibição do rearmamento e da rejeição da guerra), enquanto o ponto 10 anuncia a condenação dos criminosos de guerra.

De particular relevância é a formulação do ponto 13. Enquanto nos pontos precedentes se fala sempre do "Japão" como de uma totalidade, no ponto 13 os Aliados pedem "ao governo do Japão" para proclamar "imediatamente a rendição incondicionada de todas as *forças armadas japonesas*". Os Aliados chegaram a essa formulação porque se convenceram de que o governo japonês nunca teria aceitado um *ultimatum* que envolvesse também a pessoa do imperador. Por isso, eles não pediam a rendição do Japão, mas das "forças armadas japonesas". Esse ponto 13 está, portanto, na origem da persistência da instituição imperial através das fases da capitulação e da ocupação americana, até à retomada da normal vida internacional do Estado japonês, com a nova Constituição que reconhecia o imperador, sancionando, assim, uma continuidade plurissecular fundamental para a sociedade do Japão.

1. Nós – o Presidente dos Estados Unidos da América, o Presidente do Governo Nacional da República da China e o Primeiro-Ministro do Reino Unido – representando centenas de milhões de nossos compatriotas, consultamo-nos e estamos de acordo que seja dada ao Japão a possibilidade de pôr fim a essa guerra.

2. As enormes forças de terra, mar e ar dos Estados Unidos da América, do Império Britânico e da China, amplamente reforçadas pelas suas armadas e frotas aéreas provenientes do Oeste, estão prontas a infligir os golpes finais ao Japão. Esse

---

int/ebookshop/video/declassified/doc_files/Potsdam%20Agreement.pdf; e em: https://en.wikipedia.org/wiki/Potsdam_Agreement.

poder militar é sustentado e inspirado pela determinação de todas as Nações Aliadas a prosseguir a guerra contra o Japão enquanto ele não cessar de resistir.

3. O resultado da vã e insensata resistência alemã ao poder dos povos livres da Terra deveria ser um exemplo de terrível clareza para o povo do Japão. As forças que estão agora convergindo sobre o Japão são incomensuravelmente maiores que aquelas que, dirigidas contra a resistência nazista, necessariamente abalaram as terras, as indústrias e as vidas de todo o povo alemão. O pleno uso da nossa potência militar, impulsionada pela nossa determinação, significará uma inevitável e completa destruição das forças armadas japonesas e inevitavelmente a total devastação da pátria japonesa.

4. Para o Japão chegou o tempo de decidir se continua a ser controlado por aqueles teimosos conselheiros militaristas, cujos estúpidos cálculos levaram o Império do Japão à beira do aniquilamento, ou se segue a via da razão.

5. Aqui, em seguida, estão as nossas condições. Não desviaremos delas. Não existem alternativas. Não suportaremos retardos.

6. Deve ser eliminada para sempre a autoridade e a influência daqueles que enganaram e extraviaram o povo do Japão, conduzindo-o à conquista do mundo, porque estamos certos de que não será possível uma nova ordem de paz, segurança e justiça enquanto não for eliminado do mundo o militarismo irresponsável.

7. Enquanto tal ordem nova não for estabelecida e enquanto não existir a prova de que o poder militar do Japão está destruído, serão ocupados alguns pontos no território japonês, escolhidos pelos Aliados para assegurar a obtenção dos objetivos aqui expostos.

8. As condições da *Declaração do Cairo* [3] serão respeitadas e a soberania japonesa será limitada às ilhas de Honshu,

---

3 A *Declaração de Potsdam* evoca aqui a Conferência do Cairo de 27 de novembro de 1943, que sancionou a pressão militar sobre o Japão até a sua rendição incondicionada, a restituição à China dos territórios

Hokkaido, Kyushu, Shikoku e outras ilhas menores como por nós determinado.

9. As forças militares japonesas, depois de terem sido completamente desarmadas, serão livres para voltar às próprias casas, com a oportunidade de transcorrerem vidas pacíficas e laboriosas.

10. Não entendemos que os japoneses sejam escravizados como raça ou destruídos como nação, mas será aplicada uma severa justiça aos criminosos de guerra, incluídos aqueles que foram cruéis com os nossos prisioneiros. O governo japonês removerá todos os obstáculos ao reflorescer e ao reforço das tendências democráticas no povo japonês. Deverão ser asseguradas as liberdades de palavra, de religião e de pensamento, assim como o respeito dos direitos fundamentais do homem.

11. Ao Japão será permitido manter as indústrias aptas a sustentar a sua economia e lhe será permitida a reparação daquelas do mesmo tipo, mas não daquelas que o tornariam capaz de rearmar-se para a guerra. Para esse fim será acordado o acesso às matérias-primas, mas não o seu controle. Será consentida a futura participação japonesa no comércio mundial.

12. As forças de ocupação dos Aliados serão retiradas do Japão assim que esses objetivos forem atingidos e se terá estabelecido, de acordo com a vontade livremente expressa do povo japonês, um governo pacífico e responsável.

13. Nós fazemos apelo ao governo do Japão a fim que proclame imediatamente a rendição incondicionada de todas as forças armadas japonesas e forneça adequadas garantias da sua boa-fé em tal ação. A alternativa para o Japão é a rápida e total destruição.

---

conquistados pelos japoneses (Manchúria, ilhas Pescadores e Taiwan) e a independência da Coreia.

I.2 Depois da rendição: as instruções para o Gen. MacArthur e a política dos Estados Unidos para o Japão (1945)

Os Estados Unidos ocuparam o Japão depois da rendição e implementaram os princípios enunciados na *Declaração de Potsdam*. No primeiro documento trazido, em seguida (*As instruções para o General Douglas MacArthur*), precisam-se as tarefas e os poderes do general MacArthur. No segundo documento (*A inicial política dos Estados Unidos para o Japão* e, em particular, na sua Parte III) se estabelece o desarmamento do Japão (*1. Desarmamento e desmilitarização*) e a perseguição aos criminosos de guerra (*2. Criminosos de guerra*).

a) As instruções para o General Douglas MacArthur (1945)[4]

1. A autoridade do Imperador e do governo japonês ao guiar o Estado está subordinada ao senhor enquanto Comandante Supremo dos Poderes Aliados (SCAP). O senhor exercitará a sua autoridade do modo que considerará oportuno para cumprir a sua missão. A nossa relação com o Japão não se funda em base contratual, mas em uma rendição incondicionada. Porque a sua autoridade é suprema, o senhor não terá nenhuma relação com os japoneses ao perseguir a sua finalidade.

2. O controle sobre o Japão será exercido através do Governo japonês na medida em que essa solução produzirá resultados satisfatórios. Isso, porém, não prejudica o seu direito de proceder diretamente, se necessário. O senhor pode aplicar as ordens pelo senhor emanadas, recorrendo às medidas que considerar necessárias, compreendido o uso da força.

---

[4] Fonte: "L'iniziale politica degli Stati Uniti verso il Giappone dopo la resa (6 de setembro de 1945)". *Nihon kokan shuan bunsho* [Coletânea dos principais tratados internacionais do Japão] (1985), pp. 81-91.

3. À declaração de intenções contida na *Declaração de Potsdam* será dada plena atuação. Todavia, não será aplicada porque nos consideramos contratualmente vinculados com o Japão com base no presente documento. Ele será respeitado e aplicado porque a *Declaração de Potsdam* faz parte da nossa política fundada na boa-fé para com o Japão e para a paz e a segurança no Extremo Oriente.

> (U.S. Department of State, *Foreign Relations of the United States: Diplomatic Papers*, U.S. Government Printing Office, 1945, VI, p. 712).

b) A política inicial dos Estados Unidos para o Japão, depois da rendição (1945)[5]

Finalidade do documento. Este é um documento sobre a política inicial geral para o Japão depois da sua rendição. Foi aprovado pelo Presidente e distribuído ao Comandante Supremo das Forças Aliadas e às competentes agências e departamentos dos Estados Unidos para a sua aplicação. Não aborda todas as matérias relativas à ocupação do Japão e solicitadas decisões políticas. Estas matérias aqui não incluídas ou incluídas somente parcialmente foram tratadas (ou serão tratadas) separadamente.

Parte I – Objetivos finais

Os objetivos finais dos Estados Unidos em relação ao Japão, aos quais as políticas devem adequar-se no período inicial, são os seguintes:

---

[5] Fonte: "L'iniziale politica degli Stati Uniti verso il Giappone dopo la resa (6 de setembro de 1945)". *Nihon kokan shuan bunsho* [Coletânea dos principais tratados internacionais do Japão] (1985), pp. 81-91. No texto, destaquei com itálico duas passagens que considero significativas para a postura dos Estados Unidos em relação ao Japão derrotado.

APÊNDICES

(a) Garantir que o Japão não se torne novamente uma ameaça para os Estados Unidos ou para a paz e a segurança mundiais.

(b) Realizar a formação de um governo pacifista e responsável que respeite os direitos dos outros Estados e que apoie os objetivos dos Estados Unidos, assim como são enunciados na Carta das Nações Unidas. Os Estados Unidos desejam que esse governo se atenha o quanto possível aos princípios do autogoverno democrático, todavia, não é uma responsabilidade que incumba aos Poderes Aliados impor ao Japão qualquer forma de governo que não se funde na vontade popular livremente expressa.

Esses objetivos serão realizados seguindo estas diretrizes principais:

(a) A soberania do Japão se limitará às ilhas de Honshu, Hokkaido, Kyushu, Shikoku [81-82] e àquelas ilhas menores periféricas a serem determinadas, segundo a Declaração do Cairo e segundo outros acordos dos quais os Estados Unidos sejam ou possam ser partes.

(b) O Japão será completamente desarmado e desmilitarizado. A autoridade dos militaristas e a influência do militarismo serão totalmente eliminadas da sua vida política, econômica e social. As instituições que exprimem o espírito do militarismo e da agressão serão energicamente suprimidas.

(c) O povo japonês deverá ser encorajado a desejar as liberdades individuais e a respeitar os direitos humanos fundamentais, em particular a liberdade de religião, de reunião, de opinião e de imprensa. Deverá também ser encorajado a constituir organizações democráticas e representativas.

(d) Ao povo japonês deverá ser oferecida a oportunidade de desenvolver uma economia que permita à população conseguir os objetivos próprios do tempo de paz.

Parte II – A Autoridade Aliada

1. *A ocupação militar*. Será realizada a ocupação militar das ilhas japonesas para cumprir os princípios da rendição e, além disso, para conseguir as finalidades acima indicadas. A ocupação deverá ter o caráter de uma operação a cargo dos principais Poderes Aliados em guerra com o Japão, que agirão no interesse das Nações Unidas. Por essa razão, espera-se e será bem-vinda a participação de outras forças armadas que tenham tido uma função relevante na guerra contra o Japão. As forças de ocupação serão submetidas a um Comandante Supremo designado pelos Estados Unidos.

Mesmo se, consultando e instituindo órgãos apropriados, [81-82] far-se-á todo esforço para estabelecer políticas de ocupação e de controle do Japão que satisfaçam os principais Poderes Aliados, em caso de divergências de opinião entre eles prevaleçam as políticas dos Estados Unidos.

2. *Relações com o Governo japonês*. As autoridades do Imperador e do Governo japonês estarão subordinadas ao Comandante Supremo, que será dotado de todos os poderes necessários para realizar os termos da rendição e para realizar as políticas definidas para o desempenho da ocupação e o controle do Japão.

Considerando o atual caráter da população japonesa e o desejo dos Estados Unidos de alcançar os próprios objetivos com o mínimo emprego das suas forças e dos seus recursos, o Comandante Supremo exercerá a sua autoridade através dos órgãos governativos e as agências japonesas, compreendido o Imperador, na medida em que isso favoreça em modo satisfatório a realização dos objetivos dos Estados Unidos. Permitir-se-á ao Governo japonês, sob a sua direção, exercitar os normais poderes de governo no âmbito da administração interna. Essa política, todavia, estará sujeita aos direitos e aos deveres do Comandante Supremo de requerer mudanças na estrutura governativa ou no pessoal, ou de agir diretamente no caso que o Imperador ou outras autoridades japonesas não se atenham em modo satisfatório às exigências do Comandante Supremo na realização dos termos da rendição. Além disso, essa política não vincula o Comandante Supremo a apoiar o Imperador ou outra autoridade governativa japonesa que opere em contraste com as mudanças tendentes a conseguir os objetivos dos Estados Unidos. *A nossa política é de usar a forma de Governo existente no Japão, não de apoiá-la.*[6] As mudanças na forma de Governo iniciadas pelo povo ou pelo Governo japonês, a fim de modificar as suas tendências feudais e autoritárias, devem ser permitidas e apoiadas. No caso em que a realização dessas mudanças envolva o uso da força por parte do povo ou do governo japonês contra as pessoas que se lhe oponham, o Comandante Supremo deverá intervir somente se necessário para garantir a segurança das suas forças e realização de todos os outros objetivos perseguidos pela ocupação.

3. *Publicidade das políticas.* O povo japonês e o mundo inteiro deverão ser plenamente informados dos objetivos e das políticas de ocupação e dos progressos conseguidos na sua realização.

Parte III – Políticas

1. *Desarmamento e desmilitarização.* O desarmamento e a desmilitarização são as tarefas primárias da ocupação militar e deverão ser realizadas com rapidez e determinação. Dever-se-á fazer todo esforço para render os japoneses conscientes do papel desempenhado pelos chefes militares e navais e pelos seus colaboradores em causar as dificuldades presentes e futuras da população.

O Japão não deverá ter forças armadas de terra, de mar e de céu, nem uma polícia secreta, nem uma aviação civil. As forças militares japonesas de terra, de mar e de céu deverão ser desarmadas e dissolvidas; deverão ser dissolvidos também o Quartel General Imperial, o Comando Supremo e toda organização da polícia secreta. O material militar e naval, as embarcações militares, as instalações militares e navais, bem como os aviões militares, navais

---

[6] Itálico meu.

e civis deverão ser entregues e postos à disposição, como exigido pelo Comandante Supremo.

Os atos oficiais do Quartel General Imperial, o Comando Supremo, outros oficiais militares e navais do Governo [84-85] japonês, os chefes das organizações ultranacionalistas e militares, e outros importantes expoentes do militarismo e das forças agressivas deverão ser presos e mantidos à disposição. As pessoas que tenham sido expoentes ativos do militarismo e nacionalistas militantes serão removidas e excluídas dos ofícios públicos e de toda posição de responsabilidade pública ou privada. Serão dissolvidas e proibidas as associações e as instituições ultranacionalistas ou militaristas de tipo social, político, profissional e comercial.

Do sistema educativo serão eliminados o militarismo e o ultranacionalismo, tanto na teoria quanto na prática, compreendidas as atividades paramilitares. Os militares de carreira do Exército e da Marinha – oficiais e suboficiais[7] – e todo outro expoente do militarismo e do ultranacionalismo deverão ser excluídos de atividades de controle e de ensino.

2. *Criminosos de guerra*. As pessoas acusadas pelo Comandante Supremo ou pelas respectivas agências das Nações Unidas de serem criminosas de guerra, incluídas aquelas acusadas de haver participado de crueldades contra prisioneiros das Nações Unidas ou de outras nacionalidades, devem ser presas, julgadas e, se condenadas, punidas. Aqueles que são procurados por uma nação que não faz parte das Nações Unidas por crimes contra os seus cidadãos – se não são procurados pelo Comandante Supremo para serem julgados ou para prestar testemunho ou por outras razões – devem ser confiados à custódia daquelas nações.

3. *Incentivos ao desejo de liberdades individuais e de procedimentos democráticos*. A liberdade de culto deve ser proclamada,

---

[7] Os termos "oficiais e suboficiais" rendem com uma certa aproximação *"commissioned or non-commissioned"*.

logo após a ocupação. Ao mesmo tempo, deve ser explicado aos japoneses que não será permitido às organizações e aos movimentos ultranacionalistas e militaristas esconderem-se atrás de uma cobertura religiosa [85-86].

Ao povo japonês se deverá oferecer a oportunidade e o encorajamento a familiarizar-se com a história, a cultura e as instituições dos Estados Unidos e das outras democracias. A associação de pessoal das forças de ocupação com a população japonesa será mantida sob controle, mas somente na medida necessária para favorecer as políticas e os objetivos da ocupação.

Os partidos políticos democráticos, com o direito de reunião e de discussão pública, devem ser incentivados, permanecendo, porém, sujeitos às exigências para a manutenção da segurança das forças de ocupação.

As leis, os decretos e as normativas que estabelecem discriminações de raça, de nacionalidade ou de opinião política deverão ser ab-rogadas; aquelas em conflito com os objetivos e as políticas delineadas neste documento deverão ser revogadas, suspensas ou modificadas como requerido; e os entes encarregados pela sua aplicação deverão ser abolidos ou modificados oportunamente. As pessoas injustamente reclusas pelas autoridades japonesas por razões políticas deverão ser liberadas. O sistema judiciário, jurídico e policial deverá ser reformado, assim que possível, para se conformar às políticas expostas nos artigos 1 e 3 desta Parte III; sucessivamente será progressivamente orientado à proteção das liberdades individuais e dos direitos civis.

Parte IV – Economia

1. *Desmilitarização econômica*. A atual base econômica da força militar japonesa deve ser destruída, nem se deve permitir que ressurja.

Será, consequentemente, realizado um programa contendo, dentre outros, os seguintes elementos: a cessação imediata da produção, bem como a proibição de produção futura, de todos os bens aptos a equipar, a reparar ou a serem usados por qualquer força ou estrutura armada [86-87]; o banimento de toda estrutura especializada na produção ou reparação de material bélico, incluídas as embarcações e todo tipo de avião; a instituição de um sistema de inspeção e controle sobre uma seleção de setores da atividade econômica japonesa para prevenir a preparação oculta ou mascarada de material bélico; a eliminação daquelas indústrias específicas ou setores produtivos no Japão, cujo precípuo valor consiste na preparação da guerra; a proibição de pesquisas especializadas e de treinamento, tendo por objetivo o potencial bélico; a limitação das dimensões e da natureza das indústrias pesadas japonesas em vista do seu futuro uso pacífico; enfim, a limitação da marinha mercantil japonesa à dimensão exigida para conseguir o objetivo da desmilitarização.

A eventual disposição das estruturas produtivas existentes no Japão que serão eliminadas com base neste programa, ou que serão convertidas a outro uso, ou transferidas ao exterior, ou destruídas, será determinada após um inventário. Na espera, as instalações facilmente convertíveis à produção civil não serão destruídas, salvo emergências.

2. *Promoção das forças democráticas*. No âmbito do trabalho, da indústria e da agricultura será encorajado e favorecido o desenvolvimento de organizações fundadas nos princípios democráticos. Dever-se-ão favorecer as políticas que permitam uma vasta distribuição da renda e da propriedade sobre os meios de produção e de comércio.

Devem ser favorecidas aquelas formas de atividade econômica, de organização e de *leadership*[8] que sejam consideradas adequadas a reforçar o comportamento pacífico do povo japonês, rendendo difícil o controle ou a direção de atividades econômicas endereçáveis a fins militares.

Para conseguir essa finalidade, a política [87-88] do Comandante Supremo deverá:

---

8   N.T. Liderança.

(a) proibir a continuidade ou a nomeação, em posições importantes no campo econômico, de indivíduos que não enderecem o futuro esforço econômico japonês unicamente a fins pacíficos;

(b) favorecer um programa para a dissolução dos grandes conglomerados industriais e bancários que exercitaram um controle sobre grande parte do comércio e da indústria japoneses;

3. *Retomada de uma pacífica atividade econômica*. As políticas do Japão impuseram ao povo japonês grandes danos econômicos, prospectando um futuro de graves dificuldades e sofrimentos econômicos. *A insolvência do Japão é a direta consequência do seu próprio comportamento, e os Aliados não assumirão o ônus de reparar o dano.*[9] Poder-se-á repará-lo somente se o povo japonês abandonar todas as pretensões militares e se empenhar diligentemente na única perspectiva de construir uma vida pacífica. Será necessário que ele empreenda a reconstrução material, que reforme profundamente a natureza e o direcionamento das suas atividades e instituições econômicas, ocupando os indivíduos segundo uma diretriz dirigida à paz e a ela consagrada. Os Aliados não têm intenção de impor condições que possam comprometer o cumprimento dessas empresas nos tempos oportunos.

Do Japão se espera que produza bens e serviços capazes de responder às exigências das forças de ocupação na medida em que esse resultado possa ser atingido sem provocar carestia, difundido mal-estar e graves sofrimentos físicos.

Das autoridades japonesas se espera (e, se necessário, será imposto) favorecer, desenvolver e realizar os programas que servem aos seguintes fins:

(a) evitar graves disfunções econômicas [88-89];

---

[9] Itálico meu.

(b) garantir a distribuição justa e imparcial dos recursos disponíveis;

(c) atender aos pedidos de reparação concordados com os Governos Aliados;

(d) facilitar a retomada da economia japonesa, em modo que sejam satisfeitos os pedidos razoáveis e pacíficos da população.

A esse propósito será permitido às autoridades japonesas, sob a sua própria responsabilidade, estabelecer e aplicar controles sobre a atividade econômica nacional, como os serviços públicos essenciais, a finança, os bancos, a produção e distribuição dos bens essenciais, tudo sujeito à aprovação e ao controle do Comandante Supremo para garantir a sua conformidade com os fins da ocupação.

4. *Reparações bélicas e indenizações*. As reparações pela agressão japonesa consistirão:

(a) na transferência – como será determinado pelas competentes autoridades Aliadas – das propriedades japonesas localizadas fora dos territórios atribuídos ao Japão;

(b) na transferência dos bens ou das estruturas relevantes e não necessárias à economia de paz do Japão, nem aos suprimentos devidos às forças de ocupação. As exportações diversas daquelas a serem embarcadas como reparações ou indenizações podem ser feitas somente para aqueles destinatários que aceitam prover às correspondentes importações ou pagar tais exportações em moeda estrangeira. Não será possível pretender alguma forma de reparação que interfira ou prejudique o programa de desmilitarização do Japão.

Uma indenização completa e rápida será exigida [89-90] por todas as propriedades identificáveis como presas bélicas.

5. *Políticas fiscais, monetárias e bancárias*. As autoridades japonesas continuarão a ser responsáveis pela gestão e a direção das políticas internas fiscais, monetárias e creditícias, sob a aprovação e o controle do Comandante Supremo.

6. *Comércio externo e relações financiárias.* Permitir-se-á ao Japão retomar as normais relações comerciais com o resto do mundo. Durante a ocupação, e sob oportunos controles, será consentido ao Japão comprar de outros países matérias brutas e outros bens que considere necessários para escopos pacíficos, exportando bens para pagar as importações aprovadas.

Será feito um controle sobre todos os bens importados e exportados, sobre as trocas internacionais e sobre as transações financiárias. Tanto as políticas seguidas no exercício desses controles, quanto a sua efetiva administração serão sujeitas à aprovação e à supervisão do Comandante Supremo para garantir que não sejam contrárias às políticas das autoridades ocupantes, em particular que o poder de compra na disponibilidade do Japão seja utilizado somente para as necessidades essenciais.

7. *Propriedade no exterior.* Bens japoneses no exterior ou em territórios separados do Japão, com base nos termos de rendição, compreendidos os bens possuídos em todo ou em parte pela Casa Imperial e pelo governo, devem ser denunciados às autoridades ocupantes e mantidos à disposição segundo a decisão das autoridades Aliadas.

8. *Iguais oportunidades para as empresas estrangeiras no Japão.* As autoridades não deverão dar nem permitir a alguma organização empresarial japonesa [90-91] acordar com uma empresa de qualquer país estrangeiro uma posição preferencial ou de exclusiva, nem ceder a tal empresa o controle de um setor importante da atividade econômica.

9. *Propriedades da Casa Imperial.* As propriedades da Casa Imperial não serão isentas de nenhuma ação necessária à consecução dos objetivos da ocupação.

(U.S. Department of State, *Department of State Bulletin*, U.S. Government Printing Office [DSB], Nº 326, pp. 423-427)

I.3 Como os japoneses perceberam a Constituição do pós-guerra (1997)[10]

Em 1997, uma obra coletiva analisou a reação dos japoneses diante da Constituição pós-bélica, isto é, de que modo eles perceberam as novas linhas diretivas da política nacional. O índice da obra, trazido aqui em seguida, na primeira parte, mostra quais foram as reações diante dos principais temas constitucionais e, na segunda parte, como essas reações se configuraram nas várias áreas do arquipélago japonês.

> *Índice do volume*: Como os japoneses perceberam a Constituição: I. A formulação da Constituição japonesa. Análise das modalidades efetivas de difusão. *1. Como foi percebido o processo de criação da Constituição (de Koseki Shoichi); 2. O desenvolvimento do movimento democrático no pós--guerra e a promulgação da Constituição japonesa (de Kinji Umeda); 3. A lógica da "defesa nacional" na "história de uma nova Constituição" (de Satoru Ito); 4. A nova visão na condução do movimento de difusão constitucional (de Nagami Hata); 5. A consciência dos cidadãos antes e depois da promulgação da nova Constituição (de Takane Kawashima); 6. Luzes e sombras da Constituição segundo a imprensa (de Kenji Watanabe); 7. A Constituição e os residentes chineses e coreanos no Japão (de Kaoru Komaki); 8. A Constituição do Japão para Okinawa (de Masaki Anya).* II. As relações entre os cidadãos e a nova Constituição no interior do Japão. *1. Hokkaido (de Chunichi Saito); 2. Área do Tohoku (de Fujio Ichinohe); 3. Prefeitura de Ibaraki*

---

[10] Fonte: UMEDA, Kinji. "Sengo minshu-shugi undo no nagare to Nihon koku-kempo no seitei [Lo sviluppo del movimento democratico nel dopoguerra e la promulgazione della costituzione giapponese]". *In*: Rekishi Kyoikusha Kyogikai [History Educationalist Conference of Japan], *Nihonkoku-kenpo wo kokumin wa dō mukaetaka* [Come i giapponesi hanno percepito la Costituzione]. Tokyo: Kōbunken, 1997, as partes aqui traduzidas estão às pp. 46-61. Os resumos e a tradução do japonês na edição italiana são de Pier Giorgio Girasole.

(de Hirofumi Takahashi); 4. Prefeitura de Yamanashi (de Tamotsu Asakawa); 5. Prefeitura de Shizuoka (de Seiichi Tsukamoto); 6. Cidade[11] de Kyoto (de Ichiro Ikeda); 6. Prefeitura de Okayama (de Hisao Ōmori); 7. Prefeitura de Aichi (de Naoki Furuya); 8. Prefeitura de Fukuoka (de Toyo Shindo).

Em particular, aqui é apresentado o núcleo central da contribuição do historiador contemporâneo Kinji Umeda, *O desenvolvimento do movimento democrático no pós-guerra e a promulgação da Constituição japonesa*: se traduz, em seguida, o parágrafo sobre a reação dos japoneses diante da nova Constituição e da democracia que ela introduz e, além disso, faz-se preceder e seguir pelo resumo das restantes partes da mesma contribuição, em modo a facilitar o enquadramento conceitual e histórico.[12]

Na edição italiana, a tradução do japonês foi curada por Pier Giorgio Girasole, autor também dos resumos e das notas entre colchetes, para distingui-las das breves notas do original de Kinji Umeda, que são trazidas sem nenhum colchete.

[Resumo]
"A Constituição japonesa como ponto de chegada do século vinte"

"A Segunda Guerra Mundial será recordada na história mundial como a vitória das Nações Unidas por ideais liberais contra

---

11 N.T. No Japão, a "cidade" é um organismo governamental inferior à "prefeitura". Existem 47 "Prefeituras", *lato sensu*; são 43 prefeituras propriamente ditas, duas "prefeituras urbanas" (Osaka e Quioto), um "território" (Hokkaido) e uma "metrópole", que é Tóquio. As "cidades" são organismos governamentais superiores às "vilas" e "aldeias".

12 De Umeda se veja também a obra: UMEDA, Kinji. *Ima manabitai kingendai rekishi* [La storia contemporanea che si vuole conoscere]. Tokyo: Kyoikushiryo editore, 1997.

o fascismo": com essas palavras Umeda inicia o próprio ensaio, no qual toma em consideração os movimentos que, depois das guerras mundiais, desenvolveram os ideais de liberdade no mundo contemporâneo, depois, concentrando-se sobre o caso japonês e sobre a sua Constituição pacifista. A primeira parte do século XX é caracterizada pelo fenômeno colonial, como, por exemplo, a guerra de conquista da Coreia, empreendida pelo Japão, entre 1908 e 1909, e acontecida em um clima no qual as principais potências europeias, como a Grã-Bretanha e a França, perseguiam análogas políticas expansionistas. Depois da segunda Conferência de Paz de Haia, de 1907, parecia que as questões internacionais tivessem se tornado maiormente controláveis, em particular se anunciadas por "um claro e prévio aviso". Todavia, depois de poucos anos estourou a Primeira Guerra Mundial. Nesse conflito global, caracterizado por um confronto entre impérios, escreve Umeda, o Japão, aliado da França e do Reino Unido, apresentou-se na Ásia como o libertador do continente dos velhos colonizadores, beneficiado pelo fato de que eles estavam empenhados nas trincheiras, na Europa. Nesses conflitos se inseriu também a Revolução de Outubro, que fez da paz um dos elementos principais da própria luta contra o poder czarista.

O Japão, em 1925, está entre os signatários do Protocolo de Genebra, ao qual se acrescenta, em 1928, o Pacto Briand-Kellogg. "Em junho de 1929", continua Umeda, "no Japão é emanada uma declaração do governo na qual é criticada a expressão 'em nome de todo indivíduo livre', sendo o País regido pelo Imperador". O capítulo prossegue com a descrição da próxima década, na qual iniciam a desenvolver-se os totalitarismos, como demonstra o afirmar-se de Stálin. Naqueles anos, os novos Estados surgidos na Alemanha e na Itália parecem ser os aliados ideais para o Japão, também pela sua política de expansão na Ásia. Depois das ditaduras na Europa e do segundo conflito mundial, em junho de 1945, foi aprovada a *Carta das Nações Unidas*. Depois da derrota do Japão, os Estados Unidos lhe introduziram uma nova Constituição de modelo ocidental. Um dos seus pontos centrais foi a desmilitarização. Portanto, a

APÊNDICES

Constituição japonesa, conclui Umeda, representa o ponto de chegada dos movimentos libertários da primeira metade do século XX.

O nascimento dos movimentos democráticos no Japão, no pós-guerra, e o problema da Constituição[13]

Embora o Japão tivesse sido derrotado em Okinawa, os combates nas ilhas maiores continuavam. Hiroshima e Nagasaki estavam tomadas pelo caos, enquanto para o Manchukuo, abandonado pela armada do Kwantung, estava começando um período difícil. Além disso (apesar de se apreender, com certo alívio, que, nos outros territórios do império japonês, a guerra tinha terminado) em toda parte tinham sido destruídas as habitações e os lugares de trabalho e, por causa da inflação, faltava o alimento e as famílias não podiam sustentar-se. Até mesmo na zona rural, era difícil encontrar arroz, tanto que, logo após a rendição, formaram-se associações para a venda de alimento por casa. Nessa situação, aqueles aos quais tinha sido proibido exprimir-se durante o conflito iniciaram a organizar-se para difundir as próprias ideias, mesmo se, concluída a guerra, a lei sobre a segurança interna ainda estava em vigor. Um desses grupos foi a Aliança Cultural do Povo de Inosuke Nakanishi, que se organizou por volta do final de setembro de 1945. Os três objetivos desse movimento eram a "abolição da lei sobre a segurança, a libertação dos prisioneiros políticos e a punição dos responsáveis de guerra". Logo após a ab-rogação da lei sobre a segurança (4 de outubro de 1945), os prisioneiros políticos libertados inauguraram

---

13 UMEDA, Kinji. "Sengo minshu-shugi undo no nagare to Nihon koku-kempo no seitei [Lo sviluppo del movimento democratico nel dopoguerra e la promulgazione della costituzione giapponese]". *In*: Rekishi Kyoikusha Kyogikai [History Educationalist Conference of Japan], *Nihonkoku-kenpo wo kokumin wa dō mukaetaka* [Come i giapponesi hanno percepito la Costituzione]. Tokyo: Kōbunken, 1997, pp. 46-50. Na edição italiana, tradução de Pier Giorgio Girasole].

a "assembleia de boas-vindas para os combatentes libertados".[14] Embora, durante a guerra, tiveram que manter secretas as suas posições, logo após, eles organizaram numerosas assembleias livres enquanto grupo agora legalizado. De fato, imediatamente após 15 de agosto,[15] já em 1º de outubro se constituíra o núcleo fundador do movimento. Dessa organização (cujo *slogan* era: "Lutemos para eliminar a persistência de fascistas teimosos e sem escrúpulos, junto aos feudalistas[16] do País") tomaram parte também Tetsu Katayama e Itoshi Ashida, que, depois, tornar-se-iam primeiros-ministros.[17] Uma ulterior característica do pós-guerra foi o pedido de repatriamento da parte dos cidadãos coreanos e chineses que tinham sido deportados ao Japão para contribuir à sua defesa. Na fase final do conflito, além disso, o primeiro-ministro Naruhito Higashikuni, após ter sido convocado pelo Imperador Hirohito, continuou a sustentar o espírito da lei de segurança, trabalhando sobre o *kokutai*.[18] Nessas circunstâncias, o movimento democrático japonês começou a tomar forma. Mesmo se estavam presentes posições diversas e embora não se pusesse ainda o problema da Constituição, puseram-se os fundamentos para os desenvolvimentos futuros. Em 4 de outubro de 1945, foi ab-rogada a lei sobre a segurança e, no dia seguinte, o

---

14 *Fronte popolare*, primeira publicação, 10 de dezembro de 1945.
15 [15 de agosto de 1945 é a data da rendição do Japão].
16 [Em japonês *hoken shugi*, termo utilizado pela esquerda, após a guerra, para indicar os conservadores].
17 Edição da Assembleia do Pensamento Livre (anuário de cultura do Japão), edição de 1948.
18 [Na Alemanha nacional-socialista se confrontava a ideia do *Reich* com aquela de *kokutai*. Para os alemães, o *Reich* é "mais uma fé que um saber", é "algo maior, melhor e superior ao simples Estado". "Ainda mais exclusiva para os japoneses é a palavra *kokutai*, que se deveria traduzir com 'ideia do Império' ou 'essência do Império': algo de unicamente japonês e, portanto, intransferível" (DONAT, Walter. "Der deutsche und der japanische Reichsgedanke". *In*: _____. et al. *Das Reich und Japan*: Gesammelte Beiträge. Berlim: Junker e Dünnhaupt, 1943, pp. 105/106)].

APÊNDICES

primeiro-ministro Higashikuni entregou as suas demissões. No dia 10, ao contrário, foram libertados os detentos políticos, produzindo novamente uma reviravolta no País. Em seguida, de um lado, Kijuro Shidehara, o primeiro-ministro nomeado sucessivamente, havia defendido o *kokutai*, de outro, o quartel general estadunidense deu início ao processo de democratização com base na Conferência de Potsdam, enquanto o Partido Comunista Japonês chegou a propor a abolição do sistema imperial. Um dos primeiros sinais tangíveis da transformação que se seguiu à ab-rogação da lei sobre a segurança foi o caso do quotidiano nacional "Yomiuri Shimbun", que contava entre as suas fileiras tanto democráticos, quanto responsáveis pela guerra, contratados precedentemente. Veio, por isso, apresentado o pedido de renovar o pessoal e de indicar os que tivessem sido os responsáveis durante a guerra.[19] Em dezembro, aconteceram confrontos durante a reconstrução da linha ferroviária Keisei, acompanhados da solicitação de um aumento de salário, de um contrato coletivo regular e das demissões do executivo reacionário.[20] Como primeira consequência da ab-rogação da lei sobre a segurança, aumentaram também os movimentos que pediam uma mudança nas condições de trabalho. A segunda consequência gerada pela ab-rogação da lei sobre a segurança foi uma tentativa de levar a democracia à zona rural. Antes da reforma agrária,[21] de fato, a subtração dos campos aos agricultores por parte dos grandes proprietários causou vários confrontos; ao contrário, no interior das aldeias, vigiam regras e atitudes totalmente democráticas. Por exemplo, em Nakagawa (junto ao atual município de Sashima, na Prefeitura de Tochigi), em 24 de novembro, foi instituída uma assembleia de agricultores para opor-se às expropriações das terras e foi solicitada a suspensão total tanto das autoridades locais quanto dos responsáveis pela guerra.

---

19 Taro Miyamoto, *Ricordo della guerra all'interno dello Yomiuri*, edições Shin Nippon.
20 *Gazzetta dei lavoratori del Giappone*, 9 de janeiro de 1945.
21 [A reforma agrária remonta a 1946].

A mesma coisa aconteceu nas vilas limítrofes.[22] Também nas zonas rurais onde se encontravam, lado a lado, os defensores da democracia e os responsáveis pela guerra. Essa situação exigia uma revisão do sistema de controle sobre as terras presente durante a guerra. Terceira consequência foi a luta pelos víveres. Tornados raros durante o conflito, também vinham roubados ou subtraídos daqueles destinados ao exército. Isso desencadeou uma onda de descontentamento entre os cidadãos que deviam defender-se sozinhos e em dezembro de 1945 – nos bairros de Ebara, no distrito de Meguro (hoje, Shinagawa), naqueles de Oji e de Ryunogawa (hoje, Kita) e naquele de Toyoshima – organizaram assembleias nas quais a subtração de reservas de alimento foi considerada um crime de guerra. Exatamente, nesse período, iniciou-se a considerar uma emenda constitucional para modificar as velhas modalidades de compra-venda, e foi, assim, instituído um grupo de pesquisa e confronto sobre as emendas constitucionais propostas a seu tempo por Fumimaro Konoe e pelo, então, primeiro-ministro Shidehara. Além disso, no interior dos movimentos democráticos se começava a considerar o problema da Constituição. Primeiramente, os representantes do partido comunista japonês, em 11 de novembro de 1945, anunciaram a solicitação de uma Constituição que atribuísse o poder ao povo, subtraindo-o à autoridade imperial. Ao contrário, em 27 de dezembro Iwaburo Takano e Yasuzo Suzuki[23] organizaram um encontro constitucional no qual apresentaram como preferível um modelo de monarquia constitucional mais que um modelo totalmente democrático. Todavia, porque o Imperador não tinha nenhuma autoridade política, no dia seguinte, Takano propôs uma Constituição que "superasse o modelo imperial, entregando o poder nas mãos de um presidente da república". Esse movimento constitucional se tornou, como se verá melhor em seguida, o modelo para as diretrizes impostas pelo quartel general americano: é, todavia, necessário recordar que esse grupo se

---

22 *Gazzetta dei lavoratori del Giappone*, 5 de dezembro de 1945.
23 [Iwaburo Takano, sociólogo, e Yasuzo Suzuki, constitucionalista, eram ligados ao movimento socialista japonês].

formou em 13 de novembro a partir da Liga do Japão. A Liga cultural do Japão tinha como *slogan* "Fundar uma cultura democrática" e "Esclarecer sobre os responsáveis do conflito"; além disso, no seu interior, estavam presentes estudiosos e homens de cultura. Pode-se, portanto, asserir que os movimentos constitucionalistas tenham nascido daqueles democráticos. Além disso, segundo o parecer do estudioso Michio Sagawa, depois que no interior dos grupos dos trabalhadores de Nagoya tinha sido preparado "o projeto de uma Constituição para a construção de um novo Japão", no qual "um dos temas era a renúncia total ao rearmamento, além de a abolição do sistema imperial a ser substituído por outro totalmente republicano".[24] Sagawa tinha sido, de fato, detido enquanto membro do Movimento de Educação Liberal, mas depois da ab-rogação da lei sobre a segurança no final da guerra pode, finalmente, exprimir as suas opiniões sobre o tema da Constituição. E como ele também muitos outros.

O movimento revolucionário democrático do pós-guerra e o problema da Constituição[25]

Em 15 de dezembro de 1945, o quartel general das forças de ocupação americanas emanou "a ordem de separação entre Estado e religião".[26] Com isso, teve de ser eliminada a ideologia segundo a qual "o Imperador do Japão era considerado, pela sua origem, chefe religioso além de político", sobre a qual se fundava o *kokutai*. Além disso, o Imperador Hirohito, em 1º de janeiro de 1946, emanou um edito, conhecido como a "declaração da natureza humana do Imperador". Em nível internacional e, sobretudo, aos olhos da América era, de fato,

---

[24] Michio Sagawa, *La mia vita come educatore*, nova edição crítica [O Movimento de Educação Liberal tinha sido um movimento clandestino].
[25] [Kinji Umeda (1997a), *Sengo Minshu-shugi undo no nagare*, pp. 50-54. Na edição italiana, tradução de Pier Giorgio Girasole].
[26] *20 anni di documenti dopo la guerra*, 1ª edição crítica.

necessário eliminar a ideia de que o soberano japonês fosse culpado do conflito enquanto comandante supremo do exército. Naqueles anos, a partir dos confrontos pelos víveres, já recordados, surge o Movimento Revolucionário-Democrático. De fato, enquanto poucos anos antes os cidadãos de várias partes do Japão estavam empenhados nas lutas pelo alimento, o Ministério da Agricultura organizou um grupo que visava a render democrático o governo e pôr fim ao problema dos recursos alimentares. O movimento então pediu para "resolver o problema do alimento" e para "demitir os criminosos de guerra, os militaristas e os burocráticos corruptos".[27] Em seguida, em 21 de janeiro, os vértices industriais do Kanto[28] se reuniram em uma assembleia democrática para resolver o problema dos víveres (Asahi Shimbun, de 22 de janeiro de 1946). Além disso, em 11 de fevereiro, 200 grupos se uniram na associação para os recursos alimentares do Kanto. Nela estavam representados "os produtores dos sindicatos, os cultivadores de cooperativas agrícolas e os comerciantes urbanos para dar o melhor exemplo de administração popular contra a falta de regulamentações sobre o alimento".[29] Obviamente não todas as intenções foram respeitadas literalmente, mas sob a influência dos partidos comunista e socialista, os sindicatos se uniram, envolvendo agricultores e comerciantes. Em 17 de fevereiro, após terem sido tomadas as medidas de emergência para o problema dos víveres, os confrontos no campo se intensificaram em todo o país. A partir de 4 de março, por dois meses, em 18 prefeituras, aconteceram motins. Por exemplo, em Ibaraki, em 23 de março se mobilizaram 4.000 pessoas, enquanto em 25 de março aproximadamente dez mil se reuniram diante do palácio da prefeitura pedindo a demissão do primeiro-ministro Shidehara.[30] Além disso, em 22 de abril, dez mil agricultores se organizaram em manifestação diante da sede

---

27 *20 anni di documenti dopo la guerra*, 1ª edição crítica.
28 [Zona de planície na qual surgem Tóquio e o seu *hinterland*].
29 *Gazzetta dei lavoratori del Giappone*, 9 de fevereiro de 1946.
30 HAMANO, Jo. *Storia dei movimenti popolari di Ibaraki nel dopo guerra*, Edições Jihi.

da prefeitura de Akita.³¹ Dada a extrema relevância do problema relativo aos recursos alimentares, em 22 de abril, foi convocada uma assembleia em oposição ao primeiro-ministro Shidehara, enquanto o dia 1º de maio foi festejado como jornada dos trabalhadores, à qual se seguiu a jornada do alimento, estabelecida para 19 de maio, em ulterior reunião. Além do problema das provisões se tomou posição "contra uma classe política imóvel" a favor de "uma realização da democracia popular em um vértice composto pelos sindicatos do partido socialista e do partido comunista, bem como pelos grupos de agricultores por um governo popular".³² Outra característica desse período foi o movimento da Frente Popular (ou Frente Unida) que gerou o Movimento dos Revolucionários Democráticos, que dá o título a este parágrafo. O movimento nascera durante as lutas pelos víveres e reunia expoentes das cidades e do campo que pediam que fossem punidos os responsáveis de guerra. Em um segundo momento, todos esses grupos no país, juntamente com aqueles de Tóquio, decidiram unir-se em uma única frente. Isso aconteceu em Kyoto, onde, em 18 de janeiro, formou-se a Assembleia de Kyoto da Frente Popular, à qual, em 21 de fevereiro, tomou parte o Partido Socialista, o Partido Comunista e aquele Liberal. Em 11 de fevereiro, tinha sido organizada outra assembleia em Aomori com a presença dos socialistas, dos comunistas e dos liberais. Na prefeitura de Ishikawa, a data escolhida foi o dia 26. Assim fazendo, em maio, nas 30 prefeituras do Japão, foi realizado uma única frente e, em 27 de setembro, foram convocadas eleições para os vértices que aconteceriam em 5 de outubro, às quais, todavia, estabeleceu-se fazer preceder aquelas dos representantes locais.³³ Não obstante isso, a Frente Popular, mesmo se recém-formada, entrou logo em dificuldade. O Partido Comunista anunciara, em novembro de 1945, a "campanha para uma frente popular", mas os socialistas não tinham

---

31 *Gazzetta dei lavoratori del Giappone*, 25 de abril de 1946.
32 *20 anni di documenti dopo la guerra*, 1ª edição crítica.
33 *20 anni di documenti dopo la guerra*, 1ª edição crítica.

aderido. Em 15 de janeiro de 1946, Hitoshi Yamakawa[34] propusera a Frente Democrática Popular, enquanto, em 26, foi organizada uma reunião de políticos exilados durante a guerra (entre os quais Sanso Nosaka), da qual participaram intelectuais comunistas e liberais. Consequentemente, em março, Nosaka propôs novamente a criação da frente, mas diversamente dos comunistas, os socialistas não tomaram parte dela. Enquanto se conseguia criar uma frente unida, o quartel general das forças de ocupação decidiu fazer eleições em 10 de abril. O partido majoritário do primeiro-ministro Shidehara foi reconfirmado. Nesse período, aumentaram os protestos contra o primeiro-ministro Shidehara e, em 19 de abril, os partidos socialista, comunista e liberal se reuniram em uma coalisão contra o chefe do governo, constrangendo-o à demissão. Sucessivamente, em 1º de maio, foi celebrada a jornada dos trabalhadores e, em Tóquio, reuniram-se cinquenta mil pessoas com os lemas: "Poder à democracia popular", "Construir uma frente popular democrática", mas sobretudo "Uma Constituição para o povo a partir do povo". Enfim, enquanto se esperava ver como Shidehara organizaria o governo após a demissão, celebrou-se a jornada do alimento (19 de maio). Todavia, por cerca de um mês não se conseguiu encontrar um novo chefe de governo e se ficou parado até quando Yoshida Shigeru se tornou primeiro-ministro. Exatamente naqueles anos em que o Movimento Revolucionário Democrático estava se formando, o Comando Supremo das Forças de Ocupação decidiu acelerar os tempos de redação da Constituição. O quartel general americano, de fato, tinha tomado em consideração o grupo de pesquisa sobre os problemas constitucionais, surgido durante o mandato de Shidehara, mas sabia não estar ainda pronto para afrontar a opinião pública internacional e, portanto, decidiu não deixar que o governo japonês decidisse sozinho sobre a questão. O Comandante Supremo das Forças de Ocupação, MacArthur, no dia 3 de fevereiro, organizou o grupo para a redação da Constituição

---

[34] [Hitoshi Yamakawa (1888-1953) foi entre os fundadores do Partido Comunista Japonês].

e o rendeu operativo a partir da semana sucessiva, ou seja, a partir do dia 10. Entre os vários grupos de estudo japoneses, o quartel general escolheu o já recordado Grupo de Pesquisa Constitucional.[35] Os americanos apressaram a redação da Constituição por causa da iminente primeira reunião da Comissão do Extremo Oriente (*Far Eastern Commision*) prevista para o dia 25 de fevereiro. Nessa ocasião, fazendo referência à conferência para os negócios exteriores de Moscou do precedente dezembro, discutiu-se sobre os elementos de maior relevo para a política japonesa e se concentrou sobre o fato que na nova Constituição o poder do Imperador deveria permanecer imutado. MacArthur quis, de fato, demonstrar ao governo japonês que a nova Constituição não teria ferido o sistema imperial antes da convocação da comissão. Estando assim as coisas, o primeiro-ministro Yoshida, o secretário de Estado Matsumoto e o diretor para os negócios civis Whitney conseguiram, no seu encontro, criar um governo segundo as diretrizes do quartel general. A conservação da autoridade imperial, querida por MacArthur, consentiu ao já demitido Shidehara continuar a exercitar a sua influência.[36] Dessa situação teve origem a linha diretriz na formação do governo do Japão.

[Resumo]
Shidehara, último primeiro-ministro defensor do *kokutai*

Umeda analisa o *kokutai*, isto é, a doutrina que indicava como sacra a figura do Imperador japonês, partindo de Kiichiro Hiranuma, figura muito próxima a Hirohito nas fases finais do conflito. Após a *Declaração de Potsdam*, de fato, aquele conselheiro defendeu o soberano, sustentando a necessidade de conservar a sua figura no vértice do Estado, não baseada nas leis humanas, mas na sua natureza divina. Todavia, com a declaração da natureza humana

---

[35] TAKAYANAGI, Masui (Coord.). *Il processo di creazione della costituzione*, edições Yuhikaku.
[36] KOSEKI, Shoichi. *La nascita della nuova costituzione*, edições Chuko.

do Imperador, de 1º de janeiro de 1946, o próprio soberano admitiu de não ser uma divindade, porém, deixando aberta a ideia de uma descendência divina. O primeiro-ministro Shidehara, recorda Umeda, pediu demissão e permaneceu o último defensor do *kokutai* clássico. O seu sucessor, Shigeru Yoshida, ao contrário, conseguiu manter o *kokutai* adequando-o às exigências do tempo. De fato (com uma afirmação definida "ambígua" por Umeda), o primeiro-ministro anunciou que "o Imperador já não devia ser considerado ao vértice da sociedade japonesa, mas parte do seu povo". Além disso, iniciados em 1946, os preparativos para a redação do novo texto constitucional, Yoshida confirmou haver informado ao Imperador sobre os trabalhos, apelando-se ao artigo 73 da Constituição Meiji de 1889.[37] Pôs-se, porém, o problema: a diferença de conteúdo entre os documentos do quartel general americano, em inglês, e os textos do governo, em japonês, provocou as críticas do Partido Comunista. Umeda continua a sua análise sustentando que o *kokutai* permaneceu

---

[37] [A Constituição japonesa de 1947 se abre, de fato, assim: "*I rejoice that the foundation for the construction of a new Japan has been laid according to the will of the Japanese people, and hereby sanction and promulgate the amendments of the Imperial Japanese Constitution effected following the consultation with the Privy Council and the decision of the Imperial Diet made in accordance with Article 73 of the said Constitution. Signed: HIROITO, Seal of the Emperor*" [NT: "Alegro-me que as bases para a construção de um novo Japão tenham sido lançadas de acordo com a vontade do povo japonês, e, por meio deste, sanciono e promulgo as emendas da Constituição Imperial Japonesa efetuadas após a consulta ao Conselho Privado e a decisão da Dieta Imperial feita de acordo com o artigo 73 da referida Constituição. Assinado: HIROITO, Selo do Imperador"]. – O artigo 73 da Constituição Meiji de 1889, ao contrário, recita: "O Gabinete, além de outras funções administrativas gerais, desempenha as seguintes funções: 1. Administrar fielmente a lei e conduzir os negócios de Estado; 2. Gerir os negócios exteriores; 3. Concluir os tratados após a aprovação da Dieta; 4. Administrar o serviço civil, em conformidade com as normas estabelecidas pela lei; 5. Preparar o balanço e apresentá-lo à Dieta. Todavia, não pode incluir disposições penais em tais ordens de gabinete se não autorizadas por tal lei. 6. Decidir a anistia geral, anistia especial, a comutação da pena, a trégua e a restauração dos direitos"].

ativo sob o lema "Imperador parte do seu povo", com o qual não se abolia o seu poder. "Hoje a palavra *kokutai*", conclui o autor, "já está em desuso", mesmo se resulta necessária no estudo da gênese da Constituição, entrada finalmente em vigor no dia 3 de novembro de 1946.

I.4 As raízes históricas do pacifismo no Japão: entrevista a Karatani Kojin (2017)

Kojin Karatani (nascido em 1941, docente na *Hosei University*, na *Kinki University* e *visiting professor* na *Columbia University*) se doutorou em economia pela Universidade de Tóquio e desde 1969 é ativo como crítico literário e como estudioso de filosofia. É autor também de um livro sobre a paz perpétua em Kant.[38] Em abril de 2016, publicou o volume O *inconsciente e a Constituição*,[39] cuja riqueza de conteúdos (dentre os quais a referência a Kant acima lembrada) é documentada pelo índice aqui reproduzido:

> *Índice do volume:* O inconsciente e a Constituição: I. A consciência, o inconsciente e a Constituição. *1. Constituição e inconsciente; 2. A Primeira Guerra Mundial e Freud; 3. O sistema imperial e a renúncia à guerra; 4. Inconsciente e sondagens de opinião.* II. Os precedentes da Constituição. *1. Os artigos 1 e 9; 2. Os precedentes do texto constitucional; 3. Do conselho dos anciãos à instituição imperial; 4. Às raízes radicais da Constituição do pós-guerra; 5. O sistema Tokugawa como sistema do*

---

[38] KARATANI, Kojin. *Sekai kyowakoku he. Shugi, neshon, kokka wo koete* [Verso la repubblica mondiale. Capitale, nazione e oltre la nazione]. Tokyo: Iwanami Shoten, 2006.

[39] KARATANI, Kojin. *Kenpo no muishiki* [L'inconscio e la Costituzione]. Tradução de Pier Giorgio Girasole. Tokyo: Iwanami Shoten, 2016, tendo chegado à quinta edição em 2017. Na edição italiana, tradução de Pier Giorgio Girasole.

pós-guerra. III. A teoria da paz de Kant. *1. Chomin Nakae*[40] *e Tokoku Kitamura;*[41] *2. As críticas de Hegel à teoria da paz kantiana; 3. A história universal e a paz perpétua; 4. Kant e Marx; 5. Kant e Freud; 6. A força do domo.* IV. O novo movimento liberal e a guerra. *1. A revisão da teoria kantiana sobre a paz; 2. O imperialismo visto a partir do modelo do livre escambo; 3. Os três tipos de acumulação do capital; 4. A política econômica de um Estado hegemônico; 5. A transformação de um Estado hegemônico; 6. A ideologia liberal (jiyu shugi) e a ideologia neoliberal (shin-jiyu shugi); 7. Cursos e recursos históricos; 8. As esperanças para o futuro.* Posfácio.

Um volume afortunado, que chegou à quinta edição já no ano seguinte à primeira publicação. Por isso, um dos mais importantes jornais japoneses, o *"Mainichi Shimbun"*, entrevistou Kojin Karatani sobre os temas daquele livro e, em particular, sobre as raízes do artigo nono da Constituição japonesa que podem ser remontadas à *"pax Tokugawa"*.[42] A entrevista oferece uma síntese dos argumentos abordados por Karatani e é, aqui, traduzida por inteiro.

Entrevista a Kojin Karatani sobre o artigo nono e sobre a "pax Tokugawa"
("Mainichi Shimbun", 27 de novembro de 2017).

Em outubro [2017], na Câmara dos Representantes, o Partido Liberal Democrático de maioria, junto com o Komeito,[43] o Partido

---

[40] [Chomin Nakae (1847-1901) introduziu as teorias de Rousseau no Japão].
[41] [Tokoku Kitamura (1868-1894), escritor e crítico literário japonês, foi um dos fundadores do movimento pacifista].
[42] Fonte: MINAMI, Keita. *Kempo 9-jo no genzai ishiki rutsu wa "Tokugawa no heiwa"*, 27 nov. 2017. Na edição italiana, a tradução e as notas entre colchetes são de Pier Giorgio Girasole.
[43] [Partido da Justiça, inspirado ao budismo do movimento Sokka Gakkai].

da Esperança e o *Restoration Party of Japan*, conhecidos como "os reformistas constitucionais", obtiveram os dois terços das cadeiras rendendo concreta a hipótese de uma emenda [constitucional], sobretudo, por quanto concerne ao artigo nono. Pensa-se, de fato, que o primeiro-ministro Shinzo Abe queira acentuar a importância das Forças de Autodefesa (*Jietai*).

O artigo nono, portanto, trouxe-nos alguns benefícios ou obstaculizou-nos? Perguntamos ao filósofo e pensador Kojin Karatani, que tem 76 anos, se se possa falar de consciência real do artigo nono.

O Partido liberal democrático, à Câmara dos Representantes, prometeu emendar quatro pontos da Constituição, entre os quais a redefinição do artigo nono e das Forças de Autodefesa, e obteve a maioria. Considera que se possa prever uma possível modificação constitucional para o futuro próximo?

Até hoje, o Partido Liberal Democrático falou de emendas que deixassem imutado o artigo nono, redefinindo somente as Forças de Autodefesa. O primeiro-ministro Abe foi o primeiro a anunciar à Câmara Baixa[44] querer modificar o artigo nono. Todavia, é provável que queira acrescentar somente uma norma sobre o inserimento das Forças de Autodefesa na Constituição. Mas – mesmo se obtivesse os dois terços dos votos [necessários para uma alteração constitucional] – resultaria em nada e, seja como for, a modificação seria retardada. Certamente o primeiro-ministro Abe buscará abreviar os tempos. Parece que pense de poder vencer o *referendum* dizendo: "Não se trata de uma emenda, mas de uma atualização da Constituição".

Pergunto-me, porém, se assim fazendo poderá, realmente, modificar a Constituição. Enquanto o artigo nono (que exclui o direito

---

[44] N.T. Também conhecida como "Câmara dos Deputados", "Câmara dos Comuns", "Casa dos Comuns", "Casa dos Representantes", "Câmara dos Representantes".

de beligerância do país) permanecer tal como é, qualquer "atualização" equivalerá a uma modificação constitucional. O artigo nono impede às Forças de Autodefesa operar em um país estrangeiro. O direito à autodefesa coletiva, que é uma paráfrase de aliança militar, não é consentido com a atual Constituição. O primeiro-ministro Abe, se realmente ambiciona modificar a Constituição, deverá lê-la com muita atenção. Mas não pode fazê-lo, porque arriscaria perder o *referendum* [necessário para modificar a Constituição].

Por que pensa que um *referendum* popular possa rejeitar uma emenda constitucional?

Porque, sobre o artigo nono, não é uma questão de consciência coletiva japonesa, mas sim de inconsciente. O inconsciente, frequentemente, é equiparado ao subconsciente, mas não é assim. São duas entidades distintas. O subconsciente pode ser influenciado pela educação ou pela mídia. O inconsciente, ao contrário, também foi chamado com o nome de superego pelo psicanalista austríaco Freud (1856-1939). E é exatamente o superego/inconsciente a governar a consciência. O artigo nono provinha de experiências de guerra japonesas que, porém, não são entendidas como reflexões conscientes. Portanto, não pode ser modificado pela educação ou pela mídia. Se o artigo nono fosse devido a uma reflexão consciente, teria sido abandonado já há tempo.

Então por que o artigo nono está radicado no inconsciente japonês?

É preciso ter presente que o artigo nono tinha sido imposto pelo Quartel General das Forças Aliadas (GHQ). Naquele tempo, MacArthur pensava que, se não se conservasse o sistema imperial no Japão se verificaria uma grande rebelião. O artigo nono era, portanto, fundamental para render efetivo o artigo primeiro da Constituição (que prescrevia o papel do Imperador somente como símbolo da soberania nacional) e poder demonstrar – por exemplo, à União Soviética – como "o Japão tivesse mudado" com os Aliados.

Todavia, não existe contradição entre o fato que o artigo nono tenha sido imposto pelo GHQ e que os japoneses o tenham aceitado voluntariamente. Na realidade, apesar de MacArthur ter imposto a Constituição, ela foi contra-assinada pelo primeiro-ministro japonês de então, Yoshida [Shigeru]. Foi, assim, primeiro imposta "a rejeição da guerra" da parte de forças externas como aquelas aliadas, à qual seguiu uma consciência que, posteriormente, buscou "a rejeição da guerra". Nesse sentido, o artigo nono é uma escolha voluntária do povo japonês. É um aspecto daquilo que se chama "cultura".

É possível encontrar eventos antecedentes ao artigo nono na história do Japão?

Depois do longo período dos Estados Combatentes,[45] instaurou-se o sistema político do xogunato Tokugawa que evitava as guerras e que teve como consequência uma paz presente não só no Japão, mas em toda a Ásia Oriental. Essa época é chamada também *"pax Tokugawa"*. O samurai portava sim uma espada, mas esta era um símbolo de identidade, não uma arma. A cultura de Tokugawa é a "forma embrionária" do espírito do artigo nono. Todavia, após a Restauração Meiji, o Japão inaugurou o sistema do recrutamento obrigatório, colonizou a península coreana e invadiu a China. O artigo nono afunda as suas raízes no arrependimento inconsciente pela *"pax Tokugawa"* que os japoneses provaram após a restauração Meiji [a partir de 1868].

Não esqueçamos como também o artigo 1 tenha as suas raízes no período do xogunato Tokugawa. O xogum considerou, de fato, a figura do Imperador com atenção e respeito. Se o xogum decidiu

---

[45] [A época Sengoku, século XIV-XV, é conhecida como época dos "Estados Combatentes" e é anterior àquela da *"pax Tokugawa"*].

opor-se ao Imperador foi somente porque alguns *daimyo* rivais haviam decidido fazer do Imperador a própria bandeira contra o xogunato.⁴⁶ O xogum Tokugawa pôs o Imperador no vértice da estrutura do Estado, isolando-o da política ativa, mas inserindo-o, contudo, no sistema do xogunato. Não existem dúvidas de que essa foi a primeira manifestação do Imperador entendido como símbolo, como aconteceu, depois, no segundo pós-guerra e continua até agora.

Qual conexão vê entre o artigo 1 e o artigo nono da atual Constituição?⁴⁷

Existe uma relação de interdependência entre o artigo primeiro e o artigo nono. O atual Imperador e a sua consorte são os primeiros garantes do artigo nono. Pode-se dizer que [ao final da guerra] o Imperador, assumindo sobre si a responsabilidade da guerra conduzida pela nação japonesa, tenha protegido a própria linha dinástica. Em outras palavras, proteger o artigo nono significa proteger também o artigo primeiro.

No passado, dizia-se: "o artigo nono (rejeição da guerra) garante o artigo primeiro (Imperador)", enquanto hoje a situação é invertida: "o artigo primeiro garante o artigo nono".⁴⁸

---

46 [Referência à Guerra Boshin, travada entre 1868 e 1869, que viu a derrota do xogunato e a ascensão do poder imperial no Japão moderno].
47 Constituição japonesa de 1946: "Art. 1. O Imperador é o símbolo do Estado e da unidade do povo; ele deriva as suas funções da vontade do povo, no qual reside o poder soberano".
48 [O que significa: graças à rejeição da guerra (artigo nono) o imperador não foi envolvido nos processos ao final da guerra; e, simetricamente, a existência do imperador no cargo, hoje, garante a rejeição da guerra].

APÊNDICES

Qual é o papel desempenhado pelo artigo nono na comunidade internacional?

Penso que "a rejeição da guerra" do artigo nono não seja uma simples rejeição, mas deva ser considerada como um "dom" dirigido à comunidade internacional. Que uso se fará dele? Por exemplo, se um país atacasse ou ameaçasse o Japão indefeso, seria condenado pela comunidade internacional. Havendo, de fato, garantido um "dom", o Japão não ficará indefeso. Vencerá a opinião pública internacional. O poder do dom supera aquele da força armada e da economia.

Dada a tensão com a Coreia do Norte, parece que esse modo de pensar seja "demasiado idealista".

Na realidade, o Japão, sendo dotado das Forças de Autodefesa, não "respeita" literalmente o artigo nono, e isso representa uma grave ameaça também para a Coreia do Norte. Todavia, se se respeitasse literalmente o artigo nono, a situação seria diversa: o Japão poderia demonstrar à Assembleia Geral das Nações Unidas "a completa atuação do artigo nono" e, por esta via, levar as nações vencedoras da Segunda Guerra Mundial a modificar o seu papel de *leadership*[49] tido até agora e a realizar a "república mundial" à qual aspirava o filósofo alemão Kant (1724-1804).

Seja-me consentida uma última palavra como entrevistador. Pede-se porque os cidadãos japoneses não tenham provado a modificar, antes, o artigo nono da Constituição que, hoje, está ao centro dos debates. Se pensamos que a razão que leva a sustentar o artigo nono seja uma atitude coletiva contra a guerra, hoje, essa atitude deveria enfraquecer-se porque estamos diante de numerosas gerações que a desconhecem totalmente. No entanto, não é assim. O professor Karatani individualiza a causa disso no inconsciente coletivo do povo japonês e explica que "não existe incoerência no fato que o artigo

---

[49] N.T. Liderança.

nono tenha sido imposto, mas também aceitado voluntariamente pelos japoneses". Portanto, seria possível uma psicanálise do inconsciente em relação ao artigo? É difícil chegar a uma conclusão lógica, mas as considerações do professor Karatani nos oferecem algum material para refletir sobre o artigo nono.

I.5 O congresso do Partido Liberal-Democrático (LDP): rumo a um artigo nono bis (2018)

A crescente tensão com a Coreia do Norte (e aquela mais silenciosa, mas não menos grave com a China, no Mar Chinês Meridional) trouxe ao centro do debate político a revisão do artigo nono. Em março de 2018, discutiu-o também o congresso nacional do partido de situação – o Partido Liberal-Democrático (LDP) – e devo à cortesia da constitucionalista Hidemi Suzuki, docente da *Keio University*, os textos ingleses do "Yomiuri Shimbun", traduzidos aqui em seguida.

No segundo deles, fala-se do "caso Moritomo", sobre o qual deve ser fornecido algum esclarecimento: trata-se de uma controvérsia ou escândalo (segundo o ponto de vista) em que o primeiro-ministro Shinzo Abe foi indiretamente envolvido através da atividade da esposa na "*Gakko Hojin Moritomo Gakuen*", uma empresa que gere algumas escolas privadas segundo uma ideologia ultranacionalista: todo dia ali se lia, de fato, o escrito imperial sobre a educação, seguindo um uso praticado de 1890 a 1945. Para a construção de uma escola fundamental essa empresa adquiriu um terreno governamental a um preço excessivamente favorável: preço mantido primeiramente secreto, mas revelado pelo "*Asahi Shimbun*" em 9 de fevereiro de 2017. O fato envolveu a esposa do primeiro-ministro Shinzo Abe (nomeada presidente honorária da escola, que depois demitiu-se) e vários ministros do seu governo, também porque os documentos da transação foram manipulados ou não foram mais encontrados. Um alto funcionário do Ministério das Finanças que já deveria ter deposto sobre o caso Moritomo, Nobushisa Sagawa, foi reconvocado

APÊNDICES

no ano seguinte. A oposição pediu as demissões do ministro das finanças e do governo Abe inteiro.[50] A partir de 2017, o "escândalo Moritomo" incide sobre a sempre alta popularidade do primeiro-ministro Shinzo Abe.[51]

a) Shinzo Abe decidido a modificar a Constituição[52]

Em março de 2018, por ocasião do congresso do Partido Liberal-Democrático (LDP), o primeiro-ministro e presidente daquele partido, Shinzo Abe, comunicou a sua decisão de modificar a Constituição em quatro pontos, assim, dando às Forças de Autodefesa também aquele fundamento constitucional que até agora faltou a elas.

A revisão constitucional é "uma tarefa que o partido assumiu desde a sua fundação, e queremos cumpri-lo ao longo desta geração", disse Abe, sábado [24 de março de 2018], em um encontro junto ao quartel general do Partido Liberal Democrático, com os secretários gerais das seções locais do partido: "Quero chegar a esse resultado".

Sobre o fato que o Ministério das Finanças tenha modificado os documentos sobre a venda de terrenos do Estado à empresa escolar Moritomo Gakuen [da qual se falou na abertura desta parte I.5], o primeiro-ministro expressou o seu pesar com estas palavras: "Estou dolorosamente consciente da grave responsabilidade enquanto à frente do setor administrativo". E acrescentou: "Estou decidido a examinar a fundo as razões que geraram aquele problema, a esclarecer

---

50 "Sagawa to testify in Diet on March 27 over falsified files". *The Asahi Shimbun*, 20 mar. 2018.
51 Desse escândalo se ocupou também a imprensa italiana, em março de 2018 (cf. por exemplo em: *Il Sole – 24 Ore*, http://argomenti.ilsole24ore.com/moritomo-gakuen.html).
52 Fonte: *Abe determined to revise Constitution* (2018, 26 de março). Legenda da foto: "O primeiro-ministro Shinzo Abe fala à convenção do *Liberal Democratic Party* (LDP) no Minato Ward, Tóquio, onde reafirmou a sua vontade de levar a termo a revisão do art. 9 da Constituição".

toda a situação e a reconstruir a partir dos alicerces a organização [administrativa] de modo que esse problema nunca mais se repita".

Antes do encontro, alguns dirigentes do partido – entre os quais Hiroyuki Hosoda, no cargo como Presidente do Quartel General para a Revisão da Constituição – haviam convocado uma reunião dos principais funcionários das seções de partido das prefeituras e haviam apresentado a eles um projeto de revisão constitucional subdividido em quatro partes.

Os dirigentes do partido explicaram que a proposta deles de incluir as Forças de Autodefesa na Constituição – inclusão com a qual o artigo nono é conservado porque a existência das Forças de Autodefesa será sancionada por um artigo nono *bis* – é uma prioridade para o partido.

A Hosada foi confiada a tarefa de redigir o projeto de reforma proposto pelo partido, e ele entende fundar o texto sobretudo sobre a citada proposta.

Durante o encontro, afloraram também opiniões diversas presentes no partido. Uma delas propõe a eliminação da proibição de manter poder bélico (contido no segundo parágrafo do artigo nono) e em declarar [oficialmente] a existência das Forças de Autodefesa.

Os dirigentes do partido apresentaram também três propostas legislativas sobre três temas ulteriores: o melhoramento da educação; o enfrentamento das situações de emergência; e a eliminação das coalizões (*merged constituencies*) nas eleições dos House of Councillors (Senado).

O partido aprovou essas três propostas.

Forte reação da oposição.

Os partidos da oposição, compreendido o Partido Democrático Constitucional do Japão (CDPJ), estão intensificando a sua oposição às tentativas do LDP de modificar a Constituição.

A sua forte oposição às mudanças constitucionais parece devida, em parte, à crescente desconfiança em relação a Abe por causa do escândalo devido à alteração de documentos no episódio ligado a Moritomo Gakuen.

O líder do CPDJ, Yukio Edano, abertamente tomou distâncias da proposta de modificação constitucional do LDP que afirma a existência das Forças de Autodefesa com a expressão "tomar as necessárias medidas de autodefesa".

Sábado passado [24 de março de 2018], em Sendai, Edano comunicou à imprensa que "o LDP repetiu que a extensão do direito à autodefesa não terá lugar mesmo se se modifica o artigo nono: porém, não podemos confiar nisso".

O maior partido de oposição (o CPDJ, cuja política se funda sobre o constitucionalismo) concorda, ao contrário, com as revisões legislativas como aquelas que limitariam o poder do governo de dissolver o Parlamento.

Em dezembro [de 2017], o CPDJ tornou públicas as suas linhas-mestras para o debate sobre a revisão constitucional, que compreendem também uma extensão do direito de informação sobre esse tema. De outra parte, esse partido se opõe nesses termos à revisão do artigo nono desejada por Abe: "Opomo-nos a uma mudança depreciativa do artigo nono, que abandona uma política orientada unicamente à autodefesa".

Em uma conferência virtual de quinta-feira [22 de março de 2018] o presidente do JCP [*Japanese Communist Party*], Kazuo Shii, criticou a administração Abe perguntando: "Uma administração que não se envergonha de infringir a Constituição tem o direito de modificá-la?"

O Partido da Esperança (*Kibo no To*), favorável à modificação constitucional no momento da sua fundação no ano passado, alterou a sua posição. Esse partido foi aumentando a sua atitude crítica para com o governo Abe depois que Yuriko Koike, no cargo de governadora conservadora de Tóquio, foi substituída por YuichiroTamaki, ex-membro do Partido Democrático.

Em meio às tensões políticas geradas pelo escândalo Moritomo Gakuen, também o Partido para a Restauração do Japão (*Nippon Ishin no Kai*), próximo a Abe, começou a se afastar das tentativas de rever a Constituição. "Neste momento o Parlamento não é capaz de tomar decisões sobre esse tema com a necessária frieza", afirmou Ichiro Matsui, líder de *Nippon Ishin no Kai*.

b) A tentativa de revisão constitucional do LDP atropelada pelo "caso Moritomo" – Diminui a influência de Abe por causa do escândalo[53]

É sempre menos claro se o Partido Liberal-Democrático, hoje no poder, será capaz, ainda durante o presente ano [2018], de realizar o seu objetivo de fazer aprovar pelo Parlamento as alterações constitucionais, no momento em que o primeiro-ministro e presidente do partido, Shinzo Abe, está perdendo peso político por causa do episódio da venda de terrenos do Estado ao operador escolar Moritomo Gakuen.

Abe insistiu sobre sua posição em apoio às emendas constitucionais durante um encontro com os secretários gerais das seções locais do LPD, no sábado passado [24 de março de 2018]. Enfim, a revisão constitucional é parte do programa do partido desde a sua fundação.

No mesmo dia, em um encontro junto ao quartel general do partido, em Tóquio, Hiroyuki Hosoda (Presidente do Quartel General

---

[53] Fonte: Yasumasa Takada, Akihisa Ota [redação do *Yomiuri Shimbun*] (2018, 26 de março), *LPD quest to revise top law buffeted by Moritomo scandal*. Legenda da foto: Sábado [24 de março de 2018] em Tóquio, o primeiro-ministro Shinzo Abe fala ao encontro com os secretários gerais das seções locais do LDP.

para a Revisão da Constituição) havia convidado os dirigentes do partido e os principais funcionários das seções de partido das prefeituras a unir os seus esforços em vista de um *referendum* nacional sobre a revisão constitucional. "Convido-vos calorosamente, disse Hosoda, a predispor um ambiente favorável, fazendo esforços por toda parte, para conseguir, em um *referendum* nacional, a maioria não de 51%, mas sim de 60% ou de 70%".

Aquele encontro foi uma excelente ocasião para informar profundamente os membros do partido da intenção da direção de iniciar, no Parlamento, as revisões constitucionais até o final do presente ano [2018]. De fato, do encontro participavam representantes das seções locais do partido e seus membros presentes nos órgãos eletivos locais.

Depois de ter, assim, consolidado a sua posição sobre como proceder à revisão de quatro temas constitucionais, os dirigentes do Quartel General para a Revisão da Constituição apresentaram um esquema segundo o qual teriam podido tirar vantagem de um forte apelo à opinião pública.

Entusiasmo em queda no Partido.

Porém, no interior do Partido, sobre a revisão constitucional se registra menos entusiasmo quanto se esperava, porque o governo está encontrando dificuldades por causa da alteração de documentos oficiais no caso Moritomo Gakuen.

Durante o encontro, acima recordado, alguns participantes encorajaram os dirigentes do partido a enfrentar a revisão constitucional: "Levem a termo esse caso sem fazer-se dobrar", disse um participante. Outros, ao contrário, manifestaram a sua preocupação sobre o possível êxito do projeto.

No último encontro dos secretários gerais locais, um membro da prefeitura de Osaka se expressou assim sobre o episódio Moritomo:

o partido "deve prestar contas até o fim" do escândalo sobre a alteração dos documentos.

Dirigindo-se aos participantes, Abe expressou o seu profundo desagrado sobre o caso Moritomo, depois que mencionou somente brevemente as revisões constitucionais. Pode-se dizer que o partido tenha perdido a sua capacidade de impulso na alteração constitucional, sob os golpes das críticas ao primeiro-ministro pelo caso Moritomo. Alguns membros do partido chegaram a temer que as propostas de alteração constitucional sejam percebidas somente como propostas pessoais de Abe. O caso Moritomo jogará, provavelmente, uma sombra sobre as tratativas entre o partido de situação e aqueles de oposição.

A partir do congresso do partido de domingo [25 de março de 2018], o LDP espera seguir um plano no qual apresentar os seus projetos de alteração constitucional às comissões de assuntos constitucionais de ambas as câmaras do Parlamento e de iniciar uma série de colóquios com os partidos de oposição, de modo a poder apresentar oficialmente ao Parlamento a proposta de emenda constitucional durante a sessão extraordinária do outono.

Os partidos de oposição são, porém, nitidamente contrários à atual posição do governo sobre o caso Moritomo, pondo em risco os projetos de reforma legislativa sobre o trabalho, ao qual o governo deu prioridade.

Dúvidas se adensam sobre o Komeito.

O Partido Komeito[54] é o mais recente aliado do atual governo de coalizão e não é particularmente alinhado com o LPD, porque sempre foi tradicionalmente morno sobre o tema da revisão constitucional. Um dirigente do Komeito afirmou: "O LPD elaborou

---

[54] [Cf. *supra*, nota 43, p. 390].

as propostas de emenda constitucional só para chegar a tempo ao congresso do partido".

Kazuo Kitagawa, presidente da Comissão de Pesquisa para a Constituição do Komeito, mostrou-se disponível a reformar a lei nacional sobre o *referendum*, como pedido pelos partidos de oposição.

No LDP, suspeita-se que o Komeito queira dar prioridade à revisão da lei sobre o *referendum* nacional, junto com os partidos da oposição, assim pondo em segundo plano o debate sobre as emendas constitucionais.

Se surgirem dificuldades para iniciar, no Parlamento, para o final do ano [2018], as revisões constitucionais, tornar-se-á problemático realizar o calendário proposto pelo LDP.

Um ponto essencial na eleição da *House of Councillors* (Senado), no verão do próximo ano [2019], refere-se à possibilidade de que os dois terços das cadeiras continuem a ser atribuídos aos partidos de situação e aos seus membros (portanto, favoráveis às alterações constitucionais). O LDP quer propor as revisões constitucionais, no mais tardar, antes das eleições da Câmara Alta,[55] mas já estão no calendário outros importantes eventos como as eleições locais em escala nacional e a abdicação do Imperador.

O mesmo LDP não está unido sobre esses temas. Está prevista para setembro [2018] a eleição do presidente do LDP, e é provável que naquela ocasião se manifestem contrastes sobre como apresentar as medidas que, na Constituição, deverão regular as Forças de Autodefesa.

O precedente secretário geral do LDP, Shigeru Ishiba, que havia manifestado a sua intenção de candidatar-se à presidência, sexta-feira passada, no seu *blog*, criticou o primeiro-ministro. Ishiba

---

[55] N.T. Também pode ser chamada de "Câmara Superior", equivalente ao "Senado", é uma das "Casas" legisladoras de um parlamento bicameral.

disse: "Sinto uma forte sensação de desconforto pelo modo com que o LDP decidiu conservar o artigo nono sem nenhuma explicação da parte do presidente".

> c) Texto do projeto do artigo nono bis. Proposta de alteração do artigo nono da Constituição da parte do Partido Liberal-Democrático[56]

Com essa proposta, o partido de situação não intervém diretamente sobre o texto do artigo nono originário, mas lhe acrescenta o reconhecimento jurídico da existência das Forças de Autodefesa, até agora negado pela letra do artigo nono: "As forças terrestres, marítimas e aéreas, bem como outros poderes de guerra, nunca serão mantidas. O direito de beligerância do Estado não será reconhecido".[57]

> Artigo nono bis.
> (Parágrafo 1) Firme permanecendo a normativa do artigo precedente, que garante proteção ao nosso País e estabelece a necessidade das Forças de Autodefesa para o nosso Estado e para os nossos cidadãos como força coletiva, no respeito da lei, pedimos para manter as Forças de Autodefesa sob a guia do Primeiro-Ministro como comandante supremo.
> (Parágrafo 2) As Forças de Autodefesa servirão o Estado segundo as diretivas aprovadas no Parlamento e segundo o quanto estabelecido pelas leis.

---

[56] Fonte: *Sankei Shinbun*, 25 de março de 2018, importante quotidiano de direita; o texto é tirado de uma imagem do documento no site do *Sankei Shimbun*: http://www.sankei.com/politics/news/180325/plt1803250009-n1.html.
Na edição italiana, tradução de Pier Giorgio Girasole.

[57] N.T. "*Land, sea, and air forces, as well as other war potential, will never be maintained. The right of belligerency of the state will not be recognized*".

APÊNDICES

II. Itália: Entre guerra e paz: D'Annunzio, Shimoi Harukichi, Stálin e Bobbio

II.1 D'Annunzio entre o Ocidente "que não nos ama" e o "exemplo de transformação" do Japão

As relações entre Gabriele D'Annunzio e Shimoi Harukichi foram ilustradas às pp. 17-26. Elas refletem, de um lado, aquele momento realmente irrepetível que foi a ocupação de Fiume e o espírito que animou os seus protagonistas (o "fiumanismo"), e, de outro, a visão dannunziana do Extremo Oriente: um lugar de sonho e, ao mesmo tempo, um modelo de potente afirmação nacional contra as adversidades. Não só em D'Annunzio, mas também em toda a Europa era ainda forte o estupor pela vitória do exército japonês sobre aquele czarista, na guerra de 1904-1905.

Aqui em seguida, são trazidos dois discursos de D'Annunzio. O primeiro, de 1919, sobre a sua visão geral do Oriente e, em particular, sobre o seu projeto de voo ao Extremo Oriente: um texto em que os apelos aos gloriosos viajantes do passado se entrelaçam com a amargura sobre o presente da Itália, recém-saída da Grande Guerra[58] com uma vitória mutilada, mas percurso também de futuristas frêmitos de entusiasmo pelas máquinas voadoras. O segundo, de 1920, em honra do "irmão samurai", Shimoi Harukichi que, para ele, encarnava aquele seu mundo oriental, rumo ao qual projetavam voar juntos.

a) Depois da inércia forçada, "Voa-se!": e então "Tóquio, em dez ou doze etapas"

D'Annunzio pronunciou o primeiro discurso em 1919, quando a aventura fiumeana não era ainda iniciada e ele estava incerto entre

---

[58] N.T. Primeira Guerra Mundial.

a marcha sobre Fiume e o voo a Tóquio, projetado com Shimoi. A guerra terminara e, finalmente, os comandantes haviam revogado a suspensão dos voos: daqui o título do discurso, *L'ala d'Italia è liberata*.[59] D'Annunzio recorda os dias da inação, "quando pela primeira vez, dissipando com o gesto a fumaça dos cigarros e das melancolias, eu propus a rota do Extremo Oriente". Então, poderia parecer quase um entretenimento contra o tédio nascido da inatividade após a guerra, mas agora aquele plano assumia formas mais concretas nas palavras do jovem Natale Palli (1895-1919), o piloto que pilotou o avião com D'Annunzio no voo sobre Viena em 9 de agosto de 1918.

Aquele plano de voo rumo ao Extremo Oriente traça não só cada etapa de um empreendimento ousado, mas sugere também a rota de fuga, ao menos momentânea, "do Ocidente que não nos ama e não nos quer", porque insiste "em obstinadas injustiças e em obstinadas servidões", como precisamente a não anexação de Fiume à Itália devida, sobretudo, à negação dos Estados Unidos. E aqui, pela filigrana dannunziana, transparecem já a linguagem e a ideologia do fascismo que ia tomando forma naqueles anos e para o qual o fiumeanismo constituiu, sob vários aspectos, uma inspiração: para D'Annunzio, o Ocidente – "o esplendor do espírito sem pôr do sol" – se extinguiu, e "se tornou um imenso banco judeu ao serviço da impiedosa plutocracia transatlântica".

No discurso de D'Annunzio, o voo rumo ao Extremo Oriente é, por vezes, um empreendimento futurístico da máquina voadora; às vezes, uma *rêverie*[60] de evasão de um mundo em que se sente hostil. Neste primeiro discurso, a figura central é Natale Palli, que traça o itinerário de uma viagem ainda onírica, salpicada por etapas de fascinantes nomes exóticos. Porém, "o herói criança" não verá as "palmeiras que fazem vento às estrelas". Pelo contrário, morrerá em 1919 – com vinte e três anos – chocando-se nos Alpes em um *raid*

---

[59] N.T. *A asa da Itália está libertada*.
[60] N.T. Devaneio.

que era também um teste em vista da empresa rumo ao Extremo Oriente: "Natale Palli, comandante da Sereníssima, depois de guiadas as gloriosas águias da Itália sobre os céus de Viena e cem campos inimigos, caiu sobre o Monte Pourry de Savoia, em um voo soberbo de juventude, de audácia e de fé", como recorda a lápide sobre sua casa em uma tranquila rua de Casale Monferrato.

Gabriele D'Annunzio, *A Asa da Itália está libertada*.[61]

Companheiros, após dias e dias de irada tristeza, eis que o meu coração salta de alegria. Eis que mais uma vez eu sou para vocês um mensageiro de alegria. Trago-lhes um grande anúncio. A Asa da Itália está libertada.

Parece-me voltar ao tempo em que eu chegava improvisamente sobre os vossos campos distantes, sobre os belos campos do Veneto e do Friuli, quando para realizar uma empresa audaz era necessário lutar contra a inépcia e a má vontade dos chefes (precisei de quase três anos de pertinácia para obter licença de voo sobre Viena); e, havendo finalmente arrancado um consentimento difícil, gritava à vossa ansiedade: "Voa-se! Voa-se!" (...).[62]

O anúncio de hoje, sob o céu de paz, é como o anúncio de então sob o céu de guerra. Um sopro heroico rompe o ar morto.

Tendes visto sobre este campo aterrizarem aparelhos estrangeiros em pausa para seguir as rotas de levante. Em comparação os nossos eram como o puro-sangue de Federico Tesio ao lado da cavalgadura de Mambrino. Não aparecia naqueles nenhuma cura da linha, da leveza, da proporção. Nos nossos já aparece o estilo; o qual não é senão o justo relevo formal da força e da destinação dessa força.

---

[61] Gabriele D'Annunzio (1932d), *L'ala d'Italia è liberata*, do qual estão aqui reproduzidas algumas páginas iniciais e, por inteiro, as pp. 248-255.
[62] Da p. 233 à p. 239, D'Annunzio reevoca os companheiros das empresas passadas.

Considerais o caráter potente daquele SIA 9 B[63] [239|240] que utilizei na última ofensiva. Considerais o caráter gracioso daquele SVA 5[64] que maravilhou Viena. Em um e noutro atingiu um tipo singular de beleza conveniente, como em um objeto da indústria antiga, como em uma lanterna do Caparra, como em um violino do Guarnieri.

Já, durante a guerra, afirmamos o primado na construção dos nossos aparelhos de batalha. Nenhum dos Estados aliados ou adversos tinha conseguido construir e usá-los assim tão robustos e grandes. Em condições desfavoráveis, novas formas, novas qualidades, novas medidas eram pouco a pouco criadas pelos construtores para adaptar os aparelhos a novos serviços. A arte dos antigos mestres italianos conduzia a mão dos operários no polir *cèntine*[65] e traves, no desmontar asas e timões, no inflectir fuselagens e carlingas. Todas as potências dos motores eram provadas de grau em grau, até à máxima de aproximadamente setecentos cavalos. Com um só motor, fomos a Viena e voltamos. Com um só motor, eu e Natale Palli viemos da fronte do Aisne ao Pó em pouco mais de três horas. Com um só motor, seguiremos o itinerário do Extremo Oriente por etapas quotidianas de cerca dois mil quilômetros (...). Em pouco tempo uma máquina do mesmo tipo [SIA 9 B], mas capaz de um voo contínuo de quatro mil quilômetros, levará no giro da sua hélice

---

[63] É a segunda versão do bombardeiro de reconhecimento biplano monomotor produzido pela Sociedade Italiana de Aviação (SIA), que se tornou em seguida a FIAT Aviação.

[64] É um avião análogo ao precedente, produzido pela sociedade Ansaldo mediante projeto de Umberto Savoja e Rodolfo Verduzio. Das iniciais dos projetistas e da sociedade deriva o acrônimo SVA que designou uma dezena de versões desse avião de grande sucesso: realizou, entre outros, não só o voo sobre Viena (o SVA 10 de D'Annunzio está conservado no Vittoriale), mas também o *raid* Roma-Tóquio de Arturo Ferrarin.

[65] N.T. *Cèntine*: vigas de apoio ou sustentação.

o astro da Itália nova aos nossos irmãos do Brasil e da Argentina, que o invocam e o esperam.[66]

Não existem ainda na terra distante campos batidos para a aterrissagem das grandes águias? Mas existem [241|242] rios, lagos, mares, existem fozes e portos, para a chegada dos grandes albatrozes [...D'Annunzio se refere, aqui, a um colóquio com o general Sailer, que lhe falava assim sobre o povo do Carso: "Quem pode duvidar do destino desta nossa raça inexaurível e incoercível?"].[67]

Daquela boa matéria humana uma parte permanecerá presa à sua terra; mas uma parte voará rumo à aventura e à conquista, uma parte porá as asas, [244|245] empreenderá as mil e mil vias azuis, irá além dos mares e dos desertos è das montanhas sem mais temer o obstáculo, abrirá os caminhos sem pegadas e as rotas sem rastro rumo àquele Extremo Oriente aonde chegaram com lenta pressa os "três latinos".[68]

Liberamo-nos do Ocidente que não nos ama e não nos quer. Volvemos as costas ao Ocidente que, cada dia mais, esteriliza-se e se infecta e se desonra em obstinadas injustiças e em obstinadas servidões. Separemo-nos do Ocidente degenerado que, esquecido de haver contido em seu nome "o esplendor do espírito sem pôr do sol", tornou-se um imenso banco judeu ao serviço da impiedosa plutocracia transatlântica.

---

[66] De São Paulo tinha chegado uma das primeiras subscrições para Fiume, como D'Annunzio recorda no discurso de 3 de dezembro de 1919: *Agli Italiani di San Paolo*, em: D'ANNUNZIO, Gabriele. *La penultima ventura*. Libro secondo. 1932, pp. 157/158.

[67] A partir deste ponto o texto é trazido até ao final do discurso, isto é, da p. 242 à p. 244. No texto, D'Annunzio se vincula a um colóquio com o general Sailer, que lhe falava assim do povo do Carso: "Quem pode duvidar do destino desta nossa raça inesgotável e incoercível?"

[68] Marco Polo (1254-1324) viajou ao Oriente com o pai Niccolò e com o tio Matteo, como é recordado também no discurso em honra de Shimoi Harukichi.

A Itália que "sozinha é grande e sozinha é pura", a Itália desiludida, a Itália traída, a Itália pobre se volta de novo ao Oriente onde foi fixo o olhar dos seus séculos mais orgulhosos.[69] Não ouve o apelo dos árabes e dos indianos oprimidos precisamente por aqueles justos que têm a nossa Malta e nos arrancam a nossa Fiume? A apelo de amor, resposta de amor, que não pode ser senão alada, isto é, espiritual. As asas promovem, hoje, o verdadeiro sentido da vida, que é o anseio de ascender por fadiga e dor à conquista do espírito.

Hoje, as "primaveras sacras" se propagam pelo ar como o pólen. Não existe impedimento que as pare, não existe distância que as canse. Se o tempo é rejuvenescido, o espaço é resumido. O estilo novo do mundo [245|246] é o vislumbre. Como o Mantegna vislumbrava uma figura, eis que uma guerra vislumbra a história, eis que uma asa humana vislumbra os mais longos itinerários dos mercadores, os mais vastos périplos dos navegadores, e de repente nos faz terminar ao Cataio de Marco Polo ou à Primavista de Sebastiano Caboto.[70]

A Itália seja mestre também desses vislumbres aéreos. A arte do Tintoretto, que cerrava em poucos palmos de tela a veemência do raio, às calotas dos hemisférios e aos mapas dos atlas.

"Voa-se! Voa-se!" O anúncio de hoje, sob o céu de paz, é como o anúncio de então, sob o céu de guerra.

As proibições foram abolidas, as restrições foram quebradas. Nesses oito meses tétricos de armistício, os velhos chefes sedentários opuseram-se às nossas impaciências: "Por que quereis arriscar a vida?

---

[69] N.T. Em respeito à construção de D'Annunzio, mantivemos a estrutura original, porém, em português seria melhor: "A Itália que 'sozinha é grande e pura', desiludida, traída, pobre se volte de novo ao Oriente onde foi fixo o olhar dos seus séculos mais orgulhosos".

[70] A Sebastiano Caboto (1484-1557) é atribuída a descoberta de Terra Nova, "*Primavista*", ou Terra Primeira Vista.

APÊNDICES

Por que quereis consumar uma tão custosa matéria? Para quê? Ficai tranquilos em terra".

Possuíamos o primado na construção, possuíamos o primado da ousadia. Cada um dos nossos aparelhos tinha trabalhado por cem, cada um dos nossos pilotos tinha trabalhado por mil. Havíamos lutado contra os chefes e contra o inimigo. Havíamos vencido os chefes e o inimigo.

E eis que, terminada a guerra, estávamos condenados a [246|247] apodrecer no ócio dos aeródromos como em princípio, quando o primeiro mandamento era de voar o menos possível, de fazer o menos possível, de arriscar o menos possível. Terminada a guerra, permanecia suspenso sobre os nossos elmos de couro[71] esta ordem rígida: "Não é lícito voar se não por necessidades bélicas". E as necessidades bélicas se reduziam a ruminar e a engolir as humilhações quotidianas que nos infligia a Conferência. O sangue de Francesco Baracca, de Ugo Niutta, de Maurizio Pagliano, de Ignazio Lanza, de tantos outros heróis severos era barganhado com as lagrimazinhas do "leguleio mole".[72] Aquele era o orvalho de paz para as nossas asas remendadas que conheciam a orvalhada das noites adriáticas!

Companheiros, não é mais proibido voar. Antes, a partir de hoje a sentença marina se torna celeste: *"volare necesse est, vivere*

---

[71] "Elmo sem crista, aba e viseira; espécie de capacete simples e liso, usado por soldados e marinheiros. *D'Annunzio*, II-921: '*Ti saluto, | a capo del naviglio tuo di corsa, | o duca dell'Egeo Marco Sanuto. | Sul tuo coppo di ferro splende l'Orsa*'" [NT: 'Saúdo-te, | à frente do navio teu às pressas, | ó duque do Egeu, Marco Sanuto. | Sobre o teu elmo de ferro esplende a Ursa'] (BATTAGLIA, Salvatore. *Grande dizionario della lingua italiana*, *s.v.* (1992); "Coppo": é o undécimo de 14 significados de "coppo").

[72] Vittorio Emanuele Orlando (1860-1952), que representou a Itália na Conferência de Paz de Paris em 1919, foi também um ilustre juspublicista, docente em várias universidades italianas: daqui o apelativo depreciativo que D'Annunzio lhe dá.

non est necesse".⁷³ E o comandante do Primeiro Esquadrão Naval S.A. tem a honra de informar-vos que duzentos torpedeiros aéreos serão suficientes para dar conta de toda a frota naval britânica no nosso Mediterrâneo.

Como sobrevivem nos lugares solitários de Trípoli e de Bengasi os nossos belos esquadrões? Ousamos ainda? Ressoam as perseguições e os combates no céu do Piave e do Grappa? Por que as aguiazinhas permanecem prisioneiras nas gaiolas ardentes? Por que olham fixamente rumo ao sul e não levantam o voo? Mandai uma águia [247|248] romana a libertá-los. Entregai a cada um o sinal de Roma, o nome da Itália. Fazei que vão a procurar os novos cidadãos da Itália nas vilas e nos acampamentos mais remotos. Fazei que aniquilem o deserto de areia, fazei que aniquilem o deserto de sal. Fazei que entre Tripoli e Murzucco, entre Trípoli e Tummo a via amarela se mude em via cerúlea e que o oásis de Cufra veja chegar no vento as asas tricolores como as bandeiras tesas da nova Pátria. Uni a Tripolitânia à Eritreia, a Cirenaica à Somália. Os vitoriosos do céu cársico, do céu veneto, do céu istriano mandai-os a consolar os mortos de Adua.

Deixai que os aviadores tenham a sua guia somente no seu instinto, como as andorinhas, como as cegonhas, como os grous. Deixai-nos ir, deixai-nos ousar. Deixai-nos seguir os nossos destinos, de meta em meta, de morte em morte, de glória em glória. Deixai-nos o nosso privilégio de combatentes que podem e querem ainda vencer, que podem e sabem ainda morrer. Quando as Chamas negras, as Chamas verdes, as Chamas carmesim serão dispersas, reunir-se-ão, todavia, as Chamas azuis⁷⁴ para ir "mais alto e mais além" rumo ao ignoto, para tentar o intentado, para ousar o não-ousável.

---

73 N.T. Voar é preciso, viver não é preciso.
74 Referência às estampas que, no uniforme, individuam a arma de pertença. As chamas de uma, duas ou três pontas individualizavam os *Arditi* (Chamas negras), os *Alpini* (Chamas verdes), os *Bersaglieri* (Chamas carmesim) e a *Aviazione* (Chamas azuis).

APÊNDICES

Vamos! Tentemos! Ousemos!

Quando eu dizia uma dessas três palavras, todos saltavam, lá embaixo, sob os tetos cheios de [248|249] ruído; e súbito os corações tocavam a meta proposta. Parecia que súbito, ao horizonte perigoso, os corações fraternos fizessem um astro vermelho: o astro humano infalível, sinal seguro de todas as rotas tremendas.

Existe aqui alguém que se lembre daquela tarde cinza, no aeródromo de San Pelagio,[75] quando, pela primeira vez, dissipando com um gesto a fumaça dos cigarros e das melancolias, eu propus a rota do Extremo Oriente?

Chuviscava. Oprimia-nos a tristeza do ócio constrito, o tédio da vã espera, a fadiga da vitória mutilada e agonizante, o ódio mesquinho dos gansos para com as águias. De repente, uma janela se escancarava sobre o infinito. O belo Rischio de perfil afiado se apoiava ao parapeito, e mirava longe.

Disse a Natale Palli: "É preciso ir a Tóquio, em dez ou doze etapas".

Todos vibravam, todos estavam prontos. Parecia que todos tivessem já na alma o mesmo sonho, e que eu não fosse senão o adivinho e o intérprete improvisado. "Vamos!". E todos queriam partir imediatamente; como quando o condutor dá o sinal a um bando de migrantes e o ar é movido por um só voo concorde.

O Oriente! A antiga magia transfigurava o nosso abrigo de madeira em um pagode de Delhi ou em uma casa de chá; e cada um já escolhia a sua dançarina e a sua gueixa. E existia lá quem possuía pouco mais [249|250] de dezessete anos, como Marco Polo, quando

---

[75] O incômodo campo de voo de San Pelagio, próximo a Monselice no Veneto, foi a base da esquadrilha *Serenissima* para o voo sobre Viena. O voo foi planejado na próxima Villa Zaborra Castello di San Pelagio, hoje sede de um museu do ar e do espaço, com um setor dedicado ao voo sobre Viena.

Nicolò e Matteo, irmãos, tomaram-no com eles e o conduziram a Layas, na baía de Scanderun,[76] de onde as caravanas partiam para o país admirável.

Era doce fantasiar. Tínhamos diante de nós, sobre a mesa, as pequenas maçãs verdes que se jogam aos porcos. "Na tarde do terceiro dia, desceremos a Basra, sobre o Golfo Pérsico, e iremos procurar as melhores tâmaras do mundo nos seus palmeirais que fazem vento às estrelas. No meio do sexto dia, desceremos junto a porta de Aladim, em uma cidade morta do Gran Mogol, e nos saciaremos com a uva moscatel que amadurece sobre os montes do Cabul, grande como ovos de pombas, conservada em uma caixa de folhas espessas, cosida com fios exatos de gramínea. E quanta pena teremos a salvar os aparelhos da insolência dos macacos que saltarão sobre as ruínas como os 'liquidadores' e os 'alienadores' dos 'escritórios!'".

Os olhos césios de Natale Palli se iluminavam como se refletissem o esplendor do Tai-Mahal. Depois, a sua fronte de vinte e três anos se franzia como a fronte mesma da sabedoria meditabunda. Dizia: "É preciso que o motor nos faça de mil e quinhentos a dois mil quilômetros ao dia, divididos em duas etapas". Considerava o mapa, diante de si. Acrescentava: "De Calcutá a Mandalay tem oitocentos e cinquenta quilômetros. De Mandalay a Hanoi, novecentos e cinquenta. [250|251] É preciso fazê-lo em uma só jornada, com uma parada intermediária para encher os reservatórios".

Já ponderava a prova, de San Pelagio a Paris, de Paris a Roma em um só dia, para superar o previsto. E se propunha preceder a todo custo o rival da França. Pensava que naquele momento o seu dever de italiano lhe ordenasse fincar um outro espinho do valor italiano no coração ciumento de quem, crendo ao milagre da Marna, negava os milagres do Piave e de Vittorio Veneto.

---

[76] Scanderun ou Alessandretta (em turco İskenderun), cidade portuária que hoje faz parte da Turquia.

Eu lhe dizia sorrindo: "Ao contrário de descer clamorosamente sobre um feio terraço das Galeries Lafayette, como o caro Védrines,[77] nós desceremos em uma tarde de lua, rumo ao rio Giumma,[78] sobre o imenso salão de mármores brancos, na régia silenciosa do Gran Mogol, na sala descoberta das audiências onde está o trono de mármore negro; e a noite será tão clara que distinguiremos no branco os desenhos sutis de ouro, de prata, de ônix, de turquesas e de pórfiro".[79]

Foi esta a última fábula que narrei ao herói menino. Era a tarde de 19 de março. Na despedida, ele deixou não sei que brilho sobre a minha soleira, como se a predestinação fosse já fato divino.

Não caiu ele sobre o candor dos mármores reais, em uma tarde quente de Agra; mas na solidão da neve perpétua, em uma manhã de tormenta. Eu vivi dois [251-252] longos dias com ele, com o seu sacrifício e com a sua coragem. Por dois dias foi mais que humano,

---

[77] O aviador Jules Védrines (1881-1919), não obstante a proibição da polícia, aceitou o desafio das Galeries Lafayette de aterrizar sobre um terraço de 28 metros por 12, sobre o edifício delas mesmas, em direção a Boulevard Haussmann. Realizou a empresa em 19 de janeiro de 1919, recebendo o prêmio posto em jogo e a multa prevista pela polícia. Uma estela sobre o teto recorda o aviador que "*a pour la première fois réalisé l'atterrissage d'un avion sur le toit d'une maison dans une grande ville ici même*" [NT: "pela primeira vez realizei o pouso de um avião no telhado de uma casa, em uma cidade grande aqui mesmo"].

[78] O texto se refere ao rio Yamuna, junto do Taj Mahal, na Índia. O nome "Giumma" para esse rio na mesma localidade, Agra, aparece também em Guido Gozzano: "Hoje, contornando as margens do Giumma, contemplo de baixo a mansão ciclópica" (GOZZANO, Guido. *Verso la cuna del mondo*: Lettere dall'India (1912-1913). Milão: Treves, 1917, p. 178).

[79] Também nesta evocação – tanto no ambiente quanto na toponomástica – parece inspirada às páginas que Guido Gozzano dedica a *Agra: l'immacolata*, no seu *Verso la cuna del mondo*, de 1917. Em Agra se encontra também o Taj Mahal, mausoléu feito construir por um soberano da dinastia Moghul, e evocado no texto de D'Annunzio pouco acima.

antes de fazer-se divino eternamente. Depois adormeceu com a cabeça sobre o braço, como teria adormecido ao meu lado, em um crepúsculo de brasa, junto a Giaipur la Rosea ou junto a Benares la Santa, à sombra da insígnia de San Marco pintada sobre a nossa fuselagem acostada em um campo cor de *grogo*[80] [81] esparso de corvos negros-azuis.

O seu último pensamento foi pela mãe que o trouxe, digna de trazê-lo. Mas estou certo de que o penúltimo foi para mim, e que de mim pensou: "Ele irá, prosseguirá. Esta é a primeira etapa".

Para ele, como para todo espírito heroico, "o sonho é irmão do ato" e a morte não é senão um ato criador, o mais misterioso e virtuoso dos atos criadores.

Quando, na tarde de agosto, aterrizamos no aeródromo de San Pelagio, voltando de Viena, ainda não nos tínhamos livrado dos nossos calçados e dos nossos *camauri*,[82] [83] que o chefe nos perguntou na primeira comoção: "Que podemos fazer por vós?" Prontos, respondemos com um só coração: "Mandar-nos a Berlim".

Se perguntássemos ao seu espírito presente: "Que podemos nós fazer por ti?" ele responderia: "Ir à meta que me foi proposta e prometida".

---

[80] N.T. Amarelo-escuro.
[81] BATTAGLIA, Salvatore. *Grande dizionario della lingua italiana*. Torino: Utet, 1992: de *"grogo"* remete a *"gruogo"*: *"Zafferano, croco"*. "Cor de *gruogo*: cor amarelo-vermelho", e aduz como exemplo este mesmo trecho de D'Annunzio (s.v. *"Gruogo"*).
[82] N.T. Gorros.
[83] "Gorro de veludo vermelho aderente à cabeça e calçado até sobre as orelhas, usado pelo papa", e aduz como exemplo uma passagem de D'Annunzio: "vestiremos as nossas peles, provaremos as nossas armas, colocaremos os nossos *camauri* lanudos, os nossos calçados de pele" (BATTAGLIA, Salvatore. *Grande dizionario della lingua italiana* s.v. *Camauro* (1992)). No presente texto, D'Annunzio parece usá-lo como sinônimo de *"coppo"*, de touca em couro para aviador).

APÊNDICES

Iremos. [252-253]

Ele era uma vontade de vitória. A sua carne não tinha sido posta ao mundo senão para servir uma vontade de vitória. E aquilo que dele não é morto, aquilo que dele não podia morrer, e não poderá nunca morrer, é a vontade de vitória.

Ele se tornou um pequeno cadáver lívido no lençol de neve;[84] mas em todos os Alpes não tinha pico que fosse acuminado e excelso como a sua vontade de vitória. E em toda a Itália não existia lugar que fosse tão espiritualmente italiano quanto aquele pouco de solo aparecido sob a neve derretida pelo último calor do seu pequeno corpo, e segundo a forma exata do seu pequeno corpo.

O alpino que o encontrou e o apalpou disse consigo: "É morto!" Mas o companheiro que primeiro se reclinou sobre a sua face imóvel, disse em si: "Venceu!"

Se, como ele se tornou um pequeno cadáver lívido, eu me reduzisse a um monte de carvão e de escórias em uma valeta da Mesopotâmia ou, sobre a margem esquerda do Ganges, um resto de fogueira entre as fogueiras, antes de atingir a meta prefixada, eu teria vencido; porque outros inelutavelmente levariam mais além a minha vontade de vitória. E em toda a Itália não existiria sepulcro que fosse tão italiano quanto aquele amontoado solitário.

E digo que essa fé minha e de poucos, ou de muitos, é infinitamente mais forte de todas as doutrinas radicadas [253-254] no ventre, e de todas as mentiras radicadas na vileza. Por isso, não pode não vencer.

A Asa libertada da Itália se levanta contra todas as potências adversas do espírito. Por isto a saúde é nela.

---

84 O avião de Natale Palli se chocou com a mesmíssima tempestade que, pouco antes, tinha obrigado Arturo Ferrarin a renunciar àquele *raid*. Palli precipitou com o avião, mas se salvou, errou durante dois dias pelas montanhas nevadas e morreu congelado.

Já foi dito como a sombra da máquina alada seja semelhante à sombra da lenha de sacrifício e de salvação.

As suas duplas asas atravessadas, entre a proa e os timões, formam a cruz cruenta. E nela há um cântico dos mortos, há um cântico dos imortais, que a confessam. Todos os nossos mártires se levantam gritando: *Creio*.[85] Eis que o grito se repercute deste romaníssimo campo em todos os campos da Itália.

Ou amor de Itália, ou amor de terra distante, iremos, tentaremos, ousaremos. *Nulla via invia*.[86] Foi a palavra da Comina,[87] companheiros.

---

[85] Esta palavra é também o título do discurso com o qual D'Annunzio conclui o ano de 1919 e traça o balanço do ano fiumeano: *Credo [XXXI decembre MCMXIX]*, em: D'ANNUNZIO, Gabriele. *La penultima ventura*. Libro secondo. 1932, pp. 205-212. "Versalhes quer dizer decrepitude, enfermidade, obtusidade, dolo, barganha e ferocidade que olha com os olhos barrados pelo medo. Ronchi quer dizer juventude, beleza, audácia, sacrifício alegre, olhar distante, novidade profunda" (p. 207). Como os legionários romanos, "em meio a este campo entrincheirado, pusemos os fundamentos de uma cidade de vida, de uma cidade novíssima" (p. 208). "Não existe lugar da terra onde a alma humana esteja mais livre e mais nova que nesta margem. Companheiros, ao final do ano admirável, celebramos esta criação e preservamos este privilégio" (p. 211). D'Annunzio assim conclui: "A quem a força? A nós! *Ardisco e non ordisco* [NT: Ouso e não tramo]. E na nossa insígnia a teia é rompida pelo punhal, e o nó é cortado pela espada *netta*. Assim foi ontem. Não diversamente será amanhã. Companheiros fiéis a mim fiel, não conhecemos nós nem as trinta moedas, nem a renegação. Amanhã, ao limiar do novo ano, antes que o galo cante, queremos saltar todos em pé gritando: Creio".

[86] N.T. Nenhuma via é inacessível.

[87] A Comina, nas proximidades de Pordenone, foi a primeira escola italiana de aviação civil, inaugurada em 7 de agosto de 1910. Com o início da guerra e dada a sua proximidade com a frente de batalha, foi transformada em escola militar de voo. Nela operou tanto D'Annunzio quanto a "*Squadra della Comina*", especializada em operações de alto risco, com o lema *Cominus et Eminus Ferit*, "de longe e de perto fere", remontando a Luís XII da França: considerava-se que o ouriço – representado na sua empresa – pudesse também lançar os espinhos. É próxima da atual base aérea de Aviano.

Estava escrita sobre a minha proa lisa. Lembrai-vos disto? É hoje a palavra de Centocelle.

Quando os três Polo, os "três latinos", partiram de Acri para a maravilhosa viagem, levavam uma ampola de óleo do Santo Sepulcro, considerado pelos devotos e pelos convertidos como proteção contra todo perigo e como remédio contra todo mal.

Assim, pudéssemos nós levar uma ampola de sangue dos nossos mártires, que nos aquecesse no gelo, que nos iluminasse no escuro e na dúvida, que nos sanasse de todo pensamento impuro, que nos renovasse em toda [254|255] hora a coragem, que nos inspirasse em toda hora o sacrifício, que nos preparasse em toda hora a bem morrer, que em toda alva nos infundisse uma nova esperança, que toda tarde evocasse sobre o nosso padecimento e sobre a nossa canseira de filhos frágeis o sopro divino da Itália eterna!

b) A saudação de Gabriele D'Annunzio ao "irmão samurai" Shimoi Harukichi (1920)

Em 2 de fevereiro de 1920, Gabriele D'Annunzio pronunciou um discurso em honra de Shimoi Harukichi, aqui trazido por inteiro. Uma vez que ele contém algumas referências que, hoje, poderiam resultar obscuras, para não interromper a sua leitura, antecipam-se alguns esclarecimentos: no contexto do discurso dannunziano o leitor encontrará, portanto, as frases que aqui em seguida vêm citadas entre aspas.

D'Annunzio, evocando "aquele Império onde é ainda esperado o ruído das minhas asas", refere-se ao voo da Itália ao Japão, projetado com Shimoi, mas depois não realizado porque ambos estavam envolvidos na aventura de Fiume.

"O aeródromo de San Nicolò del Lido", em Veneza, foi um campo de aviação construído em 1915, por exigências bélicas. Desde 1918, ali operou o 1º Esquadrão Naval, um esquadrão aéreo especial da Régia Marinha, comandado por Gabriele D'Annunzio com o grau de major, que havia cunhado o lema *"Sufficit animus"*.⁸⁸ O esquadrão foi dissolvido em 1919, no final da Guerra.⁸⁹

A frase "havendo-me mandado um dom de poesia" se refere, com toda probabilidade, ao opúsculo de poemas traduzidos do japonês e curado, em 1917, por Shimoi e por Gherardo Marone (1891-1962),⁹⁰ advogado e literato ítalo-argentino que com Shimoi compartilhava a paixão pela literatura, mas não a orientação política, porque foi um antifascista militante e assinou o manifesto dos intelectuais antifascistas promovido por Benedetto Croce. A coletânea de poemas japoneses é dedicada "A Paolo Argira", pseudônimo com o qual a companheira de Marone, Fiorina Centi, assinava os seus poemas. Um pseudônimo conhecido no círculo dos literatos: Ungaretti fecha um cartão postal para Marone com as palavras "Saúda-me Paolo Argira".⁹¹

A vitória militar do Japão sobre o "Filho do Céu", isto é, sobre o Imperador da China, coroou a Primeira Guerra Sino-Japonesa

---

[88] N.T. Literalmente: "suficiente o ânimo"; mas poderia ser traduzido por "basta o ânimo".

[89] N.T. Primeira Guerra Mundial.

[90] YOSANO, Akiko; MAETA, Suikei; SASAKI, Nobutsuna; YOSANO, Tekkan. *Poesie giapponesi*. Trad. Harukichi Shimoi e Gherardo Marone. Napoli: Ricciardi, 1917. A segunda edição, enriquecida por novos autores, foi publicada em 1927 com o título *Lirici giapponesi*. SHIMOI, Harukichi. *Un samurai a Fiume*. Com curadoria de Guido Andrea Pautasso. Milão: Oaks, 2019, pp. 135-139; nos *Documenti* em apêndice ao volume está reproduzido (135-136) um trecho tirado da *Introduzione* anônima, mas escrita por Harukichi Shimoi e Gerardo Marone à obra: YOSANO, Akiko *et al. Poesie Giapponesi* (1917), seguido por: *Alcuni giudizi sulle Poesie giapponesi di Harukichi Scimoi e Gerardo Marone* (136-139), "publicados em forma anônima à guisa de conclusão na *Antologia della Diana*, Livraria da Diana (*Stabilimento Tipografico Silvio Morano*). Napoli 1918, pp. 192 s.".

[91] UNGARETTI, Giuseppe. *Da una lastra di deserto*: Lettere dal fronte a Gherardo Marone. Edição de Francesca Bernardini Napoletano. Milão: Mondadori, 2015, p. 8.

em 1894-1895, sancionando o pôr do sol da China como potência continental e a supremacia do Japão sobre a Ásia. O "César eslavo" (com uma referência à etimologia que quer a palavra russa "czar" derivada de "Caesar") foi derrotado na Guerra Russo-Japonesa de 1904-1905, com a qual o Japão se afirmou como potência mundial.

A "imunda clava agitada pelo porqueiro sérvio" é a ameaça de invasão de Fiume por parte dos sérvios, cujas pressões nas tratativas de paz haviam levado a não atribuir Fiume à Itália, gerando a situação em que se inseriu o golpe de mão de D'Annunzio e dos seus legionários. Pietro I Karađorđević, rei da Sérvia desde 1903, é chamado *"porcaro serbo"*[92] porque, para liberar-se da dependência econômica com a Áustria-Hungria, subscreveu uma união alfandegária com a Bulgária. A Áustria-Hungria reagiu com um embargo sobre as carnes suínas da Sérvia e a Sérvia respondeu potencializando a sua produção, em uma competição que foi chamada a "guerra dos porcos" e que durou até 1911. No final da Primeira Guerra Mundial, o Reino dos Sérvios, Croatas e Eslovenos (dos quais se tornou rei Pedro I da Sérvia) foi reconhecido pela Conferência de Paz de Paris de 1919 e durou até 1929, quando confluiu no Reino da Iugoslávia.

"A palavra soberba de Okuma": Ōkuma Shigenobu (1838-1922), primeiro-ministro do Japão em 1898 e em 1914-1916, era favorável à importação da cultura europeia no Japão. A passagem contida no texto que segue já estava presente na *Oração ao povo de Milão na morte de Giosuè Carducci*, de 24 de março de 1907. Ali se lê de fato: "Organizados e fechados em unidade impenetrável, eles tendem não somente à senhoria da Ásia, mas do inteiro Pacífico. A sua cupidez olha às Filipinas, à Indochina, às Índias holandesas, ao Havaí. É de notar a palavra soberba de Okuma: 'A Europa é decrépita. Nós recolheremos as suas heranças'. Mas eu digo que a Europa não é decrépita. Antes, digo que a sua febre laboriosa não é senão uma febre de juventude, não é senão um anseio rumo à aparição de uma vida

---

[92] N.T. Literalmente, "porqueiro sérvio".

mais livre e mais alta". A este ponto da *Oração* de 1907, D'Annunzio dirigia o olhar alhures: "Olhai a Alemanha". O texto para Shimoi é só levemente diverso, porque, quando D'Annunzio escreveu a oração sobre Carducci, a Itália ainda não tinha sofrido a "vitória mutilada" de 1918; por isso, na saudação a Shimoi, D'Annunzio insere, em 1920, uma frase que falta no texto de 1907: "Qual exemplo para a empobrecida e aviltada Itália da outra margem, que recua diante da sombra de uma suja clave agitada pelo porqueiro sérvio!"[93]

D'Annunzio – tanto aqui, quanto no precedente discurso, à nota 58, p. 272 – fala de "três latinos" chegados no Extremo Oriente "há sete séculos" porque Marco Polo (1254-1324) viajou ao Oriente com o pai Niccolò e com o tio Matteo.

Enfim, o *"Alalà"* que conclui a saudação a Shimoi – só ou completado com a interjeição latina *eja eja eja* – é o grito de batalha de origem greco-clássica adotado por D'Annunzio e pelos legionários fiumeanos, e depois onipresente nas duas décadas fascistas. Caído em desuso após o fascismo, a sua força evocativa do regime passado é tal que mesmo nos nossos dias foi usado como título para uma história do fascismo.[94]

Gabriele D'Annunzio, *Saudação ao hóspede do Oriente*.[95]

---

[93] D'ANNUNZIO, Gabriele. *Orazione al popolo di Milano in morte di Giosuè Carducci*, 2013.

[94] Giampaolo Pansa (2014), *Eia Eia Alalà. Controstoria del fascismo*; nas edições sucessivas com o subtítulo: *Nascita del fascismo*.

[95] Este *Saluto*, datado em 2 de fevereiro de 1920, está contido na obra impressa em ocasião do trigésimo ano da marcha de Ronchi: Gabriele D'Annunzio, *Saluto all'ospite d'Oriente*. Não está, ao contrário, em: Gabriele D'Annunzio (1932a), *La penultima ventura, Libro primo*, nem em Gabriele D'Annunzio (1932b), *La penultima ventura, Libro secondo*, a cura do *Istituto nazionale per l'edizione di tutte le opere di Gabriele D'Annunzio*, porque os textos ali publicados terminam com o *Credo* de 31 de dezembro de 1919. Com mínimas diferenças gráficas está também em SHIMOI, Harukichi. *Un samurai a Fiume*. Com curadoria

APÊNDICES

Nós queremos, nesta tarde, honrar em Fiume da Itália um hóspede do Extremo Oriente, vindo a nós com um grupo de grandes pensadores como aqueles bandos de grous claro-sonantes que fendam o céu do seu país. Queremos saudar nesta nossa mesa de guerra um mensageiro do Sol Nascente, um enviado daquele Império onde é, até agora, esperado o ruído das minhas asas que aqui queima o perpétuo rogo.

Se o longo voo não pode levar-me lá embaixo é certo que Haru-Kici Scinoi [sic] foi aqui trazido por um longo voo.

E, se até ontem ele teve em seu pequeno peito um grande coração italiano, hoje, tem sob a estrela de Fiume um ardentíssimo coração fiumano. E já ama as nossas doces ilhas do Carnaro como aquelas do seu inumerável arquipélago.

Creio haver narrado o meu encontro patético com ele, em uma barca veloz e ressoante, através da lagoa cinza, pouco depois da desgraça de Caporetto.

Ele me havia pedido para visitar o aeródromo de San Nicolò del Lido, onde eu possuía as minhas asas e as minhas armas.

Falávamos da Itália dolorosa, falávamos do nosso sacrifício, do nosso sangue, dos dias desesperados e das esperanças invictas. Lembra-se disso Scimoi? [sic]

De repente, vi duas lágrimas vivas jorrarem dos seus desconhecidos olhos de estrangeiro. E subitamente o reconheci irmão, como todos o reconhecemos aqui. E o coração me se abriu.

E, um dia da seguinte primavera ansiosa, tendo-me mandado um dom de poesia, eu lhe recordei aquelas lágrimas improvisas e lhe escrevi: "Nenhum poeta da tua estirpe nunca compôs estrofe sobre orvalho mais celeste daquele teu pranto".

---

de Guido Andrea Pautasso. Milão: Oaks, 2019, pp. 208-210, tirado de "La Vedetta d'Italia", Fiume, 4 de fevereiro de 1920.

Assim, nós, nesta tarde sentimos que do Oriente não nos vem somente a luz, mas também o amor. *Splendet et ardet.*[96]

Mais de uma vez eu gritei: Libertemo-nos do Ocidente que não nos ama e não nos quer. Volvemos as costas ao Ocidente que todo dia mais se esteriliza e se infecta e desonra em obstinadas injustiças e em obstinadas servidões. Separemo-nos do Ocidente degenerado que, esquecido de haver contido em seu nome o esplendor do espírito sem pôr do sol, tornou-se um imenso banco a serviço da impiedosa plutocracia transatlântica.

A Itália desiludida, a Itália traída, a Itália pobre se volta de novo ao Oriente onde esteve fixo o olhar dos seus séculos mais intrépidos. O povo italiano foi sempre o mais sagaz dos migrantes. Aquela Ásia, que hoje lhe é disputada pela pérfida avareza alheia, sempre esteve à mercê dos seus audazes. Mas não importa que lhe seja disputada. "*Teneo te, Asia*"[97] é uma palavra romana a tornar-se itálica.

Qual fato histórico é comparável em grandeza à ressurreição asiática, ao repentino rejuvenescimento que renova a sacra Ásia, a região da ampla e sublime unidade?

Eis que um império quase imóvel, aquele do Sol Nascente, dá [61|62] exemplo inaudito de uma transformação que parece mais uma criação a partir de dentro.

Aqueles que venceram o Filho do Céu e o César eslavo, hoje aspiram a todas as conquistas. Organizados e fechados em unidade impenetrável, eles tendem não somente à senhoria da Ásia, mas do inteiro Pacífico. A sua força olha às Filipinas, à Indochina, às Índias holandesas e ao Havaí.

---

[96] N.T. Literalmente "esplende e arde".
[97] N.T. "Tenho-te, Ásia".

Que exemplo para a empobrecida e aviltada Itália da outra margem, que recua diante da sombra de uma clave imunda agitada pelo porqueiro sérvio!

É conhecida a palavra soberba de Okuma: "A Europa é decrepita. Nós recolheremos as suas heranças".

Mas eu digo que a Europa não é decrépita. Antes, digo que a sua febre laboriosa não é senão uma febre de juventude, não é senão um anseio rumo à aparição de uma vida mais livre e mais alta.

Onde tanta febre bate mais forte? No pulso de Fiume. Onde as formas de uma vida novíssima começam a desenhar-se? Sobre esta margem do Carnaro.

De Fiume da Itália, Porta do Oriente, saudamos a luz daquele Extremo Oriente onde, há sete séculos, chegaram com lenta pressa os "três latinos". Bebamos à fraternidade deste hóspede luminoso que nos sabe dizer como as mais belas auroras não sejam ainda nascidas.

A nossa está próxima. *Prope est.*

Alalà.

2 de fevereiro de 1920.

II.2 Stálin e Bobbio: sobre a propaganda de paz (1952-1953). Com duas cartas inéditas entre Mucchi e Bobbio

O movimento dos *Partigiani della pace* foi apenas acenado no precedente texto porque hoje possui uma relevância somente histórica, enquanto nos anos cinquenta foi um enérgico ator político e, portanto, objeto de apaixonados debates. Um exemplo das diversas opiniões sobre esse movimento se liga aos três textos examinados neste apêndice. A revista *"Rinascita"* do Partido Comunista Italiano publicou um escrito de Stálin contendo uma avaliação sobre os *Partigiani della pace*[98] (aqui comentado em II.2.a): ele representava, portanto, a posição oficial da União Soviética sobre aquele movimento. A leitura daquele artigo suscitou as fundadas dúvidas de Norberto Bobbio, que tomou posição crítica em um ensaio na revista *"Occidente"*[99] (aqui comentado em II.2.b). Em um encontro em Paris, Bobbio discutiu esses dois escritos com o amigo Gabriele Mucchi, pintor e comunista ortodoxo, mas não sectário. Após aquele encontro, os dois amigos abordaram novamente o tema em duas longas cartas até agora inéditas (aqui reproduzidas integralmente em II.2.c), que resumem, na minha opinião de modo exemplar, as duas posições opostas não só sobre os *Partigiani della pace*, mas sobre o inteiro problema da paz em plena Guerra Fria.

Todos esses documentos viram a luz no clima político da primeira década do pós-guerra. Ela é demasiado próxima para ser ensinada nas escolas e demasiado distante para emergir das lembranças familiares, portanto hoje é pouco conhecida dos não especialistas; por isso, uma lembrança sintética daqueles fatos já distantes pode colocar na justa perspectiva o tom e os argumentos dos textos de Stálin e de Bobbio, bem como das duas cartas de Mucchi e de Bobbio.

Em 1947-1949, quando foram aprovadas as três Constituições pacifistas, todos tinham bem presentes tanto os horrores recém passados da guerra tradicional, da guerra dos *partigiani* e da contraguerrilha, quanto o terror iminente da guerra atômica apenas experimentada. Por isso, naqueles anos, Bobbio queria despertar uma "consciência

---

[98] As observações de Stálin sobre os *Partigiani della pace* constituem o § 6 de *Problemi economici del socialismo nell'URSS*, in: *Rinascita*, outubro de 1952, suplemento ao n. 9, depois reproduzido em forma mimeografada em Iosif Stalin (1972), *Problemi economici del socialismo nell'URSS* e reimpresso, em 1976, com um escrito de Emilio Sereni de 1953, introdução de Franco Botta. As citações são tiradas desta última edição.

[99] Norberto Bobbio (1952), *Pace e propaganda di pace*. Reimpresso em Norberto Bobbio (1955), *Politica e cultura*, 72-83; as citações no texto são tiradas desta última publicação.

atômica" que tornasse conscientes do risco de extinção que corria a inteira humanidade em caso de holocausto atômico:[100] consciência que, hoje, muito se dissipou, não obstante a proliferação das armas atômicas em mãos, frequentemente pouco confiáveis.[101]

A Guerra Fria entre os Aliados ocidentais e os soviéticos fazia-se temer um confronto militar iminente: de 1946 a 1954, os franceses estavam empenhados na Guerra da Indochina (que, em 1955, se transformou na guerra americana do Vietnã); em 1949, a vitória dos comunistas chineses tinha levado à formação da República Popular Chinesa, enquanto a Guerra da Coreia, iniciada em 1950, parecia preludiar um confronto na Europa. A estratégia estadunidense visava à "contenção" da expansão comunista com o temor que ela se abatesse sobre a Europa ocidental, no momento em que a Europa oriental já tinha entrado na esfera da direta influência soviética com a criação das democracias populares.

A Europa ocidental, enfraquecida e fragmentada, movia os primeiros passos rumo a estruturas comuns com o Conselho da Europa em 1949, com a CECA[102] em 1951, até à EURATOM,[103] em 1957, e à *Comunidade Econômica Europeia* (CEE), em 1958. Em

---

[100] LOSANO, Mario G. *Norberto Bobbio*: una biografia culturale. Roma: Carocci, 2018, pp. 359-369.

[101] "*According to SIPRI [Stockholm International Peace Research Institute], the worldwide total inventory of nuclear weapons as of 2018 stood at 14,465, of which 3,750 were deployed with operational forces*" [NT: "De acordo com o SIPRI [Stockholm International Peace Research Institute – Instituto Internacional de Pesquisa para a Paz de Estocolmo], o inventário total mundial de armas nucleares em 2018 era de 14.465, dos quais 3.750 foram implantadas com forças operacionais"], *SIPRI Yearbook 2018* (www.sipriyearbook.org) *Armaments, Disarmament and International Security*, (https://www.sipri.org/sites/default/files/SIPRIYB18c06.pdf).

[102] N.T. Comunidade Europeia do Carvão e do Aço.

[103] N.T. Comunidade Europeia da Energia Atômica.

particular, sob a égide da OTAN,[104] fundada em 1949, desde 1950 se tentou organizar um exército comum, isto é, uma *Comunidade Europeia de Defesa* (CED). A essa comunidade cada um dos Estados teria conferido uma divisão do próprio exército nacional, com a exceção da Alemanha, cujo rearmamento era proibido pela França: a Alemanha deveria criar uma própria divisão a incluir na CED, porém, sem reconstruir o seu exército nacional. Um reflexo dessa incerteza de colocação aflora no debate constituinte alemão com o problema da eventual inclusão de cidadãos alemães em um exército estrangeiro em caso de guerra (cf. p. 320). O projeto da CED, após muitas hostilidades e difidências,[105] faliu em 1954 por causa do voto contrário do Parlamento francês. A proteção da Europa estava, portanto, confiada a cada um (mas ainda fracos) dos exércitos nacionais do pós-guerra e à forte presença militar estadunidense, sobretudo na área do possível primeiro impacto, isto é, na Alemanha. O temor de uma guerra em solo europeu foi se atenuando a partir de 1953, quando, com a morte de Stálin, iniciou-se o lento degelo da União Soviética.

O movimento dos *Partigiani della pace* – fundado em 1949 e encerrado em 1956 – coincidiu, portanto, com os anos da máxima tensão mundial e europeia. Hoje, após mais de setenta anos de paz na Europa, esse grande movimento pacifista está esquecido pela maioria, enquanto alguns estudos históricos trouxeram à luz sua importância (mas também as contraditórias características): de fato, a bomba atômica exigia um repensar também do pacifismo.[106]

---

[104] N.T. Organização do Tratado do Atlântico Norte.

[105] Por exemplo: *Unità di tutto il popolo contro la C.E.D. e il riarmo tedesco. Per la pace e l'indipendenza nazionale* (1952?). Este jornal (*Tribuna della Pace*) era o órgão do Comitê Provincial dos *Partigiani della pace* de Bologna.

[106] Essa diferença em relação aos pacifismos pré-bélicos é examinada em uma pesquisa de Sóndra Cerrai, *I partigiani della pace in Italia*: Tra utopia e sogno egemonico. Limena: Libreriauniversitaria, tesi di dottorato dell'Università di Pisa, 2011.

APÊNDICES

Esse movimento foi promovido pelo COMINFORM[107] em 1947 e a União Soviética foi a principal artífice, seja da sua expansão junto aos vários partidos comunistas europeus, seja no congresso inaugural em Paris de 20 a 24 de abril de 1949. O pacifismo dos *Partigiani della pace* é, portanto, conotado também por um decidido antiamericanismo.[108] Na Itália, participaram das atividades daquele movimento, porquanto hegemonizado pela URSS, também numerosos pacifistas não comunistas, dos socialistas aos cristãos,[109] dos liberais aos republicanos.

A presença dos italianos no Congresso de Paris dos *Partigiani della pace* foi excepcionalmente alta, prova adicional do quanto o problema da paz era, então, relevante. O diário do principal organizador, o dirigente comunista Emilio Sereni, oferece um testemunho direto disso: "ao contrário dos 300 delegados previstos para a Itália (e eram já muitos, mais que para os outros países), conduzi a Paris 1.200 delegados", com os consequentes problemas dos lugares no trem, no hotel e no congresso (problemas que na viagem obrigaram Sereni a ser "o passageiro, o controlador, o policial e o caixa"); em Paris, os lugares para os italianos no congresso foram elevados de 300 a 450: "mais não se podia pedir, diversamente o congresso teria se transformado de internacional em italiano". A "delegação italiana tão numerosa constituiu um dos acontecimentos centrais do congresso: não por caso consegui que Nenni fosse o primeiro relator, que um

---

[107] N.T. Escritório de Informação dos Partidos Comunistas e Operários.

[108] Esse tema é abordado por Giulia Bentivoglio (2002), *Antiamericanismo in Italia nel secondo dopoguerra*. Cf. ainda Tanja Sarpieri (2002), *Il pacifismo nella politica Internazionale della sinistra italiana*.

[109] GRANATA, Ivano. "Don Mazzolari e il movimento dei Partigiani della Pace (1950-1952)". *Il Risorgimento. Rivista di storia del Risorgimento e storia contemporanea*, 1, 1993. Recorda-se também Don Andrea Gaggero, que nos anos sessenta teve um papel importante ao lado do pacifista Aldo Capitini: cf. CERRAI, Sondra. *I partigiani della pace in Italia*: Tra utopia e sogno egemonico. Limena: Libreriauniversitaria, tesi di dottorato dell'Università di Pisa, 2011, p. 82.

italiano (que fui eu) fosse um dos cinco oradores no grande *meeting* de Buffalo" (isto é, no estádio parisiense, assim apelidado após a *tournée* do "*Wild West*" de Buffalo Bill) e que o italiano fosse uma língua oficial do congresso. Em suma, a Itália entrou "pelo portão de honra" porque "somente no terreno das energias populares a Itália pode ser forte".[110]

Essa pluralidade de participantes terminava por tornar menos unidirecionais os tons propagandistas promovidos pela URSS, e isso conferia ao movimento italiano uma característica peculiar.[111] A autora do estudo já recordado se move, de fato, ao longo:

> Do difícil cume da dupla identidade desse movimento, não se calando sobre (e antes analisando-a) a sua origem instrumental e a sua organização fideísta, mas buscando ver, sobretudo, os elementos de inovação e de criação de

---

[110] SERENI, Emilio. *Diario (1946-1952)*. Introdução e edição de Giorgio Vecchio. Roma: Carocci, 2015; sobre o congresso mundial dos *Partigiani della pace* cf. pp. 147-149, do qual são tiradas as citações no texto. Deste diário, publicado postumamente, transparece a rigorosa ortodoxia de Sereni, não menos que no diário e nas cartas, também eles inéditos, da esposa: "É o Partido o verdadeiro protagonista das páginas de Marina", Ambrogio Donini (1955), *Prefazione*, 10 (na clandestinidade, "Marina" era o nome de Xenia, a mulher de Sereni).

[111] GIACOMINI, Ruggero. *I partigiani della pace*: Il movimento pacifista in Italia e nel mondo negli anni della prima guerra fredda. Prefácio de Enzo Santarelli. Milão: Vangelista, 1984. Disponível em: http://www.resistenze.org/sito/te/cu/st/cust3c06.htm. Acessado em: 28.03.2024. "Este livro, que pode revelar-se utilíssimo pelas informações oferecidas e pela crônica pontual dos acontecimentos que caracterizaram o movimento dos *Partigiani della pace* até 1953 (...), tem o grave defeito de ser claramente '*de parte*' e de tomar por verdade absoluta tudo aquilo que vinha declamado sobre a publicidade do movimento" (CERRAI, Sondra. *I partigiani della pace in Italia*: Tra utopia e sogno egemonico. Limena: Libreriauniversitaria, tesi di dottorato dell'Università di Pisa, 2011).

APÊNDICES

alguma coisa diversa e de "bom em si", como diriam certos filósofos hegelianos.[112]

Na Itália, segundo um ditado comum, as três organizações mais capilarmente presentes no território eram os *"carabinieri"*,[113] as paróquias e as células do Partido Comunista, portanto também nos pequenos centros operavam grupos de *Partigiani della pace*. A disseminação de então é, ainda hoje, atestada pela grande quantidade de publicações propagandistas impressas em toda a península e disponíveis nas bibliotecas.

Os *Partigiani della pace* propugnavam também a revolução comunista ou, ao menos, social; porém, uma revolução raramente é pacífica e essa peculiaridade do movimento – antes, essa contradição – está no centro das duas cartas de Mucchi e Bobbio que serão examinadas nas p. 297-303. Ambas as cartas foram escritas em fevereiro de 1953, isto é, no período em que era mais aguda a percepção do perigo de uma guerra, e, logo após o Congresso dos Povos, acontecido em Viena de 5 a 12 de dezembro de 1952, ao qual, como se verá na carta de Mucchi, a participação não se limitou somente aos *Partigiani della pace*.

a) Stálin, os *"Partigiani della pace"* e o imperialismo belicista

No início dos anos cinquenta, a URSS projetava uma nova redação do manual oficial de economia política e, em fevereiro de

---

[112] CERRAI, Sondra. *I partigiani della pace in Italia*: Tra utopia e sogno egemonico. Limena: Libreriauniversitaria, tesi di dottorato dell'Università di Pisa, 2011.

[113] N.T. A *"Arma dei Carabinieri"*, criada em 13 de julho de 1814, por Vittorio Emanuele I, rei da Sardenha de 1802 a 1821, constitui uma das quatro forças armadas italianas e uma das cinco forças de segurança italianas, com atribuições de "defesa nacional", "polícia militar", "segurança pública" e "polícia judiciária".

1952, Stálin tomou posição sobre os materiais preparatórios. O escrito de Stálin aborda, portanto, o vasto problema sobre o que seria a economia política segundo o marxismo soviético. Nesse contexto, coloca-se o problema da convivência ou do confronto entre capitalismo e socialismo e, em particular, o parágrafo sexto se ocupa da *Questão da inevitabilidade das guerras entre os países capitalistas*,[114] em cujo contexto Stálin examina o movimento dos *Partigiani della pace*.

Diante da afirmação que "as guerras entre os países capitalistas tenham deixado de ser inevitáveis", Stálin responde: "esses companheiros erram" (p. 90). Os Estados Unidos "submeteram" os principais Estados capitalistas, que, porém, "tentaram subtrair-se à escravidão americana e pôr-se na estrada de um desenvolvimento autônomo". Os primeiros Estados a entrar nessa via poderiam ser a Inglaterra e a França, para conservar o controle sobre os seus mercados e sobre as matérias-primas. Os Estados derrotados, "a Alemanha (ocidental) e o Japão", eram grandes potências pré-bélicas e por isso pensar que não queiram reconquistar a sua autonomia "significa crer em milagres" (p. 91). A guerra entre países capitalistas terá lugar (como aconteceu na Segunda Guerra Mundial) "porque, enquanto a guerra entre os países capitalistas põe somente a questão do predomínio de determinados países capitalistas sobre outros países capitalistas, a guerra contra a URSS deve, ao contrário, necessariamente colocar a questão da própria existência do capitalismo"; além disso, afirma Stálin, os países capitalistas "levam em conta a política pacífica da União Soviética" (p. 92) e sabem, portanto, que não serão por ela atacados.

Nesse ponto, Stálin aborda a questão central:

---

[114] Em STALIN, Iosif. *Problemi economici del socialismo nell'URSS*. Milão: Cooperativa Editrice Distributrice Proletaria, 1972/1976: na edição de 1976, o § 6 está às pp. 89-94; na edição de 1972, às pp. 40-46: cf. *supra*, nota 98, p. 426.

APÊNDICES

> Pergunta-se qual garantia existe de que a Alemanha e o Japão não se coloquem novamente em pé e não tentem subtrair-se à escravidão americana e viver uma vida autônoma própria? Penso que não existem garantias desse gênero. Mas disso deriva que a inevitabilidade das guerras entre países capitalistas continua a subsistir (p. 93).

Diante dessa inevitabilidade, toma posição o movimento pela paz, que:

> Tem por escopo levar as massas populares à luta para manter a paz, para esconjurar uma nova guerra mundial. Consequentemente, ele não persegue o escopo de derrubar o capitalismo e de instaurar o socialismo – ele se limita a perseguir os fins democráticos da luta para manter a paz (p. 93).

Em certos lugares e em certas circunstâncias, poder-se-ia verificar que o movimento pela paz se transforma "em luta pelo socialismo, mas isso não seria mais o atual movimento pela paz, mas sim um movimento para derrubar o capitalismo" (p. 94).

Os limites entre movimento revolucionário e movimento pacifista parecem, assim, fundamentar-se na nítida distinção entre o pacifismo do mundo comunista e o belicismo do mundo capitalista, e Stálin conclui asseverando a inevitabilidade das guerras entre Estados capitalistas, mas não pronunciando-se, ao contrário, sobre a possível guerra entre os dois blocos: no seu texto, "a inevitabilidade das guerras entre os países capitalistas" se torna ambiguamente "a inevitabilidade das guerras" *tout court*.[115]

---

[115] N.T. Literalmente, "sem mais; só isto; sem haver nada a acrescentar; simplesmente; somente", segundo o *Dicionário da Língua Portuguesa*, Porto Editora, 2003.

Essa frase final toca Bobbio, que a cita por extenso no seu artigo (examinado em seguida: II.2.b), porque ela lhe parece confirmar a ambiguidade inerente no movimento dos *Partigiani della pace*:

> A coisa mais provável – escreve Stálin –, é que o atual movimento pela paz, entendido como movimento para manter a paz, em caso de sucesso levará a esconjurar uma guerra *determinada*, a retardá-la por um certo tempo, a manter por um certo tempo uma paz *determinada*, a constranger à destituição um governo belicista, substituindo-o por um outro governo, disposto a salvaguardar, por um certo tempo, a paz. Esta, naturalmente, é uma coisa boa. Antes, é uma coisa ótima. Todavia, isso não basta para eliminar a inevitabilidade das guerras entre os países capitalistas. Não basta porque, não obstante todos esses sucessos do movimento para a defesa da paz, o imperialismo continua a subsistir, conserva as suas forças e, consequentemente, continua a subsistir a inevitabilidade das guerras. *Para eliminar a inevitabilidade das guerras, é necessário destruir o imperialismo.*[116]

b) Bobbio: qual é a paz dos *"Partigiani della pace"*?

O texto de Stálin foi publicado em vista do "Congresso dos Povos", organizado em Viena, em 12 de dezembro de 1952.[117] Porque nele teriam participado também movimentos e pessoas não

---

[116] BOBBIO, Norberto. *Politica e cultura*. Torino: Einaudi, 1955, p. 76, itálicos de Bobbio (cf. *supra*, nota 99, p. 426): as citações no texto são tiradas desta última publicação; em Stálin está presente somente o primeiro itálico: STALIN, Iosif. *Problemi economici del socialismo nell'URSS*. Bari: De Donato, 1976, p. 94.

[117] *Congresso Mondiale dei Popoli per la Pace, Vienna, 5-12 dicembre 1952* (1953). O *site* da *Lombardia Beni Culturali* indica: *Atti a stampa del Congresso dei popoli per la pace* (Vienna, 12-19 dicembre 1952), http://www.lombardiabeniculturali.it/archivi/unita/MIUD14658A/, mas não acessíveis (25 de março de 2018).

pertencentes ao movimento dos *"Partigiani della pace"*, Bobbio o comenta criticamente para "iniciar um discurso em que o impacto violento e estéril das acusações seja substituído por uma troca de argumentos históricos e lógicos susceptíveis de um ulterior exame".[118] O contexto no qual esses eventos aconteciam foi, assim, sintetizado em 1955 pelo próprio Bobbio: "em 1951, dizia-se 'política dos blocos'; em 1953, começou-se a dizer 'coexistência'; agora se fala de 'distensão'", e a distensão exige "um diálogo contínuo, sincero, vivaz e fecundo entre as partes em conflito" (p. 10).

O desejo de diálogo transparece também do tom crítico, mas respeitoso, da sua análise; todavia, hoje muitos não recordam mais o quão ásperos foram os tons de uma parte e de outra e o quão incomum foi, ao contrário, a pacata atitude de Bobbio. Bastará confrontar as citações de Bobbio que seguem com dois exemplos, tirados um do "campo" soviético e o outro daquele anticomunista. Um texto soviético define assim a palavra "pacifismo":

> Movimento burguês de oposição a todas as guerras. Mascarando-se hipocritamente atrás da palavra de ordem do pacifismo, os reacionários se opõem às guerras de libertação nacional, às guerras revolucionárias, às guerras civis e às outras guerras tendo o escopo de defender o povo dos ataques estrangeiros, de libertar o povo da escravidão capitalista, de libertar os países coloniais e submetidos à opressão capitalista. A política dos pacifistas concorre para as guerras imperialistas, agressivas e injustas.[119]

---

[118] BOBBIO, Norberto. *Politica e cultura*. Torino: Einaudi, 1955, p. 72.

[119] Esta definição é tirada de I.V. Liekhin, F. N. Petrov (1949), *Dizionario sovietico dele parole straniere*, 484, e é colocada como epígrafe à obra anticomunista AGNOLETTI, Enzo Enriques]. *Chi sono i partigiani della pace*. Roma: Comitato italiano per la libertà della cultura, [1951?]. Como autor deste último escrito, o elenco dos opúsculos ao final de um outro pequeno volume indica Enzo Enriques Agnoletti. Do Congresso Internacional para a Liberdade da Cultura (1951) tomou origem o Comitê e, depois, a Associação Italiana para a Liberdade da Cultura,

Os argumentos dos anticomunistas são opostos, mas o tom é o mesmo. Porém, a coisa ainda mais surpreendente é que o autor das linhas que seguem é Enzo Enriques Agnoletti, aluno de Calamandrei, *"partigiano"*, membro do *Partito d'Azione*, liberal-socialista, diretor de *"Il Ponte"*. Em suma, uma biografia paralela àquela de Bobbio que, porém, não se reflete no estilo dessa polêmica:

> Propomo-nos, neste opúsculo, estudar e desmascarar uma das maiores mistificações da nossa época.
>
> Por meio do apelo de Estocolmo e daquele mais recente de Praga, através da inteira atividade desempenhada pelos *Partigiani della pace* e coroada por um congresso que devia ter lugar em Sheffield e que se dobrou sobre Varsóvia – reaproximando-se, assim, ao seu clima de origem – o comunismo stalinista nunca cessou de monopolizar para vantagem da política soviética a grande palavra da paz. Todos os textos, todos os fatos, todos os documentos reunidos confirmam como a iniciativa chamada de Estocolmo e a atividade dos Combatentes ou *Partigiani della pace* têm Moscou como ponto de partida, o COMINFORM por Estado maior mal camuflado, os homens de confiança do stalinismo internacional por verdadeiros responsáveis.
>
> Afinal de contas, nada impediria a Rússia soviética de fazer a campanha pela paz, nem aos homens de boa vontade de segui-la, senão se descobrisse, desde o início, que sob essa grotesca camuflagem não se quer servir à paz, mas sim persuadir o mundo em que um grande Estado militar e autoritário é a única potência no mundo que está em posse das virtudes pacifistas.
>
> O escopo dessa falsa ofensiva de paz não é somente aquele de preparar uma não-resistência à agressão naqueles países

---

que publicou – junto àquele aqui citado – opúsculos dos maiores intelectuais europeus, de Eugenio Montale a Thomas Mann: o tom frequentemente demasiado polêmico dos escritos era o fruto amargo de tempos envenenados, e não deve levar a engano sobre a seriedade de muitos dos argumentos aduzidos.

nos quais existem as liberdades individuais e coletivas, e, portanto, de tornar possível a guerra, ela tende também a corromper uma das mais antigas e sólidas tradições do pensamento democrático. Ela visa, de fato, destruir a nossa convicção de que o perigo da guerra provenha daqueles governos que exercitam um poder absoluto e se subtraem ao controle e à vigilância da opinião pública.[120]

As conclusões de Enriques Agnoletti sobre os *Partigiani della pace* coincidem na substância, mas não na forma, com as argumentações de Bobbio:

> O movimento dos *Partigiani della pace* mal esconde, e no máximo para os ingênuos, ser uma organização subsidiária, uma filial do comunismo totalitário. Basta ler a imprensa russa para constatar que precisamente assim o Kremlin considera essa organização, que serve simplesmente de cortina de fumaça para esconder o super rearmamento e as operações dos satélites (veja os fatos da Coreia).[121]

A argumentação de Bobbio se funda no relativismo dos valores: a paz é "um fim-último somente para quem considera que a vida seja um bem supremo", enquanto, ao contrário, por exemplo, quem vê o bem supremo na liberdade está disposto a arriscar e a perder a própria vida para conservar a liberdade. Em particular, nessa "hierarquia de fins e de valores" (p. 73), a paz é desejável para quem já atingiu outros objetivos fundamentais, como a liberdade e o bem-estar: "a paz é

---

[120] AGNOLETTI, Enzo Enriques]. *Chi sono i partigiani della pace*. Roma: Comitato italiano per la libertà della cultura, [1951?], pp. 3/4. A guerra atômica é um dos temas centrais: *Da Hiroshima all'appello di Stoccolma, ovvero quando i partigiani della Pace erano i partigiani della bomba atomica* (15-19); *L'URSS contraria a uma legalità internazionale in materia atomica* (37-38).

[121] AGNOLETTI, Enzo Enriques]. *Chi sono i partigiani della pace*. Roma: Comitato italiano per la libertà della cultura, [1951?], p. 4.

essencialmente *conservadora*" (p. 73, itálico de Bobbio). Partindo desse ponto de vista, "surge a legítima suspeita de que não possa ser legitimamente pacifista quem não se tem interesse em manter o *status quo*" (p. 74). Por isso, Bobbio crê no pacifismo dos social-democratas da Segunda Internacional,[122] porque eles aceitavam a sociedade em que viviam e se propunham transformá-la com as reformas, e não com a revolução. Aquele movimento social-democrático e reformista tinha sido destruído pelo nazifascismo e precisava "construir o comunismo" em escala mundial com a revolução, como na China, como no Vietnã. Portanto, o ideal da esquerda que continuava a inspirar-se na Terceira Internacional[123] (se bem que dissolvida em 1943) não podia mais ser o pacifismo, mesmo se, enquanto Bobbio escrevia aquelas páginas, os partidos e os movimentos que se remetiam à Terceira Internacional se proclamavam pacifistas e constituíam a espinha dorsal dos *"Partigiani della pace"*.

Por isso, os adversários dos *"Partigiani della pace"* viam, para usar as palavras de Bobbio, "algo de ambíguo em um movimento pacifista que é promovido e sustentado pelos sequazes de conhecidas teorias revolucionárias, isto é, de teorias que colocam o ideal da justiça acima do ideal da paz" (p. 74). Bobbio precisa que os *Partigiani della pace* "não constituem um movimento pacifista em sentido genérico", mas sim um "movimento realista e não utópico" (p. 75), isto é, um movimento que parte da concreta situação histórica em que opera: uma vez que naqueles anos de Guerra Fria se contrapunham dois blocos, eles lutavam pela paz entre os dois blocos. Bobbio formula,

---

[122] N.T. Também chamada de *Internacional Socialista* ou Internacional Operária (1889-1916), foi uma organização dos partidos socialistas e operários criada por iniciativa de Friedrich Engels, por ocasião do *Congresso Internacional de Paris*, em 14 de julho de 1889.

[123] N.T. Também conhecida como Internacional Comunista, foi uma organização internacional fundada por Vladimir Lenin e pelo Partido Comunista da União Soviética – PCUS, em março de 1919, para reunir os partidos comunistas de diferentes países.

com estas palavras, o núcleo da sua crítica, que agradou pouquíssimo às esquerdas de então:

> Mas porque eles [os *Partigiani della pace*] consideram que seja bom que reine a paz hoje entre os dois blocos? Porque a guerra ameaçaria destruir as conquistas sociais obtidas nos países do socialismo. Mas então é claro que também para esse novo movimento da paz, embora seja constituído em grande parte por seguidores de teorias revolucionárias, a paz possui *uma função essencialmente conservadora*. Lá onde a revolução aconteceu, o revolucionário se torna necessariamente fautor da conservação do *status quo*. E porque, para garantir o *status quo*, ocorre um período de paz, não existe nenhuma contradição no fato de que o revolucionário adere a um movimento para a paz (p. 75, itálico de Bobbio).

Todavia, a ausência de guerra entre os dois blocos consolida também o regime capitalista nos Estados não socialistas: aqui Bobbio traz a longa passagem de Stálin publicado em "*Rinascita*" (e citado na p. 290). Segundo Bobbio, nessa passagem Stálin afirma que o fim supremo não é a paz, mas a destruição do imperialismo. Portanto, conclui Bobbio, "a meta à qual tendem os *Partigiani della pace* não é um fim último, mas instrumental, não é uma solução definitiva, mas somente interlocutória" (p. 76), à espera da revolução mundial.

Diante da dicotomia da Guerra Fria, os *Partigiani della pace* afirmam que, dos dois blocos, "um, aquele soviético, é pacífico, o outro, aquele americano, é belicista", enquanto outros pacifistas (por exemplo, no Ocidente) sustentam que "dos dois blocos, aquele soviético é mais belicoso do que o americano": porém, "essas pessoas são automaticamente excluídas das fileiras dos *Partigiani della pace*" (p. 77), como de fato aconteceu com os representantes da heterodoxa Iugoslávia.[124] Ora, se ambas as correntes podem estar de acordo

---

[124] *Il rifiuto della firma dei "titini"*, em: AGNOLETTI, Enzo Enriques]. *Chi sono i partigiani della pace*. Roma: Comitato italiano per la libertà

sobre a busca da paz (acordo sobre as atitudes), podem, porém, discordar sobre o que seja a paz (desacordo sobre as crenças). Isto é, pode-se estar de acordo sobre a atitude pacifista, mas a paz será perseguida com meios diversos sem um acordo sobre as convicções ("crenças") concernentes às causas da guerra, isto é, se uns creem que a causa das guerras é o imperialismo americano, e os outros não. Na prática, os *Partigiani della pace* não podem admitir nas suas fileiras quem se diz pacifista mas não condena o imperialismo americano: por essa razão, segundo Bobbio, "o seu desacordo não se refere à desejabilidade da paz, mas somente a certos juízos de fato relativos às causas de guerra", e, portanto, "não podem ser considerados como belicistas" (p. 78). Individualizada a causa das guerras no imperialismo americano, o movimento dos *Partigiani della pace* "é (me seja permitido o trocadilho) partidário, no sentido que entre as várias partes do conflito, ou melhor, entre as duas grandes partes em conflito, tomou decididamente partido em favor de uma contra a outra" (p. 79). A perda da imparcialidade mina a eficácia do movimento: "curiosos pacificadores, os *Partigiani della pace*. Eles se oferecem a restabelecer a paz entre os contendores. Mas declaram desde o início sem nenhuma reticência que dos dois contendores um tem razão e o outro está errado, que a paz pode ser salva somente a partir de uma só parte" (p. 79). Assim, decai a imparcialidade do juiz e, portanto, a eficácia do seu veredicto.

Na realidade, os *Partigiani della pace* se colocam não como árbitros ou pacificadores, mas como defensores dos povos ameaçados pela belicosidade do imperialismo (que é só americano). "Pode-se, eis o ponto, – pergunta-se Bobbio – eliminar o imperialismo americano com atos de paz, sem realizar atos de guerra (mesmo se de guerra justa)?" (p. 81). O pacificador visa ao "endireitamento de uma causa comprometida"; o "defensor da justa causa" visa,

---

della cultura, [1951?], p. 42: "o apelo de Estocolmo ('a princípio aberto a todos') 'não pode ser assinado pelo Partido Comunista iugoslavo, que assinaria voluntariamente se os organizadores do baile de máscaras de Estocolmo não recusassem com horror sua adesão'".

ao contrário, ao "endireitamento de uma situação injusta". Em conclusão, "os *Partigiani della pace* devem dizer claramente qual das duas [tarefas] querem executar, porque não se podem executar as duas conjuntamente" (p. 81).

Indubitavelmente, admite Bobbio, "a realidade é mais complexa que qualquer silogismo". Porém, para ele – mesmo desculpando-se "se também aqui tiramos algum silogismo" (p. 82) – é contraditório o fato que os *Partigiani della pace* sustentem a possibilidade da coexistência pacífica entre os dois blocos, isto é, a possibilidade de um compromisso. Não é possível conciliar "o princípio da coexistência dos dois blocos com aquele do imperialismo como única causa de guerra" (p. 82). Ou a América é perigosa, e "então não se vê como seja possível a coexistência"; ou a URSS pode coexistir com a América e "então quer dizer que a América não é mais perigosa" (p. 82). Nisso consiste "a ambígua natureza do movimento", que assevera contemporaneamente que a paz é um fim último, porém o usa como fim instrumental. Esclarecido esse ponto – mesmo se com "algum silogismo" que, como veremos, vir-lhe-á repreendido pelo amigo Mucchi – Bobbio retorna à argumentação de Stálin:

> Também sobre esse ponto as palavras de Stálin, no artigo citado, limpam o campo dos equívocos e, revelando a verdadeira natureza do movimento, circunscrevem, de modo que pode parecer preocupante, a sua eficácia. Da passagem acima trazida, de fato, apreendemos que o fim supremo da política dos países socialistas é a destruição do imperialismo e que o movimento dos *Partigiani della pace* não é capaz de atingir esse fim supremo. Dessa tese falta um breve passo para concluir que, para atingir o fim supremo, ocorre uma ação diversa daquela dos *Partigiani della pace*. E qual pode ser essa ação? Socorre-nos, ainda, uma frase de Stálin: "talvez, por um concurso de circunstâncias, a luta pela paz se desenvolva em certas zonas, transformando-se em luta pelo socialismo, mas isso *não seria mais o atual movimento pela paz, mas sim um movimento para derrubar o capitalismo*" (p. 83).

Bobbio pôs em itálico essa parte da frase de Stálin porque, na interpretação que este último faz da ação pacifista, ela, "excepcionalmente conservadora, deve transformar-se em uma ação revolucionária ('inversão'), equivale a dizer – não precisa ter medo das palavras – em uma ação de guerra" (p. 84).

c) Mucchi e Bobbio: perspectivas divergentes sobre os *"Partigiani della pace"*

Ao ensaio de Bobbio no *"Occidente"* se referem as duas cartas inéditas transcritas aqui em seguida: a primeira do pintor Gabriele Mucchi (1899-2002), favorável ao movimento pela paz hegemonizado pela União Soviética e pelos partidos comunistas; a segunda, de Bobbio, que expõe os argumentos críticos contra aquela monopolização do pacifismo, obviamente não contra o pacifismo mesmo. As duas cartas estão conservadas no *Centro Studi Piero Gobetti*, em Turim.[125]

O encontro do filósofo Bobbio com Gabriele Mucchi é ligado a Turim, porque ali nasceu Mucchi e ali retornava junto a seu guia espiritual, o tio Annibale Pastore, que tinha sido também o professor de filosofia teórica com quem Bobbio havia conseguido, em 1933, a sua segunda láurea. Mucchi, laureado em engenharia, foi chamado como oficial de artilharia em ambas as guerras mundiais, mas, após 8 de setembro de 1943, uniu-se aos *"partigiani"* e se inscreveu no Partido Comunista. Depois da guerra, habitou em Berlim do Leste, onde ensinou na academia de belas artes local. A Bobbio, portanto, uniam-no as suas raízes turinenses e o antifascismo

---

[125] Centro Studi Piero Gobetti, Archivio Norberto Bobbio, fasc. 3000 (Carteggio): Gabriele Mucchi a Norberto Bobbio, Milano, 3 de fevereiro de 1953, duas faces datilografadas com correções manuscritas ao fim; Norberto Bobbio a Gabriele Mucchi, Turim, 10 de fevereiro de 1953, três faces datilografadas: por um erro material, esta carta de Bobbio traz a data "1952", mas é claramente a resposta à carta de Mucchi da semana anterior.

militante, não, porém, o comunismo que Mucchi professou até o fim da sua longa vida.[126]

Na sua carta, Mucchi menciona a revista "*Realismo. Mensile di arti figurative*", que ele contribuiu para fundar em Milão, em junho de 1952. De 1952 a 1955, todo número se compõe, regularmente, por oito páginas no amplo formato de um diário; desde 1955, a nova série muda graficamente, assumindo as dimensões mais reduzidas, típicas da revista mensal, mas termina já no ano seguinte. Os fascículos hospedam escritos e reproduções de pintores e escultores de esquerda que se inspiram no realismo, porém não no realismo soviético: "tiramos as origens da cultura do antifascismo e da Libertação. Continuamo-la na nossa ocasião histórica, modernos porque atuais e ligados aos problemas da nossa terra e do nosso povo".[127] Mucchi compartilha essa orientação política e estética.

Uma lembrança escrita por Renato Guttuso nos leva ao ambiente artístico milanês, com os seus entusiasmos e com as suas dificuldades, no qual se movia também Mucchi durante a guerra:

> Tenho com Mucchi uma antiga dívida, daquelas que não se esquecem. E remonta aos anos 1935-1936, anos nos quais apreendi, do modo mais concreto possível, o que significa miséria, frio, fome, desespero.
> Na casa de Mucchi sempre encontrei um ovo, ou cinco liras. E não eu só, outros amigos e colegas artistas e escritores batíamos àquela porta de Via Rugabella, e dela saíamos saciados. Mas a minha dívida não é somente desse gênero: na casa de Mucchi nos encontrávamos com Birolli, Manzù, Tomea, Sassu, Cantatore e Quasimodo e os De

---

[126] Mais notícias sobre Bobbio e Mucchi, bem como sobre a sua vasta correspondência, estão em LOSANO, Mario G. *Norberto Bobbio*: una biografia culturale. Roma: Carocci, 2018, pp. 400-403; cf. ainda MUCCHI, Gabriele. *Le occasioni perdute*: memorie 1899-1993. Prefácio de Norberto Bobbio. Milão: L'Archivolto, 1994.

[127] Em: *Realismo. Mensile di arti figurative*, nº 1, junho, 1952, p. 1.

Grada, regularmente um dia por semana; frequentemente eu permanecia ali dormindo sobre um beliche no escritório aquecido, porque o meu porão de Via Guglielmo Pepe vertia água das paredes. Discutíamos pintura e antifascismo, víamos livros e revistas, dávamos uma olhada sobre a Europa proibida (era o tempo da agressão à Etiópia e das sanções). Falava-se com Sassu di Diego Rivera, polemizava-se sobre a pintura soviética que se vira algum tempo antes na Bienal de Veneza, iniciava-se, de um modo incerto e apaixonado, um discurso que, depois, devia desenvolver-se e precisar-se nos anos futuros. Um ambiente de esquerda, mas não conformista: "os comunistas, e Mucchi o é sem reserva, têm o dever de não serem brutos, esquemáticos, aproximativos, de não ser como conviria ao inimigo que nós fôssemos".[128]

Esse era, portanto, o ambiente no qual operava o correspondente de Bobbio nos anos em que os dois discutiam sobre a contraditória natureza dos *Partigiani della pace*.

Gabriele Mucchi a Norberto Bobbio, Milão, 3 de fevereiro de 1953.[129]

Caríssimo Bobbio,

Há tanto tempo que quero escrever-te, mas tu sabes como acontece... Agora estou acamado com *influenza* e encontro a boa ocasião.

Antes de mais nada: te devolvo 500 Liras das 1500 que me deste em Paris. Distraidamente, cobrei de ti uma assinatura para o exterior: estar em Paris me induziu a esse erro.

---

[128] GUTTUSO, Renato. *La nuova esperienza di Mucchi*, 1954. Mucchi se vincula a esse ensaio em Gabriele MUCCHI, Gabriele. "Pittura e antifascismo". *Realismo. Mensile di arti figurative*, Nova Série, 2, 1955.

[129] Cabeçalho datilografado: "Gabriele Mucchi, Milano, 501, Viale Montesanto 3, Tel. 638755 – 3 II 1953". Algumas abreviações foram tacitamente completadas na transcrição do original datilografado.

Segundo: espero que tenhas recebido os números passados de *"Realismo"*. Terias já pensado mal de nós, de mim. Não. Agora está saindo um número duplo, onde encontrarás certamente algo de interessante e alguma coisa de meu. Sai atrasado, e não sei se conseguiremos retomar a periodicidade com o próximo número. É um trabalho feito, por força das coisas, demasiadamente "artesanalmente". Lerás também um apelo, redigido por mim, aos leitores, pedindo compreensão e ajuda. Espero que também tu nos ajudarás, mesmo se o nosso jornal tenha algum ponto que não compartilhe – senão por outra razão, ao menos pela convicção que está dentro.[130]

Terceiro: li com muito interesse o teu opúsculo "Paz e propaganda de paz".[131] A tua argumentação é muito finamente inteligente e, salvo por último, simpática. Tenho a impressão de que tenhas ido mais além de onde tu mesmo querias ir. (Digo isso porque, para mim, tu és o tipo de um... *partigiano della pace*!) A coisa mais verdadeira parece que seja lá onde tu dizes "A realidade é mais complexa que qualquer silogismo". É mais complexa e mais simples do que os teus inteligentes silogismos. Talvez seja diferente.

Os *Partigiani della pace* querem (v. Apelo do Congresso dos Povos de Viena, que, como te disse, não é mais o Congresso dos *Partigiani della pace somente*) "que seja abandonado o recurso à força a proveito da negociação" e pedem que EUA, URSS, China, Inglaterra e França abram as negociações. O Congresso indica isso

---

[130] O *"numero doppio"* [NT: número duplo] de *Realismo. Mensile di arti figurative,* ao qual Mucchi faz referência, na realidade é o "n. 5-6-7, novembre 1952 - gennaio 1953", de 12 páginas. Publica na primeira página o apelo escrito por Mucchi, mas assinado "*La Redazione*": "Também este número de *Realismo* – número duplo – sai com atraso do prazo previsto" porque "não pode ainda permitir-se o luxo daquele pessoal de redação remunerado que serviria a resolver, com um trabalho metódico e continuado, o problema da exatidão na periodicidade". O *"qualcosa di mio"* [NT: algo de meu] ao qual acena Mucchi é o amplo artigo MUCCHI, Gabriele. *Del maneirismo,* 1952.

[131] É o estrato do artigo de Bobbio, *Pace e propaganda di pace*; cf. nota 99, p. 426.

como necessário para "pôr fim à tensão internacional, e preservar o mundo de desastres maiores". Esse é o documento principal. Naturalmente em outros documentos eles pedem a não-militarização da Alemanha e do Japão, a retirada de todas as tropas estrangeiras, o cessar fogo na Coreia, na Malásia e no Vietnã, a liberdade dos povos coloniais para escolher o seu destino etc. Mas como querem essas coisas? Por negociação imediata. E não pedem para serem *eles* a negociar. *Não querem ser*, eles mesmos, *pacificadores*. Não é verdade que "se oferecem para restabelecer a paz entre os contendentes", mas simplesmente chamam os contendentes à paz. Chamam-nos, pondo-os diante das suas responsabilidades: *não pelas vias diplomáticas tradicionais*, mas através de uma nova diplomacia, que não é mais nem menos diplomacia, mas é: *voz dos povos*. O Congresso dos Povos de Viena foi simplesmente: o Congresso dos povos. É a organização que substitui a ONU pelo fato que, aqui, existem homens simples, *delegados de povos*; enquanto, lá, existem os diplomatas, *delegados de governos*. A nova diplomacia ou não-diplomacia parte do fato de que os povos, em si, não têm interesse em fazerem-se guerra. Disso deriva que também as nações, lá onde seja o povo a[132] ter o poder, não têm mais interesse em fazer guerra. (Por isso, nós dizemos que o advento do povo no poder será um bem para a maioria dos homens e [1|2] terminará por ser um bem final para todos).

Aqui tu chegarás com o teu amarradíssimo raciocinar e chegarás, pôr fim, a demonstra-me, como fazes em teu escrito, que quem quer a paz, na realidade, quer a guerra. Como fazer, caro Bobbio? Já nos falamos, também em Paris: porque também através dos raciocínios mais agudos não se chega à verdade absoluta, é preciso escolher entre o ceticismo inevitável, em um caso, e alguma verdade que se considera justa e sobre a qual se decide embasar os próprios atos, em outro caso. Para mim, a verdade é aquela que diz que o capitalismo leva ao imperialismo, e que o imperialismo

---

[132] No datilografado: "da" e não "ad" [NT: aqui traduzido em português por "a"].

desemboca, *mesmo sem o querer* (e te admito sem dúvidas que alguns capitalistas seja amantes, amantíssimos da paz), necessariamente, na guerra. A minha experiência (breve, em confronto à História...) me confirma essa verdade. Sucederá um dia que países socialistas se ataquem entre eles? Não quero esperar os anos da morte para ver se a minha verdade era válida ou não, e talvez morrer com a dúvida... Por isso, luto pela paz dos povos sabendo que aquela é a paz para todos, luto do modo como posso, que me parece justo e que é, te asseguro, *muito belo*.

E aqui devo dizer-te que, na minha opinião, o teu estudo decai exatamente na última página, lá onde conclui pondo em má luz os *Partigiani della pace* (que "dizem e desdizem", que têm uma "ambígua natureza", que à luz das palavras de Stálin (mal interpretadas) revelariam "a real natureza do movimento" (circunscrevendo, em modo preocupante, a sua eficácia) lá onde diz: "... a ação de paz... deve transformar-se em uma ação revolucionária ('inversão') equivale a dizer – não precisa ter medo das palavras – em uma ação de 'guerra'".

Aqui, o fim dialético te confunde sobre o conceito de guerra. Torna-se um sofisma: o "verdadeiro partidário da paz na *situação do tirano* é partidário da *guerra*", como tu dizes. Tais foram os revolucionários franceses que criaram a civilização que nos nutriu, tais os patriotas que combateram pela unidade da Itália e dos outros países naqueles tempos, tais os revolucionários russos que criaram o primeiro país socialista, tais os *partigiani* de 1943-1945 etc. etc.? Tais todos aqueles que fizeram *guerra* à injustiça pela justiça? Mas estes não são *fautores de guerra*, e não sou eu que o digo.

Eu estou com eles – diversamente, com quem deveria estar? Com quem desencadeou a Primeira e a Segunda Guerras Mundiais, ou com quem desencadeará a nova guerra capitalista?

Tu, com quem queres estar? Está todo aqui o problema: sós, acima do bem e do mal? Não, caso contrário se termina com o estar simplesmente com quem dirige a barraca, no momento atual: hoje, americanos e Vaticano.

Saúda-me, muito carinhosamente, tua Esposa e a ti um vivaz aperto de mão, e obrigado por ter me dado a ocasião desse bate-papo.

Teu Mucchi

Esquecia: nem a primeira passagem stalinista, a meu juízo, foi bem interpretada. Não diz, como dizes tu, "que a paz é uma coisa boa, antes, ótima, mas não representa o fim supremo, e que o fim supremo é a destruição do imperialismo". Diz, ao contrário: as várias coisas que obterá o movimento pela paz são coisas boas, antes, ótimas, mas não bastam a eliminar as guerras *entre os países capitalistas* ("todavia, isso não basta para eliminar a inevitabilidade das guerras entre os países capitalistas") – (toda a argumentação de Stálin, nesse escrito, tende a demonstrar que teremos guerras entre os países capitalistas). Portanto: 1. As guerras acontecerão por causa do imperialismo entre os países capitalistas; 2. A paz, ao contrário, manter-se-á entre os países socialistas; 3. A paz poderá existir também entre os países capitalistas, e, portanto, entre todos, se for destruído o imperialismo. Isto não significa que a paz não seja o fim supremo e que o fim supremo seja, ao contrário, a destruição do imperialismo! Esse é o único meio possível para que também os países capitalistas cheguem à paz, isto é, ao fim supremo: paz para todos.[133]

Norberto Bobbio a Gabriele Mucchi, Turim, 10 de fevereiro de 195.3.[134]

Caro Mucchi,

Agradeço-te pela tua atentíssima leitura do meu opúsculo sobre a paz e pelas tuas observações. Não poderias dar-me melhor prova

---

[133] O trecho de "*Questo non significa*" [NT: "Isso não significa"] até "*pace per tutti*" [NT: "paz para todos"] está acrescentado à mão no fim da página, prosseguindo depois na margem direita.

[134] Em papel timbrado "*Università degli Studi di Torino, Facoltà di Giurisprudenza*", com a data "*Torino, 10 febbraio 1952*": o datilografado indica "1952" por um evidente erro de digitação, cf. nota 125, p. 442.

da tua amizade do que com essa carta que examina e discute com tanto escrúpulo e paciência as minhas teses.

Respondo-te não com uma defesa, mas simplesmente com algum esclarecimento.

1) Quando digo que o partidário da paz pode transformar-se em um partidário da guerra (começo deste ponto que mais te tocou), quero dizer simplesmente que dada a impostação inicial do movimento (a América é o tirano, a Rússia[135] o libertador) o verdadeiro objetivo não pode ser aquele da paz, mas é aquele – como sempre em uma situação na qual se contrapõe o tirano aos seus opressores[136] – da guerra. Isso não quer ter nas minhas palavras um significado pejorativo ou depreciativo (de fato, sempre falei de guerra justa), mas simplesmente pôr em relevo o contraste que existe entre o chamar-se *partigiani della pace* e sustentar uma política que não pode chegar à paz (eliminação do imperialismo) senão através da guerra. Não digo, portanto, que os *partigiani della pace* sejam fomentadores de guerra. Constato, simplesmente, que se se põe, como termo final da própria ação, a destruição do imperialismo, precisa haver a coragem de dizer que esse fim não pode ser atingido senão com a guerra e não se iludir e iludir os outros falando de paz. Desde quando as classes dirigentes americanas falam de libertação dos Estados soviéticos, posso compreender alguém que diga que esse é um fim nobilíssimo, mas não poderia compreender que alguém dissesse que é um fim [1|2] *pacífico*.

2) Tomo conhecimento com satisfação do fato que, no Congresso dos Povos, os *partigiani della pace* tenham insistido mais na linha da coexistência e da negociação que naquela do antiamericanismo. E isso que tu me dizes me vem confirmado pelo discurso inaugural

---

[135] N.T. Referindo-se aos EUA e à URSS.
[136] Provavelmente não *"oppressori"* [NT: "opressores"] (como no datilografado), mas *"avversari"* [NT: "adversários"].

de Joliot Curie[137] (que li naqueles jornais que me deste e pelos quais te agradeço ainda), que eu poderia subscrever. Na minha opinião, essa é a única via possível para um movimento que queira possuir alguma eficácia como movimento pela paz. Parece-me, portanto, que o meu artigo, escrito antes do Congresso e em ocasião dele, punha o dedo no ponto certo, equivale a dizer, sobre o fato que não se pode pedir a coexistência pacífica e, ao mesmo tempo, continuar a dizer que dos dois blocos que deveriam coexistir um só é aquele belicista.

3) Que as nações onde o povo governa não façam mais a guerra é uma velha convicção dos pacifistas. Mazzini profetizava que [não] existiriam mais guerras quando a Santa Aliança dos Reis fosse substituída pela Santa Aliança dos Povos. Foram feitos os povos e as guerras nunca foram tão terríveis. Disse-se que não eram os povos que decidiam, mas os burgueses com os seus parlamentos. Mas devemos crer realmente que, passando de um regime burguês a um socialista, sejam os povos a decidir? No regime socialista britânico é ainda o Parlamento; naquele soviético é a direção do partido. Por que as direções de partido de dois países socialistas não deveriam desencadear a guerra? O conflito Stálin-Tito ensina.

Isso para dizer que a guerra é sempre possível enquanto existirem Estados, sejam feudais, burgueses ou proletários. A única coisa séria que pode fazer um movimento de *partigiani della pace* é pôr-se no meio dos litigantes (Estados) para procurar diminuir o seu atrito. Se isso foi feito no Congresso de Viena, quer dizer que se *è imboccata*[138]

---

[137] O físico francês Frédéric Joliot-Curie (1900-1958), em 1934, com a esposa Irène, recebeu o Prêmio Nobel de Química; participou à resistência francesa; em 1950, foi privado dos seus encargos porque comunista e recebeu o Prêmio Stálin da Paz pela sua atividade de presidente do congresso mundial dos *Partigiani della pace*, de 1949.

[138] N.T. Para que a nota 109 explicativa do autor, Mario Losano, tenha sentido, mantive no texto a expressão em italiano, trazendo aqui a tradução: "tomou".

APÊNDICES

[139] o caminho certo. Mas ai se essa voz contra os governos [2|3] por uma troca (da qual tu não és totalmente imune) entre a voz dos povos e aquela dos Estados, assim chamados populares, se transformasse em uma voz contra um só governo. Todos os governos, enquanto tais (e o digo sem indignar-me porque é uma lei social), consideram a guerra como um meio para conservar-se e sobreviver. A luta contra a guerra se faz somente pondo-se contra os governos, contra todos os governos, também contra aqueles das repúblicas populares. Se deve ser a voz do povo como tu o dizes, seja contra as "críticas" imperialistas americanas e contra as direções dos partidos dos Estados soviéticos.

4) Quanto ao teu convite a decidir-se, com o qual a tua carta se fecha, respondo que a minha decisão é exatamente aquela de não estar nem cá nem lá, ou melhor, para dizê-lo com a fórmula da nossa Sociedade Europeia de Cultura:[140] *de cá e de lá*. Creio que [seja] a única posição consoante à situação do homem de cultura que vê tantas falhas (e tantos valores) de todas as duas partes e se recusa a distinguir o mundo em eleitos e réprobos (como infelizmente a maior parte dos comunistas de um lado [e] a "camarilha" de Eisenhower de outro já o fizeram).

Obrigado pelas 500 liras, e muitas cordiais saudações.

[Sem assinatura, porque é cópia datilografada, realizada com papel carbono].

---

139 No datilografado de Bobbio: "*imbroccata*" [NT: esta palavra utilizada por Bobbio significa, literalmente, "acertada", "centrada" ou "tomada"].

140 Bobbio se refere à *Società Europea di Cultura*, dirigida por Umberto Campagnolo, da qual faziam parte tanto Bobbio quanto Mucchi.

III. Alemanha: O repúdio da guerra e o rearmamento nas Constituições dos dois Estados alemães

A divisão pós-bélica do território alemão levou à promulgação de duas Constituições: uma para as três zonas ocupadas pelos Aliados ocidentais, em 8 de maio de 1949, e outra para a zona ocupada pelos soviéticos, em 7 de outubro de 1949. Os dois textos constitucionais nasciam sob a pressão de ideologias contrapostas, mas se remetiam a uma herança comum nacional da qual se distanciavam. Portanto, mesmo se com terminologia e com tom diversos, nas duas Constituições afloram alguns temas ligados a uma história, hoje, frequentemente, esquecida: de ambos os lados da Cortina de Ferro, os alemães sentiam pairar uma nova guerra e, além disso, temiam o alistamento de alemães em exércitos não alemães; eram incertos sobre o âmbito territorial no qual as normas deveriam ser aplicadas, e cada Estado evitava indicar a Alemanha para ele "outra" com o seu nome oficial, para não prejudicar uma eventual unificação, que aconteceria mais de quarenta anos depois.

Para a Alemanha ocidental, é aqui apresentada uma escolha de trechos tirados das atas das reuniões dos constituintes (§ III.1), que documentam como no debate constituinte a linguagem política foi assumindo formas sempre mais jurídicas, para cristalizar-se, enfim, em cada um dos artigos da Lei Fundamental da Alemanha ocidental. Da Alemanha oriental são, ao contrário, traduzidos alguns artigos da Constituição e dois breves textos legislativos (III. 2 e 3), um inteiramente dedicado à defesa da paz e outro à criação da Armada Popular Nacional. Esse duplo rearmamento contraposto criava dois exércitos alemães que operavam em alianças militares hostis uma à outra, a OTAN e o Pacto de Varsóvia, e, portanto, para todos os alemães o temor de uma guerra em geral incluía também o espectro de uma possível guerra civil.

APÊNDICES

Essa contraposição aparece clara na definição que uma enciclopédia da RDA[141] fornecia, em 1964, da Armada Popular Nacional daquele Estado:

> A fundação da Armada Popular Nacional (NVA) respondia à exigência dos trabalhadores de proteger com força as conquistas do socialismo e se tornou necessária por causa da militarização da Alemanha ocidental, da sua entrada na OTAN e da criação da *Bundeswehr*, isto é, do exército federal.[142]

III.1 O repúdio à guerra no debate constituinte alemão federal (1948)

Os documentos sobre a gênese da atual Constituição da Alemanha federal exigem uma leitura particular: é sobretudo descobrindo a filigrana escondida atrás das palavras que se percebe a penumbra incerta na qual vivia a Alemanha do imediato pós-guerra, no qual tudo tinha sido perdido e bem pouco reconstruído; no qual os amigos de hoje eram os inimigos de ontem; no qual não se sabia precisamente qual território correspondia à palavra "Alemanha"; no qual os fogos da guerra quente tinham sido, recentemente, apagados e já se percebia o gélido hálito da Guerra Fria. Nem os pais constituintes, nem o homem da rua podiam intuir se aquela penumbra incerta era só o crepúsculo de um passado sinistro ou era já o anúncio de uma alvorada serena. A única esperança era que o fazer parte de um fim pudesse já ser um início.

Essa atmosfera de incertas certezas transparece também nas dobras da verbalização neutra e amarrada dos debates constituintes, onde poucas palavras quase escondidas evocam aquelas sombras que setenta anos atrás gravavam sobre o presente e sobre o futuro e que,

---

[141] N.T. República Democrática Alemã.
[142] *Meyers Neues Lexikon in acht Bänden* (1964), s.v. *Volksarmee*.

portanto, hoje, arriscam a fugir de quem não possui mais a percepção do mundo de então. São reveladoras, por exemplo, as hesitações para indicar o âmbito de aplicação territorial dos textos normativos. Porque não era mais claro o que significasse "Alemanha", as soluções propostas faziam referência ao território ou aos habitantes, também para deixar aberta a sua aplicação a futuros reagrupamentos da nação desmembrada: por exemplo, substitui-se "a expressão 'inclusão da Alemanha' por 'inclusão do seu território'" nos entes supranacionais (cf. *infra*, nota 126, p. 310).

"Território" já não mais autônomo nas suas decisões porque sob o estreito controle dos Aliados. Um constituinte, ao propor para "incluir também alguma coisa sobre a produção de armas", acrescenta: "Trata-se de alguma coisa que nos vem ordenado de fora" (cf. *infra*, p. 313). A propósito dos artigos constitucionais pacifistas um outro constituinte constata: "Isso acontecia nos tempos em que os americanos eram terrivelmente interessados na questão. Já que, hoje, não se interessam muito por ela, deixemos cair esse artigo!" (cf. *infra*, p. 319). Além disso, estavam-se atentos à "reação da imprensa americana às disposições previstas pelo Projeto do Herrenchiemsee" sobre a rejeição da guerra, porque aos olhos dos americanos aquele era o "cartão de visita" da nova Alemanha (cf. *infra*, III.1, c). Enfim, hoje, resulta enigmática a exigência que "aos alemães seja proibido prestar serviço militar sob a bandeira de um Estado estrangeiro" (cf. *infra*, nota 137, p. 322): no entanto, na incipiente Guerra Fria e sob a ocupação estrangeira para não poucos alemães – que não tinham ainda seu exército – serem chamados pelos americanos a combater contra os soviéticos era uma possibilidade não abstrata. Não era claro ao comando de quem seria submetida a unidade alemã nas forças armadas europeias, naquela CED que, depois, não foi realizada (cf. p. 286). Um constituinte sublinhava que o artigo contra a guerra podia revelar-se útil também a esse fim: "Se agora, porém, cancelamos o passo em questão, dir-se-á que aplainamos a estrada a um militarismo americano, porque permitiremos à população prestar serviço [militar] sob os americanos" (cf. *infra*, p. 326).

Ao contrário, os tempos ainda não eram maduros para regular a objeção de consciência. A vivaz discussão sobre esse argumento (cf. *infra*, III.5) não levou a um correspondente artigo na Constituição de 1949, que, contudo, previa que ninguém pudesse ser obrigado ao serviço militar (art. 4, c. 3m GG).[143] Em 1956, a Alemanha federal instituiu o serviço militar obrigatório. Somente após aproximadamente vinte anos, com a modificação constitucional de 24 de junho de 1968, a matéria foi detalhadamente regulada pelo novo artigo 12a, composto por seis longos parágrafos sobre o serviço militar e civil obrigatório. As transformações desse artigo refletem também a evolução da posição feminina na sociedade alemã. De fato, na formulação originária o artigo 12a se referia somente aos "homens a partir dos dezoito anos completos" (c. 1) e afirmava que as mulheres "em nenhum caso podem prestar serviço militar" (c. 4). Em seguida, a modificação constitucional de 2000 levou uma sentença do Tribunal de Justiça Europeia que asseverava o caráter discriminatório daquela norma, à atual disposição, segundo a qual as mulheres "em nenhum caso podem ser obrigadas a prestar serviços armados" (c. 4). Desde 2011, foi abolido o serviço militar obrigatório e a *Bundeswehr*[144] é organizada em base voluntária.

Com o fim da guerra, o Império Alemão se transformara em um território fragmentado e ocupado pelas tropas vencedoras. Os Aliados temiam uma Alemanha novamente unida, portanto, haviam imposto um Estado federal, exumando os *Länder* pré-unitários, mas não a demasiadamente vasta Prússia, que tinha sido desmembrada e que não subsistia mais nem mesmo como nome. No primeiro pós-guerra, os novos Estados da federação, os *Länder*, tinham sido os primeiros a dar-se Constituições democráticas, enquanto o incerto futuro geral da Alemanha pós-bélica tornava difícil fixar uma ordem constitucional global para um país dividido em quatro zonas de ocupação (que viam, porém, as três zonas ocupadas pelos

---

[143] N.T. *Grundgesetz*.
[144] N.T. Exército Alemão.

Aliados ocidentais contrapostas à Zona de Ocupação Soviética), com Berlim regulada por um estatuto específico, com territórios cedidos à Polônia e à União Soviética e, enfim, com o destino da Sarre ainda incerto e destinado a concluir-se somente em 1956, com a sua união à República federal já consolidada.

Para não comprometer uma futura unificação da Alemanha, como se disse, evitou-se criar uma "Assembleia Constituinte" para dar uma "Constituição" a um território tão fluido, mas se preferiu instituir uma "Convenção Constitucional" (*Verfassungskonvent*) para dar uma "Lei Fundamental" (*Grundgesetz*) às três zonas ocupadas pelos Aliados ocidentais, que assim se tornariam a República Federal da Alemanha, contraposta à República Democrática Alemã, que teve uma vida separada – também constitucionalmente – desde 1949 até 1990.

Os onze presidentes dos *Länder* ocidentais convocaram uma "Convenção Constitucional" – ou "*Verfassungskonvent auf Herrenchiemsee*" – que se reuniu de 10 a 23 de agosto de 1948, no castelo de Ludwig II, em uma ilha lacustre na Baviera, em Herreninsel, no Chiemsee: aqui teve origem o projeto de Constituição e o catálogo dos direitos fundamentais que serviu de base ao sucessivo trabalho constituinte do Conselho Parlamentar (*Parlamentarischer Rat*) e que, enfim, confluiu na Lei Fundamental,[145] hoje ainda em vigor.

O *Parlamentarischer Rat* foi eleito pelos onze parlamentos (*Landtage*) dos *Länder* ocidentais e se reuniu em Bonn, a partir de 1º de outubro de 1948, sob a presidência de Adenauer, para preparar um texto constitucional com base nos "*Frankfurter Dokumente*" dos três Aliados ocidentais e do projeto elaborado pelo "*Verfassungskonvent auf Herrenchiemsee*". Era composto por 65 membros com pleno título e por cinco membros somente consultivos representando Berlim,

---

[145] MÄRZ, Peter; OBERREUTER, Heinrich (Coord.). *Weichenstellung für Deutschland? Der Verfassungskonvent von Herrenchiemsee*. München: Olzog, 1999.

cujo *status* fazia deles um *tertium* que não estava nem de uma parte nem de outra e que, portanto – não só neste caso –, observava, mas não decidia. O texto aprovado pelo *Parlamentarischer Rat*, em 8 de maio de 1949 (com doze votos contrários), e, sucessivamente, pelos parlamentos dos *Länder* ocidentais e pelos três governadores militares ocidentais, entrou em vigor em 23 de maio de 1949: a partir dessa data ele se tornou a Constituição (ou, mais propriamente, a "Lei Fundamental") da República Federal da Alemanha e, após a unificação em 1990, foi estendida também aos territórios da então República Democrática Alemã.

Os textos traduzidos aqui em seguida são tirados dos protocolos das seções desses órgãos constituintes, publicados pelo Parlamento Federal (*Bundestag*).[146] Os protocolos são ricos de notas com referências internas, com remissões a documentos e a especificações: são aqui trazidas somente as notas consideradas úteis para o leitor hodierno, enquanto as notas do tradutor do texto italiano estão entre colchetes.

a) "Direito internacional e direito federal"[147]

As páginas seguintes provêm do "Relatório do Subcomitê I" (*Bericht des Unterausschusses I*, um dos três Subcomitês do *Verfassungskonvent*),[148] que aborda os problemas de princípio, portanto, também a relação entre direito internacional e direito

---

[146] *Der Parlamentarische Rat: 1948-1949. Akten und Protokolle* (1975-2009).

[147] [BUCHER, Peter (Coord.). *Der Verfassungskonvent auf Herrenchiemsee* (*Der Parlamentarische Rat*, vol. 2). Boppard am Rhein: Boldt, 1981, pp. 206-208. A *Einleitung* da obra contém a detalhada história dessas primeiras passagens constitucionais (VII-CXXXV), porque circulava já um projeto bávaro: Nr. 1. *Bayerischer Entwurf eines Grundgesetzes für den Verfassungskonvent*, 1-52].

[148] BUCHER, Peter (Coord.). (1981), *Der Verfassungskonvent auf Herrenchiemsee*, LXXV-LXXXII: Unterausschuß I: Grundsatzfragen (Präambel, Namensgebung, gebietliche Ausdehnung und Gliederung, Quelle der Staatsgewalt, Gerichtshof zur Sicherung der verfassungsmäßig

federal (*Völkerrecht und Bundesrecht*). Nesta última temática entra a rejeição da guerra, porque ela é estreitamente conexa com a entrada da federação "em um sistema de segurança coletiva que lhe garanta a paz".

I. – A Comissão era unanimemente da opinião que as regras gerais do Direito Internacional deveriam ser parte integrante do direito federal, e precisamente no sentido que elas devem gerar diretamente direitos e deveres para os habitantes do território nacional (cidadãos e estrangeiros). A formulação adotada é diversa do art. 4 da Constituição de Weimar,[149] a fim de evitar as controvérsias que na época de Weimar tiveram um papel fatal.[150] Além disso, essa formulação deve exprimir o fato de que o povo alemão tem vontade de ver no direito internacional algo mais que um ordenamento cujas normas vinculam somente os Estados enquanto tais.

A Subcomissão propõe unanimemente incluir o seguinte artigo C na Lei Fundamental: *As normas gerais do direito internacional são parte integrante do direito federal e produzem diretamente direitos e deveres para todos os habitantes do território federal.*[151]

---

gewährleisteten Rechte). Os seus componentes estão elencados nas pp. LXXIII-LXXIV [do texto original alemão].

[149] Art. 4 da Constituição de Weimar: "As regras geralmente reconhecidas pelo direito internacional estão em vigor como parte integrante e vigente do direito imperial". [Nota 59 do original].

[150] De parecer contrário Apelt, p. 145: "Por quanto é dado ver, na práxis estatal o art. 4 não desempenhou nenhuma função particular, em todo caso, disso não derivou nenhuma dificuldade" [Nota 60 do original].

[151] Proposta de Carlo Schmid na 2ª sessão da Subcomissão: "As regras geralmente reconhecidas do direito internacional são partes integradas do direito federal e geram diretamente direitos e deveres para todos os habitantes do território federal". Nas palavras "geralmente reconhecidas", Nawiasky via "a fonte de uma possível controvérsia. Muitas vezes, a ciência jurídica sustentou que o Estado que apela ao direito internacional deve tê-lo aprovado. Portanto, ele recomenda dizer somente 'as regras' ou 'os princípios'. Beyerle temia que 'viessem, assim, recebidas também todas as teorias do direito internacional' (...).

II. – A Subcomissão considera ainda, de maneira concorde, que a Lei Fundamental deva prever que a Federação – com uma lei aprovada por maioria qualificada – possa transferir direitos soberanos a Entes interestatais. Deve-se, assim, facilitar a instituição de organismos internacionais que (com efeito no território dos Estados participantes) devem ser criados para ocupar-se de eventos que até agora eram deixados exclusivamente a cada uma das soberanias nacionais. O povo alemão exprime a vontade de renunciar, no futuro, à guerra como meio da política e a colher as suas devidas consequências. Todavia, para não ser presa indefesa da violência alheia, há necessidade de que o território federal seja incluído em um sistema de segurança coletiva que lhe garanta a paz. É opinião concorde do Comitê que a Federação deva estar pronta – no interesse da paz e de uma durável ordem das relações europeias – a aprovar as limitações aos seus poderes soberanos derivantes das relações no interior de tal sistema. A Comissão é consciente de que, assim, impõe-se um empenho preventivo ao povo alemão, mas é, todavia, do parecer que, após quanto aconteceu em nome do povo alemão, seja oportuno esse empenho preventivo como consequência dos correspondentes empenhos dos outros Estados participantes.

É de fato sempre dúbio em qual medida uma frase é adequada para exprimir um reconhecimento. Põe-se, assim, o quesito se aquilo que foi estabelecido em Nuremberg seja reconhecido também por nós e seja aceito como direito internacional. Poder-se-ia também pensar em dizer 'as regras jurídicas (*Rechtssätze*) do direito internacional'. Nawiasky considerava que essa expressão fosse demasiado especialista e propunha 'as regras gerais do direito internacional'. Carlo Schmid queria ainda 'que viessem incluídos também os princípios de direito natural do direito internacional, que são a expressão do nível de civilização de uma época': 'Seria uma novidade se nós agora declarássemos: Nós consideramos o direito internacional não como um direito que obriga o Estado somente (mas não o indivíduo dentro do Estado), mas sim como um direito universal, que através da crosta estatal chega até ao indivíduo, conferindo-lhe direitos imediatos e impondo-lhe deveres imediatos" [Nota 61 do original].

A Subcomissão decide, unanimemente, incluir a seguinte proposta de artigo D na Lei Fundamental:

> *A Federação pode transferir por lei os direitos de soberania a instituições interestatais.*[152]
>
> *Em particular, no interesse da manutenção da paz, pode inserir o próprio território em um sistema de segurança coletiva e, na base da reciprocidade, aceitar aquelas limitações da própria soberania, graças às quais se pode atingir e garantir uma ordem pacífica e duradoura das relações europeias.*[153]
>
> *Tal lei requer a maioria do número legal dos membros do Bundesrat*[154] *e do Bundestag.*[155]

III. Enfim, a Comissão considerou que a Lei Fundamental deve conter uma norma que puna as ações empreendidas no intento de perturbar a coexistência pacífica dos povos e, sobretudo, as ações postas em ato com a intenção de preparar uma guerra. No futuro, o direito federal deve oferecer a possibilidade de chamar às suas

---

[152] Proposta de Carlo Schmid, que se referia à ONU [Nota 64 do original].

[153] Na segunda sessão da Subcomissão, Kordt tinha, primeiro, proposto: "O povo alemão, reconhecendo que a sua existência e o seu desenvolvimento podem ser realizados somente com a inclusão da Alemanha em um sistema de segurança coletiva, está disposto, em condições de reciprocidade, a aprovar aquelas limitações da própria soberania nacional que podem garantir uma ordem pacífica e durável das relações europeias". Formulação de Dankwerts: "A Federação pode aceitar limitações da própria soberania se for incluída em um sistema de segurança coletiva, com o qual possa ser garantida uma ordem pacífica e duradoura das relações europeias". Essas propostas foram assim resumidas por Beyerle: "Em particular, no interesse da manutenção da paz mundial, [o povo alemão] pode aceitar a inclusão da Alemanha em um sistema de segurança coletiva (...)". Mediante proposta de Suhr, Carlo Schmid substituiu a expressão "inclusão da Alemanha" com "inclusão do seu território" [Nota 65 do original].

[154] N.T. Conselho Federal.

[155] N.T. Parlamento Federal.

responsabilidades as pessoas cuja atividade, a partir do seu território, seja intencionalmente dirigida a ameaçar perigosamente a paz, seja que se trate de rearmamento secreto, seja que se trate de instigação militarista e nacionalista.

A Comissão é, ainda, unanimemente de acordo que as pessoas culpadas desses delitos devam ser excluídas, após a condenação, da tutela garantida com base em alguns direitos fundamentais.

Para o artigo E se propõe a seguinte formulação: *As ações empreendidas com a finalidade de perturbar a coexistência pacífica dos povos e, em particular, de preparar uma guerra, devem ser punidas.*[156]

b) As relações de direito internacional da Federação[157]

Por unanimidade é proposto o seguinte artigo:

> Com uma lei, a Federação pode transferir os próprios direitos soberanos a instituições interestatais.
>
> Em particular, no interesse da manutenção da paz, pode inserir o próprio território em um sistema de segurança coletiva e

---

[156] Proposta de Carlo Schmid na 2ª sessão da Subcomissão I. À dúvida expressa por Drexelius, na 7ª sessão da Subcomissão I, "com referência à ação de tropas da ONU e do ingresso em um pacto militar", Beyerle respondeu que "ações de preparação à guerra (...) são puníveis somente quando empreendidas com finalidade de perturbar a coexistência pacífica dos povos" [Nota 67 do original].

[157] [O texto é tirado de BUCHER, Peter (Coord.). *Der Verfassungskonvent auf Herrenchiemsee* (*Der Parlamentarische Rat*, vol. 2). Boppard am Rhein: Boldt, 1981, pp. 517/518: Nr. 14. Verfassungsausschuß der Ministerpräsidentenkonferenz der westlichen Besatzungsmächte – Bericht über den Verfassungskonvent auf Herrenchiemsee vom 10. bis 23. August 1948. No *Darstellender Teil*, descrevem-se os problemas do futuro Estado federal (segue o inteiro projeto da Lei Federal) e, em particular, os seus problemas de direito internacional].

pode aprovar limitações da própria soberania, graças às quais se possa atingir e manter uma ordem pacífica e durável das relações europeias.

Tal lei requer a maioria do número legal dos membros do Bundesrat e do Bundestag.

Repúdio da guerra.

Enfim, a Convenção considera que a Lei Fundamental deva conter uma norma que puna as ações empreendidas com a intenção de perturbar a coexistência pacífica dos povos e, sobretudo, todas as ações empreendidas com finalidade de preparar uma guerra. O direito da Federação deve, futuramente, oferecer a possibilidade de perseguir as pessoas cuja atividade é intencionalmente dirigida a pôr em perigo a paz, seja que se trate de rearmamento secreto, seja que se trate de instigação militarista e nacionalista. Após a condenação, as pessoas culpadas desses delitos devem ser excluídas da tutela garantida de alguns direitos fundamentais.

O artigo proposto a esse propósito tem a seguinte formulação:

São punidas as ações realizadas com a intenção de perturbar a pacífica convivência dos povos e, em particular, de preparar uma guerra.

c) As Regras do direito internacional e Lei Fundamental (art. 22 CHE [*Chiemseer Entwurf*])[158]

Passemos agora aos artigos sobre o direito internacional. A esse propósito, o Dr. Eberhard apresentou uma proposta. Talvez a coisa melhor seja que ele mesmo nos exponha um panorama geral

---

[158] [PIKART, Eberhard; WERNER, Wolfram (Coord.). *Ausschuß für Grundsatzfragen* (*Der Parlamentarische Rat*, vol. 5/I-II). Boppard am Rhein: Boldt, 1993, pp. 315-317. "O Comitê para as Questões de Princípio é um dos numerosos níveis de encontro e discussão do *Parlamentarischer Rat*", IX ("...*war der Ausschuß für Grundsatzfragen*

da problemática. Depois, poderemos discutir sobre a redação de cada um dos artigos.

Dr. Eberhard: Permitam-me, antes de tudo, expor as razões pelas quais apresento algumas integrações às propostas contidas no Projeto do Herrenchiemsee. A minha proposta, distribuída em forma ciclostilada, funda-se sobre longas consultas com os colaboradores do Gabinete para a Paz.

Na minha opinião, em seu conjunto, esses artigos são um bilhete de visita alemão para o mundo externo. Além disso, internamente, podem ter um efeito educativo porque tornam clara a nossa disponibilidade para acolher as regras gerais do direito internacional como parte integrante do direito federal. O fato que produzam efeitos também externamente resulta claro da reação da imprensa americana às disposições previstas pelo Projeto do Herrenchiemsee. O *"New York Herald Tribune"* fala de uma pedra miliar na transformação do pensamento alemão em pensamento europeu.

Penso, porém, que se possa ir além do Projeto do Herrenchiemsee que – no art. 2, parágrafo 2 – autoriza a Federação a incluir o próprio território em um sistema de segurança coletiva no interesse da manutenção da paz. Gostaria aqui de acrescentar também a disponibilidade a se submeter a um sistema de arbitragem internacional. Também no art. 25, parece-me importante uma modificação. Com base nele, a cessão ou a permuta de partes do território federal são eficazes somente se as modificações forem aprovadas pela correspondente população. Aqui se deveria dizer: "Cessão e permuta de partes do *território estatal alemão*", para referir-se não somente ao território federal, mas também aos *Länder* que, hoje, não são parte do território federal.

---

nur eine von mehreren Gesprächs- und Diskussionsebene des Parlamentarischen Rates")].

Enfim, proponho uma integração ao art. 26. O art. 26 prevê a punição das ações empreendidas no intento de perturbar a convivência pacífica dos povos e, em particular, de preparar uma guerra. Considero que, aqui, deva-se incluir também alguma coisa sobre a produção de armas e munições. Trata-se de alguma coisa que nos vem ordenado de fora. Mas devemos ser nós mesmos a submeter a produção das armas a um controle alemão, reservando os particulares a uma lei específica. Ao contrário, deveria ser expresso o princípio que está na sua base: isso possui também uma relevância de política interna. Não creio que as SA[159] e as SS[160] poderiam ter se armado se a Constituição de Weimar tivesse contido uma disposição que tivesse proibido o transporte, a importação, o armazenamento e a circulação de armas e munições.

Presidente, Dr. v. Mangoldt: Creio que exista pouco a acrescentar sobre o argumento. Se não existem solicitações de intervenção, podemos passar à discussão de cada um dos artigos. A disposição mais importante se refere às regras gerais do direito internacional, as quais são elementos constitutivos do direito federal e geram diretamente direitos e deveres para todos os habitantes do território federal.

Dr. Eberhard: O art. 28 tem um precursor no art. 4 da Constituição de Weimar. Essa disposição não teve nenhuma relevante importância prática,[161] enquanto nós aqui dizemos claramente (como também a propósito dos direitos fundamentais) que essas normas produzem imediatamente direitos e deveres para todos os habitantes do território federal, portanto, não só para o Governo

---

[159] N.T. *Sturmabteilung*, o primeiro grupo paramilitar nacional-socialista.

[160] N.T. *Schutzstaffel*, Esquadrão de Proteção. A princípio, seus membros formavam uma guarda especial com a função de proteger Adolf Hitler e líderes do Partido.

[161] [Cf. nota 149, p. 458; Constituição de Weimar (1919), Art. 4: "Os princípios fundamentais reconhecidos pelo direito das gentes têm valor de partes integrantes do direito alemão"].

federal. Tenho em mente o Pacto Kellogg,[162] o pacto de rejeição da guerra, que no nosso caso vincularia diretamente os cidadãos. A formulação "todos os habitantes do território federal" foi escolhida no projeto do Herrenchiemsee para incluir também os estrangeiros e as DP [*Displaced Persons*].[163]

Dr. Schmid: Sabemos por que o art. 4 da Constituição de Weimar praticamente não produziu nenhum efeito nos tribunais. A expressão "as regras geralmente reconhecidas pelo direito internacional" oferecia a todo juiz a possibilidade de afirmar que essa ou aquela regra não era geralmente reconhecida e que, portanto, podia desinteressar-se por ela.

Sabemos, além disso, que os estudiosos de direito internacional e a magistratura da *Reichsgericht*[164] sustentavam decididamente a "teoria da transformação". Com base nela o direito internacional possui somente *um* destinatário, isto é, o Estado. Ele atribui direitos e deveres somente aos Estados, e os indivíduos, individualmente, podem deduzir um direito não do direito internacional, mas somente daquele nacional. Portanto, enquanto o direito internacional não é transformado em direito nacional – com um ato legislativo ou por costume – o indivíduo não pode remeter-se ao direito internacional nem pode ser obrigado com base no direito internacional. Essa era a teoria internacionalista largamente dominante nos séculos XIX

---

[162] O *Pacto Kellogg*, sobre a rejeição da guerra, foi firmado por quinze Estados em Paris, 27 de agosto de 1928; Cf. WEHBERG, Hans. *Krieg und Eroberung im Wandel des Völkerrechts*. Frankfurt am Main: Metzner, 1953 [Nota 14 do original].

[163] [O termo "*Displaced Persons*" (DP) indica os fugitivos da Europa oriental e os ex-detidos nos campos nazistas que, logo após a guerra, encontravam-se na Europa sobretudo nos centros de acolhida ("*DPs Camps*") da Alemanha, Áustria e Itália. Uma parte deles pôde emigrar aos Estados Unidos graças ao *Displaced Persons Act* de 1948. Cf. WYMAN, Mark. *DPs*: Europe's Displaced Persons. 1945-1951. Londres: Cornell University Press, 1998].

[164] N.T. Suprema Corte.

e XX: e não somente na Alemanha, mas de forma particularmente extrema na Alemanha. O falecido professor Zorn[165] produziu efeitos catastróficos. Na Inglaterra, a situação era diversa. Na teoria do direito, os ingleses são mais gerais. Por exemplo, nunca tiveram a diferença entre direito administrativo e o resto do direito. Para eles, também o direito internacional era somente um prolongamento do *Common Law*. Somente mais tarde, tendo entrado em contato mais estreito com o pensamento jurídico europeu, a situação mudou levemente. Em todo caso, nesse campo, a Inglaterra sempre esteve mais avançada e – no âmbito do direito internacional geral – sempre atribuiu diretamente direitos e deveres ao indivíduo. O princípio de direito canadense "*Common Law Canadian Law*" é somente uma criação recente.

Seria bom seguir esse exemplo. A transformação do direito internacional em direito estatal por via legislativa não é algo necessário "em si", ou por natureza ou por razão, mas é uma convenção sobre a qual se encontraram de acordo professores e homens de Estado. Por que então não impulsionar um pouco além essa convenção, antes, dissolvê-la e substituí-la com uma nova, com base na qual o direito internacional deva ser diretamente parte do direito nacional, em modo que dele derivem diretamente deveres e direitos para o indivíduo? Naturalmente, isso não valeria para o direito internacional pactual, isto é, quando os Estados subscrevem tratados sobre argumentos específicos. Não entendo dizer isso. Refiro-me às regras *gerais* do direito internacional. Impulsionar-me-ei, antes, a sustentar que essas regras gerais valeriam mesmo se a elas seguisse um acordo internacional. Uma formulação detalhada dessas regras gerais é, por exemplo, a normativa de Haia sobre a guerra terrestre. Não se

---

[165] Philipp Zorn (1850-1928), autor de numerosos escritos sobre duas conferências de paz de Haia; por exemplo, *Die internationale Schiedgerichtsbarkeit*, Hannover 1913. [O título completo é Philipp Zorn (1913), *Friedens- und Kriegsbündnisse*. O escrito *Die internationale Schiedgerichtsbarkeit* foi, depois, republicado na revista *Das Recht* em 1917 (como extrato: Helwing, Hannover 1917)].

trata de um direito configurado de modo particular, mas da fixação contratual de um direito internacional consuetudinário geral.

Assim, chegamos a falar não de regras do direito internacional *geralmente reconhecidas*, mas somente de regras *gerais*. Elas devem ser declaradas diretamente parte integrante do direito federal e delas devem resultar diretamente deveres e direitos para os habitantes do território federal. Mas atenção: não somente para os cidadãos do Estado federal; também o estrangeiro que habita conosco deve poder evocar diretamente o direito internacional em suas relações com as autoridades. Na nossa Constituição do Württemberg e Baden fomos até além e, no âmbito do direito dos estrangeiros, excluímos o direito de represália.[166]

d) A perturbação da paz entre os povos (art. 31; art. 26 CHE [*Chiemseer Entwurf*])[167]

Passemos agora ao art. 31.

Dr. Eberhard: O art. 31 corresponde ao art. 26 [sobre a rejeição da guerra] do Projeto do Herrenchiemsee. Foi recebido literalmente.

Pres. Dr. v. Mangoldt: Parece-me puramente declamatório. O que quer dizer? Sempre insistimos no fato de que as disposições constitucionais são diretamente direito vigente. Tenho certas dúvidas: indicações aos tribunais as conhecemos já da Constituição de Weimar, e são um gravame desagradável.

---

[166] Art. 46, parágrafo 2 da Constituição do Württemberg e Baden, de 28 de novembro de 1946: "Os direitos atribuídos aos estrangeiros pelo direito internacional podem ser invocados por eles, mesmo se não sejam previstos pelo direito nacional" [Nota 18 do original].

[167] Nr. 15, *Zwölfte Sitzung des Ausschusses für Grundsatzfragen. 15. Oktober 1948*, em: PIKART, Eberhard; WERNER, Wolfram (Coord.). *Ausschuß für Grundsatzfragen (Der Parlamentarische Rat*, vol. 5/I-II). Boppard am Rhein: Boldt, 1993, pp. 331/332.

Dr. Schmid: A Constituição do Württemberg e Baden define essas ações simplesmente como inconstitucionais.

Pres. Dr. v. Mangoldt: É já melhor que dizer que aquelas ações sejam punidas. Considero que poderemos aceitar aquela formulação.

Dr. Eberhard: Retorno à minha proposta de dizer, sobre esse ponto, também alguma coisa sobre a produção, o transporte, a importação e a circulação de armas e munições. Parece um pouco complexo, mas se queremos sublinhar a abertura à paz devemos também dizer alguma coisa a propósito.

Dr. [Hellmuth, sic,] von Weber: Mas é mesmo necessário que digamos alguma coisa a esse respeito?

Dr. Eberhard: As Potências ocupantes podem naturalmente importar armas. Esse é um outro problema, e não podemos proibi-lo na nossa Constituição.

Dr. Heuss: Incomoda-me um pouco o conceito impreciso de "armas e munições". Penso, por exemplo, nas munições de caça.

Pres. Dr. v. Mangoldt: Talvez podemos dizer em geral "material bélico", ou então "armas, munições e material bélico de todo tipo".

Dr. Pfeiffer: Penso que possa bastar: "material bélico de todo tipo".

Dr. Eberhard: Não creio que "material bélico" seja melhor de "armas e munições". Esta última formulação excluiria também que uma espécie de SA ["*Sturmabteilung*", o primeiro grupo paramilitar nacional-socialista] pudesse de novo armar-se. Para uma guerra civil, existem armas eficazes que não se podem definir [como] "material bélico".

Dr. Pfeiffer: Ao contrário da prolixa lista "importar, exportar", não seria mais simples dizer: "não podem ser produzidas nem postas em circulação"?

Dr. Eberhard: Assim, porém, não se atingiria o transporte pelo território federal.

Pres. Dr. v. Mangoldt: Poderíamos, talvez, dizer: "material bélico de todo tipo não pode ser produzido, nem transportado, nem posto em circulação sem a autorização do Governo federal. Disposições específicas são reguladas por lei".

Assim, levaríamos a termo a nossa tarefa, à exceção dos art. 24 e 27, que se referem à bandeira federal e à nova estrutura territorial. Talvez a comissão encarregada da redação pode apresentar-nos uma proposta. Fecharei aqui a seção hodierna.

e) Discussões e decisões das petições: a objeção de consciência[168]

Senhora Dr. [Helene] Weber: A petição da Baronesa von Minnigerode-Allerberg contém um *Apelo à paz*. Devemos decidir como proceder com essas petições. Em várias petições, o povo escreve que tem saudade da paz, e que nós devemos nos empenhar a fim de que se realize a paz e a fim de que a ideia da paz e o pacifismo estejam, de algum modo, ancorados na Constituição.

Pres. Dr. v. Mangoldt: Não podemos onerar outras comissões com esses pedidos. Podemos somente inseri-los na ordem do dia.

Senhora Dr. [Helene] Weber: Também uma outra petição de Lemke contém um apelo à paz. Põe-se o problema se a guerra seja um crime. A carta não contém nada de significativo e, nesse caso, pode-se somente colocá-la na ordem do dia.

---

[168] Nr. 20, *Fünfzehnte Sitzung des Ausschusses für Grundsatzfragen*. 27. Oktober 1948, em: PIKART, Eberhard; WERNER, Wolfram (Coord.). *Ausschuß für Grundsatzfragen* (*Der Parlamentarische Rat*, vol. 5/I-II). Boppard am Rhein: Boldt, 1993, pp. 417-423.

Em uma outra petição (Worell), não somente se pede a paz, mas se põe também em relevo o óbvio direito de todo cidadão à objeção de consciência. Em mais petições se sublinha que a Constituição deveria conter um artigo sobre a objeção de consciência.

Dr. Heuss: A propósito, existe também uma comunicação do Frauenbund.[169] Já disse, uma vez, o quanto eu apreço que, com extraordinária discrição, nenhum dos presentes se tenha pronunciado sobre esse argumento.

Senhora Dr. [Helene] Weber: Estava somente para dizer meia palavra sobre a petição dessa organização feminina, quando o Senhor emitiu um sonoro grito de espanto. O senhor, Dr. Heuss, disse: "Pelo amor de Deus!"

Dr. Heuss: Põe-se o problema se aqui queremos chegar a um debate de princípio sobre esse tema. Eu sou decididamente contrário a fazê-lo. Já teve lugar em cada parlamento dos *Länder*. O Hesse incluiu algo do gênero na sua Constituição.[170]

(*Zinn*: "A guerra é repudiada").

Pres. Dr. v. Mangoldt: Ocupamo-nos do tema na redação do art. 31 e chegamos à conclusão de que não queremos ir além de quanto já dissemos no art. 3.

Dr. Heuss: Estou totalmente de acordo. Mas devemos possuir as ideias claras a propósito. Recentemente um jornalista me pediu qual é a minha posição a esse respeito. E eu lhe respondi, honestamente, que

---

[169] [Trata-se do "Berliner Frauenbund 1945 e.V.": cf. *infra* nota 177, p. 477].
[170] É o art. 69 da Constituição do Hesse, de 1946 [Nota 18 do original] ["O Hesse se declara a favor da paz, da liberdade e da compreensão entre os povos. A guerra é repudiada. – É inconstitucional toda ação dirigida a preparar uma guerra" (*Hessen bekennt sich zu Frieden, Freiheit und Völkerverständigung. Der Krieg ist geächtet. – Jede Handlung, die mit der Absicht vorgenommen wird, einen Krieg vorzubereiten, ist verfassungswidrig*)].

sou contrário à inclusão de um artigo sobre a objeção de consciência. Devem tê-lo publicado em algum lugar. Agora estou recebendo cartas que nos convidam a fazer de modo que, em caso de guerra, todos os órgãos legislativos se alistem nos batalhões de assalto: e então o povo estaria de acordo. As pessoas se ocupam em geral seriamente dos prós e dos contras. No Parlamento do Württemberg, tivemos um amplo debate sobre esse tema e votamos uma lei que foi aprovada, quando eu não estava presente.[171] Eu teria protestado energicamente. Aquela lei foi defendida também por um dos meus amigos.

Wunderlich: O repúdio geral da guerra e a objeção individual de consciência são dois temas radicalmente distintos.

Senhora Dr. [Helene] Weber: Na petição que apresentei, fala-se sempre de objeção de consciência, e não de repúdio da guerra.

Pres. Dr. v. Mangoldt: Já nos ocupamos disso nesta Comissão. Devemos nos perguntar como proceder diante desses pedidos. Essas pessoas devem receber uma comunicação?

Wunderlich: Toda pessoa deve receber uma resposta.

Pres. Dr. v. Mangoldt: Foi provisoriamente respondido às pessoas que o seu pedido foi recebido e que será discutido aqui. Ora devem receber uma resposta definitiva.

Dr. Heuss: Não se deve dar nenhuma resposta definitiva. Depois as pessoas a publicam nos jornais, e partem as polêmicas. É correto agradecer o povo pelo interesse e informá-lo de que as suas comunicações foram incluídas como material para os debates.

---

[171] O Parlamento do Württemberg e Baden não emanou uma lei sobre o repúdio da guerra. Provavelmente o Dr. Heuss se referia à *Iniziativa di legge dei quattro gruppi parlamentari sul rifiuto di prestare servizio militare in armi*, em *Verhandlungen des Württemberg-Badischen Landtages*, 88. Sitzung, 4. März 1948, p. 1672; 73. Sitzung, 22. April 1948, pp. 1789-1993 [Nota 20 do original].

Pres. Dr. v. Mangoldt: Em geral fiz assim desde o início.

Dr. Heuss: Deveria bastar. Para algumas pessoas, a objeção de consciência se tornou um tema central, uma questão de fé. Se a nós parece suficiente, estou de acordo com o artigo que declara puníveis as preparações da guerra tanto ideais quanto objetivas. Porém, as pessoas não ficarão satisfeitas com isso porque querem ver declarado, como direito individual, o direito de rejeitar o serviço militar em guerra. Com base nos meus conhecimentos históricos, o serviço militar em guerra é um dever também nas democracias. Portanto, é infeliz fixar em uma Constituição democrática o princípio de que cada um pode negar-se a ele, mesmo se se trata de uma guerra de defesa. No projeto de Constituição predisposto por Carlo Schmid, tínhamos a frase patética: "A guerra não é um meio da política".[172] Todos eram de acordo. Eu, ao contrário, no parlamento do *Land*, opus-me com um longo discurso, dizendo: "Considero que o direito de defesa dos württemberguenses contra os bávaros, se estes últimos decidem atacá-los, seja um dever nacional; não penso nem mesmo em aceitar essa norma sem opor-me". Isto, naturalmente, não o disse no parlamento do *Land*, portanto, não deveis preocupar-vos. Não sou, depois, tão privado de tato. Enfim, ali rejeitamos aquela frase na votação pública. Isso acontecia nos tempos em que os americanos eram terrivelmente interessados na questão. Assim como, hoje, não se interessam muito por isso, deixemos cair esse artigo! Também nessa sede não fornecerei nenhuma explicação individual sobre o fato de que nós a rejeitamos. Diria somente: consideremo-la como documentação. É um problema muito sério.

Pres. Dr. v. Mangoldt: A dificuldade consiste também nisto: devemos absolutamente possuir uma polícia. Essa polícia, que se

---

[172] Projeto provisório de uma Constituição para o Norte-Württemberg e o Norte-Baden, de 24 de abril de 1946, em: PFETSCH, Frank R. (Coord.). *Verfassungsreden und Verfassungsentwürfe*: Länderverfassungen 1946-1953. Frankfurt am Main: Lang, 1986, pp. 353 e ss. [Nota 21 do original].

ocupa da ordem interna, pode possuir uma própria função também no caso de um ataque do exterior. Se se aceita como princípio o direito de rejeitar o serviço com armas, não se pode instituir uma polícia. Existem momentos de transição que podem conduzir a dificuldades extraordinárias.

Wunderlich: Pessoalmente sou um defensor da objeção de consciência: gosto de dizê-lo abertamente. Eu vivi, pessoalmente, como no Terceiro *Reich* foram tratados os *"Ernste Bibelforscher"*,[173] quando essa gente foi fuzilada em filas; e vi com qual coragem essas pessoas foram mortas pela sua fé. A esses grupos de pessoas deve ser oferecida uma possibilidade, como foi feito também na Inglaterra.[174] Por que deveríamos ser menos que a Inglaterra, por que deveríamos ser mesquinhos sobre esse problema? A isso se acrescenta uma ulterior consideração. Hoje, vem-nos, frequentemente, presente que poderia acontecer que uma potência estrangeira recrutasse alguns alemães para algum fim seu. Em presença dessa eventualidade, não deveria ser sancionado ao menos o direito individual à objeção de consciência, independentemente de quem (e se) faz ou não uso dele? Sobre esses dois argumentos decisivos se funda o meu voto favorável à objeção de consciência.

---

173 [Os *"Ernste Bibelforscher"* (ou Testemunhas de Jeová) "foram perseguidos cruelmente de 1933 a 1945. Segundo recentes avaliações, cerca dez mil deles foram encarcerados, e destes, quatro-cinco mil morreram nas prisões e nos *Lager* nazistas" (KATER, Michael H. "Die Ernsten Bibelforscher im Dritten Reich". *Vierteljahrshefte für Zeitgeschichte*, 17:2, 1969, p. 181). Nos *Lager*, segundo a mania classificatória dos nazistas, os Testemunhas de Jeová eram distinguidos pelo triângulo roxo].

174 Durante a Segunda Guerra Mundial, a Inglaterra reconheceu a objeção de consciência não somente por sérios motivos religiosos e de outro gênero, mas admitiu também a isenção de todos os serviços governamentais por razões fundadas nas próprias convicções. Cf. KIPP, Heinrich. *Das Grundrecht der Kriegsdienstverweigerung* (1952); BREDEMEIER, Karsten. *Kriegsdienstverweigerung im Dritten Reich*: Ausgewählte Beispiele. Baden-Baden: Nomos, 1991[Nota 23 do original].

Zinn: Precisaria conceder esse direito àqueles que rejeitam o serviço militar em guerra por causa de uma profunda convicção. Sou consciente do fato de que, se tal direito for escrito lapidarmente na Constituição, o número daqueles que realmente podem evocá-lo por motivos morais é efetivamente muito restrito, enquanto será muito extenso o número daqueles que o evocam somente para emboscar-se. Hoje, é difícil indicar esse limite em uma disposição constitucional. Pode-se fazê-lo somente com uma lei muito prudente, como fizeram os ingleses. O âmbito de quem pode aspirar a esse privilégio, na Inglaterra, foi concretamente limitado através de uma espécie de procedimento de controle.

Pres. Dr. v. Mangoldt: Esquece-se sempre que não se pode regular tudo com a Constituição, mas que existem também as leis.

Zinn: Não reconheço a ninguém o direito de emboscar-se, a não ser que possa remeter-se a uma justificação moral interior. Serei contrário, se for necessário.

Wunderlich: É claro que não quero conceder indiscriminadamente esse direito.

Dr. Heuss: Compartilho totalmente a opinião do colega Zinn. Respeito, sobretudo, as pessoas que rejeitam o serviço militar por motivos religiosos e que, por isso, aceitaram de sofrer graves punições. Histórias horrendas como aquelas dos nazistas, antes, nunca tinham acontecido. Por quanto eu sei, antes, os menonitas foram incorporados no Serviço de Saúde Militar, portanto, não deviam combater com as armas. A lei dos menonitas proíbe matar seres humanos e, por isso, foram escalados para o Serviço de Saúde Militar, onde também se distinguiram. Dos tempos da Primeira Guerra Mundial recordo um homem (que de resto era um bom camarada) que nunca tinha atirado porque a sua religião lhe proibia matar. Porém, esse problema foi resolvido em sede legislativa, e não constitucional. Quando todas as potências do mundo sancionam deveres militares etc., a nossa declaração, se a incluímos na Constituição, torna-se um pouco ridícula porque não somos capazes de operar militarmente.

Zinn: Poder-se-ia dizer somente: "O direito à rejeição do serviço militar com armas por razões de consciência é regulado pela lei federal". É o máximo a que se pode chegar porque implica o reconhecimento do princípio.

Dr. Heuss: O problema do combate com armas se tornou, hoje, totalmente obsoleto, porque a produção de bombas ou a construção de carros armados é uma atividade bélica bem superior àquela de quem vigia a ponte com um fuzil. Os primeiros têm uma influência bem mais relevante sobre a conduta da guerra.

Pres. Dr. v. Mangoldt: Proporei resolver este problema com a formulação: "A comissão debateu a fundo a questão, porém, sem poder chegar à decisão de incluir uma correspondente prescrição entre os direitos fundamentais ou na parte geral que a segue imediatamente". Além disso, não podemos dizer.

Dr. Heuss: Para mim é já até muito. Não darei nenhuma resposta a estas pessoas.

Pres. Dr. v. Mangoldt: Não quero dar uma resposta a estas pessoas, quero somente pôr por escrito uma nota para a Comissão Principal. Sobre isto estamos de acordo. (Nenhuma tomada de posição contrária).

Senhora Dr. [Helene] Weber: Existe, pois, a resolução de um parlamento juvenil do Mecklemburgo, que se vincula a estes problemas. (Segue uma leitura parcial).[175]

---

[175] Petição N. 148 do *Kröpeliner Jugend-Parlament* (Z 5/107, Bl. 250). Trata-se de uma resolução com 21 votos favoráveis, 2 votos contrários e 12 abstenções: "O 4º Parlamento Juvenil de Kröpelin, reunido em 4 de outubro de 1948, em Kröpelin (Mecklemburgo), cujo *Präsidium* é formado por jovens de todos os partidos e organizações, convida a fazer de modo que, ao tratar as questões constitucionais, seja proibido aos alemães prestar serviço militar sob a bandeira de um Estado estrangeiro. Além disso, deve ser garantida a isenção de toda pena a todos os cidadãos alemães que, em caso de guerra, rejeitem-se a prestar o serviço militar.

Pode-se tratá-la como a precedente.

Pres. Dr. v. Mangoldt: Isso mesmo.

Senhora Dr. [Helene] Weber: Uma outra petição nos chega da zona ocupada pelos Soviéticos. É dirigida ao *Parlamentarischer Rat* e ao *Deutscher Volksrat* de Berlim, bem como ao parlamento do Mecklemburgo: talvez, isto vai considerado.

Uma outra petição nos chega dos esperantistas. Nela se pede a inclusão do direito à rejeição do serviço militar com armas por razões de consciência – portanto, com essa limitação – na futura Constituição federal e naquela do *Land* Renânia do Norte-Westfalia; bem como a inclusão no ensino escolar do esperanto como língua auxiliar. Ao primeiro pedido apenas respondemos. O segundo pedido se refere não a nós, mas aos Ministérios da Cultura de cada *Länder*.

Pres. Dr. v. Mangoldt: Sobre o primeiro ponto, eu proporia proceder como fizemos para as precedentes petições. Para o segundo ponto, proporia inclui-lo na ordem do dia, porque é um problema cultural.

Signora Dr. [Helene] Weber: Outra petição vem da Sociedade para a Paz (*Friedensgesellschaft*)[176] de Hamburgo, que pede uma

---

Motivação: Reconhecemos o serviço de guerra somente como ação de autodefesa. Não existe autodefesa nem no serviço com armas sob uma bandeira estrangeira, nem em uma guerra de agressão do próprio Estado. Nesse tipo de serviço, vemos uma disponibilidade a matar voluntariamente, que é punível com base em humanas concepções jurídicas. A juventude de todos os povos seja exortada a mobilizar-se pela ideia da objeção de consciência e a ser vigilante contra toda instigação à guerra" (*Kriegshetze*) [Nota 24 do original].

[176] [A "*Deutsche Friedensgesellschaft*", fundada em 1892, foi refundada em 1946, e desempenhou uma ativa propaganda a favor do repúdio da guerra e da inclusão da objeção de consciência nas Constituições dos *Länder* e na Lei Fundamental].

lei sobre o repúdio da guerra. (Segue uma leitura parcial). Não sei se dissemos algo de definitivo sobre o repúdio da guerra.

Pres. Dr. v. Mangoldt: O repúdio da guerra é contido no art. 31. Para o resto, procedemos como para as petições precedentes.

Senhora Dr. [Helene] Weber: Agora vem a petição já recordada pelo Dr. Heuss do Frauenbund de Berlim de 1947.[177] (Segue uma leitura parcial). Já resolvemos o terceiro ponto com o art. 29. O segundo ponto recai na competência dos *Länder*. A promoção da paz é uma das grandes tarefas culturais. O primeiro ponto – sobre a obrigação direta ou indireta de matar – é conexo com a já discutida questão da guerra.

Dr. Kleindinst: Aqui entra também o problema da eutanásia e da eliminação das vidas indignas de serem vividas.[178]

---

[177] Petição de 9 de setembro de 1946 (mimeografada como *Drucks. Nr. 121*): "O Berliner Frauenbund 1947 pede aos delegados do *Parlamentarischer Rat* para apresentarem os seguintes pontos à sessão plenária da Assembleia dos Delegados: (1) Nenhum cidadão pode ser obrigado a realizar ações que conduzam direta ou indiretamente à morte de pessoas. Do uso desse direito não deve derivar alguma desvantagem. Consequentemente, essa liberdade deve ser incluída entre os inalienáveis direitos fundamentais de todo cidadão. (2) Todo governo deve apoiar todo movimento e atividade que vise a uma paz duradoura. Serão predispostos os recursos a isso necessários. (3) A Alemanha está disponível – em condições de paridade com todos os outros Estados contraentes – para participar de uma comunidade europeia ou mundial de Estados. Portanto, em condições de paridade, a um certo momento a Alemanha está disposta a ceder partes da própria soberania a uma instância supranacional em vista da pacífica organização do mundo". [Nota 28 no original. Cf. também *supra*, pp. 465 e 466].

[178] [São os temas da política eugênica do nacional-socialismo, que levaram, entre outras coisas, ao Holocausto. O termo "vida indigna de ser vivida" (*lebensunwertes Leben*) está no título da obra do jurista Karl Binding e do psicólogo Alfred Hoche: BINDING, Karl; HOCHE, Alfred. *Die Freigabe der Vernichtung lebensunwerten Lebens*: Ihr Maß und ihre Form. Leipzig: Meiner, 1920 (com o título *La liberalizzazione della soppressione della vita senza valore*, in: DE CRISTOFARO, Ernesto;

Pres. Dr. v. Mangoldt: Representa-se ainda uma vez a questão se no art. 2 – que no contexto geral produz agora um efeito um pouco infeliz – deve, de algum modo, ser incluído também o direito à vida. Devemos discuti-lo em uma segunda leitura. O art. 2 ("O ser humano é livre") e o art. 3 ("A liberdade da pessoa é intangível") estão um ao lado do outro sem que se veja claramente a sua diferença.

Zinn: Eu já pensara nisso. "O ser humano é livre" é somente uma declaração. Também a frase "Todas as pessoas são iguais perante a lei" não possui nenhum significado jurídico. Na realidade, no art. 1, deveria ser incluído algo que se refira à dignidade humana em geral. Os outros artigos devem ter um conteúdo jurídico, todo o resto deve entrar no art. 1.

Senhora Dr. [Helene] Weber: Sobre o ponto 1 podemos dizer que o Comitê sobre os Princípios se ocupará ainda dele, em uma segunda leitura.

Pres. Dr. v. Mangoldt: Ocupar-se-á, portanto, do art. 1 e do art. 2.

Zinn: Na Constituição do Hesse, temos uma disposição que se ocupa da pena de morte:[179] o direito à vida pode ser cancelado somente pela sentença de um Tribunal. Seria antiestético acolher uma semelhante disposição.

SALETTI, Carlo (Coord.). *Precursori dello sterminio*: Binding e Hoche all'origine dell' "eutanasia" dei malati di mente in Germania. Verona: Ombre Corte, 2012, pp. 42-89].

[179] Art. 21 da Constituição do Hesse, de 1º de dezembro de 1946 [Nota 29 no original] ["Quem foi declarado culpado de uma ação punível pode ser privado da liberdade e dos direitos civis (ou neles limitado), com base nas leis penais e uma sentença judiciária. Quem cometeu crimes particularmente graves pode ser condenado à morte" (*Ist jemand einer strafbaren Handlung für schuldig befunden worden, so können ihm auf Grund der Strafgesetze durch richterliches Urteil die Freiheit und die bürgerlichen Ehrenrechte entzogen oder beschränkt werden. Bei besonders schweren Verbrechen kann er zum Tode verurteilt werden*)].

APÊNDICES

f) Inconstitucionalidade das ações que preparam uma guerra; proibição das armas (art. 29b e 29c)[180]

Dr. Eberhard: Podemos completar o exame do art. 29b? A Comissão dos Princípios submeteu à Comissão Principal a seguinte formulação: *As ações empreendidas com a intenção de perturbar a coexistência pacífica dos povos são inconstitucionais.* A Comissão Principal se declarou de acordo, em linha de princípio, porém, rejeitando a formulação do Comitê para a Redação, que se referia somente à guerra de agressão. Mas, como disse o colega Kaufmann, na Constituição do Württemberg existe uma bela frase.[181] Eu lhe disse que ela é igual ao nosso art. 31. Ele recorda que, nos trabalhos preparatórios da Constituição do Württemberg e Baden, encontrava-se somente uma frase: "A guerra não é um meio da política". Ele, depois, avançou a proposta conciliadora de não fazer iniciar o artigo indicando uma ação negativa: *"A guerra é rejeitada como meio para os conflitos entre os povos"*. Não me pareceu mal continuar com a frase positiva.

Dr. Bergsträsser: Rejeito-o: é somente uma declaração.

Dr. Heuss: Não se ganha muito com isso.

Dr. Eberhard: A Comissão Principal interrompeu a votação.

Pres. Dr. Mangoldt: Já que devemos escolher uma formulação, devemos tomar aquela do Pacto Kellogg e dizer: "A guerra é repudiada"

---

[180] Nr. 39. *Dreißigste Sitzung des Ausschußes für Grundsatzfragen. 6. Dezember 1948*, em: PIKART, Eberhard; WERNER, Wolfram (Coord.). *Ausschuß für Grundsatzfragen (Der Parlamentarische Rat*, vol. 5/I-II). Boppard am Rhein: Boldt, 1993, pp. 852-854.

[181] Art. 47 da Constituição do Württemberg e Baden, de 28 de novembro de 1946: "Toda ação empreendida com a intenção de perturbar a colaboração pacífica entre os povos e, em particular, de preparar uma guerra, é inconstitucional" [Nota 19 do original].

["*Der Krieg wird geächtet*"]. Já se tornou um *terminus technicus*, diversamente se deveria dizer: "é rejeitada".

Heile: "A guerra é repudiada como meio da política". Se somos atacados e nos defendemos, não se trata de política, mas de legítima defesa: e isso naturalmente não o queremos "repudiar".

Dr. Heuss: Carlo Schmid era muito orgulhoso da expressão: "A guerra não é meio da política", mas lhe disse que é somente uma declaração.

Pres. Dr. v. Mangoldt: Então era muito melhor a redação originária: "Ações empreendidas com a intenção de..."

Dr. Eberhard: Essa frase não goza de grandes simpatias; discutamo-la um momento. De resto, o Comitê dos Princípios poderia dizer que quer manter a formulação originária.

Pres. Dr. v. Mangoldt: Então dizemos: "...empreendida com a intenção... de perturbar". Parece-me que seja já um pouco melhor.

Dr. Eberhard: Somente uma palavra sobre o segundo parágrafo. Propusera-se cancelá-lo, porém, não se conseguiu porque o colega Dr. v. Mangoldt não estava presente no Comitê Principal. Os outros colegas do seu grupo não se decidiram rapidamente por aprovar o meu pedido: e agora, assim como está formulado, não está bom. Devemos escrever ao menos: "armas adequadas à condução da guerra", e não: "armas destinadas à condução da guerra".

Dr. v. Mangoldt: Agora se tornou o art. 29c do Comitê Principal.

Dr. Eberhard: Mas o Governo federal não pode ocupar-se da *intenção* de produzir armas adequadas à guerra.

Pres. Dr. v. Mangoldt: Dissemos que estaríamos de acordo se tudo fosse cancelado.

Walter: Trata-se somente de teoria.

Dr. Bergsträsser: Se o Governo federal o aprova, torna-se uma autorização.

Dr. Heuss: Na situação hodierna, me pareceria insensato cancelá-lo, porque se diria: "Em setembro, incluístes, mas em dezembro sois da opinião de que não seja mais atual". Nesse momento, soa quase como uma tomada de posição política. Considero justo dizer "adequadas", ao contrário de "destinadas". Mas não cancelaria o artigo em questão.

Pres. Dr. v. Mangoldt: Eu o teria formulado como propõe o Senhor, mas o colega Dr. Eberhard havia sustentado que se podia fazê-lo somente diante de um breve pedido, espontâneo e comum, dos partidos. Porém, parece-me justo dizer "adequadas", ao invés de "destinadas".

Heile: Nos congressos internacionais, por exemplo, há pouco tempo, em Roma, disse-se que os alemães se encontram em uma situação que os obriga a tomar posição sobre a questão da participação em um sistema internacional de defesa. Disse-se até mesmo que, na Alemanha, a organização militar estava plenamente em andamento. Nós não sabemos nada a propósito. Se agora, porém, cancelarmos a passagem em questão, dir-se-á que aplainamos a estrada para um militarismo americano, porque permitiremos à população prestar serviço [militar] sob os americanos.

Pres. Dr. v. Mangoldt: Então estamos de acordo: coloquemos "adequadas", ao invés de "destinadas". Portanto: no art. 29c, na redação do Comitê Principal, digamos "armas adequadas" e não "armas destinadas".

Não teria muito sentido continuar a discutir. A nossa próxima sessão pode ter lugar após aquela do Comitê Principal, se esta última não durar além das 18. Declaro suspensa a sessão.

g) A redação final dos artigos sobre o repúdio da guerra

Redação final do *Verfassungskonvent auf Herrenchiemsee*[182]	Lei Fundamental para a República Federal alemã (23 de maio de 1949)[183]
Artigo 29a (1) A Federação pode transferir por lei alguns direitos soberanos a entes interestatais. (2) Para a manutenção da paz, a Federação pode aderir a um sistema de recíproca segurança coletiva: a Federação consentirá àquelas limitações da própria soberania que produzem e asseguram uma ordem pacífica e durável na Europa e entre os povos do mundo. (3) Para regular os conflitos interestaduais a Federação aderirá a uma arbitragem geral, compreensiva, obrigatória e internacional.	Artigo 25 [Direito internacional e direito federal] As regras gerais do direito internacional são parte integrante do direito federal. Elas prevalecem sobre as leis e fazem surgir direitos e deveres imediatos para os habitantes do território federal.
Artigo 29b As ações aptas a perturbar a coexistência pacífica dos povos e empreendidas a esse fim são proibidas e devem ser punidas.	Artigo 26 [Proibição de preparar uma guerra de agressão] (1) As ações que podem perturbar a pacífica convivência dos povos e empreendidas com tal intenção, em particular a fim de preparar uma guerra ofensiva, são inconstitucionais. Tais ações devem ser perseguidas penalmente. (2) As armas de guerra podem ser produzidas, transportadas e postas em comércio somente com a autorização do Governo federal. Os particulares são estabelecidos por uma lei federal.

---

[182] É a redação final que o *Verfassungskonvent auf Herrenchiemsee* submeteu ao Parlamentarischer Rat: 40. *Allgemeiner Redaktionsausschuß*, Art. 1-29, em: PIKART, Eberhard; WERNER, Wolfram (Coord.). *Ausschuß für Grundsatzfragen* (*Der Parlamentarische Rat*, vol. 5/I-II). Boppard am Rhein: Boldt, 1993, pp. 890/891.

[183] Esta tradução provém do site: http://www.consiglioveneto.it/crvportal/BancheDati/costituzioni/de/zGermania_sin.pdf.

APÊNDICES

Artigo 29c
(1) As armas de guerra podem ser produzidas, transportadas e postas em circulação somente com a autorização do Governo Federal. (2) Ulteriores disposições são reguladas pela lei federal.

III.2 República Democrática Alemã: a Constituição (1949) e a Lei para proteger a paz (1950)

A Constituição da República Democrática Alemã, de 7 de outubro de 1949,[184] remete-se à específica concepção do pacifismo já ilustrada a propósito dos *Partigiani della pace* (cf. p. 201 e os textos sobre a Itália no *Apêndice II,2*). Ela não menciona direta ou indiretamente nem os problemas das forças armadas, nem aqueles da condução de uma eventual guerra porque, em 1949, as forças armadas da RDA ainda não tinham sido instituídas.

O *Preâmbulo* da Constituição de 1949 estabelece que a RDA tem o dever "de garantir a paz". Esse dever é, depois, especificado no artigo quinto: "1) As normas geralmente reconhecidas pelo direito internacional empenham os poderes públicos bem como todos os cidadãos. 2) É dever dos poderes públicos vigiar a manutenção e a defesa das relações amigáveis com todos os povos. 3) Nenhum cidadão poderá participar de ações de guerra tendentes a oprimir um povo".

O artigo sexto (já evocado na nota 208, p. 98) proíbe as atividades de propaganda que possam conduzir a tensões internas ou externas:

> 1) Todos os cidadãos gozam de igualdade de direitos diante da lei.

---

[184] *Gesetz über die Verfassung der Deutschen Demokratischen Republik*, em: HOCHBAUM, Hans-Ulrich (Coord.). *Staats- und verwaltungsrechtliche Gesetze der Deutschen Demokratischen Republik*. Berlim (Ost): VEB Deutschen Zentralverlag, 1958, pp. 25-78.

2) Qualquer propaganda difamatória ou de boicotagem contra instituições e organismos democráticos, qualquer incitamento ao assassínio de homens políticos democráticos, qualquer manifestação de ódio religioso, racial e contra outros povos, qualquer propaganda militarista e belicista e todas as outras ações dirigidas contra a igualdade dos direitos constituem delitos segundo o Código Penal. O exercício dos direitos democráticos no espírito da Constituição não constitui uma propaganda difamatória.

3) As pessoas condenadas por tais crimes não podem ocupar funções nem nos serviços públicos nem nos postos diretivos da atividade econômica e cultural. Elas perdem qualquer direito eleitoral ativo e passivo.

Os crimes supra elencados "constituem delitos nos termos do Código Penal": mas em 1949, no momento da entrada em vigor da Constituição da RDA em toda a área alemã vigorava ainda o Código Penal Imperial de 1871, com as sucessivas modificações. A elaboração do novo "Código Penal da República Democrática Alemã" durou até 1968, e no meio tempo, teve de ser emanada, em 1957, uma lei penal complementar mais compatível com a nova situação política. Sobre delitos previstos pela Constituição, o texto de 1957 contém especificações que será oportuno examinar mais adiante, após as leis cronologicamente anteriores.

O artigo 112 da Constituição elenca as matérias de exclusiva competência legislativa, entre as quais não figura nenhuma matéria relativa às forças armadas ou ao estado de beligerância porque naqueles anos a RDA era um Estado ocupado e desarmado. As únicas referências à guerra se referem ao passado, "aos danos de guerra e às despesas de ocupação e às indenizações ou restituições" e "às vítimas do nazismo".

Art. 112 – À República compete o poder exclusivo de legiferar em mérito: – às relações com o exterior; – ao comércio exterior; – às alfândegas; bem como à unidade do território alfandegário e comercial, e à liberdade de circulação das mercadorias; – à nacionalidade e à liberdade de circulação dos indivíduos; – à imigração e à emigração; – ao direito civil; – ao direito penal; – ao ordenamento da justiça e à procedura judiciária; – ao direito do trabalho; – aos transportes; – aos correios, às transmissões, à radiotransmissões; – ao cinematógrafo e à imprensa; – à moeda; – aos pesos e medidas e à sua verificação; – às assegurações sociais; – aos danos de guerra e às despesas de ocupação e às indenizações ou restituições; – às vítimas do nazismo.

No primeiro pós-guerra, o temor de um novo conflito e a ameaça nuclear haviam suscitado um intenso debate sobre a conservação da paz, do qual a República Democrática Alemã participou, no ano posterior à Constituição, emanando uma lei com medidas a favor da paz. O seu caráter pacifista apresenta não só as peculiaridades já examinadas a propósito do movimento comunista pela paz, mas também um conteúdo ambíguo, porque aquela luta pela paz prevê penas muito duras contra quem discorda da política do Estado comunista. A leitura desse texto deve, portanto, ter presente esse duplo e conflitual registro: de um lado, a luta pela paz; de outro, a repressão do dissenso interno.

Lei para proteção da paz, de 15 de dezembro de 1950.[185]

A política agressiva dos governos imperialistas dos Estados Unidos, da Grã-Bretanha e da França, que visa a uma nova carnificina mundial, ameaça envolver o povo alemão em uma nova e criminosa guerra civil. A militarização da Alemanha ocidental e o empenho em ressuscitar o militarismo e o imperialismo alemães representam um grave perigo para a existência e para o futuro da nação alemã e para a paz e a segurança na Europa. Somente através da democracia e a

---

[185] *Gesetz zum Schutze des Friedens vom 15. Dezember 1950*, em: HOCHBAUM, Hans-Ulrich (Coord.). *Staats- und verwaltungsrechtliche Gesetze der Deutschen Demokratischen Republik*. Berlim (Ost): VEB Deutschen Zentralverlag, 1958, pp. 168-172 (GBl, 1199).

paz se pode atingir e garantir a unidade e a independência da Alemanha. A política imperialista de envolvimento da Alemanha ocidental em uma nova guerra criminosa e, desde o início, destinada ao insucesso constitui uma ameaça para o nosso povo e para a nossa pátria.

A nação deve ser libertada dessa ameaça. A manutenção da paz constitui o interesse nacional mais urgente, juntamente com o suporte a todas as forças democráticas e patrióticas do povo alemão inteiro.

A propaganda belicista dos imperialistas anglo-americanos e dos seus cúmplices representa um sério perigo para a paz europeia e para a amizade do povo alemão com todos os povos pacifistas do mundo.

A propaganda belicista, qualquer forma que assuma, é um dos mais graves delitos contra a humanidade.

Consequentemente, a *Volkskammer*, [186] em conformidade com os artigos 5 e 6 da Constituição, aprova a seguinte

"Lei para proteger a paz".

Art. 1. Quem vilipendia outros povos ou raças e instiga contra eles ou a seu boicote para perturbar as relações pacíficas entre os povos e para envolver o povo alemão em uma nova guerra, é punido com a detenção e, nos casos graves, com a prisão.[187]

---

[186] A "*Volkskammer*", Câmara do Povo, era o Parlamento da RDA, mas não é comparável ao Parlamento de uma democracia ocidental porque é parte de um sistema político de partido único. Eis a sua definição fornecida pela mais difundida das enciclopédias da RDA, *Meyers Neues Lexikon in acht Bänden* (1964), vol. 8, no verbete *Volkskammer*": "Máximo órgão representativo do povo e órgão supremo do poder estatal da RDA. A Câmara do Povo é eleita diretamente pelo povo em livres eleições democráticas, organizadas pela Frente Nacional, e encarna a soberania do povo guiado pela classe trabalhadora. Através da Frente Nacional, une todas as forças políticas da sociedade sob a guia da classe trabalhadora. É eleita a cada quatro anos e a cada eleição ao menos um terço dos deputados é substituído por novos candidatos".

[187] Penas de detenção em vigor na RDA: *Gefängnis*, detenção de 1 dia a 5 anos; *Zuchthaus*: prisão (ou penitenciária) de 1 a 15 anos ou prisão

Art. 2. (1) Quem propagandeia uma ação agressiva, em particular uma guerra de agressão, ou instiga de outro modo à guerra, e quem alista, induz ou incita alemães a participar a ações de guerra que visam à opressão de um povo, é punido com a detenção e, nos casos graves, com a prisão.

(2) Em igual medida é punido quem alista alemães para a legião estrangeira francesa ou para análogas unidades militares estrangeiras e para tropas mercenárias, ou instiga a delas fazer parte.

Art. 3. (1) Quem faz propaganda para o ressurgir do agressivo militarismo alemão e do imperialismo, ou para a inclusão da Alemanha em um bloco militar agressivo, é punido com a detenção e, nos casos graves, com a prisão.

(2) Em igual medida, é punido quem instiga contra acordos de direito internacional que visam manter e consolidar a paz e a evolução da Alemanha na base da democracia e da paz, bem como quem instiga à violação de tais acordos para envolver a Alemanha em ações bélicas agressivas.

Art. 4. Quem exalta ou faz propaganda para o uso de armas atômicas e de outras armas de destruição em massa, como armas venenosas, radioativas, químicas e bacteriológicas, é punido com a detenção e, nos casos graves, com a prisão.

Art. 5. Quem, a serviço da propaganda belicista, leva ao desprezo ou ao descrédito o movimento para a manutenção e a consolidação da paz, ou seja, incita contra os participantes à luta para a paz ou lhe faz perseguir, é punido com a detenção e, nos casos graves, com a prisão.

Art. 6. (1) Nos casos de violação particularmente grave dos art. de 1 a 5 da presente lei, a pena da prisão não é inferior a cinco anos, ou é perpétua.

(2) Em particular, um caso é considerado particularmente grave se o ato executado a serviço direto de Estados cujos órgãos ou agências praticam a instigação à guerra ou

---

perpétua.

uma política agressiva contra povos pacifistas. Em tais casos, pode ser aplicada também a pena de morte.

Art. 7. É punível também a preparação ou a tentativa dos atos dos artigos de 1 a 6.

Art. 8. (1) Com base na presente lei, em acréscimo a toda pena pode ser aplicada uma pena pecuniária de montante ilimitado.

(2) Além disso, pode ser reconhecida o confisco (*Einziehung*) total ou parcial do patrimônio do réu. Se o réu é condenado à morte, à prisão perpétua ou à detenção não inferior a cinco anos, o seu inteiro patrimônio é confiscado.

Art. 9. (1) Se o réu é condenado a uma pena detentiva (*Zuchthaus*) com base nesta lei, a sentença deve também aplicar a perda *pro tempore* ou perpétua dos seguintes direitos: 1') o emprego público ou a atividade em posição diretiva na vida econômica e cultural; 2') a capacidade eleitoral ativa e passiva.

(2) Se o réu é condenado a uma pena menor, podem ser aplicadas as sanções indicadas ao ponto 1'.

Art. 10. (1) Um procedimento contra a violação da presente lei pode ser aberto somente mediante instância do Procurador Geral da República Democrática Alemã.

(2) Competente para o procedimento é o Supremo Tribunal da República Democrática Alemã. O Procurador Geral pode apresentar a acusação diante de um outro tribunal ou encarregar disso o Procurador Geral de um dos *Länder* da República Democrática Alemã.

(3) O Supremo Tribunal da República Democrática Alemã é competente também nos casos em que o ato é realizado por um cidadão alemão não no território da República Democrática Alemã, mesmo se o réu não tem nenhum domicílio ou habitual moradia no território da República Democrática Alemã.

Art. 11. O Conselho dos Ministros da República Democrática Alemã emana as medidas para atuação da presente lei.

Art. 12. A presente lei entra em vigor em 16 de dezembro de 1950.

Berlim, 15 de dezembro de 1950.

APÊNDICES

O Presidente da *Volkskammer* publica a presente lei em vinte de dezembro de mil novecentos e cinquenta.

Berlim, o vinte e dois de dezembro de mil novecentos e cinquenta.

O Presidente da República Democrática Alemã

Wilhelm Pieck

No quinquênio sucessivo à Lei para Proteger a Paz, chegou à maturação a reconstituição das forças armadas em ambos os Estados alemães, em 1955, na Alemanha ocidental, e, em 1956, na Alemanha oriental. Em setembro de 1955, alguns meses antes da lei instituidora das forças armadas da República Democrática Alemã, a Lei para o Completamento da Constituição[188] integrava o texto constitucional com as disposições indispensáveis para inserir as forças armadas na estrutura institucional daquele Estado:

> § 1. O artigo 5 da Constituição da República Democrática Alemã é completado como segue: "O serviço em defesa da pátria e das conquistas dos trabalhadores é um honrado dever nacional dos cidadãos da República Democrática Alemã".
>
> § 2. O artigo 112 da Constituição da República Democrática Alemã é completado como segue: "À República compete a tarefa de legislar sobre a defesa militar da pátria e sobre a proteção da população civil".
>
> § 3. A organização do serviço para a defesa militar da pátria e para a proteção da população civil é regulada com decreto do Conselho dos ministros.

---

[188] *Gesetz zur Ergänzung der Verfassung vom 26. September 1955*, em: HOCHBAUM, Hans-Ulrich (Coord.). *Staats- und verwaltungsrechtliche Gesetze der Deutschen Demokratischen Republik*. Berlim (Ost): VEB Deutschen Zentralverlag, 1958, pp. 79/80.

III.3 A lei instituidora da Armada Popular Nacional (NVA) da RDA (1956)[189]

Para realizar a legislação anunciada pelo § 2, supracitado, a República Democrática Alemã instituiu, em 15 de janeiro de 1956, tanto as próprias Forças Armadas quanto o Ministério da Defesa. Até a construção do Muro de Berlim, a Armada Popular Nacional (*Nationale Volksarmee*) se fundou sobre o serviço militar voluntário, diversamente da *Bundeswehr* alemão-ocidental. Foi dissolvida em 2 de outubro de 1960.

> A lei instituidora da Armada Popular Nacional (NVA) da República Democrática Alemã (1956).
>
> A proteção do Estado dos Trabalhadores e dos Lavradores, bem como dos resultados conseguidos pelos trabalhadores e a tutela do seu trabalho pacífico, são deveres elementares do nosso Estado democrático, soberano e pacifista. O renascimento do militarismo agressivo na Alemanha ocidental e a instituição do exército mercenário[190] alemão ocidental constituem uma constante ameaça para o povo alemão e para todos os povos da Europa.
>
> Para aumentar a capacidade defensiva e para salvaguardar a nossa República Democrática Alemã, sobre a base do art. 5

---

[189] *Gesetz über die Schaffung der Nationalen Volksarmee und des Ministeriums für Nationale Verteidigung vom 18. Januar 1956* [Lei Institutiva da Armada Nacional Popular da República Democrática Alemã], em: HOCHBAUM, Hans-Ulrich (Coord.). *Staats- und verwaltungsrechtliche Gesetze der Deutschen Demokratischen Republik*. Berlim (Ost): VEB Deutschen Zentralverlag, 1958, pp. 81/82.

[190] "Westdeutsche Söldnerarmee", isto é, a *Bundeswehr*, "armada mercenária" porque a República Federal Alemã entrara na OTAN em 6 de maio de 1955. Nos textos dos Estados comunistas e naqueles de inspiração comunista no Ocidente, quando se fala do "adversário de classe" não são raras estas passagens da linguagem jurídica àquela propagandista: assim *"guerrafondaio"* está para *"bellicistico"*, *"complice"* ou *"manutengolo"* (*Helfershelfer*) para *"alleato"*.

e do art. 112[191] da Constituição da República Democrática Alemã, a Volkskammer aprova a seguinte lei:

Art. 1.

(1) É instituída uma "Nationale Volksarmee" [Armada Popular Nacional].

(2) A "Nationale Volksarmee" é formada pelas forças armadas de terra, de mar e de céu necessárias à defesa da República Democrática Alemã. A consistência numérica das forças armadas é limitada em conformidade com as exigências da proteção do território da República Democrática Alemã, da proteção dos seus limites e da defesa aérea.

Art. 2.

(1) É instituído um "Ministerium für Nationale Verteidigung" [Ministério da Defesa Nacional].

(2) O "Ministerium für Nationale Verteidigung" organiza e guia a "Nationale Volksarmee" (forças armadas de terra, de mar e de céu) com base e na aplicação das leis, decretos e decisões da Volkskammer e do Conselho dos Ministros da República Democrática Alemã.

(3) As tarefas do "Ministerium für Nationale Verteidigung" são estabelecidas pelo Conselho dos Ministros.

Art. 3.

A presente lei entra em vigor com a sua publicação (Verkündung).

---

[191] Art. 5 Constituição da RDA: "1) As normas geralmente reconhecidas pelo direito internacional empenham os públicos poderes bem como todos os cidadãos. 2) É dever dos poderes públicos zelar pela manutenção e pela defesa das relações amigáveis com todos os povos. 3) Nenhum cidadão poderá participar de ações de guerra tendentes a oprimir um povo". O art. 112, Constituição da RDA – "À República compete o poder exclusivo de legislar em mérito" (...) – elenca uma longa série de competências, na qual não se acena à defesa: as únicas referências à guerra se referem ao passado: legislação em mérito "aos danos de guerra e às despesas de ocupação e às indenizações ou restituições; – às vítimas do nazismo"(http://www.dircost.unito.it/cs/pdf/19491007_germaniaRepubblicaDemocratica_ita.pdf).

O Presidente da *Volkskammer*, em nome do *Präsidium* da *Volkskammer*, publica a presente lei, aprovada em vinte e um de janeiro de mil novecentos e cinquenta e seis.

Berlim, em vinte e quatro de janeiro de mil novecentos e cinquenta e seis.

O Presidente da República Democrática Alemã
Wilhelm Pieck

Os delitos-penais contra a paz, acima recordados a propósito do artigo sexto da Constituição, foram regulados em 1957, com a lei que – na espera da emanação do novo Código Penal da República Democrática Alemã – adequava aos tempos novos algumas partes do Código Penal Imperial ainda em vigor: trata-se da *Lei para o Completamento do Código Penal* (*Strafergänzungsgesetz*), de dezembro de 1957.[192] Na Seção sobre os *Crimes-contra o Estado e a atividade dos seus órgãos*, dois artigos se referem aos delitos mencionados na Constituição:

§ 19. Propaganda antiestatal e provocação. (1) Quem:

1. faz propaganda ou apologia do fascismo e do militarismo, ou incita contra outros povos ou raças;

2. incita contra o Estado dos Operários e dos Lavradores [a República Democrática Alemã], contra os seus órgãos, contra as organizações sociais ou contra um cidadão individualmente por causa das suas atividades estatais ou sociais, ou por causa de seu pertencimento a uma instituição estatal ou a uma organização social, passa às vias de fato ou ameaça ações violentas, é punido com uma pena de detenção (Gefängnis) não inferior a três meses. A tentativa é punível.

---

[192] *Gesetz zur Ergänzung des Strafgesetzbuches (Strafergänzungsgesetz) vom 11. Dezember 1957*, in: *Strafgesetzbuch und andere Strafgesetze. Textausgabe mit Anmerkungen und Sachregister* (1960), pp. n.n.: a sequência das páginas é substituída por aquela dos artigos.

(2) Igualmente, é punido quem produz escritos ou outros objetos de tal conteúdo, ou os introduz ou difunde com escopo provocativo.

(3) Em casos graves – especialmente se a ação é realizada mediante encargo dos entes ou dos indivíduos mencionados ao § 14 [Espionagem], ou se se trata de uma ação planejada – se condena à prisão (Zuchthaus).[193]

(...)

§ 25. Favorecimento de um crime contra o Estado.

(1) O favorecimento ocorrido depois da execução de um crime contra o Estado para o qual é prevista a prisão (Zuchthaus) é punido com a detenção (Gefängnis).

(2) O favorecimento não é punido se imputável ao cônjuge, a irmãos ou irmãs ou a parentes diretos ou adotivos do réu ou de um corréu, a fim de evitar-lhe a pena.

Essas duas normas de 1957 revelam como a proteção da paz ou a limitação das forças armadas foram passadas ao segundo plano em relação às exigências de repressão próprias de um Estado autoritário.

---

[193] Sobre os dois tipos de pena de detenção (*Zuchthaus* e *Gefängnis*) cf. nota 187, p. 486.

REFERÊNCIAS BIBLIOGRÁFICAS

[AGNOLETTI, Enzo Enriques]. *Chi sono i partigiani della pace*. Roma: Comitato italiano per la libertà della cultura, [1951?].

[MENZEL, Johanna M.]. "Der geheime deutsch-japanische Notenaustausch zum Dreimächtepakt". *Vierteljahrshefte für Zeitgeschichte*, 2, 1957.

"Die Idee der Kriegsächtung in Amerika". *Die Friedens-Warte*, vol. 25, 1925.

ABE, Shinzō. *Utsukushii kuni e* [Verso un paese meraviglioso]. Tokyo: Bungei Shunju, [2006] 2013.

ABEGG, Lily. *Yamato*: Der Sendungsglaube des japanischen Volkes. Frankfurt am Main: Sozietäts-Verlag, 1936.

ADORNO, Theodor W. "Erziehung nach Auschwitz [Vortrag im Hessischen Rundfunk, 18.4.1966]". In: _____. *Erziehung zur Mündigkeit. Vorträge und Gespräche mit Hellmut Becker 1959-1969*. Editado por Gerd Kadelbach. 5ª ed. Frankfurt am Main: Suhrkamp, 1970 (trechos em *Die Zeit* 01/1993. Disponível em: https://www.zeit.de/1993/01/erziehung-nach-auschwitz).

_____. *Aspekte des neuen Radikalismus*: Ein Vortrag. Berlim: Suhrkamp, 2019.

AGA-ROSSI, Elena. *Cefalonia*: La resistenza, l'eccidio, il mito. Bologna: Il Mulino, 2016.

AGOSTINI, Giulia. *Intrecci letterari tra Italia e Giappone nel Novecento*: i casi di Mishima e D'Annunzio. 2015. Disponível em: https://www.

academia.edu/31084334/Intrecci_letterari_tra_Italia_e_Giappone_nel_Novecento_i_casi_di_Mishima_e_DAnnunzio. Acessado em: 28.03.2024.

"Allemagne, Italie, Japon: les fascismes". *Le Débat*, 21, 1982.

ALLINSON, Gary D. *Japan's Postwar History*. Ithaca: Cornell University Press, 1997.

ALLOATTI, Franca. "La carta di guerra non è un fenomeno isolato". *In*: COARELLI, Rossella (Coord.). *Istruiti e laboriosi*: gli anni della ricostruzione. I libri scolastici del fondo della Braidense, 1945-1953. Milão: Viennepierre, 2004.

AMITRANO, Giorgio; CATERINA, Lucia; DE MARCO, Giuseppe (Coord.). *Studi in onore di Luigi Polese Remaggi*. Napoli: Università degli Studi di Napoli L'Orientale, 2005.

ANDERS, Günther. *Essere o non essere*: Diario di Hiroshima e Nagasaki. Torino: Einaudi, 1961.

ANDO, Junko. "Japan und die Preußische Verfassung". *In*: KREBS, Gerhard (Coord.). *Japan und Preußen*. München: Iudicium, 2002.

ANTONI, Klaus J. *Der himmlische Herrscher und sein Staat*: Essay zur Stelle des Tenno im modernen Japan. München: Judicium, 1991.

ARISTARCO, Guido. *Il cinema fascista*: il prima e il dopo. Bari: Edizioni Dedalo, 1996.

ASSEMBLEA COSTITUENTE. *Commissione per la costituzione*: Progetto di costituzione della Repubblica Italiana. Relazione del Presidente della Commissione presentata alla Presidenza dell'Assemblea Costituente il 6 febbraio 1947. Roma: Tipografia della Camera dei Deputati, 1947. Disponível em: http://legislature.camera.it/_dati/costituente/lavori/ddl/00Anc.pdf. Acessado: 10.04.2024.

AUER, James E. "Article 9 of Japan's Constitution: From Renunciation of Armed Force 'Forever' to the Third Largest Defense Budget of the World". *Law and Contemporary Problems*, 53:2, 1990.

AUGERI, Nunzia. *L'estate della libertà*: Le repubbliche partigiane e zone libere. Roma: Carocci, 2014.

AUSWÄRTIGES AMT (Coord.). *Materialien zum Kriegsächtungspakt*. Berlim: Reichsdruckerei, 1928.

AVAGLIANO, Mario; PALMIERI, Marco. *Dopoguerra*: Gli italiani fra speranze e illusioni (1945-1947). Bologna: Il Mulino, 2019.

REFERÊNCIAS BIBLIOGRÁFICAS

_____. *Gli internati militari italiani*: Diari e lettere dai Lager nazisti, 1943-1945. Com prefácio de Giorgio Rochat. Torino: Einaudi, 2009.

_____. *I militari italiani nei lager nazisti*: una resistenza senz'armi (1943-1945). Bologna: Il Mulino, 2020.

AYÇOBERRY, Pierre. "Franz Neumann: Behemoth". *Le Débat*, vol. 21, 1982.

BACIGALUPI, Marcella; FOSSATI, Piero. *Da plebe a popolo*: L'educazione popolare nei libri di scuola dall'Unità d'Italia alla Repubblica. Florença: La Nuova Italia, 1986.

BAILER-GALANDA, Brigitte (Coord.). *Die Auschwitzleugner*: "Revisionistische" Geschichtslüge und historische Wahrheit. Berlim: Elephanten Press, 1996.

BAIRD, Jay W. (Coord.). *From Nuremberg to My Lai*. Lexington: Heath, 1971.

BARILE, Paolo. "La magistratura si ribella alle leggi?" *Il Ponte*, vol. 3, n° 11-12, 1947.

BARTOLINI, Giulio. "Le modifiche al codice penale militare di guerra a seguito della missione italiana in Afghanistan". *La Comunità Internazionale*, 2002.

BÄSTLEIN, Klaus. "'Nazi-Blutrichter als Stützen des Adenauer-Regimes' Die DDR-Kampagnen gegen NS-Richter und-Staatsanwälte, die Reaktionen der bundesdeutschen Justiz und ihre gescheiterte 'Selbstreinigung' 1957-1968". In: _____ et al. *Beiträge zur juristischen Zeitgeschichte der DDR*. Berlim: Berliner Landesbeauftragter für die Unterlagen des Staatssicherheitsdienstes der Ehemaligen DDR, 2009.

BÄSTLEIN, Klaus; ROSSKOPF, Annette; WERKENTIN, Falco. *Beiträge zur juristischen Zeitgeschichte der DDR*. Berlim: Berliner Landesbeauftragter für die Unterlagen des Staatssicherheitsdienstes der Ehemaligen DDR, 2009.

BATTAGLIA, Achille (Coord.). *Dieci anni dopo, 1945-1955*: Saggi sulla vita democrática italiana. Bari: Laterza, 1995.

BATTAGLIA, Achille. "Giustizia e politica nella giurisprudenza". In: _____. (Coord.). *Dieci anni dopo, 1945-1955*: Saggi sulla vita democratica italiana. Bari: Laterza, 1955.

BATTAGLIA, Roberto. "Il riconoscimento dei partigiani". *Il Ponte*, vol. 3, n° 11-12, 1947.

BATTAGLIA, Salvatore. *Grande dizionario della lingua italiana*. Torino: Utet, 1992.

BAUMGART, David. *Gesellschaft*: Ein japanisches Geschichtslehrbuch für die 6. Klasse der Grundschule. Vierter Abschnitt: Vom Mandschurischen Zwischenfall (1931) bis zur Gegenwart. Berlim: Mori-Ôgai-Gedenkstätte, 2006.

BEER, Lawrence W.; ITOH, Hiroshi (Coord.). *The Constitutional Case Law in Japan*: 1970 through 1990. Seattle: University of Washington Press, 1996.

BELLADONNA, Simone. *Gas in Etiopia*: I crimini rimossi dell'Italia colonial. Vicenza: Neri Pozza, 2015.

BENTIVOGLIO, Giulia. *Antiamericanismo in Italia nel secondo dopoguerra*: dal Piano Marshall al movimento dei Partigiani della pace. Roma: Biblioteca dell'Archivio Centrale dello Stato, 2002.

BENZ, Wolfgang. "Amerikanische Besatzungsherrschaft in Japan 1945-1947". *Vierteljahrshefte für Zeitgeschichte*, 26:2, 1978.

BENZ, Wolfgang; LEUSCHNER, Jörg (Coord.). *Geeinte Nation – Geteilte Geschichte*: Die deutsche Gesellschaft nach der Wiedervereinigung. Salzgitter: Archiv der Stadt Salzgitter, 1993.

BEONIO-BROCCHIERI, Paolo. *Storia del Giappone*. Milão: Mondadori, 1996.

BERETTA, Lia. *Hirohito in Italia*: Diari. Moncalieri: Centro Interuniversitario di Ricerche sul "Viaggio in Italia", 2013.

BERGAMINI, David. *Japan's Imperial Conspiracy*. 2 vol. Londres – Nova York: Heinemann, 1971.

BERGER, Franz Severin; HOLLER, Christiane. *Trümmerfrauen*: Alltag zwischen Hamstern und Hoffen. Wien: Ueberreuter, 1994.

BERKOFSKY, Axel. "Japan's Post-War Constitution. Origins, Protagonists and Controversies". *Il Politico*, 2, 2010.

_____. "Japanisches Militär in Irak. Neudefinition japanischer Sicherheitspolitik?" *Konrad-Adenauer-Stiftung, Auslandsinformationen*, 26 abr. 2004. Disponível em: https://www.kas.de/c/document_library/get_file?uuid=d14d56b6-1415-b22d-3f55-6721ff7f1289&groupId=252038. Acessado em: 28.03.2024.

_____. *A Pacifist Constitution for an Armed Empire*: Past and Present of Japanese Security and Defence Policies. Milão: Angeli, 2012.

_____. *Die neuen Amerikanisch-Japanischen Leitlinien für Verteidigungskooperation*: Implikationen für Japans regionale Sicherheitspolitik. Münster: Lit, 2005.

BERNDT, Jacqueline. "Eine zeitlos schöne Nation. Das 'Neue Geschichtslehrbuch' als Bildergeschichte". *In*: RICHTER, Steffi; HÖPKEN, Wolfgang (Coord.). *Vergangenheit im Gesellschaftskonflikt*: Ein Historikerstreit in Japan. Köln: Böhlau, 2003.

BESSEL, Richard (Coord.). *Fascist Italy and Nazi Germany*: Comparisons and Contrasts. Cambridge: Cambridge University Press, 1996.

BIAGI, Enzo. *Io c'ero*: Un grande giornalista racconta l'Italia del dopoguerra. Milão: Rizzoli, 2008.

BIANCHI D'ESPINOSA, Luigi. "Il 'caso Pilotti'". *Il Ponte*, vol. 3, nº 11-12, 1947.

BIANCO, Dante Livio. "Partigiani e C.L.N. davanti ai tribunali civili". *Il Ponte*, vol. 3, nº 11-12, 1947.

BIEBER, Hans-Joachim von. *SS und Samurai*: Deutsch-Japanische Kulturbeziehungen 1933-1945. München: Iudicium, 2014.

BINDING, Karl; HOCHE, Alfred. *Die Freigabe der Vernichtung lebensunwerten Lebens*: Ihr Maß und ihre Form. Leipzig: Meiner, 1920.

BISSON, Thomas A. *Zaibatsu Dissolution in Japan*. Berkeley: University of California Press, 1954.

BITTNER, Wolfgang. "Verbot der Vorbereitung eines Angriffskrieges". *Hintergrund. Das Nachrichtenmagazin*, 7 abr. 2017. Disponível em: https://www.hintergrund.de/politik/inland/verbot-der-vorbereitung-eines-angriffskrieges/. Acessado em: 28.03.2024.

BLESSIN, Erich. *Bundesentschädigungsschlußgesetz*: Kommentar zu der Neufassung des Bundesentschädigungsgesetzes. 2 vol. München: Beck, 1967-1969.

BMJ. *Strafgesetzbuch und andere Strafgesetze*: Textausgabe mit Anmerkungen und Sachregister. 6ª ed. Berlim: VEB Deutscher Zentralverlag, 1960.

BOBBIO, Norberto. "Pace e propaganda di pace". *Occidente. Rassegna mensile di studi politici*, nº 5, 1952; reimpressão em: BOBBIO, Norberto. *Politica e cultura*. Torino: Einaudi, 1955.

_____. *Autobiografia*. Bari: Laterza, 1997.

_____. *Il problema della guerra e le vie della pace*. Bologna: Il Mulino, 1979.

_____. "Paz e propaganda de paz". *In*: _____. *Política e cultura*. Franco Sbarberi (Coord.). Trad. Jaime A. Clasen. São Paulo: Unesp, 2015.

_____. "Paz e propaganda de paz". Trad. Erica Salatini. *BJIR: Brazilian Journal of International Relations*, vol. 04, nº 01, jan./abr. 2015. Disponível em: https://revistas.marilia.unesp.br/index.php/bjir/article/view/4999/3577. Acessado em: 10.04.2024.

_____. *Politica e cultura*. Torino: Einaudi, 1955.

BOBBIO, Norberto; POLITO, Pietro (Coord.). *Il Terzo assente*: Saggi e discorsi sulla pace e sulla guerra. Milão: Sonda, 1989.

BOCCA, Giorgio. *Una repubblica partigiana*: Ossola, 10 settembre: 23 ottobre 1944. Milão: Saggiatore, [1964] 2005.

BOCCINI, Luciano. *Il problema dei danni di guerra*. Bologna: Zanichelli, 1940.

BONANATE, Luigi. *Art. 11*. Roma: Carocci, 2018.

BORK, Henrik. "Geschichtsklitterung in Sprechblasen". *Die Zeit*, 8, 11 mar. 1999. Disponível em: http://www.zeit.de/1999/11/199911.manga_.xml. Acessado em: 28.03.2024.

BOSSMANN, Dieter. *"Was ich über Adolf Hitler gehört habe..."*. Folgen eines Tabus: Auszüge aus Schüler-Aufsätzen von heute. Frankfurt am Main: Fischer, 1982.

BOTTERI, Inge. "La donna tra modernità e fascismo". *Annali di storia dell'educazione e delle istituzioni scolastiche*, 17, 2010.

BPB. "Vor 25 Jahren: Bundesverfassungsgericht billigt Auslandseinsätze". *Bundeszentrale für politische Bildung*, 8 jul. 2019. Disponível em: http://www.bpb.de/politik/hintergrund-aktuell/188072/20-jahre-parlamentsvorbehalt-10-07-2014. Acessado em: 28.03.2024.

BRACCI, Mario. "Come nacque l'amnistia". *Il Ponte*, vol. 3, nº 11-12, 1947.

BRACHT, Mary Lynn. "Svelo il Giappone delle ipocrisie che abuso di 200mila bimbe-schiave". *Libero*, 4 mai. 2018.

_____. *Figlie del Mare*. Milão: Longanesi, 2018.

BRACKMAN, Arnold C. *The Other Nuremberg*: the Untold Story of the Tokyo War Crimes Trials. Londres: Collins, 1989.

BRECCIA, Gastone. *Corea, la guerra dimenticata*. Bologna: Il Mulino, 2019.

BRECHER, W. Puck. *Honored and dishonored guests*: Westerners in wartime Japan. Cambridge: Harvard University Press, 2017.

BREDEMEIER, Karsten. *Kriegsdienstverweigerung im Dritten Reich*: Ausgewählte Beispiele. Baden-Baden: Nomos, 1991.

BRODESSER, Hermann-Josef; FEHN, Bernd Josef; FRANOSCH, Tilo; WIRTH, Wilfried. *Wiedergutmachung und Kriegsfolgenliquidation*: Geschichte, Regelungen, Zahlungen. München: Beck, 2000.

BRONDINO, Michele; DI GIOVINE, Alfonso (Coord.). *Colonialismo e neocolonialismo nei libri di storia per le scuole medie inferiori e superiori*. Milão: Angeli, 1987.

BROOKER, Paul. *The Faces of Fraternalism*: Nazi Germany, Fascist Italy, and Imperial Japan. Oxford: Clarendon Press, 1991.

BRUNORI, Maurizio. *Il Giappone*: Storia e civiltà del Sol Levante. Milão: Mursia, 1993.

BUCHER, Peter (Coord.). *Der Verfassungskonvent auf Herrenchiemsee* (*Der Parlamentarische Rat*, vol. 2). Boppard am Rhein: Boldt, 1981.

CAJANI, Luigi. "Italien und der Zweite Weltkrieg in den Schulgeschichtsbüchern". *In*: CORNELISSEN, Christoph *et al.* (Coord.). *Erinnerungskulturen*: Deutschland, Italien und Japan seit 1945. Frankfurt am Main: Fischer, 2003.

CALAMANDREI, Piero. "Restaurazione clandestina". *Il Ponte*, vol. 3, nº 11-12, 1947.

CAMMELLI, Giorgio. *Aritmetica per le scuole di avviamento professionale*. Milão: Signorelli, 1950; reproduzido em: COARELLI, Rossella (Coord.). *Istruiti e laboriosi*: gli anni dela ricostruzione. [S.l.]: ViennePierre, 2004.

CAMPAGNOLO, Stefano (Coord.). *Si faccia un articolo di fondo... Il regime fascista, Farinacci e il ventennio a Cremona*. Cremona: Biblioteca Statale, 2018.

CANOSA, Romano. *Le sanzioni contro il fascismo*: Processi ed epurazioni a Milano negli anni 1945-47. Milão: Mazzotta, 1978.

_____. *Storia dell'epurazione in Italia*: Le sanzioni contro il fascismo 1943-1948. Milão: Baldini & Castoldi, 1999.

CAPRARA, Maurizio. "Presto rapriremo l'ambasciata a Tripoli. E aiuteremo Serraj". *Corriere della Sera*, 5, 11 ago. 2016.

CAPRISTO, Annalisa. *L'espulsione degli ebrei dalle accademie italiane*. Torino: Zamorani, 2002.

CARACCIOLO, Davide. "La ignominiosa alleanza. Il contributo mafioso ala vittoria alleata in Sicilia". *Instoria*, n° 7, 2008. Disponível em: http://www.instoria.it/home/vittoria_alleata_sicilia.htm. Acessado em: 28.03.2024.

CARLASSARE, Lorenza. "Costituzione italiana e guerra 'umanitaria'". *In*: DOGLIANI, Mario; SICARDI, Stefano (Coord.). *Diritti umani e uso della forza*: Profili di diritto costituzionale interno e internazionale. Torino: Giappichelli, 1999.

_____. "L'art. 11 della Cost. nella visione dei Costituenti". *Costituzionalismo.it*, 11 fev. 2013. Disponível em: https://www.costituzionalismo.it/lart-11-cost-nella-visione-dei-costituenti/. Acessado em: 28.03.2024.

CARNEVALE, Paolo (Coord.). *Guerra e Costituzione*: Atti del Convegno dell'Università degli studi Roma Tre, Roma 12 aprile 2002. Torino: Giappichelli, 2004.

CAROLI, Rosa. "Storia e storiografia in Giappone. Dai crimini di guerra ai criminali di guerra". *In*: CONTINI, Giovanni; FOCARDI, Filippo; PETRICIOLI, Maria (Coord.). *Memoria e rimozione*: I crimini di guerra del Giappone e dell' Italia. Roma: Viella, 2010.

CAROLI, Rosa; GATTI, Francesco. *Storia del Giappone*. Bari: Laterza, 2017.

CASADIO, Quinto. *Gli ideali pedagogici della Resistenza*. Bologna: Alfa, 1967.

CASSERO, Riccardo. *Le veline del Duce*: Come il fascismo controllava la stampa. Milão: Sperling & Kupfer, 2004.

CASSESE, Antonio. "Commento all'art. 11 della Costituzione". *In*: BRANCA, Giuseppe (Coord.). *Commentario alla Costituzione*: Principi fondamentali, artt. 1-12. Bologna – Roma: Zanichelli – Foro Italiano, 1975.

_____. *International Law*. Oxford: Oxford University Press, 2001.

CENTRO MILITARE DI STUDI STRATEGICI. "I movimenti pacifisti e antinucleari in Italia, 1980-1988". *Rivista Militare*, Roma, 1990. Disponível em: https://issuu.com/rivista.militare1/docs/11_-_i_movimenti_pacifisti_e_antinu. Acessado em: 02.04.2024.

REFERÊNCIAS BIBLIOGRÁFICAS

CERRAI, Sondra. *I partigiani della pace in Italia*: Tra utopia e sogno egemonico. Limena: Libreriauniversitaria, tesi di dottorato dell'Università di Pisa, 2011.

CHIARI, Bernhard (Coord.). *Auslandseinsätze der Bundeswehr*. Paderborn: Schöningh, 2010.

CHICKERING, Roger. *Imperial Germany and a World without War*: the Peace Movement and German Society, 1892-1914. Princeton: Princeton University Press, 1975.

CHIESA, Pasquale. "L'algoritmo del perdono". *In*: RAGGI, Barbara. *Baroni di razza*: Come l'università del dopoguerra ha riabilitato gli esecutori delle leggi razziali. Roma: Editori Internazionali Riuniti, 2012.

CIAPPARONI LA ROCCA, Teresa. "Gli scrittori italiani e il Giappone". *In*: AMITRANO, Giorgio *et al.* (Coord.). *Studi in onore di Luigi Polese Remaggi*. Napoli: Università degli Studi di Napoli L'Orientale, 2005.

CIGNONI, Francesco. "Le 'veline' di Farinacci nel Fondo Bacchetta dela Biblioteca statale di Cremona". *In*: CAMPAGNOLO, Stefano (Coord.). *Si faccia un articolo di fondo... Il regime fascista, Farinacci e il ventennio a Cremona*. Cremona: Biblioteca Statale, 2018.

COARELLI, Rossella (Coord.). *Dalla scuola all'Impero*: I libri scolastici del fondo Braidense (1924-1944). Milão: Viennepierre, 2001.

_____ (Coord.). *Istruiti e laboriosi*: gli anni della ricostruzione. I libri scolastici del fondo della Braidense, 1945-1953. Milão: Viennepierre, 2004.

COARELLI, Rossella. "Da 'Bertoldo' a 'Settebello'. Donne e morale di regime: l'autarchia e la guerra". *Annali di storia dell'educazione e delle istituzioni scolastiche*, 17, 2010.

_____. "Il secondo dopoguerra (1945-1953). La defascistizzazione dei libri di testo". *In*: _____. (Coord.). *Istruiti e laboriosi*: gli anni della ricostruzione. Milão: Viennepierre, 2004.

_____. "Riviste femminili nate durante il ventennio fascista". *Annali di storia dell'educazione e delle istituzioni scolastiche*, 17, 2010.

COCCOLI, Carlotta. *Monumenti violati*: Danni bellici e riparazioni in Italia nel 1943-1945: il ruolo degli Alleati. Florença: Nardini, 2017.

COFFRINI, Fabrice. "Obras roubadas por nazistas desafiam museu". *O Estado de S. Paulo*, 7 jan. 2019.

COHEN, David. *Transitional Justice in Divided Germany after 1945*. Berkeley: War Crimes Studies Center, [s.d.]. Disponível em: https://

www.ocf.berkeley.edu/~wcsc/wp-content/uploads/Papers/cohen-trans--justice-germany.pdf. Acessado em: 28.03.2024.

Congresso mondiale dei popoli per la pace, Vienna, 5-12 dicembre 1952. Cremona: Pizzorni, 1953.

CONTINI, Giovanni; FOCARDI, Filippo; PETRICIOLI, Maria (Coord.). *Memoria e rimozione*: I crimini di guerra del Giappone e dell' Italia. Roma: Viella, 2010.

COPPELLOTTI, Celestino. *Evoluzione della Germania hitleriana*: Con tutti i documenti dal riarmo al 1º aprile 1936. Milão: Editoriale Arte e Storia, 1936.

CORAZZA, Heinz. *Die Samurai. Ritter des Reiches in Ehre und Treue, mit einem Vorwort des Reichsführers SS und Chefs der deutschen Polizei Heinrich Himmler*. Berlim: Zentralverlag der NSDAP, 1944. (Sonderdruck aus dem "Schwarzen Korps" – 76.-100. Tausend).

CORNELISSEN, Christoph; KLINKHAMMER, Lutz; SCHWENTKER, Wolfgang (Coord.). *Erinnerungskulturen*: Deutschland, Italien und Japan seit 1945. Frankfurt am Main: Fischer, 2003.

CORRIERE DELLA SERA. "Il Giappone ritira le sue truppe dall'Iraq". *Corriere della Sera*, 20 jun. 2006. Disponível em: http://www.corriere.it/Primo_Piano/Esteri/2006/06_Giugno/20/ritiro_giappone.shtml. Acessado em: 03.04.2024.

COSTA, Pietro. *Art. 10*. Roma: Carocci, 2018.

COSTANZO, Ezio. *Mafia e Alleati – Servizi segreti americani e sbarco in Sicilia*: da Lucky Luciano ai sindaci "uomini d'onore". Catania: Le Nove Muse Editrice, 2006.

COTICCHIA, Fabrizio. *La guerra che non c'era*: opinione pubblica e interventi militari italiani dall'Afghanistan alla Libia. Milão: Università Bocconi, 2014.

COURTADE, Francis; CADARS; Pierre. *Geschichte des Films im Dritten Reich*. München: Hanser, 1975.

CRISAFULLI, Edoardo; GESUATO, Maria Katia (Coord.). *Una lingua per amica – L'Italiano nostro e degli altri*: Atti della X settimana della Lingua Italiana nel Mondo. Tokyo: Istituto Italiano di Cultura, 2011.

CROME, Erhard. "Kriegsächtung: aktuell und drängend". *RLS – Rosa--Luxemburg-Stiftung Standpunkte*, Berlim, ago. 2008.

REFERÊNCIAS BIBLIOGRÁFICAS

D'ANNUNZIO, Gabriele. "Saluto all'ospite d'Oriente". (1949b). *In*:
_____. *La penultima ventura*: Discorsi e messaggi scelti (15 gennaio '19 – 20 marzo '24). Milão: Associação Amici del Vittoriale, 1949.

_____. "Al legionario Alceste De Ambris". (1949c). *In*: _____. *La penultima ventura*: Discorsi e messaggi scelti (15 gennaio '19 – 20 marzo '24). Milão: Associação Amici del Vittoriale, 1949.

_____. "Credo [XXXI decembre MCMXIX]". (1932). *In*: _____. *La penultima ventura*: libro secondo: l'urna inesausta. Milão: Istituto nazionale per la edizione di tutte le opere di Gabriele D'Annunzio, 1932.

_____. "L'ala d'Italia è liberata. Discorso agli aviatori di Centocelle [IX luglio MCMXIX]". (1932). *In*: _____. *La penultima ventura*: libro primo: Il sudore di sangue. Milão: Istituto nazionale per la edizione di tutte le opere di Gabriele D'Annunzio, 1932.

_____. "Orazione al popolo di Milano in morte di Giosuè Carducci (24 marzo 1907)". *In*: _____. *L'allegoria dell'autunno*. Curadirua de Annamaria Andreoli e Giorgio Zanetti. Milão: Mondadori, 2013. Disponível em: http://www.intratext.com/IXT/ITA3506/_PA.HTM. Acessado em: 02.04.2024.

_____. *La penultima ventura*: Discorsi e messaggi scelti (15 gennaio '19 – 20 marzo '24). Milão: Associação Amici del Vittoriale, 1949.

_____. *La penultima ventura*: libro primo: Il sudore di sangue. Milão: Istituto nazionale per la edizione di tutte le opere di Gabriele D'Annunzio, 1932.

_____. *La penultima ventura*: libro secondo: l'urna inesausta. Milão: Istituto nazionale per la edizione di tutte le opere di Gabriele D'Annunzio, 1932.

D'ANNUNZIO, Gabriele; FRESSURA, Marco; KARLSEN, Patrick (Coord.). *La Carta del Carnaro e altri scritti su Fiume*. Roma: Castelvecchi, 2009.

DA FRÈ, Giuliano. "Portaerei per il Giappone?" *Rivista Italiana Difesa*, 2 jan. 2018. Disponível em: http://www.portaledifesa.it/index~phppag,3_id,2096_arg,3_npp,2_npag,14.html.

DANIELS, Roger. "Japanese American, wartime relocation of". *In*: *Kodansha Encyclopedia of Japan*. vol. 4. Tokyo: Kodansha, 1983.

_____. "War Relocation Authority". *In*: *Kodansha Encyclopedia of Japan*. vol. 8. Tokyo: Kodansha, 1983.

_____. "Wartime Relocation Centers". *In*: *Kodansha Encyclopedia of Japan*. vol. 8. Tokyo: Kodansha, 1983.

DE CRISTOFARO, Ernesto; SALETTI, Carlo (Coord.). *Precursori dello sterminio*: Binding e Hoche all'origine dell' "eutanasia" dei malati di mente in Germania. Verona: Ombre Corte, 2012.

DE GIORGI, Fulvio. "Nel 'cantiere scolastico' della Repubblica". *In*: COARELLI, Rossella (Coord.). *Istruiti e laboriosi*: gli anni della ricostruzione. Milão: Viennepierre, 2004.

DE GUTTRY, Andrea. *Le missioni delle forze armate italiane fuori area*: Profili giuridici della partecipazione nazionale alle peace support operations. Milão: Giuffrè, 1997.

DE VERGOTTINI, Giuseppe. *Guerra e Costituzione*: Nuovi conflitti e sfide alla democrazia. Bologna: Il Mulino, 2004.

DE VINCENTIIS, Mauro. "Recensione de: Patrizia Pacini". *In*: PACINI, Patrizia. *La costituente*: storia di Teresa Mattei. *Patria Indipendente*, 25 set. 2011. Disponível em: http://anpi.it/media/uploads/patria/2011/40-43_LIBRI.pdf.

DEAGLIO, Enrico. *Patria 1967-1977*. Milão: Feltrinelli, 2017.

_____. *Patria 1978-2008*. Milão: Il Saggiatore, 2009.

DECKER, Gunnar. *1965, der kurze Sommer der DDR*. München: Hanser, 2015.

Der Parlamentarische Rat: 1948-1949. Akten und Protokolle (1975-2009), herausgegeben vom Deutschen Bundestag und vom Bundesarchiv unter Leitung von Rupert Schick und Friedrich P. Kahlenberg, Boppard am Rhein: Boldt, 14 voll.

DER SPIEGEL. "Gallige Sprechblasen". *Der Spiegel*, 26, 1999. Disponível em: https://magazin.spiegel.de/EpubDelivery/spiegel/pdf/13880890. Acessado em: 03.04.2024.

DI CAPUA, Giovanni. *Il biennio cruciale (luglio 1943-giugno 1945)*: L'Italia di Charles Poletti. Soveria Mannelli: Rubbettino Editore, 2005.

DI FEO, Gianluca. "Libia, la guerra segreta dei droni partiti da Sigonella". *La Repubblica*, 21 jun. 2018.

DI FRANCESCO, Tommaso. "La nostra Libia dimenticata". *Il Manifesto*, 14 abr. 2019. Disponível em: https://ilmanifesto.it/la-nostra-libia-dimenticata-2/. Acessado em: 28.03.2024.

DI GIOVINE, Alfonso. "Considerazioni in margine alla ricerca". *In*: BRONDINO, Michele; DI GIOVINE, Alfonso (Coord.). *Colonialismo e neocolonialismo*. Milão: Angeli, 1987.

REFERÊNCIAS BIBLIOGRÁFICAS

DI RUSSO, Marisa. "Influenze e suggestioni letterarie dall'incontro tra Oriente e Occidente. D'Annunzio in Giappone". *In*: AMITRANO, Giorgio *et al*. (Coord.). *Studi in onore di Luigi Polese Remaggi*. Napoli: Università degli Studi di Napoli L'Orientale, 2005.

DI STASI, Lawrence. *Una Storia Segreta*: the Secret History of Italian American Evacuation and Internment during World War II. Berkeley: Heyday Books, 2004.

DISARMO. "Italia ripudia la guerra: non rendiamo più facile dichiararla". *Rete della Pace*, 27 jan. 2015. Disponível em: http://www.disarmo.org/rete/a/41247.html. Acessado em: 03.04.2024.

DOEHRING, Karl; FEHN, Bernd Josef; HOCKERTS, Hans Günter. *Jahrhundertschuld, Jahrhundertsühne*: Reparationen, Wiedergutmachung, Entschädigung für nationalsozialistisches Kriegs- und Verfolgungsunrecht. München: Olzog, 2001.

DOGLIANI, Mario. "Diritti dell'uomo: principi universali o ideologia?" *In*: DOGLIANI, Mario; SICARDI, Stefano (Coord.). *Diritti umani e uso della forza*: Profili di diritto costituzionale interno e internazionale. Torino: Giappichelli, 1999.

DOGLIANI, Mario; SICARDI, Stefano (Coord.). *Diritti umani e uso della forza*: Profili di diritto costituzionale interno e internazionale. Torino: Giappichelli, 1999.

DOMENICO, Roy Palmer. *Italian Fascists on Trial*: 1943-1948. Chapel Hill: University of North Carolina Press, 1991.

DONAT, Walter *et al*. *Das Reich und Japan*: Gesammelte Beiträge. Berlim: Junker e Dünnhaupt, 1943.

DONAT, Walter. "Der deutsche und der japanische Reichsgedanke". *In*: _____. *et al*. *Das Reich und Japan*: Gesammelte Beiträge. Berlim: Junker e Dünnhaupt, 1943.

_____. "Deutschland und Japan. Eine Einführung". *In*: _____. *et al*. *Das Reich und Japan*: Gesammelte Beiträge. Berlim: Junker e Dünnhaupt, 1943.

DONINI, Ambrogio. "Prefazione". *In*: SERENI, Marina. *I giorni della nostra vita*. Roma: Edizioni di Cultura Sociale, 1955.

ECO, Umberto. *Il fascismo eterno*. Milão: La Nave di Teseo, 2018.

EDSEL, Robert M. *Monuments Men*: Allied Heroes, Nazi Thieves, and the Greatest Treasure Hunt in History. Londres: Arrow, 2009.

EGBERT, Lawrence D.; JOOSTEN, Paul A. (Coord.). *Der Prozess gegen die Hauptkriegsverbrecher vor dem internationalen Militärgerichtshof*: Nürnberg, 14. November 1945 - 1. Oktober 1946. Gemäß den Weisungen des Internationalen Militärgerichtshofes vom Sekretariat des Gerichtshofes unter der Autorität des Obersten Kontrollrats für Deutschland veröffentlicht. 42 vol. Nürnberg: Internationaler Militärgerichtshof, (1947-1949).

EHRENBURG, Ilya. "Partigiano della Pace". *Realismo. Mensile di arti figurative*, 1953.

EICKHOFF, Bärbel et al. *Restauration im Recht, Jahrbuch für Sozialökonomie und Gesellschaftstheorie* (Hochschule für Wirtschaft und Politik Hamburg). Opladen: Westdeutscher Verlag, 1988.

ELM, Ludwig. *Nach Hitler, nach Honecker*: Zum Streit der Deutschen um die eigene Vergangenheit. Berlim: Dietz, 1991.

FERENCZ, Benjamin B. *Lohn des Grauens*: Die Entschädigung jüdischer Zwangsarbeiter. Frankfurt am Main: Campus Verlag, 1986; primeira edição: *Less than Slaves*: Jewish forced labor and the quest for compensation. Cambridge: Harvard University Press, 1979.

FERRARIN, Arturo. *Il mio volo Roma-Tokio*. Torino: ARP, 1921.

_____. *Voli per il mondo*. Com apresentação de Benito Mussolini. Milão: Mondadori, 1929; reimpressão 1942.

FERRETTI, Valdo. *Il Giappone e la politica estera italiana 1935-1941*. Milão: Giuffrè, 1983.

FISCH, Jörg. *Reparationen und Entschädigungen nach dem Zweiten Weltkrieg*. München: Beck, 1992.

FISCHER, Torben. "Exildebatte". *In*: FISCHER, Torben; LORENZ, Matthias N. (Coord.). *Lexikon der "Vergangenheitsbewältigung" in Deutschland*. Bielefeld: Transcript, 2009.

FISCHER, Torben; LORENZ, Matthias N. (Coord.). *Lexikon der "Vergangenheitsbewältigung" in Deutschland*: Debatten- und Diskursgeschichte des Nationalsozialismus nach 1945. 2ª ed. Bielefeld: transcript, 2009.

FLECHTHEIM, Alfred; BAMBI, Andrea; DRECOLL, Axel (Coord.). *Raubkunst und Restitution*. Berlim: De Gruyter Oldenbourg, 2015.

FLOREANINI, Gisella. *Si impedisca il riarmo della Germania di Bonn!*, discorso pronunciato alla Camera dei Deputati nella seduta del 17 dicembre 1954. Roma: Tipografia della Camera dei deputati, 1955.

REFERÊNCIAS BIBLIOGRÁFICAS

FOA, Vittorio. "La crisi della Resistenza prima della Liberazione". *Il Ponte*, vol. 3, nº 11-12, 1947.

FOCARDI, Filippo. "Criminali a piede libero. La mancata 'Norimberga italiana'". *In*: CONTINI, Giovanni *et al.* (Coord.). *Memoria e rimozione*. Roma: Viella, 2010.

FOLJANTY-JOST, Gesine. *Schulbuchgestaltung als Systemstabilisierung in Japan*. Bochum: Brockmeyer, 1979.

FORESTI, Fabio (Coord.). *Credere, obbedire, combattere*: Il regime linguistico del Ventennio. Bologna: Pendragon, 2003.

FORNI, Lorena; VETTOR, Tiziana (Coord.). *Sicurezza e libertà in tempo di terrorismo globale*. Torino: Giappichelli, 2017 [ma 2018].

FORNO, Mauro. *La stampa nel Ventennio*: Strutture e trasformazioni nello Stato totalitario. Soveria Mannelli: Rubbettino, 2005.

FORTUNIO, Tommaso. *La legislazione definitiva sulle sanzioni contro il fascismo – Delitti fascisti, epurazione, avocazione*: Commento, dottrina, giurisprudenza. Roma: Nuove Edizioni Jus, 1946.

_____. *Revisione e revoca dell'epurazione*: Testo e commento del Decreto Legislativo 7 febbraio 1948, n. 48. Roma: Universal, 1948.

FRAENKEL, Ernst. *Il doppio Stato*: Contributo alla teoria della dittatura. Introdução de Norberto Bobbio. Torino: Einaudi, 1983.

FRANZ-WILLING, Georg. *Umerziehung*: die De-Nationalisierung besiegter Völker im 20. Jahrhundert. Coburg: Nation Europa, 1991.

FREI, Norbert (Coord.). *Carriere*: Le élites di Hitler dopo il 1945. Torino: Bollati Boringhieri, 2003.

FRIEDLÄNDER, Saul. "De l'antisémitisme à l'extermination. Esquisse historiographique". *Le Débat*, 21, 1982.

GALANTE GARRONE, Carlo. "Guerra di liberazione (dalle galere)". *Il Ponte*, vol. 3, nº 11-12, 1947.

GALLUZZO, Marco. "Reparti speciali a difesa degli 007 già sul terreno. Così Palazzo Chigi ha dato il via al 'suo' piano". *Corriere della Sera*, 3, 11 ago. 2016.

GARCÍA SAÉZ, José Antonio. "Pacifismo Jurídico". *Eunomía. Revista de la Cultura de la Legalidad*, 2019.

_____. *Kelsen versus Morgenthau*: paz, política y derecho internacional. Madrid: Centro de Estudios Políticos y Constitucionales, 2016.

GATTI, Francesco. *Il fascismo giapponese*. Venezia: Cafoscarina, 1997.

GAUTIER, Judith. *Poëmes de la libellule*: Traduit du japonais d'après la version littérale de M. Saionzi. Paris: Gillot, 1884.

GERGOLET, Mara. "Tokyo prepara l'isola-trincea". *Corriere della Sera*, 7 jan. 2019.

GERRA, Ferdinando. *L'impresa di fiume*. Prefácio de Alberto M. Ghisalberti. Milão: Longanesi, 1974; vol. 1: *Fiume d'Italia*; vol. 2: *La Reggenza italiana del Carnaro*.

GETREUER, Peter. *Der verbale Pazifismus*: Die Verteidigung Japans 1972-1983 in demoskopischen Befunden. Wien: Institut für Japanologie, 1986.

GIACOMINI, Ruggero. *I partigiani della pace*: Il movimento pacifista in Italia e nel mondo negli anni della prima guerra fredda. Prefácio de Enzo Santarelli. Milão: Vangelista, 1984. Disponível em: http://www.resistenze.org/sito/te/cu/st/cust3c06.htm. Acessado em: 28.03.2024.

GIGLI, Silvia. "Dacia Maraini: prigioniera in Giappone". *informatore Unicoopfirenze*, 4, abr. 2017. Disponível em: http://www.coopfirenze.it/informatori/notizie/dacia-maraini-prigioniera-in-giappone. Acessado em: 28.03.2024.

GIMBEL, John. *Science, Technology, and Reparations*: Exploitation and Plunder in Postwar Germany. Stanford: Stanford University Press, 1990.

GINSBORG, Paul. *Storia d'Italia dal dopoguerra a oggi*. Torino: Einaudi, 2006.

GINZBURG, Natalia. *Le piccole virtù*: Lessico famigliare. Torino: La Stampa, 2016.

_____. *Lessico famigliare*. Torino: Einaudi, 1963.

GODAU-SCHÜTTKE, Klaus-Dettlev. "Von der Entnazifizierung zur Renazifizierung der Justiz in Westdeutschland". *forum historiae iuris* (fhi), 2001. Disponível em: https://forhistiur.de/2001=06--godau-schuttke/?l-de#str21. Acessado em: 28.03.2024.

GONCOURT, Edmond de. *La maison d'un artiste*. 2 vol. Paris: Charpentier, 1881.

GOODMAN, Carl F. *The Rule of Law in Japan*: a Comparative Analysis. 2ª edição revisada. The Hague: Kluwer, 2008.

GORDON, Andrew. "Reparations for Southeast Asia". *In*: *Kodansha Encyclopedia of Japan*. vol. 6. Tokyo: Kodansha, 1983.

GOSCHLER (Coord.). *Wiedergutmachung in der Bundesrepublik Deutschland*, [s.d.].

GOSCHLER, Constantin. *Schuld und Schulden*: Die Politik der Wiedergutmachung für NS-Verfolgte seit 1945. Göttingen: Wallstein, 2005.

_____. *Wiedergutmachung*: Westdeutschland und die Verfolgten des Nationalsozialismus. München: Oldenburg, 1992.

GOZZANO, Guido. *Verso la cuna del mondo*: Lettere dall'India (1912-1913). Milão: Treves, 1917.

GRANATA, Ivano. "Don Mazzolari e il movimento dei Partigiani della Pace (1950-1952)". *Il Risorgimento. Rivista di storia del Risorgimento e storia contemporanea*, 1, 1993.

GRIBAUDI, Gabriella. *Combattenti, sbandati, prigionieri*: Esperienze e memorie di reduci della Seconda guerra mondiale. Roma: Donzelli, 2016.

GRIMM, Hans. *Volk ohne Raum*. München: Langen, 1932.

GROSSER, Dieter; BIERLING, Stephan; NEUSS, Beate (Coord.). *Bundesrepublik und DDR 1969-1990 (Deutsche Geschichte in Quellen und Darstellungen*, vol. 11). Stuttgart: Reclam, 2015.

GROSSI, Alessia. "La sabbia che ricoprì le vergogne della Storia". *Il Fatto Quotidiano*, 17, 4 nov. 2017.

GRÜNDLER, Gerhard E.; MANIKOWSKY, Arnim von. *Das Gericht der Sieger*: Der Prozess gegen Göring, Hess, Ribbentrop, Keitel, Kaltenbrunnen und andere. Oldenburg: Stalling, 1967.

GUERRI, Giordano Bruno. *Disobbedisco – Cinquecento giorni di rivoluzione*: Fiume 1919-1920. Milão: Mondadori, 2019.

_____. *Filippo Tommaso Marinetti*: Invenzioni, avventure e passioni di un rivoluzionario. Milão: Mondadori, 2009.

GUTTUSO, Renato. "La nuova esperienza di Mucchi". *Realismo. Mensile di arti figurative*, 19, 7, 1954.

GUY, George F. "The Defence of General Yamashita". *Supreme Court Historical Society – Yearbook 1981*, 1981.

HAASCH, Günther (Coord.). *Bildung und Erziehung in Japan*: Ein Handbuch zur Geschichte, Philosophie, Politik und Organisation des japanischen Bildungswesens von den Anfängen bis zur Gegenwart. Berlim: Colloquium, 2000.

HANSEN, Janine. *Arnold Fancks "Die Tochter des Samurai"*: Nationalsozialistische Propaganda und japanische Filmpolitik. Berlim: Harrassowitz, 1997.

HASBERG, Wolfgang (Coord.). *Modernisierung im Umbruch*: Geschichtsdidaktik und Geschichtsunterricht nach 1945. Berlim: Lit, 2008.

HASEBE, Yasuo. "The End of Constitutional Pacifism in Japan?" *IACL-AIDC BLOG*, 24 dez. 2015. Disponível em: https://blog-iacl-aidc.org/new-blog/2018/5/27/analysis=-the-end-of-constitutional-pacifism-in-japan?rq-Yasuo%20Hasebe. Acessado em: 28.03.2024.

HASKI, Pierre. "Chi vuole scatenare una guerra nello stretto di Hormuz". *Internazionale*, 14 jun. 2019. Disponível em: https://www.internazionale.it/opinione/pierrehaski/2019/06/14/petroliere-stretto-hormuz. Acessado em: 28.03.2024.

HAUSHOFER, Karl. *Japan und die Japaner*: Eine Landeskunde. Leipzig: Teubner, 1923.

HENDERSON, Dan F. (Coord.). *The Constitution of Japan*: Its First Twenty Years 1947-1967. Seattle: University of Washington Press, 1968.

HERBST, Ludolf; GOSCHLER, Constantin (Coord.). *Wiedergutmachung in der Bundesrepublik Deutschland*. München: Oldenbourg, 1989.

HERDE, Peter. *Der Japanflug*: Planungen und Verwirklichung einer Flugverbindung zwischen den Achsenmächten und Japan 1942-1945. Stuttgart: Steiner, 2000.

_____. *Italien, Deutschland und der Weg in den Krieg im Pazifik 1941*. Wiesbaden: Steiner, 1983.

HERRMANN, Anne-Kathrin. "Karl Jaspers: Die Schuldfrage". *In*: FISCHER, Torben; LORENZ, Matthias N. (Coord.). *Lexikon der "Vergangenheitsbewältigung" in Deutschland*. Bielefeld: Transcript, 2009.

HIROHITO. "Neujahrsbotschaft des Tenno vom 1. Januar 1946". *Aus Politik und Zeitgeschichte*, B 40-41/64, 1964.

HIRSCH, Ernst. *Aus Kaisers Zeiten durch die Weimarer Republik in das Land Atatürks*: Eine unzeitgemässe Biographie. München: Schweizer, 1982.

HOCHBAUM, Hans-Ulrich (Coord.). *Staats- und verwaltungsrechtliche Gesetze der Deutschen Demokratischen Republik*. Berlim (Ost): VEB Deutschen Zentralverlag, 1958.

REFERÊNCIAS BIBLIOGRÁFICAS

HOCKERTS, Hans Günter; MOISEL, Claudia; WINSTEL, Tobias (Coord.). *Grenzen der Wiedergutmachung*: Die Entschädigung für NS-Verfolgte in West und Osteuropa 1945-2000. Göttingen: Wallstein, 2006.

HOFFEND, Andrea. *Zwischen Kultur-Achse und Kulturkampf*: Die Beziehungen zwischen 'Drittem Reich' und faschistischem Italien in den Bereichen Medien, Kunst, Wissenschaft und Rassenfrage. Frankfurt am Main: Lang, 1998.

HOFMANN, Reto. *The Fascist Effect*: Japan and Italy, 1915-1952. Ithaca: Cornell University Press, 2015.

HÖFT, Andrea. "Nationalsozialismus im Schulunterricht". *In*: FISCHER, Torben; LORENZ, Matthias N. (Coord.). *Lexikon der "Vergangenheitsbewältigung" in Deutschland*. Bielefeld: Transcript, 2009.

HOLIAN, Timothy J. *The German-Americans and World War II*: an Ethnic Experience. Nova York: Lang, 1996.

HOOK, Glenn D.; MCCORMACK, Gavan. *Japan's Contested Constitution*: Documents and Analysis. Londres: Routledge, 2001.

HORWITZ, Solis. "The Tokyo Trial". *International Conciliation*, n° 465, 1950.

I lavoratori tedeschi contro il riarmo della Germania. Conferenza operaia europea contro la rimilitarizzazione della Germania, Berlino, 23-25 marzo 1951. Torino: Tipografia Teatrale, 1951.

IACCH, Franco. "Il Giappone sta per annunciare le portaerei defensive". *Il Giornale*, 28 nov. 2018. Disponível em: https://www.ilgiornale.it/news/mondo/giappone-sta-annunciare-portaerei-difensive-1608425.html. Acessado em: 28.03.2024.

IENAGA, Saburō. "The Historical Significance of the Japanese Textbook Lawsuit". *Bulletin of Concerned Asian Scholars*, 2:4, 1970.

_____. *Japan's Past, Japan's Future*: one Historian's Odyssey. Lanahm: Rowman and Littlefield, 2001.

_____. *The Pacific War, 1931-1945*: a Critical Perspective of Japan's Role in World War II. Nova York: Panteon Books, 1978.

IGARI, Hiromi. "Die Schulbuchkontroverse um die Geschichtsdarstellung in Japan". *Jahrbuch für Antisemitismusforschung*, 9, 2000.

IL FATTO QUOTIDIANO. "Libia e Iraq, forze speciali italiane sul terreno: lo scoop del Fatto confermato dal documento trasmesso al Copasir". *il Fatto Quotidiano*, 10 ago. 2016. Disponível em: http://

www.ilfattoquotidiano.it/2016/08/10/libia-forze-speciali-italiane-sul-terrenolo-scoop-del-fatto-confermato-dal-copasir/2967379/. Acessado em: 04.04.2024.

_____. "Reparti italiani nella guerra all'Isis: ma il parlamento non ne sa nulla". *In Fatto Quotidiano*, 30 jul. 2016. Disponível em: https://www.ilfattoquotidiano.it/prima-pagina/reparti-italiani-nella-guerra-allisis-ma-il-parlamento-non-ne-sa-nulla/. Acessado em: 04.04.2024.

INOUE, Kyoko. *MacArthur's Japanese Constitution*: a Linguistic and Cultural Study of Its Making. Chicago: University of Chicago Press, 1991.

INSOLVIBILE, Isabella. *Kos 1943-1948*: La strage, la storia. Napoli: Edizioni Scientifiche Italiane, 2010.

ISENSEE, Josef; KIRCHHOF, Paul (Coord.). *Handbuch des Staatsrechts der Bundesrepublik Deutschland*. vol. 9. Heidelberg: Müller, 1997.

ITO, Hirobumi. *Commentaries on the Constitution of the Empire of Japan*. Tokyo: Igirisu-horitsu gakko, 1889.

JASPER, Gotthard. "Die disqualifizierten Opfer. Der Kalte Krieg und die Entschädigung für die Kommunisten". *In*: HERBST, Ludolf; GOSCHLER, Constantin. *Wiedergutmachung in der Bundesrepublik Deutschland*. München: Oldenbourg, 1989.

JASPERS, Karl. *Die Schuldfrage*: Von der politischen Haftung Deutschlands. Heidelberg: Lambert Schneider, 1946; München: Piper, 2015; edição de bolso com posfácio de 1962.

_____. *Freiheit und Wiedervereinigung*: Über Aufgaben der deutschen Politik. Prefácio de Willi Brandt. München: Pieper, 1990.

JEISMANN, Karl-Ernst (Coord.). *Deutschland und Japan im Spiegel ihrer Schulbücher*. Braunschweig: Georg-Eckert-Institut für Internationale Schulbuchforschung, Diesterweg, 1982.

JEMOLO, Arturo Carlo. "La battaglia che non fu data". *Il Ponte*, vol. 3, nº 11-12, 1947.

KADES, Charles. "The American Role in Revising Japan's Imperial Constitution". *Political Science Quarterly*, 104:2, 1989.

KARATANI, Kojin. *Kenpo no muishiki* [L'inconscio e la Costituzione]. Tradução de Pier Giorgio Girasole. Tokyo: Iwanami Shoten, 2016; 5ª ed. 2017.

REFERÊNCIAS BIBLIOGRÁFICAS

_____. *Sekai kyowakoku he. Shugi, neshon, kokka wo koete* [Verso la repubblica mondiale. Capitale, nazione e oltre la nazione]. Tokyo: Iwanami Shoten, 2006.

KARLSCH, Rainer. *Allein bezahlt? Die Reparationsleistungen der SBZ/ DDR 1945-1953*. Berlim: Links, 1993.

KARLSCH, Rainer; TANDLER, Agnes. "Ein verzweifelter Wirtschaftsfunktionär? Neue Erkenntnisse über den Tod Erich Apels 1965". *Deutschland-Archiv*, 34, 2001.

KASAHARA, Toikushi. "Il massacro di Nanchino e la struttura del negazionismo politico in Giappone". *In*: CONTINI, Giovanni *et al.* (Coord.). *Memoria e rimozione*. Roma: Viella, 2010.

KASZA, Gregory J. *The State of the Mass Media in Japan, 1918-1945*. Berkeley: University of California Press, 1988.

KATER, Michael H. "Die Ernsten Bibelforscher im Dritten Reich". *Vierteljahrshefte für Zeitgeschichte*, 17:2, 1969.

KELSEN, Hans. *L'annessione dell'Austria al Reich tedesco e altri scritti (1918-1931)*. Tradução e edição de Fernando D'Aniello. Torino: Nino Aragno Editore, 2020.

KERSEVAN, Alessandra. *Lager italiani*: Pulizia etnica e campi di concentramento fascisti per civili jugoslavi 1941-1943. Roma: Nutrimenti, 2008.

KIPP, Heinrich. "Das Grundrecht der Kriegsdienstverweigerung". *In*: LAFORET, Wilhelm Georg Josef. *Festschrift für Wilhelm Laforet anläßlich seines 75. Geburtstags*. München: Isar Verlag, 1952.

KISHI, Nobusuke. *Kishi Nobusuke Kaikoroku* [Memorie di Kishi Nobusuke]. Tokyo: Kōsaidō, 1983.

KITTEL, Manfred; MÖLLER, Horst. "Die Beneš-Dekrete und die Vertreibung der Deutschen im europäischen Vergleich". *Vierteljahrshefte für Zeitgeschichte*, 54:4, 2006.

KLEE, Ernst. *Persilscheine und falsche Pässe*: Wie die Kirchen den Nazis halfen. Frankfurt am Main: Fischer, 1991.

KLEIN, Angelika (Coord.). *Der Friedensgedanke in Politik und Traditionsverständnis der DDR*. Halle (Saale): Martin-Luther-Universität Halle-Wittenberg, 1987.

KLEIN, Gabriella B. *Politica linguistica del fascismo*. Bologna: Il Mulino, 1986.

KLESSMANN, Christoph; MISSELWITZ, Hans; WICHERT, Günter (Coord.). *Deutsche Vergangenheit – eine gemeinsame Herausforderung*: Der schwierige Umgang mit der doppelten Nachkriegsgeschichte. Berlim: Links, 1999.

KOELLREUTTER, Otto. "National Socialism and Japan". *Contemporary Japan*, 8:2, 1939.

_____. *Das politische Gesicht Japans*. Berlim: Heymanns, 1940; 2ª ed. 1943.

_____. *Das Wesen der Spruchkammern und der durch sie durchgeführten Entnazifizierung*. Ein Rechtsgutachten. Als Manuskript gedruckt. [S.l.], [s.d.].

_____. *Der heutige Staatsaufbau Japans*. Berlim: Junker und Dünnhaupt, 1941.

_____. *Die Entnazifizierung, eine Sünde wider Recht und Ehre*. Vortrag gehalten am 5. September 1954 auf dem 2. Internierten-Treffen in Landau/Pfalz. Landau/Pfalz: Gepel, 1954.

_____. *Die politische Entwicklung des heutigen Japans*. Berlim: De Gruyter, 1944.

KOLKO, Joyce; KOLKO, Gabriel. *The Limits of Power*: the World and Unites States Foreign Policy, 1945-1954. Nova York: Harper & Row, 1972.

KOSAKA, Masataka. *A History of Postwar Japan*. Prefácio de Edwin O. Reischauer. Tokyo: Kodansha International, 1982.

KOSEKI, Shoichi. *The Birth of Japan's Postwar Constitution*. Boulder: Westview Press, 1998.

KREBS, Gerhard (Coord.). *Formierung und Fall der Achse Berlin-Tokyo*. München: Iudicium, 1994.

_____. *Japan und Preußen*. München: Iudicium, 2002.

KRIEGSVERBRECHERPROZESSE. *Brockhaus-Enzyklopädie*. 21ª ed. vol. 15. Leipzig: Brockhaus, 2006.

KUBACZEK, Martin; TSUCHIYA, Masahiko (Coord.). *"Bevorzugt beobachtet"*: Zum Japanbild in der zeitgenössischen Literatur. München: Iudicium, 2005.

KUHN, Hans-Werner; MASSING, Peter; SKUHR, Werner. *Politische Bildung in Deutschland*: Entwicklung – Stand – Perspektiven. 2ª edição ampliada. Opladen: Leske – Budrich, 1993.

REFERÊNCIAS BIBLIOGRÁFICAS

KÜHNHARDT, Ludger; LEUTENECKER, Gerd; RUPPS, Martin (Coord.). *Die doppelte deutsche Diktaturerfahrung*: Drittes Reich und DDR – ein historisch-politikwissenschaftlicher Vergleich. Frankfurt am Main: Lang, 1996.

KULTUSMINISTERKONFERENZ. "Behandlung des Nationalsozialismus im Unterricht (Beschluss der Kultusministerkonferenz vom 20.4.1978)". In: _____. *Sammlung der Beschlüsse der Ständigen Kultusministerkonferenz, Grundwerk*. 3ª ed. Köln: Link, 1978.

_____. *Empfehlung zur Behandlung des Widerstandes in der NS-Zeit im Unterricht* (Beschluss der Kultusministerkonferenz vom 4.12.1980). Disponível em: https://www.gesetze-bayern.de/Content/Document/BayVV_2230_1_1_1_1_3_UK_184/true. Acessado em: 03.04.2024.

KUMAGAI, Naoko; NOBLE, David. *The Comfort Women*: Historical, Political, Legal, and Moral Perspectives. Tokyo: International House of Japan, 2016.

KURASAWA, Aiko. "Romusha: la memoria più crudele dell'occupazione giapponese in Indonesia". In: CONTINI, Giovanni *et al.* (Coord.). *Memoria e rimozione*. Roma: Viella, 2010.

KURODA, Tamiko. "Aufarbeitung oder Restauration? Geschichtsbewusstsein und 'Vergangenheitsbewältigung' in Japan". *Geschichte Lernen*, 38:3, 1994.

KUSS, Horst. "Neue Wege – alte Ziele?" In: HASBERG, Wolfgang (Coord.). *Modernisierung im Umbruch*: Geschichtsdidaktik und Geschichtsunterricht nach 1945. Berlim: Lit, 2008.

"La crisi della Resistenza". *Il Ponte*, 3:11-12, 1947.

LABANCA, Nicola (Coord.). *Fra sterminio e sfruttamento*: Militari internati e prigionieri di guerra nella Germania nazista (1939-1945). Florença: Le Lettere, 1992.

_____. *La Libia nei manuali scolastici italiani*: 1911-2001. Roma: Istituto Italiano per l'Africa e l'Oriente, 2003.

_____. *La memoria del ritorno*: Il rimpatrio degli Internati militari italiani (1945-1946). Florença: Giuntina, 2000.

LABANCA, Nicola. "Compensazioni, passato coloniale, crimini italiani. Il generale e il particolare". In: CONTINI, Giovanni *et al.* (Coord.). *Memoria e rimozione*. Roma: Viella, 2010.

LAMBERTI, Maria Mimita. "Giapponeserie dannunziane". *In*: GALLOTTA, Aldo; MARAZZI, Ugo (Coord.). *La conoscenza dell'Asia e dell'Africa in Italia nei secoli XVIII e XIX*. vol. 2. Napoli: Istituto Universitario Orientale, 1985.

LANNA, Noemi. "Il duplice dissenso di Oda Makoto: il pacifismo come critica al vittimismo". *In*: MIGLIORE, Maria Chiara; MANIERI, Antonio; ROMAGNOLI, Stefano (Coord.). *Il dissenso in Giappone*: La critica al potere in testi antichi e moderni. Ariccia: Aracne, 2016.

LAVAGNA. "Libri scolastici, digitalizzazione all'italiana". *Lim e dintorni*, 12 fev. 2012. Disponível em: http://lavagna.wordpress.com/2012/02/12/libri-scolastici-digitalizzazione-allitaliana/. Acessado em: 04.04.2024.

LEGNANI, Massimo. *Politica e amministrazione nelle Repubbliche Partigiane*: Studio e documenti. Milão: Istituto Nazionale per la Storia del Movimento di Liberazione, 1968.

LEHNDORFF-FELSKO, Angelika. *Der KPD-Verbotsprozeß 1954 bis 1956*: Wie es dazu kam, sein Verlauf, die Folgen. Frankfurt am Main: Verlag Marxistische Blätter, 1981.

LEO, Annette. "Die Auseinandersetzung mit der nationalsozialistischen Vergangenheit in der DDR". *In*: BENZ, Wolfgang; LEUSCHNER, Jörg (Coord.). *Geeinte Nation – Geteilte Geschichte. Die deutsche Gesellschaft nach der Wiedervereinigung*. Salzgitter: Archiv der Stadt Salzgitter, 1993.

LEVI, Riccardo. "L'azione economica e sociale dei C.L.N. dell'Alta Italia". *Il Ponte*, vol. 3, n° 11-12, 1947.

LI GOTTI, Claudio. *Gli americani a Licata*: Dall'amministrazione militare alla ricostruzione democratica. Civitavecchia: Prospettiva editrice, 2008.

LIEKHIN, L.V., F. N. Petrov. "Dizionario sovietico delle parole straniere". Mosca: Edizioni di Stato Linhart, Sepp (2005), Das heroische Japan. Deutschsprachige Japan-Literatur zwischen 1933 und 1945. *In*: KUBACZEK, Martin; TSUCHIYA, Masahiko (Coord.). *Bevorzugt beobachte*: zum Japanbild in der zeitgenössischen Literatur. München: Iudicium, 1949.

LLEWELYN, James; WALTON, David; KIKKAWA, Gen. *A Pacifist State in a Hostile Region*: Japan and Post-War Conflict in Southeast Asia. Nova York: Nova Science Publishers, 2009.

REFERÊNCIAS BIBLIOGRÁFICAS

LOSANO, Mario G. "A República de Weimar e a Cidade Livre de Fiume: de projetos criativos a resultados autoritários". *In*: BERCOVICI, Gilberto (Coord.). *Cem anos da Constituição de Weimar (1919-2019)*. Trad. Milene Chavez Bercovici. São Paulo: Quartier Latin, 2019.

_____. "Ernst Hirsch (1902-1985). Dall'europeizzazione del diritto in Turchia alla sociologia giuridica in Germania, Parte I. La formazione e l'esilio di Ernst Hirsch". *Materiali per una storia della cultura giuridica*, vol. 39, 2009.

_____. "Ernst Hirsch (1902-1985). Dall'europeizzazione del diritto in Turchia alla sociologia giuridica in Germania, Parte II. Ernst Hirsch sociologo del diritto". *Materiali per una storia della cultura giuridica*, vol. 39, 2009.

_____. "Germania, agosto 2018: manifestazioni neonaziste, privacy e libertà d'informazione". *Diritto dell'informazione e dell'informatica*, 2018.

_____. "Giustizia impunita". *Libera critica. Mensile di studenti medi e universitari*, 3, 15 mar. 1960.

_____. "Guerre ibride, omicidi mirati, droni: conflitti senza frontiere e senza diritto". *In*: FORNI, Lorena; VETTOR, Tiziana (Coord.). *Sicurezza e libertà in tempo di terrorismo globale*. Torino: Giappichelli, 2017.

_____. "Il diritto libero di Theodor Sternberg dalla Germania al Giappone". *Sociologia del diritto*, 2, 2001.

_____. "Il rifiuto della guerra nelle costituzioni postbelliche di Giappone, Italia e Germania". *In*: MOITA, Luís; PINTO, Luís Valença (Coord.). *Espaços económicos e espaços de segurança*. Lisboa: Observare – Universidade Autónoma de Lisboa, 2017. Disponível em: https://www.academia.edu/35729327/Il_rifiuto_della_guerra_nelle_costituzioni_postbelliche_di_Giappone_Italia_e_Germania_in_Lu%C3%ADs_Moita_Lu%C3%ADs_Valen%C3%A7a_Pinto_eds._Espa%C3%A7os_econ%-C3%B3micos_e_espa%C3%A7os_de_seguran%C3%A7a_pp._71-125. Acessado em: 09.04.2024.

_____. "L'aeroporto non c'entra". *Il Ponte*, 19:12, 1963.

_____. "La Germania spiegata agli studenti". *Il Ponte*, 20:3, 1964.

_____. "La recezione dei modelli giuridici europei nella realtà giapponese: Hermann Roesler (1834-1894)". *Sociologia del diritto*, 11:3, 1984.

_____. "Recensione a Tratta, prostituzione forzata e diritto internazionale. Il caso delle 'donne di conforto' di Maria Clara Maffei". *Diritto, immigrazione e cittadinanza*, 2, 2003.

_____. "Tre consiglieri giuridici europei e la nascita del Giappone moderno". *Materiali per una storia della cultura giuridica*, 3:1, 1973.

_____. *Alle origini della filosofia del diritto in Giappone. Il corso di Alessandro Paternostro a Tokyo nel 1889. In appendice*: A. Paternostro, Cours de philosophie du droit, 1889. Torino: Lexis, 2016. Disponível em: https://www.academia.edu/35729992/Mario_G._Losano_Alle_origini_della_filosofia_del_diritto_in_Giappone._Il_corso_di_Alessandro_Paternostro_a_Tokyo_nel_1889._In_appendice_A._Paternostro_Cours_de_philosophie_du_droit_1889_Lexis_Torino_2016_XI-246_. Acessado em: 09.04.2024.

_____. *Dalle leggi razziali del fascismo alle amnistie postbelliche*, 1938-1953: Con bibliografie e testi legislativi. Milão: Mimesis, 2022.

LOSANO, Mario G. "Il diritto alla sberla". *Il Ponte*, 21:1, 1965.

_____. *Il portoghese Wenceslau de Moraes e il Giappone ottocentesco. Con 25 sue corrispondenze nelle epoche Meiji e Taisho (1902-1913)*. Torino: Lexis, 2016. Disponível em: https://www.academia.edu/35755566/Il_portoghese_Wenceslau_de_Moraes_e_il_Giappone_ottocentesco_Con_25_sue_corrispondenze_nelle_epoche_Meiji_e_Taisho_1902-1913_Lexis_Torino_2016_XXVII-569_pp. Acessado em: 09.04.2024.

_____. *La geopolitica del Novecento*: Dai Grandi Spazi delle dittature alla decolonizzazione. Milão: Bruno Mondadori, 2011.

_____. *Lo spagnolo Enrique Dupuy e il Giappone ottocentesco. In appendice*: Enrique Dupuy, La transformación del Japón en la era Meiji, 1867–1894. Torino: Lexis, 2016. Disponível em: https://www.academia.edu/35755644/Enrique_Dupuy_e_Giappone_XIX_sec._In_appendice_Enrique_Dupuy_La_transformaci%C3%B3n_del_Jap%C3%B3n_en_la_era_Meiji_1867-1894_Lexis_Torino_2016_XXIII-407_pp. Acessado em: 09.04.2024.

_____. *Norberto Bobbio*: una biografia culturale. Roma: Carocci, 2018.

LOWE, Keith. *Der wilde Kontinent*: Europa in den Jahren der Anarchie 1943-1950. Stuttgart: Klett-Cotta, 2014.

LUTHER, Jörg. "Il giudice costituzionale può fermare la guerra? Una sentenza del Bundesverfassungsgericht sull'intervento militare in Kosovo".

In: DOGLIANI, Mario; SICARDI, Stefano (Coord.). *Diritti umani e uso della forza*. Torino: Giappichelli, 1999.

LUTZ, Dieter S. *Krieg und Frieden als Rechtsfrage im Parlamentarischen Rat 1948-1949*: Wertentscheidung, Auslegungsmethodik, Dokumentation. Baden-Baden: Nomos, 1982.

LUYSSEN, Johanna. "Adorno, icône de la lutte contre l'extrême droite". *Libération*, 16 out. 2019. Disponível em: https://www.liberation.fr/planete/2019/10/15/adornoicone-de-la-lutte-contre-l-extreme-droite_1757831. Acessado em: 27.03.2024.

LYON, Cherstin M. *Prisons and Patriots*: Japanese American Wartime Citizenship, Civil Disobedience, and Historical Memory. Philadelphia: Temple University Press, 2012.

MACARTHUR, Douglas. *Reminiscences*. Nova York: McGraw-Hill, 1964.

_____. *Reports of General MacArthur – 1st Supplement*: MacArthur in Japan. The Occupation. Military Phase. Charles A. Willoughby (Coord.). Washington: U.S. Government Printing Office, 1966.

MACDONALD, Stuart. "Science, Technology, and Reparations: Exploitation and Plunder in Postwar Germany by John Gimbel". *Prometeus. Critical Studies in Innovation*, vol. 9, 1991.

MAFFEI, Maria Clara. *Tratta, prostituzione forzata e diritto Internazionale*: Il caso delle "donne di conforto". Milão: Giuffrè, 2002.

MAGI, Laura. "Fino a che punto l'Italia ha risarcito i danni alle vittime di dei crimini commessi durante la Seconda guerra mondiale". *In*: CONTINI, Giovanni *et al.* (Coord.). *Memoria e rimozione*. Roma: Viella, 2010.

MAJOR, Patrick. *The Death of the KPD*: Communism and Anti-Communism in West Germany 1945-1956. Oxford: Clarendon Press, 1998.

MAKI, John M. (Coord.). *Japan's Commission on the Constitution*: the Final Report. Seattle: University of Washington Press, 1980.

MAKI, John. *Court and Constitution in Japan*: Selected Supreme Court Decisions 1948-1960. Seattle: University of Washington Press, 1964.

MALTARICH, Bill. *Samurai und Supermen*: National Socialist Views of Japan. Oxford: Lang, 2005.

MANCINO, Pietro. "Il Colle graziò il comunista assassino". *Libero*, 21 fev. 2019.

MANN, Erika. *School for Barbarians*: Education under the Nazis. Introdução de Thomas Mann. Nova York: Modern Age Books, 1938; reimpressão, 2014.

_____. *Zehn Millionen Kinder*: Die Erziehung der Jugend im Dritten Reich. Reinbek bei Hamburg: Rowohlt, 2011.

MANN, Thomas. "Die deutschen KZ [Radiobotschaft, 8.5.1945]". *In*: MANN, Thomas; KURZKE, Hermann; STACHORSKI, Stepahn (Coord.). *Essays*: Meine Zeit 1945-1955. vol. 6. Frankfurt am Main: Fischer, 1997.

_____. "Introduction". *In*: MANN, Erika. *School for Barbarians*. Mineola: Dover Publications, 1938.

MARAINI, Dacia. *Bagheria*. Milão: Rizzoli, 1993.

_____. *E tu chi eri? Interviste sull'infanzia*. Milão: Bompiani, 1973.

_____. *La nave per Kobe*: Diari giapponesi di mia madre. Milão: Rizzoli, 2001.

_____. *Mangiami pure*. Torino: Einaudi, 1978.

MARAINI, Fosco. *Case, amori, universi*. Milão: Mondadori, [1999] 2001.

_____. *Ore giapponesi*. Nova edição. Milão: Dall'Oglio, 1988.

MARTIN, Bernd. "Restauration – die Bewältigung der Vergangenheit in Japan". *Zeitschrift für Politik*, 17:2, 1970.

MARUYAMA, Masao. "Théorie et psychologie de l'ultra-nationalisme". *Le Débat*, n° 21, 1982.

_____. *Le radici dell'espansionismo*: Ideologie del Giappone moderno. Torino: Fondazione Agnelli, 1990.

MARXEN, Klaus. "Die Bestrafung von NS-Unrecht in Ostdeutschland". *In*: _____. *et al*. (Coord.). *Der Umgang mit Kriegs- und Besatzungsunrecht in Japan und Deutschland*. Baden-Baden: Berlin-Verlag – Nomos, 2001.

MARXEN, Klaus; MIYAZAWA, Koichi; WERLE, Gerhard (Coord.). *Der Umgang mit Kriegs- und Besatzungsunrecht in Japan und Deutschland*. Baden-Baden: Berlin-Verlag – Nomos, 2001.

MÄRZ, Peter; OBERREUTER, Heinrich (Coord.). *Weichenstellung für Deutschland? Der Verfassungskonvent von Herrenchiemsee*. München: Olzog, 1999.

REFERÊNCIAS BIBLIOGRÁFICAS

MARZO MAGNO, Alessandro. *Missione grande bellezza*: Gli eroi e le eroine che salvarono i capolavori italiani saccheggiati da Napoleone e da Hitler. Milão: Garzanti, 2017.

MASARU, Tonomura. *Die Erinnerung an die Kolonien im Japan der Nachkriegszeit*: Unter besonderer Berücksichtigung der Probleme im Zusammenhang mit der Herrschaft über Korea. Halle-Wittenberg: Martin-Luther-Universität, 2015.

MASON, Tim. "Banalisation du nazisme? La controverse actuelle sur l'interprétation du national-socialisme". *Le Débat*, n° 21, 1982.

MATSUMURA, Takao. "L'Unità 731 e la guerra batteriologica dell'esercito giapponese". *In*: CONTINI, Giovanni *et al.* (Coord.). *Memoria e rimozione*. Roma: Viella, 2010.

MAUNZ, Theodor; DÜRIG, Günter. *Grundgesetz – Kommentar*: art. 70-99. vol. V. München: Beck, 1984.

MAZZIOTTI DI CELSO, Manlio. *Lezioni di diritto costituzionale*: La Costituzione italiana. Precedenti storici. Principi fondamentali e rapporti civili. vol. 2. Milão: Giuffrè, 1993.

MERCURI, Lamberto. *L'epurazione in Italia 1943-1948*. Cuneo: L'Arciere, 1988.

MESMER, Philippe. "Le Japon muscle les capacités offensives des Forces d'autodéfense". *Le Monde*, 18 dez. 2018. Disponível em: https://www.lemonde.fr/international/article/2018/12/18/le-japon-muscle-les-capacites-offensives-des-forces-d-autodefense_5399222_3210.html. Acessado em: 27.03.2024.

MEYER, Dennis. "Entnazifizierung". *In*: FISCHER, Torben; LORENZ, Matthias N. (Coord.). *Lexikon der "Vergangenheitsbewältigung" in Deutschland*. Bielefeld: Transcript, 2009.

Meyers Lexikon (1936-1942), ottava edizione, 9 voll. Leipzig – Wien: Bibliographisches Institut *Meyers Neues Lexikon in acht Bänden* (1964), Leipzig: VEB Bibliographisches Institut, vol. 8.

MIDDLEBROOKS, William C. *Beyond Pacifism*: Why Japan Must Become a "Normal" Nation. Westport (Conn.): Praeger Security International, 2008.

MIGLIORE, Maria Chiara; MANIERI, Antonio; ROMAGNOLI, Stefano (Coord.). *Il dissenso in Giappone*: La critica al potere in testi antichi e moderni. Ariccia: Aracne, 2016.

MIHR, Anja. *Regime Consolidation and Transitional Justice*: a Comparative Study of Germany, Spain and Turkey. Cambridge: Cambridge University Press, 2018.

MINAMI, Keita. Kempo 9-jo no genzai ishiki rutsu wa "Tokugawa no heiwa" – shisoka Karatani Kojin [Una coscienza reale dell'articolo 9 e le radici nella "Pax Tokugawa". Il parere del pensatore Karatani Kojin]. *Mainichi Shimbun* (edizione di Tokyo del mattino), 27 nov. 2017. Disponível em: https://mainichi.jp/articles/20171127/ddm/004/070/020000c. Acessado em: 09.04.2024.

MINEAR, Richard H. "Foreword". *In*: NOZAKI, Yoshiko. *War Memory, Nationalism and Education*. Londres: Routledge, 2008.

_____. "War Crimes Trials". *In*: *Kodansha Encyclopedia of Japan*. vol. 8. Tokyo: Kodansha, 1983.

_____. *Victors' Justice*: the Tokyo War Crimes Trial. Princeton: Princeton University Press, 1971.

MINERBI, Alessandra. "La scuola dei barbari: un documento sulla Germania nazista". *Qualestoria*, 2, 1999.

MINISTRY OF FOREIGN AFFAIRS. "Japan's Contribution to Afghanistan – Working on the frontline in the war on terrorism". *Ministry of Foreign Affairs*, 2007. Disponível em: http://www.mofa.go.jp/region/middle_e/afghanistan/pamph0703.pdf. Acessado em: 04.04.2024.

MOITA, Luís; PINTO, Luís Valença (Coord.). *Espaços económicos e espaços de segurança*. Lisboa: Observare – Universidade Autónoma de Lisboa, 2015.

MOLODIAKOV, Vassili. "Who Is the Author of Article 9 of the Constitution of Japan?" *nippon.com*, 2017. Disponível em: http://www.nippon.com/en/column/g00269/. Acessado em: 27.03.2024.

MONDUCCI, Francesco. "Guerra e pace nei manuali scolastici italiani". *Novecento.org, Pensare la didattica*, 2015. Disponível em: http://www.novecento.org/pensare-la-didattica/guerra-e-pace-nei-manuali-scolastici-italiani-1314/. Acessado em: 27.03.2024.

MONTANELLI, Indro. *Soltanto un giornalista*: Testimonianza resa a Tiziana Abate. Milano: Rizzoli, 2002.

MONTINO, Davide. *Le parole educate*: libri e quaderni tra fascismo e Repubblica. Milão: Selene, 2005.

MOORE, Ray A.; ROBINSON, Donald L. *Partners for Democracy*: Crafting the New Japanese State under MacArthur. Nova York: Oxford University Press, 2002.

_____. *The Constitution of Japan*: a Documentary History of its Framing and Adoption. Princeton: Princeton University Press, CD-ROM, 1998.

MORGENTHAU, Henry. *Germany is our Problem*. Nova York: Harper, 1945.

MORRA, Francesco. *Numeri e figure*: matematica per la scuola media. Milão: Trevisini, 1941.

MOSSDORF, Otto. "Der soldatische Charakter des deutschen und japanischen Volkes". *In*: DONAT, Walter et al. *Das Reich und Japan*. Berlim: Junker, 1943.

MUCCHI, Gabriele. "Del manierismo e di due mostre dei manieristi". *Realismo. Mensile di arti figurative*, 5-6-7, 4, 1952.

_____. "Pittura e antifascismo". *Realismo. Mensile di arti figurative*, Nova Série, 2, 1955.

_____. *Le occasioni perdute*: memorie 1899-1993. Prefácio de Norberto Bobbio. Milão: L'Archivolto, 1994.

MÜLLER, Reinhard. *Brunolf Baade und die Luftfahrtindustrie der DDR – die wahre Geschichte des Strahlverkehrsflugzeuges 152*. Erfurt: Sutton, 2010.

MÜNCH, Philipp. *Die Bundeswehr in Afghanistan*: Militärische Handlungslogik in internationalen Interventionen. Freiburg im Breisgau: Rombach Verlag, 2015.

MUNZERT, Maria. "Neue Antisemitismuswelle". *In*: FISCHER, Torben; LORENZ, Matthias N. (Coord.). *Lexikon der "Vergangenheitsbewältigung" in Deutschland*. Bielefeld: Transcript, 2009.

MURA, Guido. "Esempi di grafica del ventennio nei libri scolastici". *In*: COARELLI, Rossella (Coord.). *Istruiti e laboriosi*: gli anni della ricostruzione. Milão: Viennepierre, 2004.

_____. "Oltre l'immagine. La grafica dei libri scolastici negli anni della ricostruzione". *In*: COARELLI, Rossella (Coord.). *Istruiti e laboriosi*: gli anni della ricostruzione. Milão: Viennepierre, 2004.

MURAMATSU, Mariko. "Outa occidentale di Gabriele D'Annunzio, ovvero quando la metrica giapponese plasma la poesia italiana". *In*: CRISAFULLI, Edoardo; GESUATO, Maria Katia (Coord.). *Una lingua per amica*. Tokyo: Istituto Italiano di Cultura, 2011. Disponível em: https://utcp.c.u-tokyo.ac.jp/publications/pdf/CollectionUTCP11_Muramatsu_04.pdf. Acessado em: 27.03.2024.

_____. *Il buon suddito del Mikado*: D'Annunzio japonisant. Milão: Archinto, 1996.

NAGY-TALAVERA, Nicholas M. *The Green Shirts and the Others*: a History of Fascism in Hungary and Romania. Iași: Center for Romanian Studies, 2001.

NAKAI, Akio. "Die 'Entmilitarisierung' Japans und die 'Entnazifizierung' Deutschlands nach 1945 im Vergleich". *Beiträge zur Konfliktforschung*, 2, 1988.

NAKATH, Detlef; PROKOP, Siegfried; BRANDENBURG, Rosa-Luxemburg-Stiftung (Coord.). *DDR-Geschichte*: Bilder & Zerrbilder. Siegfried Prokop zum 70. Geburtstag. Berlim: Karl Dietz, 2010.

NAPOLI, Franco Felice. *Villa Wolkonsky, 1943-1988*: Il lager nazista di Roma. Como: Europa Edizioni, 1996.

NARITA, Ryuichi. "Geschichte schreiben in Schulbüchern. Revisionismus, Konstruktivismus, und das Subjekt der Geschichte". *In*: RICHTER, Steffi; HÖPKEN, Wolfgang (Coord.). *Vergangenheit im Gesellschaftskonflikt*: Ein Historikerstreit in Japan. Köln: Böhlau, 2003.

NATIONALRAT DER NATIONALEN FRONT DES DEMOKRATISCHEN DEUTSCHLAND; DOKUMENTATIONSZENTRUM DER STAATLICHEN ARCHIVVERWALTUNG DER DDR (Coord.). *Braunbuch*: Kriegs- und Naziverbrecher in der Bundesrepublik und in Westberlin; Staat, Wirtschaft, Verwaltung, Armee, Justiz. Berlim: Staatsverlag der Deutschen Demokratischen Republik, 1965.

NATO NEWS. "NATO and Japan conduct first ever joint counter-piracy drill". *North Atlantic Treaty Organization*, 25 set. 2014. Disponível em: http://www.nato.int/cps/en/natohq/news_113373.htm?selectedLocale=en. Acessado em: 04.04.2024.

_____. "NATO" longest-standing partner in the Asia-Pacific". *North Atlantic Treaty Organization*, abr. 2013. Disponível em: https://www.nato.int/cps/en/natohq/news_99788.htm?selectedLocale=en. Acessado em: 03.04.2024.

REFERÊNCIAS BIBLIOGRÁFICAS

_____. "Relations with Japan". *North Atlantic Treaty Organization*, 7 abr. 2016. Disponível em: http://www.nato.int/cps/en/natohq/topics_50336.htm. Acessado em: 04.04.2024.

NATTA, Alessandro. "Reducismo o silenzio?" *In*: LABANCA, Nicola (Coord.). *Fra sterminio e sfruttamento*. Florença: Le lettere, 1992.

_____. *L'altra Resistenza*: I militari italiani internati in Germania. Introdução de Enzo Collotti. Torino: Einaudi, 1997.

NEGRI, Gugliemo; SIMONI, Silvano. *Le Costituzioni inattuate*. Roma: Colombo, 1990.

NENNI, Pietro. *Vento del Nord*: Giugno 1944 - giugno 1945. Torino: Einaudi, 1978.

NEUMANN, Franz L. *Behemoth*: the Structure and Practice of National--Socialism 1933-1944. Londres: Victor Gollancz, 1942; 2ª ed. 1944.

NEW WORLD ENCYCLOPEDIA. "Occupation of Japan". *New World Encyclopedia*. Disponível em: http://www.newworldencyclopedia.org/entry/Occupation_of_Japan.

NIEHUSS, Merith; LINDNER, Ulrike (Coord.). *Besatzungszeit, Bundesrepublik und DDR 1945-1969 (Deutsche Geschichte in Quellen und Darstellungen*, vol. 10). Stuttgart: Reclam, 2012.

Nihon kokan shuan bunsho [Raccolta dei principali trattati internazionali del Giappone]. Tokyo: Hara Shobo, 1985.

Nihonkoku-kenpo wo kokumin wa dō mukaetaka [Come i giapponesi hanno percepito la Costituzione]. Tokyo: Kōbunken, 1997.

NISH, Ian. *The Japanese in War and Peace, 1942-1948*: Selected documents from a translator's in-tray. Folkestone: Global Oriental, 2011.

NITSCH, Carlo. *Renato Treves esule in Argentina*: Sociologia, filosofia sociale, storia. Con documenti inediti e la traduzione di due scritti di Treves. Torino: Accademia delle Scienze, 2014. (Memoria della Classe di Scienze Morali, Storiche e Filologiche, Serie V, vol. 38, fasc. 2).

NIVEN, William John. *Facing the Nazi Past*: United Germany and the Legacy of the Third Reich. Londres: Routledge, 2002.

NOZAKI, Yoshiko. *War Memory, Nationalism and Education, in Postwar Japan, 1945-2007*: the Japanese Textbook Controversy and Ienaga Saburo's Court Challenges. Londres: Routledge, 2008.

OFFICE OF THE UNITED STATES CHIEF OF COUNSEL FOR PROSECUTION OF AXIS CRIMINALITY (1946-1948). *Nazi Conspiracy and Aggression*. Washington: U.S. Government Printing Office, 8 voll., seguido por *Supplements* (2 voll.), *Opinion and Judgement* (1 vol.).

OLIVA, Gianni. *La grande storia della Resistenza*, 1943-1948. Torino: Utet, 2018.

ONUKI, Atsuko. "Instrumentalisierung der Geschichte und Nationaldiskurse. Das Beispiel der Schulbuchdiskussion in Japan". *In*: RICHTER, Steffi; HÖPKEN, Wolfgang (Coord.). *Vergangenheit im Gesellschaftskonflikt*: Ein Historikerstreit in Japan. Köln: Böhlau, 2003.

OPPLER, Alfred C. "Sunagawa Case. Its Legal and Political Implications". *Political Science Quarterly*, 76:2, 1961.

_____. "Sunagawa Case". *In*: *Kodansha Encyclopedia of Japan*. vol. 7. Tokyo: Kodansha, 1983.

_____. *Legal Reform in Occupied Japan*: a Participant Looks Back. Princeton: Princeton University Press, 1976.

OSTEN, Philipp. *Der Tokioter Kriegsverbrecherprozeß und die japanische Rechtswissenschaft*. Berlim: Berliner Wissenschafts-Verlag, 2003.

OSTWALD, Paul. *Deutschland und Japan*: Eine Freundschaft zweier Völker. Berlim: Junker und Dünnhaupt, 1941.

OTTO, Carsten. "Japans bewaffneter Pazifismus: Die Sicherheitspolitik einer wirtschaftlichen Supermacht seit dem Ende des Ost-West-Konfliktes". *Asien*, 73, 1999.

PACINI, Patrizia. *La Costituente*: storia di Teresa Mattei. Milão: Altraeconomia, 2011.

_____. *Teresa Mattei, una donna nella storia*: Dall'antifascismo militante all'impegno in difesa dell'infanzia. Florença: Consiglio Regionale della Toscana, 2009. Disponível em: http://www.consiglio.regione.toscana.it/upload/CPO/pubblicazioni/pub75.pdf. Acessado em: 27.03.2024.

PAL, Radhabinod. *International Military Tribunal for the Far East*: Dissentient Judgment. Calcutta: Sanyal, 1953.

PALA, Elena. "Le 'donne di Salò' nelle pagine de 'La Domenica del Corriere': tra focolare e patria (1943-1945)". *Annali di storia dell'educazione e delle istituzioni scolastiche*, 2010.

PANSA, Giampaolo. *Eia Eia Alalà*: Controstoria del fascismo. Milão: Rizzoli, 2014; edizioni successive con il sottotitolo: *Nascita del fascismo*.

REFERÊNCIAS BIBLIOGRÁFICAS

_____. *I figli dell'Aquila*. Milão: Sperling & Kupfer, 2002.

_____. *I gendarmi della memoria*. Milão: Sperling & Kupfer, 2007.

_____. *Il sangue dei vinti*: Quello che accadde in Italia dopo il 25 aprile [1945]. Milão: Sperling & Kupfer, 2003.

_____. *La grande bugia*. Milão: Sperling & Kupfer, 2006.

_____. *La guerra sporca dei partigiani e dei fascisti*. Milão: Rizzoli, 2012.

_____. *Quel fascista di Pansa*. Milão: Rizzoli, 2019.

_____. *Sconosciuto 1945*. Milão: Sperling & Kupfer, 2005.

PANTALEONE, Michele. *Mafia e politica*. Torino: Einaudi, 1978.

PASCALE, Silvia; MATERASSI, Orlando. *Internati militari italiani*: Una scelta antifascista. Treviso: Programma, 2022.

PASSARELLI, Gianluca; TUORTO, Dario. *Lega e Padania*: Storia e luoghi delle camicie verdi. Bologna: Il Mulino, 2012.

PAUTASSO, Guido Andrea. "Prefazione. Harukichi Shimoi, Samurai a Fiume e profeta del fascismo in Giappone". *In*: SHIMOI, Harukichi. *Un samurai a Fiume*. Com curadoria de Guido Andrea Pautasso. Milão: Oaks, 2019.

PAZZAGLIA, L. *Annali di storia dell'educazione e delle istituzioni scolastiche* – donne e fascismo: immagini e modelli educativi. vol. 17. Brescia: La Scuola, 1955.

PEDROLETTI, Brice. "Pékin et Manille cherchent l'apaisement en mer de Chine". *Le Monde*, 4, 16 ago. 2016.

PEKAR, Thomas. "Held und Samurai. Zu den ideologischen Beziehungen zwischen Japan und Nazi-Deutschland". *Archiv für Kulturgeschichte*, 90:2, 2008.

PERETTI-GRIVA, Domenico Riccardo. "Il fallimento dell'epurazione". *Il Ponte*, vol. 3, nº 11-12, 1947.

PFETSCH, Frank R. (Coord.). *Verfassungsreden und Verfassungsentwürfe*: Länderverfassungen 1946-1953. Frankfurt am Main: Lang, 1986.

PICCIGALLO, Philip R. *The Japanese on Trial*: Allied War Crimes Operations in the East 1945-1951. Austin: University of Texas Press, 1979.

PIERI, Piero; ROCHAT, Giorgio *Badoglio, Maresciallo d'Italia*. Milão: Mondadori, 2002 edição atualizada de 1974, Torino: Utet, 2002.

PIKART, Eberhard; WERNER, Wolfram (Coord.). *Ausschuß für Grundsatzfragen* (*Der Parlamentarische Rat*, vol. 5/I-II). Boppard am Rhein: Boldt, 1993.

PINGEL, Falk. "Nationalsozialismus und Holocaust in westdeutschen Schulbüchern". *In*: STEININGER, Rolf; BÖHLER, Ingrid (Coord.). *Der Umgang mit dem Holocaust in Europa – USA – Israel*. Köln: Böhlau, 1994.

PLEHWE, Friedrich-Karl von. *Als die Achse zerbrach*: Das Ende des Deutsch-Italienischen Bündnisses im Zweiten Weltkrieg. Wiesbaden: Limes Verlag, 1980.

PLOETZ, Karl Julius. *Der große Ploetz*: Die Daten-Enzyklopädie der Weltgeschichte. 32ª ed. Darmstadt: Wissenschaftliche Buchgesellschaft, 1998.

POGGIOLINI, Ilaria. "Resa incondizionata e istituto monarchico: il caso del Giappone al termine del secondo conflitto mondiale". *In*: TESORO, Marina (Coord.). *Monarchia, tradizione, identità nazionale*: Germania, Giappone e Italia tra Ottocento e Novecento. Milão: Bruno Mondadori, 2004.

PORTH, Kenneth L. *Transcending Law*: the Unintended Life of Article 9 of the Japanese Constitution. Durham: Carolina University Press, 2010.

PÖTZL, Norbert F. "Räuberlohn". *Der Spiegel*, 2, 5 jan. 2019.

POUTHIER, Jean-Luc. "National-syndicalisme et totalitarisme dans l'Italie fasciste". *Le Débat*, 21, 1982.

POWLES, Cyril H. "Pacifism in Japan, 1918-1945". *In*: BROCK, Peter; SOCKNAT, Thomas P. (Coord.). *Challenge to Mars*: Essays on Pacifism from 1918 to 1945. Toronto: University of Toronto Press, 1999.

PREDIERI, Alberto. "Garibaldini e partigiani". *Il Ponte*, vol. 3, n° 11-12, 1947.

PRITCHARD, R. John; ZAIDE, Sonia M. (Coord.). *The Tokyo War Crimes Trial*: [The Comprehensive Index and Guide to the Proceedings of the International Military Tribunal for the Far East]. Nova York: Garland, 5 vol. 1987.

PROCACCI, Giuliano. *La memoria controversa*: Revisionismi, nazionalismi e fondamentalismi nei manuali di storia. Cagliari: AM&D, 2003.

PUGLIESE, Pasquale. "Ispiratevi a Teresa Mattei, cancellate gli F35". *Vita Bookazine*, 15 mar. 2013. Disponível em: http://www.vita.it/it/blog/

disarmato/2013/03/15/ispiratevi-a-teresa-mattei-cancellate-gli-f35/3640/. Acessado em: 27.03.2024.

PUSTAU, Eduard von; OKANOUYE-KUROTA, Moriguchi. *Japan und Deutschland, die beiden Welträtsel*: Politische, wirtschaftliche und kulturelle Entwicklung. Berlim: Deutscher Verlag für Politik und Wirtschaft, 1936.

RADLER, Max. "Schwarz wird weiss oder mechanische Entnazifizierung". *Der Simpl*, 1, 63, 1946. Disponível em: http://digi.ub.uni-heidelberg. de/diglit/simpl1946/0063/image. Acessado em: 27.03.2024.

RAGGI, Barbara. *Baroni di razza*: Come l'università del dopoguerra ha riabilitato gli esecutori delle leggi razziali. Roma: Editori Internazionali Riuniti, 2012.

RAIMONDO, Sergio; FORTUNA, Valentina de; CECCARELLI, Giulia (Coord.). "Bushido as allied: The Japanese warrior in the cultural production of Fascist Italy (1940-1943)". *Revista de Artes Marciales Asiáticas (RAMA)*, 12:2, 2017.

RAMAIOLI, Federico Lorenzo. "Addio alle armi: l'articolo 9 della Costituzione giapponese". *Rivista della Cooperazione Giuridica Internazionale*, 53, 2016.

_____. "Disarmo e riarmo nella costituzione giapponese". *Orientalia Parthenopea*, 26, 2016. Disponível em: https://www.academia. edu/31667175/Disarmo_e_riarmo_nella_Costituzione_giapponese. Acessado em: 27.03.2024.

RAMAIOLI, Federico Lorenzo. "Il nazional-capitalismo degli zaibatsu come forma di governance". *Rivista della Cooperazione Giuridica Internazionale*, 55, 2017.

RASTELLI, Achille. *Bombe sulla città*: Gli attacchi aerei alleati. Le vittime civili a Milano. Milão: Mursia, 2000.

RAVAGLI, Giovanni. "La mancata avocazione dei profitti di regime". *Il Ponte*, vol. 3, n° 11-12, 1947.

RECCHIONI, Massimo. *Francesco Moranino, il comandante "Gemisto"*: Un processo alla Resistenza. Roma: DeriveApprodi, 2013.

_____. *Il tenente Alvaro, la Volante rossa e i rifugiati politici italiani in Cecoslovacchia*. Roma: DeriveApprodi, 2011.

REEL, A. Frank. *The Case of General Yamashita*. Chicago: University of Chicago Press, 1949.

REICHEL, Karl Ferdinand. "Japans 'Nationale Polizei-Reserve'". *Militärpolitisches Forum*, 1; 2, 1953.

REICHELT, Julian. *Ruhet in Frieden, Soldaten! Wie Politik und Bundeswehr die Wahrheit über Afghanistan vertuschten*. Köln: Fackelträger, 2010.

RICHTER, Steffi. "Zurichtung der Vergangenheit als Schmerzlinderung in der Gegenwart". *In*: RICHTER, Steffi; HÖPKEN, Wolfgang (Coord.). *Vergangenheit im Gesellschaftskonflikt*: Ein Historikerstreit in Japan. Köln: Böhlau, 2003.

RICHTER, Steffi; HÖPKEN, Wolfgang (Coord.). *Vergangenheit im Gesellschaftskonflikt*: Ein Historikerstreit in Japan. Köln: Böhlau, 2003.

RIEDER, Bruno. *Die Entscheidung über Krieg und Frieden nach deutschem Verfassungsrecht*: Eine verfassungshistorische und verfassungsdogmatische Untersuchung. Berlim: Duncker & Humblot, 1984.

RIGHI, Stefano. *La città illuminata*: L'intuizione di Giuseppe Colombo, l'Edison e l'elettrificazione dell'Italia. Milão: Rizzoli, 2014.

ROBINSON, Greg. *A Tragedy of Democracy*: Japanese Confinement in North America. Nova York: Columbia University Press, 2009.

ROCHAT, Giorgio. "Inchiesta sui testi per l'insegnamento della storia contemporanea nella scuola italiana". *Il Movimento di Liberazione*, nº 101, 1970.

ROESLER, Hermann; LOSANO, Mario G. *Berichte aus Japan* (1879-1880). Milão: Unicopli, 1984. Disponível em: http://daten.digitale-sammlungen.de/db/0010/bsb00106246/images/. Acessado em: 04.04.2024.

ROESLER, Jörg. "Zwischenfall unterwegs oder Vorbote vom Ende? Erich Apels Tod und das Schicksal des NÖS". *In*: NAKATH, Detlef *et al.* (Coord.). *DDRGeschichte*. [S.l.]; [s.n.] 2010.

RÖHL, Wilhelm. *Die japanische Verfassung*. Frankfurt am Main: Metzner, 1963.

RÖLING, Bernard V. A.; RÜTER, Christiaan F. (Coord.). *The Tokyo Judgement*: The International Military Tribunal for the Far East (IMTFE) 29 April 1946 – 12 November 1948. 3 vol. Amsterdam: University Press Amsterdam, 1977.

ROMEIKE, Sanya. "Transitional Justice in Germany after 1945 and after 1990". *International Nuremberg Principles Academy*, Nürnberg, 2016. Disponível em: https://www.nurembergacademy.org/fileadmin/media/pdf/news/Transitional_Justice_in_Germany.pdf. Acessado em: 27.03.2024.

REFERÊNCIAS BIBLIOGRÁFICAS

ROTTERDAM, Erasmo da. *Adagi*: testo latino a fronte. Curadoria de Emanuele Lelli. Milão: Bompiani, 2013.

RÖTZER, Florian. "§ 80 StGB 'Vorbereitung eines Angriffskriegs' ist seit 1. Januar 2017 gestrichen". *Telepolis*, 7 jan. 2017. Disponível em: https://bit.ly/3w9EO3C. Acessado em: 27.03.2024.

RUDNIK, Carola S. "Doppelte Vergangenheitsbewältigung". *In*: FISCHER, Torben; LORENZ, Matthias N. (Coord.). *Lexikon der "Vergangenheitsbewältigung" in Deutschland*. Bielefeld: Transcript, 2009.

RUIYU, Li. "Vi spiego perché non accettiamo questo verdetto". *Corriere della Sera*, 18, 13 jul. 2016.

SAGI, Nana. *Die Wiedergutmachung für Israel*. Stuttgart: Seewald, 1981.

SAITTA, Armando. *Il cammino umano*: Corso di storia ad uso dei licei. Florença: La Nuova Italia, 1957.

SALANDRA, Antonio. *L'intervento (1915)*: Ricordi e pensieri. Milão: Mondadori, 1930.

SALOMON, Ernst von. *Der Fragebogen*. Hamburg: Rowohlt, 1951.

_____. *Un destino tedesco*: l'autobiografia di uno scrittore ribelle condannato da Weimar, incarcerato da Hitler, processato dagli Americani. Milão: Oaks, 2018.

SALVEMINI, Gaetano. "Ottimismo". *Il Ponte*, vol. 3, n° 11-12, 1947.

SAMARANI, Guido. "Il massacro di Nanchino e la guerra di resistenza antigiapponese in Cina (1937-1945)". *In*: CONTINI, Giovanni *et al.* (Coord.). *Memoria e rimozione*. Roma: Viella, 2010.

SANTEVECCHI, Guido. "'La Cina non ha diritti sulle isole contese': lo schiaffo dell'Onu, la rabbia di Pechino". *Corriere della Sera*, 18, 2016.

_____. "Giappone, Abe più forte. Ora può cambiare la costituzione pacifista". *Corriere della Sera*, 17, 2016.

_____. "Un rischio il Giappone che archivia il pacifismo". *Corriere della Sera*, 29, 2016.

SARPIERI, Tanja. *Il pacifismo nella politica internazionale della sinistra italiana, negli anni della guerra fredda*: Limiti e prospettive dell'azione social-comunista all'interno del movimento dei Partigiani della Pace. Relatrice Patrizia Dogliani, tesi di laurea difesa nell'anno accademico 2001-02 e conservata nella Biblioteca dell'Università di Bologna. Campus di Forlì, 2002.

SCHALLER, Michael. *The American Occupation of Japan*: the Origins of the Cold War in Asia. Nova York: Oxford University Press, 1985.

SCHERRER, Philipp. *Das Parlament und sein Heer*: Das Parlamentsbeteiligungsgesetz. Berlim: Duncker & Humblot, 2010.

SCHMIDT-SINNS, Dieter. *Der Nationalsozialismus als didaktisches Problem*: Beiträge zur Behandlung des NS-Systems und des deutschen Widerstands im Unterricht. Bonn: Bundeszentrale für politische Bildung, 1980.

SCHÖNBACH, Karsten Heinz. *Die deutschen Konzerne und der Nationalsozialismus*, 1926-1943. Berlim: Trafo, 2015.

SCHÖPFEL, Ann-Sophie. "La voix des juges français dans les procès de Nuremberg et de Tokyo. Défense d'une idée de justice universelle". *Revue d'histoire*, nº 249, 2013.

SCHREIBER, Gerhard. *Die italienischen Militärinternierten im deutschen Machtbereich 1943-1945*: Verraten, verachtet, vergessen. München: Oldenbourg, 1990.

_____. *I militari italiani internati nei campi di concentramento del Terzo Reich*: Traditi, disprezzati, dimenticati. Roma: Ufficio Storico dello Stato Maggiore dell'Esercito, 1992.

SCHRÖDER, Florian. *Das parlamentarische Zustimmungsverfahren zum Auslandseinsatz der Bundeswehr in der Praxis*. Köln: Heymanns, 2005.

SCHWARZ, Jürgen; STEINKAMM, Armin A. (Coord.). *Rechtliche und politische Probleme des Einsatzes der Bundeswehr "out of area"*: Protokoll und Dokumentation eines Symposiums der Universität der Bundeswehr München am 12. und 13. Dezember 1991. Baden-Baden: Nomos, 1993.

SCHWARZ, Walter (Coord.). *Die Wiedergutmachung nationalsozialistischen Unrechts durch die Bundesrepublik Deutschland*. 6 vol. München: Beck, 1974-1987.

SCHWEGMANN, Christoph (Coord.). *Bewährungsproben einer Nation*: Die Entsendung der Bundeswehr ins Ausland. Berlim: Duncker & Humblot, 2011.

SCHWEIZER, Katja. *Täter und Opfer in der DDR*: Vergangenheitsbewältigung nach der zweiten deutschen Diktatur. Münster: Lit, 1999.

SCHWENTKER, Wolfgang. "Die Grenzen der Entzauberung. Zur Rolle des Tenno in Staat und Gesellschaft Japans nach 1945". *In*: CORNELISSEN,

Christoph *et al.* (Coord.). *Erinnerungskulturen*. Frankfurt am Main: Fischer Taschenbuch, 2003.

SCIMOI, Harukici. *La guerra italiana vista da un giapponese*. 2ª ed. Nápoles: Libreria della Diana, 1919.

SEIDEL, Hans-Christoph (Coord.). *Zwangsarbeit im Europa des 20. Jahrhunderts*: Bewältigung und vergleichende Aspekte. Essen: Klartext, 2007.

SEIFER, Hubertus. *Die Reparationen Japans*: Ein Beitrag zum Wandel des Reparationsproblems und zur wirtschaftlichen Entwicklung Japans nach 1945. Opladen: Westdeutscher Verlag, 1971.

SERENI, Emilio. *Diario (1946-1952)*. Introdução e edição de Giorgio Vecchio. Roma: Carocci, 2015.

SERENI, Marina. *I giorni della nostra vita*. 4ª ed. Roma: Riuniti, 1955.

SETTA, Sandro. *L'Uomo Qualunque*, 1944-1948. Bari: Laterza, 2005.

_____. *Profughi di lusso*: Industriali e manager di Stato dal fascismo alla epurazione mancata. Milão: Angeli, 1993.

SEVERGNINI, Nathascia. "Schiave dei soldati, un racconto che è vero (e il mondo non lo sa)". *Corriere della Sera*, 2018.

SEYMOUR, Robert L. "Japan's Self-Defense: The Naganuma Case and Its Implications". *Pacific Affairs*, vol. 47, n° 4, 1974-1975.

SHIMBUN, Yomiuri. "Abe determined to revise constitution". *The Japanese News*, mar. 2018.

SHIMOI, Harukichi. "D'Annunzio no yokogao [Profilo di D'Annunzio]". *Kaiz*, 1938.

_____. *Un samurai a Fiume*. Com curadoria de Guido Andrea Pautasso. Milão: Oaks, 2019.

SHIMOI, Harukichi; PISCOPO, Ugo (Coord.). *Buio sotto il faro*: scritti di un giapponese a napoli. Napoli: Guida, 2015.

SICARDI, Stefano. "I mille volti della guerra, la Costituzione e il diritto internazionale". *In*: DOGLIANI, Mario; SICARDI, Stefano (Coord.). *Diritti umani e uso della forza*. Torino: Giappichelli, 1999.

SIEP, Julia. *Nationalisierte Mütterlichkeit als Phänomen der Moderne*: Frauenzeitschriften in Japan, Deutschland und Italien in den 1930er Jahren. München: Meidenbauer, 2011.

SILVESTRI, Mario. *Dal riarmo della Germania alla catastrofe*, 1933-1946 (La decadenza dell'Europa occidentale. vol. 2. Milão: BUR, 2002.

SIPRI. "Armaments, Disarmament and International Security". *Stockholm International Peace Research Institute*, 2018. Disponível em: https://www.sipri.org/sites/default/files/SIPRIYB18c06.pdf. Acessado em: 05.04.2024.

SIRCANA, Giuseppe. "Ferrarin, Arturo". *Dizionario Biografico degli Italiani*. vol. 46. Roma: Treccani, 1996.

SKYA, Walter A. *Japan's Holy War*: the Ideology of Radical Shinto Ultranationalism. Londres: Duke University Press, 2009.

SMIATACZ, Carmen. *Ein gesetzlicher Schlussstrich? Der juristische Umgang mit der nationalsozialistischen Vergangenheit in Hamburg und Schleswig-Holstein 1945-1960*: Ein Vergleich. Münster: LIT Verlag, 2015.

SOH, Chunchee Sarah. *The Comfort Women*: Sexual Violence and Postcolonial Memory in Korea and Japan. Chicago: University of Chicago Press, 2008.

SONTAG, Ernst. "Die Deutschen Spruchgerichte in der britischen Zone". *Die Friedenswarte*, 1950-1951.

SPANG, Christian W. "Karl Haushofer und die Geopolitik in Japan. Zur Bedeutung Haushofers innerhalb der deutsch-japanischen Beziehungen nach dem Ersten Weltkrieg". *In*: DIEKMANN, Irene; KRÜGER, Peter; SCHOEPS, Julius H. (Coord.). *Geopolitik. Grenzgänge im Zeitgeist*, vol. 1.2: 1945 bis zur Gegenwart. Potsdam: Verlag für Berlin-Brandenburg, 2000.

_____. *Karl Haushofer und Japan*: Die Rezeption seiner geopolitischen Theorien in der deutschen und japanischen Politik. München: Iudicium, 2013.

SPINOSA, Antonio. *D'Annunzio, il poeta armato*. Milão: Mondadori, 2005.

SPOERER, Mark. "Zwangsarbeitsregimes im Vergleich. Deutschland und Japan im Ersten und im Zweiten Weltkrieg". *In*: SEIDEL, Hans-Christoph (Coord.). *Zwangsarbeit im Europa des 20. Jahrhunderts*. Essen: Klartext, 2007.

SPULCIONI, Gianni. *L'organizzazione del consenso nel ventennio fascista*: Dall'ufficio stampa al Ministero della cultura popolare. Ariccia: Aracne, 2014.

STALIN, Iosif. *Problemi economici del socialismo nell'URSS*. Milão: Cooperativa Editrice Distributrice Proletaria, 1972/1976; Reimpressão com ensaio de Emilio Sereni de 1953 e introdução de Franco Botta. Bari: De Donato, 1976.

STAM, Arthur. *The Diplomacy of the "New Order"*: the Foreign Policy of Japan, Germany and Italy: 1931-1945. Soesterberg: Aspekt, 2003.

STEINDORF, Joachim. *Waffenrecht*: Waffengesetz, Beschussgesetz, Kriegswaffenkontrollgesetz einschließlich untergesetzlichem Regelwerk und Nebenbestimmungen. München: Beck, 2007.

STELLA, Gianfranco. *Compagno mitra*: Saggio storico sulle atrocità partigiane. [s.l., s.n.], 2018.

_____. *Rifugiati a Praga*: I partigiani italiani rifugiati a Praga. [s.l.]: SO.ED.E., 1993.

STÖCKER, Helene. "Das Problem der Kriegsächtung". *Die Friedens-Warte*, vol. 26, n° 5, 1926.

SUGITA, Yoneyuki. *Pitfall or Panacea*: the Irony of US Power in Occupied Japan, 1945-1952. Nova York: Routledge, 2003.

SÜHL, Klaus (Coord.). *Vergangenheitsbewältigung 1945 und 1989*: Ein unmöglicher Vergleich? Eine Diskussion. Berlim: Volk und Welt, 1994.

TAGORE, Rabindranath. "El nacionalismo en Japón". *In*: _____. *Nacionalismo*. Madrid: Taurus, 2012.

_____. *Nacionalismo*. Madrid: Taurus, 2012.

_____. *Nationalism*. Londres: MacMillan, 1917; segunda edição [1918] disponível em: https://www.gutenberg.org/files/40766/40766-h/40766-h.htm. Acessado em: 26.03.2024.

_____. *Nazionalismo*. Lanciano: Carabba, 1923.

TAKADA, Yasumasa, Akihisa Ota [redazione del *Yomiuri Shimbun*] (2018, March 26), LPD quest to revise top law buffeted by Moritomo scandal, in: "The Japanese News" by *Yomiuri Shimbun*, Monday, 3.

TAKEDA, Kiyoko. *The Dual-Image of the Japanese Emperor*. Londres: MacMillan, 1988.

TAKEMAE, Eiji. *The Allied Occupation of Japan*. Nova York: Continuum, 2002.

TAKEUCHI, Keiichi. "La politica dell'identità nazionale nel Giappone moderno: analisi dei manuali di geografia". *In*: TESORO, Marina (Coord.). *Monarchia, tradizione, identità nazionale*: Germania, Giappone e Italia tra Ottocento e Novecento. Milão: Bruno Mondadori, 2004.

TANAKA, Hideo. "The Conflict between Two Legal Traditions in Making the Constitution of Japan". *In*: WARD, Robert E.; YOSHIKAZU, Sakamoto (Coord.). *Democratizing Japan*. Honolulu: University of Hawaii Press, 1987.

TAYLOR, Telford. *Nuremberg and Vietnam*: an American Tragedy. Chicago: Quadrangle Books, 1970.

TESORO, Marina (Coord.). *Monarchia, tradizione, identità nazionale*: Germania, Giappone e Italia tra Ottocento e Novecento. Milão: Bruno Mondadori, 2004.

TESORO, Marina. "Introduzione". *In*: _____. (Coord.). *Monarchia, tradizione, identità nazionale*: Germania, Giappone e Italia tra Ottocento e Novecento. Milão: Bruno Mondadori, 2004.

THE ECONOMIST. "Wide-mouthed frog". *The Economist*, 20 ago. 2013. Disponível em: https://www.economist.com/asia/2013/08/10/wide-mouthed-frog. Acessado em: 26.03.2024.

TOLZMANN, Don Heinrich (Coord.). *German-Americans in the World Wars*. 5 vols. München: Saur, 1995-1998.

TÖNNIES, Ilse (Coord.). *Beiträge zur Gesellungs- und Völkerwissenschaft*: Professor Dr. Richard Thurnwald zu seinem 80. Geburtstag gewidmet. Berlim: Mann, 1950.

TOSCANO, Mario (Coord.). *L'abrogazione delle leggi razziali in Italia, 1943-1987*: Reintegrazione dei diritti dei cittadini e ritorno ai valori del Risorgimento. Prefácio de Giovanni Spadolini. Roma: Bardi, 1998.

TOSI, Rosanna. "La guerra: il dovere di ripudiarla e l'interesse ad evitarla". *In*: DOGLIANI, Mario; SICARDI, Stefano (Coord.). *Diritti umani e uso della forza*. Torino: Giappichelli, 1999.

TRENTO, Francesco. *La guerra non era finita*: I partigiani della Volante Rossa. Roma: Laterza, 2016.

Trials of War Criminals Before the Nuernberg Military Tribunals under Control Council Law n. 10. 15 vol. Washington: U.S. Government Printing Office, 1949-1953.

TRINDADE, Hélgio. *Integralismo*: o fascismo brasileiro na década de 30. Porto Alegre; São Paulo: Universidade Federal do Rio Grande do Sul; Difusão Européia do Livro, 1974.

TRUZZI, Silvia. "L'articolo 11 e i limiti alle guerre 'travestite'". *Il Fatto Quotidiano*, 5, 2018.

U.S. Department of Justice. *Report to the Congress of the United States*: a Review of the Restrictions on Persons of Italian Ancestry During World War II. Washington, nov. 2001.

UGAI, Nobushige; ZACHERT, Herbert (Coord.). "Die japanische Verfassung". *Aus Politik und Zeitgeschichte*, B 40-41/64, 1965.

UGAI, Nobushige; ZACHERT, Herbert. "Ideal und Realität der japanischen Verfassung". *Aus Politik und Zeitgeschichte*, B 40-41/64, 1965.

UMEDA, Kinji. *Ima manabitai kingendai rekishi* [La storia contemporanea che si vuole conoscere]. Tokyo: Kyoikushiryo editore, 1997b.

_____. "Sengo minshu-shugi undo no nagare to Nihon koku-kempo no seitei [Lo sviluppo del movimento democratico nel dopoguerra e la promulgazione della costituzione giapponese]". *In*: Rekishi Kyoikusha Kyogikai [History Educationalist Conference of Japan], *Nihonkoku-kenpo wo kokumin wa dō mukaetaka* [Come i giapponesi hanno percepito la Costituzione]. Tokyo: Kōbunken, 1997a.

UNGARETTI, Giuseppe. *Da una lastra di deserto*: Lettere dal fronte a Gherardo Marone. Edição de Francesca Bernardini Napoletano. Milão: Mondadori, 2015.

Unità di tutto il popolo contro la C.E.D. e il riarmo tedesco. Per la pace e l'indipendenza nazionale (1952?), in: *Tribuna della Pace*, supplemento al n. 2, anno 4° Urach, Albrecht von (1940), *Ostasien. Kampf um das kommende Großreich*, con 35 fotografie. Berlim: Steiniger.

URACH, Albrecht von. "Die Neuordungsprobleme Japans und Deutschlands". *In*: DONAT, Walter *et al. Das Reich und Japan*. Berlim: Junker, 1943.

_____. *Das Geheimnis japanischer Kraft*. Berlim: Zentralverlag der NSDAP, 1942.

VAGNINI, Alessandro. *L'Italia e l'imperialismo giapponese in Estremo Oriente*: La missione del Partito Nazionale Fascista in Giappone e nel Manciukuò. Ariccia: Aracne, 2015.

VANNUCCINI, Vanna; PREDAZZI, Francesca. *Piccolo viaggio nell'anima tedesca*. 12ª ed. Milão: Feltrinelli, 2019.

VARI, Filippo. "La 'vecchia' Costituzione e la 'nuova' guerra: breve analisi della "crisi del Kosovo'". *In*: DOGLIANI, Mario; SICARDI, Stefano (Coord.). *Diritti umani e uso della forza*. Torino: Giapppichelli, 1999.

VENTURINI, Maria. *Per non tornare indietro! Contro il riarmo della Germania*. Roma: Associazione Nazionale Perseguitati Politici Italiani Antifascisti (A.N.P.P.I.A.), 1953.

VERCELLI, Claudio. *Il negazionismo*: Storia di una menzogna. Roma: Laterza, 2013.

VICENTINI, Luigi. *Mussolini veduto dall'estero*. Milão: Barion, 1924.

VINCIGUERRA, Mario. "Un equivoco". *Il Ponte*, vol. 3, n° 11-12, 1947.

VISCO, Antonio. *La riparazione dei danni di guerra alla popolazione civile*. Milão: Bocca, 1943.

VOLLNHALS, Clemens (Coord.). *Entnazifizierung*: Politische Säuberung und Rehabilitierung in den vier Besatzungszonen 1945-1949. München: DTV, 1991.

VOLLNHALS, Clemens. *Entnazifizierung und Selbstreinigung im Urteil der evangelischen Kirche*: Dokumente und Reflexionen 1945-1949. München: Kaiser, 1989.

WAHL, Rainer (Coord.). *Verfassungsänderung, Verfassungswandel, Verfassungsinterpretation*: Vorträge bei Deutsch-Japanischen Symposien in Tokyo 2004 und Freiburg 2005. Berlim: Duncker & Humblot, 2008.

WARD, Robert E.; SHULMAN, Frank Joseph. *The Allied Occupation of Japan 1945-1952*: an Annotated Bibliography of Western-Language Materials. Chicago: American Library Association, 1974.

WARD, Robert E.; YOSHIKAZU, Sakamoto (Coord.). *Democratizing Japan*: the Allied Occupation. Honolulu: University of Hawaii Press, 1987.

WATANABE, Harumi. "Come condividere in modo razionale la memoria dei fatti storici. Considerazioni sul massacro di Nanchino". *In*: CONTINI, Giovanni *et al*. (Coord.). *Memoria e rimozione*. Roma: Viella, 2010.

WEBER, Petra. *Justiz und Diktatur*: Justizverwaltung und politische Strafjustiz in Thüringen 1945-1961. München: Oldenbourg, 2000.

WEHBERG, Hans. *Krieg und Eroberung im Wandel des Völkerrechts*. Frankfurt am Main: Metzner, 1953.

WEILER, Berndt. "Kobayashi – und wie er die Welt sieht. Ein Manga-Zeichner läuft Sturm gegen Kritiker aus Deutschland und präsentiert seine Sicht der japanischen Vergangenheit". *Die Welt*, 16, 7 ago. 1999.

REFERÊNCIAS BIBLIOGRÁFICAS

WEIS, Julia. "Karl Jaspers: Freiheit und Wiedervereinigung". *In*: FISCHER, Torben; LORENZ, Matthias N. (Coord.). *Lexikon der "Vergangenheitsbewältigung" in Deutschland*. Bielefeld: Transcript, 2009.

WELCH, David. *Propaganda and the German Cinema 1933-1945*. Londres: Tauris, 2001.

WELT. "Steinmeier fordert stärkeres Engagement der Bundeswehr". *Welt*, 16 jun. 2017. Disponível em: https://www.welt.de/politik/deutschland/article165595858/Steinmeier-fordert-staerkeres-Engagement-der-Bundeswehr.html. Acessado em: 28.03.2024.

WENIGER, Erich. *Neue Wege im Geschichtsunterricht*. Frankfurt am Main: Schulte-Bulmke, [1946] 1949.

WERTE, Gerhard. "Die Bestrafung von NS-Unrecht in Westdeutschland". *In*: MARXEN, Klaus et al. (Coord.). *Der Umgang mit Kriegs- und Besatzungsunrecht in Japan und Deutschland*. Berlim: Verlag Arno Spitz; Nomos Verl., 2001.

WETZLER, Peter. "Kaiser Hirohito und der Krieg im Pazifik. Zur politischen Verantwortung des Tenno in der modernen japanischen Geschichte". *Vierteljahrshefte für Zeitgeschichte*, 37:4, 1989.

WHITNEY, Courtney. *MacArthur, his Rendez-Vous with History*. Nova York: Knopf, 1956.

WIKIPEDIA. "Neo-Gōmanism Manifesto Special: on War". *Wikipedia*. Disponível em: https://en.wikipedia.org/wiki/Neo_G%C5%8Dmanism_Manifesto_Special_%E2%80%93_On_War. Acessado em: 09.04.2024.

WINKLER, Christian G. *The Quest for Japan's New Constitution*: An Analysis of Visions and Constitutional Reform Proposals 1980-2009. Londres: Routledge, 2011.

WINSTEL, Tobias. *Verhandelte Gerechtigkeit*: Rückerstattung und Entschädigung für jüdische NS-Opfer in Bayern und in Westdeutschland. München: Oldenbourg, 2006.

WOLFDER. "Il riarmo della Germania e le moderne forze militari". *Rassegna italiana*, 193, 1934.

WOLFE, Robert (Coord.). *Americans as Proconsuls*: United States Military Government in Germany and Japan, 1944-1952. Carbondale: Southern Illinois University Press, 1984.

WOLLER, Hans. *Die Abrechnung mit dem Faschismus in Italien 1943 bis 1948*. München: Oldenbourg, 1996.

WROBEL, Hans. *Verurteilt zur Demokratie*: Justiz und Justizpolitik in Deutschland 1945-1949. Heidelberg: Decker und Müller, 1989.

WUESSING, Fritz et al. *Wege der Völker*: Geschichtsbuch für deutsche Schulen. Berlim: Berthold Schulz, 1951.

WYMAN, Mark. *DPs*: Europe's Displaced Persons. 1945-1951. Londres: Cornell University Press, 1998.

YAGYU, Kunichika. "Der Yasukuni-Schrein im Japan der Nachkriegszeit. Zu den Nachwirkungen des Staatsshinto". *In*: CORNELISSEN, Christoph et al. (Coord.). *Erinnerungskulturen*. Frankfurt am Main: Fischer-Taschenbuch-Verl, 2003.

YAMAGUCHI, Yasushi. "Faschismus als Herrschaftssystem in Japan und Deutschland. Ein Versuch des Vergleichs". *Geschichte in Wissenschaft und Unterricht*, 27, 1976.

YANO, Hisashi. "I lavoratori forzati delle colonie giapponesi. Un confronto com il caso tedesco". *In*: CONTINI, Giovanni et al. (Coord.). *Memoria e rimozione*. Roma: Viella, 2010.

YASUMASA Takada, Akihisa Ota [redazione del "Yomiuri Shimbun"] (2018, 26 marzo), LPD quest to revise top law buffeted by Moritomo scandal, "The Japanese News" by *Yomiuri Shimbun*, 3.

YOSANO, Akiko; MAETA, Suikei; SASAKI, Nobutsuna; YOSANO, Tekkan. *Poesie giapponesi*. Trad. Harukichi Shimoi e Gherardo Marone. Napoli: Ricciardi, 1917; *Lirici giapponesi*. 2ª ed. Selecionado e traduzido por Harukichi Scimoi e Gherardo Marone. Lanciano: Carabba, 1927.

YOSHIMI, Yoshiaki. "Das Problem der 'Trostfrauen'". *In*: RICHTER, Steffi; HÖPKEN, Wolfgang (Coord.). *Vergangenheit im Gesellschaftskonflikt*. Köln: Böhlau, 2003.

ZACHERT, Herbert. "Shinto und Staatsführung im neuen Japan". *In*: TÖNNIES, Ilse (Coord.). *Beiträge zur Gesellungs- und Völkerwissenschaft*: Professor Richard Thurnwald zu seinem 80. Geburtstag gewidmet. Berlin: Mann, 1950.

ZAMBARBIERI, Annibale. "Una doppia fedeltà. I cattolici giapponesi tra culto imperiale e culto cristiano". *In*: TESORO, Marina (Coord.). *Monarchia, tradizione, identità nazionale*. Milão: Bruno Mondadori, 2004.

ZIMMERMANN, Clemens. *Medien im Nazionalsozialismus*: Deutschland, Italien und Spanien in den 1930er und 1940er Jahren. Köln: Böhlau, 2007.

ZIMMERMANN, Hannah. *Geschichte ohne Zeitgeschichte*: Eine Untersuchung von zwei Jahren Geschichtsunterricht in den frühen 1960er Jahren. München: Utz, 2012.

ZORN, Philipp. "Friedens- und Kriegsbündnisse. Die internationale Schiedsgerichtsbarkeit. Die Idee des ewigen Friedens". *In*: ANSCHÜTZ, Gerhard (Coord.). *Handbuch der Politik*. vol. 2. Berlim: Rothschild, 1913. (Reimpressão: "Die internationale Schiedsgerichtsbarkeit". *Das Recht*. Hannover: Helwing, 1917).

A Editora Contracorrente se preocupa com todos os detalhes de suas obras! Aos curiosos, informamos que este livro foi impresso no mês de maio de 2024, em papel Pólen Soft 80g.